B

Eugen A. Meier

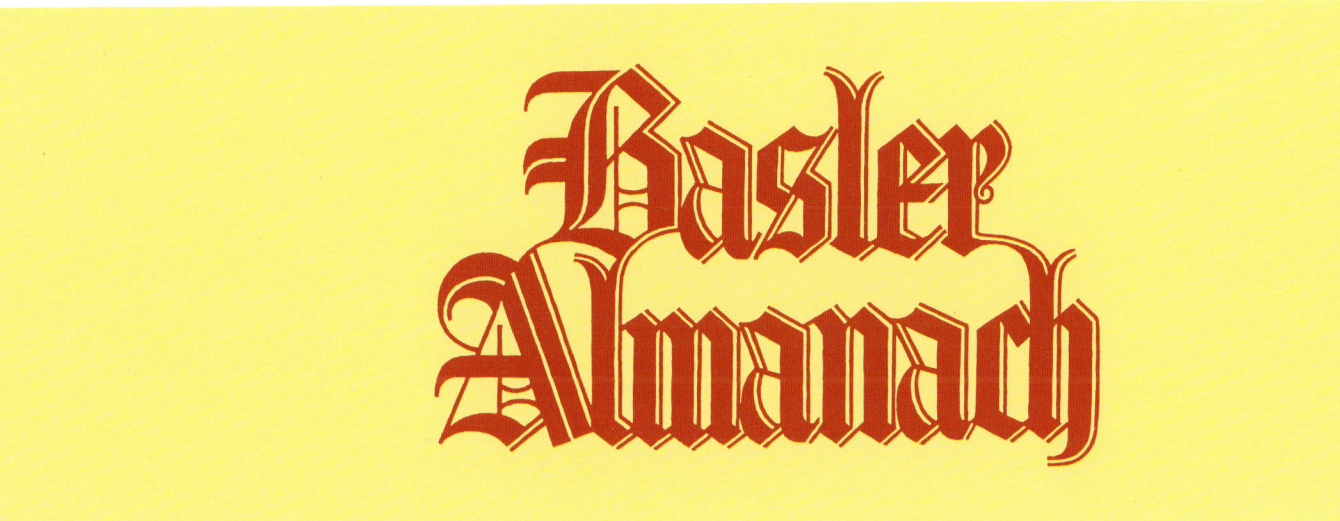

Ein authentischer Geschichtskalender der
Stadt und Landschaft Basel
durch die Jahre 237 bis 1914

1. Juli bis 31. Dezember

Mit einem Geleitwort von Hans-Peter Platz
und einer nach Jahreszahlen
angelegten Konkordanz

Buchverlag der Basler Zeitung

Herausgegeben mit Unterstützung des
Schweizerischen Bankvereins Basel

Nachlese: p. 288 ff.
Bibliographisches: 292 ff.
Bildernachweis: p. 294 f.
Konkordanz: p. 296 ff.

Bildlegende zum Frontispiz:
Fronfastenmarkt auf dem Marktplatz (Ausschnitt).
Links aussen, am Eingang zur Freien Strasse, das Zunfthaus
zu Weinleuten. Aquarell von Jakob Senn. 1828.

CIP-Kurztitelaufnahme der
Deutschen Bibliothek:
Meier, Eugen A.: Basler Almanach

Die vorliegende Publikation ist urheberrechtlich geschützt.
Alle Rechte, insbesondere das der Übersetzung in fremde
Sprachen, vorbehalten. Kein Teil dieses Buches darf ohne
schriftliche Genehmigung des Verlags in irgendeiner Form
– durch Fotokopie, Mikrofilm oder andere Verfahren –
reproduziert oder in eine von Maschinen, insbesondere
Datenverarbeitungsanlagen, verwendbare Sprache übertragen werden.

ISBN 3-85815-198-X

Konzept und Gestaltung: Eugen A. Meier
Layout: Heinrich Schanner
Neuaufnahmen: Hannes-Dirk Flury

© 1989 Buchverlag der Basler Zeitung
Lithos, Satz und Druck: Basler Zeitung, 4002 Basel
Einband: Buchbinderei Grollimund AG, 4153 Reinach

Zum Geleit

Mit dem vorliegenden zweiten Band von Eugen A. Meiers «Historischem Basler Almanach» fügt sich ein ehrgeiziges Unternehmen zu einem Werk, das in Form und Inhalt ein beispielloses Stück Basler Geschichtsschreibung repräsentiert. Erstmals sind nun in zwei gewichtigen und schön gestalteten Büchern Daten, Dokumente, Bilder, Erzählungen, Schnurren und Nachrichten vom Mittelalter bis zum Anfang des zwanzigsten Jahrhunderts aus der Basler Stadt- und Sozialgeschichte in kalendarischer Form versammelt und damit auch für alle einsehbar und nutzbar geworden.

Es kann gar nicht hoch genug eingeschätzt werden, was der Autor an Kenntnissen, Forschungsgabe und Fleiss eingesetzt hat, um das Unternehmen «Basler Almanach» durchzuführen und abzuschliessen. Eugen A. Meiers Erschliessungsarbeit ist deshalb vor allem auch als Dienst an unserer Stadt zu werten und zu verdanken. Wer sich mit dieser Leidenschaft und solcher Hingabe in die Vergangenheit seiner Heimatstadt verliert und ihr während Jahren immer wieder neue und andere Aspekte, Bewertungen und Stoffe abgewinnt, der muss auch sein Thema – sein Basel eben – in aussergewöhnlichem Masse gern haben.

Meier-Bücher und ihr regelmässiges Erscheinen sind längst selbst Ereignisse des Jahresablaufs geworden und hätten deshalb selbst in einem Almanach der kommenden Generationen ihren festen Eintrag verdient. Man darf sich von der Fülle der bereits erschienenen Publikationen des Eugen A. Meier aber nicht täuschen lassen: Mit Routine und Erfahrung allein ist ein solches Werk nicht zu schaffen. Dazu gehören auch Stunden, Tage und Wochen einsamer und oft auch mühsamer Gedankenarbeit, in denen sich der grosse Entwurf verflüchtigt und sich der Geist in einem unübersichtlichen Gewirr von Details, Überflüssigem und Nebensächlichem verliert. Unser Stadtschreiber Meier kennt diese Arbeitsphasen, die das Gelingen fraglich und das Ergebnis in die Ferne rücken lassen. Er weiss, wie schmerzlich das Resultat zwischen den Buchdeckeln erlitten werden muss. Um so bedeutender die schlussendlich vorliegende Leistung und um so erfreulicher ein zweibändiges Werk wie der «Basler Almanach».

Eugen A. Meier hat der Stadt Basel mit seinem historischen Kalendarium über acht Jahrhunderte ein Geschenk gemacht, das nicht nur schön anzusehen und mit Genuss zu lesen ist, es hat vor allem auch einen hohen Nutzwert für neugierige Menschen, denen Stadtgeschichte mehr ist als die versammelten Daten dessen, was als grosse Geschichte normalerweise Beachtung findet. Der Basler Almanach ist ein Geschichts- und ein Geschichtenbuch, das auch Menschen und ihre Handlungen der Vergessenheit entreisst, die kaum Anspruch auf Nachruhm haben oder ihn erhoben hätten. Menschen und Handlungen aber, die auf ihre Weise mit Basel verbunden waren und die Geschichte dieser Stadt erst möglich machten und für uns verständlicher werden lassen. Mit dem zweiten Band des «Basler Almanachs» findet ein Autorenabenteuer ein Ende, das mitzugestalten ein Privileg war.

Hans-Peter Platz
Chefredaktor
der Basler Zeitung

1. Juli

Theobald von Provins der Einsiedler

1004
König Heinrich II. schenkt Bischof Adalbero von Basel den Hardtwald im Elsass, der sich von Binningen über Blotzheim bis nach Habsheim zieht.

1409
Ein schwerer Hagelschlag vernichtet alles Wachstum in den Kornfeldern und Weinbergen, die in den Gemarkungen von Binzen bis Hausen liegen. Die Reben an der Halde von Rötteln dagegen bleiben unbeschädigt.

1441
Papst Felix V. stiftet in Basel das Fest Mariä Heimsuchung.

1528
Johannes Oekolampad unterrichtet Huldrych Zwingli, dass in der Gegend um Basel sich gegen hundert Täufer angesammelt hätten, die der Verfolgung ausgesetzt seien. Der Rat verwahrt sich gegen die verbreitete Meinung, den Täufern um des Gotteswortes willen nachzustellen. Der Grund, dass man sie hier nicht dulde, sei in ihrem Ungehorsam und aufrührerischen Benehmen zu suchen.

1546
Die kaiserlichen Truppen begehren den Durchmarsch durch die Stadt und über die Rheinbrücke. Der Rat aber schlägt das Begehren ab und verbietet den Bürgern auf das Schärfste jeglichen Verkauf von Waffen.

1608
Ein in Muttenz erzogener Knabe aus dem Welschland schlägt auf einer Matte einen jungen Buben, «als sie das Wasser richten», mit einer Haue zu Tode. Er wird deswegen in Basel aufs Rad gelegt und hingerichtet. Kurz vor seinem Tod bekannte er, beim Grenzacherhorn auch einen Studenten ermordet zu haben.

Basilisk-Fahrräder

bieten für Sports- und Geschäftszwecke unbedingt die größten Vorteile. Dieselben werden hier auf dem Platze fabriziert und erreichen die höchste Vollendung in Bezug auf Technik und Ausführung.

Reparaturen aller Systeme werden fachgemäß ausgeführt.
Kataloge gratis und franko.

Basilisk-Fahrradwerke
Gebrüder Gueng,
Detailverkauf 12 Bäumleingasse

National-Zeitung, 1. Juli 1898

1626
«Ab dem Brett», d.h. aus der Staatskasse, werden heute bezahlt: «1 Pfund für die Scheiben auf den Schützenmatten zu mohlen. 10 Schilling für das Gras auf dem St. Petersplatz zu zetteln. 6 Pfund für zwei neue Fass, in welchen man dem Grossherzog von Florenz den Wein verehrte.»

1627
In Liestal lässt eine Frau aus Allschwil ihr Kind im evangelischen Glauben taufen. «Weil das Papsttum (der Katholizismus) zu Allschwil wieder eingeführt worden, ist sie willig von dort gewichen, viel Lieber das Elend zu bauen, als solchem Gräuel beizuwohnen.»

1700
Es wird ein Ochs geschlachtet, in dessen Magen man ein Rebmesser findet.

1761
Im Zunftsaal zu Schuhmachern feiern viele junge Leute in Gegenwart zahlreicher Zuschauer die Werenfelsische Hochzeit. Dabei wird die Belastung des erst vor zwei Jahren neu erbauten Tanzbodens zu gross, so dass dieser einbricht und etliche Leute in den Keller stürzen. «Dieses veruhrsachte in dasiger Nachbarschaft ein grosses Lamendieres, indem viele ihre Hüth, Peruquen, Pandofflen und Hauben verlohren. Viele hatten Löcher im Kopf und Beulen, und eine Jungfer Hübscher hat einen Arm gebrochen.»

1768
Es stirbt der Handelsherr Markus Weiss-Leissler, Besitzer des Württembergerhofs am St. Albangraben und des «ländlich à la Rousseau ausgestatteten Landgutes an der Brükke von Münchenstein. Sein Geschlecht ist mit seinem Sohn Achilles 1792 im Mannesstamm erloschen. Alle Versicherungen der am Spalenberg und in der Streitgasse wohnenden Träger des Namens Weiss, dass sie von dem alten Basler Geschlecht abstammen, beruhen trotz Führung desselben Wappens auf Unrichtigkeit.»

1786
In Eptingen wird ein junger Müllerssohn vom Blitz getroffen und durch Brandwunden halbseitig schwer verletzt. «Ausserordentlich merckwürdig ist, dass dieser Knabe weder durch die Menge schweflichter Dünste, die ihm nicht nur das Athemholen verhinderten, sondern auch das Blut gewaltig ausdehnten, vom blossen Schräcken nicht eines augenblicklichen Todes gestorben ist, sondern vermittelst chirurgischer Hilff und dem göttlichen Beystand wieder gänzlich hat hergestellt werden können.»

1845
Die Neuordnung des Postwesens tritt in Kraft. Die Post wird nun täglich dreimal zugestellt, und die Briefe sind mit sogenannten Francozettelchen à 2½ Rappen zu frankieren, die als «Basler Täubchen» in die Geschichte der Philatelie eingehen. Das von Architekt Melchior Berri entworfene und in einer ersten Auflage von 20 880 Stück in Frankfurt

«Als am 1. Juli 1881 die ersten Tram-Omnibusse in Funktion treten, herrscht grosser Jubel. Weder der Jubelgreis noch der Häfelischüler lassen es sich nehmen, die Stadt Basel vom fahrenden Rösslitram aus zu betrachten: Es herrscht ein grossstädtisches Leben wie noch nie. Als dann am 5. Mai 1895 das Rösslitram zum letzten Male durch Basels Strassen rasselt, kommt kein Wort des Bedauerns über die Lippen der Bevölkerung. Im Gegenteil: Man verfrachtet die gemütlichen Pferdebahnwagen von Herrn Settelen mit einem Gefühl der Erleichterung nach Winterthur, wo sie am Eidgenössischen Schützenfest noch nützliche Dienste leisten. So verschwanden die ‹Pfiffliwagen› wieder aus unserem Stadtbild, die man mit diesem Übernamen bezeichnete, weil die Rosslenker und Billeteure von früh bis spät Pfeifensignale ertönen liessen.»

gedruckte Basler Täubchen erreichte schon 1864 einen Sammelwert von Fr. 2.– und 1945 einen solchen von Fr. 1350.–. Heute wird ein besonders schönes Exemplar mit Fr. 20 000.– und mehr gehandelt!

1860

Die Handwerkerbank Basel öffnet am Marktplatz ihre Schalter und entwickelt bis zu ihrer Fusion mit dem Schweizerischen Bankverein im Jahre 1979 «als kaum wegzudenkendes Element auf dem Bankenplatz Basel» eine segensreiche Tätigkeit.

1868

Mit einer frohen Feier, welche die Gemeinde mit Fr. 72.15 belastet, weiht Bettingen das neue Schulhaus ein. Es enthält neben einem in zwei Teile trennbaren Schulzimmer für 70 Schüler eine Lehrerwohnung und ein Sitzungszimmer für den Gemeinderat.

1884

Die Chemiefirma Bindschedler & Busch wandelt ihr Unternehmen zu einer Aktiengesellschaft um. Dieser Tag gilt als Geburtsdatum der Gesellschaft für Chemische Industrie in Basel (CIBA).

1886

Mit zehn Arbeitern nehmen der Chemiker Dr. Alfred Kern und der Kaufmann Edouard Sandoz hinter dem Voltaplatz die Herstellung von Farbstoffen auf (seit 1939 Sandoz AG).

1898

J.H. Wolfensberger und Wilhelm Dolder gründen nach der Übernahme der Basler Anilin-Farbenfabrik vormals A. Gerber & Co. durch die CIBA eine Handelsgesellschaft für den Verkauf von Farbstoffen, die nach dem Ersten Weltkrieg sich auch dem Vertrieb von pharmazeutischen Wirksubstanzen widmet (1958 Dolder & Co.).

2. Juli

Mariä Heimsuchung

1373

Der im Haus «zum Zellenberg» an der Freien Strasse 40 wohnhafte Ital Berner verkauft dem Krämer Conrad von Leimen die Hofstatt «zum Schlüssel» an derselben Strasse.

1522

Das wegen seiner Lage an der Landstrasse nach Kleinhüningen bedeutsame Weiherschlösschen Klybeck, ursprünglich ein herrschaftlicher Adelssitz, geht aus dem Besitz des Steinschneiders Sigmund in denjenigen der Stadt Basel. Diese veräussert das unfangreiche Anwesen aber schon im folgenden Jahr an den Mediziner Berthold Barter, der dabei allerdings geloben muss, das Gesäss ohne des Rats Wissen und Willen an niemanden hinzugeben.

1539

Der Rat ernennt Fridolin Grünnagel zum städtischen Stallmeister und überträgt ihm die Verantwortung über den Marstall an der Steinentorstrasse. Er hat die Reitpferde der Obrigkeit getreulich mit Heu und Haber zu versehen sowie das Sattelgeschirr in bester Ordnung zu halten. Eigene Pferde darf er im Stall nicht einstellen, hingegen ist ihm gestattet, zu seiner Notdurft eine Kuh an den Futtertrog zu lassen.

1569

Marco Perez, ein protestantischer Jude aus Spanien, bittet den Rat um Erlaubnis, Gottesdienste in französischer Sprache abhalten zu dürfen. Dagegen verwahrt sich mit aller Vehemenz Johannes Fueglin, der Pfarrer von St. Leonhard: Gegen die Einführung des Seidengewerbes durch den initiativen Refugianten habe er nichts einzuwenden. Dagegen sei auf die seltsamen Phantasien der Welschen und Niederländer hinzuweisen, welche die jungen Bürgerssöhne zum Disputieren und Libellieren (Schmähen), zu Zank und Hader inspirierten.

1570

Der Birsig führt so viel Wasser, dass der Rat mit der Papstglocke Sturm läuten lässt. Die wütenden Wassermassen, die seit 1480 sich nicht mehr so gefährlich gegen die Stadt wälzten, bedrohen sowohl das Steinentor als auch den Wasserturm beim Barfüsserplatz und den Salzturm beim Einlauf des Birsigs in den Rhein.

1594

Bei Breisach erleidet ein Kahn aus Basel Schiffbruch, wobei Ratsherr Jacob Scheltner elendiglich ertrinkt.

1626

In Sissach wird ein 18jähriges Mädchen «mit einer Burdi Gras uff dem Haupt» von einem Blitzstrahl getroffen, «so dass ihns der Dunst erreicht, ihns erstickt und gleich todt niederfallen lässt».

1635

Auf dem Petersplatz werden die zur Verteidigung der Stadt neu angeworbenen Soldaten gedrillt, «wobei sie oft in zwei feindlichen Parteien gegen einander agieren müssen. Da geht es bisweilen unbedachtsam hitzig zu. Als nun die von Zörnlin befehligte Truppe gegen diejenige von Grasser im Feuer manöveriert, trifft eine Kugel den Goldschmied

Nach einem bewegten Leben stirbt am 2. Juli 1691 Salome Burckhardt-Schönauer. Sie spielte während der Staatskrise von 1691, als der Handwerkerstand sich gegen das von wenigen vornehmen Familien beherrschte Ratsregiment erhob, eine üble Rolle, indem sie den Staatshaushalt mit ihrer eigenen Haushaltung verwechselte und durch böse Intrigen das Machtgefüge durcheinanderbrachte. Besonders mit Bestechungsgeldern verstand die Frau des regierenden Oberstzunftmeisters umzugehen. So wurde ihr nachgesagt, heimlicherweise mit Dukaten gefüllte Gänse und Spanferkel in die Küchen beeinflussbarer Personen getragen zu haben. Auch habe sich die Schönauerin – wie unser Bild zeigt – zur Konspiration in einem Weinkeller mit dem obersten Eherichter getroffen, sei aber von einem Küfer belauscht worden, der dann über die seltsame Zusammenkunft die Obrigkeit unterrichtete. Die «Schandtaten» der machthungrigen «Weiberregentin» bestrafte der Grosse Rat schliesslich mit einer ausserordentlich hohen Geldbusse von 6000 Reichstalern, vierjährigem Hausarrest und öffentlicher Exkommunikation.

Batt Edlinger durchs Herz, so dass er todt vom Pferd stürzt. Bei Mathis Gut dagegen bleibt es glücklicherweise bei einer Beinwunde.»

1656

Unter der ausdrücklichen Bedingung, an Sonntagen jegliche Volksbelustigung zu unterlassen, wird hochdeutschen Komödianten die Gastspielerlaubnis erteilt.

1704

Bei Strafe von 50 Gulden verbietet der Rat den Kaufleuten, vor ihren Häusern Waren auf- oder abladen zu lassen. Dies ist nur den Kaufhausknechten gestattet, die mit ihren Wagen die Strassen nicht versperren.

1849

140 Soldaten des polnischen Freikorps, die sich dem Badischen Aufstand entschlagen haben, überschreiten beim Neuen Haus die Schweizer Grenze. Die Flüchtlinge werden zunächst in der Blömlikaserne am Steinenberg untergebracht und dann ins Innere des Landes abgeschoben. Ihrem Kommandanten, dem badischen Obergene-

Siedlungsplan von New Basel, Kansas, 2. Juli 1874

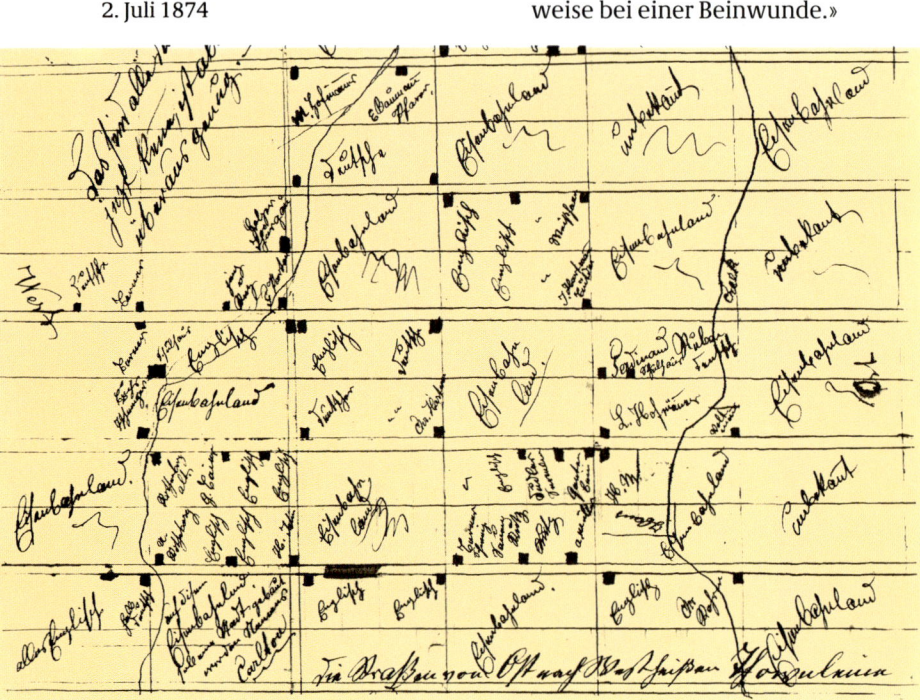

ral Mieroslawski, aber bietet der Rat ein standesgemässes Quartier im Hotel Drei Könige und geleitet «den grossen Herrn» dann mit den Pferden von Emanuel Paravicini-Von der Mühll nach Liestal.

1859

In der Ergolz gelingt dem Liestaler Färber Ambrosius Rosenmund ein famoser Fischzug: Er zieht beim sogenannten Kessel in einer Reuse 135 Forellen miteinander aus dem Wasser, von denen über 60 Stück «tafelfertig» sind!

1892

«Unser hiesiges Dasein steht augenblicklich ganz unter dem Zeichen eines der sinnlosesten Riesenfeste, welches heut über 8 Tage beginnen soll: die Verherrlichung des Jahres 1392, da Gross- und Kleinbasel Eine Stadt wurden... Alles ist mit grösstem Aufwand vorbereitet, und sehr angesehene hiesige Leute sind seit Wochen von früh bis spät damit in Anspruch genommen. Nachher wird die hiesige Welt matt wie Fliegen sein und dann ist wieder mit den Leuten zu reden.» Jacob Burckhardt.

1899

Nach einer Volksabstimmung, der «eine lebhafte Agitation» vorausgegangen ist, entscheiden sich die Basler mit 3016 Ja gegen 2169 Nein für den Neubau der alten Rheinbrücke. Gleichzeitig wird vom Souverän auch die Korrektion des untersten Birsigteils gutgeheissen, «womit die Vollendung des grossen Werks gesichert ist, das Basel endlich von einer jahrhundertealten gesundheitsmörderischen Schande befreit».

1905

Kindervers der Missionsschüler: «Der Elefant von Borneo, der trägt den Kopf stets vorneo. Der Elefant von Indien, der trägt den Schwanz stets hindien...»

1908

Eine nach Hunderten zählende Volksmenge erwartet auf der Pfalz und auf den Rheinbrücken die Ankunft des lenkbaren Luftschiffs von Graf Zeppelin. Gegen Mittag aber kommt die Meldung, Zeppelin habe sich von Waldshut gegen Winterthur gewendet. Schliesslich wird aus Luzern berichtet, der Ballon Zeppelin steuere über die Höhe von Allenwinden gegen die Stadt und den Vierwaldstättersee. «Zeppelin scheint gefunden zu haben, in Luzern sei es schöner als in Basel. So sind die Basler betrübt wieder nach Hause gegangen!»

Militärischer Situationsplan vom 3. Juli 1677: «Nächst Basel», bei Hüningen, besiegt die unter Marschall Monclas stehende französische Armee die deutsch-kaiserlichen Truppen des Generals Herzog von Sachsen-Eisenach.

3. Juli

Processus der Märtyrer

1327

Kleinbasel wird von einem Grossbrand heimgesucht und grösstenteils ausgebrannt. «Dieses traurige Schicksal drückt die guten Einwohner hart. Jeder aber fängt bald an, die Häuser wieder neu zu erbauen, und jedermann bestrebt sich, den unglücklichen Bürgern durch milde Beiträge die unverschuldete und unverdiente Not zu erleichtern.» Zur selben Zeit wird Basel auch noch durch einen bösen Hagelschlag verwüstet und von einer grässlichen Seuche in schweres Leid gestürzt. Der im Barfüsserkloster weilende Johann von Winterthur berichtet, dass an einem einzigen Tag fünfzig Leichen auf die Bestattung gewartet hätten.

1520

Hans Holbein wird ins Bürgerrecht der Stadt aufgenommen. Seine Mittellosigkeit spiegelt sich auch darin, dass er nicht, wie viele andere Künstler, ein eigenes Haus besitzt und dass er über keinen Weinvorrat verfügt und deshalb den Tagesbedarf bei einem Weinschenk einkaufen muss.

1652

Nachdem es während zweier Tage mächtig geregnet hat, führt der Rhein Hochwasser. So werden zwölf Schiffe, die unterhalb der Brücke an die Häuser gekettet sind, von den reissenden Fluten mit grosser Wucht hinweggeschwemmt.

1653

Als in Liestal nach alter Gewohnheit ein neuer Schultheiss gewählt wird, verfügt der Rat erbost die Einstellung dieser Selbstherrlichkeit. Denn die Obrigkeit in Basel sieht keinen Grund, «die vorangegangenen Rebellionen wieder zu stärken. Dies um so weniger, als diese um grosses Geld erkauften leibeigenen Leute auf der Landschaft an Gott und ihrer Obrigkeit treulos und meineidig geworden sind, obwohl die Stadt die Liestaler während des Dreissigjährigen Krieges mit unsäglicher Mühe, Sorge und Unkosten vor Feindes Gewalt und Ungemach beschützt hat».

1689

Eines Zimmermanns Frau aus dem Markgräflerland bringt zwei Kinder zur Welt, die an ihren Bäuchlein zusammengewachsen sind. «Durch eine neue Invention (Erfindung)

National-Zeitung, 3. Juli 1898

vermittelst eines seydenen Fadens aber werden beide verwunderlich voneinander getrennt.» Die Kinder können also zur Taufe ins Münster getragen werden, wo die vier Häupter der Stadt als Taufzeugen wirken. Und die Eltern werden reich mit Speis und Trank versorgt und mit Geld beschenkt.

1694

Der neu erwählte Bischof von Basel, Wilhelm Jakob Rink von Baldenstein, verfügt die Ausweisung der Juden aus seinem Bistum. Er folgt dabei den beständigen Klagen der Untertanen, die sich besonders über die 24 jüdischen Familien in Allschwil auslassen und deren wucherische Handelstätigkeit anprangern. Die meisten der Ausgewiesenen nehmen im nahen Hegenheim Wohnsitz, geschäften aber tagsüber in der Stadt als fahrende Krämer und Viehhändler.

1736

Der 80jährige Bauersmann Anton Dick aus Biel-Benken «trifft beim Schiessen den Nagel auf den Kopf und trägt stolz die aus einem Hammel bestehende Freigabe nach Hause».

1845

Vor dem Bläsitor brennt das aus fünf Gebäuden bestehende Landgut von Gerbermeister Rudolf Hübscher gänzlich nieder. Das Löschwesen versagt total: Der Turmwächter schläft den Schlaf des Gerechten, die Wächter des Bläsitors verwehren der Hilfsmannschaft den Durchgang, und der auf dem Platz anwesende Missionar «irrt ratlos umher und sagt Bibelsprüche auf. Unverantwortlich ist es überhaupt, dass die Bewohnerschaft vor den Thoren im Fall von Brandunglück so durchaus vernachlässigt wird: kein allgemeines Sturmgeläute, keine Feuerläufer. Das ganze Löschgeschäft ist ein Muster ausgebildetster Unordnung, Unzweckmässigkeit und Verwahrlosung!»

1852

Wenige Tage vor dem 5. Eidgenössischen Sängerfest wird die Basler Liedertafel gegründet. Unter Ernst Reiter, ihrem ersten Direktor, spielt der neue Männerchor sogleich eine zentrale Rolle im Basler Musikleben.

1863

Der Handelsmann Christian Meyer-Bischof ersteigt mit dem Führer Josef Maria Trösch den Oberalpstock.

1874

Der auf Anregung der Ornithologischen Gesellschaft eingerichtete Zoologische Garten beim Nachtigallenwäldchen wird eröffnet und verzeichnet schon im ersten Jahr 62 000 Besucher. In den umzäunten Gehegen und Tierhäusern und der ruinenartigen Eulenburg sind 94 Säugetiere in 35 Arten und 416 Vögel in 83 Arten zu sehen.

1883

Der Weitere Bürgerrat setzt den Schlussstrich unter die öffentliche Tätigkeit der Grossbasler Vorstadtgesellschaften, die nur noch durch ihre Vorstände weiterleben.

1900

Der Automobil-Club ersucht das Polizeidepartement, die Motorwagenbesitzer nach einer technischen Prüfung mit einem Befähigungsausweis zu versehen, weil «für Motorwagenführer, die sich mit ihrem Vehikel ins Ausland begeben, derartige Atteste von den Behörden zur freien Circulation auf öffentlichen Strassen, wie in Frankreich, vorgeschrieben sind».

4. Juli

Ulrich von Augsburg der Bischof

1348

Bischof Johann Senn von Münsingen befiehlt allen Kirchenvorstehern in der Stadt wie in der ganzen Diöcese Basel, die Untertanen zur Begehung des Heinrichsfestes und des Kunigundentages anzuhalten, wobei ihnen der übliche Ablass zugesichert ist.

1360

Das Städtlein Liestal verpflichtet sich, zum Wiederaufbau der durch das Grosse Erdbeben von 1356 zerstörten Stadt 60 Schiffe Holz von Augst auf dem Rhein nach Basel zu liefern, damit die Kalkofen geheizt werden können.

1445

Die Bürgerschaft leistet dem neu bestätigten Rat auf den Zunftstuben den vorgeschriebenen Eid, dem angesichts der drohenden kriegerischen Verwicklungen erhöhte Bedeutung zukommt.

1448

Das Konzil von Basel wird nach Lausanne verlegt. Fünfhundert Basler zu Fuss und zu Pferd leisten den hohen kirchlichen Würdenträgern bis nach Langenbruck bewaffnetes Geleit.

1530

Nachdem die Stadt schon im Vorjahr von einem schweren Birsighochwasser heimgesucht worden ist, richtet «das Bächlin us dem Leimenthal» erneut grössten Schaden an: «Auf den vierten Tag Heumonats ward der Birsig abermals so gross. Er war so hoch, dass er beim Steinen Thor von einem Berg zum andern ging. Er that der Stadt und den Bürgern abermals trefflichen, grossen Schaden. Auf dem Kornmarkt-Brunnstock hat man kürzlich einen köstlichen, gewappneten Harnischmann von Stein gesetzt, mit einem Banner in den Händen (Sevogelbrunnen). Dieser ist ins Wasser gefallen und in Stücke zerbrochen. Auch hat der Birsig viel Grien in die Stadt geführt, dass es mannshoch dalag, so dass man

«Am 4. Juli 1862 versammeln sich Altbürgermeister J.J. Burckhardt-Ryhiner, Kantonsingenieur J. Merian, Bauinspector Calame, Ratsherr Imhof und Zimmermeister Schaeffer, um die untere Rheinfähre beim Seidenhof in allen Theilen zu untersuchen und je nach deren Befund einer hohen Regierung den Betrieb derselben in Vorschlag zu bringen. Es ergab deren Augenschein, dass dieselbe neuerstellte Fähre in allen Theilen solide und dess Art ist, dass weder am Seidenhof noch an der Kaserne Befürchtungen Platz greifen könnten. Das Fährschiff ist gleich demjenigen der obern Rheinfähre construirt. Im allgemeinen sind alle Einrichtungen so getroffen, dass der sofortigen Eröffnung des Betriebes nichts im Wege steht.» So besteht denn auch schon am übernächsten Tag die mit der vom «dankbaren Publikum bekränzte und mit der Inschrift ‹Es lebe die Künstlergesellschaft› versehene Rheinmücke 2» glänzend ihre Feuertaufe, indem sie mühelos 597 Passagiere von einem Ufer zum andern befördert.

2000 Tragbärren voll in den Rhein schütten musste. Darnach hat der Rath erkannt, dass man vom Steinen Thor bis gegen Binningen auf beyden Seiten Kripfen anschlage. Auch wurden beyde Seiten mit jungen Weidstöcken besetzt, damit die Staden mochten erhalten werden. Alle Zünfte und Gesellschaften mussten wie der Stadt Landschaften mit Trogkärren fronen. Es gingen grosse Kosten von 8000 Gulden darauf. Es wurde deshalb eine Wasserordnung erlassen mit den Sturmglocken, damit das Volk bei der Sturmglocke mit Haken, Äxten und Seylen herbeilaufe, wie bei Feuersnoth.» Zum Gedächtnis an die beiden verheerenden Hochwasser lässt der Rat 1537 am südlichen Pfeiler der Erdgeschosshalle des Rathauses eine bronzene Gedenktafel anbringen, die heute noch zu sehen ist.

1534

Peter Rosenmund von Rosemont im Elsass, der Schwertfeger, wird zu einem Bürger angenommen.

1548

Adalbert Salzmann, der erste Notar, wird zu Grabe getragen. «Er ist ein grosser Hurer gewesen in jungen Tagen, hat aber in seinem Alter viel Verkehr mit den Mönchen der Kar-

10,000 Stück Taschentücher

Kinder-Taschentücher weiss mit bunter Kante, gesäumt	Stück .10	Batist-Taschentücher mit farbiger Kante	Stück .35
Kinder-Taschentücher weiss mit Hohlsaum u. farb. Kante, merceris.	Stück .20	Herren-Taschentücher gesäumt mit breiter bl. Kante	Stück .35
Batist-Taschentücher weiss, mit Hohlsaum	Stück .15	Herren-Taschentücher weiss mit farbiger Kante, merceriert	Stück .45
Batist-Taschentücher weiss, mit breiter Kante und Hohlsaum	Stück .20	Taschentücher weiss mit Handstickerei	im Karton 3 Stück .75
Taschentücher weiss, gesäumt, gebrauchsfertig	Stück .20	Taschentücher weiss, gesäumt, rein Leinen	Dutzend 4.95
Kinder-Taschentücher karriert, gebrauchsfertig	Stück .20	Taschentücher weiss, gebrauchsfertig, mit breiter à-jour-Kante	Stück .35

National-Zeitung, 4. Juli 1912

taus gehabt. Sonst war er ein gescheiter Mann und in Ehesachen sehr bewandert. Er hatte ein stattliches väterliches Vermögen, dass er aber ganz durchbrachte.»

1551

Der wegen seiner Ausschweifungen und Schuldenwirtschaft berüchtigte Herzog Friedrich III. von Liegnitz verlässt im Rausch die Stadt. «Er verdiente eingesperrt zu werden wegen seiner Schwelgerei und Zügellosigkeit, durch die er sich selbst ins Verderben bringt, den Unsern aber das grösste Ärgernis bereitet.»

1681

Die vorderösterreichische Regierung verleiht Johann Jakob Merian, Abraham Chemilleret, Abel Socin und Albrecht Faesch die Konzession zur Verhüttung einheimischen und schweizerischen Eisenerzes, wozu den Unternehmern beim verkehrsgünstigen und waldreichen Albbruck, in der Nähe von Waldshut, ein Bauplatz zur Errichtung eines Eisenwerkes zur Verfügung gestellt wird.

1848

An der Feier zum Jahrestag der amerikanischen Unabhängigkeit in Muttenz, an der auch deutsche Republikaner anwesend sind, entwickeln sich heftige politische Diskussionen. Als dann ein deutscher Flüchtling die Basler Polizei beschimpft und sie mit derjenigen Russlands gleichsetzt, wäre es zu Tätlichkeiten gekommen, hätte nicht Polizeileutnant Gysin aus Liestal den Streit geschlichtet.

Die berühmte Tragödin Felix Rachel spielt im Stadttheater die Phaedra von Racine und singt zum Schluss die Marseillaise.

1870

Der Ausbruch des Deutsch-Französischen Krieges bringt grösste Aufregung in die Stadt: «Das Tambourenkorps zieht den Generalmarsch schlagend durch die Strassen, um unser Militär unter die Waffen zu rufen. Im alten Zeughaus am Petersgraben werden unter Mithilfe ehrsamer und teils betagter Bürger die Kanonenrohre auf die Lafetten gewunden. Und im geschlossenen Kasernenhof findet die feierliche Beeidigung der Truppen statt. Oberst-Brigadier Samuel Bachofen hält eine feurig-patriotische Ansprache. Als nach dem Kommando ‹Käppi ab!› die Eidesformel verlesen wird, da fahren einhellig die Schwurfinger in die Höhe, und kaum ein Auge bleibt trocken.»

5. Juli

Domitius der Märtyrer

1417

Um die fünfte Nachmittagsstunde bricht in Basel ein Grossfeuer aus. Der Brand breitet sich vom Haus «zur Tanne» am Barfüsserplatz bis zum Teich beim St. Albankloster aus. Neben der St. Ulrichskirche und dem Deutschritterhaus an der Rittergasse gehen zwischen zweihundertfünfzig und vierhundert Häuser, «die Schindelzöpfe hetten und nit mit Ziegeln gedeckt waren», in Flammen auf, und elf Menschen werden lebendigen Leibes verbrannt. Die schwere Brandkatastrophe erregt weit im Land herum die Anteilnahme von Nachbarn und Freunden der Stadt. Es treffen beim Rat Beileidsbezeugungen von nicht weniger als 34 Städten ein. Die Stadt Delsberg schenkt den Baslern zum Wiederaufbau ihren sorgsam gehegten hundertjährigen Wald bei Soyhières und erstellt erst noch auf eigene Kosten einen Weg zur Abfuhr des Holzes. Kaiser Sigismund dagegen entlässt Basel um dieser Heimsuchung willen aus seiner Pflicht des Heerzuges gegen Erzherzog Friedrich. Der Florentiner Poggius, der im Oktober in der Stadt weilte, berichtet in seinem Buch über das Elend des menschlichen Lebens: «Die berühmte und an dem Rheine gelegene Stadt Basel ist besten Theils verbrannt worden. Ich habe die rauchenden Gebäude und die in Asche gelegten Häuser noch selber gesehen.»

1468

Der Ausbruch der Pest im Kleinbasel treibt die geängstigten Städter in einer Schar von 1500 Personen zu einer Prozession ins Kloster Schöntal bei Langenbruck, bei welcher die Priester, die Männer und die Frauen ein grosses Kreuz tragen und sich während der ganzen Pilgerfahrt nur dem Singen und Beten von geistlichen Liedern und Texten hingeben.

Wöchentliche Historische Müntz-Belustigung, 5. Juli 1747

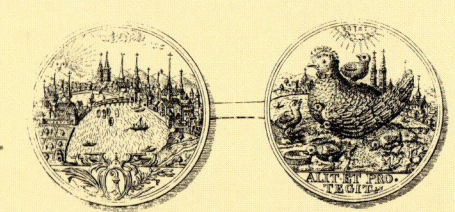

1542

Zum Gedenken an die unerhörten Grausamkeiten, welche die Türken seit 1453 immer wieder an den Christen verübten, und zur Fürbitte, dass Gott seinen Zorn fallen lasse und den christlichen Heeren den Sieg wider die Türken verleihe, ordnet der Bischof von Basel an, dass jeden Freitag in allen Kirchen der Diözese ein Amt gehalten und die obligatorische Türkensteuer treu und willig entrichtet wird.

1551

Während der Prediger Valentin Boltz behauptet, es würden Diebe, Hurer und Ehebrecher in den Rat gewählt, fällt ein Knabe auf der Pfalz hinter dem Münster durch das Loch, durch welches die Abfälle in den Rhein geworfen werden. Hätte er sich nicht an den Sträuchern festhalten können, er wäre in den Rhein gestürzt und in den Wellen umgekommen.

1552

Im nahen Dorf Weil vergnügt sich der 20jährige Würzkrämer Hans Jakob Respinger an der Kilbe mit Tanzen. Dabei gerät er mit dem jungen Sylvester, dem Müller zum Sternen im Kleinbasel, in Streit und stösst ihm seinen Dolch so stark in den Nacken, dass er bis zum Heft darin stecken bleibt. Gleich darauf entflieht der Totschläger «oder vielmehr Mörder» und kommt erst einige Monate später wieder in die Stadt. Er wird mit einer Gefängnisstrafe und einer Geldbusse belegt und hat fortan die Wirtshäuser und das Zusammentreffen mit den Verwandten des Entleibten zu meiden und sich nicht mehr auf der Gasse finden zu lassen, «nachdem mans Glöcklin verlüttet. Das sind die Früchte der Tanzereien und Kirchweihen!».

1623

Der Rat ordnet an, dass die Amtsleute, wenn «sie vor E.E. Rath etwas wollen, dass sie in ihren Röcklein erscheinen und nicht in Ärmeln. Wenn einer im Mantel daherkommt, soll man ihm einen steinernen Rock überziehen.»

«Do man zalt von Gottes Geburt MCCCCXVII (1417) Jare, am fünfften Tage Höwmonats, verbrunnen ze Basel me dann fünff hundert Hüser. Darnach über zwey Jar wart der Böswicht gevangen, der das getan hat.» Faksimile aus Diebold Schillings Spiezer Bilderchronik.

1679

Baptista Belzer von Mailand und Wilhelm Leonhard von Amsterdam, die während 14 Tagen in unserer Stadt «ihre Kunst mit Seiltantzen, Luftspringen, italiänischen Marionetten und sonsten» dargeboten haben, erhalten einen Reisepass.

1868

Am Holbeinplatz wird die neue Französische Kirche eingeweiht. Pfarrer Junod erinnert dabei an «jene Glaubensflüchtlinge, die alles verliessen, um das gute Vermächtnis des Glaubens bewahren zu können».

1873

«Auf der Barfüsserkirche ist das drollige Lehrmeisterstücklein der Störche anzusehen. Das Elternpaar bemüht sich nämlich, die Jungen fliegen zu lehren. Der eine der Lehrlinge aber verirrt sich bei der Flugprobe bis auf den Domhof, wo er von der besorgten Mutter bald wieder ins Nest zurückgeholt wird, während der herzlose Vater sich hiebei nicht vom Fleck rührt.»

1876

Im Zunftsaal zu Rebleuten an der Freien Strasse wird, aufgrund einer Eingabe der acht Wechselsensale an die Handelskammer, die erste Börsensitzung abgehalten. Damit nimmt der regelmässige und zukunftsreiche Handel in Effekten (Wertschriften) seinen Anfang.

1903

«In Basel schiessen die Neubauten wie Pilze aus dem Boden, so dass bis

Johannes Oporinus, der Buchdrucker,
†6. Juli 1568

Ende Jahr über 2000 leere Logis vorhanden sind. Rechnen wir pro Logis einen Durchschnittspreis von 600 Franken Entstehungskosten, so ergibt sich ein jährlicher Verlust von 1,2 Millionen Franken.»

6. Juli

Tranquillinus der Märtyrer

1342

Bischof Johann Senn von Münsingen verheisst allen denjenigen Ablass, die nach reuiger Beichte die beiden neuen Altäre in der Predigerkirche besuchen, den einen gegen den Kreuzgang zu Ehren der Märtyrer Blasius, Christophorus und Erasmus, der Bekenner Erhardus, Ägidius, Theodolfus und Onofrius, der Jungfrau Agnes, der Maria Magdalena und der Elftausend Jungfrauen, den andern gegen den Kirchhof zu Ehren des Thomas von Aquin, Mauritius, Appolinaris, Sylvester, Alexius und Elisabeth. Zur Gewinnung der Ablässe sollen die Altäre an den Festen der Heiligen und am Gedenktag ihrer Weihe besucht werden.

1350

Königin Agnes von Ungarn schlichtet einen Streit zwischen Zürich und Basel. Zürcher hatten Basler und Strassburger Pilger, welche nach Einsiedeln wallfahrteten, als Repressalien gegen einen ähnlichen Vorfall im Elsass gefangen genommen. Der Einfluss der Königin verhindert schliesslich den Ausbruch eines Krieges zwischen Zürich und Basel.

1449

Es zieht schlechtes Wetter auf: Der Himmel verfärbt sich blau, grün, schwarz, weiss und rot, was noch nie gesehen worden ist. Während es bei uns aber keinen Schaden anrichtet, schlägt es in Rheinfelden Wein, Korn und Holz in Grund und Boden.

1476

Der 25jährige Herzog Reinhard von Lothringen, der in der Schlacht von Murten viel Mut vor dem Feind bewiesen hat, legt in Basel eine kurze Rast ein. «Der junge Adelige mit der Adlernase zwischen lebhaft strahlenden Augen und schwarzem Haupthaar, das etwas zu lange gewachsen ist, steigt in den Chor des Münsters, um die Messe zu hören. Er betet in tiefster Andacht die Horen der heiligen Jungfrau und steuert eine Goldkrone.»

1510

Basel verkauft das von Solothurn begehrte Schloss Wildenstein an Friedlin Rein, genannt Oltinger, einen Liestaler aus der Schultheissenfamilie Oltinger. Der Käufer ist verpflichtet, den Wildenstein ohne des Rates Willen nicht zu veräussern, in Bau und Ehren zu halten und der Stadt allezeit zu öffnen. Damit ist das Schloss Basel für alle Zukunft gesichert.

1527

Durch die Agitation des aus Zürich stammenden Täufers Karlin sieht sich der Rat gezwungen, ein Mandat über die Frage der Taufe zu erlassen. Er verordnet «aus christenlichem Gemüt» die Kindertaufe, untersagt die Wiedertaufe und verbietet den Besuch von «Winkelpredigten» und Versammlungen auf dem Felde oder in den Wäldern.

1565

Es setzt eine unerträgliche Hitze ein, die sechs Wochen währt und auf dem Feld viele Menschen und Tiere verenden lässt. «Es ist von keinem Menschen gehört worden, dass eine grusamere Hitz in diesen Landen erlebt worden ist.» Dann wird es wieder so kalt, dass «der Blowen (Blauen) ob Basel ganz wyss beschneyt ist».

1568

Es stirbt der im Jahre 1507 geborene Johannes Herbst, genannt Oporinus. Der begabte Schüler von Paracelsus wirkte zunächst als Professor für Griechisch und machte sich dann als Buchdrucker und Verleger einen berühmten Namen. In seiner Offizin erschien 1542 der Koran in lateinischer Übersetzung.

1625

«Es fällt des Zollers auf St. Albansthor sein Weib die Stegen herab zu Tod. War der Trunkenheit und andern Lastern ergeben. In allem sind im gleichen Jahre hier wohl gegen 20 Personen vollerweis zu Tod gefallen.»

1754

Auf sein Ersuchen hin wird Carolo Francesco Perona, langjähriger Lektor der italienischen Sprache, der Magistergrad honoris causa verliehen. Die Kreierung von Ehrendoktoren an der hiesigen Universität aber bürgert sich erst im 19. Jahrhundert ein.

1817

Der Forschungsreisende Johann Ludwig Burckhardt alias Scheik Ibrahim berichtet seiner Mutter: «Egypten wimmelt von Reisenden. 2 Deutsche, 3 Engländer, 2 Franzosen sind in Oberegypten. Bis dahin hat keiner gewagt, den Nil so weit hinauf zu verfolgen als ich gethan habe. Sie sind alle eifrig im Sam-

«Am 6. Julio 1704 werden zwey Sauerbrunnen Quellen neu entdeckt. Die einte in dem Mittleren Gundeldingen, welche mit grossen Unkosten von dem damaligen Besitzer des Guths gegraben worden ist. Die andere in dem Birsig unweit von Binningen unter dem Schutz. Das Wasser ist beyderseits schön klar und riecht wie Tinte. Wenn man Galäpfel darein wirft, wird das Wasser kohlenschwartz. Es haben viel 1000 Personen davon getrunken und solches für gut befunden. 1706 bestätigt sich die treffliche Wirkung des Wassers. Es gehen oft an einem Morgen von Hiesigen und Fremden gegen 200 bis 300 Personen. Es darf keiner etwas bezahlen, einzig dem Schöpfer ein kleines Trinkgeld. Der französische Prediger Raboulet hat den Anfang gemacht.» Tuschzeichnung von Hans Heinrich Glaser. 1640.

meln von egyptischen Alterthümern begriffen.»

1818

Es stirbt Wachtmeister Johann Jakob Wolleb. Er bewohnte bis zu seinem Tod das Steinentor und genoss sichtlich seinen Ruf als einfallsreiches Stadtoriginal. Als er sich während der Helvetik weigerte, vorschriftsgemäss die dreifarbige Kokarde, das Abzeichen des Einheitsstaates, zu tragen, wurde er auf das Statthalteramt befohlen. Diesen Befehl erfüllte er, indem er sich in papageigrünem Rock, roter Weste und gelblederenen Hosen bei seinem eigentlichen Vorgesetzten präsentierte und gleich die Frage stellte, ob er in diesem Aufzug in den helvetischen Farben als lebendige Kokarde gelten könne...

1840

Aus Anlass des Schweizerischen Musikfestes gelangt Händels «Samson» zur Aufführung. «Ein solch grosses Musikwerk sieht man sonst nur in den grössern Städten oder in fürstlichen Kapellen mit einiger Vollkommenheit aufgeführt.»

1891

Der Grosse Rat erwirbt vom Pflegamt des Bürgerspitals das Areal des Zoologischen Gartens, haltend 5 Hektar 92 Ar, zum Preis von Fr. 32 769.80.

1898

Im Musiksaal und im Vereinshaus am Petersgraben findet die 14. Internationale Konferenz der Christlichen Vereine junger Männer (CVJM) statt. Der Schlussgottesdienst im Münster vereinigt 4500 Teilnehmer, die in 14 Sprachen Lieder singen.

1907

Am Marktplatz eröffnen im ehemaligen Warenhaus Julius Brann die Magazine zum Globus ihre Verkaufslokalitäten. Unter dem Namen «Globus» wird an der Steinenvorstadt 12 bis ins Jahr 1935 ebenfalls ein Konfektionshaus geführt.

7. Juli

Willibald von Eichstätt der Bischof

1414

Begleitet von einem Tross von über achthundert Pferden, reitet König Sigismund in Basel ein und bezieht mit seinen Vertrauten Quartier im Hof des Domherrn Jost Schürin am Münsterplatz, über dessen Eingangstor der Schild des Reiches prangt. Der Rat wendet für die Verköstigung des königlichen Hofhalts 45 Saum Wein und 36 Zentner Fleisch auf sowie eine grosse Menge an Fisch, Geflügel, Korn und Hafer, und in der Trinkstube zur Mücke veranstaltet er zu Ehren des hohen

General-Verzeichniß
aller
Deserteurs und Kriegsgefangenen
welche
von der Errichtung des löblichen Bureau-Militaire
bis zu desselben Beschluß
vom 16. Juni 1793 bis und mit dem 28. Juni 1797
die Stadt Basel paßiert haben.

Nahmen der Nationen.	Deserteurs.	Ausgewechselte und sich selbst Rantionirte.	Summa.
Kayserliche	2731	27951	30682
Französische	741	8541	9282
Preußische	367	1224	1591
Holländische	217	1341	1558
Hessische	12	1089	1101
Condéische	670	39	709
Maynzische	4	491	495
Piemontesische	352	143	495
Pfälzische	115	151	266
Brittische	145	116	261
Hannoveranische	5	255	260
Spanische	125	87	212
Würtembergische	15	60	75
Fürstembergische	10	52	62
Würzburgische	13	21	34
Durlachische	11	19	30
Genuesische	27	2	29
Bayerische	10	11	21
Sächsische	9	7	16
Reichstruppen	~	12	12
Pohlnische	6	1	7
Salzburgische	2	5	7
Mayländische	2	5	7
Trierische	1	5	6
Russische	3	3	6
Darmstädtische	1	3	4
Schwäbische	~	3	3
Modenesische	1	1	2
Neapolitanische	2	~	2
Venetianische	2	~	2
Päbstliche	1	~	1
Zweybrückische	1	~	1
Weymarische	1	~	1
Dänische	~	1	1
Lucksische	1	~	1
TOTAL	**5603**	**41639**	**47242**

J. Oser, Obristwachtmeister.

Militärischer Rapport, 7. Juli 1797

Gastes einen rauschenden Ball. Ehe der König am 10. Juli, begleitet von baslerischen Schiffern, zur Kaiserkrönung nach Aachen abreist, verehrt der Rat der Königin zwei vergoldete Silberbecher im Wert von 146 Pfund.

1551

Thomas Naogeorg, ein Gelehrter und Dichter, der hier Gastrecht geniesst, wird vor den Rat geladen, um sich zu verantworten, warum er seine Frau so schlecht behandle. Er spricht manches zu seiner Verteidigung, aber nichts, was zur Sache gehört. Er entgeht mit Glück der Verurteilung und Verbannung. Wenn er so weiter lebt, wird er ohne Zweifel vertrieben. «Die Poeten leben eben auch nach Poetenart, d.h. sich von einem Schwindelgeist treiben zu lassen.»

1557

Durch den Scharfrichter von Delsberg werden in Aesch zwei «Hexen» verbrannt. «Dem Nachrichter sind gegeben worden um die zwey Wiber abzutun, für Handschuh, Strick, Pickel, Rütthaufen und Schufflen 29 Schilling. Dem Untervogt für 300 Wellen, die Wiber zu verbrennen, 36 Schilling.»

1632

Seinen unwiderstehlichen Drang, den Bauern der Umgebung Hühner zu stehlen, hat Jakob Mahrer mit dem Tod zu büssen. Von 52 Diebstählen, die ihm nachgewiesen werden, drehen sich nicht weniger als 22 um (75) Hühner. Daneben aber sind es hauptsächlich Brote, Käslaibe, Tücher, Kleider und Schuhe gewesen, die sich der arme Taglöhner unrechtmässig angeeignet hat. Obwohl Hunger und Not Mahrer zu diesen Diebereien führten, lässt die Obrigkeit keine Milde walten: Der Scharfrichter hat ihm mit dem Schwert das Lebenslicht auszulöschen!

1642

Als in den benachbarten Orten im Sundgau und im Markgräflerland «ein Geschrey erschollen ist, es soll Kriegsvolck bei ihnen einquartiert werden», führen die dasigen Bauern ihre Früchte so viel als möglich nach Basel». So werden bis zum 29. August 46 377 Sack Weizen, Roggen, Korn und Haber in den Fruchtschütten der Stadt eingelagert.

1762

Der Vorgesetzte der Zunft zu Fischern, Christoph Brenner, wird seines Amtes entsetzt, weil er am Herbergsberg zahlreiche «hiesige und fremde Kaufmannsbediente zu Spiehlen und Hurerey eingezogen hat». Zudem wird er für ein Jahr mit Hausarrest belegt und lebenslänglich von jeglichem Weingenuss abgehalten!

1835

In Nuglar «bildet sich bei einem starken Gewitter eine ungeheure Windhose, die sich durch Brausen, Flammen und Rauch offenbart. Sie reisst über tausend der gesundesten Bäume aus dem Boden. Keine Eiche, kein Nussbaum ist stark genug. Die Ziegel wirbeln wie Schindeln in der Luft umher. Mehrere Häuser und die Kapelle werden stark beschädigt, Menschen zu Boden geworfen und fortgedrängt.»

1848

Nachdem schon früher grössere und kleinere Truppenverbände des Badischen Aufstandes, die sich vor den vorrückenden Preussen fürchteten wie die dreihundert «Hanauer Turner», in Basel eine sichere Zuflucht gefunden haben, begehren erneut «Trümmer des geschlagenen und zerstreuten Aufstandsheeres der Süd- und Westdeutschen» in der Stadt Aufnahme: «Auf der Rheinbrücke harrt die Volksmasse eines noch nie erlebten Schauspiels. Bei drückender Hitze langt der Zug der unglücklichen, wehrlosen Flüchtlinge unter der Obhut der braven Garnisonstruppe hier an, um in der Klingenthalkaserne untergebracht zu werden. Das Volk auf der Brücke staunt mit mitleidigen Blicken stumm den eigenthümlich malerischen Zug an. Mit den kriegerischen Fremdlingen bewegt sich in langem Zug das Geschütz von vier Zwölfpfünderkanonen und 15 meist bayrischen Piecen samt ihren Caissons und Gepäckwagen und das Reitervolk, etwa 120 bayrische Chevauxlegers mit den Pferden.»

1883

Der Schneider Jules Settelen erwirbt den Pferdebetrieb seines zukünftigen Schwiegervaters, Henri Imhoff, an der Solothurnerstrasse 12, bestehend aus 57 Pferden und 14 Tram-Omnibussen.

1900

Im Alter von 77 Jahren verstirbt Hochwürden Burkhart Jurt, seit 42 Jahren Pfarrer der römisch-katholischen Gemeinde. Der Initiative des päpstlichen Hausprälaten ist die Erbauung der Marienkirche und der Josephskirche entsprungen.

1906

Zum ersten Mal geniessen die öffentlichen Schulen fünfwöchige Sommerferien. Der ihnen vorangehende Samstag, der Bündelitag, wird freigegeben und gestaltet sich

«Marktbericht vom 7. Juli 1887: Kirschen 15 Cts. per ½ Kilo, Erdbeeren 50 Cts. per Körbchen, Heidelbeeren 20 Cts. per ½ Kilo, Johannisbeeren 30 Cts. per Körbchen, Blumenkohl 30 Cts. per Kopf, Spargeln 25 Cts. per Büschel, Zwiebeln 5 Cts. per Büschel, Gurken 20 Cts. per Stück, Kabis 15 Cts. per Stück, Kopfsalat 5 Cts. per Stück, Bohnen 30 Cts. per Körbli, Kartoffeln 15 Cts. per Becher, Tauben Fr. 1.30 per Paar, Suppenhühner Fr. 1.20, Leghühner Fr. 1.80, Enten Fr. 2.-, Gänse Fr. 2.-, Salm Fr. 1.50 per ½ Kilo, Nasen 25 Cts. per Stück, Äschen Fr. 2.- per ½ Kilo, Butter Fr. 1.10 per ½ Kilo, Eier 75 Cts. per Dutzend.» Ölgemälde von Rudolf Weiss.

zu einem eigentlichen Tag der Auswanderung.

An der Winterhalde in Münchenstein wird eine echte Wildkatze erlegt. Das seltene Tier wiegt 17 Pfund und wird wohl eines der letzten Exemplare sein, die sich in unserer Gegend aufhalten.

1909

Für den Neubau eines Kunstmuseums auf der Elisabethenschanze wird ein Architekturwettbewerb ausgeschrieben. Das neue Museum soll ein sogenanntes Seitenlichtmuseum werden und neben den Bildersälen einen Hörsaal mit achthundert Plätzen umfassen.

8. Juli

Kilian von Würzburg der Bischof

1432

Das vom Rat gestiftete neue, reich geschnitzte Chorgestühl im Münster wird seiner Bestimmung übergeben: «Am Dienstag vor des Kaisers St. Heinrich-Tag wird eine feierliche Prozession abgehalten durch die Prälaten des Konzils. Und der Bischof von Genf celebriert das Amt am Ort der Sitzungen. Da sitzen die Prälaten zum erstenmal in jenem neuen Gestühl.»

1446

Niklaus von Buldestorf, ein religiöser Schwärmer, wird auf Beschluss des Konzils öffentlich verbrannt.

1532

Der Rat erteilt den Deputaten (Kirchen- und Schulräten) die Vollmacht, die alten Kapellen auf der Landschaft, die nicht mehr benützt werden, zu verkaufen oder, damit sie nicht einfallen, in Hauswohnungen umzubauen oder abzubrechen. So verschwinden die Kapellen von Füllinsdorf, Böckten, Thürnen, Zunzgen und Zeglingen. Die Kirche von Niederrothenfluh wird 1534, diejenige von Rickenbach 1536 abgebrochen.

1680

Im Baselbiet geht «ein unerhörter Wolkenbruch nieder, wodurch die Wasser in allen Tälern also anlaufen, dass sie an Feldern und Gebäuden merklichen Schaden anrichten. Zu Diegten liegt ein Mann, der ein Bein gebrochen hat, im Bett. Als das Wasser kommt, legt sich der Barbierer, der ihm das Bein verbunden hat, zu ihm. So werden beide vom Wasser bis an die Bühne emporgehoben. In einem andern Haus muss eine Frau ihr Kind in der Wiege auf den Kopf nehmen, weil das Wasser ihr bis zum Halse reicht. In der Nacht fällt noch ein grosser Hagel. Es gibt Steine wie Hühner- und Gänseeier, die alle Feldfrüchte in den Boden verschlagen. Der Jammer und das Elend sind über alle Massen gross». Trotz der grossen Verluste der Landleute ist der Rat nur zu einer bescheidenen Reduktion der Zehntensteuer bereit.

1722

Auf der Beckenzunft zeigt ein Knabe ohne Arme seine sonderbare Kunst, mit Fäden und Nadeln zu stricken, «so geschwind, als ein anderer mit Händen es nicht zu tun vermag. Mischelt mit blossen Füssen auch die Karten.»

Warnende PUBLICATION wegen dem Steinwerfen.

Weil sich seit einiger Zeit durch das unbedachtsame Steinwerfen der Jugend verschiedene Zufälle ereignet, wodurch an mehrern Personen gefährliche Beschädigungen entstanden sind, und diese leichtsinnige Gewohnheit unter der Jugend ungeachtet der hierwider ergangenen Verbote immer mehr überhand zu nehmen scheinet, als sind Unsere Gnädige Herren E. E. und Wohlweiser Rath dieser Stadt hiedurch bewogen worden, zur öffentlichen Sicherheit zu verordnen, daß dieses unüberlegte Steinwerfen, wovon die leichtsinnige Jugend die entstehen könnende Gefahr nicht einsicht, gänzlich unterlassen, und wider die Uebertreter dieser Verordnung eine ernstliche Ahndung vorgenommen werden solle; welches zu männiglichs Verhalt hiedurch kund gemacht wird. Und seynd besonders die Lehrer in den Schulen ermahnet, die Jugend durch ernstliche Vorstellungen, auch allfälliger nöthiger Bestrafung davon abzuhalten.

Den 8 Heumonat 1786.

Canzley Basel, sst.

Obrigkeitliches Mandat, 8. Juli 1786

1733

«Ein in Grösse eines Hühner Eis gefallener Hagel verwüstet einen Strich Land mit Reben im sogenannten Kilchgrund in Riehen. Verwüstet im Dorf auch die Fenster, sonderlich in der Kirche.»

1773

In Riehen verstirbt der Schulmeister Johannes Schärer. «Dieser Mann war einige Jahr mit einer grausamen Glieder Kranckheit beschwärt und fand keine andere Linderung, als wenn er sich den Rucken starck zerprügeln liess, was erbärmlich anzusehen war.»

Der unerschrockene Rauracher, 9. Juli 1836

Rothhaus. Salzwerk. Die genaue Untersuchung des durch Anbohrung nunmehr gefundenen Salzes führt zu der Ueberzeugung, daß in demselben eine hinreichend mächtige Masse von Steinsalz bereits jetzt ansteht, um aus der dadurch erzeugten gesättigten Soole jedes für jetzt gedenkbare Bedürfniß des Absatzes befriedigen zu können. In Bezug auf die Reinigkeit der Soole ist das Verhältniß demjenigen aller anderen Steinsalzsoolsalinen so völlig gleich, daß demnach auch der Erzeugung des stärksten und besten Kochsalzes das geringste Hinderniß nicht im Wege steht. Unter diesen Umständen darf man sich nun mit dem Gedanken beschäftigen, zu der Anlegung eines Salzwerkes wirklich zu schreiten. So kann es noch möglich sein, daß der Betrieb desselben schon gegen Ende dieses Jahres beginnt.

Am 8. Juli 1775 besucht Johann Wolfgang von Goethe zum ersten Mal unsere Stadt und hält zur Besichtigung der Sammlung des berühmten Kupferstechers und Kunsthändlers Christian von Mechel im Erlacherhof an der St. Johanns-Vorstadt 17 Einkehr. Auch trifft er sich mit dem bekannten Basler Stadtschreiber Isaak Iselin. Und dieser berichtet seinem Zürcher Kollegen Salomon Hirzel über das denkwürdige Ereignis: «Es hat mir viel Freude gemacht, Göthe zu sehen. Ich bewundre das Genie dieses Manns im höchsten Grade, obwohl ich den Gebrauch gar nicht liebe, den er davon macht. Er wird indessen eine neue Bahn öffnen. Es wird nun eine Zeit lang in Deutschland Alles sich dahin bestreben, Thätigkeit zu spiegeln, Stärke zu zeigen. Wer die grössten Kräfte beweisen wird, wird der Grösste seyn. Und sich auf dieser Bahn bemerkbar zu machen, scheint Göthen's vornehmste Absicht zu seyn. Auch ist Niemand, der mehr im Stande wäre, Aufmerksamkeit auf sich zu ziehen.» Am 17. Oktober 1779 erweist Goethe Basel erneut die Ehre seiner Gegenwart und sucht wiederum Christian von Mechels Offizin an der St. Johanns-Vorstadt auf.

1848

Von Rheinfelden kommend, treffen 1400 Soldaten des Badischen Aufstandes mit 13 Geschützen in Basel ein: «Zuerst die bayrischen Chevauxlegers, die Pferde am Zügel führend, umgeben von der aufgesessenen Basler Kavallerie. Hierauf die Standestruppe, die einen trefflichen Eindruck macht, trotzdem sie wegen beständigen Vorpostendienstes seit einigen Tagen nicht mehr aus den Kleidern gekommen ist. Es folgen die deutschen Geschütze und sämtliche Fuhrwerke. Den Schluss macht die Basler Batterie. Die Pferde werden samt den bayrischen Reitern im Klingenthal untergebracht.»

1893

Auf dem Petersplatz findet bis zum 10. Juli das 19. Eidgenössische Sängerfest, das dritte in Basel, statt. Ganz Basel gibt sich auf dem Festplatz ein Stelldichein. Die gegen den Petersgraben errichtete gewaltige Festhalle, die auch ein Podium für 3000 Sänger unter ihrem Dach hat, bietet 6000 Sitzplätze. Und diese sind tagtäglich übersetzt. Neben Wettgesängen in Kunstgesang und Volksgesang, Massenchören und konzertanten Aufführungen kommen auch Folklore und Geselligkeit ausgiebig zum Zuge, so dass männiglich an dem schönen und erhabenen Fest seine Freude hat.

9. Juli

Cyrillus der Märtyrer

1279

König Rudolf schenkt dem Bischof von Basel das Recht des Zollholzes in Basel, als Belohnung seiner treuen Dienste, mit der Auflage, jeweilen, wann ein König sich zu Basel aufhalte, ihm das Holz zum täglichen Gebrauch zu liefern.

1386

Herzog Leopold von Österreich verliert bei Sempach gegen die Eidgenossen Schlacht und Leben. Aber auch die Basler Ritterschaft wird stark dezimiert. Von den Gefallenen sind zu nennen: die Brüder Wernher, Lütold und Adelberg von Bärenfels, Werlin und Kunrat von Rotberg, Hans Rudolf von Schönau, Hans Ulrich von Hasenburg, Walraf von Tierstein und Domherr Johannes von Tierstein, Kirchherr zu Pfeffingen. «Die glorreiche Schlacht wird für die Stadt eine Quelle des Glücks. Nicht nur verlor sie dadurch ihren gefährlichsten Feind, den Herzog von Österreich, sowie eine Anzahl ihr von jeher übel gesinnter Edelleute, sondern sie gewinnt auch durch dieses tiefgreifende Ereignis freie Bahn, die sie drückenden Fesseln der Abhängigkeit abzustreifen und die volle Souveränität zu erwerben.»

1634

Therwil wird von einigen Reitern des schwedischen Majors Goldstein angegriffen, die versuchen, das Dorf anzuzünden. Die Therwiler aber setzen sich tapfer zur Wehr und vertreiben die Räuber. Vier Reiter werden getötet, doch verlieren auch einige Bauern ihr Leben. Das Feuer kann, ohne grössten Schaden angerichtet zu haben, gelöscht werden. Damit die Bauernsame die Ernte einbringen kann, lässt Basel auf dem Bruderholz eine Reiterschildwacht postieren. Auch Allschwil wird bewacht. Trotzdem gelingt es räuberischen Banden, auf den Feldern mehr als die halbe Ernte zu dröschen und wegzuführen.

1636

Der Schneider Martin Graff, der an verschiedenen Orten in der Stadt Einbrüche verübt hat, wird mit dem Schwert enthauptet.

1642

Ein Laufenburger, der als Soldat in Basel gedient hat, wird wegen vieler Mordtaten mit glühenden Zangen gepfetzt und auf dem Rad zu Tode gemartert. «Hat hier als Schiltwach auch zwei Personen auf der Rheinbruck umgebracht und geplündert.»

1738

Der Rat erkennt, dass alle Strolche und Taugenichtse angehalten, auf das Schänzlein von St. Jakob geführt und dort beim Bau der neuen Birsbrücke nützliche Arbeit zu verrichten haben. «Dies wird nachwerts durch die brutale und unbarmherzige Conduite des Oberdirektors, Oberst Wettstein, so sehr missbraucht und an vielen fremden Durchreisenden unmenschlich ausgelassen, dass es der Stadt Basel nicht zum besten gereicht.»

1753

Auf einer Rheininsel bei Neudorf werden einige dort weidende Kühe samt dem Hüterbuben von einem tauben Hund gebissen. «Hierauf werden der Knabe und die Kühe nach Hüningen geführt, allwo ein Schlüssel, welchen man St.-Rupertsoder St.-Peters-Schlüssel nennt, sich befindet. Mit diesem sind die Gebissenen auf ihren Wunden gebannt worden.»

Die Errichtung der Geschäftsliegenschaft der Eisenhandelsfirma Gebrüder Röchling an der Ecke St.Jakobs-Strasse und Peter-Merian-Strasse bedingt am 9. Juli 1905 eine Arrondierung der ausgedehnten Parkanlage. Dabei muss eine rund 70jährige Blutbuche versetzt werden. Der im Hintergrund sichtbare 1200 Zentner schwere Baum in der Höhe von 18 Meter, mit einem Stammumfang von 2,25 Meter und einem Kronendurchmesser von 16 Meter, wird auf fachmännische Weise nach vorne «geschoben». Der komplizierte Vorgang gelingt mit erstaunlichem Erfolg.

1849

Das grosse Problem des überquellenden Flüchtlingsandrangs aus der badischen Nachbarschaft ruft den Bundespräsidenten, Jonas Furrer, nach Basel. Er steigt im Hotel Drei Könige ab und wird auch für kurze Zeit während der Grossratssitzung auf der Tribüne bemerkt. Während seines Aufenthalts, der bis zum 14. Juli andauert, führt der Bundespräsident zu verschiedenen Malen Gespräche mit dem badischen Geschäftsträger, doch wird das Ergebnis geheim gehalten.

1885

Das Strafgericht verurteilt die des leichtsinnigen Bankerotts angeklagten Wilhelm Burckhardt und Emanuel Paravicini zu mehrmonatigen Gefängnisstrafen. Sie wurden für den schmerzlichen Niedergang der einst blühenden Firma Leonhard Paravicini verantwortlich gemacht, die in Basel einen schwungvollen Handel in Eisen und Metallen betrieb und im Jura (Lützel, Bellefontaine, Delsberg, Undervelier, Courrendlin) über verschiedene Erzgruben, Eisenwerke, Hochöfen, Grosshämmer und Walzwerke mit mehreren hundert Arbeitern gebot.

1892

Es beginnt die dreitägige monumentale Gedenkfeier an die vor 500 Jahren erfolgte Vereinigung von Grossbasel und Kleinbasel. Mittelpunkt der glanzvollen Festlichkeiten ist das von 1500 Mitwirkenden gestaltete Festspiel «auf der kolossalen Bühne von mehr als 50 Meter im Geviert und mit einem Zuschauerraum für 7000 Schaulustige, die mit viel Geschmack an der Gundeldinger Halde erbaut worden ist. Das Festspiel wird dreimal aufgeführt, hat eine Spieldauer von über drei Stunden und wird begeistert aufgenommen». Daneben erfreut sich die ganze Bevölkerung bei schönstem Wetter am Aufzug der vielen Gäste, der Zünfte und Vereine, an «der Illumination der Stadt mit Gas, Elektrizität, Windlichtern und bengalischem Feuer», an vielen Volksbelustigungen und Festwirtschaften. «Manche der Schweizer Zeitungen, die sich so überaus schmeichelhaft über diese Festtage aussprachen, drückten ihre Verwunderung aus über die ruhige, würdige Haltung der Bevölkerung und über den gut schweizerischen Geist, der in Basel herrscht.»

National-Zeitung, 10. Juli 1898

10. Juli

Felicitas und ihre sieben Söhne

1439

Um den Zorn Gottes zu besänftigen, der durch die Pest unsägliches Leid unter die Bevölkerung bringt, veranstalten die Münsterkapläne einen grossen Bittgang zu Unserer Lieben Frau nach Einsiedeln. Angeführt von 24 Priestern, folgen gegen tausend Wallfahrer dem Aufruf. Über Säckingen, Brugg und Zürich zieht die Schar dem Gnadenort entgegen. Kein Geschwätz wird unterwegs geduldet, nur unaufhörliches Wehklagen und unausgesetzte Bittgesänge sind zu hören. In Einsiedeln werden die Pilger aus Basel vom Abt «mit dem Heiltum und grosser Wirdigkeit empfangen, und die von Zürich schenken den Lüten, arm und rich, früntlich ire Gastfrüntschaft».

1466

Bern und Solothurn schliessen mit Mülhausen ein Schutz- und Trutzbündnis ab und bringen damit Basel in Kriegsgefahr. Der Rat ordnet deshalb schleunigst eine allgemeine Aufrüstung an.

1468

Weil Basel im Sundgauerkrieg der Eidgenossen mit Österreich strenge Neutralität beobachtet, ziehen die eidgenössischen Scharen vor der Stadt auf und fordern ungestüm die Öffnung der Tore, am ungebärdigsten die Solothurner. Die Zünfte wie die Priester auf Burg aber sind auf der Hut und verweigern standhaft den Zugang zur Stadt. So ziehen die «Schelme» unverrichteter Dinge ab, nicht ohne aber im Zorn rings um die Stadt die Gärten und Reben verwüstet zu haben. Dann schweifen die Eidgenossen gegen Pratteln, plündern Dorf und Schloss und rauben aus der Hauskapelle Bernhards von Eptingen «Geziert, Messbücher und Ornament». Hierauf legen sie Feuer und wenden sich Liestal zu.

1591

Ein Jude, der zu Rheinfelden hätte gehenkt werden sollen, lässt sich noch unter dem Galgen taufen.

1613

Nachdem der Kleinbasler Rebmann Leonhard Ernst unter Mithilfe seiner Freundin seine Frau mit Gift umgebracht hatte, begab er sich abermals in den Stand der Ehe und zeugte wiederum Kinder. Wie nun seine zweite Frau im Kindbett des Todes ansichtig wird, bekennt sie die scheussliche Mordtat. Ernst wird deswegen eingezogen und nach gewaltetem Prozess mit dem Schwert enthauptet. Vor seiner Hinrichtung ist der «böse Vatter» noch ans Totenbett eines Kindes getreten, das er ebenfalls vergiftet hat, worauf diesem «das Blut über sein ganzes Leiblin herabgeflossen ist».

1678

Jakob Bernoulli (1654–1705), der Begründer der berühmten Mathematikerfamilie, begibt sich nach abgelegtem Examen nach Frankreich und schreibt aus Bordeaux: «Gehen des Morgens nicht aus dem Haus,

Am 10. Juli 1891 kann, nach dem schweren Eisenbahnunglück von Münchenstein am 14. Juni, die neue, provisorische Brücke über die Birs einer Belastungsprobe unterzogen werden. «Die von Zimmermeister Arnold Bachofen erstellte Brücke macht einen soliden Eindruck. Sie steht auf zehn Pfeilern, von denen sieben im Birsbett eingerammt sind.» Die mit drei Lokomotiven vorgenommene Belastungsprobe ergibt ein ausgezeichnetes Resultat, wird doch nur eine maximale Senkung von 2½ Millimetern festgestellt.

sie haben dann déjeunirt und ein Glas Wein getrunken, so bei uns die Saufbrüder tun. Haben wenig Haus- und Küchengerät, keine Messer und Löffel. Frisst sowohl der Edelmann als der Bauer die Suppe mit den Fingern. Die Weiber sind durchaus schön, trinken nur Wasser, damit sie den teint weiss behalten. Sie leiden im Haus eher Hunger, nur damit sie was für den Arsch zu henken haben»...

1680

Hans Georg Von der Mühll, der Sattler aus Herborn, wird zu einem Bürger angenommen.

1855

Die Regierung ermächtigt die Polizeidirektion zur Anwendung körperlicher Züchtigung gegen mehrfach rückfällige oder widersätzliche Bettler und Vaganten.

1877

Beim Abbruch des alten Gasthofs «zum wilden Mann» ereignet sich an der Freien Strasse ein schweres Unglück: Das baufällige Haus stürzt ein, und Gebälk und Schutt schlagen im Speisesaal zwei ledige Maurer und einen Vater von vier Kindern zu Tode.

1880

«Über eine Mikrotelephonleitung ist der erfolgreiche Wettgesang der Basler Liedertafel am Eidgenössischen Sängerfest in Zürich gleichzeitig auch in Basel vernehmbar.»

1907

Der Engroshandel in Kirschen auf dem Barfüsserplatz erreicht seinen Höhepunkt. Die meisten Kirschen kommen aus dem Badischen, weniger dagegen aus dem Baselbiet. Auf den amtlichen Waagen werden 330 Zentner gewogen, das Pfund zu 25 Rappen.

1914

«Mit überlautem Evviva und Hurra erfolgt um 10 Uhr 50 vormittags der Durchschlag des Hauenstein-Basistunnels, wobei Höhe und Axe sehr genau übereinstimmen.»

11. Juli

Placidus von Disentis der Märtyrer

1454

Aus Anlass des Besuchs des Herzogs von Burgund messen sich Bernhard Sevogel und Hans Waltenheim in einem ritterlichen Turnier. «Do lupft der Seevogel den Waltenheim us dem Sattel, dass er selbigen Tages stirbt.»

1456

Basel wird von einem grausamen Gewitter überrascht, «so dass man meint, die Welt möcht untergehn». Dann setzt heftiger Hagel ein, der Korn und Wein verwüstet und schliesslich in einen Landregen übergeht, der tagelang anhält.

1471

Hatte sich der Rat schon während des Konzils mit der Abhaltung eines Jahrmarktes beschäftigt, so beauftragt er nun Hans von Bärenfels, am grossen Regensburger Reichstag dem Kaiser dieses Anliegen vorzutragen. Und der Gesandte hat Erfolg: Kaiser Friedrich erteilt Basel das Privileg, jährlich zwei Messen durchzuführen, die eine jeweilen vierzehn Tage vor Pfingsten, die andere vierzehn Tage vor Martini. Allen auswärtigen Kaufleuten, die an den Basler Messen Handel treiben, ist freies Geleite zugesichert, wie es den Besuchern der Messen zu Frankfurt und Nördlingen zusteht.

1545

Sebastian, der Maler, der in der Herberge zu St. Peter wohnt, nimmt im Wirtshaus «zur Krone» das Nachtessen ein. Neben ihm sitzt der übelberüchtigte Christof Hagenbach, der ihn zwingt, sich zu betrinken, indem er ihm, ob er wollte oder nicht, den Wein gewaltsam ins Maul schüttet. Was geschieht? Um Mitternacht fällt der Arme aus der Schlafkammer durch das Fenster hinunter. Er stirbt zwar nicht sofort, verletzt sich aber so elend, dass er das Wasser nicht mehr lösen kann. Der Ärzte Hilfe und Rat ist umsonst, so dass er am dritten Tag verstirbt. Nach seinem Tod aber beginnt er, das Wasser von sich zu geben, wie wenn er lebte. Hagenbach, der den Pfründer bis zur Sinnlosigkeit betrunken machte, wird in sein Haus gebannt, wehrlos erklärt und von jedem Besuch einer Zunftstube oder eines Wirtshauses bei Strafe des Schwerts ausgeschlossen.

1638

«Es wird dem Hans Thommen ein Kind in der Wiege von einem Schwein zerrissen.»

1648

In der Stadt gibt ein seltsamer Handel viel zu reden: Der Herzog von Lothringen hat dem Michael Coquin «ein hochschätzbar Einhorn» in sichere Verwahrung gegeben. Durch Unachtsamkeit von dessen Frau aber gelangt es nach Durlach, was den Herzog masslos erzürnt. Wie der Lothringer nun ernstlich droht, das Einhorn mit Waffengewalt aus dem Markgräflerland zurückzuholen, gelingt es dem Eisenhändler Hans Heinrich Zäslin, das legendäre Horn wieder beizubringen, was den Ausbruch eines gefährlichen Krieges verhindert.

1650

Die Stadt wird von einem Erdbeben erschüttert. Kamine und Ziegel fallen von den Dächern, und die Glocken schlagen in den Kirchtürmen an.

1651

«Es wird ein Dromedary nach Basel gebracht, welches 130 Jahre alt sein soll.»

1663

Als einige Bürger versuchen, Wölfe mittels Trommelschlag zu vertreiben, erinnert man sich an jenen Schweizer Reisläufer, der, allein und waffenlos durch die Basler Hardt heimwärts ziehend, sich einen aufsässigen Wolf durch fortwährendes Trommeln vom Leibe hielt und dafür von seinen Wirtshauskumpanen, denen er sein Erlebnis erzählte, mit etlichen Kannen Kastelberger entschädigt wurde...

1718

Der Grosse Rat beschliesst, inskünftig keine Männer mehr ins Bürgerrecht aufzunehmen, nur noch fremde Frauen, die einen Basler Bürger geheiratet haben.

1742

«Dreissig kostbare englische Pferde, welche die grossbritannische Majestät der Königin von Ungarn zu einem Präsent übersenden will, werden für acht Tage im Gasthof zum Storchen untergebracht.»

1771

Weil des Christian Münch «tauber Hund etliche Kinder gebissen hat, werden alle Hünd, wo auf den Strassen herumlaufen, vom Henckersknecht oder den Kohlibergern zu Tod geschlagen».

1798

Die neue katholische Gemeinde tritt erstmals in Erscheinung, indem sie dem Regierungsstatthalter ein Gesuch um Überlassung der Clarakirche für ihre Gottesdienste einreicht.

1808

«Als Rebut und schlechte Ware wird der stattliche Rest» der einst berühmten Gemäldegalerie der Markgrafen von Baden im Markgräflerhof öffentlich versteigert. So gelangen wertvolle Werke, wie die Tafeln des Konrad Witz oder der Altar Pe-

National-Zeitung, 11. Juli 1898

Nach dreijähriger Bauzeit wird am 11. Juli 1841 das nach den Plänen des städtischen Bauinspektors Amadeus Merian erbaute Gesellschaftshaus der Drei Ehrengesellschaften Kleinbasels dem Publikum geöffnet. Die Bevölkerung feiert dieses Ereignis mit grosser Freude, nur die Bezeichnung «Café National» gefällt ihr nicht so recht, so dass diese schliesslich «dem Spitznamen Café Spitz» weichen muss. Um 1890.

ter Rots, zu billigem Preis in Basler Privatbesitz.

1855

Ständerat Johann Jakob Stehlin (1803–1879), bekannter Architekt und nachmaliger Bürgermeister, wird durch «die vereinigten beiden Räte der Schweizerischen Eidgenossenschaft» zum Bundesrat gewählt, doch lehnt er die hohe Würde ab und verzichtet auf die Annahme der Wahl. «In der Stadt freut man sich über diesen Entschluss, weil man Herrn Stehlin für unser Gemeinwesen höchst ungern verloren hätte.»

1873

Das Rektorat der Universität wird «im Namen einiger in Zürich studierenden russischen Frauen» angefragt, unter welchen Bedingungen Damen in Basel studieren könnten. Auf Antrag der Medizinischen Fakultät verneint die Kuratel vorderhand die Zulassung von Frauen.

1882

Erich Borchers eröffnet bei der Johanniterbrücke die erste Apotheke im St. Johannquartier.

12. Juli

Nabor der Märtyrer

1501

«Schon am Tag vor der Aufnahme in den Bund der Eidgenossen ist ein Summen in den Gassen zu hören, als ob ein Imb (Biene) stossen wollte. Man hört die Trommeln und Pfeifen. Etliche singen Lieder. Nur der Bruder Gärtner betrachtet andächtig eine Pflanze, wie man sie noch nie gesehen hat. Sie zeigt die Leidenswerkzeuge unseres Herrn, die Geissel, die Dornenkrone, die Nägel, das heilige Blut. Der Bruder hat die wundersame Pflanze vor einem Jahr von einem Durchreisenden aus Hispanien bekommen und das Zweiglein sorgsam in die Erde gesteckt. Die Blume ist aus dem Land India, das man um diese Zeit entdeckt hat. Wir wollen es als gutes Zeichen nehmen, dass sich das Wunder auf diesen Tag geöffnet hat.»

1548

Ein Zimmermann stürzt, als er in der St. Johannsvorstadt einen Dachstuhl aufrichten will, aufs Pflaster herab und stirbt.

1676

Der Bischof von Basel, Johann Konrad von Roggenbach, weiht in glanzvoller Zeremonie die Kapuzinerkirche zu Dornach. Die geistliche Niederlassung ist vier Jahre zuvor als Absteigequartier und Vermittlungskloster zwischen den im Elsass und der Schweiz gelegenen Häusern des Ordens gegründet worden.

1716

Im Bauernhaus auf der Kallhöhe sind «zwölf verwägene Mörder samt zwey Weibsbildern eingebrochen. Sie schlagen den Senn Uli Althaus mit einem eisernen Hammer zu Tode und der Frau etliche Finger ab. Der Tochter, der Magd und dem 84jährigen Vater binden sie die Hände auf den Rucken und schleppen sie in die Stube. Hierauf öffnen sie alle Kisten und Kästen und fangen an zu fressen und zu saufen.

Frag- und Anzeigungs-Blättlein, 12. Juli 1735

Ehe Hilfe kommt, sind die Gauner schon über den Hauenstein fort.»
«Es hat in den Bergen so geschneit, dass die Wasser darob gross geworden sind. Insonderheit der Rhein, der durch das Kronengässlein bis zum Gasthof zu den drei Königen sich ergiesst, so dass man mit den Kindern allda mit Weidlingen herumfährt. Auch der Birsig schwellt sich derart, dass sich vom Fischmarkt bis zum Barfüsserplatz ein See bildet. Es geht daher nicht ohne grossen Schaden ab.»

1861

Die Firma Wwe. Riggenbach zum Arm, das bestbekannte Lebensmittelgeschäft an der Sporengasse (heute Marktplatz), eröffnet mit seiner Niederlassung an der Clarastrasse das erste Filialgeschäft in Basel überhaupt.

1891

Die 1808 gegründete Freimaurerloge zur Freundschaft und Beständigkeit weiht am Byfangweg ihren neuen, von Gustav Kelterborn erbauten Tempel ein, der in Erinnerung an das alte Haus am Schlüsselberg «zum neuen Venedig» genannt wird.

1905

Zwanzig junge Männer aus dem Kreis der Guttempler gründen in der Kaffeehalle Lehmann den Abstinententurnverein (ATV).

13. Juli

Kaiser Heinrich der Basler Stadtheilige

1254

Die Richter, Räte und Bürger von Mainz, Köln, Worms, Speyer, Strassburg, Basel und andern nicht genannten Städten beschwören auf die Dauer von zehn Jahren den Rheinischen Bund. Sie haben sich verbündet, um einen allgemeinen Frieden zu beobachten, den Unsicherheiten auf den Verkehrswegen zu begegnen und Ungerechtigkeiten zu beseitigen.

1347

Auf Bitten des Domkapitels überlas-

Um Mitternacht des 12. Juli 1536 gibt Erasmus von Rotterdam, der «bedeutendste Humanist, bahnbrechend als Philologe wie als Kirchen- und Kulturkritiker», seine Seele dem Schöpfer zurück. Er stirbt ruhig und gefasst, indem er ununterbrochen betet: «O Jesus misericordia. Domine libera me», zu guter Letzt aber plötzlich niederländisch: «Lieve God». Studenten tragen ihn auf den Schultern zum Münster. Alle Würdenträger der Stadt begleiten ihn auf seinem letzten Weg. «Herr Erasmus seelig, als wäre das ein Basler Patrizier», (Hebel) gilt noch immer «als Schutzpatron der vornehmen und gebildeten Basler» (Werthmüller). Ölgemälde von Hans Holbein d. J. 1532.

sen die Domherren von Bamberg Basel «zwey Stuck von den rechten Armen Henrici und Kunigundis». Die gnadenreichen Reliquien der Stadtheiligen Kaiser Heinrich II. und Kaiserin Kunigunde werden mit grosser Feierlichkeit auf den Hauptaltar des Münsters erhoben (und sind seit 1834 in der Basilika von Mariastein verwahrt). Die längst erwartete Ankunft des Reliquienschatzes veranlasst Bischof Johann Senn von Münsingen, dem Stadtklerus aufzutragen, dieses Datum fürbass mit roten Buchstaben in den Kalendern einzuschreiben und den Gläubigen zur Feier des Namenstags Heinrichs anzuhalten sowie den Teilnehmern an Gedenkgottesdiensten einen Ablass von vierzig Tagen zu gewähren.

1501

«Noch nie hat Basel fröhlichere Tage erlebt als bei seiner Aufnahme in den Bund der Eidgenossen. An diesem Festtag nun wird dem gelehrten und berühmten Buchdrucker Johann Froben der Sohn Hieronymus geboren. Die eidgenössischen Gesandten würdigen denselben, indem sie den ersten in Basel geborenen Eidgenossen mit Trommeln und Pfeifen zur Kirche tragen. So wenig Wichtiges diese Feierlichkeit für manchen haben mag, so verdient sie doch als Beweis der wechselseitigen Freude erwähnt zu werden.»

1545

Zum Gedenken an den um unsere Stadt hochverdienten Kaiser Heinrich werden alle Ratsherren samt den Zunftvorgesetzten und den Dienern der Kirche sowie den Beamten der Republik ins Rathaus zu einem reichen Mittagsmahl eingeladen, wo an zwanzig Tischen aufgetragen wird.

1551

Zwei Knaben aus dem nahen Hof Berglingen, die auf einem Fischerkahn den Rhein herabfahren, um hier Brot zu kaufen, schlafen im Nachen ein. So werden sie auf ihrer Unglücksfahrt an einen Steinpfeiler der Brücke getrieben, wobei der Kahn samt den Knaben in den Fluten untergeht.

1596

Der Blitz fährt ins Münster und löscht an der Sonnenuhr die Zahlen 1, 2 und 3 aus.

1611

Die Obrigkeit erlaubt einem Vater, einen Sohn und eine Tochter, die katholisch geworden sind, zu enterben.

1656

«Ein Soldat, so drey Weiber hat, wird mit Ruthen ausgestrichen.»

1670

Schauspielern aus dem Badischen wird erlaubt, während drei Wochen in der Stadt ihre Theaterstücke zu zeigen. Doch dürfen sie weder «etwas wider die Ehrbarkeit vorstellen» noch an Sonntagen auftreten. Zudem haben sie die Einnahmen aus der letzten Vorstellung dem Almosenamt zu überweisen.

1723

Mit Hilfe der Mediziner kommt an der Gerbergasse ein Kind mit zwei Köpfen zur Welt, das aber bald nach der Geburt stirbt.

1760

Der Präpositus, der Hausvater der Alumnen (Studenten), gibt seinen Zöglingen ein Festmahl. Dabei entsteht nach Mitternacht ein gewaltiger Tumult, in welchem ein Alumne einen derart derben Faustschlag auf das Auge erhält, dass die Augenzeugen das Auge für verloren halten. Die Geschichte durchläuft mit Windeseile die Stadt und kommt auch dem Bürgermeister zu Ohren, der sofort einen Beamten ins obere Collegium schickt, um zu erfahren, was daran wahr ist. Glücklicherweise ist die Verletzung harmloser Natur, so dass der Betroffene buchstäblich mit einem blauen Auge davonkommt.

1813

Dornachbrugg wird von einem schweren Unglück heimgesucht: Ein gewaltiges Hochwasser der Birs lockt viele Dornacher auf die Nepomukbrücke, welche mit aller grösster Neugier das einmalige Naturereignis verfolgen. Plötzlich unterschwemmen die hochgehenden Fluten den Brückenpfeiler und das offenbar schadhafte Gewölbe stürzt ein, die Menschenmenge mit sich reissend: «37 Menschen finden dabei den erbärmlichsten Tod.» Das steinerne Standbild des heiligen Nepomuk, das seit 1733 die Flösser auf das gefährliche Joch aufmerksam macht, bleibt unversehrt und wird 1823 auf die neue Brücke gesetzt.

1870

Die Lehrervereinigung von Sissach spricht sich «für di fereinfachung der deutschen ortografi» aus. «Die zeit wird leren, was bei disen bestrebungen herauskommt. Jedenfalls aber verdinen diselben nicht hon und spott!»

1901

Basel feiert in glanzvoller Weise den 400. Jahrestag der Aufnahme in den Bund der Eidgenossen. Im Mittelpunkt der grossartigen dreitägigen Feierlichkeiten steht das von Rudolf Wackernagel verfasste und von Hans Huber vertonte Festspiel, das in einem über 8000 Plätze aufweisenden Freilufttheater am Fuss des Margarethenhügels aufgeführt wird.

Am 13. Juli 1501 beschwört Basel auf dem Kornmarkt (Marktplatz) den Bund mit den Eidgenossen: Nach weihevollem Hochamt im Münster findet sich die gesamte über 14 Jahre alte männliche Bevölkerung unter dem Klang der Trommeln und Pfeifen vor dem Rathaus ein. Der Bundesbrief wird verlesen, Bürgermeister Röist von Zürich spricht den Räten und dem Volk Basels den Eid vor, und die festlich gekleidete Bürgerschaft leistet feierlich den Eid. Hierauf liest der Statthalter des Bürgermeistertums, Peter Offenburg, auch den Eidgenossen den Eid vor, und auch diese schwören ihn. Nun hebt man an, Freude zu läuten. Und der dröhnende Klang der Glocken verkündet weithin die ewige Bruderschaft mit den Eidgenossen. Dann ziehen die Zünfte zum Festmahl auf ihre Trinkstuben, während die eidgenössischen Gesandten auf Kosten der Stadt auf der Herrenstube «zum Brunnen» den denkwürdigen Tag bei üppigen Tafelfreuden beschliessen. Faksimile aus der Luzerner Bilderchronik von D. Schilling.

1910

Der Regierungsrat nimmt Kenntnis vom dritten Gesuch des 3185 Einwohner zählenden Dorfes Riehen um Übernahme der Gemeindegeschäfte durch den Staat.

Bernhard Brand, Oberstzunftmeister,
†13. Juli 1594

14. Juli

Bonaventura der Kirchenlehrer

1006

König Heinrich kommt nach Basel und übernimmt von König Rudolf III. die Stadt als Pfand. Er stellt die weltliche Herrschaft des Bischofs wieder her und fördert den Neubau des Münsters, das er mit kostbaren Reliquien beschenkt.

1432

Gegen eine Leibrente von hundert Gulden verleiht das Gotteshaus St. Blasien den Sesshof «zum Ehrenfels» an der Freien Strasse dem Oberstzunftmeister Henmann von Tonsel.

1445

Basel schickt dem von den Österreichern bedrohten Rheinfelden auf dreizehn Wagen das Gewerf, d.h. die gewaltige Wurfmaschine, mit welcher mächtige Steine über eine grössere Distanz geschleudert werden können.

1504

Kardinal Raimund von Gurk gestattet dem Kapitel von St. Leonhard, die Reliquien des Chorherrenstifts einmal im Jahr öffentlich auszustellen und den Gläubigen an diesem Tag einen Ablass zu gewähren.

1535

Dem Täufer Jakob Hersberger, der sich trotz des geleisteten Schwurs weigert, das Land zu verlassen, werden durch den Henker die Zunge abgeschnitten und zwei Finger der rechten Hand abgehackt.

1550

Den Wahrsagern und Teufelsbeschwörern, die sich nicht mit den natürlichen Dingen (Heilmitteln) begnügen, die Gott der Allmächtige den Leuten und dem Vieh zum Guten erschaffen hat, sondern mit Zauberwerk umgehen, werden härteste Strafen angedroht.

1594

Die Pest rafft auch den 66jährigen Oberstzunftmeister Bernhard Brand dahin. Er ist 1563 von Kaiser Ferdinand I. in den Adelsstand erhoben worden und liess das von ihm erworbene zerfallene Schloss Wildenstein wieder instandstellen. «Seinem Haus aber blieb mehr der gute Name als der Reichtum.»

1653

Die sechs zum Tod verurteilten Anführer des Bauernaufstandes im Baselbiet werden vom Eselstürmlein am untern Steinenberg vor das Steinentor geführt und «auf einer Brügi oder Gerüst» hingerichtet. Heinrich Stutz, Hans Gysin, Conrad Schuler, Joggi Mohler, Galli Jenni und Ueli Gysin lässt die Obrigkeit mit dem Schwert ins Jenseits befördern, Ueli Schad mit dem Strick. «Während der Execution ist zu Homburg im Schloss, in eben derjenigen Kammer, allwohin Ueli Gysin seinen Hausrath hingeflüchtet hat, ein grausames Getümmel zu hören gewesen.»

1659

Der Wiedertäufer Peter Berchtold, welcher von seinem Irrtum nicht abstehen will und in Gefangenschaft gelegt worden ist, damit er sein Gift nicht weiter ausstreuen kann, lässt sich an einem Seil die drei Stockwerke hohe Gefängnismauern herunter und macht sich davon.

1688

Der Rat erlaubt den Inhabern öffentlicher Ämter die Annahme von Neujahrsgeschenken, doch darf deren Wert höchstens sechs Reichstaler betragen. Wer mehr nimmt, wird zur nächsten Ämterbestellung nicht mehr zugelassen.

1781

Eine französische Gesellschaft erhält vom Rat die Erlaubnis, während vier Wochen im Ballenhaus Theater zu spielen.

1796

Die Franzosen schlagen bei Hüningen eine Schiffsbrücke über den Rhein und besetzen die vier Waldstädte Rheinfelden, Säckingen, Laufenburg und Waldshut.

1886

Der 1882 wegen mangelnder Frequenz eingestellte Betrieb der Münsterfähre, die durch die 1879 eröffnete Wettsteinbrücke begründet ist, wird durch die GGG wieder aufgenommen.

Basler Nachrichten, 14. Juli 1905

«Marktweiber haben bekanntlich das ganze Jahr verschiedene Hühnchen miteinander zu rupfen, und an Auftritten in dieser Beziehung soll es nicht fehlen. Die Polizei sieht dem Ding gemüthlich zu oder lässt es meistens mit einer Warnung abgehen. Zur Zeit der Kirschenreife aber wird das Mass voll. Um diese Zeit gerathen die Händlerinnen meistens beim Engroseinkauf auf dem Marktplatz in Streit, indem sie sich, wie man zu sagen pflegt, in den Handel springen und schliesslich sich gegenseitig mit den kräftigsten Schimpfworten tituliren. Dann tritt wohl einmal der Marktpolizeier hinzu mit den Worten: ‹Jetzt ist's genug!›, und dann werden die Damen alle zusammen verzeigt. Vor dem Polizeigericht legen sie dann meistens eine solche Probe ihrer Zungenfertigkeit ab, dass der Herr Präsident unschwer entscheiden kann und die Überzeugung bekommt, die eine sei was die andere. Desswegen kommt auch keine ungebüsst weg. In einem solchen Falle fassen am 14. Juli 1881 von den drei Frauen zwei je zwei Tage Lohnhof, die dritte, welche sonst als eine der ‹Bösesten› gelten soll, kommt hingegen diesmal mit einer Buss von 5 Franken davon.» Aquarell von Johann Jakob Schneider.

15. Juli

Margaretha die Nothelferin

1355

Bischof Johann befreit die Bürger von Kleinbasel wegen des grossen Brandschadens, den sie erlitten haben, für die nächsten zehn Jahre von der Steuerpflicht.

1501

Durch die Pforte Unserer Lieben Frau zu Spalen (Spalentor) verlassen die Edlen, die den Eidgenossen nicht geschworen haben, zornigen Blickes die Stadt. Auf der andern Seite wird Verbannten und Totschlägern, für welche die Eidgenossen Fürbitte geleistet haben, das Tor geöffnet; der Rat hat Gnade für Recht erkannt. So kehren sie glücklich in ihre Stadt zurück.

1662

Meister und Vorgesetzte der Zunft zum Schlüssel belegen den jungen Bernhard Roth mit einer Geldstrafe von drei Pfund, weil er anlässlich einer Hochzeit mit einer Magd in grober Unbescheidenheit «über alle Gebühr herum gezogen und sie herrentöllig gemacht hat».

1682

Der Rat verbietet den Bürgern bei höchster Ungnade zu den Exekutionen nach Hüningen zu laufen und dort beim Salve Regina auf die Knie zu fallen.

1690

Die Nachricht, die Stadt London hätte durch die Franzosen in die Luft gesprengt werden sollen, was durch den Lieben Gott aber wunderbar verhütet worden sei, löst in Basel grosse Konsternation aus.

1712

«Ist durch Andreas Silbermann von Strassburg zu St. Peter eine neue Orgel gemacht worden. Dieser berühmte Silbermann hat auch die Orgel im Münster trefflich renoviert und etliche neue Register, ein neu Clavier und gantz neue Blasbelck gemacht. Dies hat 1700 Gulden gekostet. Von den Herren Häuptern (der Regierung) ist ihm noch ein schön Goldstück von 20 Thalern verehrt worden.»

1726

Ein Schwimmer erweckt das Interesse seiner Mitbürger, indem er unter der Rheinbrücke ein Glas mit Wein füllt, dieses austrinkt und den Zuschauern fröhlich zuwinkt.

1753

Im Elsass wie im Markgräflerland sind «wircklich schon zeitige Trübel zu sehen».

1760

«Der Vogt in Binzen und der Vogt von Eimeldingen haben von etlichen zeitigen Trüblen Saft gepresst, neuen Wein davon gemacht und getrunken, was eine Rarität ist.»

National-Zeitung, 15. Juli 1911

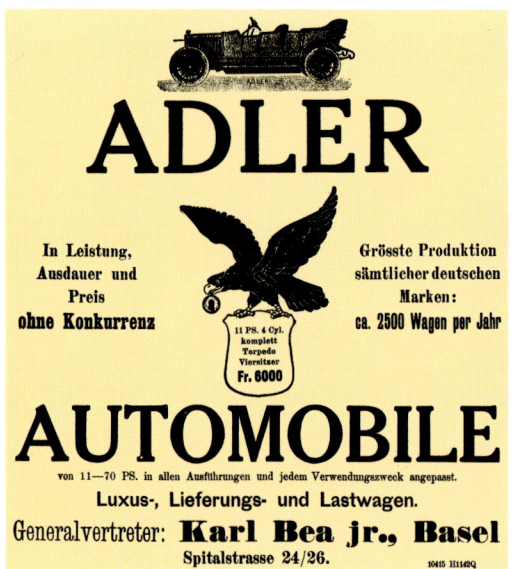

Nachdem im Juni 1877 der Souverän mit 2566 gegen 1312 Stimmen dem Bau der Johanniterbrücke seinen Segen erteilt hat, wird die Ausführung den Firmen Ph. Holzmann in Frankfurt und Gebr. Benkiser in Pforzheim übertragen, die sich schon bei der Verwirklichung der Wettsteinbrücke bewährt hatten. Am 15. Juli 1882 kann das 12,60 m breite und 225,32 m lange Bauwerk mit Freude und Stolz dem Betrieb übergeben werden. Es erforderte einen Aufwand von etwas mehr als zwei Millionen Franken.

1782

Es stirbt der 1728 geborene Isaak Iselin, philosophischer Schriftsteller, Ratsschreiber, Mitbegründer der helvetischen Gesellschaft und Gründer der Gesellschaft für das Gute und Gemeinnützige (GGG). «Sein Name bleibt unvergänglich in den Annalen der Menschheit. Förderung guter Sitten, weiser Gesetze, guter Anstalten zur Erzielung des Wohlstandes, zur Belebung der Landwirtschaft, der Künste und der Wissenschaften waren die Gegenstände seiner edlen Thätigkeit.»

1798

Im Pulverturm zu St. Elisabethen lagern 240 Zentner Pulver «dem Auge bedeckt, sonst aber offen, so dass solche beim Entzünden frei und ohne Schaden in die Luft fliegen könnten...»

1827

Es hätte die erste Probefahrt eines Dampfschiffes von Strassburg nach Basel stattfinden sollen. Der Dampfer «Ludwig» erreicht aber nur Kehl und muss dort die Weiterfahrt wegen den Untiefen des Fahrwassers einstellen.

1846

Professor Christian Friedrich Schönbein entdeckt «ein Präparat von Baumwolle, wodurch sie ohne äusserlich sich zu verändern, im höchsten Grad explodierbar und entzündbar wird und beim Schiessen und Sprengen sich ungleich wirksamer als Schiesspulver erweist».

1847

Die seit 1844 in Basel aufbewahrte eidgenössische Schützenfahne wird nach Glarus gebracht. «Die Regierung hat beschlossen, ihr das Ehrengeleit zu geben und 22 Kanonenschüsse abzufeuern. Ob dieses Fahnenkultus erscheint in der Basler Zeitung ein Schandartikel, der die Fahne mit einem Spielzeug und einem Fetzen Tuch vergleicht. Darob entsteht grosse Entrüstung unter vielen Bürgern.»

1857

Die Kommission für Arbeiterwohnungen der GGG «hat drei Gebäude aufführen lassen. Eines bestehend aus vier Häusern, deren jedes zwei Wohnungen hat. Ein Gebäude von acht verschiedenen Häusern, mit nur je einer Wohnung. Und ein Gebäude aus drei Häusern mit je fünf Wohnungen. Ob die Kommission den Grundsatz der Isolierung nicht zu sehr auf die Spitze getrieben hat?»

16. Juli

Maternus von Mailand der Bischof

1416

Im Kleinbasel wird die Klosterkirche der Kartäuser durch den Suffraganen (Stellvertreter) des Bischofs von Konstanz, den Hebroner Weihbischof Conrad, mit ihren Altären zu Ehren der Mutter Gottes, der heiligen Margaretha und des heiligen Kreuzes feierlich geweiht. Eine grosse Menschenmenge begleitet die Festlichkeit und drängt sich bis in die Zellen. Auch die Frauen dürfen an diesem Tag den ihnen sonst verwehrten Klosterbezirk betreten.

1550

«In dem eine halbe Meile von Basel entfernten bischöflichen Dorf Aesch wird ein junges Hexenweib verbrannt, das ihre Liebschaft mit dem Teufel zugebracht hat, der sich Wundenprüfer nannte. Das Weibsbild übte seine Magie für Milchdiebstahl aus und schädigte darum häufig die Kühe. Am Ende brachte es Knaben Verrenkungen bei, brachte sie um ihre Augen und hing Männern entnervende Sinnbilder an einen Nussbaum. Welch schreckliches Wesen um solche Weiber, die sich blindlings dem Satan ergeben!»

1556

Den Müllern wird erneut der freihändige Verkauf von Mehl verboten, denn dieser darf nur unter Aufsicht der Mehlmesser im Kornhaus stattfinden. Damit allfällig gehamstertes Diebsgut nicht zum Mästen von Haustieren verwendet werden kann, dürfen die Müller weder Hühner, Gänse und Enten halten noch mehr als «ein gut stark Karrenross und zwei Esel oder zwei Ross und kein Esel und eine Kuh».

Am Abend des 16. Juli 1830 zieht nach aussergewöhnlich starker Hitze beim obern Hauenstein ein Gewitter auf und richtet schliesslich in Waldenburg, Niederdorf, Oberdorf und andernorts furchtbare Verheerungen an. Besonders hart aber wird Hölstein von den Wolkenbrüchen heimgesucht. Als sich die Wut der Gewässer legt, haben zehn Männer, drei Frauen und sechs Kinder ihr Leben lassen müssen. In elf Gemeinden sind 119 Häuser beschädigt worden, und an den Abhängen der Berge haben 60 Erdrutsche katastrophale Verwüstungen hinterlassen. Die Stadtbevölkerung trägt in grosser Anteilnahme das ihre bei, die schreckliche Not zu lindern. «Verheerung erzeugt Noth. Aber die nachbessernde Hand der Weisheit und die aufrichtende der Liebe erweckt den Dank der Mitwelt und der Nachwelt.» Ölgemälde von Jakob Senn.

1600

Der vormalige Meister Johann Wernher Gebhart fasst die Satzungen der Vorstadtgesellschaft zur Mägd in einem Buch zusammen

National-Zeitung, 16. Juli 1898

und ruft des Allmächtigen Beistand an: «Herre Gott erbarm dich mein/ Lass dir die Gesellschaft befohlen seyn/ Dass sie von uns nach deynem Wyllen/ G'regiert mög werden, dein G'setz zu erfyllen/ Undt g'handhapt werdt die Gerechtigkeit/ Nycht rychten jemant z'lieb noch z'leydt/

Die 1861 bis 1864 erbaute Strafanstalt, das sogenannte Schällenmätteli, hinter den Neuen Wällen an der Klingelbergstrasse. In der Mitte des Bildes ist noch das Eisenbahntor des ehemaligen Französischen Bahnhofs (1844 bis 1860) zu sehen. Aquarell von Johann Jakob Schneider. 17. Juli 1864.

Hie frydlich mit einandern leben/ Demnach die ewig Freud erwerben/ Amen.»

1711

An der Schifflände legen fünf grosse Schiffe an, die mit bernischen Wiedertäufern besetzt sind. Sie fahren, etliche Hundert an der Zahl, mit ihren Frauen und Kindern zu ihren Mitbrüdern nach Holland.

1776

In Frenkendorf sind drei Hochzeiten abgehalten worden. «Und hat der Herr Pfahrer der letsten Braut vor dem Altar einen Schmutz gegeben. Ihr denket, das wäre schändlich? Die Sache ist aber nicht so schlimm: Denn der letste Hochzeiter hiess Schmutz, und diesen hat er ja obgemelter Braut mit aller Anständigkeit geben können. Das sind narrende Dinge und Scherz, welche den Christen nicht geziemen!»

1813

In Dornach wird ein vor drei Tagen im grossen Birshochwasser ertrunkener Kapuzinerpater zu Grabe getragen: «Der edle Bruder hat über die Rettung von anderen Menschen sein eigenes in den Fluten geopfert. Es ist merkwürdig, dieser Beerdigung zuzusehen, den Edlen in seiner Ordenstracht da liegen und so ohne Sarg in das Grab versenken zu sehen. Um so viel kälter hingegen verrichten die Ordensbrüder ihre Ceremonien. Nur einer, ein junger Mann, der das Kreuz in den Händen hält, lehnt sich, als man des Bruders Leib in das Grab senkt, mit heftiger Bewegung an sein Kreuz. Es scheint, er müsse der sein, der mit dem Toten gemeinschaftlich das Werk der Rettung unglücklicher Menschen versucht hat.»

1849

Hans Wieland, Redaktor des Intelligenzblattes, äussert sich entrüstet über das Benehmen der in unserer Stadt aufgenommenen Flüchtlinge des Badischen Aufstands: «Wir dulden es nicht, dass diese Gäste die Schweiz als eine Art Gasthof betrachten, in den man grossartig einzieht und barsch und gebietend auftritt, so dass wir alle zusammen nur untertänige Garçons sind, gewärtig des Winkes der hohen Gäste. Sie bekritteln und verhöhnen unsere Einrichtungen, sie werfen, wie wir mit eigenen Augen gesehen haben, eine kräftige Suppe zum Fenster hinaus, weil ihnen Kaffee lieber gewesen wäre...»

Leichenrede, 17. Juli 1808

17. Juli

Alexius der Gottesmann

800

Prunicho, der Vorsteher einer Hundertschaft, überträgt der Kirche von Röteln seinen Besitz im breisgauischen Dorf Angin.

1513

Die Bürgerschaft begrüsst die aus der Schlacht von Novara heimkehrenden Basler. Die Schar der Krieger wird ins Münster geleitet, wo Georg Trübelmann das aus Feindeshand erbeutete blau und weiss geteilte Fähnlein aufhängt. Seine Tapferkeit wird vom Rat mit einer Leibrente von zwei Pfund belohnt. Auch der

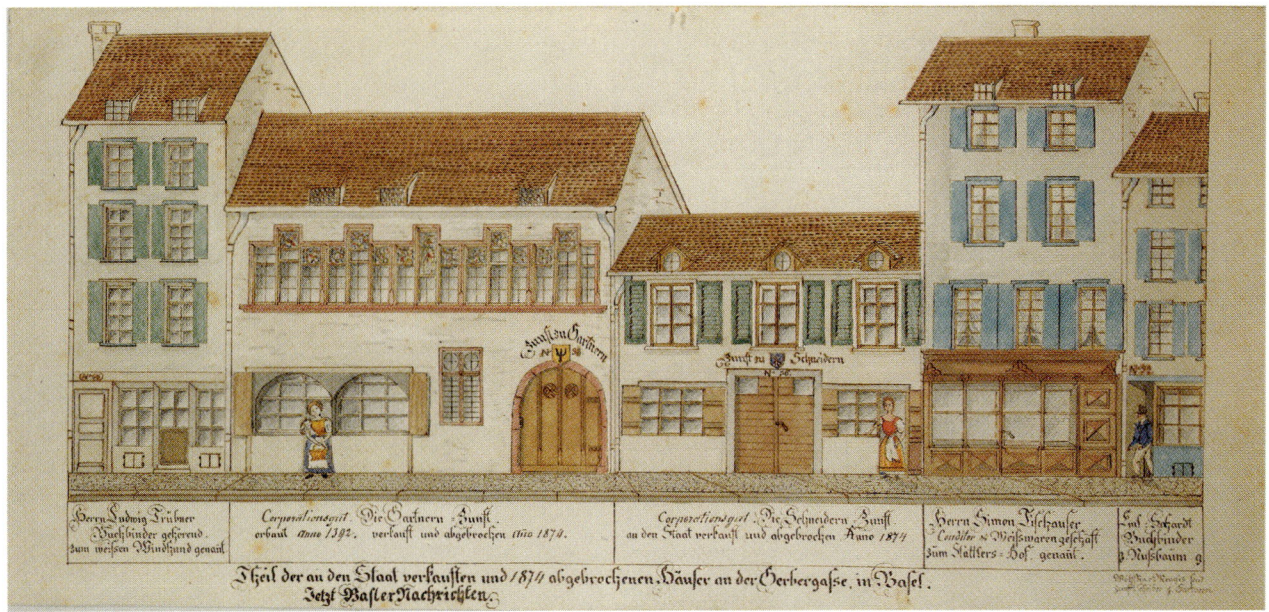

Zum Preis von je 50 000 Franken nimmt das Baukollegium am 18. Juli 1873 die im Jahre 1364 erstmals erwähnten Zunfthäuser zu Gartnern und zu Schneidern an der Gerbergasse (38 und 36), «zum weissen Windhund», «zum Stättlerhof» und «zum Nussbaum» in Staatsbesitz, die im folgenden Jahr, samt den Nebenhäusern, aufgrund eines vom Grossen Rat am 2. Dezember 1872 verabschiedeten Ratschlags, den «Korrektionen im Innern der Stadt» geopfert werden. Den nun heimatlosen Zünften weisen die Behörden eine Stube im Mueshaus an der Spalenvorstadt (14) zu. Kolorierte Federzeichnung von J.R. Wölfflin. 1874.

Sporer Martin Springinklee aus Trier findet für seinen in der Schlacht gezeigten Einsatz verdiente Anerkennung, indem ihm das Bürgerrecht geschenkt wird.

1639

Der schwedische Oberst Bernhold unterrichtet den Rat über die bevorstehende Schleifung der Schanze zu Kleinhüningen und ersucht um vierzig Soldaten, welche den Abbruch beschleunigen sollen. Obwohl der Schwede als Gegenleistung der Stadt die anfallenden Pallisaden und Hölzer anbietet, lehnt der Rat im Hinblick auf die Basler Neutralität das Begehren ab.

1713

Der Markgraf von Baden-Durlach veranstaltet auf der Schützenmatte ein grosses Schiessen und stiftet dazu wertvolle Preise. «Nach Abschluss des Schiessens reitet der Markgraf – der gegen jedermann, sonderlich gegen die Frauenzimmer, sehr leutselig und freundlich gewesen ist – als erster mit seinen Hofcavalliers in die Stadt hinein. Dann folgen nach löblichem Gebrauch die Schützen mit den Fähnen zu Fuss.»

1845

Gegenwärtig studieren vier Landschäftler an der Basler Universität, nämlich ein Theologe (Zehnter von Reigoldswil), zwei Mediziner (Kunz von Arisdorf und Hügin von Oberwil) und ein Jurist (Bieder von Langenbruck).

1881

Am sogenannten Silberberg weihen die Bettinger ihren Gottesacker ein. Das nur neun Aren haltende Grundstück wird als ausreichend betrachtet, da Bettingen in den vergangenen zehn Jahren nur 69 Tote zu beklagen hatte.

1911

Bei Müllheim entgleist der Eilzug nach Frankfurt. Das Unglück kostet dreizehn Tote. Unter ihnen befinden sich auch der Fabrikarbeiter A. Thudium-Wild und die Kinder Theodor Pfleiderer und Walter Schmidt sowie Katharina und Fritz Warthmann aus Basel.

18. Juli

Arnold der Bekenner

1349

Basel begründet gegenüber Strassburg die am 16. Januar erfolgte Verbrennung der dreihundert Juden, «die der Brunnenvergiftung überführt worden seien»: Getaufte Juden haben bezüglich des Giftes bekannt, solches nicht nur in die Butter, sondern auch in den Wein gemischt zu haben. Auch die Kinder der zum Teil gerädeten und zum Teil verbrannten Juden haben ausgesagt, Gift in die Häuser getragen zu haben, woran viele Leute gestorben sind. Etliche getaufte Juden aber flehten die Bürger, deren Kinder an den Vergiftungen gestorben sind, um Verzeihung an.

1459

Papst Pius II. ersucht Kaiser Friedrich, der Stadt Basel das Recht zur Abhaltung eines Jahrmarktes zu verleihen.

1522

Der Bischof von Basel überlässt der

Festprogramm, 18. Juli 1886

Stadt Solothurn das Schloss Tierstein samt den Dörfern Büsserach, Erschwil, Hofstetten, St. Pantaleon, Nuglar, Breitenbach und Grindel zum Eigentum.

1614

Der im 59. Altersjahr verstorbene Bürgermeister Jakob Götz hinterlässt u.a. ein (heute im Historischen Museum verwahrtes) Stammbuch, das den bemerkenswerten Vers enthält: «Ein starker und gesunder Lyb/Ein frommes und holdsäligs Wyb/Guot Geschrey und ouch Bargäldt/Ist das best in dieser Wält!»

1652

«Es ist eine unleidenliche Hitze, deswegen viel Menschen verschmachtet sind. Wegen fast täglich schwerer Hagelwetter erhebt sich der Birsig im Leimental dergestalt, dass er in der innern Stadt an vielen Fundamenten und Landfesten grossen Schaden anrichtet. Der liebe Gott hat diese ungewöhnlichen Wassergrössenen, dergleichen seit 120 Jahren nicht gesehen worden sind, neben den nächst zuvorgegangenen Zornzeichen, so eine löbliche Stadt Zürich erlitten hat, bei uns indes zu keinem grossen Unheil erschiessen lassen, sondern es hat im September einen überaus grossen Herbst mit einer sehr reichen Ernte gegeben.»

1671

Hans Georg Spengler wird wegen gräulicher Gotteslästerung ans Halseisen gestellt. «Nach Verfliessung der gewöhnlichen Stund wird ihm vom Scharfrichter die Zunge geschlitzt, worauf er auf einem Schlitten mit Ruthen ausgehauen wird.» Da Spengler weiterhin ein ruchloses Mundwerk führt und Gotteslästerungen ausstösst, werden ihm am 12. August 1680 auch die beiden Ohren abgetrennt...

1680

Etliche Kapuziner kommen in die Französische Kirche zur Predigt. Als der Pfarrer auf das heilige Abendmahl zu sprechen kommt, steigt einer von ihnen auf die Kanzeltreppe und widerspricht dem Prediger heftig. «Es geht aber nicht lang, und der freche Kerl wird zur Kirche hinausgejagt!»

1762

Die in fremden Diensten stehenden «Oberst Rüchner und Hauptmann Grämer werden von den Hanoverischen bis aufs Hemd ausgezogen und aller ihrer Habschaft, Bagage, Beltzwerk, Gelt und fünf Pferden beraubt. Nicolaus Hosch, der sich salviert (gerettet), sagt, dass bei der frantzösischen Armee im Fuldauischen und um Franckfurth herum so grosser Mangel an Lebensmitteln ist, dass viele Hundert vor Hunger sterben.»

1815

«Ohne schmerzhafte Zwischenfälle erlischt in Bad Schinznach die Flamme des vormaligen Oberstzunftmeisters und Bürgermeisters Andreas Buxtorf. Er gehörte zu jenen schweizerischen Staatsvorstehern, welchen die Natur ein körperlich ehrfurchtgebietendes Ansehen sowie ausgezeichnete Geistesanlagen verliehen hat.»

1832

In Liestal wird ein fanatisches Pasquill (Schmähschrift) gegen die Regierung von Basel angeschlagen. Man pflanzt die rotweisse Kokarde wieder auf die Hüte und errichtet in der Stadt einen neuen Freiheitsbaum.

1846

Der staatlich fixierte Höchstlohn für Zimmerleute beträgt Fr. 1.65 pro Tag.

1869

Im Kanton Basellandschaft arbeiten gegenwärtig gegen 300 repetierschulpflichtige Kinder in Fabriken. Die Arbeitsaufnahme in den Fabriken beginnt gewöhnlich mit zurückgelegtem 12. Altersjahr, sofort nach stattgefundener Entlassung aus der Alltagsschule. Die tägliche Arbeitszeit der Kinder beträgt Sommer und Winter durchschnittlich 11½ bis 14 Stunden.

1886

Das am Vortag mit einem farbenprächtigen Festzug eingeleitete 47. Eidgenössische Turnfest wird offiziell eröffnet. Auf der Schützenmatte messen sich während drei Tagen rund 2000 Teilnehmer bei herrlichstem Wetter im Wetturnen, umjubelt von 15 000 Zuschauern. Den Abschluss des grandiosen Ereignisses bilden ein Wettschwimmen im Rhein, ein allgemeiner Spaziergang durch die Langen Erlen und ein rauschender Ball im Musiksaal.

19. Juli

Justa und Rufina die Märtyrerinnen

1393

Wer beim Frühläuten der Münsterglocken dreimal das Ave Maria betet, dem wird ein Ablass von vierzig Tagen und einem Jahr gewährt. Wer 1433 dieselbe Gebetsandacht beim dreimaligen Zeichen der Glocken des Klosters Klingental verrichtet, erhält einen solchen von zwanzig Tagen.

1525

Die beiden Räte erkennen, dass die Angehörigen zur hohen Stube, die Adeligen, welche ihren haushäblichen Sitz in der Stadt haben, ebenfalls regelmässigen Wachtdienst zu leisten haben, so wie es allen Bürgern aufgetragen ist. Sollte aber einer aus gesundheitlichen Gründen dazu nicht in der Lage sein, dann ist ihm erlaubt, einen von ihm besoldeten Stellvertreter zur Stadthut zu schicken.

1661

In Gegenwart der Häupter der Stadt werden im Münster die Drillinge des Steinmetzen Elias Schauberers getauft. Zu diesem seltenen Ereignis lässt die Obrigkeit der Kindbetterin drei Sack Mehl und drei Saum Wein verehren.

1762

Das Weiherschloss Benken wird versteigert. «Es besteht aus einem mit Hof und Weyer ganz umgebenen Schlösslein, einem 1689 neu erbauten Lehenhaus nebst einer grossen Baum-Trotten, 4 Kellern, 4 Ställen, grosser Scheuren, einem Wagenschopf, einem Zugbrunnen, 65 Jucharten Acker, 30 Tauen Matten, 6 Jucharten Reben, 16 Jucharten Waldung und dem Recht zu einer Schäferei mit 100 Schafen.» Da sich kein finanzstarker Käufer findet, wird das verwahrloste Schlösslein 1780 abgerissen, und sein Name überträgt sich auf das mächtige Lehenhaus.

«Die Birs ist am 19. Juli 1744 so erstaunlich wild und wütend und wächst so hoch an, dass sie die vor etlichen Jahren auss dem Grund neuerbaute, schöne und kostbare steinerne Bruck bei der Einmündung der Birs in den Rhein (Birskopf) einstürzt. Merkwürdig ist, dass kurtz vorher, ehe die Bruck eingefallen ist, die Berner Landgutschen darüber passiert sind und bald darauf ein Kaufmann von St. Gallen, von der Strassburger Mess komment, darüber geritten ist und die Hardt kaum erreicht hat, als die Bruck hinder ihm eingefallen ist.» Tuschpinselzeichnung von Emanuel Büchel. 1744.

1777

Von Langenbruck herkommend, trifft der Deutsche Kaiser Josef II. im Gasthof zu den Drei Königen ein. Hier sucht ihn als Abgeordneter der Regierung Isaak Iselin auf, der aber nicht vorgelassen wird, weil der Gastwirt ihn als Deputierten des Kleinen Rats und nicht als den berühmten Isaak Iselin angemeldet hat. Dagegen widerfährt dem ebenfalls berühmten Kupferstecher Christian von Mechel die Ehre, dem Kaiser die öffentliche Bibliothek mit ihren Gemälden zeigen zu dürfen. Auch nimmt Ihre Majestät die Sarasinsche Bandfabrik in Augenschein

Flugblatt, 19. Juli 1777

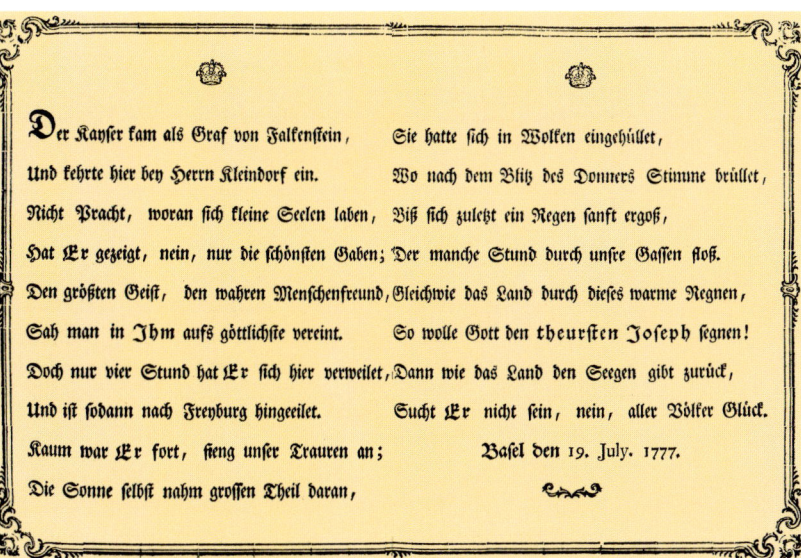

und reist dann nach Freiburg weiter. Bei der Abreise des hohen Gastes ist vor den «Drei Königen» der Aufmarsch der Neugierigen so gross, dass der Kaiser seine Kalesche nicht besteigen kann, ohne dass ihm der Bauernschuhmacher Meyer (mit dem Spitznamen Bolli en bas) auf den Fuss tritt. «Dafür hat dieser eins mit dem Stock auf den Kopf gekriegt, so dass man nun zum Scherz sagt, der Kayser hab ihn zum Ritter geschlagen. Zudem wird auf ihn der höhnische Vierzeiler gedichtet: Der Bolli en bas ist eine Kuh. Er trat dem Kaiser auf den Schuh. Dieser schlägt ihn aus Dankbarkeit zum Ritter aller Höflichkeit.»

1793

Auf dem Kornmarkt ereignet sich eine wüste Schlägerei zwischen dem Herrenmattbauern von Hochwald, Urs Vögtlin, und drei Harschierern (Polizisten). Der Bauer, der von einem Knaben gefoppt worden ist, wird wegen seiner Grobheit schliesslich für einige Zeit «zur Abkühlung» ins Rheintor gesteckt, wogegen die Obrigkeit den Harschierern «mehr Mässigung empfiehlt».

1876

In der Strafanstalt ereignet sich eine schwere Bluttat, welche weit und breit allergrösstes Aufsehen erregt: Der «italienische Totschläger» Bernardo Marciali und der Betrüger Emil Bienz öffnen mit selbstverfertigten Schlüsseln aus Holz die Zellentür, überfallen den auf der oberen Galerie das Gaslicht löschenden Aufseher Georg Hess-Gemp und verletzten ihn mit ihren Arbeitsmessern tödlich. Der durch den Lärm herbeigeeilte Aufseher Martin Hiller-Schlenker wird von den beiden Ausbrechern ebenfalls überwältigt und nach kurzer Gegenwehr kaltblütig erstochen. Hierauf öffnet Marciali mit dem hölzernen Schlüssel die Zellentür seines verhassten Mitgefangenen Karl Nirk und schlägt auf diesen ein. Als der verletzte Nirk nach längerem fürchterlichen Kampf darniederliegt und den Todesstoss erwartet, reicht ihm der Italiener die Hand und schenkt ihm das Leben. Mittlerweile gelingt es Bienz, bis in den Hof zu kommen. Dort trifft er auf den Nachtwächter Bernhard Pfister-Enderle. Er bringt ihn mit dem Messer sogleich ums Leben, klettert mit Hilfe einer Stange über die hohe Gefängnismauer und verschwindet. Marciali hingegen sieht sich eingeschlossen, bemächtigt sich eines Karabiners und erschiesst sich auf der Treppe. Der flüchtige Bienz kann überraschend beim Birsigviadukt gefasst werden: Er wird zu einer lebenslänglichen Zuchthausstrafe verurteilt und, entgegen der neuen Praxis, wegen steter Fluchtgefahr angekettet. Die Beerdigung «der drei wackern Angestellten, die in Ausübung ihres schweren Berufes auf die ruchloseste Weise ums Leben gekommen sind», findet auf dem Kannenfeldgottesacker unter grosser Anteilnahme aller Bevölkerungsschichten statt. Die durch den Anstaltspfarrer Friedrich Oser gehaltenen Leichenpredigten erscheinen im Druck, und «die Stadt übernimmt die Obsorge über die Witwen und Kinder».

1897

Das Telefonverzeichnis nennt für Basel 2460 Abonnenten, für Langenbruck 10, Liestal 58, Sissach 22 und Gelterkinden 11.

1908

«Es brennt die meist von Italienern bewohnte Innere Milchsuppe nieder.»

Basler Blätter, 20. Juli 1884

Nur immer aufrichtig. Ein Trupp eleganter Touristen aus den besten Kreisen war in den Spielsälen von Monaco versammelt. Unter den Zuschauern stand auch Frau v. B. mit mehreren Bekannten am Arm ihres Gatten. Sie verfolgte das Spiel mit lebhaftem Interesse. Plötzlich schien ihr ein Gedanke durch den Kopf zu fahren: „Was meinst Du", wandte sie sich lächelnd an ihren Gatten, „wenn ich einmal auf mein Alter setzte? Du weißt, Du hast mir selbst davon gesprochen." „Ja", sagte Herr v. B., „es ist ganz gewiß, daß eine Dame, die auf die Nummer ihres Alters setzt, das erste Mal gewinnt." „Das werden wir sehen", meinte Frau v. B. schelmisch, öffnete ihre Börse und nahm zwei Goldstücke heraus. Alles reckte die Hälse, um zu sehen, auf welche Nummer die Dame ihre zwei Goldstücke setzen würde. Sie beugte sich graziös vor und wählte die Nummer 30. Frau v. B. war sehr hübsch, sehr anmuthig, sehr elegant, und die Nummer schien aufrichtig gewählt zu sein. „Rien ne va plus!" ertönte es in diesem Augenblick. Die Kugel rollte, fiel, rollte noch ein Stück weiter und blieb endlich auf 36 stehen. „Siehst Du", sagte der Gemahl der Dame, „daß mein Rath gut war! Hättest Du die Wahrheit eingestanden, so hättest Du jetzt 70 Louisd'or gewonnen!" Die Dame war bestürzt, aber nicht darüber, daß sie nicht gewonnen hatte.

20. Juli

Joseph der Gerechte

917

Die Ungarn ersteigen in der Dunkelheit der Nacht die Mauern und überfallen Basel. Der vollständigen Plünderung folgen die Ermordung von Bischof Rudolf, die Brandlegung der aus Holz erbauten Häuser und die gnadenlose Zerstörung der Stadt. Ein Steinsarkophag im Münster erinnert an den verheerenden Anschlag der «Krieger des Satans», wie die Bevölkerung angsterfüllt das fremde Reitervolk nannte.

1482

Erzbischof Andreas von Krain beklagt den Zerfall der Kirche und propagiert die Einberufung eines Konzils als einziges Heilmittel. Zur Tagungsstätte erwählt er «die berühmte Stadt Basel, den einzigen natürlichen Ort dazu».

1496

Vor dem Steinentor wird Heinrich Rieher, alt Ratsherr zu Hausgenossen und nunmaliger Diener König Maximilians, vom Scharfrichter enthauptet und zu Augustinern vergraben. «Er hat den Tod reichlich verdient, weil er den Anschluss an die Eidgenossenschaft hat verhindern wollen.»

1523

Das grossartigste Schützenfest des 16. Jahrhunderts wird eröffnet und hält die Stadt während zwei vollen Wochen in Atem. Der Andrang von Fremden ist gewaltig. Aus den eidgenössischen Landen wie aus fernen Städten treffen unzählige Grafen, Freiherren, Edelleute und vornehme Schützen ein. Während die engen Gassen vom herrlichen Klang der Trommeln und Pfeifen farbenprächtiger Schützengruppen erfüllt sind, finden die Wettkämpfe im Armbrustschiessen wie im Büchsenschiessen auf dem Petersplatz und auf der Schützenmatte statt. Zelte, Trinkstuben, Kramstände und Schenkbuden bieten der genusshungrigen Menge weitere Vergnügen. Das Gesellenschiessen von 1523 ist das letzte grosse Schiessen, welches im katholischen Basel durchgeführt wird, werden in der

Folge doch Feste mit Andersgläubigen gemieden.

1566

Zwei niederträchtige Diebe werden mit dem Schwert zum Tod gerichtet, weil sie in Strassburg «Zwantzig Goldgulden, zwey Cronen und hundert Pfund in Müntz gestohlen haben».

1575

Eine Abordnung des Rats sucht im Engelhof den französischen Prinzen von Condé auf, um ihn von der Sorge der Stadt in Kenntnis zu setzen, welche durch das widerliche, hochmütige, rücksichtslose und unsittliche Auftreten der hier Gastrecht geniessenden Hugenotten entstanden ist.

1590

Etliche fremde Schausteller zeigen der staunenden Bevölkerung «eine Anzahl missgebildeter Thiere, allda einen Ox mit 6 Füssen, ein Schwein mit acht Füssen, eine Gans mit drey Füssen, ein Schaf mit sechs Füssen und ein Huhn mit 4 Füssen».

1626

Bläsi Soldat, der Leinenweber aus dem St. Gallischen, anerbietet der Obrigkeit die Herstellung von Canevas, einem derben, als Segel- und Packtuch verwendeten Gewebe aus Flachs und Hanf mit baumwollenem Einschlag.

1634

Hans Jakob Sandreuter, der Handelsmann aus Nürnberg, wird ins Bürgerrecht aufgenommen.

1758

Weil der Rhein die Schifflände unter Hochwasser gesetzt hat, sieht sich der Gantausrufer Friedrich Hey gezwungen, einen Warenposten vor dem Wirtshaus «zum Kopf» von einem Weidling aus zu versteigern. «Da solches zu Basel vielleicht noch nie geschechen, ist es für eine Curiositaet aufgeschrieben.»

1789

«In diesen Tagen laufen die traurigsten und erschrecklichsten Nachrichten von dem in Paris entstandenen Tumult (Sturm der Bastille am 14. Juli) und von den Verheerungen der Bauern im benachbarten Elsass ein. Es werden haufenweise Sundgauer Juden mit Weib und Kind und mit geringen Habseligkeiten in die Stadt getrieben. Ihre Zahl beträgt 800. Sie werden so sehr mit Wohltaten überhäuft, dass sie ein besonderes Dankgebet verfassen, welches ein jeder Vorsinger an jedem heiligen Sabbath für die Wohlfahrt der löblichen Stadt Basel und ihrer Angehörigen mit Andacht beten soll.»

1836

Die Schweizerische Tagsatzung verfügt die Ausweisung aller politischer Flüchtlinge aus dem Land. Dieser Beschluss gilt namentlich den sich teilweise revolutionär gebärdenden deutschen Handwerksgesellen und Emigranten. Die Basler Behörden haben die Tätigkeit des Geheimbundes «Das junge Deutschland» bis dahin mit grösstem Misstrauen verfolgt.

1900

Das erste Teilstück der Basler Strassenbahnen auf ausländischem Boden wird eröffnet: Landesgrenze-Zoll St. Ludwig (St-Louis).

1905

«Gestern ist das Automobil der Herren Bolliger & Cie. von Basel in Arboldswil angekommen. Es hat den Weg in 55 Minuten zurückgelegt. Man hat bisher immer fünf Stunden Marsches gerechnet. Das heisst man ein Stück neue Welt. Bravo!»

21. Juli

Arbogast von Strassburg der Bischof

1416

Als die Glocken die dritte Mittagsstunde schlagen, wird Basel von einem heftigen Erdbeben erschüttert, dem zwei schwächere folgen. Viele Leute fliehen aus der Stadt, doch bleiben die Beben ohne grossen Schaden.

1445

Die Räte fassen den feierlichen Beschluss, allen denjenigen, welche

Anlässlich des 47. Eidgenössischen Turnfestes, das in Basel auf der Schützenmatte abgehalten wird, stellt sich am 20. Juli 1886 der 1855 gegründete Bürgerturnverein stolz dem Fotografen. Neben Reck- und Barrenturnen, Gewichtheben, Ringen, Schwingen, Steinwerfen, Fechten, Gerwerfen, Pferdeturnen, Sektionsturnen und Pyramidenstellen gehört auch das «Gerstensaftstemmen» zum allgemeinen Turnprogramm ...

Jugendfest St. Johann-Quartier.

Donnerstag, den 21. Juli 1898

nach dem Neubad.

Versammlung: Strafanstalt-Anlage mittags 12½ Uhr. Abmarsch präcis 1½ Uhr.

Das Einschreiben der Kinder, Führer und Führerinnen findet Sonntag, den 17. Juli 1898, mittags 10—12 Uhr und nachmittags 2—4 Uhr, sowie Dienstag, den 19. Juli von 2—5 Uhr in der Restauration „zur Mägd" statt. Einschreibgebühr für Kinder des Quartiers 80 Cts., für Kinder anderer Quartiere Frs. 1.—. — Kinder unbemittelter Eltern werden in deren Begleitung zu ermäßigten Preisen event. gratis genommen.

Die Commission des Jugendfestvereins St. Johann.

3864v)

National-Zeitung, 21. Juli 1898

die Armagnaken unterstützt haben, das Bürgerrecht aufzukünden und sie auf Lebenszeit der Stadt zu verweisen. Unter den sechzig ausgewiesenen Adeligen befinden sich auch Angehörige der alten Basler Geschlechter von Ramstein, von Eptingen und von Bärenfels.

1603

Am Kronengässlein wird um 6 Uhr früh eine Magd, die zur Morgenpredigt gehen will, von einem herabfallenden Fensterpfosten zu Tode geschlagen.

1625

Bei der Salmenwaage geht den Fischern ein Fisch ins Netz, «der ist sieben und ein halb Mannsschuh lang, hat einen grossen Kopf, vornen zugespitzt. Oben auf dem Kopf hat er ein grosses Loch. So gross, dass man eine Faust darein legen kann. Auch hat er einen weissen Bauch und einen schwarzen Rukken. Viele Leute beschauen den Wunderfisch. Man sagt, es wäre dieser Fisch ein Stör. Ein solcher ist schon anno 1586 gefangen worden, worauf eine grosse Teuerung erfolgte.»

1627

Zur Bewirtung von Erzherzog Leopold lässt die Obrigkeit einen reichen Tisch rüsten mit «Hippocras, Indianischen Hahnen, Kapaunen, Tauben, Kälbern, Hammeln, Lämmern, Speck und anderen Sachen».

1635

Die allgemeine Not unter dem Volk ist so gross, dass dem Untervogt von Buckten ein Pferd vor Schwäche niederfällt und verendet. Arme Hungrige, die den Weg über den Hauenstein nehmen, stürzen sich auf das tote Tier, zerteilen es und kochen und essen es bei Trimbach auf dem Felde.

1638

Drei Wölfe reissen auf der Weide von Pfarrer Niklaus Brombach in Rümlingen zwei Kälber.

1652

Eine englische Komödiantentruppe bringt Theaterstücke von William Shakespeare zur Aufführung. Der Erfolg ist so gross, dass den Schauspielern das Gastrecht in unserer Stadt verlängert wird.

1662

Der Schweinehirt in der St.-Johanns-Vorstadt springt in den Rhein und will sich ertränken. Er wird aber von Fischern am Leben erhalten und erklärt einem Geistlichen, der ihn über seinen Unsinn befragt, seine Kinder wollten beständig Brot von ihm haben, und solches könne er ihnen bei diesen teuren Zeiten nicht geben. Aus Mitleid und Verzweiflung habe er deshalb den Tod gesucht.

1758

Ein grosses Rheinhochwasser überschwemmt im Kleinbasel die Ziegelmühle, die Sägemühle, die Orthmühle, die Drachenmühle und die Klingentalmühle. «In der letzten wollten etliche Müllerknechte für die Curiositaet in einer Büttene in der Mühle herumfahren. Hatten aber bald das Unglück, dass aus einer Comoedie eine Tragoedie geworden wäre, weil die Büttene sich umgewälzt und Georg Heimlich fast ertrunken wäre.»

1767

Ein gewisser Henchoz, der einmal in Basel studiert hat, erhält den Magistergrad, nachdem er zu Hause im Waadtland einige lateinische quaestiones in philosophia ohne fremde Hilfe schriftlich beantwortet hat.

1775

Es stirbt der Gastgeber zum Kopf, Christoph Burckhardt. Als in seinem bekannten Wirtshaus an der Schiffländte sich einst ein Fremder über die schlechte Qualität des Weins beklagte, ereignete sich ein Höllenspektakel. Denn der Aufwärter hat dem Unzufriedenen die Antwort gegeben: «Für Tischwein ist er gut genug.» Und der Ausländer hat verstanden: «Für dich Schwein ist er gut genug ...»

1777

Der sich in der Stadt aufhaltende Kaiser Joseph II. begnadigt auf dem Totentanz einen zum Tod verurteilten Deserteur, der ihm zu Füssen gefallen ist: «Er hat ihm einen Pfenning hingeworfen und gesagt, du sollst Gnad haben.»

1819

Die von Studenten aus Zürich und Bern gebildete «Zofingia» hält in Zofingen ihr erstes Zentralfest ab. Zwei Jahre später schliessen sich auch Basler Studenten dem «Schweizerischen Zofingerverein» an.

1848

Im Haus «zum Hammeneck» am Rindermarkt (Gerbergasse 26) erscheint die erste Nummer der revolutionären Zeitung «Der Deutsche Zuschauer». Damit wird «bewiesen, dass Basel der Freiheit der Meinungsäusserung auffallend wenig Schranken entgegensetzt».

Vorstellung der Verwüstung so in dem Jahr 1758. wegen lang angehaltenem Regenwetter durch Überschwemmung der Wiesen, und dem darauf erfolgten grossen und schædlichen Gerütsche in dem Schlipff verursacht worden.

A. Das in dem Schlipff sich zu erst erzeigte Gerütsche. B. Ein in die 103. Ruthen langes Gerütsche. C. Ein längst under demselben versessenes Gewässer. D. Das sich ergebene stärckste Gerütsche. E. Die durch dasselbe entstandenen Weyer. F. Das bis an den Mühleteüch bey 40. Ruthen lang hinunter gesenckte Erdreich. G. Der durch das Gerütsch in die 49. Ruthen lang bedeckte Mühleteüch, allwo sich das getruckte Erdreich bis in die Wiesen hinaus geschoben. H. Weiler Mühleteüch. I. Der durch das Anlauffen der Wiesen samt der nelten Schliessen hinweggespielte Mühleteüch. K. Hinweg geschwemtes Mattwerck. L. Der durch das grosse Gewässer zerrissene alte Stäg. M. Die neü gelegten Stäge gegen Riehen, allwo ehedessen Mattwerck gewesen. N. Weil. O. Weiler-Mühle. P. Ober Dillingen. Q. Nider Dillingen. R. Lörach. S. Rud. Röthelen. T. Thumringens.
Em. Büchel ad Naturam del. d. 12. 7bris 1758.

Am 21. Juli 1758 ist «die Wiese zu Klein-Hüningen aus ihrem Bett gewichen und drey Wochen lang weit über alle Matten geloffen und hat erschröcklich grossen Schaden gethan. Der Schaden, insonderheit bei Wihl, Dilligen und Riehen, haben viele 100 Menschen den wegen dem guten Weinwachs weit und breit berühmten Schlipf mit betrübten Augen gesehen, wie selbiger zugerichtet und gerutscht und die Erde hin und wider grosse und breite Spälte bekommen. Auch der grösste Teil dasiger Reben, welches meistens Basler und Riehemer getroffen, sind völlig verderbt. Mithin ruft uns die Stimme Gottes widrum: Mit deinen Augen wirst du den Segen Gottes sehen, aber nicht, davon ärnten.» Getuschte Tuschpinselzeichnung von Emanuel Büchel.

1855

Das Kriminalgericht verurteilt ein «schwäbisches Weibsbild» zu 18jähriger Kettenstrafe: Die junge Frau hat ihr unehelich geborenes Kind mit einer Schere ums Leben gebracht.

22. Juli

Maria Magdalena die Büsserin

1424

Dreitägiges Regenwetter lässt den Rhein dermassen anschwellen, dass er mit mächtigem Brausen zwei Brückenjoche hinwegführt. Die Lücken werden behelfsmässig mit schweren Schiffen geschlossen, «damit auch die Müller mit den Eseln hinüberfahren können, ist es mit Karren und Wägen doch unmöglich, den Strom zu passieren». Das Wasser erreicht eine solche Höhe, dass man von der Zunftstube zu Schiffleuten direkt in die Schiffe steigen kann und der Brunnen «zum Seufzen» an der obern Ecke der Stadthausgasse zum Überlaufen kommt.

1480

«Der Rhein ist so hoch, dass ein Jeglicher die Händ möcht wäschen uf dr Rhynbruck. In der Grossen Stadt fährt man in Weidlingen und Schiffen. Auch in der Kleinen Stadt fährt man mit dem Weidling bis gegen das Klingenthal. Wegen der nassen Witterung wird der Wein sauer, und die Weinlese tritt so spät ein, dass die Rebleute noch anfangs Novembris zu wimmen haben. Die armen Leute lassen das Kley wieder mahlen, mischen es mit Haber oder mit Bohnenmehl und machen daraus Brot.»

1500

Auf dem Kirchhof der Prediger wird der reiche Tuchhändler Heinrich Falkner beerdigt. Zwei Fremde bleiben zurück und bestaunen den Totentanz, «das Wunder von Basel». Sie gehen von Bild zu Bild und verharren andächtig vor dem Beinhaus, über dem geschrieben steht: «Hier richtet Gott nach dem Rechten. Die Herren liegen by den Knechten. Nun merket hieby, welcher Herr oder Knecht gewesen sy.»

1511

Das Hochwasser des Rheins bricht erneut über die Ufer und überschwemmt das Zunfthaus der Schiffleute bis ins Obergeschoss. «Man meint, es werden drey Joch an

> **Es wird zum Außlehnen anerbotten:**
> 1. Im Anstoß aus der Stadt in die Eschemer Vorstadt stehen zwey Losamenter zu verlehnen, für reputirliche Haußleuth, oder für eine ehrbare Taback-Societät, oder auch für ordentliche Herren, denen man zugleich eine Burgerliche Kost offerirt.
> 2. Bey Herrn Emanuel Frieß dem Glaser an der Freyenstraß sind zwey ordentliche neue Losamenter, von Gelegenheit wie der Augenschein zeigen wird, entweder sammethafft oder zertheilt, für stille und ehrliche Leuth, zu verlehnen und nach Belieben zu beziehen.
> 3. Ein braves Losament an der Gerbergaß, Stube, Kuchin, Sommerhauß und Gang, alles auf einem Boden, nebst einem Laden, und übrig nötiger Gelegenheit, wie der Augenschein zeigen wird, nach Belieben zu beziehen.
> 4. Ein Laden unten an dem Rindermarckt, sammt zugehöriger Bewohnung; ist im Bericht-Haus zu erfragen.
> 5. In der Spahlen-Vorstatt, ohnweit dem Spahlen-Bollwerck ist ein extra guter großer Keller, samt in circa 250. Saum Faß, in Eyfen gebunden, wie auch eine grosse Frucht-Schüttin zu verlehnen; bey wehme sich deßhalben anzumelden, ist im Adresse-Contor zu vernehmen.

Mittwochs-Blättlein, 22. Juli 1743

der Rinbrucken hinweg fahren, aber sy bleiben.»

1525
Die Bauernunruhen im Sundgau führen zu einem gewaltigen Andrang von Flüchtlingen: «Es ist alles voll Ross und Karren, dass niemand durch die Spallen-Forstat noch zum Tor uss mocht gehn den ganzen Tag. Es werden allenthalben die Hüser voll Korn geschüttet und voll Husrot gestellt.»

1545
Der junge Batt Meyer tummelt auf dem Münsterplatz das Ross seines Meisters und will dort, wo die Reitbahn steht, Umstehenden seine Kunst zeigen. Als er aber das Pferd mit scharfen Sporen zu lange antreibt, wird es wild und lässt sich nicht mehr im Zügel halten: Es wirft den Knaben ab, sprengt neben dem Haus «zur Mücke» die Gasse hinab, reisst einen Maurergesellen um und versetzt ihm einen solchen Hufschlag an den Kopf, dass dem Unglücklichen das Blut aus den Ohren spritzt, so dass er bald darauf stirbt. «Ein Pferd im Lauf ist ein offenes Grab. Nicht nur für den, der darauf sitzt, sondern auch für andere. Das lehrt diese klägliche Geschichte.»

1627
Die Räte erkennen, dass zu Waldenburg jährlich drei Jahrmärkte zu halten sind: auf Valentin, Maria Magdalena und Matthei.

1629
Zwei Studenten aus Heidelberg, beide gute Freunde, duellieren sich auf der Schützenmatte. Beim dritten Gang wird Balduin Dathenius dermassen an einem Bein verwundet, dass er tot liegen bleibt. Der Täter entzieht sich durch Flucht der Verantwortung. Der Entleibte aber wird auf Befehl der Obrigkeit durch Oberstpfarrer Johann Wolleb im Münster beerdigt.

1653
Der Rat lässt dem Sohn des Scheren Fridlin von Tenniken unter dem Halseisen am Kornmarkt durch den Scharfrichter ein Ohr abhauen, weil dieser dasselbe dem obrigkeitstreuen Baselhans angetan hat. Die beiden Mittäter, Joggi Recher und Hans Dalcher, haben dem Henker dabei «an die Hand zu gehen».

1663
Die Kapelle des heiligen Germann, die spätere Jeremiaskapelle, findet in einem Ratsprotokoll ihre erste Erwähnung. 1884 wird das nachwärts als Wachtstube verwendete kleine Gotteshaus am Rhein bei St. Alban abgerissen.

1676
In Dornach findet der erste Portiuncula-Markt statt.

1685
Der Rat verbietet in allen Ämtern das Anpflanzen von Tabak. Mit dieser Massnahme sichert er sich ansehnliche Einnahmen an Zollgebühren, welche die Einfuhr überseeischer Tabake erbringt.

1700
Oberstschützenmeister Daniel Mitz glossiert die Schiessresultate des von ihm veranstalteten Gabenschiessens: «135 Mann haben würcklich um den Becher angeschossen. 50 Mann haben ihre Anschüsse nicht auf die Welt gebracht. 7 Mann haben in dem Stechen in Leidmänteln abgezogen. 78 Mann haben ihre Schüss getroffen. 41 Mann haben Gaben bekommen. 37 Mann haben einander's Leid geklagt und sich beim Wirt des Unglücks trösten lassen.»

1724
Auf der Gartnernzunft soll Meister Albrecht Dietsche, der Seiler, den Jahreid schwören. Er aber weigert sich, die drei Schwurfinger zu erheben, weil «er diesen Actum als abgöttisch und wider sein Gewissen ansieht». Der Rat lässt sich jedoch den Gehorsam nicht verweigern und spricht dem widersätzlichen Zunftmeister kurzerhand das Bürgerrecht ab!

1749
Der Rat bestimmt, dass für jedes Kind, das in Riehen statt in die öffentliche Schule in eine Nebenschule geschickt wird, dem Schulmeister der doppelte Lohn zu bezahlen ist.

1765
Hieronymus Fürstenberger wird von den Reformationsherren zu einer Geldbusse von 20 Pfund verfällt, weil er «auf der Schützenmatte ein Camisol (Weste) mit goldenen Blumen angehabt hat».

1854
Im Wirtshaus «Auf'm Markt» wird der «Sappeur-Pompierverein der grösseren Stadt» gegründet, der heutige Feuerwehr-Verein Basel-Stadt.

1879
«Man glaubt seinen eigenen Augen nicht zu trauen, wenn man von der oberen Fähre aus mit dem blossen Auge in der Schwimmanstalt einige Herren in jenem paradiesischen Kostüme herumwandeln sieht, das aus weiter nichts als einem Badehöschen besteht...»

1909
Die «Zöglinge der Waisenanstalt» werden durch den Basler Automobil-Club zu einer Ausfahrt eingeladen. «Die etwa 80 Knaben und Mädchen verteilt man in 15 mit Fahnen und Wimpeln geschmückte Auto-

Die Eidgenossen liegen in erbittertem Kampf gegen den deutschen Kaiser, der sie wieder vermehrt unter seine Oberhoheit zwingen will. In einer mächtigen Zangenbewegung versucht Maximilian I. am 22. Juli 1499, die unbotmässigen Eidgenossen mit 16 000 Mann einzuzingeln und niederzuwerfen. Doch die Absicht, die 5000 Eidgenossen zu schlagen, endet vor der Veste Dorneck, auf den Feldern und in den Weinbergen des Dörfleins Dornach, mit einer schmerzlichen Niederlage der Kaiserlichen und dem Verlust von 3500 Mann. «Viele der Gebeine werden alldort in einer aufgebauten Capelle oder Beinhäuslein zum Angedenken zusammengelegt.» Die Schlacht bei Dorneck bildet die letzte glorreiche Siegestat der Eidgenossen im Schwabenkrieg und hat den im selben Jahr, am 22. September, in Basel unterzeichneten Friedensvertrag zur Folge. «Es bedeutet dieses Datum somit die endgiltige Lösung der Bande, welche die Schweiz noch an das deutsche Reich ketteten.» Kolorierter Einblattholzschnitt.

mobile, von denen gegen 20 im grossen Jagdwagen des Herrn Schlotterbeck Platz finden. Im Korso wird das Städtchen Rheinfelden passiert, worauf die Fahrt zu einem soliden Vesperbrot in die Sonne nach Möhlin geht. Als die Wagen nach einer herrlichen Fahrt wieder auf dem Theodorskirchplatz vorfahren, werden sie von einer grossen Volksmenge lebhaft begrüsst: Eine schöne Tradition ist geboren!»

23. Juli

Apollinarius von Ravenna der Bischof

1431

Im Kapitelsaal des Domstifts beim Münster findet die feierliche Eröffnung des Konzils statt.

1444

Zum Fest des heiligen Appolinaris findet sich im nahen Sundgauer Dorf Folgensburg viel Volk ein. Auch Basler sind unter den Festbesuchern anzutreffen. Ihnen nun begegnet Peter von Mörsberg, der sich stolz mit der österreichischen Pfauenfeder zeigt, mit Spott und Hohn. Als er dann den Landsassen gebietet, den Baslern weder etwas zu essen noch zu trinken abzugeben, quittieren diese das freche Benehmen des Sundgauer Adels mit dem ungesäumten Verlassen des Festplatzes.

1500

Die 1489 in Angriff genommene Fertigstellung des neuen Martinsturms am Münster wird abgeschlossen, indem der Werkmeister des Domstifts, Hans von Nussdorf, dem Turm Blume und Knopf aufsetzt. «Nun steht die Kirche vollendet da als ein mächtig, herrlich Münster zur Ehre Gottes, des Sohnes und der Hochseligen Mutter Gottes. Es ist auf Burg ein grosses Beten und Festen.»

1538

Der Pfarrer von Gelterkinden, Jakob Löw, unterrichtet den Rat über das zunehmende Spielen der Jugend mit Würfeln und Karten um Lebkuchen und Geld: «Sie wöllen alle Kurtzweilen. Und will sich die Jugend des Geissens und Lätzlens nicht vergnügen lassen, denn sie spielen um Batzen.» Die Obrigkeit zögert nicht, ein allgemeines Spielverbot zu erlassen.

1548

Der Rat verbietet den Buchdruckern das Verlegen von Schriften wider den Kaiser oder dessen Bruder, den römischen König. So seufzt ein Geistlicher: «O Gott, wir dürfen die Wahrheit, die wir öffentlich im Tempel lehren, nicht schriftlich bekennen.»

1645

«Es wird der Stubenknecht zu Gerbern von seinen Herren zum Meister gemacht, daher das Sprichwort

National-Zeitung, 23. Juli 1898

entstanden ist: Der Gerbern Zweytracht hat den Stubenknecht zum Meister gmacht.»

1653

Heinrich Gysin, alt Schultheiss von Liestal und Haupt der rebellischen Bauern, ist nur wegen seines hohen Alters nicht zum Tode verurteilt worden. Zur Strafe aber hat er der Obrigkeit die Hälfte seines Vermögens abzuführen. Zudem wird er für den Rest seines Lebens in sein Haus gesperrt.

1661

«Ein schweres Ungewitter mit Donner, Hagel und Blitz tut einen grausamen Klapf und schlägt den obersten Knopf an dem hohen Turm des Münsters, so bey 80 Pfund schwär ist, mehrenteils hinweg.»

1684

Als in Langenbruck Martin Jenny begraben werden soll, begehrt seine Schwester, ihren Bruder nochmals zu sehen. Sie redet ihn also an: «Ach, mein herzlieber Bruder, wie ist es dir ergangen, dass du so geschwind gestorben bist?» Da gibt der Tote ein Zeichen von sich, dass ihm das helle Blut aus der Nase fliesst. Sieht die Schwester auf die Seite, hört es auf. Richtet sie ihre Augen wieder auf ihn, fängt es wieder an zu bluten. Dies geschieht fünfmal. Nachdem die Kundschaft vom Landvogt eidlich verhört worden ist, erteilt der Rat den Befehl, den Toten zu begraben.

1698

Die Aufnahme des reichen Strassburger Handelsmanns Melcker ins Bürgerrecht der Stadt löst unter den Spezierern, die dessen Konkurrenz fürchten, «ein grausames Lamentieren aus», doch kommt der Rat auf seinen Entscheid nicht zurück.

1744

«Die durch den gewaltigen Regen hoch angeloffenen Bäche und Flüsse fangen an, ihre traurige Wirkung zu thun. Der Rheinstrohm wächst so hoch, dass er sich um ein merckliches über die Schifflände ergiesst. Die Birs ist so erstaunlich wild und wütend, dergleichen noch nie erhört worden. Und der durch die Stadt fliessende Birseck (Birsig) überschwemmt die ganze untere Stadt. Dann aber hat der liebe Gott in Gnaden dem Regen und Gewässer gebotten, sich wiederum zu legen und stille zu seyn.»

1751

Eine Räuberbande von acht Bösewichtern mit geschwärzten Gesichtern dringt in das Pfarrhaus von Langenbruck ein, knebelt Pfarrer Wettstein samt Frau und Tochter, leert den Weinkeller und mach sich mit einer Beute von 1500 Gulden in Gold und Silber auf und davon.

1788

Der Steinmetz Emanuel Pack wird von seiner Frau geschieden, weil er sie mit der Französischen Krankheit (Syphilis) angesteckt hat. «Diese Ungerechtigkeit, die dem Pack angethan worden ist, ist rein erfunden und schreüt gen Himmel. We, däne Dockter!»

1877

Die am 19. Mai eröffnete grosse Basler Gewerbeausstellung, die von über 100 000 Besuchern bestaunt worden ist, schliesst ihre Pforten. Der Reingewinn von Fr. 15 000.– wird zur Gründung des Basler Gewerbemuseums verwendet.

1907

Die Wirte verhängen einen Boykott über die Brauereien Feldschlösschen, Löwenbräu und Cardinal.

24. Juli

Christina und Christophorus die Märtyrer

1518

Heinrich Ryhiner, Geschäftsträger der (letzten) Gräfin von Tierstein, wird wegen seiner Verdienste um die Stadt geschenkweise ins Bürgerrecht aufgenommen. Er erhält 1535

Bischof Christoph und das Domkapitel einerseits und Bürgermeister und Rat andererseits nehmen am 23. Juli 1522 das Schiedsgerichtsurteil der eidgenössischen Boten wegen der Besitzverhältnisse des militärisch überaus bedeutsamen Schlosses Pfeffingen in der Weise an, dass der Bischof das Schloss zurückerhält, wogegen er «in Ergötzlichkeitsweise» die Herrschaft Riehen gegen fünftausend Gulden der Stadt abzutreten hat. Der Verkauf erfolgt aber erst nach langwierigem «Feilschen» am 8. Oktober 1522 zum Preis von siebentausend Gulden. Lavierte Federzeichnung, das Dorf Riehen darstellend, von Emanuel Büchel. 1752.

vom späteren Kaiser Ferdinand I. einen Wappenbrief mit der Bestätigung seines bisher geführten Wappens.

1526
Die gottesdienstlichen Versammlungen fremder täuferischer Missionsprediger in Allschwil, Oberwil, Therwil und Reinach, die sich eines grossen Zulaufs der Landbevölkerung erfreuen, veranlassen den Rat zum Erlass eines strengen Verbots aller wiedertäuferischen Predigten und Annäherungen an das Urchristentum.

1660
«Sara Gysin fällt die Treppe herunter und verletzt dabei den Ruckgrad, so dass ihr die Empfindlichkeit vergeht. Nachdem man sie gleich mit Nodlen gestochen und dann geschnitten hat, schlägt hernach der Kaltbrand (Milzbrand) dazu, so dass man ihr ganze Stücke aus dem Rükken schneiden muss. Ist obenauf gesund und frisch. Hat ihren guten Verstand und redet fein und mag bis zuletzt essen. Nach sechs Wochen aber fängt sie algemach an, schwach zu werden, verliert den Appetit zum Essen und verstirbt.»

1705
Ein mit zehn Markgräflern besetzter Weidling fährt aus Unvorsichtigkeit der Schiffleute, «so zuviel ins Glas geguckt», an ein steinernes Joch der Rheinbrücke und geht unter, «nicht ohne erbärmliches Jammern und Geschrey der Leute. Drey Männer vermögen sich am Joch an dem gespaltenen Quader so lange zu halten, bis man ihnen von der Brücke herab mit Seylen zu Hilff kommt und ihnen das Blut aus den Nägeln spritzt. Die übrigen sind davon gefahren, von denen zwey Mann und eine Frau jämmerlich ertrinken».

1712
Wie üblich, so vergnügen sich auch heute abend viele Leute auf der Rheinbrücke. Sie beugen sich über das Brückengeländer und schauen den Schiffleuten zu, wie sie ihre grossen Schiffe zurechtstellen und das Wasser aus den Kähnen schöpfen. Als aber der Druck der Zuschauer auf «die Lehne» zu gross wird, bricht diese ein, worauf zwanzig Personen in den hochgehenden Rhein stürzen. «Obschon man mit Seylern und Leytern den Leuthen zu Hilff kommen will, ist alles vergebens. Weil das Rheintor schon geschlossen ist und man es wegen des grossen Rheins nicht aufthun kann, ertrinken: ein Basler Knabe, eines Schuhmachers Sohn an der Eysengasse, des Ratsherrn Barbiers Magd samt ihrem Hochzeiter, drey Baselbieter aus der hiesigen Garnison, Metzger Stückelberger, ein Unbekannter in einem scharlachenen Rock und andere, über die man nichts erfahren kann. Im ganzen 13 Personen.»

1740
Im Münster wird der proselytische

Wunderbarer Motorwagen-Unfall auf der Wettsteinbrücke in Basel
am 24. Juli 1903.

Die beiden Herren La Roche-Iselin, Banquier, und Paul Ruf, Besitzer des Gyps-Werkes in Allschwil fuhren um 7 Uhr 5 Minuten von Kleinbasel her über die Wettsteinbrücke. Ungefähr in der Mitte des ersten Pfeilers wollten dieselben einem kursirenden Tramwagen nach links ausweichen, fuhren aber mit voller Kraft aus noch nicht aufgeklärten Gründen in gerader Richtung gegen das gusseiserne Geländer, welches durch die furchtbare Wucht des Anpralls in der Länge von 3 Metern wie Glas zersplitterte und zugleich der einen der beiden Herren schwer verletzte. Der Wagen mitsammt den Insassen stürzte über die Brücke 15 Meter hoch in den hochangeschwollenen Rhein und bewegte sich noch 20 Meter rheinaufwärts auf der Wasserfläche bevor er versank. Die beiden Verunglückten hielten sich durch Schwimmen so lange über Wasser, bis ihnen Hilfe geleistet werden konnte.

Flugblatt, 24. Juli 1903

(bekehrte) Jude Aron Gintzburger durch Oberstpfarrer Merian auf den Namen Samuel Felix getauft. Als Taufzeugen sind u.a. gegenwärtig Bürgermeister Samuel Merian und Oberstzunftmeister Felix Battier.

1776

Der Pfarrer von Weil verbietet seinen Kirchgenossen das Kirschenbrechen an Sonntagen. Er selber aber schickt am Sonntag einen Mann auf einen Nussbaum, damit er ihm grüne Nüsse zum Einmachen ablese. Dabei stürzt dieser vom Baum und bricht das Genick. «Das ist nicht verwunderlich, heisst es doch, am siebenten Tage sollst du ruhen!»

1780

Der Rat verordnet, dass die Hochzeitsgaben einen Wert von höchstens einer Duplone aufweisen dürfen und dass die «Kindbettischickete» fortan verboten ist, es sei denn, dass Taufpaten bedürftigen Kindbetterinnen mit einer gewissen Unterstützung beistehen.

1833

Im kleinen Bergdörflein Bärenwil bei Langenbruck feiert die Bevölkerung in Gegenwart einiger hundert Gäste aus Basel die Einweihung eines Glöckleins auf dem Haus des Predikanten. «Dieses ist den baseltreuen Bauersleuten von Jünglingen und Jungfrauen zu Stadt und Land als Liebesgabe gestiftet worden, weil sie sich nicht dem Gräuel und Terrorismus der Aufständischen Baselbieter gebeugt haben.»

1890

Im St. Albantal geht die Papierfabrik Stöcklin in Flammen auf. «Das gewaltige Feuer leuchtet wie eine mächtige Fackel und bietet vom Kleinbasel aus einen schaurig schönen Anblick.»

1903

«Mit Blitzesschnelle verbreitet sich die Sensationsnachricht, dass ein Automobil mit zwei Insassen von der Wettsteinbrücke aus in den Rhein gestürzt ist. Der Hergang ist folgender gewesen: Die Herren Dr. A. La Roche und Paul Ruf kamen vom Wettsteinplatz her über die Wettsteinbrücke gefahren, als ihnen ein Strassenbahnwagen entgegenkam, dem sie ausweichen mussten. Dabei geriet das Automobil etwas zu weit nach rechts, so dass dasselbe wieder mehr nach der Strassenmitte gelenkt werden musste. In diesem Moment begann der hintere Wagenteil zu hüpfen und machte Front gegen das rheinabwärts gelegene Brückengeländer. Der 24pferdige Motor arbeitete beständig weiter, so dass der Wagen mit Wucht auf das Trottoir fuhr und das gusseiserne Geländer durchbrach, worauf der Wagen mit seinen beiden Insassen in den Rhein hinunterstürzte. Im Sturz sprang der von den Fensterscheiben bedeutend verletzte Herr Doktor La Roche aus dem Wagen, während der Herr Ruf herausgeschleudert wurde. Da nicht sofort Hilfe anwesend war, wurden die beiden vom hochgehenden Rhein fortgeschwemmt. Herr Ruf konnte bei der alten Rheinbrücke und Herr La Roche bei der provisorischen Brücke lebend aus dem Wasser gezogen werden. Die Suche nach dem Automobil hat erst einige Tage später Erfolg, als der Wagen bei der St. Johann-Badanstalt in Gegenwart vieler Leute ziemlich stark beschädigt gehoben werden kann.»

25. Juli

Jakobus der Apostel

1343

Ein gewaltiges Hochwasser richtet an den Rheinbrücken von Basel, Laufenburg, Säckingen, Rheinfelden und Breisach grossen Schaden an.

1407

Mit Zustimmung des Bischofs von Konstanz konsekriert der Basler Weihbischof Hermann die vor dem Bläsitor errichtete Kapelle zu Ehren der heiligen Anna, Georg und Erhard. Um die Mitte des 17. Jahrhunderts lässt sich die St.-Anna-Kapelle zum letzten Mal feststellen.

1431

Ein Basler Kontingent von 32 Reitern zieht in den Hussitenkrieg.

1515

Fast auf den Tag genau vor 55 Jahren hat der Blitz das hohe Dach des Augustinerklosters entzündet. Nun bringt ein Blitzstrahl den Glockenhelm zu Augustinern erneut zum

Basel erlebt ein einzigartiges Ereignis: Herzog Amadeus VIII. von Savoyen wird am 24. Juli 1440 auf dem Münsterplatz zum Papst Felix V. gekrönt: Von allen Seiten ist das Volk in die Konzilsstadt gereist, dem glanzvollen Schauspiel beizuwohnen. Man schätzt die Anwesenheit von fünfzigtausend Menschen. Kardinal Ludwig von Arles setzt dem Papst die kostbare Tiara aufs Haupt, und alle Welt bricht in Vivat-papa-Rufe aus. Der feierlichen Handlung folgt ein Festzug durch die Stadt, wie Basel noch keinen gesehen hat und keinen mehr sehen wird: In Gold und Purpur gekleidete geistliche und weltliche Würdenträger führen ihn an, begleitet von Kriegsleuten, Trompetern, Pfeifern und Gauklern, dem Basler Klerus mit Kerzen und Heiligenschreinen und zwölf schneeweissen Pferden unter roten Decken. Endlich reitet auch der Papst unter goldenem Baldachin würdevoll daher. Gesandte der Fürsten und Städte beschliessen mit einer buntgemischten Menge den Aufzug. Damit dem römischen Krönungszeremoniell Genüge getan wird, findet sich auch eine Deputation der Juden ein, die dem Papst die Thora (Bibel) überreicht. Lavierte Federzeichnung von Albrecht Landerer (1816–1893).

Martin Wenck, Bürgermeister, †25. Juli 1830

Schmelzen. «So wird hernach aus der Klosterkirche ein Kornhaus gemacht.»

1542

Der Stadtrat von Säckingen verkauft der Obrigkeit von Basel zum Preis von 200 Gulden 106 Eichbäume.

1545

Ein Jakober Apfelbaum in des Predikanten von Frenkendorf Pfrundgarten blüht dreimal und trägt Früchte. Die ersten um Jakobi (25. Juli), die zweiten auf Michaelis (29. September) und die dritten um Martini (11. November).

1548

Weil er sich an einem sechsjährigen Mädchen vergangen hat, wird ein 20jähriger Bauernbursche aus Arlesheim vom Scharfrichter geköpft und mit einem Pfahl durchbohrt.

1760

Als der Stubenknecht zum Greifen, Bulacher, mit seiner Frau sich zu einem Besuch nach Kleinhüningen aufmacht, will «die betagte Markgräfer Magd sich dies zu Nutze machen. Allein sie macht die Rechnung ohne den Wirt, denn Bulacher kommt früher nach Hause und findet in Begleitung des Küfers Johannes Linder die Magd mit einem Schlossergesellen ganz nackt in ihrem Ehebett. Linder führt nun beyde in solcher Postur die Stege hinab in den Hof, bindet sie an einen Baum, nimmt einen Bäsen, haut denselben voneinander und gibt dem Bulacher und seinem Knecht auch eine Handvoll Reisiges, worauf sie das Paar erbärmlich zerfilzen (vermöbeln) und es dann zum Haus hinaus jagen»!

1855

Als man beim Mittagessen sitzt und es bei stark umwölktem Himmel und schwüler Luft zu regnen beginnt, wird die Stadt durch zwei Erdbeben so heftig erschüttert, dass im Münster und zu St. Martin die Glocken anschlagen.

1866

Der Rat verbietet das Schlachten in der am Kleinbasler Brückenkopf gelegenen «School jenseits». Damit hat er den fortwährenden Beschwerden der Anwohnerschaft Rechnung getragen, die «durch diesen Gegenstand des Eckels, der durch die Eingeweide und das Blut eine Unmenge von Ratten herangezogen hat, auf das Hässlichste belästigt worden ist».

1899

Es stirbt der 1817 geborene Niklaus Riggenbach, der berühmte Erfinder

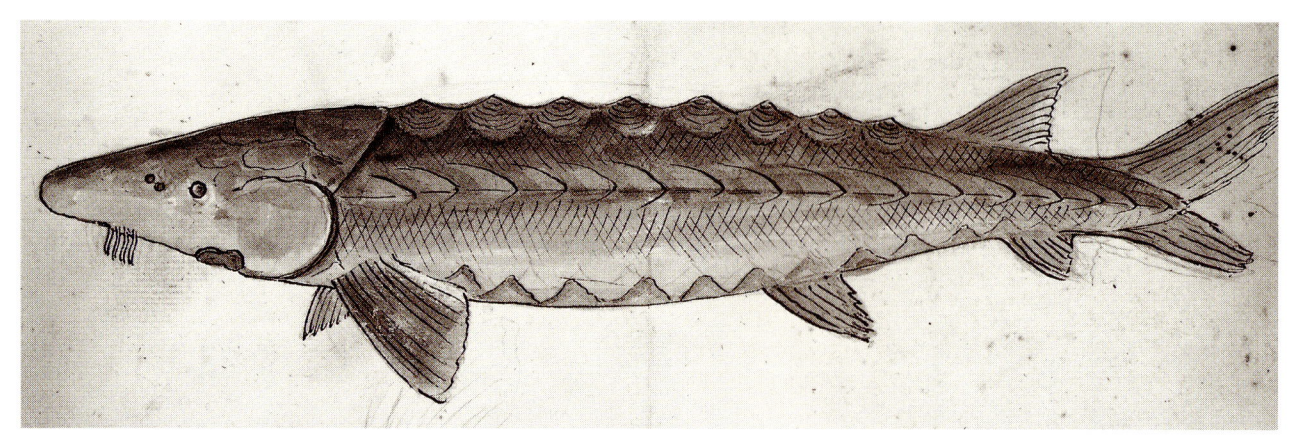

«Ein Störfisch ist zwo Stund unterhalb Strassburg gefangen und lebendig allhier auf Basel gebracht und um das Gelt gezeigt worden. Haltet in der Länge 8 französische Schuh und ist von dem Bauch biss auf den Rucken etwan 15 Zoll hoch. Hat 3 Zentner gewogen. 25. July 1761.» Lavierte Federzeichnung von Emanuel Büchel.

des Zahnradsystems und Erbauer der ersten für die Schweiz bestimmten Lokomotiven und der Rigibahn, nach deren Vorbild zahlreiche Bergbahnen auch in Portugal, Indien und Brasilien konstruiert worden sind.

1901

Ein Personenzug nach Schlettstadt entgleist wegen zu hoher Geschwindigkeit, nach nur siebenminütiger Fahrt vom Centralbahnhof aus, bei der Einfahrt in den noch nicht offiziell eröffneten St.-Johann-Bahnhof. Das schreckliche Eisenbahnunglück, das ein Bild völliger Zerstörung bietet, fordert zwei Tote und zahlreiche Schwerverletzte.

26. Juli

Anna die Mutter Mariens

1400

Mit Gunst und Willen des Domkapitels verkauft Bischof Humbert der Stadt Basel Burg und Stadt Waldenburg, die Veste Homburg und die Stadt Liestal zum Preis von 22 000 Rheinischen Gulden mit dem Vorbehalt, sie um die gleiche Summe jederzeit wieder zurückkaufen zu können.

1427

«Damit die armen Leut im Dorf Pratteln besser mit einander im Frieden leben können», erlassen die Herren von Eptingen eine Strafordnung. So wird nun mit schwerer Geldbusse belegt, wer ein Messer zückt, mit einem Spiess oder einer Armbrust nach Hause läuft, einen andern blutrünstig schlägt, einen mit einer Kanne oder einem Stein bewirft, einen der Lüge bezichtigt oder «wer ein Weibsbild eine Hure nennt».

1468

Die Stadt wird von Donnergetöse und Blitzen heimgesucht, wie es bisher noch nie erlebt worden ist: Man befürchtet, die Welt gehe unter. Der Blitz schlägt in den Rhein und beschädigt das Steinenkloster, die Barfüsserkirche und das Spalentor. «Es ist in der Stadt grosses Leid und Kummer.»

1539

Mit dem Erlass eines neuen Statuts

National-Zeitung, 26. Juli 1898

versucht der Rat, die Spannungen zwischen der Universität und der Geistlichkeit beizulegen. Gleichzeitig ermahnt er die verantwortlichen Herren eindringlich: «Da Sie als unsere Vorgesetzten und Vorsteher uns täglich predigen und lehren, dass wir allen Neid und Hass untereinander abstellen und einander lieben möchten, so sollen auch Sie danach trachten, unter sich selbst allen Unwillen abzustellen.»

1551

Der Fremdling Arbogast haucht sein Leben aus. «Sein Leib ist in Folge der Franzosenkrankheit (Syphilis) ganz verfault. Als man ihn vom Bett aufhebt, wird ihm ein Arm vom Körper weggerissen. Ein elender Mensch!»

1609

Stadtarzt Felix Platter gratuliert mit launigen Worten einer Verehrerin

Mormonen-Konferenz.

Dienstag, den 26. Juli 1898, mittags 2 Uhr und abends 8 Uhr, werden die „Heiligen der letzten Tage" im Saale des Café „Safran", Gerbergasse, Basel eine
Konferenz
halten, wozu Jedermann freundlich eingeladen wird.
☞ Zutritt frei und keine Kollekte. ☜
Die Präsidenten der europäischen und deutschen Missionen werden bei dieser Gelegenheit anwesend sein und wünschen die Grundsätze dieser sonst so unpopulären Religion zu besprechen. [40889

Nachdem er wegen Benzinmangels auf dem «Gitterli» in Liestal eine Notlandung hatte vornehmen müssen, landet der Langenbrucker Oskar Bider in der Morgenfrühe des 26. Juli 1913 nach seinem sensationellen Alpenflug Mailand-Basel auf der Schützenmatte und wird von Tausenden von Bewunderern begeistert empfangen. Regierungsrat Armin Stoecklin begrüsst den berühmten Flieger und überreicht ihm im Namen der Stadt einen silbernen Becher. «Weil die Polizeimannschaft zu spät eingetroffen ist, ist die Absperrung auf der Schützenmatte missglückt, so dass grosser Kulturschaden entstand. Es ist zu erfahren, dass Bider in seinem Aeroplan in weniger als vier Stunden den Weg gemacht hat, den ein Expresszug in 8 Stunden durchläuft.»

zum Geburtstag: «Diewyl heut ist St. Anna-Tag / Da der alt Brauch solches vermag / Dass man Sie sollte würgen fast / Und by Ihr sein den Tag zu Gast / So fallt das Unglück in und schafft / Dass d'Blödigkeit, mit der Sie b'haft / Hindert, dass man by Ihr äss / Jedoch das nit komm in Vergäss / Schick ich hie einen gmolten Strick / Der nit berier Ihr Hals noch Gnick / Sonder dass er allein bedeut / Dass was nicht kann geschechen heut / Etwan geschech zu glegner Stundt / In welcher Sie frisch und gsundt / Welchs Ihnen wünscht Ihr Frindt und Gvatter / Von Herzen Doctor Felix Platter.»

1737

Das Bauamt beauftragt den Lohnherrn, im Rathaus «die Wänd in dem grossen Rathsaal mit grüenem Tuch zu tapetzieren, das Tuch aber mit Blachen zu underlegen, da von den verblichenen Gemählden, die dem Ansehen nach von dem Holbein oder einem andern guten Meister gemahlt worden sind, das meiste nicht einmal mehr zu erkennen ist und das wenige übrige nicht wohl restauriert werden kann».

1815

General Joseph Barbanègre, der von Napoleon eingesetzte Kommandant der Festung Hüningen, lässt auf Basel gegen fünfzig Geschosse abfeuern. Pfarrer Daniel Kraus berichtet über das Bombardement: «Eben waren wir vom Mittagessen aufgestanden, als uns ein furchtbarer Knall aufjagte. Wir hielten alle dafür, es sey der Pulverthurm auf der St. Leonhards-Schanze in die Luft gesprungen. Es zeigte sich aber bald, dass es eine Bombe war. Wir eilten auf den obersten Estrich und sahen noch mehrere in Häuser der Stadt fahren und Rauch aufsteigen. Wir fanden, eine Ohrfeige von einem solchen Bombenstück müsste noch derber seyn, als eine solche vom Magister (Lehrer) Stähelin, und gingen also wieder hinunter. Später sagte eine alte Frau in christlicher Demut: ‹Gott hat uns recht behütet, denn seine Engel haben den Lauf der Bomben anders gerichtet.› Wirklich war der Schaden unbedeutend. Niemand ward getötet, zwei einzige Menschen leicht verwundet und einige Dächer und Zimmer zerschmettert.»

1855

«Wie gestern, so wird auch heute wieder ein heftiger Erdstoss verspürt, der sich in wellenförmiger, zirka 5 Sekunden dauernder Bewegung kundtut. Mehrere Gebäulichkeiten erhalten Risse. Auch werden wiederum die Glocken von St. Martin zum Erklingen gebracht.»

27. Juli

Nazarius und Celsus die Märtyrer

1439

Die Furcht vor der Pest drängt zahlreiche Kirchenväter zum vorzeitigen Verlassen des Konzils. Damit die Beschlussfähigkeit gewahrt bleibt, verheissen die Kardinäle mit Erfolg allen Konzilsteilnehmern, die sich durch Treue auszeichnen, einen reichen Sündenablass.

1460

Ein noch nie gehörter Donnerschlag erschreckt die Stadt. Hierauf schlägt der Blitz in das Eselstürmlein, in welchem ein Mörder auf seine Hin-

> **Wasserfluthen im Kanton am 26. und 27. Juli 1831.**
>
> In der Gegend von Waldenburg hat am 26. d. M. Abends 6 Uhr ein viertelstündiger Wolkenbruch den Bach zu einer ungeheuern Höhe angeschwollen. Derselbe riß drei Häusereden zu Waldenburg weg; die Papiermühle-Brüde ist so beschädigt, daß die Verbindung unterbrochen wurde. Zu Höllstein ist die Straße an vielen Orten bis zur Hälfte der Breite ausgefressen und mehrere Uferbrüche verursacht worden. Zu Oberdorf wurde die Hälfte des Hauses der Gebrüder Schweizer fortgerissen und die Mühlprütsche beschädigt. Zwischen Ober- und Niederdorf ist die Straße ziemlich verheert und bedeutender Schaden angerichtet, in Niederdorf beide Stege und die Brücke fortgerissen, zwischen Niederdorf und Höllstein bedeutende Prütschen- und Bachbeschädigungen.
>
> Am 27. d. M. Abends litt die Gegend von Maisprach von Wassergüssen; Land und Früchte wurden dadurch verderbt, die Straßen an mehreren Orten zerstört und der Mühlenteich ganz überschüttet. Auch in Buus und Wintersingen soll das Wasser bedeutend geschadet haben.
>
> Noch heftiger ergossen dem Vernehmen nach sich die gedachten Wolkenbrüche in den Nachbarkantonen, indem zu Ballstall und zu Magden mehrere Menschen sollen umgekommen sein.
>
> Eine Menge Geräthe aller Art bedeckte an jenem Abend den Rhein. Auch sah man in der Gegend von Warmbach einen Menschen mit dem Tode ringen.
>
> Zu Basel sind mehrere Rettungskähne in Bewegung gewesen, um Unglückliche, die allenfalls bis dahin geschwemmt worden seyn würden, aufzufangen, allein ihr Bemühen war ohne Erfolg.
>
> Auf der Stelle hat auch die hohe Regierung nach allen verheerten Orten Beamte abgesandt, um die Herstellung des Nothwendigsten anzuordnen.
>
> Wir hoffen, daß die bekannte Wohlthätigkeit unserer Mitbürger sich auch hier nicht verläugnen wird, um auch dieses Unglück erleichtern zu helfen.

Kantons-Mittheilungen, 27. Juli 1831

richtung wartet. Dann entzündet ein Feuerstrahl das Glockenhaus der Augustiner und bringt das mit Blei eingedeckte Dach zum Schmelzen. Hätte sich nicht sofort grosse Hilfe eingefunden, das ganze Kloster wäre verbrannt.

1478

Heute hätte die Hinrichtung des Hans Bisingers stattfinden sollen. Der Sohn eines reichen Strassburger Handelsmannes hatte sein Vermögen verprasst und verspielt und ist hierauf nach Basel gekommen, wo er wegen zahlreicher Diebstähle zum Tode verurteilt worden ist. Um den lustigen Zechbruder scharten sich bald gute Freunde, die seine Freiheit bewirken wollten. Wie nun der Hinrichtungszug unter Anführung eines berittenen Vogtes auf dem Weg vom Rathaus zum Richtplatz vor dem Steinentor die Gerbergasse erreicht, stellen sich ihm zwei Studenten, Johann Graf von Petitepierre und Johannes van Va-

rembom, in den Weg und schneiden dem zum Tod verurteilten Dieb mit einem Messer Strick und Fesseln entzwei, so dass dieser das Weite suchen kann. Als dem Rat die mysteriöse Befreiungsaktion zu Ohren kommt, ordnet er unverzüglich eine umfassende Untersuchung an. Diese konzentriert sich dann auf die Hintermänner Hans zum Gold und Claus Meyer, die schliesslich der Stadt verwiesen werden.

1650

Der 72jährige Bernhard Spänhauer, welcher es in Muttenz während beinahe vierzig Jahren mit dem Rindvieh getrieben hat und neulich sonntags früh beim Verkehr mit einer Kuh erwischt worden ist, wird vom Scharfrichter enthauptet und mit der missbrauchten Kuh zu Asche verbrannt.

1660

Im Münster findet eine merkwürdige Hochzeit statt: Pfarrer Johannes Gernler verrichtet das Schlussgebet und erteilt den Segen, ohne das Paar getraut zu haben! Erst als der vergessliche Seelenhirte vom Hochzeiter auf den eigentlichen Zweck des Gottesdienstes aufmerksam gemacht wird, kommt dieser seiner Aufgabe nach und nimmt die Einsegnung vor ...

1680

Am Galgen werden zwei Männer aufgeknüpft. Als einer der beiden noch lebend herunterfällt, wird er sogleich «archibousiert» (mit der Armbrust erschossen).

1759

Es stirbt der 1698 geborene berühmte französische Physiker, Mathematiker und Philosoph Pierre Louis Moreau de Maupertuis. Die sterbliche Hülle des grossen Gelehrten, der im Hause seines ebenso berühmten Kollegen Daniel Bernoulli gelebt hat, wird in die Kirche von Dornach überführt und dort beigesetzt. Das von Bernoulli gestiftete Grabdenkmal muss 1826 durch die Solothurner Regierung infolge Schadhaftigkeit nachgebildet werden.

1765

Dietrich Meyer, der während 31 Jahren in fremden Diensten gestanden ist und sieben Schlachten heil überstanden hat, wird unter 27 Kandidaten zum städtischen Wachtmeister gewählt.

1775

Johann Wolfgang Goethe schreibt an Sophie La Roche: «Mir ist's wohl, dass ich ein Land kenne, wie die Schweiz ist, nun geh mir's wie's wolle, hab' ich doch immer einen Zufluchtsort.»

1852

Durch einen Staatsvertrag vereinbaren die Schweiz und Baden die Errichtung einer Eisenbahnlinie von Haltingen über Kleinbasel nach Schaffhausen und Konstanz sowie den möglichen Bau einer Zweigbahn über Lörrach ins Wiesental.

1855

In Basel bricht die Choleraepidemie aus: Ein Arbeiter einer mechanischen Werkstätte wird beim «Schwanen» plötzlich von der Cholera überrascht. Obwohl man ihn sofort ins Bürgerspital bringt, verstirbt er anderntags.

1895

Die Schlachthausfähre, welche das St. Johannquartier mit dem Horburgquartier verbindet, wird dem Betrieb übergeben: «Sie macht gute Geschäfte, benutzen doch rund 2500 Personen das bunt gewimpelte Boot für eine Fahrt. Zur guten Frequenz mag auch die Kilbe zu St. Ludwig einiges beigetragen haben.» Mit der Eröffnung der Dreirosenbrücke am 1. September 1934 stellt die Fähre ihren Dienst ein: Sie ist von 10 665 517 Passagieren benutzt worden!

1907

«Immer mehr begegnet man in unserer Stadt unreifen Burschen, die sich gross damit machen, dass sie Zigaretten rauchen. Gegen diesen Unfug muss entschiedener aufgetreten werden, enthält der Rauch aus Tabakblättern doch verschiedene Gifte, die zu hochgradiger Nervosität, Rachen- und Magenkatarrhe und Affektionen des Herzens führen.»

Am 27. Juli 1566 wird die Stadt durch eine seltsame Veränderung der Sonne, «als ob sie gleichsam Blut weinte», überrascht. Auch am folgenden Tag bietet sich der staunenden Bevölkerung ein ähnliches Bild, indem der Himmel während 24 Stunden in blutrote Farbe getränkt ist. Und am 7. August überzieht sich der Himmel gar mit grossen schwarzen Kugeln. Solche Zeichen an Gestirn und Himmel können nur Unglück und Krieg bedeuten, argwohnen die Bürger und beeilen sich, dem göttlichen Zorn durch Gebet und Kirchgang ohne Schaden zu entgehen. Holzschnitt nach Hans Hug Kluber auf einem Flugblatt von Samuel Koch.

1912

In Schweizerhalle wird der erste Schleppkahn mit Kohle gelöscht.

1914

Im Hinblick auf den drohenden Ausbruch eines serbisch-österreichischen Krieges gewährt der Regierungsrat den hiesigen Müllern Vorschüsse zum Ankauf von Getreidevorräten.

28. Juli

Pantaleon der Nothelfer

1475

Der Rat schickt sechzig Kriegsknechte nach Montbéliard, um die «Vormauer» gegen ein burgundisches Armeekorps von sechstausend Mann zu verteidigen.

1520

Für die Summe von 749 Gulden erwirbt die Stadt von Anna von Hertenstein die Gefälle (Einkünfte) von Diegten, Zunzgen, Eptingen, Oberdorf, Bennwil, Lampenberg, Hölstein und Niederdorf.

1564

Der Rat und das Domkapitel beauftragen Meister Marx Spörlin, die im Vorjahr durch einen Riss beschädigte Heinrichsglocke am Münster «in voriger Grösse und derselben gleichen Materie, so wie es des Meisters Kunst vermag, im alten Ton» zu ersetzen.

1567

Durch den Scharfrichter werden «in einer Stund ihren Vieren die Köpf abgeschlagen».

1591

Die im Dienste der Französischen Krone stehenden Basler geraten in Courcelles mit dem zuständigen Kommandanten von Guitry in einen Streit, weil sie die Auslieferung eines Pferdes verweigern. Es kommt zu einem blutigen Handgemenge, in welchem der hohe französische Offizier eigenhändig einen Basler und einen Münchensteiner niedersticht und elf Knechte verwundet. Den Hauptleuten Weitnauer und Mentzinger gelingt es schliesslich, den rasenden Guitry und seine Soldaten von einem Angriff auf die Basler abzuhalten und ein noch grösseres Gemetzel zu verhindern.

1593

In Gelterkinden bricht ein Grossbrand aus, der das Pfarrhaus, vier

47

Wohnhäuser, fünftausend Garben und etliche Kühe und Kälber in Flammen aufgehen lässt.

1599

Erzherzog Albrecht von Österreich, der ehemalige Kardinal-Erzbischof von Toledo, kommt mit einem Gefolge von zweitausend Personen, sechshundert Pferden und vierhundert Maultieren in Basel an. Er wird vom geheimen Rat im Domhof willkommen geheissen und mit dreissig Ohm Wein, fünfzig Sack Haber und vier Salmen beschenkt. Der Infantin dagegen verehrt die Obrigkeit sechsunddreissig Mass Hypokras, zwei Salme und ein Quantum Konfekt. Andertags treten die hohen Gäste die Weiterreise an. Im Gefolge der Infantin befinden sich über hundertfünfzig Frauen, worunter sechs Niederländerinnen und acht spanische Matronen.

1614

Der 1536 geborene Professor Felix Platter, Stadtarzt, Autor medizinischer Schriften und Gründer des Botanischen Gartens und der Anatomischen Anstalt, wird «durch Altersschwäche ins Jenseits entrückt, bleibt aber dank seinen heilbringenden Entdeckungen und den Werken seines Geistes ewig lebend». Es wird ihm ein Grabdenkmal gesetzt mit der Inschrift: «Auf Erden war dies mein Beruf/Von allem dem, das Gott erschuf/Etwas zu erfahren und zu wissen/Hab ich von Jugend mich beflissen/Und solches anwenden, thun und lehren/Ins Menschen Nutz und Gott zu Ehren/Jetzund mein Seel in Himmelsfreud/Anschauet Gottes Herrlichkeit/Bis dass der Herr am jüngsten Gricht/Den Leib und Seel zugleich aufricht.»

1755

Es wird Lukas David, der sogenannte Dreiweiberbeck, zu einem Vorgesetzten zu Brotbecken gewählt. «Er hat diesen Titel darum bekommen, weil er zu gleicher Zeit drey Weibsbilder unter Versprechung der Ehe geschwängert und endlich die erste, Hindenlang des Schuhmachers Tochter, geheyratet hat.»

1798

In Binningen bricht die Viehpest aus, die «unter dem Hornvieh auf einmal sehr gewaltig wüthet». Die Obrigkeit ordnet deshalb die strikte Bewachung des Dorfes an, damit weder Menschen noch Tiere den Ort verlassen noch aufsuchen. Die Plage grassiert während nahezu drei Wochen.

1861

Zwei Fischer, welche bei der Rheinbrücke eine Grundschnur ausgelegt haben, ziehen einen schweren Klumpen an Land, der sich bei näherer Betrachtung als ein mit siebzehn Golduhren gefülltes Schatzkästlein erweist.

1869

Bürgermeister C.F. Burckhardt erklärt vor dem Grossen Rat, Basel be-

National-Zeitung, 28. Juli 1898

Am 28. Juli 1832 erreicht das erste Dampfschiff Basel: Um 11.30 Uhr legt die «Stadt Frankfurt» unter Kanonendonner angesichts einer zahllosen neugierigen Menschenmenge an der Schifflände an. Ein von Kapellmeister Huber dirigiertes Musikkorps, verstärkt durch vier «salarirte Musici», schmettert den Willkommgruss. Dann werden die Gäste der Schiffgesellschaft in festlichem Zug ins Drei Könige geleitet, wo die Regierung zur Feier des bedeutsamen Tages ein reichhaltiges Essen spendiert. Die Schiffsbesatzung aber trifft sich mit den zünftigen baslerischen Schiffsleuten, «die es sich nach Vertilgung einer erklecklichen Menge goldenen Markgräflers nicht nehmen lassen, das glückliche Ereignis mit Austrinken dreier Budellien Schampagner zu krönen».

sitze ein zahlreiches Arbeiterproletariat im bedenklichsten Sinne des Wortes. Die Fabrikarbeiter seien zu einem eigenen Stand herangewachsen, an Maschine und Örtlichkeit gebunden, in Massen zusammenlebend, ohne Besitz und Bildung, den Fabrikanten ausgeliefert und von jedem Schicksalsschlag in ihrer Existenz bedroht.

29. Juli

Simplicius und Beatrix die Märtyrer

1152

König Friedrich nimmt das Kloster St. Alban in seinen Schutz und bestätigt ihm u.a. seine Besitzungen in «Obelwilre, Bratela, Gelterchingen, Durnum, Hulnsten, Biningen».

Brotabschlag.

Weissbrod per Kilo 32 Cts.
Schwarzbrod „ „ 28 „
womit sich höflichst empfiehlt

41773 Bäckerei Martin, Bachletten.
Telephon 2551.

Infolge Renovationsarbeiten muss am 29. Juli 1891 die Heuwaage vor dem ehemaligen Steinentor für einige Tage geschlossen werden. Trotzdem vermag das kleine Gebäude nicht mehr für längere Zeit zu genügen, wird es doch zehn Jahre später durch ein grösseres ersetzt. Und dieses im Bild gezeigte Heuwaaghäuschen wird 1959 «als zwar geschmackvoll, aber überflüssig» abgebrochen.

1489

Die Papstglocke im Münster, die wegen eines starken Gewitters geläutet wird, erleidet einen grossen Riss. Sie wird erst 1493, an Gewicht 10 500 Pfund schwer, durch Hans Georg von Speyer neu gegossen. Nach ihrer Erneuerung wird sie förmlich getauft, wobei zwölf Prälaten und Domherren, zwölf Kapläne und vierzehn der vornehmsten Männer der Stadt den feierlichen Akt als Taufpaten bezeugen. 1760, beim Jubelfest der Universität, wird die Glocke wiederum durch einen Spalt beschädigt, so dass zwei Jahre später ein Stück abgeschlagen werden muss.

National-Zeitung, 29. Juli 1898

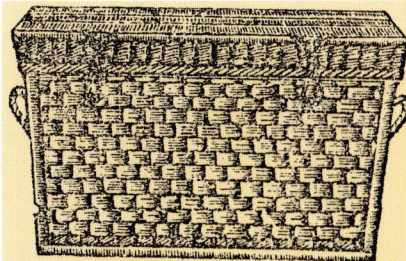

1540

Die Behörden von Liestal zeigen dem Rat die Erkrankung des Lehrers an der obrigkeitlichen Deputatenschule an. Diese rührt daher, weil er «in einem Hus ist, da viel Unlust und Gestank ist, welches ihn an der Gsundheit hindert. Es ist daher zu befürchten, dass die Kind und Jugent, so in die Schuol gan sollen, auch ungesund werden möchten».

1674

Als Ratsherr Hans Heinrich Ryhiner zu Grabe getragen wird, «entlädt sich ein gräuliches Hagelwetter mit Steinen so gross wie Daubeneyer. Dies verursacht auf dem Totenbaum (Sarg) mächtig harte Schläge, worauf es auch inwendig des Totenbaums heftig poltert».

Reisekörbe
Rucksäcke von Fr. 2.50 an
Reisenécessaires
Handtaschen
Portemonnaies
41865 enorme Auswahl.
11 Eisengasse. **H. J. Droeser.** Spalenberg 38.
Telephon. Telephon.

1691

Der abgelegte Huldigungseid der Bürger erweckt den Anschein, als wäre zwischen der Obrigkeit und der Bürgerschaft der Friede wieder eingekehrt. So unterliegen auch die eidgenössischen Gesandten, die heute zur Vermittlung eingetreten sind, der Täuschung, in Basel herrsche allgemeine Ruhe und das beste Einvernehmen zwischen dem Kleinen und dem Grossen Rat und der Bürgerschaft.

1694

«Die Reben sind so schön, wie sie seit Menschengedenken nie gewesen sind. Die Trauben beginnen sich in völliger Grösse zu färben. Auch die Feldfrüchte können ebenmässig in grosser Menge eingesammelt werden. Die Obstbäume sind aller Orten voller Früchte. Es ist in Summa ein gesegnetes Jahr.»

1712

Zu einem Monstretrommeln versammeln sich siebzig Tambouren auf dem Petersplatz, wo sie «unter einem General Tambour, der von Pratteln ist, ihre Kunst wohl exerzieren. Sie stehen in einem Circul um den General Tambour und müssen alle einen Streich schlagen».

1748

Der im Markgräflerhof, seinem Basler Sitz in der Neuen Vorstadt (Hebelstrasse), weilende Markgraf Carl Friedrich von Baden-Durlach wird von den Gnädigen Herren zu «einer staathlichen Mittagsmahlzeit empfangen und mit dem gewohnlichen Geschenck von 2 Vierling Wein, 12 Säck Haber nebst 2 lebendigen Salmen regaliert. Nachdem er 8 Tag lang in seinem Hof Einkehr gehalten hat, verlässt er die Stadt mit seinen 2 Heydocken (Sänfteträgern), 3 Läufern und 12 Köch nebst über 100 Pferden wieder».

1789

«Weil die unlängst in Paris sich ereignete weitaussehende Revolution eine allgemeine Gährung in Frankreich veranlasst und der Bericht ist eingekommen, dass aus Italien und Deutschland Landstreicher in starker Anzahl sich nach Frankreich begeben, um nach Raub auszugehen. Da überdies verschiedene Personen aus Frankreich sich anhero geflüchtet haben und viele benachbarte Bauren in unsere Stadt nachziehen», entschliessen sich die Räte zur Ausrufung der Teilmobilisation der Landmiliz.

1883

«Neun Mitglieder des Velo-Club fahren Morgens 2 Uhr per Velociped nach Zürich ab und kommen Vormittags 10½ Uhr an.»

30. Juli

Abdon und Sennen die Märtyrer

1445

Mit einem gut gezielten Schuss gelingt es dem Büchsenmeister Heinrich von Basel bei der Belagerung des Steins von Rheinfelden, die Brücke mit ihrem Joch zwischen dem Stein und dem äussern Turm zu treffen und zum Einsturz zu bringen. Die stolze Tat aber bringt nicht viel ein, vermag die Besatzung doch mittels über den Rhein gespannter Seile die Verbindung wiederherzustellen und so die Zufuhr von Proviant zu sichern.

1499

Die Eidgenossen haben nach der siegreichen Schlacht von Dorneck ihre Zelte auf der Matte von St. Jakob aufgeschlagen. Der Rat lässt ihnen Brot und Wein hinausschicken. Die Hauptleute aber kommen in die Stadt. Es sind wilde Gesellen, die gewaltig mit den Eisen klirren. Sie bestürmen den Rat, mit ihnen in den Sundgau zu ziehen. Dieser bleibt indessen standhaft und lehnt die Beteiligung an Raubzügen ab, die sich gegen Freunde und Handelspartner der Stadt richten.

1530

Die grossen Schäden, welche das schwere Hochwasser des Birsigs angerichtet hat, zwingen den Rat, die Bevölkerung zur Fronarbeit zu verpflichten. So haben alle Bürger, es seien geistliche oder weltliche, edle oder unedle, sich unentgeltlich in den Dienst der Stadt zu stellen. Das Geröll und Geschiebe zwischen dem Steinentor und dem Einfluss

Donnerstags-Blättlein, 30. Juli 1744

des Birsigs in den Rhein liegt mannshoch im Flusslauf. Die Räumungsarbeiten, an welchen in der Reihenfolge der Zünfte und Gesellschaften tagtäglich über zweihundert Männer beteiligt sind, dauern während Wochen an.

1634

Maria Holzer, die ihr von ihrem Schwager erzeugtes Kind ertränkt hat, wird zur Richtstätte geführt, um ihre scheussliche Untat mit dem Leben zu büssen. «Bei der Enthauptung aber bindet ihr der Henker, Meister Thoma Iselin, die Haube nicht recht auf, so dass diese beim ersten Streich wieder hinabfällt. Als er ihr deswegen weder mit dem ersten noch mit dem zweiten Streich den Kopf abschlagen kann, fängt er an, mächtig zu zittern. So muss er das Schwert dem Meister von Hagen übergeben. Als dieser an ihr den Streich ausführt, fällt die Delinquentin vom Stühlein, wobei ihr der Kopf an der Haut hangen bleibt, so dass endlich das Haupt abgesägt werden muss... Die Holzerin ist eine hübsche Weibsperson gewesen. Sie hat sich im Spital zweimal dem Teufel ergeben und sich erste-

chen wollen, doch sind jedesmal andere Weiber dazugekommen. Meister Thoma Iselin aber ist, weil er die Kindsmörderin nicht recht getroffen hat, von der Richtstätte in den Wasserturm geführt, mit 30 Gulden bestraft und durch Meister Conrad von Hagen ersetzt worden.»

1715

Basel wird modisch: «Bey den Weibspersonen sind die Hauben ungemein gross und vielerlei. Fast täglich kommen neue auf. So gibt es sogenannte Tscheppelin, Gogelhauben, Markgräflerhauben, Kilchenhauben und Nachthauben.»

1731

Es stirbt der verdienstvolle, 1658 geborene Doktor Emanuel König. Er wirkte sowohl als Professor der griechischen Sprache, der Physik und der Medizin als auch als beliebter praktischer Arzt und gelehrter Verfasser bedeutender wissenschaftlicher Werke.

1855

Seine Majestät der König von Portugal besucht mit einem Gefolge von dreissig Personen unsere Stadt und logiert im Hotel Drei Könige.

1880

«Zwischen dem Schweizerhaus und dem Schützenhaus ist eine Drahtlinie erstellt worden, durch welche man mittelst Bell's Mikrotelephon korrespondieren kann. Frage und Antwort gehen hin und her, Liederverse werden gegenseitig gesungen und mittelst der Hörapparate vollkommen genau und mit allen Nuancen verstanden. Selbst Ziffern, im Flüstertone gesprochen, werden genau zurückgemeldet. Man behauptet sogar, die Stimme werde so deutlich wahrgenommen, dass man bekannte Sprechende aus dem Klang der Worte erkenne.»

1899

Die Gemeinde Bettingen spricht sich für den Anschluss an die Stadt aus, um der «enormen Vorteile, die der Gemeinde durch die Verschmelzung mit der Einwohnergemeinde der Stadt Basel erwachsen, teilhaftig zu werden». Schon anderntags

Der Stadtgraben zwischen dem Spalentor und dem St. Johanntor ist am 30. Juli 1839 «so hoch mit Schutt angehäuft, dass man leicht aus der Stadt und von aussen hereingehen kann.» Und tatsächlich werden wenig später «nächtlicher Weile ein Kanapee und drei Dutzend Sessel auf die auffallendste Weise zwischen St. Johann- und Spalenthor, in der Richtung der Neuenvorstadt (Hebelstrasse), durch den Stadtgraben und über die Stadtmauer, in die Stadt gebracht. Fatalerweise befinden sich an genannter Stadtmauer haushohe Schutthaufen, welche sich für derartige Umtriebe ganz besonders gut eignen». Durch eine «Höherlegung der Grabensohle» ist der «Missstand am Klingelberg», wie das Aquarell von Karl Eduard Süffert aus dem Jahre 1868 zeigt, behoben worden.

wird den Behörden der Vermögensstatus eingereicht, der ein unbelastetes Kapital von Fr. 15 937.66 ausweist. Die Regierung aber lässt schliesslich die Eingemeindung von Bettingen, und von Riehen, wieder fallen.

1911

In der Pauluskirche hält Fräulein Gertrud von Petzold aus Birmingham einen Abendgottesdienst. «Sie ist wohl die erste Frau, die redend die Kanzel einer der öffentlichen Kirchen Basels betritt.»

1913

An der Chrischonastrasse brennt die Zimmerei Nielsen nieder, wodurch etwa zweihundert Arbeiter brotlos werden. Als eine Woche später die Trümmer des Hühnerstalles weggeräumt werden, «findet man nicht etwa kalten Hühnerbraten darunter, sondern drei lebende Hühner, die den Schrecken heil überstanden haben und nur einen ungeheuren Durst entwickeln...»

31. Juli

Germanus von Auxerre der Bischof

1545

Am Abend erhängt sich eine blutarme Witwe, die Mutter zweier Kinder in zartem Alter, deren Mann im Krieg umgekommen ist. Es heisst, man habe ihr am Morgen dieses Tages das Almosen verweigert. Darauf ist die Frau in Verzweiflung geraten und tötete sich auf diese Weise. Anderntags wird die unglückliche Selbstmörderin von der Rheinbrücke in den Rhein gestürzt.

1551

Im Rhein sieht man das Fass mit der Leiche des Gerichtsschreibers von Zürich vorbeitreiben. Der Mann hat sich mit neun Dolchstichen selbst umgebracht, worauf die Zürcher Obrigkeit den Toten in ein Fass schlug und in die Limmat warf.

1591

Die im Dienst der Französischen Krone stehenden Basler schreiben dem Rat: «Wir haben seit sechs Monaten keinen Pfennig Sold von unsern Hauptleuten empfangen und uns in dieser Zeit fast nur mit Stehlen und Rauben erhalten müssen. Wir haben uns daher bei den Franzosen und besonders den Bauern so verhasst gemacht, dass wir, wo wir hinkommen, nur Räuber, Schelme und Diebe genannt werden. Und wo einer wider die Ordnung handelt und erwischt wird, wird er von den Bauern ausgezogen und jämmerlich zerhauen oder gar getötet.»

1618

Es schneit in der Vogtei Waldenburg so heftig, dass die Schnitter sich ab dem Feld nach Hause begeben müssen.

1653

Die Baselbieter Rebellen Hans Erni, Daniel Jenni, Jakob Senn, Georg Martin, Hans Krayer und Hans Schaub werden wegen ihrer Untreue gegen die hohe Obrigkeit auf die venezianischen Galeeren verschickt. Bei Laufenburg wird die Bedeckung von schwer bewaffneten Bauern aus dem Schwarzwald aufgehalten, welche die Freilassung der Gefangenen erzwingen. Diese stellen sich aber in Basel den Gnädigen Herren und werden wegen solcher Ehrlichkeit vom Rat der Galeerenstrafe ledig erklärt.

1664

Der Rhein wächst so hoch an, dass er sich während etlicher Tage bis zur Türe des Gasthofs «zur Krone» ergiesst. Bald setzt erneut starkes Regenwetter ein, das vierzehn Wochen lang andauert.

1692

Der Schneider Albertus Heinimann wird wegen geführtem bösen Leben auf ewig von Stadt und Land verwiesen. «Er ist ein loser Vogel gewesen, der den ganzen Sonntag über gearbeitet hat und deswegen oft bestraft worden ist...»

1728

Die Schule von St. Peter wird wegen der Menge von 148 Kindern um einen Drittel vergrössert und mit einem grossen Fenster versehen.

1750

In Wintersingen erschlägt der Blitz den Geisshirt Heini Imhof. «Der Strahl ist ihm durch den Stroh Huth gefahren und hat ihn von dem Genick den Rucken hinunter und vornen auf die Brust und an dem einten Bein gebrandmarcket. Auch hat es ihm die Sohlen am einten Schueh aufgerissen, als wären diese mit Fleiss aufgetrennt worden. Er ist noch nicht 24 Jahre alt gewesen und hinterlässt eine arme schwangere Wittib samt einem Waislein, an dem ein Werck der Barmherzigkeit wohl angelegt wäre.»

1752

In Bubendorf feiern Ehegerichtsschreiber Ludwig Wentz und Jungfrau Judith Beck nach 10jähriger Verlobung Hochzeit. «Die Einsegnung ist zwar schon vor drei Wochen von der Kanzel verkündet worden. Weil aber die Liebste seit zehn Jahren nicht mehr aus dem Haus gegangen ist und sich absolut im Bett wollte copulieren (trauen) lassen, musste die Heirath bis zu ihrer Willens Änderung aufgeschoben werden.»

1861

«Der halsbrechende schmale Übergang, der beim Fröschenbollwerk über den Stadtgraben führt, hat sein Opfer gefunden, indem ein hiesiger Familienvater stolpert, hinunterfällt und auf der Stelle tot liegen bleibt.»

1866

«Basel wird von einer Rheinvergiftung durch die Abflüsse aus den Farbenfabriken bedroht: Dem Rhein wird durch solche Fabriken der Arsenik zentnerweise einverleibt. Allein die Fuchsinfabrik in Schweizerhalle führt dem Rhein täglich enorme Quantitäten an Gift zu. Viele Brunnen stehen mit dem Rheinwasser in Verbindung. Ein einziger Zentner dieses Giftes reicht hin, 200 000 Menschen ums Leben zu bringen. Daher ist die Gefahr für Basel so gross.»

1869

Basel und seine Umgebung werden von einem schweren Hagelwetter heimgesucht. Der Hagel fällt in der Grösse von Baumnüssen und im Gewicht bis zu vierzig Gramm vom Himmel und richtet grossen Schaden an. So wird auch das Glasdach der alten Post zertrümmert.

1907

«Auf dem Dach des Bundesbahnhofs wird ein promenierender Dachs bemerkt, der schliesslich von einem beherzten Jüngling gepackt und einem Polizeimann übergeben wird. Das Tier stammt wahrscheinlich vom Margarethengut, wo es viele solche Dachse haben soll.»

1. August

Die sieben Makkabäischen Brüder

1336

Der Prior des Klosters St. Alban, Johannes, überlässt den zwölf Lehensbesitzern im St. Albantal das Recht zur Nutzung der Herrenmatten, welche die Cluniazensermönche der Birs in mühsamer Arbeit abgerungen haben. Der bescheidene Zins ist mit der Auflage verbunden, dass die Lehensleute den Unterhalt des Wuhrs des St. Albanteichs besorgen.

1386

Der Tod Herzogs Leopold von Österreich, der in der Schlacht von Sempach gefallen ist, eröffnet Basel die Möglichkeit zum Erwerb der Reichsvogtei Grossbasel und der Herrschaft über Kleinbasel. Die nachge-

Avis-Blättlein, 31. Juli 1730

Wenige Stadt-Merckwürdigkeiten:
Seith letsterm Ordinari ist gestorben und den 28. Julii bey St. Peter bestattet worden: Meister Philipp Gaßner gewesener Herren-Diener; An dessen Stelle haben Ihr Gnaden Str. Ehrs. Wht. Herr Obrist-Zunfftmeister Harder zu dero Bedienten angenommen Meister Sebastian Scherb, gewesenen Statt-Knecht.
Sodann seind verwichenen Dienstag Nachts drey Männer von Klein-Hüningen in dem Rhein ertruncken, als sie beschäfftiget waren bey nächtlicher Weile eine Parthey Sandes von einer Seithen der Wiesen auff die andere zu transportiren; deren Leiber seind bißhero noch nit zum Vorschein kommen. Merckwürdig ist hiebey, daß die Ehefrau des einten der Ertruncknen vor ohngefehr 9. à 10. Monathen ebenfahls bey der Nacht im Rhein ertruncken.
Hingegen seind Ehelich copulirt worden: Gestern acht Tag zu St. Jacob: Herr M. Henry Scipion Rossdan, &c. und Jungfrau Maria Magdalena Burckhardtin. Zu St. Margrethen: Meister Johannes Sternenberger, und Jungfrau Ursula Schulerin. Gestern aber Niemand.

«Politisch bringt der 31. Juli 1914 vorerst keine ernsthaften Nachrichten. Immerhin noch tröstlich ist der Gedanke, dass die Bewaffnung Europas noch nicht ein Vorgang ist, dem der allgemeine Krieg notwendigerweise folgen muss, aber die Gefahr ist doch in bedenkliche Nähe gerückt. Am Centralbahnhof herrscht denn auch ein derartiger hektischer Verkehr, dass alle verfügbaren Autos buchstäblich gestürmt werden. Und der Andrang des Publikums zum Abheben der Spargelder an den Banken ist so gross, dass die Polizei aufgeboten werden muss, um die Bevölkerung, die offenbar den Kopf verloren hat, in Schranken zu halten. Vor der Nationalbank, welche das Papier in Silber umwechselt, kommt es sogar zu Tätlichkeiten.»

suchten Hoheitsrechte werden dem Rat denn auch durch eine von König Wenzel in Prag ausgestellte Urkunde zum Preis von tausend Gulden erteilt.

1460

Der Konvent der Augustinerchorherren gestattet Claus Gottschalk, dem zum reichen Grosskaufmann aufgestiegenen Nadler aus Köln, das Haus «zum Ross» am Schlüsselberg (3) mit seiner Frau Ursula zu bewohnen, sofern er an der Liegenschaft vierzig Gulden verbaut.

1527

Der Rat verfügt, dass den aus den Klöstern austretenden fremden Mönchen auf keinen Fall das Bürgerrecht erteilt werden darf, damit ihnen die Ergreifung eines bürgerlichen Handwerks verunmöglicht wird und sie so zu Bürgern zweiter Klasse degradiert werden: «Es ist bisher noch nie gehört worden, dass geistliche Personen sich mit Eheweibern verheiraten. Und so sollen Personen, die ihren priesterlichen Stand verlassen und sich in die Ehe begeben, in der Stadt Basel nit zu Bürgern angenommen werden.»

1528

Adelheid Meyer, Anna Treyer und Ottilie Wibrand, die wegen Wiedertäuferei ins Gefängnis gesperrt worden sind, werden unter dem Versprechen, «sich solcher Verbrechen inskünftig zu enthalten», wieder in Freiheit gesetzt.

1542

Andreas Vesal, der Begründer der modernen Anatomie, vollendet in Venedig die zweijährige wissenschaftliche Arbeit an seinem Buch «Vom Bau des menschlichen Körpers» und kehrt nach Basel zurück, wo im folgenden Jahr sein Werk beim ebenso berühmten Johannes Oporin im Druck erscheint.

1545

Den Bürgern und allen andern Einwohnern der Stadt wird vom Rat bei einer Strafe von fünf Pfund verboten, Bettler zu beherbergen. Denselben Beschluss haben auch alle miteidgenössischen Stände gefasst, damit die Masse von Bettlern, die das Land belästigt, verringert wird.

1548

Im Zscheggenbürlinshof am Rheinsprung (24) bringt ein unbekannter Taugenichts einer gewissen Frau Jäcklin im Gesicht an der Nase eine Wunde bei. Ebenso wird die Magd des Doktors Johannes Huber am

Simon Grynäus, Theologe
und Philosoph, † 1. August 1541

Hals verletzt. Die Fahndung nach den brutalen Burschen bleibt erfolglos.

1627

«Es werden zwey schändliche Übelthäter hingerichtet: Sylvester von Dulliken und Jacob Müri von Hölstein. Der erste wird wegen dreyzehn Mordthaten, elf Bränden, schändtlicher Sodomey mit Hunden, Gaissen, Eslen, Rossen und Kühen – und nicht nur weiblichen, sondern auch männlichen Geschlechts – und allerley Diebstählen gerädert und auf das Rad geflochten. Auf diesem verlangt er einen Schluck Wasser, doch wird ihm Wein gereicht. Dann wird er lebendig verbrannt. Dem andern werden mit dem Rad alle Glieder abgestossen, dann wird er lebendig auf das Rad geflochten und auf demselben erwürgt. Schliesslich wird er mit seinem Gespanen zu Aschen verbrannt. Andernrags werden zu Hölstein durch den Scharfrichter fünf Kühe, so auf Unser Gnädigen Herren Alphöfen gestanden, mit welchen die Hingerichteten bestialiter gehandelt haben, ebenso verbrannt.»

1633

Die Schweden besetzen das Bistum. Ihr Führer, Rittmeister Heinrich Ernst Streiff von Tauenstein, schlägt sein Quartier in Hegenheim auf. Dann verlegt er sich mit 65 Pferden für neun Wochen nach Allschwil. Die fünf Gemeinden des Birsecks haben für den Unterhalt von Mann und Ross zu sorgen und wöchentlich 50 Sack Hafer, 12 Wagen Heu, 3 Rinder, 8 Ohm Wein, 4 gute Schöpse (Hammel), 50 Pfund Butter und 100 Eier zu liefern.

1667

«In der Stadt trägt sich etwas Wunderliches zu: Der 15jährige Sohn des Schuhmachers Bartlin Frey, von einer bösen Stiefmutter umgeben, wird zu Grabe getragen. Beim Tragen wälzt sich unversehens der Totenbaum (Sarg) und fällt zu Boden. Dabei springt der Deckel auf, und der Leichnam gibt durch den Mund Blut von sich. Die Leiche ist ganz lumpig und nicht starrig, wie sonst die Toten sind. Am Totengässlein wiederholt sich die Sache. Der Tote reckt nun aber den einen Arm allzeit gegen den Himmel, so dass man den Deckel nicht mehr zutun kann. Dieses alles ist sehr wunderlich und gibt den Leuten viel zu denken. Man gräbt deshalb den Toten wieder aus und lässt ihn in der Kirche zu St. Peter in Gegenwart von Herrn Doktor Platter besichtigen. Beim Aufschneiden des Knaben fasst der Leichnam mit der rechten Hand den Diehlen, auf dem er liegt, wie ein lebendiger Mensch. Auch hat er gestockres Blut bei der Herzkammer und blaue Strich am Rucken. Auch ist noch zu vermelden, dass die Träger, als sie zum Kirchhof gekommen sind, kein offenes Grab vorgefunden haben, sondern ein solches, das von selbst zugefallen ist. Gott lässt seiner nicht spotten: Was geschieht die andere Woche? Man vergrabt seine Schwester. Und wiederum sterben in seinem Haus zwey Kinder samt einem Knecht. Diese drey Personen werden an einem Tag vergraben. Wenige Tage später stirbt dem Meister Bartlin sein Eheweib, hernach seine Stiefmutter. Von da an sterben viele Personen, und es entsteht eine recht grassierende Sucht daraus, wie es leyder der barmhertzige Gott an den Tag gibt!»

1832

Die Tagsatzung beschliesst einstimmig, der «gemein eidgenössische Dank-, Buss- und Bettag soll künftig in allen Ständen der Eidgenossenschaft immer gleichzeitig am dritten Sonntag des Herbstmonats (September) gefeiert werden».

Am 1. August 1819 geht der 1764 geborene Daniel Ryhiner, der Spitalpfründer, in die Ewigkeit ein. Er hat sich auf seine vornehme Abstammung nicht wenig eingebildet. Immer anständig gekleidet, einen Dreispitz auf seiner braunen Stutzperücke und ein modisches Stöcklein in der Hand, wandelte er eifrig in der Stadt umher. Jeden, der ihm begegnete, begrüsste er freundlich mit einem Händedruck und fragte, ob man seinen Namen kenne. Wurde dies verneint, dann hörte er mit seinem typischen Stottern erst auf, wenn er mit Ach und Krach hervorgebracht hat, er sei eben «dr Heer Ychner». Aquarell von Wilhelm Oser.

1891

Zum ersten Mal flammen rings um die Stadt die Höhenfeuer auf schweizerischem Boden auf. An der ersten offiziellen Bundesfeier beteiligen sich ebenso der Arbeiterbund und die sozialdemokratischen Vereine. Im Jahre 1900 wird auch das Abendläuten aller Kirchenglocken eingeführt.

1914

Basel folgt dem Befehl des Bundesrates und mobilisiert seine Truppen. Auf der Margarethenwiese legt das Bataillon 51 den Fahneneid ab und übernimmt hernach die Bewachung der Bahnhöfe und Brücken sowie der Landesgrenze von St. Chrischona bis Allschwil. Die Stadt ist erfüllt von aufregendem Treiben. Bereits sind viele Läden geschlossen, weil die Regale leergekauft sind. Die Regierung ermahnt die Bevölkerung dringend vor dem sinnlosen Abheben der Spargutthaben und dem Umtausch des Papiergeldes in Gold und Silber, damit die Wirtschaft nicht zum Erliegen kommt. Aus Deutschland erreichen Tausende von Italienern mit ihren wenigen Habseligkeiten Basel und warten in verschiedenen Lagern auf eine Möglichkeit der Weiterreise.

2. August

Stephan der Papst

1475

Die Hauptleute des Kriegszuges gegen Blamont verlangen vom Rat Geld, damit der Mannschaft der Sold bezahlt werden kann, sowie Schiesspulver und einen Arzt. Die Obrigkeit erfüllt die Wünsche und ordnet zugleich den Abzug der zweiten Hauptbüchse, des «Drachen», samt einer Bedeckung von 50 Mann an.

1512

Die aus der siegreichen Schlacht von Pavia (18. Juni) heimkehrenden Basler halten triumphierenden Einzug in der Stadt. Über der hochgestimmten Mannschaft flattert das prächtige Banner, das Papst Julius II. den Baslern in Pavia zugesichert hat und in Mailand ausgeführt worden ist; ein Fahnentuch von weissem Damast mit Granatapfelmuster, reich ausgestattet mit Perlen und Edelsteinen, goldbrokatenen Borten und Seidenstickerei. Statt des Schwarz am Baselstab die ritterliche Farbe des Goldes und im Eckquartier die Darstellung des englischen Grusses, eine Auszeichnung, die nur Basel zuteil geworden ist. Die Krieger erfreuen sich eines ehrenreichen Empfangs: Von den Türmen blasen die Trompeter, das jubelnde Volk drängt sich in die Gassen, die

Die äussere Steinenvorstadt mit der Brauerei «zum Löwenfels» (rechts), der «Stammbaiz» der Studentenverbindung «Zofingia», des Turnvereins «Amicitia» und der Fasnachtsclique «Alti Stainlemer». Aquarell von Johann Jakob Schneider. 2. August 1880.

National-Zeitung, 2. August 1912

Jugend marschiert mit den Waffen auf und die Obrigkeit lässt das Beste aus Küche und Keller auffahren.

1536

Der Deutsche Kaiser und der König von Frankreich erwarten vom Rat die Einwilligung, in Basel Söldner anwerben zu dürfen. Die Obrigkeit aber schlägt die beiden Begehren ab und erkennt, dass Hauptleute, Leutnante und Fähnriche, die am Krieg zur Eroberung des Herzogtums Mailand teilnehmen, mit dem Schwert hingerichtet werden.

1573

Es stirbt Andres Im Hof, der Seidenkrämer am Kornmarkt. Er betätigte sich auch als «ein Berckmann und der Statt Basel Silberfiehrer. Dieses Amt hat in sich gehalten, dass er alle Silber, so uff dem Berckwerck Schermennien (Giromagny bei Belfort) gemacht, im Namen der Statt Basel erheben und dagegen Zahlung thun musste, welches jährlich sich uff 40 thusent Gulden beloffen. Diewyl er aber im Schreiben und Rechnen nit der Beste gewesen, hat dies sein Wyb und seine Kinder in grosse Angst und Not gebracht.»

1582

Die Gemeinden Aesch, Pfeffingen, Duggingen und Grellingen bringen der Eidgenössischen Tagsatzung zur Kenntnis, dass sie den Bischof als ihren Fürsten anerkennen und ihm pünktlich die Steuern abliefern. Dies aber nur, wenn man ihnen ihre alten Gebräuche und ihre (reformierte) Religion belasse.

1631

Robert Mitz, der Handelsmann von Köln, erwirbt das Zunftrecht zu Safran. «Er stabilisiert die florissante niederländische und englische Warenhandlung zum grossen Nutzen unserer Stadt.»

1815

Johann Ludwig Burckhardt, alias Scheick Ibrahim, welchem wir unter dem 11. Januar 1818 schon begegnet sind, schreibt seiner Mutter aus Kairo: «Ich habe keine andere Dienerschaft als einen Sklaven, den ich voriges Jahr in Dschidda kaufte. Als ich in jenem Hafen ankam, hatte ich nur ein paar spanische Thaler in der Tasche. Da ich überdies noch einen heftigen Anfall von einem hitzigen Fieber hatte, musste ich, um nicht zu verhungern, meinen vorherigen vortrefflichen Sklaven verkaufen, den ich im Innern von Afrika unter mehreren Tausenden für mich ausgewählt hatte. Nach einiger Zeit fand ich Gelegenheit, mir Geld zu verschaffen, konnte aber meinen alten Sklaven nicht mehr finden.»

1833

Die gewaltsame Auseinandersetzung zwischen Stadt und Land nähert sich ihrem Höhepunkt: Im kleinen Dorf Diepflingen im Homburgertal, das sich mit schwacher Mehrheit der Stadt angeschlossen hat, kommt es fortwährend zu Überfällen und Schiessereien, die zwei Tote zur Folge haben. Noch hegt die Basler Regierung Bedenken gegen einen Vergeltungsschlag, aber ein grosser Teil der Bürgerschaft, vorwiegend Männer des Handwerks, bestürmen in lärmenden Kundgebungen vor der Bürgermeisterwohnung und im Rathaushof die einzelnen Ratsherren, einem Auszug zuzustimmen. So ermächtigt der Rat schliesslich die Militärkommission, den bedrängten Gemeinden im Baselbiet den versprochenen Schutz zu gewähren.

1881

Die erste, vom Bund betriebene «Telephon-Centralstation», die in der Hauptpost untergebracht ist, wird mit einem Bestand von 55 Abonnenten dem Betrieb übergeben. Die Anlagekosten belaufen sich auf Fr. 74 500.–.

3. August

Eleazar der Märtyrer

1445

Unter Anführung von Ritter Arnold von Bärenfels brechen die Basler, viertausend Mann stark, unterstützt von etlichen hundert Bernern und Solothurnern, zu einem dreitägigen Beutezug in den Breisgau auf. Sie führen eine endlose Kolonne von leeren Karren und Wagen mit sich, um das erbeutete Vieh und Korn fortzuschaffen. Auf dem Feld bei Krotzingen kommt es zu einem Scharmützel mit Reisigen des Herzogs Albrecht. Als die Basler anschliessend durch das Dorf ziehen, stehen überall vor den Haustüren mächtige Zuber und Kufen voll Weines, damit die ungezügelte Horde sich erlabe und die Lust am Rauben verliere. Dafür werden zwölf andere Dörfer geplündert und in Brand gesteckt. Auf dem Heimweg wird auch noch das stattliche Weiherschloss Oetlingen ausgeraubt und angezündet, so dass «die Basler endlich dem Feinde grossen Schaden zufügten, für sich selber aber mehr Beute als Ruhm erwarben».

1616

«Zum ersten Male werden zwei Übeltäter auf dem neuen Wall oder Rabenstein vor dem Steinenthor gerichtet. Der eine, ein sechsfacher Mörder von Arisdorf, mit dem Rad. Der andere, kaum 16jährig, Hans Bürgi von Zeglingen, hat an 14 Orten schon Feuer gelegt, das zu vier Malen ausgebrochen ist. Er wird geköpft und mit dem andern zu Asche verbrannt.»

1619

Es stirbt der als Landvogt zu Grosshüningen, Oberstzunftmeister, Bürgermeister und eidgenössischer Gesandter hochverdiente Melchior Hornlocher. Es wird ihm ein Grabdenkmal gesetzt mit der Inschrift: «Mit grossem Leyd die ganzte Statt/An diesem Ort begraben hat/ Herr Melchior Hornlocher fromb/ Eine Zierd dem Burgermeisterthumb/ Den Vater unsers Vaterlands/Von allen hoch und niedern Stands/Geliebt, geehrt und wärth gehalten/Ein schön Exempel frommer Alten/Des Ehren-Regiments ein Cron/Dem er gantz loblich vor thet stohn/Bis in die drey und viertzig Jahr/Geziert mit Gaben sonderbar/Mit Gottsforcht und Wohlredenheit/Mit Demut, Freudt und Redligkeit/Den Armen eben wie den Reichen/Mit Raht und That gedient. Dessgleichen/Die Schulen beyd und's Predigtampt/Geliebt und befördert allesampt/Sein Leib bedeckt zwar dieser Stein/Zu Gott aber die Seele sein/Hinauff gehn Himmel ist gefahren/Da er alt war bey achtzig Jahren.»

1728

Gegen sechs Uhr abends wird die Stadt durch ein starkes Erdbeben erschüttert. Die Glocken fangen an zu schlagen, und vom Dach der Schmiedenzunft fällt eine grosse Kugel auf die Strasse nieder.

1732

«Es werden drei Weibspersonen, welche gestohlen und sonst noch viel Gottlosigkeiten verübt haben und ein halb Jahr in Gefangenschaft gelegt worden sind, vom Scharfrichter mit dem Schwert zum Tode gerichtet.»

1752

In seinem 54. Altersjahr stirbt Johann Heinrich de Jacob Zäslin, der reiche Handelsmann. «Es wird von dem verstorbenen Herrn Zäslin insgeheim dafür gehalten, dass er mit Jungfer Mechel einige Kinder erzeugt und anderer Orten verstellt und diese vor seinem Tode ziemlich bedacht hat. Was das Betrübteste aber ist, dass sich diese seines Namens nicht bedienen dürfen. Im übrigen ist er freundlich und gegen die Armen gutthätig gewesen. Nicht nur sein Haus zu St. Johann, sondern auch der Drahtzug zu Liestal ist auf das prächtigste ausgerüstet gewesen, und auch der Wencken bey Riechen ist von ihm gantz neu erbaut worden.»

1759

Ein fremder Wachsmeister zeigt in der Stadt die Werke seiner erstaunlichen Kunst, welche zehn Personen in Lebensgrösse an einer festlichen Tafel darstellen. «Dieses Kunststück, insonderheit die Speisen, sind so natürlich gemacht, dass ihnen nur der Geschmack fehlt, um sie zu essen.»

1769

Bischof Simon Niklaus von Montjoie führt in Aesch zwei Jahrmärkte ein, den einen jeweils Dienstag nach Ostern, den andern am 4. September. Obwohl den Handelsleuten «der landesfürstliche Schutz und Schirm, sicheres Geleit, Pass und Repass» zugesichert sind, bleibt der Erfolg aus. Denn nur einige «arme Buckelkrämer» finden sich in Aesch ein, und das wenige Vieh, das zu sehen ist, gehört den Dorfbewohnern, die es nur für das Auge der Besucher auf den Standplatz zu führen haben! So wird der Aescher Markt 1776 wieder aufgehoben.

«Übergabe der Gemeinde Oberwyler an die Truppen von Basel-Landschaft den 3ten August 1835.»

1796

In einem Anfall von Schwermut stürzt sich beim Seidenhof der 1732 geborene Johann Jakob Faesch in den Rhein. Er hat als Offizier in fremden Diensten gedient, sich dann als Handelsmann in Amsterdam betätigt und bekleidete schliesslich in seiner Vaterstadt eine Ratsherrenstelle.

1833

Basel erlebt einen der schwärzesten Tage seiner Geschichte: Unter dem Kommando von Artillerieoberst Benedikt Vischer ziehen 350 Angehörige der Standeskompanie (Stänzler) und 450 «Sonntagssoldaten» mit sechs Kanonen über die St. Jakobsschanze nach Muttenz, mit dem Ziel, Liestal einzunehmen, während die Reserve, 500 Mann stark, mit ebenfalls sechs Geschützen, ins Birseck marschiert. In Pratteln werden die Truppen plötzlich beschossen. Die Basler geraten in blinde Wut und eröffnen nach allen Seiten Gewehrsalven, so dass drei wehrlose Stadtanhänger den Tod finden. Neun Häuser gehen in Flammen auf. Entgegen der ursprünglichen Absicht erfolgt der Weitermarsch nicht über das Erli, sondern gegen die Hülftenschanze. Diese ist von der Landschäftler Artillerie bereits verlassen worden und wird nun von der Standeskompanie besetzt. Dann rücken die von Hunger, Müdigkeit und Hitze gequälten Basler Milizen gegen die von den Baselbietern gehaltene Griengrube vor. Und dort entfacht sich ein erbittertes Gefecht, das einer grösseren Anzahl Standessoldaten das Leben kostet. Als Oberst Vischer verwundet den Kampfplatz verlassen muss, befiehlt sein Stellvertreter den Rückzug. Zugleich meutert das Auszugsbataillon und weigert sich, weiterzukämpfen, was das Schicksal des Tages entscheidet: Während die Stänzler, wütend über die Feigheit der «Sonntagssoldaten», sich in militärischer Ordnung gegen die Hard zurückziehen, löst sich das Bataillon fluchtartig auf. Der Rückzug durch die Hard hat für die Städter die schwersten Verluste zur Folge: Die

Landschäftler stellen sich nicht zum offenen Kampf, sondern schiessen aus gedeckter Stellung auf die Basler Kolonne; Verwundete und wehrlose Gefangene werden grösstenteils ohne Erbarmen niedergemacht. Als gegen 5 Uhr abends die erschöpfte Truppe wieder durch das Aeschentor einzieht, fehlen für immer 65 Mann, wogegen die Landschäftler «nur» 5 Tote zu beklagen haben. «Gewisse bestialische Rohheiten auf Seite der Sieger dürfen nicht dem Baselbieter Volk zur Last gelegt werden. Wie immer und überall in solchen Zeiten des Hasses und Bürgerkriegs brachen auch damals bei rohen Menschen die brutalen Instinkte hemmungslos aus.» (Paul Burckhardt). «Es ist kein Zweifel, dass beim tapferen Muthe unseres Militärs Liestal hätte erreicht werden können. Dennoch erschien es rathsamer, nach Basel zurückzugehen, denn bei dem sogenannten Berg- und Guerilliaskriege, den der Feind gegen die Unsrigen führte, hätte das Feld nur durch unverhältnismässige Opfer von Blut und Leben behauptet werden können. Trösten wir uns mit den Gedanken, dass jede gute Sache ihr Opfer fordert, und dass der Tod für Recht und Vaterland für den, der im Herrn stirbt, nie ein zu früher Tod ist.» (Christlicher Volksbote).

1878

Auf dem Markt verkauft ein Bauer aus Tüllingen vollständig reife Trauben, das Stück zu einem Franken!

1884

Der Münchensteiner Carl Banga lässt die Bevölkerung wissen, dass er im Neubau Dornacherstrasse 71 demnächst die «Molkerei Basel» eröffnen werde. Eine dankbare Kundschaft, die während Jahrzehnten mit Pferdefuhrwerken beliefert wird, erfreut sich bis 1970 der vorzüglichen Molkereiprodukte.

1899

Zwanzig Angehörige des Polizeikorps gründen die «Polizeischützen Basel».

1906

An der Streitgasse wird die «Centralhalle» eröffnet, «ein Geschäftshaus modernsten Stils, wie es einzig in der Schweiz dasteht».

1914

Der Tag der allgemeinen Mobilisation «bringt der Stadt ein buntes kriegerisches Gepräge». Das Bataillon 54 bezieht die Klingentalkaserne, das Bataillon 97 das Bläsischulhaus und das Landwehrbataillon 144 das Gotthelfschulhaus. Die Kanonierkompanien 26/27 werden zur Bewachung «der massenhaft zusammenströmenden und auf dem Fussballplatz des F.C. Old Boys internierten Italiener bestimmt. Die Mobilisation ist schliesslich in jeder Beziehung grossartig verlaufen und hat auf die Einwohner Basels einen mächtigen Eindruck gemacht. Die ganze Bevölkerung ist überzeugt, dass die Grenzen der Schweiz einen sicheren Schutz haben, zumal an diesem dritten August abends 250 000 Mann Schweizersoldaten unter den Waffen stehen, alle mit demselben Wunsch und Bestreben, dem Schutze der schönen Heimat, der freien Schweiz, zu dienen.»

4. August

Justinus der Beichtvater

1302

Der Rhein führt Hochwasser und überschwemmt die tiefer liegenden Stadtteile, so dass die Pferde bis zum Rücken im Wasser stehen.

1340

Bischof Johannes schenkt den Chorherren des Augustinerordens einen Teil des Schürhofs am Münsterplatz (19) zur Erweiterung ihres Klosters.

1449

Die Stadt wird von einem fürchterlichen Unwetter heimgesucht. Blitze und Donner jagen sich am Himmel, ein scheusslicher Sturm fegt über die Dächer und Hagelsteine prasseln mit grosser Wucht hernieder. Ganze Dächer werden abgedeckt, auf dem Münsterplatz wird die mächtige Linde aus dem Grund gerissen, der neue Turm zu St. Alban bricht ein, Hunderte von Ziegeln und wertvollste Kirchenfenster werden zertrümmert, auf den Kirchhöfen erliegen mehr als tausend Vögel dem Hagelschlag und zwischen der Wiese und Oetlingen werden über dreihundert herrlichster Obstbäume dem Erdboden gleichgemacht. Der Schaden ist so gross, dass man ihn nicht beschreiben kann.

1526

Bei ausserordentlich tiefer Finsternis fällt nachmittags unter Wetterleuchten und Donner im Umkreis von dreissig Wegstunden ein so heftiger und harter Hagel, dass noch anderntags bei Sonnenschein Schlosse zu finden sind. Die Mönche in der Kartause deuten dieses Himmelsereignis als ein Zeichen des Zornes Gottes über die aufkommenden religiösen Wirren (Reformation).

1532

Die Stadt wird durch eine grauenhafte Mordtat aufgeschreckt: Christoffel Baumgartner, ein achtbarer Handelsmann, versetzt aus Eifersucht «seiner arbeitseligen Frau zwey Stich, den einen in die Gurgel, den andern zum Herzen. Auch einen gleichen Streich seinem jungen, von ihm erzeugten Töchterlein, das seinem Vater im Angesicht gleichsieht, an das Herz. Dann legt er die unschuldige Creatur in der Mutter Schoss und bedeckt beyde mit einem Laden. Danach eylt er auf den obersten Theil seines Hauses, vollführt jämmerliche Geberden und ergellt von oben herab. Dann nimmt er einen ganz schröcklichen Sprung auf die Gasse herab und bleibt zerschmättert und tot liegen. Die Mutter samt ihrem Kind werden in ihrer unschuldigen Pein sehr beklagt und christenlich zur Erde bestattet. Der Mörder hingegen wird mit Urtheil und Recht, als wäre er lebendig, auf einen Schlitten gebunden, an die gewöhnliche Richtstatt geschleift, durch glühende Zangen gepfetzt, mit dem Rad gebrochen, in ein Fass geschlagen über die Bruck hinab geschmissen und dem Rhein anbefohlen.»

1602

Der Rat stellt fest, dass der Bitte des Markgrafen von Baden nach einem Hirschen nicht entsprochen werden kann, da in den Stadtgräben Mangel an Rotwild herrscht.

«Der Sieg der Basellandschaft über die Stadt Basler am 3. August 1833: Das eigentliche Gemetzel beginnt in der Hard. Die Basler werden durch die südwestlich der Landstrasse auf sie lauernden Unterbaselbieter Truppen grossenteils zusammengeschossen. Gefangene machten wir, soviel ich weiss, keine, und Pardon wird auch nicht erteilt. Was auf Schussweite kommt, trifft unausweichlich die Kugel. Verwundete werden bald durch einen neuen Schuss, bald durch Bajonettstiche, bald durch Kolbenstösse getötet» (Bürgermeister Dr. Johann Rudolf Frey). «Ausgeführt nach Umrissen von M. Distely.»

1722

Zuckerpfläumchen und Mirabellen sind wohlfeil und zu einem Rappen das Hundert zu haben.

1819

Es findet die letzte Hinrichtung in Basel statt: Die drei Strassenräuber Xaver Herrmann von Colmar, Ferdinand Deissler von Inzlingen und Jakob Föller von Sonderach haben ihre Schandtaten mit dem Tod zu büssen: Sie werden schwer gefesselt in den Rathaushof geführt, wo ihnen das Todesurteil verlesen wird. Hierauf formiert sich ein grosser Zug, der vor das Steinentor zur «Kopfabheini» (beim heutigen Zoologischen Garten) zieht. Er wird angeführt von einem Detachement Landjäger, dann folgen die auf zwei Schleifen festgebundenen Malefikanten, begleitet von Geistlichen, umgeben von Schranken, die von Soldaten getragen werden. Ihnen schliessen sich, mit zwei Ordonnanzen, der Statthalter des Kantons Basel und der oberste Ratsdiener an. Drei Abteilungen Soldaten bilden schliesslich den Schluss des traurigen Aufmarschs. Auf dem Richtplatz haben sich rund 20 000 Zuschauer eingefunden, was ungefähr der ganzen Einwohnerschaft entspricht! Auf dem Blutgerüst vollzieht Scharfrichter Peter Mengis «mit Ruhe und Anstand» das Urteil: Föller verrichtet kniend sein letztes Gebet, setzt sich auf den Stuhl und erhält den Todesstreich, der ihn «der Barmherzigkeit des ewigen Richters übergibt». Herrmann und Deissler erstarren im Gebet: «Vater, in deine Hände befehlen wir unseren Geist.» In wenigen Minuten ist die Neugier der Masse befriedigt. Die Leichname werden von den Kohlenbergern nach einer Standrede von Pfarrer Hoch und der Abdankung des Militärs unter dem Rabenstein verlocht ...

1842

Auf seiner Reise ans Eidgenössische Musikfest nach Lausanne macht der berühmte Komponist Felix Mendelssohn-Bartholdy in Basel Station. Er steigt mit seiner Frau im Hotel Drei Könige ab, wo er von einer Delegation des 1824 gegründeten Basler Gesangvereins aufgesucht wird, der im Vorjahr in der Französischen Kirche (Predigerkirche) Mendelssohns «Gebet: Verleih uns den Frieden» zur Aufführung gebracht hat.

Erinnerungsblatt, 4. August 1845

1845

Nachdem die Regierung beschlossen hatte, den schwerfälligen Tschako der Infanterie durch eine leichtere Kopfbedeckung in der Art des sogenannten französischen Käppis zu ersetzen, werden die Stänzler und die Landjäger dementsprechend umgerüstet, nicht aber die Artilleristen. Dies empört den Artilleriewachtmeister und Redaktor Dr. Karl Brenner dermassen, dass er sich in der National-Zeitung über diese Zurücksetzung kritisch vernehmen lässt. Die Behörden aber werten den an sich harmlosen Artikel, der sinnbildlich auf den Jesuitismus deutete, als «Aufreizung von Unordnung und Ungehorsam» und lassen Brenner im Lohnhof inhaftieren. Als alle Bemühungen, dem kühnen Rekaktor wieder zur Freiheit zu verhelfen, ohne Erfolg bleiben, entschliessen sich gegen 400 Artilleristen zur gewaltsamen Befreiung. Sie marschieren mit wildem Geschrei vor dem Lohnhof auf, verschaffen sich mit Gewalt Zugang zur Gefängniszelle und tragen ihren Waffenbruder unter dem Jubel einer grossen Volksmenge auf den Leonhardskirchplatz. Die Protestaktion gegen einen aus falscher Vorsicht vollzogenen Entscheid bürgermeisterlicher Willkür ist nicht auf den Sturz der Regierung ausgerichtet. Und so ist der Käppisturm weder mit politischen noch mit gerichtlichen Nachwehen behaftet.

1863

August Raillard und E.L. Fininger besteigen die kleine und die grosse Windgelle.

1883

Über der Stadt entleert sich ein furchtbares Gewitter, wobei die 22jährige Marie Dufner von Weil auf ihrem Heimweg vom Blitz erschlagen wird.

5. August

Oswald von Northumbrien der König

1391

Graf Bernhard von Tierstein, der durch die Basler in das Gerede gebracht worden ist, dass auf seinem Schloss Blumenberg falsches Silber gemacht werde, verspricht, nachdem Basel die Anschuldigungen zurückgenommen hat, mit der Stadt wieder «gute Fründschaft» zu halten.

1456

Der Bischof verordnet einen Bittgang, an welchem alle Klöster mit ihren Geistlichen teilzunehmen haben, damit nach langanhaltendem Regenwetter endlich die Sonne den Boden wieder trockne. Die Prozession nimmt auf dem Münsterplatz ihren Anfang, zieht durch die Innenstadt und endet in der St. Johanns-Kapelle (Münsterplatz 2).

1555

Auf der Rheinbrücke brechen drei Teile des Brückengeländers ein, so dass gegen vierzig Personen in den Rhein stürzen, von denen fünf ertrinken. «Der Unfall kam von dem vielen Volk her, das denen, die badeten, zuschaute.»

1556

Der Kirchturm zu St. Martin wird mit Knopf, Hahn und Helm geziert. Für das Vergolden des weithin sichtbaren Schmucks werden 56 Dukaten eingeschmolzen. «In den holen Knopf gehet 2½ (4¼ Liter) Sester Frucht.»

1571

Nicht weniger als 110 Spielende und über 200 stumme Darsteller führen auf dem Kornmarkt die ergötzliche Komödie «Ein schön neu Spiel von König Saul und dem Hirten David» von Mathias Holzwarth auf. Zur Vorstellung sind neben vielen Grafen und Fürsten auch die Eidgenossen geladen. Während der mit grossem Aufwand dargebotenen Aufführung, die zwei Tage dauert, wird den Ehrengästen Wein aus zwei silbernen Fässchen gereicht.

1675

Die Frau des Apothekers Hans Heinrich Deves, der unlängst zu einem Bürger angenommen worden ist, verabreicht 1691 einem Knaben anstelle des erbetenen Wurmsamens Arsenik, was den Tod des Jünglings zur Folge hat. Der Rat erlässt hierauf den Beschluss: «Soll durch die Herren Medicos in den Apotheken Anstalt getroffen werden, dass niemanden als wohl vertrauten Perso-

Die Bürger lassen am 4. August 1474 auf dem Kohlenberg, dem berüchtigten Viertel der Unehrlichen und Ehrlosen, durch den Henker einen elfjährigen Hahn hinrichten, der ein Ei gelegt hat. Denn es wird befürchtet, dem Hahnenei könnte ein Basilisk entschlüpfen, was Böses ahnen lasse. Als der Scharfrichter den getöteten «Güggel» aufschneidet, kommen drei weitere Eier zum Vorschein, worauf diese samt dem Hahn im Beisein vielen Volkes aus Stadt und Land auf einem eilends aufgerichteten Scheiterhaufen verbrannt werden. Jahrhunderte später rückt Joachim Ringelnatz (1883–1934) das sagenhafte Ereignis mit poetischem Schwung ans Licht der Erinnerung: «Zu Basel sperrt einst einen Hahn/der hohe Magistrat ins' Loch/dieweil er eine Tat geborn/die nach des Teufels Küche roch/Er hatte wider die Natur/ein Ei gelegt, den Herrn zum Trotz/und nicht genug des Frevels nur/er blieb auch reulos wie ein Klotz/Man hat ihn vor Gericht gestellt/verhört, gefoltert und verdammt/und rechten's dann vor aller Welt/einen Holzstoss unter ihm entflammt/Der arme Hahn schrie Kikeriki/das Basler Volk sang laut im Kreis/Da rief wer ‹nieder auf die Knie›/Gottlob, jetzt schrie es ‹Kyrieleis!›» Getuschte Federzeichnung von Martin Usteri.

nen dergleichen gefährliche Sachen verabfolgt werden.»

1751

Im Zunftsaal zu Spinnwettern an der Eisengasse zeigt der Turiner Joseph Monfredy einen gezähmten Löwen. Als der Tierbändiger «in sein Loschy in die Krone geht und den Löwen allein lässt, merckt dieser solches und sucht augenblicklich Gelegenheit, sich von den Ketten loszumachen. Dann guckt der Löw ganz schnaufend und brüllend eine Viertelstund zu einem offenen Fenster an der Eisengass hinaus. Dieser lächerliche aber auch fürchterliche Spectacul verursacht bey den Nachbarn und passaschirlichen Zuschauern einen grossen Schrecken. Man avertiert alsogleich seinen Herrn Prinsibal, welcher augenblicklich voller Schrecken kommt. Sobald dieser listige Löw merckt und hört, dass jemand an der Türen ist, verfügt er sich geschwind wiederum an seinen Ort, als wäre er nicht losgekommen. Mithin wird er noch stärker angefesselt, doch zeigt er sich nachgehends gantz gelassen».

1818

Im Hof des Zeughauses am Petersplatz lassen sich die Mitglieder der Eidgenössischen Militär-Aufsichtskommission die von Johannes Büh-

Saul.

Ein schön/new Spil/von Künig Saul/vnnd dem Hirten Dauid: Wie deß Sauls hochmüt vnd stoltz gerochen/Dauids demütigkeit aber so hoch erhaben worden.

Durch ein Ersamme Burgerschafft der loblichen Statt Basel gespilet/ auff den 5 tag Augstmonats/ Anno 1571.

Schauspielanzeige, 5. August 1571

ler verfasste Tambouren- und Pfeiferordonnanz vortrommeln und vorpfeifen. Sie bekunden ihr Wohlgefallen an den «neun Märschen des Feldschrittes» und verfügen den Druck der Instruktion.

1823

Die neue Landschulordnung sichert den Schulmeistern ein Einkommen von wenigstens 300 Franken jährlich, freie Wohnung, zwei Jucharten Ackerland, zwei Klafter Holz und zweihundert Holzwellen zu.

1833

Die basellandschaftliche Regierung hat der Stadt die Auslieferung ihrer Toten verweigert, welche die Trennungswirren gefordert haben. «Dieses schroffe Verfahren hatte seinen guten Grund. Denn beispielsweise fehlten an Oberst Landerers Leiche nicht bloss die Finger, sondern auch die Ohren, welche einige Kannibalen noch denselben Abend in einem Wirtshaus in Sissach als ‹Fleischsalat› verzehrt hatten. Andere Leichen aber zeigten noch schändlichere Verstümmelungen, die nicht zu beschreiben sind.» So werden die 58 auf Baselbieter Boden Gefallenen heute auf der Landschaft in Massengräbern beerdigt: In Muttenz in aller Stille auf verschlossenem Kirchhof, nur in Gegenwart des Gemeinderates. In Pratteln hingegen öffentlich und gemeinsam mit den Toten des Dorfes.»

1861

Im Landgut von Grossrat Weber-Engel zum Bläsihof werden die ersten reifen Trauben geschnitten.

1864

Nachdem fünfzehn Bürger einen Aufruf zugunsten der polnischen Flüchtlinge erlassen haben, werden gegen fünfzig Polen aufgenommen und in der Kaserne untergebracht.

1911

Die Häuser 6 und 8 an der Glockengasse sind dermassen baufällig, dass sie auf Intervention des Sanitätsdepartements abgerissen werden.

1914

Der Regierungsrat ersucht das Platzkommando, das Rathaus bis auf weiteres militärisch zu bewachen.

6. August

Sixtus und Felicissimus die Märtyrer

1164

Papst Alexander III. verhängt über die Stadt Basel den grossen Bann, weil Bischof Ludwig von Froburg sich mit dem Kaiser verbündet hat. Die Geistlichkeit kümmert sich aber nicht darum und hält nach wie vor Gottesdienste und kirchliche Vorsorge.

1530

Konrad Indergassen wird mit dem Schwert hingerichtet, sein Kopf auf eine Stange gesteckt und der übrige Teil des Körpers verbrannt. Er ist geständig gewesen, als Christ geboren und getauft worden zu sein. Er sei aber vom Glauben abgefallen, weil er dem Testament keinen Glauben schenken könne. «Der sogenannte Hellbrunn glaubte nicht, dass Christus Jesus, unser einziger Seligmacher und Erlöser, Gott und Mensch gewesen ist. Er hielt auf Beten nüt. Wenn man ihm seyte, Christus hätte am Öhlberg gebetet, fragte er, wer es gehört hätte. Die Jünger hätten ja geschlafen. Glaubte auch nicht nit, dass die Jungfrau Maria, die Mutter Gottes, Christum Jesum unter ihrem Hertz getragen hat.»

1551

Im Neuen Haus (beim Otterbach) «verführen Huren und Taugenichtse mit Unzucht und Schlemmereien zur Liederlichkeit neigende junge Männer zur Schlechtigkeit. Warum führt der Sittenrichter aller Welt nicht Klage über diese Schlechtigkeit und sorgt nicht der Rat dafür, dass sie abgestellt werden?»

1566

«Bringt man einen gefährlichen Leu in einem eisernen Gätter nach Basel und zeigt ihn im Zunfthaus der Brotbecken.»

1617

«Es wird Hans Senn von Bennwil im 82. Jahr seines Alters wegen Sodomey vom Scharfrichter enthauptet und verbrannt. Er hat freiwillig, ohne alle Tortur bekannt, wie er im 72. Jahr seines Alters mit einer Gaiss zum ersten Mal widernatürliche Unzucht getrieben hat. Hernach zehn Jahr nit mehr. Dann aber endlich mit einer Kuh. Soll 20 Kindern Vater und Grossvater gewesen seyn.»

1638

Wohlhabende Basler spenden zum Ehr- und Freischiessen in Liestal einen 70 Loth schweren Silberbecher als Ehrengabe.

1679

In Hüningen trifft der französische Festungsbauer General Sebastien Vauban ein und nimmt die Vorarbeiten zum Bau einer Festung in An-

Kaum hat die Regierung dem Begehren von 21 Anwohnern entsprochen, den berühmten, aber schadhaften Totentanz an der Friedhofmauer der Predigerkirche für den Abbruch freizugeben, eilen am 5. August 1805 gegen zweihundert Männer und Frauen mit Hämmern und Spitzhacken vor den St.Johann-Schwibbogen und bemächtigen sich in blinder Gier des anfallenden Holzes und Ziegelwerks. Bald aber werden die Behörden des nicht wieder gutzumachenden Schadens gewahr, und sie ermitteln als Haupttäter «der sträflichen Unfugen auf dem Todtentanz» die Schuhmacher Wernhard Roth, Johann Jakob Flick und Hans Jakob Gugelmann, den Spanner Rudolf Kromer, den Perückenmacher Heinrich Ryf, den Schneider Johann Jakob Riedtmann, den Schreiner Conrad Brunner, den Seidenweber Johann Jakob Fink, den Bettelvogt Leonhard Hofer, Ignaz Hebert und einen Seilergesellen. Von einer Bestrafung der Vandalen, die Basel um eine seiner wertvollsten Sehenswürdigkeiten gebracht haben, wird indessen abgesehen... Aquarell von Johann Rudolf Feyerabend.

griff. Der Rat meldet erneut seine Bedenken gegen dieses Vorhaben an. Vauban interessieren aber die Einwände nicht, erklärt er doch rundweg, er habe den Auftrag, eine Festung mit fünf Bastionen zu erbauen, und dabei bleibe es!

1727

«Es werden zwey Weyber vom Henker mit dem Schwert hingerichtet wegen vielfältigen nächtlichen Einbrüchen. Das jüngere ist ein überaus zierliches Weibsbild gewesen.»

1742

«Die Feldmäuse richten an den Früchten des Feldes und an den Gartengewächsen merklichen Schaden an. Sie kriechen an den Halmen bis zu den Ähren und fressen selbige ab, so dass man nur leeres Stroh ohne Körner ernten kann.»

1748

Über Magden geht ein grauenhafter Wolkenbruch nieder, der gegen vierzig Häuser unter Wasser setzt und zum Einstürzen bringt. Etliche von ihnen werden bei Rheinfelden an eine Mühle und an eine Kapelle geschwemmt, welche ebenfalls zusammenbrechen. «Es kommen in selbiger Nacht auf dem Rhein ganze Dachstühle, Wiegen mit Kindern und allerhand Mobilien an die Rheinbruck zu Basel, dass man genug zu thun hat, diese Bruck zu erhalten. Merkwürdig ist, dass eine 100jährige Frau von Magden von diesem Gewässer samt dem Bett in die Höhe gelüpft worden ist und gleich einem Nachen (Schiff) auf dem Rhein geschwommen ist, die Frau aber am Leben erhalten werden kann. Es erstreckt sich die Anzahl der Ertrunkenen, so viel man weiss, auf 150 Seelen. Hierauf springt der Hohe Magistrat von Basel den beschädigten Einwohnern des Dorfes Magden mit einer reichen Steuer bei.»

1908

Die Tramlinie nach Riehen wird amtlich geprüft und anderntags festlich eingeweiht. An der Banngrenze zwischen Stadt und Dorf wird den vielen Gästen Ehrenwein kredenzt. An den Haltestellen werden durch Gesangvereine Lieder gesungen und am Bankett bringt der Bürgermeister von Lörrach den Wunsch zum Ausdruck, das Tram

Transportgutschein, 6. August 1874

möge in absehbarer Zeit auch das nahe Markgräflerland erreichen. «Das Tram nach Basel ist vor allem für die zahlreichen Marktfrauen, die täglich ihre Ware in Körben, auf dem Kopf tragend, in die Stadt bringen, eine grosse Wohltat.»

Bei der Trennung von Stadt und Land beansprucht die Landschaft auch einen Teil des Universitätsgutes, da die Hochschule seit 1818 als Staatsanstalt gelte und demnach nicht, wie die Städter erklären, eine private Korporation mit unantastbarem Vermögen sei. Nach hartem, besonders von Professor Peter Merian energisch geführtem Widerstand entscheidet am 6. August 1834 in letzter Instanz das zuständige eidgenössische Schiedsgericht, die Universität werde nicht geteilt, hingegen sei die Landschaft in Geld abzufinden, was auch so von der akademisch gebildeten Schicht der Bürgerschaft mit grösstem Unwillen zur Kenntnis genommen wird! Dementsprechend ist der Kanton Baselland schliesslich mit einer Auskaufsumme von Fr. 331 451.– zufriedenzustellen. Aquarell von Ludwig Adam Kelterborn.

Am 7. August 1650 verbietet der Rat erneut mit Nachdruck das «Tabaktrinken», das «wir nun Tabakrauchen oder Schmauchen nennen, vielleicht weil beym Rauchen auch getrunken wurde». Zu diesem Verbot mögen Unsere Gnädigen Herren ihre guten Gründe haben, wetterte doch ein Geistlicher von der Kanzel: «Wenn ich Mäuler sehe, die Tabak rauchen, so ist es mir, als sähe ich eben so viele Kamine der Hölle»! Ölgemälde von Maximilian Neustück. Um 1785.

7. August

Afra von Augsburg die Märtyrerin

1579

Vincenz Prallus aus Hamburg, der die Nachfolge von Felix Platter als Rektor der Schule auf Burg angetreten hat, übt strenge Disziplin. Er verbietet seinen Schülern alles Spielen mit Würfeln und Karten, das Schneeballenwerfen, Schlittenfahren und Baden. Dafür entwickelt er, neben einem gewissen Verständnis für den Wettlauf und Ballspiele, eine grosse Vorliebe für das Theaterspielen. So lässt er in der Münsterschule die Komödie «Von Carl dem Grossen und seinem Gemahl Hildegardis» aufführen, «welche viel herrlicher Lehren in sich fasst».

1581

Basilius Amerbach (1534–1591), Doktor der kaiserlichen Rechte und Professor an der Universität, wird zum städtischen Advokaten ernannt. Die Obrigkeit sichert dem berühmten Rechtsgelehrten ein jährliches Salär von 75 Pfund Pfennig zu sowie Pferd und Sattel, wenn er in Ratsgeschäften sich an auswärtige Orte zu verfügen hat.

1627

Neben zahlreichen baslerischen und fremden Studenten finden sich unverhofft auch einige Jesuiten im Hörsaal der Universität ein. «Als Herr Doctor Wolleb indessen nicht nach ihrem Gefallen sein Kolloqium hält, schütteln sie ihre Schafsköpf und verlassen den Saal. Bald hernach, als Herr Doctor Beck wider die Abgötterei und den abergläubischen Götzendienst redet, sind auch wieder etliche Jesuiten zugegen. Als dann einer der Jesuiten mit Gewalt disputieren will, rufen die Studenten: ‹Halt das Maul›, worauf die fremden Priester sich entfernen.»

1714

Weil ihm die Versteigerung seines Hauses am Barfüsserplatz droht und kein Mädchen ihn zur Frau nehmen will, bringt sich der Küfer Ulrich Nörbel «durch Eingebung des leidigen Satans selbst mit seinem Messer etliche Stiche in den Hals bei. Hernach geht er auf den Estrich, wo er sich an eine Schnur hängt und sich erwürgt. Da er sonst kein verruchter Mensch gewesen ist und in Gott lebte, wird er zu St. Elisabethen bei den Armen Sündern begraben. Als sein Bruder, der Pfarrer im Toggenburg ist, vom unglücklichen Todesfall hört, stirbt er vor Schrekken.»

1725

Ein jammervolles, geradezu unglaubliches Schicksal haben die fünf Schwestern Rapp in unserer Stadt zu erdulden und zu erleiden: Nach dem frühen Tod ihrer Eltern fällt es den wohlerzogenen und wohlgestalteten Töchter schwer, standesgemäss weiterzuleben. Trotzdem besorgen sie für ihre Eltern ein würdiges Grabdenkmal und vertrauen dieses ihrer Tante an. Diese aber verkauft den Grabstein, was die Schwestern Rapp veranlasst, bei der Obrigkeit Klage zu erheben. «Weil aber ihre Tante beim Direktorio mehr Fründ hat, müssen diese Jungfrauen leer abziehen.» Aus diesem Grund legen sich die Rappschen Töchter mit den Behörden an, fordern in jahrelangem Kampf ihr Recht. Der Rat aber wird des lästigen Maulens bald überdrüssig und lässt die Schwestern in verschiedene Gefängisse stecken, «allda sie an Ketten gelegt und mit Schlägen gezüchtigt werden. Sie verweigern schliesslich das Essen und Trinken und trinken dafür mehrenteils ihren eigenen Harn, liegen gleich Schweinen im Stroh und Unrath und bewerfen die Wächter mit Menschenkot, dahero sie viel Mäus und Ratten anziehen.» Als die Obrigkeit sich endlich zu einem bescheidenen Einlenken entschliessen kann, überleben nur drei vollkommen gebrochene Schwestern das wahrhaft unglaubliche Drama. Zwei der «Verbrecherinnen sind ellendiglich an den eisernen Banden gestorben»!

1810

Napoleon unterzeichnet eine Urkunde, durch welche Basel Frankreich ein Stück seines Gebietes bei Kleinhüningen zum Bau eines Brückenkopfes überlässt. Der auf Empfehlung der Eidgenössischen Tagsatzung ausgehandelte Staatsvertrag soll verhindern, dass Basel weiteren gefährlichen Truppendurchzügen ausgesetzt wird.

Basler Chronik, 7. August 1557

1833

«Wahrscheinlich um der Landschaft eine überflüssige Menge eidgenössischer Truppen zu verschaffen, stellt sich der Basilisik wieder auf die Beine. So ziehen starke baselische Streifpatroullen vor Binningen vorbei bis auf das Bruderholz. Man bemerkt aber nichts als einige Staubwolken auf der Aescher Landstrasse. Gegen Abend begrüssen sich jedoch einige Patroullen bei der Brücke am Birsfeld mit Flintenschüssen. In Muttenz fliehen die Weiber mit ihren häuslichen Habseligkeiten.»

8. August

Cyriacus der Märtyrer

870

Basel (Basalchowa = Baselgau) wird in der Teilungsurkunde Karls des Kahlen und Ludwigs des Deutschen als Anteil Ludwigs aufgeführt.

1475

Der Rat schickt weitere zwölfhundert Mann vor das belagerte Schloss Blamont am Doubs und verdreifacht damit das Basler Aufgebot. Gegen Abend verlässt der lange Zug, in welchem auch viele Karren und Wagen mit Kriegsmaterial, das «der Rüde» genannte grosse Geschütz und Proviant mitgeführt werden, unter Führung von Altbürgermeister Peter Rot die Stadt durch das Spalentor. Gleichzeitig entsendet der Rat sein redegewandtes und geschäftskundiges Mitglied Hans Irmi nach Frankfurt, um bei den dortigen Grosskaufleuten womöglich Geld zur Finanzierung des Kriegszugs aufzunehmen.

1480

Der Rat unterrichtet denjenigen der Stadt Bern ausführlich über das schwere Hochwasser, welches am 22. Juli in Basel und Umgebung grössten Schaden angerichtet und die Bürgerschaft zur Verzweiflung gebracht hat. Er dankt für die empfangene Hilfe und vermerkt mit Erleichterung, dass «Gott der Almechtig durch getreue Fürbitt frommer Christenmenschen und vorgenommener Kreuzgäng uns sithar sin Gnad erzeigt hat und witerer Schaden nit beschehen ist».

1629

Christian Fischer wird «wegen verübter Untreu an der Kriegs-Cassa» mit dem Tod bestraft und durch den Henker enthauptet.

«Von einer ehrlichen Frau sind in Rickenbach ein oder zwei Kinder geboren worden von folgender Gestalt: Beide Kinder haben jedes einen Kopf. Jedes zwei Händlin, zwei Füess und alle Gliedmassen. Sie sind aber mit ihren Büchen und Leiblin zusammengewachsen, dass es gleich wie ein Leib ist, oben vom Hals bis hinunter zum Nabel. Sonst hat ein jedes sein eigene Scham, also dass es zwei Meidtlin sind. Sie sterben aber bald nach der Geburt.»

1656

An der Steinentorstrasse wird das neue Ballenhaus E.E. Zunft zu Webern aufgerichtet.

1657

«In der vorderen Ratsstube üben sich zwei junge Knaben von 10 und 11 Jahren so zierlich in der Kunst des Fechtens, dass es verwunderlich ist, zuzusehen. Es schauen ihnen

Friedlich in seinem Lehnstuhl sitzend, verstirbt am 8. August 1897 im 79. Altersjahr Jacob Burckhardt. Von tiefer Trauer ergriffen, lässt der Regierungsrat die Bevölkerung wissen: «Von dem Glanze seines Namens ist ein Schein auch auf Basel gefallen. Nur Burckhardt hat auf das geistige Leben des Gemeinwesens eine Wirkung edelster Art ausgeübt. Basel wird es darum allezeit unter seine hohen Ehren rechnen, diesen Bürger gehabt zu haben.» «Keebi», wie die Basler stolz und liebevoll ihren grossen Mitbürger nannten, gilt als Begründer der wissenschaftlichen Kunstgeschichte im heutigen Sinn und als Klassiker wissenschaftlich-historischer Prosa. Er lehrte während beinahe eines halben Jahrhunderts in den engen Räumen der Universität am Rheinsprung Geschichte und Kunstgeschichte. Als brillanter Rhetoriker vermittelte er seine fundamentalen Erkenntnisse und sein unvergleichbares Wissen, das in bedeutsamen schriftstellerischen Werken seinen unvergänglichen Niederschlag gefunden hat, aber auch weitern Volkskreisen. «Nicht zu Unrecht ist Jacob Burckhardt so etwas wie ein Stadtheiliger geworden, denn sein ganzes Dasein gehörte der Stadt und seinen Mitbürgern» (Teuteberg).

deswegen die beiden Häupter und 35 Ratsglieder mit Vergnügen zu.»

1666

Das Hochgericht an der Reinacherstrasse ist baufällig und bedarf dringend der Erneuerung, so wie es bereits Anno 1597 geschehen ist.

1685

Im Haus «zum Sessel» am Totengässlein (3) trägt sich eine noch nie gehörte Sache zu: Denn als Hans Tschopp, der Brunnmeister, die Brunnstube öffnet und zur Quelle sehen will und dabei den Zapfen im Teuchel (Wasserrohr) ausschlägt, «fährt ihm das helle Feuer aus dem Teuchel ins Gesicht und verbrennt ihm Haar, Bart und Nase».

1748

In Wintersingen werden «zwey Mütter, eine jegliche mit zwey Töchteren, also sechs Personen, mit einandern zur Erde bestattet». Sie sind durch die schwere Flutkatastrophe, die das Dorf vor zwei Tagen heimgesucht hat, ums Leben gekommen. Pfarramtskandidat J.J. Wagner «hält ihnen eine erbauliche Leichen-Rede über 2. Sam. XXIV, 17: Siehe, ich habe gesündiget. Ich habe die Missethat gethan. Was aber haben diese Schafe gethan?»

1888

«Edelweiss und Männertreu liefert in schönster Qualität Bergführer Mettier in Bergün zu Fr. 2.– per 100 Stück»!

9. August

Romanus von Rom der Märtyrer

1475

Ehe die Basler Verstärkung in Blamont eintrifft, ergibt sich das seit Tagen schwer belagerte Städtchen samt dem mächtigen Schloss mit den goldfunkelnden Türmen: Die ausbrechende Pest hat die Besatzung zur Kapitulation gezwungen. Der Zug kostet Basel die horrende Summe von über siebentausend Pfund. 77 fremde Kriegsknechte haben sich mit ihrem Einsatz das Bürgerrecht verdient.

1499

Nachdem Liestal in den vergangenen Tagen wiederholt von den Eidgenossen besetzt und belästigt worden ist, steht eine Heimsuchung durch die Rheinfelder bevor. Der Rat, der die Lage als nicht ungefährlich ansieht, schickt deshalb zum Schutz 460 Mann in das bedrohte Städtlein.

1634

Als Johann Wybert und Johann Jacob Battier mit fünf Begleitern von der Strassburger Messe durch den Schwarzwald nach Hause reisen, werden sie in der Nähe der Kalten

Kleinere Arbeiterhäuser.

In schönster, freier Lage des Spalenquartiers, mit schönem Gärtchen und guter Ausstattung, mit 3 Wohnungen zu 2 Zimmern und Küche, u verkaufen. Preis Fr. 22,000.— Aehnliche Häuser mit nur 2 Wohnungen à 2 Zimmer und Küche, für 11,000 Fr., bei kleiner Anzahlung.

Daselbst auch einzelne Wohnungen zu 2 Zimmern und Küche und Zubehör, per 1. Oktober zu vermieten. 35032

Auskunft bei: **K. Lenzen**, Freiestrasse 74, zum Sodeck.

National-Zeitung, 8. August 1898

Basler Nachrichten, 9. August 1911

Heute Freitag und Samstag

Abend-Spazierfahrt (Mondscheinfahrt)

mit dem prächtig illuminierten Dampfer „Chr. Musmacher".
Abfahrt ab Basel 9 Uhr. Rückkunft gegen 10½ Uhr.
Fahrpreis à Person **80 Cts.**

Herberge von schwarzwäldischen Bauern und Soldaten, die in Rottweil stationiert sind, angegriffen, ausgeplündert und ermordet.

1635

Ein italienischer Pomeranzenkrämer (Orangenhändler) kommt vor das Bläsitor und begehrt Einlass. Da er aus dem pestverdächtigen Breisach angereist ist, wird ihm der Zugang in die Stadt verwehrt. Dies erzürnt den Fremden dermassen, dass er sich mit dem Wachtsoldaten Marx Laudi anlegt und ihm schliesslich «mit einem Messer den Hals abschneidet». Der ruchlose Italiener hat seine unbesonnene Tat bitter zu büssen: Er wird gefasst, zum Tode verurteilt und zehn Tage später vom Henker mit dem Rad «ins Jenseits befördert».
«Es steigen drey Zimmergesellen auf den Münsterturm und stehen auf dem Kopf nebeneinander.»

1649

Der zechfreudige Oberstleutnant Peter Zeugin kommt betrunken in sein Haus gegenüber dem obern Kollegium am Eingang zur Augustinergasse. Er fällt die Treppe hinunter, bricht das Genick und stirbt jählings.

1672

Im nahen Rötteln wird der junge Waldbauer Hans Blumer wegen Brandstiftung zum Tode verurteilt und vom Scharfrichter verbrannt.

1676

Der in unserer Stadt weilende holländische Gesandte Abraham Mallapart stirbt unversehens in seinem 34. Lebensjahr. Er wird in Begleitung des vollständigen Rats und der Professoren der Universität im Kirchhof der Prediger beigesetzt.

1691

Zur Entflechtung der brodelnden Bürgerunruhen haben die Eidgenössischen Orte Gesandte nach Basel geschickt. Sie bieten die Zünfte nach der Morgenpredigt zu einer Aussprache ins Münster auf. Die Erwartung, dass die Helligkeit des Gotteshauses die Bürger andächtig stimme und sie zur Versöhnung geneigt mache, erfüllt sich indessen nicht: Die angestrebte Vermittlung kommt nicht zustande.

1764

An einer «vierteljährigen Schwachheits Kranckheit» stirbt im 91. Altersjahr Meister Isaac Widmer, der Chirurg. «Ist in spanischen Diensten als Regiments Feldschärer gestanden und ist mithin auch ein kurtzweiliger Mann und ein Liebhaber der Alterthümer und der Poesie gewesen. Hat sein im Vogelsang vor dem Rüechen Thor gelegenes Landgut, im Gotterbarm genannt, in einer lächerlichen Poesie wie folgt feilgeboten: Ihr Herren, Jungfern und Frauen/Kombt Widmers Thal beschauen/Wie auch Matten und Garten/Mit Bouteillen wird man aufwarten/Ich bin täglich früh und spoth/Man wird nicht vergessen Käs und Brot/Mein Stündlein will auslaufen/Drum will ich solches verkaufen/Ich iss gern ein Huhn im Reis/Tausent Duccaten ist der Preis/Dieses muss ich dabey sagen/Sein Interesse (Zins) thut es tragen/Damit wir haben zu lachen/Die mich nimbt, deren will ich's vermachen/Wär yne will, dä lauf! Isaac Widmer.»

10. August

Laurentius der Erzdiakon

1443

Mit 2500 Mann und sieben Stück groben Geschützes ziehen die Basler vor die Stadt Laufenburg. Nach einer nutzlosen Belagerung von drei Wochen kommt ein Friedensinstrument zustande, welches Österreich verpflichtet, Basel, Bern und Solothurn eine Kriegsentschädigung von 10 000 Gulden zu entrichten. Das Feldlager wird aufgehoben, und die drei Städte ziehen mit einem Verlust von 62 Mann ab. Doch die Streitereien gehen weiter. Der Kriegszug bringt 578 Reisigen das Basler Bürgerrecht ein.

«Am 9. August 1911 wird im Stadtcasino der X. Zionistenkongress eröffnet. Es sind 427 Delegierte anwesend und etwa 1000 Gäste. Der grosse Musiksaal mit seinen ad hoc eingebauten Tribünen ist bis zum letzten Platz gefüllt, und in der Nachbarschaft des blau-weissen Banners sowohl als in allen Gasthäusern weit über des städtische Weichbild hinaus wimmelt es von fremdartigen Typen jeden Alters und Standes und beider Geschlechter. Als Hauptergebnis des Kongresses, der einen äusserst lebhaften und aufschlussreichen Verlauf gefunden hat, wird die Versöhnung der verschiedenen Strömungen im Zionismus bezeichnet.»

1444

Der Rat verordnet, dass nach Anbruch der Dunkelheit niemand «by Liecht (offenem Feuer) tröschen und Liechter (Fackeln) in die Schüren tragen soll».

1525

Der Rat erkennt, dass künftighin keiner, der hier nicht geboren und erzogen worden ist, in eine Zunft aufgenommen werden darf, es sei denn, er weise sein Mannrecht (Zeugnis persönlicher Freiheit) und seinen Abschied (Leumundszeugnis) vor.

1526

Gegen den Protest der Kartäuser singen die Evangelischen zum ersten Mal, und zwar in der Martinskirche, nach einer Strassburger Übersetzung deutsche Psalmen. Oekolampad hat dem Rat den Nutzen derselben beliebt gemacht: Alle Menschen erheben Lobgesänge gegen Gott, denn diese führen sie ab von den üppigen und leichtfertigen Liedern. «Viele Menschen weinen vor Freude. Es trägt sich auch zu, dass einige in ihren Weingärten Psalmen singen, andere es aber nicht leiden wollen und fluchen, dass der Donner sie zerschlüge. Wirklich entsteht ein ernstliches Donnerwetter, und der Strahl schlägt beim Aeschen Thor in den Pulverturm, so dass diese Flucher alle umkommen.»

1531

Der Tuchhändler Anton Bär gibt das Bürgerrecht auf und zieht nach Freiburg. Er hat sich vor dem Rat verantworten müssen, weil er sich weigerte, zum Abendmahl zu gehen. Er will dem alten Glauben treu bleiben und verlässt daher seine Vaterstadt.

1538

Es beginnt ein arges Sterben unter

den Kindern und jungen Leuten, das etliche Monate anhält, so dass ganze Familien aussterben.

1546

Nach kurzem Prozess wird Sebastian Harnister vom Henker geköpft, der für die Anschaffung von Handschuhen vom Rat fünf Schilling erhält. «Baschi» hat sich als stadtbekannter Tunichtgut und Reisläufer des Einbruchs in das Schützenhaus schuldig gemacht. «Sein Vater ist als Feind des Evangeliums gestorben. Hat er wohl für die Sünden seines Vaters gebüsst?»

1568

Der Rat erlaubt der Vorstadtgesellschaft zur Mägd eine bei den Fischern zu erhebende Gebühr. Mit dieser Massnahme soll die finanzielle Situation «der Mägd» verbessert werden, die ihr Gesellschaftshaus hat erneuern müssen, weil es «dermassen in Abgang gekommen, dass niemand mehr darin oder darunter zu wohnen sicher gewäsen, und sich im Seckel der Gesellschaft gar nütz mehr gefunden hat».

1644

Es werdem zwei Korbmacher und Räuber, die in einer Kirche im Solothurnischen einen Einbruch verübt und Opfergeld gestohlen haben, vom Scharfrichter «uffgeknüpft». Dem einen hat der Henker zugesprochen und gesagt: «Nun Baschi, sig männlich.» Eine Frau, die ihnen geholfen hat, ist neben dem Galgen mit dem Schwert hingerichtet worden.

1764

Als Meister Franz Dietrich in der Sitzung des Grossen Rats ohne die sogenannte Krös (gekräuselter Halskragen) erscheint, wird er auf die Verletzung der Tradition des hohen Hauses aufmerksam gemacht, «worüber er erschrak und sich schämte. Wan also dieser lächerliche Casus einem anderen Conseiller begegnet wäre, hätte man solches nicht so viel estimiert. Weil aber solches einem qualifizierten und eingebildeten Staatsmann passiert ist, so ist es auslachungswürdig gewesen. Das allerlächerlichste ist noch, dass er in der grössten Einfalt ohne Krös

Ein Probealarm, welcher am 10. August 1914 der militärischen Absperrung der Mittleren Rheinbrücke gilt, lässt sofort das Gerücht aufkommen, Kleinbasel müsse wegen Bedrohung durch deutsche Truppen geräumt werden, was zu panischer Angst unter der Bevölkerung führt.

heimgegangen ist, solche angelegt und wieder in den Raht gegangen ist».

1833

«In der St. Leonhardskirche findet die Todtenfeier statt zum Andenken an die Gefallenen, die im Kampf fürs Vaterland gestorben sind. Alle Stühle sind besetzt. Es ist ein ernster Anblick, als man die Schaar der waffenfähigen Einwohner wieder versammelt sieht, welche acht Tage vorher dem Tode so nahe gewesen ist. Mit Wehmut erfüllt die Trauermusik Aller Herzen, und mit feierlichem Ernst wird die Rede des Herrn Pfarrer Kraus und das Gebet des Herrn Pfarrer Preiswerk angehört. Alles ist ruhig, feierlich und still. Dann betritt ein Korporal der Bürgermiliz die Kanzel und fängt an, eine Rede vorzulesen, die politischer Natur ist. Der Bürgermeister gebietet Schweigen. ‹Aben, aben!› tönt es von vielen Seiten. Sogleich verlässt der unberufene Redner die Kanzel, und das Weibervolk drängt sich zur Türe hinaus. Das Militär aber bewahrt ruhige Haltung. Mit einem nur ganz kleinen Anhang begibt sich der Volksredner auf das Schützenhaus.»

1855

Im Kornhaus, das mit einem Kranz geschmückt ist, wird der erste diesjährige Weizen aus dem badischen Unterland zu 41½ Franken der Doppelzentner feilgeboten.

1862

Die Turnsektion des deutschen Arbeiterbundes genehmigt die Statuten der «Deutschen Turnerschaft Basel», des nachmaligen ATV Basel-Stadt.

1893

Infolge des bevorstehenden Baus der Universitätsbibliothek an der Ecke Bernoullistrasse und Schönbeinstrasse müssen alle Grabsteine

> Aus dem Tagebuch eines Baslers.
>
> Den 10. August 1833.
>
> Heute wohnte ich einer herzzerreißenden Feierlichkeit bei; es war die Todtenfeier der vor acht Tagen im Kampf gefallenen Bürger und Soldaten unserer Stadt. Als die Verwandten der Gefallenen mit den Geistlichen in die Kirche traten, und Trauermusik ihnen entgegentönte, als dann die Standeshäupter an der Spitze der Wehrmänner, die vor acht Tagen im blutigen Kampfe gestanden, in feierlichem Zuge durch die Kirchthüre schritten, und die Trauertöne nun auch ihnen begegneten, dann in feierlicher Stille die ganze Versammlung sich zu den Worten der Prediger wandten, — das war eine ernste, ernste Stunde.
>
> Die Namen der Gefallenen wurden verlesen, — ihre Zahl stieg bis auf 58,*) denn der Verwundeten ward nicht geschont, es war kein Pardon gegeben worden. Und die Särge der Gefallenen standen nicht da; vergebens hatten die Verwandten derselben um die Leichen bitten lassen, und hätten sich auch gerne gefallen lassen, um sie nur zu erhalten.
>
> Wohl wird geprahlt mit den Namen der alten Eidgenossen, und ihre Bilder werden geheftet an die dürren Freiheitsbäume, aber von ihrem menschlichen und frommen Sinne hat man sich entfernt. Als Leopold mit allen seinen Herren und Rittern bei Sempach erlegen war, so wurde es den Feinden erlaubt, die Leichen der Ihrigen auf dem Schlachtfelde zu suchen, und der Fürst von Oestreich und 60 der erschlagenen Ritter wurden in der marmornen Gruft im Kloster Königsfelden bestattet. Von den Eidgenossen aber wurde für die Ruhe der Seelen ohne Unterschied, ob Feinde oder Freunde gewesen, eine ewige Jahreszeit verordnet *). Doch wenn es uns auch versagt war, die Leichen der für uns gestorbenen Mitbrüder zu ehren, und auf unserm Gottesacker zu bestatten, unsere Thränen flossen darum nur um so heißer, Thränen des Schmerzes und Thränen des Dankes für den heißen Todeskampf, und unser liebevolles Andenken an sie wird nur um so inniger sein.
>
> *) Zu diesen 58 kommen noch drei, welche zum Transport der Verwundeten verwendet worden sind, und ebenfalls ihren Tod fanden.

Christlicher Volksbote, 10. August 1833

auf dem Spalengottesacker abgeräumt werden.

11. August

Tiburtius von Rom der Märtyrer

1540

Markgraf Bernhard von Baden wird gegen ein jährliches Schirmgeld von 25 Gulden in das «ausländische Bürgerrecht» aufgenommen. Unter der Bedingung, dass er «mit Niemandem Krieg oder kriegliche Aufruhr anfange», geloben Bürgermeister Meyer und der Rat, Seinen Gnaden in allen Treuen während der nächsten zwanzig Jahre Helfer und Berater zu sein. Im übrigen hat der Markgraf kürzlich den Rat um Aufschub der Frist zur Rückzahlung seiner Schuld gebeten, «weil er eine gute Zeit mit einem schweren Fieber beladen gewesen ist».

1591

Michael Hebdenstreit von Hildrizhausen, der Hafner, wird ins Bürgerrecht aufgenommen. Johann Jakob (1654–1717), Hauptmann in königlich-französischen Diensten, erhält für seine Tapferkeit den Zunamen «La Roche», der dann als eigentlicher Familienname geführt wird.

1634

Jakob Bernoulli, «ein 1622 in's Bürgerrecht aufgenommener französischer Kaufmann, hält Hochzeit mit Sebastian Güntzers Tochter. 140 Mann sind am Kilchgang mit dabei. Zu Safran ist die Mahlzeit an 16 Tischen. Alles wird als Gast gehalten. Die Braut ist über 16 Jahr nit alt. Hat ihr der Bräutigam einen Ring in der Kirche gegeben, der kostet 80 Neuthaler. Es ist auch die Tochter zur Taube bey der Hochzeit, die hat mehr als 1000 Schilling an ihrem Leib und trägt Schuhe mit guldenen Gallunen (Tressen) eingefasst. O, du teuflische Pracht!».

1646

Professor Johann Jakob Faesch, der Rechtsgelehrte, und Konrad Wehrli, der Amtmann, werden wegen Beihilfe zur Fälschung aller Ehren und Ämter entsetzt, der Stadt verwiesen und durch die Stadtknechte vor die Tore geführt. Als Faesch nach zwei Jahren die Stadt wieder betreten darf, stürzt er beim Einritt vom Pferd und bleibt tot liegen.

1833

Nachdem am Vortag der Grosse Rat nach heftiger Auseinandersetzung mit 42 zu 19 Stimmen den Beschluss der Tagsatzung angenommen hat, die Stadt zur Aufrechterhaltung von Friede und Ordnung mit eidgenössischen Truppen zu besetzen, rücken die ersten vier Bataillone in Basel ein. Geschütze und Barrikaden werden entfernt, und «unsere Garnison marschiert unter freundlichem Lebewohl der Einwohner nach Riehen». Vorerst wird das verhasste Basel wie eine eroberte Stadt bewacht. Bald aber gestaltet sich das Verhältnis der Bürger und Einwohner zu den Schweizer Soldaten sehr freundschaftlich.

1857

«Bei mehreren der neuen Schulhäuser im Kanton Basel-Land fehlen die sogenannten Ökonomiegebäude gänzlich. Der Lehrer hat keinen Raum, wo er Heu oder Garben unterbringen kann, keinen Platz für

> REGEN-MÄNTEL
>
> sowie Staub- und Reise-Mäntel für Damen, Herren und Kinder, aus imprägnierten Wollen- und Seiden-Stoffen, Loden, Leinen, Alpacca, sowie erstklassiges Fabrikat in Kautschuk-Mänteln
> :: :: :: jeder Art. :: :: ::
>
> MODEN-MAGAZINE
>
> WORMANN SÖHNE
>
> Eisengasse
> —14—

National-Zeitung, 11. August 1912

eine Kuh oder Geiss, keinen Schweinestall oder Hühnerstall. Er hat nichts als eine Wohnung und damit Punktum. Und doch ist der Lehrer darauf angewiesen, etwas Landwirtschaft zu treiben, da er von seiner Besoldung nicht leben kann.»

1867

Fjodor Michailowitsch Dostojewskij, der berühmte Dichter aus Petersburg, trifft mit seiner zweiten Frau, Anna Gregorjewna, im Badischen Bahnhof am Riehenring ein. Ein Omnibus fährt die beiden Reisenden in den Gasthof «zum goldenen Kopf» an der Schifflände, «von dem man sagt, es sei ein billiges Hotel». Das Paar entscheidet sich für ein zweibettiges Zimmer im dritten Stock, das vier Franken kostet. Der Oberkellner und der Hausdiener des Hotels sind betrunken, aber «das Zimmermädchen ist recht tüchtig, sehr dienstfertig und verständig. Gleich bringt sie Tee und das Kotelett. Zum Tee wird Honig gereicht», und Dostojewskij «sieht hier zum erstenmal, dass man zu Kaffee und Tee Honig nimmt».

Auf dem Kleinbasler Sportplatzareal «Landhof» wird am 11. August 1895 das «Vélodrome de Bâle», ein bald weitbekannter «Zirkus des Stahlrosses», dem Betrieb übergeben. Das Eröffnungsfahren bestreiten Karl Käser, Eduard Meyer und Karl Schlotterbeck in einem Rennen über 4000 Meter, das von Käser in der Zeit von 7 Minuten und 9 Sekunden gewonnen wird. Zu den Hauptattraktionen gehört auch ein sportlicher Wettkampf zwischen Velozipedisten und einem Reiter, in welchem sich die Mülhauser Radrennfahrer Jeannin und Nicot dem Amerikaner Cody, «The King of Cowboys», stellen, der beim Rennen über zweimal 25 Kilometer zehn Pferde einsetzt.

1886

Im Floragarten wird als Sommertheater «Der lange Israel» aufgeführt. Das Volksstück «enthält die Studentenlieder: Gaudeamus igitur, Fuchslied und Fuchsritt und Ergo bibamus sowie ein Ständchen mit Katzenmusik».

1903

Mit der Bestattung des Salomon Laemmlen wird der neue israelitische Friedhof an der Westgrenze der Stadt eröffnet.

12. August

**Clara von Assisi
die Ordensgründerin**

1255

In einer Urkunde des Chorherrenstifts St. Peter erscheint mit dem Zunftmeister Heinricus Faber die erste Erwähnung der Zunft zu Schmieden.

1444

In Anbetracht der immer näher rückenden Armagnaken fordert der Rat die Landbevölkerung auf, Menschen, Vieh und Lebensmittel nach Basel zu flüchten. Auch verheisst er durch öffentlichen Ruf das Bürgerrecht jedem, der sich nachmittags im Rathaus meldet und den Eid leistet. Auf diese Weise werden 290 Neubürger gewonnen. Im weitern trifft die besorgte Obrigkeit allerhand Kriegsvorbereitungen: Harnische und Waffen werden revidiert und angekauft, Salpeter wird angeschafft, Hagelsteine und Büchsensteine werden gefertigt und Befestigungsarbeiten vorangetrieben sowie Getreidevorräte angelegt.

1504

Gegen fünftausend Basler Schützen ziehen bis zum 16. September an das grosse Freischiessen nach Zürich. Das Schützentreffen in der Limmatstadt, das von Tausenden von Teilnehmern aus allen umliegenden Ländern besucht wird, dient auch der Neubelebung der freundschaftlichen Beziehungen zu Süddeutschland, die durch den Schwabenkrieg empfindlich gestört worden sind. Mit dem Schützenfest verbunden ist ein reichhaltiger «Glückshafen», eine Lotterie mit 42 000 verkauften Losen. Die «gemeinen Büchsenschützen von Basel» gewinnen den aus 45 Goldgulden bestehenden zweiten Hauptpreis.

1525

Äbtissin und Konvent des von den Bauern zerstörten Klosters Olsberg verkaufen Basel gegen zweitausend Pfund Stebler das Dorf Diegten.

1640

Es wird ein allgemeiner Bet- und Festtag abgehalten. Bürger und Einsassen haben von morgen früh bis nach 10 Uhr die Predigt zu besuchen. Dann werden sie mit der Ermahnung nach Hause entlassen, sich nicht mit Speis und Trank zu überfüllen, sondern nur mit dem «was zu eines jeden Herzensstärkung die Noth erfordert». Um 12 Uhr hat sich wieder männiglich in den Kirchen einzufinden und daselbst bis gegen den Abend zu verharren.

1714

Das Ehepaar Passavant wird verzeigt, weil es am Sonntag vor der Predigt die Stadt verlassen hat und deshalb den Gottesdienst versäumte. Obwohl die Fehlbaren viermal vor die Reformationsherren zitiert werden, erscheinen sie nicht zur Rechtfertigung. Sie haben sich deshalb vor dem Bürgermeister zu verantworten.

1718

Vor einer Spezialkommission trägt Dr. med. Eurino de Eurini, gebürtig in «Russova in Moscau», seine Bitte vor, im Kanton Basel nach Mineralien suchen zu dürfen. Mit viel Mühe und Fleiss sei es ihm gelungen, auf hiesigem Boden Spuren von Erz zu finden. Und dies wäre er willens, abzubauen, was Arbeit und Wohlstand über die Stadt bringe und Ruhm und Ehre in alle Welt hinaustrage. So wird ihm das nach-

Nach jahrzehntelangem Planen und «kräfteraubenden» Vorarbeiten steht im Sommer 1911 der neue Badische Bahnhof an der Schwarzwaldallee im Rohbau vollendet da. Da bricht in der Abenddämmerung des 12. August aus unbekannten Gründen ein Grossfeuer aus, das im Nu das stolze Werk vernichtet: «Die hoch gen Himmel sprühenden Flammen, die Millionen und Abermillionen Funken, die der herrschende Ostwind hoch in die Lüfte treibt, gewähren den Beschauern ein schaurig schönes Schauspiel und locken eine ungeheure Menschenmenge hinaus zur Brandstätte. Glücklicherweise ist das liebe Publikum diesmal nicht in der Lage, die Feuerwehr in ihrer Arbeit zu stören, indem die Baustelle des künftigen Badischen Bahnhofs durch eine Bretterumzäunung nach allen Seiten hin abgeschirmt ist, so dass es nicht möglich ist, dass die vielen Schaulustigen allzuweit vordringen können.»

gesuchte Privileg erteilt, doch bleibt seine Arbeit ohne zählbaren Erfolg.

1765

145 Mann der Freikompagnie halten ihren traditionellen Auszug ab. «Nachdem solche auf dem Münsterplatz vor Unsern Gnädigen Herren Häuptern und einer grossen Menge Volck ihre Exercitia und Maneuvres rühmlich und glücklich gemacht, nehmen sie ihren Marsch nach der Schützenmatte, alwo sie den Tag über mit Essen, Trincken, Tantzen und Springen wohl divertirt und sich auch in die Scheiben zu schüessen sich exerciren.» Weil die militärische Übung diesmal bei schönstem Wetter stattfinden kann, und nicht wie bisher immer bei Regenwetter, darf man wohl sagen, «dass nicht nur die Menschen, sondern auch der Himmel ein sattsames Vergnügen an ihnen hat. Si Deus pro nobis quis contra nos» (Wenn Gott für uns ist, wer könnte dann gegen uns sein.)

1779

Der deutsche Reiseschriftsteller K. G. Küttner hält sich für einige Tage im stadtnahen Heilbad Burg im Leimental auf und vermerkt, es habe im Umkreis von sechs Stunden beinahe ein Dutzend solcher reizvoller Landbäder. Man bade, esse, trinke, spaziere und mache kleine Tanzpartien. «Dass viel Liederlichkeit dabey ist, und dass es Ausschweifungen aller Art gibt, kann man sich ja vorstellen...»

1798

Auf dem Münsterplatz wird von der Bürgerschaft die Helvetische Einheitsverfassung beschworen: Bewaffnete Mannschaft umstellt im Viereck ein Gerüst, welches um den Freiheitsbaum aufgeschlagen worden ist. Darauf nehmen die Mitglieder der politischen Behörden Platz, während die schwörenden Bürger sie umrahmen. Nach einer eindrücklichen Ansprache von Regierungsstatthalter Schmid wird der Eid vorgelesen und beschworen. Hierauf überreicht ein Mädchen dem Redner einen Kranz. Musik und Lieder erklingen, und zu Safran wird ein Gedeck für 150 Geladene aufgetragen.

1867

Fjodor Dostojewskij und seine Frau unternehmen vor ihrer Weiterreise eine Stadtbesichtigung. Anna Grigorjewna hält ihre vielen Eindrücke ausführlich in ihrem Tagebuch fest, und schreibt neben Erfreulichem u.a.: «Mein Gott, was für einen traurigen Anblick bietet diese Stadt! Grosse dreistöckige Steinhäuser, doch bei allen sind die Fensterläden geschlossen, obwohl es überhaupt nicht heiss ist. Das verleiht dieser Stadt einen so trübseligen Charakter, es wird einem ganz beklommen zumute. Auf den Strassen ist wenig Betrieb, nur ab und zu einmal eine alte Frau oder ein Mann, sonst sieht es so aus, als hätte gerade die Cholera in der Stadt gewütet. Ich glaube, es muss furchtbar langweilig sein, hier zu leben...»

1884

Auf der Rebleutenzunft wird von R. Moor, J. Riem, M. Lehmann, B. Krüger und M. Glättli der Basler Ruder-Club gegründet.

1912

Der neue Verschubbahnhof der Badischen Bahn, der in seiner Breite von Leopoldshöhe bis Haltingen reicht und als eine der grossartigsten Anlagen dieser Art in ganz Mitteleuropa gerühmt wird, kann dem Betrieb übergeben werden.

13. August

Hippolyt von Rom der Märtyrer

1531

Heute bleiben die Tore der Stadt geschlossen, bis alle Häuser nach Franzosen durchsucht und diese zur Wegweisung bereit stehen. Denn

> **Fremdenhaß in Liestal.**
> **Ein freundliches Wort an die Liestaler Bürger.**
>
> In neuerer Zeit thut sich in Liestal leider der schon längere Zeit gegen die „Fremden" genährte Haß in betrübenden Ausbrüchen kund, und es ist schmerzlich, zu vernehmen, wie die Bürger Liestals, welche ein Muster der Ordnung und Freiheitsliebe für ihre übrigen Kantonsbürger sein sollten, sich von der Leidenschaft so weit hinreißen lassen können, dem Unglück das christliche Mitleiden zu versagen; — daß die Bürger Liestals, früher in der Eidgenossenschaft so ausgezeichnet durch glühenden, dahingebenden Eifer für Freiheit, Gleichheit und Menschenrechte, nun schon nach so kurzer Zeit sich in ihr Staatsleben einspinnen und sich in Eigendünkel und Selbstsucht einpferchen wollen, — Eigenschaften, welche man früher mit Recht so sehr den Bäslern vorgeworfen hat.

Der unerschrockene Rauracher,
12. August 1835

der Rat von Strassburg hat Basel ersucht, jene unglücklichen und verblendeten Leute, die aus Angst und Furcht vor der Pest scharenweise aus ihrer Heimat fortgelaufen sind, in ihre Dörfer zurückzuschicken, damit sie wieder das Korn auf den Feldern schneiden. «Diese Menschen haben einen Schauder vor der Pest und fürchten weder Armut noch andere Plagen. Sie wollen lieber unter Fremden herumirren, die Leiden der Verbannung ertragen, als im eigenen Land bequemer leben.»

1548

Der Metzger Georg Schüelin, der bisher als militärischer Beamter und sogenannter Stadthauptmann gedient hat, bittet den Rat um seine Entlassung, weil er «schwach auf den Füssen ist».

Basellandschaftliches Volksblatt,
13. August 1840

> **Kleinbasel.** In unserer Stadt hatte Einer eine Jgfr. geheirathet, welche er, wie es scheint, mehr des Geldes als der Person willen genommen hat — hat ihr aber, wie gewöhnlich, bei der Versprechung, alles mögliche Gute in allen Theilen versprochen — die Sache kam aber nach kurzer Zeit ganz anders, denn er liebte seine Mägde mehr denn seine Frau und Kinder — seine rechtschaffene Frau, wurde dieses gewahr und machte ihrem Ehegemahl, wie natürlich, Vorstellungen darüber — er versprach Besserung und folgte seinen Begierden fort — die Frau, wann sie etwas Anstössiges gewahr wurde, schickte zwar diese Mägde fort, allein bei jeder Neuen war die gleiche Leier, denke man sich nur, zu was eine einmal angenommene Lebensart führen kann — nämlich, als einsmal in einer Nacht die Frau merkte, daß ihr Mann im Hemd das Bett verließ — blieb ihm kein anderes Mittel übrig, als, er ließ sich am Zugseil, wie er war, auf die Gasse herunter, welches, wenn die Nachbarschaft wach gewesen wäre, ihr eine artige Komedie würde verursacht haben, er kam aber, nachdem er einen Laden aus Speer und Angel gerissen hatte, wieder ins Haus hinein, und die Ehegemal wohlwissend, daß seine Frau ihm diesen Streich werde gespielt haben, traktirte sie mit einer Tracht Prügel.

1582

Der Streit zwischen den Gemeinden Aesch (mit 48 Häusern), Pfeffingen (15), Duggingen (29) und Grellingen (6) und dem Fürstbischof, der die katholische Religion im Birseck wieder einführen will, spitzt sich zu. So zitiert Bischof Johann Jakob von Blarer den Untervogt samt den Geschworenen auf das Schloss Birseck und verliest den halsstarrigen Bauern die Leviten: «Ich bin euer Herr und sonst niemand. Ihr seid mein, das Land ist mein, das Schloss ist mein, die Kirche ist mein. Ich muss Rechenschaft für euch und nicht ihr für mich geben, und Gott wird das Blut von meinen und nicht von euren Händen fordern. Derhalben will ich euch ermahnen, mir zu folgen. Denn mein Glaube ist der wahre, alte, katholische Glaube. Der euere ist nur ein sechzigjähriger, welchen der ausgelaufene Schulmönch Luther und Zwingli, der Verführer, auf die Bahn gebracht haben!» Die Abgeordneten aber lassen sich durch das geistliche Donnerwetter nicht umstimmen. Sie kehren in ihre Dörfer zurück und holen sich beim Rechtskonsulenten Basilius Amerbach in Basel Rat.

1634

Maria Rösslin hat bekannt, dass sie aus Antrieb des bösen Geistes ihr uneheliches Kind «gleich beim Gürgelin erwütscht und mit der rechten Hand getrucket, dass es nur noch drey Schreylein gelassen, mit den Füesslin ein wenig gezablet und von Stundt an todes verblichen ist». Die Kindsmörderin wird deshalb zum Tod mit dem Schwert und allem, was dazu gehört, verurteilt. Als sie auf das Schafott geführt wird, setzt sich ein schwarzer Vogel, einer Schwalbe gleich, auf ihren Kopf. Dies soll nichts Gutes verheissen. Tatsächlich hat der Scharfrichter, Meister von Hagen, grösste Mühe, die Delinquentin zu richten. Mit dem ersten Streich kann er ihr «das Haupt nicht abschlagen, worauf er mit dem Schwert lang sägen muss. Sein Sohn hebt dann den Kopf auf, worauf ihr der Meister nochmals einen Streich gibt, und also kommt der Kopf vom Leib hinweg». Wegen seiner jämmerlichen Fehlleistung wird Scharfrichter von Hagen umgehend im Wasserturm in Gefangenschaft gesetzt. «Meister Thomas aber sagt, man werde nicht so bald eine Kindsmörderin mehr recht richten können.»

1636

Ludwig und Ulrich Faesch, die sogenannten Unterverkäufer am Kaufhaus, erhalten vom Rat das Privileg des Botenwesens. Der Waren- und Postdienst liegt unter Aufsicht E.E. Zunft zu Gartnern noch immer in privater Hand.

1672

Graf von Fürstenberg führt neunhundert Reiter, «schöne, wohl montierte Völker», über das Bruderholz und durch das St. Albantor ins Fricktal. Bei Gundeldingen ist der General von zwei Ratsherren und achtzig berittenen Mann der Stadtgarnison begrüsst worden.

1697

Die Trauben sind schon ausgewachsen und färben sich, aber die Wärme bleibt aus.

1719

In der Stadt ist es so heiss, dass «gegen 100 junge und alte Mannsbilder im Rhein baden, was kein Mensch je hätte denken können».

1728

In Kleinhüningen wird eine Räuberbande, die sich im Wirtshaus gemütlich verpflegt, durch drei hiesige Stadtsoldaten verhaftet. Die «gesindelhaften Personen» werden mit schweren Ketten gefesselt und in verschiedenen Türmen eingesperrt. «Einige Tage später liefert man die 3 Diebe samt ihren 3 Weibern, 2 Kindern und einer Magd an Händ und Füss gefesselt, von 12 Soldaten und 4 Wachtmeistern convoiert (begleitet), den Herren zu Bern zu. Die Männer werden gerädert, die Weiber geköpft.»

1734

In Reigoldswil martern der 19jährige Joggi Nägelin und der 21jährige Joggi Bürgin die friedlich schlafenden Ehegatten Plattner auf grausamste Weise zu Tode. Die ruchlosen Raubmörder können nach kurzer Zeit gefasst und der Obrigkeit zugeführt werden. Und diese erkennt

Am 13. August 1461 verkauft Freiherr Thomas von Falkenstein der Stadt Basel Schloss und Herrschaft Farnsburg und die Landgrafschaft im Sisgau um 10000 Gulden. «Man erzählt, der Landgraf habe beim Unterzeichnen der Verkaufsurkunde mit Thränen in den Augen gesagt: ‹Auf diesen Tag übergebe ich Euere Gewalt, treue, fromme und dienstwillige Unterthanen. Lasset sie Euerer Gnade anempfohlen sein.› Nach geschehenem Kauf mussten die Unterthanen ihren neuen Herren, der Stadt Basel, mit grosser Feierlichkeit ihre Huldigung darbringen und den Eid der Treue schwören.» Lavierte Tuschzeichnung von Emanuel Büchel. Um 1755.

folgendes Urteil: «Es ist in dem göttlichen Gesetz enthalten, dass ein vorsätzlicher Mörder mit dem Leben gestraft werden muss, auch selbst vom Altar Gottes, wenn er dahin seine Zuflucht nehmen sollte, weggerissen und getödtet werden soll. So sollen die beyden Mörder Bürgin und Nägelin mit dem Rad vom Leben zum Todt hingerichtet werden. Am Tag vor der Execution haben die beyden Übelthäter vom Thurm auf das Rhatshaus zu gehen, von wo man sie nach gefälltem Todesurtheil auf erhöhter Schleife (Schlitten) zur Richtstatt vor das Steinenthor führt. Alldorten einem Jeden von unten herauf acht Streich und zuletzt drei Herzstöss geben soll und sie als dann, wenn sie noch nicht Todes wären, völlig erdrosslet. Dann soll man sie von der Richtstatt fortführen zum Hochgericht vor St. Albanthor und dort auf das Rad flechten. Beyde sollen von den Herren Geistlichen auf den Todt vorbereitet werden. Auch sind am Tag der Execution die drey Stadtthor St. Alban, St. Johann und St. Bläsi geschlossen zu behalten. Die beyden Mörder haben grosse Schmerzen auszustehen, ehe sie todt sind. Weil der Boden beim Theatro nicht satt ist, muss der Scharfrichter etliche Mahl schlagen, bis die Beine zerbrochen sind. Endlich werden ihnen Stricke um die Hälse gelegt, dadurch sie erwürgt werden. Nachwerts werden sie vor das St. Albanthor geführt und auf die Räder gelegt. Gott erbarme sich ihrer und lasse dieses Exempel heilsam würcken.»

1768

Johann Bärl von Schlettstadt wird, «weil er ab etlichen Bleichenen vieles Tuch gestohlen hat, als ein Tuchdieb gehänckt».

1878

Jacob Burckhardt schreibt seinem Freund Max Alioth aus Bologna:

Obrigkeitliches Mandat, 14. August 1776

«Wenn aber der Dalben Schwinsbogen (der St. Albanschwibbogen am Ausgang der Rittergasse, wegen des Baus der Wettsteinbrücke) unrettbar fallen muss, so ist es mir im Ganzen lieber, dass dies während meiner Absenz geschehe und dass das Gestäube, womit er sich wehrt, vorüber sei, wenn ich heimkomme.»

14. August

Eusebius von Rom der Priester

1445

In der Nacht auf den heutigen Tag zieht eine starke Streitmacht mit dem Stadtbanner und den Eidgenossen erneut ins Feld. Nun gilt der Zug dem barbarischen Peter von Mörsberg, der in Pfirt haust. Noch vor Tagesanbruch wird das nahe Städtchen im Sundgau erreicht, das an den steilen Fels des Schlosses sich anlehnt. Mit Feuerpfeilen gelingt es, die hinter den Mauern hervorschauenden Schindeldächer anzuzünden, und bald steht der untere Teil des Städtchens bis zur Kirche in Flammen. Dann wird auch noch Alten Pfirt geplündert und verbrannt. Unter der Beute befinden sich viele Kleider und Rüstungen der bei St. Jakob erschlagenen Eidgenossen. Auf dem Heimweg wird noch manches Dorf gebrandschatzt und mitgenommen, was brauchbar ist. Und beim Läuten der Vesperglocken marschiert das Heer wieder in Basel ein.

1464

Hans Bernhard von Eptingen, der seit der Bruderteilung von 1456 alleiniger Herr von Pratteln geworden ist, hat ausserhalb des Dorfetters «in der hohen Herrlichkeit Basels» ein Siechenhaus erbaut. Deshalb hat er dieses, wie es schon mit seinem Hochgericht geschehen ist, auf Anordnung des Rats abzubrechen.

1540

Matthias Preiswerk, der Tischmacher von Colmar, erhält den Basler Bürgerbrief und wird andern tags in E.E. Spinnwetternzunft aufgenommen.

1546

Durch einen öffentlichen Erlass verbietet der Rat den Bürgern und Niedergelassenen, an die Kirchweihen der Bauern und an die Umzüge und Schmausereien in den Nachbardörfern zu laufen. «Das wird so gehalten wie die meisten andern Erlasse» ...

1554

Hauptmann Bernhard Stehelin wird vom französischen König für seine tapfern Leistungen vor der kaiserlichen Festung Renty, gelegen in der grossen Schlachtebene von Azincourt, mit eigener Hand zum Ritter geschlagen.

1557

Der 21jährige Felix Platter meldet sich beim Dekan der medizinischen Fakultät zum Doktorexamen an. Obwohl er das vorgeschriebene Alter von 24 Jahren noch nicht erreicht hat, wird er zugelassen und mit glänzendem Resultat promoviert.

1649

Matheus Fischer, der Spezierer und Stammvater des Basler Geschlechts Vischer, erscheint vor der Ehrenzunft zu Safran und begehrt unter dem Hinweis, sich seit zwanzig Jahren in der Stadt aufzuhalten, Aufnahme. Diese wird ihm nach erfolgter Einbürgerung am 20. September gegen eine Gebühr von zehn Pfund gewährt.

1690

In einem Haus an der Rebgasse brechen zwei Bürger «eine etwas erhabene Mauer auf, weil sie glauben, einen Schatz zu finden. Nach langem Graben gelangen sie in des Nachbars Kensterlein und finden darin viel Geld und Silbergeschirr. Sie müssen es aber dem Ratsherrn, dem es gehört und der es gemerkt hat, wieder zurückgeben».

1699

Es gibt in der Stadt einen prächtigen Sarg zu bestaunen, der vom kunstreichen Bildschnitzer Keller für den verstorbenen Fürsten von Mümpelgart angefertigt worden ist. Der vergoldete Totenbaum ist mit dem fürstlichen Wappen und einer schönen lateinischen Schrift geziert und wird auf einem Wagen nach Pruntrut geführt, wo der fürstliche Leichnam der Einsargung harrt.

1701

Beim Einlauf des Birsigs beim Steinentor ertrinkt ein Maurergeselle, als er ein Bad nehmen will. «Weil der Gumpen durch den jüngsten starcken Wasserguss sehr tief unterfressen worden ist, vermochte er sich aus dem Morast nicht wieder hinaufzuschwingen: Begib dich nicht ohne Noth in Gefahr, willst du nicht kommen um Haut und Haar!»

1861

«Ein gefährlicher Spitzbube wird vom Landjägerkorporal Grieder durch die Hardt transportiert. Wie dieser nun trotz seiner auf den Rücken gebundener Hände ins Gehölz springt, sendet ihm der Landjäger einen Schuss nach, der ihn sofort todt dahinstreckt.»

1888

Die Steinenvorstadt wird mit Vögtlinshofer Stein gepflastert.

1903

Damit an der Ecke Herbergsgasse

Am 14. August 1790 finden sich mit Reinhard Keller, Johann Jakob Zäslin, Daniel Burckhardt, Leonhard Burckhardt, Flötenmacher Diebold, Johann Conrad Dienast, Johann Nikolaus Grooth, Theodor Mieg, Christoph Burckhardt, Jeremias Schlegel, Peter Vischer, Rudolf Huber, Emanuel Ryhiner, Joachim Pfepfenhauser und Maximilian Neustück Basels Kunstmaler und Kunsthändler im grossen Saal des Hauses des gelehrten Philologen Lucas Legrand am Blumenplatz gegenüber dem Gasthof zu den Drei Königen zu einem frohen Schmaus ein. Aquarell von Rudolf Huber.

und Petersgraben ein Privatspital gebaut werden kann, werden die beiden prächtigen alten Bäume, die im Sommer willkommenen Schatten spendeten, gefällt.

15. August

Mariä Himmelfahrt

1451

Ritter Hans Rot verkauft dem Kloster St. Alban die Besserung (das Hofgeld) des Gutes Klein-Rheinfelden (im heutigen Birsfelden).

1487

Johannes Henylin, der als hochgeschätzter Humanist an der Universität und als Kanzelprediger zu St. Leonhard und am Münster gewirkt hat, hält in der Kathedralkirche seine Abschiedspredigt. Dann klopft er an die Pforte der Kartäuser und begehrt Aufnahme, weil er «aus Liebe zur Ruhe, zur Einsamkeit und zur Kontemplation nach den Anstrengungen eines tätigen Lebens die Mönchskutte anziehen will». Er verbleibt bis zu seinem Tod im Jahre 1496 bei den Kartäusern und hinterlässt ihnen seine wertvolle Sammlung von 233 gebundenen und 50 ungebundenen Büchern. Der durch seine Tätigkeit in Paris und Tübingen berühmt gewordene Geistliche hat auch das grosse Wort geprägt: «Basel wäre sicherer, wenn es von einem Zaun umgeben wäre und Gott gehorchte, als wenn es von eisernen Mauern starrte und dabei sündigt.»

1546

Die Ratsherren Lukas Iselin und Jakob Rüedin bringen «eine gewaltige Geldsumme nach Basel. Einige glauben, es sei der Schatz der Domherren von Freiburg, damit er vor kriegerischer Bedrohung sicher wäre. Jedenfalls ist es eine betrügerische Praktik und ein unredliches Geschäft, wie es scheint».

1577

Ein Büchsenschmied, der mit dem Ausbutzen des Feuerrohrs eines Bauern aus Blotzheim beschäftigt ist, bringt dieses zur Explosion, wobei die Kugel die Frau und die Magd des Meisters durchbohrt und tötet.

1581

«Als man den Trotten Hänslein, so in der Kleinen Statt daheim ist, vor Gericht stellen will, springt dieser bei St. Alban über die Zinnen in den Rhein und macht sich mit einem Weidling davon.»

1646

«Matthias Busers Frau zu Känerlingen (Känerkinden) bekommt ein todes Kind. Dessen Kopf steht auf dem Leib, ohne Hals. Hat eine grosse Ha-

Grimmige Boykott-Metzgerschlacht am Maria Himmelfahrtstag
Seit 1444 die blutigste Schlacht auf Baslerboden.
am 15. August 1908, an der Klarastrasse.

Postkarte, 15. August 1908

senscharten und nur ein Nasenlöchlein.»

1653

Hans Ulrich Brämer, ein Markgräfler, der sich während 27 Jahren im Schweizerland als Schulmeister aufgehalten hat, wird «nach Bern geführt und daselbst geviertheilt, weil er einer der ärgsten Rebellen gewesen ist».

1688

Es wird das Gebot erlassen, «die Herren Räthe sollen mit ihrem Seitengewehr im Rath erscheinen, was ein Zeichen grosser Freiheit ist».

1746

Im vorderösterreichischen Wyhlen «sind mit Verwunderung an einem Rebstock 24 und an einem Schoss 4 schneeweisse zeitige Trübel zu sehen, was mit der Wahrheit bestätigt wird».

1771

Der 86jährige Präsident des Direktoriums der Kaufmannschaft, Ratsherr Johann Lukas Iselin vom Rollerhof, legt den Grundstein zum neuen Posthaus (Stadthaus) und führt u.a. aus: «Wer ein aufrichtiger Eydsgenoss ist, der lasse sich der Herren Schweizer und Eydsgenossen alter Wahlspruch gefallen: Als Demuth weint und Hochmuth lacht, da ward der Schweizer Bund gemacht.»

1820

Hochbetagt und von 23 Enkelkindern beweint stirbt Johann Rudolf Merian-Sarasin vom Strassburgerhof am Petersberg. Im Nachlass des reichen Indiennefabrikanten befinden sich u.a. 20 Nachtröcke und 100 Gilets...

1851

Auf dem Marktplatz stellt der Stadtschreiber Jakob Jenny zum letzten Mal das sogenannte Schäftli, den transportablen Stadtpranger auf. Zur Schau gestellt wird die Dienstmagd Franziska Hägeli, welche in einer Wirtschaft am Spalenberg Anken gestohlen hat. Sie trägt um den Hals ein Täfelchen mit der Aufschrift «Schelmin» und weint dabei so schrecklich, dass die Tränen die Buchstaben verwischen. «Mütter, welche der Abschreckungstheorie huldigen, nehmen ihre Kinder mit auf den Markt und zeigen ihnen den Delinquentin.»

1855

Eine auffallende Erscheinung bildet die plötzliche Erkrankung der Lindenbäume. In der Allee zwischen dem Aeschentor und dem St. Albantor gehen binnen weniger Tage alle Bäume ein.

1869

In Hüningen feiert die französische Garnison, ein Infanterieregiment und eine Schwadron schwerer Kürassiere in Brustpanzern, grossem weissem Mantel und Helm mit Pferdeschweif, mit einer grossen Parade zum letzten Mal den Napoleonstag.

1885

Oskar Türke eröffnet in seinem Neubau «zum Falkenkeller» an der Freien Strasse 49 unter dem Namen «Parsifal» eine bayerische Bierwirtschaft.

1897

Auf der Gempenfluh wird ein 25 Meter hoher Aussichtsturm eingeweiht, der von den Wirten der Umgebung erbaut worden ist. «Der Turm, der an Sonntagen gegen ein kleines Eintrittsgeld offen steht, bietet, hoch über die Baumwipfel emporsteigend, eine prachtvoll umfassende Rundsicht.»

1908

Eine Schlägerei zwischen Metzgerburschen an der Clarastrasse erregt grosses Aufsehen. Nicht etwa wegen der Folgen, die nur gering sind, sondern weil schon im Sommer 1907 von der Arbeiterschaft einige Metzgereien boykottiert worden sind, weil deren Meister nur nicht organisierte Burschen anstellten.

16. August

Rochus von Montpellier der Nothelfer

1475

In der Kirche zu St. Theodor halten Geistlichkeit und Bürgerschaft ein gemeinsames Gebet für den Frieden und beschliessen dieses mit einer grossen Prozession. Basel hat in den vergangenen sechs Wochen in Kriegszügen mit den Bernern und Strassburgern im Burgund nicht weniger als zwölf Schlösser und drei Städte eingenommen...

1499

«Seit dem Tag der Hochseligen Mutter (Himmelfahrt Mariä) reiten die Boten des Friedens in die Stadt, die Gesandten des römischen Königs und des Königs von Frankreich, dazu die Mailänder, alle gefolgt von vornehmen Herren und Edelleuten, also dass man solche Schauspiel in unserer Stadt nicht mehr gesehen hat seit den Tagen des Conciliums. Auch die Boten der eidgenössischen Stände sind erschienen. Sie gehen mit breiten Schritten und zeigen das weisse Kreuz aller Orten. Beide haben Kriegsknechte mitgebracht. Die hätten lieber Krieg denn Frieden, denn jener bringt ihnen ihr Brot. Es ist ein gefährlich Ding. Die Bürger sind voller Unruhe und stössig wie ein Stier, wenn die Pfauenfedern (die Österreicher) durch die Stadt stelzen. Die Weiber knien in den Kirchen und beten, dass sie den Frieden gewinnen mögen.»

1548

Lorenz Wurstisen, der Hafner von Liestal, und Bryda Fusin, ein betagtes Ehepaar, erscheinen vor dem Ehegericht und beantragen die Scheidung. Weil die Klagen aber nicht kräftig genug sind, entscheidet das Gericht, die beiden sollen sich wieder zusammentun, einander lieb und wert halten und Gott um Gnade bitten. Statt nun dem Gebot, eines soll geduldig die Last des andern tragen, zu folgen, schlägt Wurstisen seiner Frau ein Holzscheit auf den Kopf, so dass man die Splitter mit Gewalt herausziehen muss. Der brutale Ehemann wird unverzüglich ins Gefängnis gesperrt.

1633

Nachdem er das Bürgerrecht erhalten hat, wird der Frankfurter Seidenhändler Johann de Bary gegen eine Gebühr von zwanzig Pfund auch in die Zunft zu Safran aufgenommen.

1636

Es ziehen 120 Franzosen an der Stadt vorbei. «Diese aber werden von Rittmeister Bussinger überfallen und deren 50 niedergemacht.»

In Ancona stirbt am 15. August 1464 im 59. Altersjahr Papst Pius II., einer der grössten Humanisten seiner Zeit. Er hat unter dem Namen Enea Silvio Piccolomini als Schreiber des Konzils von Basel eine tiefe Zuneigung zu unserer Stadt entfaltet und ihr 1460 auch das Privileg zur Gründung einer Universität erteilt. Erst 1445 zum Priester geweiht, genoss der weltgewandte italienische Edelmann auch während seines Basler Aufenthaltes sichtlich die Freuden des Lebens. «So verschmähte er wohl kaum die Freudenhäuser, die zur Konzilszeit in der Spalenvorstadt erbaut worden waren. Aber er legte Wert darauf, den Frauen lateinische Namen zu geben, um ihnen auf diese Weise wenigstens symbolisch antike Grösse zu verleihen. In diese Zeit fällt auch sein Abenteuer, das er in Strassburg mit einer Engländerin hatte, die ihm darauf einen Sohn gebar. Er selbst schilderte diese Episode in einem Brief an seinen Vater: ‹Als ich mehrere Tage nichts zu tun hatte, kam eine Engländerin in meinen Gasthof und wohnte im selben Stockwerk wie ich. Unsympathisch war sie nicht, und alt war sie auch nicht. Mich freute die gute Laune der Frau, die immer zu einem Scherz aufgelegt war, und mir kam die Art der Kleopatra in den Sinn, die nicht nur Antonius, sondern auch Julius Cäsar mit ihrem Geplauder betörte, und wer, frage ich, wird mir schwachem Menschen etwas zur Last legen, was die grössten Männer auch nicht verschmähten? Was weiter? Die Begierde siegte, ich entbrannte und sagte ihr viele Schmeicheleien. Aber wie an der Klippe die Welle mit rauhem Getöse zurückprallt, so wies sie meine Worte ab und liess mich drei Tage lang schmachten. Es wurde Abend, und am andern Tag wollte sie abreisen. Ich fürchte, dass mir meine Beute entgeht. Ich bitte sie, bei Nacht den Riegel an ihrer Türe offenzulassen. Sie schlägt es ab und gibt nicht die geringste Hoffnung. Ich dränge. Sie antwortet immer dasselbe. Man geht schlafen. Ich grüble nach: Was weiss ich, ob sie meinen Wunsch erfüllt? Nachdem überall Stille eingetreten ist, gehe ich zu dem Zimmer der Frau. Die Türe ist geschlossen, aber nicht verriegelt. Ich öffne, trete ein, bemächtige mich des Weibes. Und so wurde mein Sohn gezeugt. Die Frau hiess Elisabeth. Von Mitte Februar bis Mitte November dauerte die Schwangerschaft. Das sagte mir die Frau nachher in Basel...›» (Frank Geerk).

Der Riehenteich mit der öffentlichen Waschanstalt am Mattweg. Rechts die 1853 von J.J. Richter-Linder erbaute Seidenwinderei und «Schorenbleiche», in welcher vornehmlich verwaiste oder sittlich gefährdete Mädchen, die sogenannten Schooremaitli, beschäftigt werden. Im Hintergrund die Kamine der Goldleisten-Fabrik Lützelmann. Auf dem freien Feld die beiden Le Grand'schen Rebhäuslein an der Riehenstrasse. Aquarell von Johann Jakob Schneider. 16. August 1874.

1664

Im Alter von 65 Jahren stirbt der vortreffliche Orientalist Johann Buxtorf, der schon mit 17 Jahren des Hebräischen, Chaldäischen und Syrischen mächtig gewesen ist. Er hat alle ehrenvollen Berufungen aus dem Ausland abgelehnt und seine Kraft ganz unserer Universität gewidmet. Als Verfasser des «Lexicon chaldaicum, talmudicum et rabbinicum» stand er mit vielen Gelehrten Europas in regem Briefwechsel.

1702

«Es springt die Pulvermühle vor dem Steinenthor in die Luft, welches aber keinen weitern Schaden anrichtet.»

1760

Im Alter von 75 Jahren stirbt «an einem vierwöchigen engbrüstigen Flussfieber Bürgermeister Samuel Merian. Ist ein schöner, grosser und qualificierter Mann von grosser Dexterität (Geschicklichkeit) gewesen. Weil er ein gerechtigkeitsliebender Vater des Vaterlands und gegen die Armen barmherzig gewesen ist, so wird er von der gantzen Ehren Burgerschaft sehr bedauert.» Nach dem Tod des regierenden Bürgermeisters wird «nach hiesigem Brauch» der bisherige Oberstzunftmeister zum Bürgermeister erwählt.

1762

Obwohl die Obrigkeit grundsätzlich keine neuen Bürger aufnimmt, erhält Friedrich Samuel Schmidt das Bürgerrecht, und zwar in Ansehung seiner Gelehrsamkeit und wissenschaftlichen Verdienste, unentgeltlich, da er an der Universität Vorlesungen hält. Der Leitsatz, «man soll billig Bedenkens tragen, unser reines, edles, eidgenössisches Geblüt mit Fremden zu vermischen, ist dabei nicht verletzt worden, stammt der Petent doch aus Bern...»

1776

«Der Herzog von Württemberg kommt mit seiner Maitresse anhero, nachdem er für diese Persohn, deren er ein schön Landguth geschänckt hat, in der Schweitz etliche 20 Küeh erkaufte. Als er sich auf dieser Rayss auch in Langenbruck nach Küehen umsieht, zupft ihn bald diese, bald jene Bauersfrau am Ärmel und sagt: ‹Herr Herzig, beschaut doch meine Kuh!› Er kauft auch einige bey Claus auf der Spitalmatte vor dem Riechemer Thor. Da er mit diesem Claus wegen dem Preis in einen Contest (Streit) kommt und er ihm vorwirft, dass er nicht geglaubt habe, dass es hier so grobe Leüthe gäbe, antwortet ihm der Claus, das könne wahr seyn, aber diese groben Leüth halten sich an ihr Wort.»

1879

Das «sogar mit einer Gasbeleuchtung und Aborten mit Spülung» versehne Spalenschulhaus steht der Bevölkerung zur Besichtigung offen. Dabei findet die Inschrift über der Eingangstür besondere Beachtung: «Die Zukunft habt ihr / Ihr habt das Vaterland / Ihr habt der Jugend Herz / Ihr Lehrer in der Hand / Dem Schüler Heil / Der nie des Lehrers Eifer trübt / Und Heil dem weisen Volk / Das seine Schule liebt.»

Grabinschrift, 16. August 1567

An der Birßbruck beym Rhein.
Im Jahr 1567. den 16. Aug. ertranck im Rhein der Edel Eugenius von Cöln auß dem Land Mechelburg; mit seinem Exempel die Jugend erinnert / daß sie sich Lusts halben in kein Wasser wagen / sonder in wahrer Gottsforcht das Leben bewahren soll.
Non aliena putes homini quae obtingere possunt,
Sors hodierna mihi, tunc erit illa tibi.

Als Ersatz für die ausrangierte Dampfspritze «Basilisk» nimmt die Feuerwehr am 17. August 1905 eine selbstfahrende (heute noch erhaltene) Automobil-Dampffeuerspritze mit einer beachtlichen Pumpenleistung von 2100 l/Min. in Betrieb, die von der Waggon- und Maschinenfabrik Bautzen-Hamburg geliefert worden ist.

17. August

Serena von Rom die Matrone

1272

Nachdem der Bischof von Basel auf einem Streifzug im Elsass alle habsburgischen Dörfer bis gegen Mülhausen geplündert und verbrannt hat, rächt Graf Rudolf von Habsburg den räuberischen Ausfall, indem er die noch unbefestigte Vorstadt vor dem Kreuztor (die spätere St. Johanns-Vorstadt) zu nächtlicher Stunde überfällt und in Brand steckt.

1453

Ritter Henman von Offenburg und Hans Bremstein einerseits und die beiden Strassburger alt Ammeister andrerseits beschliessen den Streit zwischen den beiden Rheinstädten, welcher wegen der Schiffahrtsrechte aufgekommen ist. Die Strassburger Ankerzunft bleibt von der Schiffahrt in und oberhalb Basel ausgeschlossen, auch zur Zeit der Pilger- und Bruderfahrten. Die Basler Schiffleute hingegen haben die Befahrung des Rheins unterhalb Strassburgs zu unterlassen, ausgenommen mit den für die Frankfurter Messe bestimmten Kaufmannsschiffen und jährlich zwei Pilgerschiffen.

1499

Rheinfelder legen in Füllinsdorf einen Brand, dem acht Häuser zum Opfer fallen. Die restlichen drei Häuser des Dorfes können mit Mühe vor dem Feuer bewahrt werden.

1545

Der junge Isaak Watter badet unvorsichtig im Rhein, und da er nicht recht schwimmen kann, ertrinkt er bei der Kartause. Der Unfall ist besonders traurig für die Tochter des Tuchscherers Brand, weil der Ertrunkene am nächsten Sonntag als ihr Verlobter hätte verkündet werden sollen. Das ehrsame Mädchen hat schon im Vorjahr den zukünftigen Ehemann verloren, als Johannes Müntzer von einem Strolch «aus Versehen» erschlagen worden ist.

1588

«Ein Mann aus Zürich, so zu St. Leonhard 20 Pfund aus dem Almosen gebrochen hat, wird enthauptet.»

1603

Anthoni Bigard, ein Schweinetreiber aus dem Welschland, welcher ausserhalb von Liestal einen ins Elsass fahrenden Fuhrmann überfallen und anscheinlich tödlich verletzt hat, wird von Bauern bei der Hülftenbrücke aufgegriffen und nach Basel gebracht. Hier wird er

81

Singer's „Challenge"
eleganteste und solideste Maschine
die es giebt, prachtvoll vernickelt à
Fr. 325.—

Andrew's „Sanspareil"
leichtlaufendste Maschine à
(10132) **Fr. 350.—**

Hillman's „Universel"
einfach, elegant, solid à
Fr. 225.—

Sämmtliche Maschinen **allein**
zu haben bei (H3253Q)
Bruel frères in Genf.
Großes Lager in Basel,
55 Elsäßerstraße 55.

National-Zeitung, 17. August 1886

zum Tod verurteilt und lebendig mit dem Rad gerichtet. «Der Fuhrmann ist hernach aber wieder curiert worden und ist noch lange Zeit uff der Strass gefahren.»

1660

«Es geht ein Mann durch das Basler

Avis-Blättlein, 18. August 1736

Wenige Stadt-Merckwürdigkeiten:
Seith letsterem Ordinari seind gestorben und begraben worden:
Vergangenen Mittwoch bey den Baarfüsseren: Herr Hans Rodolff Schorendorff der Handelsmann.
Freytags darauff bey St. Leonhardt: Meister Conrad Davis der Wagner.
Vorgestern bey St. Peter: Frau Juditha Krugin/ weyland Hrn. Hans Heinrich Siebels seel. nach Tod hinderlassene Wittib.
Heüt Morgens im Münster bey Herrn M. Friderich Freyen seel. Sohn.
Hingegen seind gestern Ehelich copulirt worden:
Bey St. Peter: Meister Johannes Beck/ und Jungfer Magdalena Faber.
Bey St. Margarethen: Meister Sebastian Beck/ und Jungfer Esther Luterburgerin. Alle von hier.
Das vorgestrige Donner- und Hagel-Wetter ist zum zweyten mahl ob unserer Stadt und umbliegenden Gegne sehr erschröcklich und förchterlich gewesen/ doch (dem Höchsten sey gedancket) ohne sonderlichen Schaden abgegangen; Es hat zwar in beyden Städten an vier verschiedenen Orthen eingeschlagen und die Häuser in etwas beschädiget/ aber (GOtt Lob) nirgends Feuer gefasset. Merckwürdig ist/ daß von dreyen Pferdten/ welche sich in einem s. v. Stall in der Escher-Vorstatt/ worein der Donner-strahl geschlagen/ beysammen befunden/ das in der Mitten gestandene Blinde salvirt/ die zwey Sehenden aber erschlagen oder erstickt worde. Gott bewahre Stadt und Land vor grössern Unglück.

Gebiet. Wessen Nation er ist, weiss niemand, da er mit niemand reden kann. Er trägt ein grosses hölzernes Kreuz auf den Achseln mit dreien darin geschlagenen Nägeln, wie Leistnägel, gleich dem Kreuze Christi. Man muthmasst, er gehe auf diese Weise nach Rom, Busse zu tun.»

1679

Unweit der Kirche von Oberdorf wird Hans Schweizers Ehefrau, von Basel kommend, vom Blitz erschlagen. «Ihrem Kind aber, das sie in einer Wiege auf dem Kopf trägt, geschieht nichts.»

1754

Am Steinenberg geraten Niclaus Bientz, der Metzger, und Johann Jacob Burckhardt, designierter Meister zu Schmieden, in einen Wortwechsel. Schliesslich «kriegt Bientz vom Burckhardt mit dem Degen einen Stich unter das lincke Wärtzlin hinein, worauf er ohnmächtig zu Operator Gigy gebracht werden muss. Obwohl er gegen 6 Pfund Blut verliert, kann er nach 3 Stunden wieder reden. Als Burckhardt erst nach einiger Zeit zur Verantwortung gezogen wird, erklärt er, Bientz habe ihn durch Furzen und Gorbsen zum Zorn gereizt. Er wird denn auch nur mit einer lächerlichen Busse von 50 Pfund belegt. Diese von E.E. Rath ertheilte Sentenz erweckt bey dem grössten Theil der Bürgerschaft ein überlautes Murren. Dieses ist hiemit das ungerechte Ende einer beynahe verübten Mordthat und beweist, dass Justitia, die schönste aller Tugenden, wahrhaftig erblindet ist.»

1826

Die von der Firma Riggenbach & Sohn seit 1811 auf der Lyss betriebene Zuckerfabrik, die erste der Schweiz, muss zwangsversteigert werden und wird durch den Schreiner Heinrich Ludwig zu einem Wohnhaus mit Werkstatt umgebaut.

1896

Das Kriegsgericht verurteilt einen Sanitätsrekruten wegen Diebstahls von fünf Franken zu einem halben Jahr Gefängnis.

1912

Das Kraftwerk Augst-Wyhlen liefert den ersten Strom nach Basel.

18. August

Agapitus von Praeneste der Märtyrer

1164

Bischof Ortlieb von Froburg stirbt und wird vor dem Hauptaltar im Münster begraben. Er hat vor fünf Jahren die Zerstörung von Mailand miterlebt.

1254

Papst Innocenz IV. erlässt durch Bischof Berthold von Pfirt über Graf Rudolf von Habsburg und seine Helfershelfer die grosse Exkommunikation ergehen. Die schwere Kirchenstrafe ist im Zusammenhang mit der im Vorjahr erfolgten Brandlegung des Steinenklosters ausgesprochen worden.

1343

Bischof Johann Senn von Münsingen konsekriert die neue St. Martinskirche in Pfeffingen.

1499

Im Saal des Bischofshofs beginnen im Anschluss an die Schlacht von Dornach die Friedensverhandlungen. Sie werden von hohen geistli-

«Das Alte stürzt, es ändert sich die Zeit, und neues Leben blüht aus den Ruinen»: Die Korrektion des St. Albangrabens und des Harzgrabens als Zufahrt zur projektierten Wettsteinbrücke hat auch den Abbruch des St. Albanschwibbogens zur Folge. Am 18. August 1878 liegt der malerische Torbogen, der östliche Stadtausgang gegen St. Alban, der während Jahrhunderten unter den volkstümlichen Namen «Bärenhuet» oder «Bärenhaut» als berüchtigter Gefängnisturm gedient hat, darnieder. Die roten Sandsteinquader des auch Cunostor genannten mittelalterlichen Befestigungswerks finden beim Bau der neuen Brücke Verwendung, und die Turmuhr wird der durch einen Kirchenbrand schwer geschädigten Gemeinde Metzerlen geschenkt.

chen und fürstlichen Vertretern der am Schwabenkrieg beteiligten Mächte geführt. Eine Einigung aber bleibt vorderhand aus.

1603

In seinem 54. Lebensjahr stirbt der wohlhabende Tuchhändler Andreas Ryff der Jüngere. Der «vollendetste Typus des Basler Kaufmanns seiner Zeit» hat sich nicht nur als weitgereister Handelsherr, bedeutender Staatsmann und grosser Förderer des Schützenwesens einen Namen gemacht, sondern auch als Geschichtsschreiber. Über seine zehn Jahre ältere Frau hat der «berühmte Ryff» geschrieben: «Sie ist vernünftig, holdselig, gottesfürchtig und verstendig. Auch ist sie in Kaufmannshendlen, schreiben, lesen und rechnen besser gerieben und erfahren als ihr Mann!»

1606

Georg Lindenmeyer, der Seiler aus Freiburg i.Br., wird zu einem Bürger angenommen.

1660

Vater und Sohn Hans und Jacob Zeller, beide Schlosser und Bürger von Liestal, haben am hellen Tag im Kaufhaus Eisen gestohlen. Deshalb werden «sie zugleich vom Scharfrichter mit dem Schwert geköpft. Einer hinterlässt eine schwangere Frau samt einem Kind. Beide haben Gott den Herrn bis an ihr End um Gnad und Verzeichung ihrer Sünden fleissig angerufen».

1752

Des Pfarrer Wettsteins von Langenbruck geschwängerte Tochter wird mit einer Strafe von fünfzig Pfund gebüsst, weil sie die einem Färber versprochene Ehe nicht eingegangen ist. «Machte es hiemit dieser Pfaff wie der Pfarrer von Benken, Falkner, vor zwei Jahren und wollte lieber seine Tochter zur Hure wer-

83

den lassen, als diesem artigen und bemitleideten Färber zur Ehe zu geben. Er sagte, dass alle Bauern verflucht wären. Diese unvernünftige Red wird dieser Hutzelbirren-Pfaff noch verantworten müssen!»

1775

Das Zeughaus am Petersplatz, eine der Prunkbauten der Stadt, wird von einem fürchterlichen Feuer erfasst und bis auf die Grundmauern niedergebrannt. «Die ganze Nacht hindurch wird in einem fort Sturm geläutet, dass einem acht Tage davon die Ohren gellen. Der Himmel ist hochrot gefärbt, gleich Nordlichtern. Die Bäume sind grauenvoll anzusehen und müssen umgehauen werden. Das Korn, das in den Fruchtschütten gelagert worden ist, ist zusammengebacken wie Kuchen. Viele Leute nehmen ein Stück davon und hängen es zum Andenken auf. Im Karrenhof verbrennen mindestens acht Pferde. Es geht manche Woche, bis der Schutt weggeräumt ist. Was Hände hat, muss dran, Tag und Nacht. Es ist nie zu erfahren, wann und woher das Feuer gekommen ist.»

1833

Die Mannschaft der nach den blutigen Kantonswirren auf Befehl der eidgenössischen Behörden entwaffneten Stadtgarnison «legt in ihrem Notquartier im Wenkenhof eine bis aufs äusserste gelockerte Disziplin zu Tage. Die Leute sind ganz demoralisiert, nehmen keine Befehle an, wollen nichts als saufen und führen sich elender auf als eine Horde Räuber denn als Soldaten.»

19. August

Magnus von Anagni der Bischof

1439

Das Konzil beklagt den Tod des Grafen Ludwig von Teck. Die sterblichen Überreste des greisen Patriarchen von Aquileja, welcher der Pest erlegen ist, werden in der Kartause beerdigt.

1488

Nach einem erfolgreichen Feldzug in die Niederlande, an welchem sich die Basler mit 150 Mann beteiligt haben, bringt Hauptmann Peter Offenburg einen von Kaiser Friedrich III. in Antwerpen ausgestellten Freiheitsbrief mit nach Hause. Der «Stadtrechtsbrief», eine der wichtigsten Urkunden der Bürger in der Auseinandersetzung mit dem Bischof, sichert den Baslern die verfassungsmässige Befugnis zu, alle sesshaften Leute, geistliche und weltliche, zu besteuern, jederzeit Satzungen und Ordnungen über der Stadt Nutzen zu erlassen und also auch die Bodenzinse abzulösen sowie das Recht, Übeltäter nach Reichsgericht richten zu dürfen.

1546

Der Rat ersucht den Schaffner von Altkirch, den Basler Leonhard Walther gütlich nach Basel ziehen zu lassen, damit er in diesen gefährlichen Zeiten unverzüglich seinen Dienst als Büchsenmeister antreten könne. Walther trifft denn auch umgehend in seiner Vaterstadt ein, nimmt die Prüfung der Geschütze vor und wird in den Gasthäusern «zum Schnabel» und «zum roten Ochsen» gastfrei gehalten.

1629

«Ohngefehr eine Stund von der Stadt» wird der St. Galler Fähnrich Eusebius Gmünder «jämmerlich ermordet». Die Obrigkeit lässt seinen Leichnam im Münster begraben. Der zu seinem Gedächtnis gesetzte Grabstein trägt die Inschrift: «Es sagt Matthaeus der Evangelist / Förchtet euch zu keiner Frist / Vor den Mördern an euerem Leib / Weil die Seel stäts dem Herren bleib / Der sie dem Menschen hat gegeben / Und ihm sein Ziel auferlegt zu leben / Den er nicht übergehen kann / Wie der Evangelist zeigt an / Dass kein Sperling noch Haar vom Haupt / Dem Menschen abfall unerlaubt / Sondern dass er nach Gottes Willen / Sein Lebenslauff muss hier erfüllen / Der es ihm aufferlegt hat / Der wird auch rächen diese That / Und uns die noch sind im Leben / Für dieses Leid sein Segen geben / Dass wir mit ihm nach dieser Zeit / Mögen auffstehn zur Seligkeit.»

1634

Rheinfelden ergibt sich nach monatelanger Belagerung den Schweden. Die Stadt bietet ein schreckenerregendes Bild. «Wegen der grossen Hungersnot sind Katzen, Hünd, Ratten, Meüss und Rossfleisch die Speiss der Rhynfelder. Item Brot von Hanfsamen, Eichlen, Mühlistaub, wie auch Kichelmähl und Rossblut zusammengebachen. Um das Rossfleisch, welches sie kochen, braten und in Nägelinbrühen rösten, ist ein solch Gedräng, dass sie sich um das unsauber Gedärm reissen, einander auff die Händ und Finger hauen, beissen und mit Messeren schneiden. Die Leut, die nach der Eroberung herauss kommen, sehen aus, als wären sie gleichsam us den Gräbern gestiegen.»

1717

Das im Jahr 1692 gegründete Collegium Musicum erhält im «neuen Bau» an der Schifflände einen Konzertsaal und macht «mit Musiquen in Gottes Nahmen den Anfang, mit dem hertzlichen Wunsch zu dem Lieben Gott, dass die Music in nichts anderem als in einer harmonischen Übereinstimmung bestehet».

1852

«Muttenz, dieser vom Himmel sonst so reich gesegnete Ort, sitzt dieses Jahr recht im Unglück: Trauben und

---

Gebet eines Baselischen Predigers in Holland. *)

HErr Jesu! wenn wir auf Dein Vorbild sehen, das Du uns auf Erden gegeben hast, so lernen wir Dich auch als einen warmen treuen Freund des Vaterlandes kennen. Wie eifrig warst Du auf dessen Rettung bedacht, auf seine Zurückführung von dem Verderben, das seinem geistigen und leiblichen Wohl drohte! Wie schwammst Du ganz in Thränen, als sein unvermeidlicher Untergang Dir vor Augen schwebte! O das ist uns ein Fingerzeig, dass auch wir unsere irdische Heimath in Dir und nach Deinem Beispiel lieben können und sollen. Liebten wir dieselbe nicht, da wir sie doch sehen, wie könnten wir unsere himmlische Heimath lieben, die wir nicht sehen? Gieb nur, dass dieses auf eine deinem Sinne gemässe Weise geschehe, vorzüglich auch durch treues Flehen für unser Land und Volk.

Zu Dir wenden wir uns auch jetzt, und flehen um deine Hülfe für unser bedrängtes Vaterland. Lass uns stets fühlen, dass Du unser Bundesgenosse bist. Unser Staat ist ja dein besonderes Augenmerk.

*) Seit der Belagerung von Antwerpen zu Ende des Jahres 1832, fanden in Holland öffentliche Gebetsversammlungen in der Woche Statt. Bei solchen Anlässen wurden auch von dem Prediger Martin in der Brüdergemeinde Zeist bei Utrecht Gebete gehalten, von welchen wir hier einen Auszug liefern, da derselbe besonders auf unsere Umstände passt.

Christlicher Volksbote, 19. August 1833

Ich als Bachus schencke ein, cs / einem faß zwey bis dreyerley W n.

Mein laden ist zwahr Klein, allerhand / tuch darin zu führen, es Wirdt mich / aber doch ein jeder Admieriren.

Täglich steigt die Kunst, und Wird, / etwas Neües er dacht, an mir ist / Was nicht in der Welt gesähen, volkom- / men recht gemacht.

Nach einem mehrtägigen Gastspiel zieht am 19. August 1746 Johann Georg Winckert wieder einem neuen Standort entgegen. Er hat «auf dem Blumenplatz, bey den 3 Königen, in einer neüw erbauten Hütten, drey mechanische Statuen, welche viele Kunst und Thaten thun, genand ein Wunder der Welt» der interessierten Bevölkerung vorgestellt.

Feldfrüchte hat der Hagel vernichtet, die Erdäpfel sind faul, Taglöhne keine, da weder an der Birs noch auf Merians Gut in Brüglingen Arbeit ist. Wahrlich, die Muttenzer sind jetzt die Allerärmsten im Lande.»

1862

Die Realschule bezieht die zum Schulhaus eingerichtete «Mücke» auf dem Münsterplatz, «in freier, gesunder Lage, im Mittelpunkt der Stadt, mit ruhigen, gefahrlosen Zugängen, im Genuss der Ruhe und Stille des heitersten Platzes. Möge der Spruch über der Schulpforte sich täglich erfüllen ‹Der Herr segne euren Aus- und Eingang›.»

1907

122 Mann beteiligen sich am Basler Rheinschwimmen. Mit Start beim Kinderspital ist der Rhein auf einer Strecke von etwas mehr als 1600 Meter bis oberhalb der Johanniterbrücke zu durchschwimmen. Die durchschnittliche Schwimmzeit beträgt 8 Minuten und 33 Sekunden. Zum Rahmenprogramm gehören «noch nie so komplett ausgestattete nautische Spiele, wobei besonders die Sprünge von der Johanniterbrücke mit wirklicher Eleganz ausgeführt werden».

20. August

Bernhard von Clairvaux der Abt

1513

Nachdem die Tagsatzung den Krieg gegen Frankreich beschlossen hat, verlässt das Basler Kontingent von 700 Mann die Stadt und zieht gegen Dijon. Die engen Gassen sind dieser Tage erfüllt von über 20 000 eidgenössischen Landsknechten, «ein rechter Kern von Eerenlüten und fast alle wohl gerüst und hübsche Lüt», die durch das Aeschentor hereinfluten und durch das Spalentor wieder abziehen.

1676

Jakob Bernoulli, der spätere Mathematikprofessor, dem wir auf seiner Reise nach Holland am 31. Mai 1681 schon begegnet sind, begibt sich auf seine erste grosse Fahrt. Sein Ziel ist Genf, das es ihm nicht besonders angetan zu haben scheint: «Wie die Frantzosen überall Säu sind, so halten sie die Statt sehr unsauber. Wenn man durch die allées geht, muss man die Nase zuheben. Gezeichnet sind die Genfer wie die Juden, dass man unter 100 einen Genfer erkennen würde. Es gibt sehr viele Krüppel unter ihnen, die mit Leibsgebrechen behaftet sind, sonderlich Schaden an den Füssen haben. Ob es daher kommt, weil sich die Weiber in der Zeit ihrer Schwangerschaft nicht schonen, oder ob sie die Kinder wollen abtreiben, oder ob sie sie in der Jugend übel tractieren, oder ob es sonst eine Strafe von Gott ist, kann ich nicht wissen. Unter den Weibspersonen gibts sehr wenig schöne, was aber schön ist, das ist recht hübsch.»

1704

Der Rat missbilligt in aller Form die immer üppiger werdende Kleiderpracht, durch welche der Zorn Gottes heraufbeschworen wird. Namentlich die weiten Halsausschnitte und das leichtfertige Entblössen, «woran man öffentliche Metzen und Huren erkennt», und das übermässige Pudern der Haare sind der Obrigkeit ein Dorn im Auge. Da den neu eingebürgerten Frauen, namentlich den französischen, billigerweise nicht zugemutet werden kann, dass sie von einem Tag auf den andern ihre Garderobe auf die baslerische Norm umstellen, verfügt der Rat, sie dürften bis an ihr Lebensende die französische Tracht tragen. Alle andern Frauen aber sollten sich deutsch kleiden, damit nicht fremde Moden einreissen.

1709

Unter General Mercy überschreiten gegen dreitausend kaiserliche Soldaten bei Rheinfelden die Reichsgrenze. Sie nehmen den Weg über Basler Boden und erreichen nach St. Jakob und Gundeldingen bei Hegenheim das feindliche französische Gebiet. Frankreich hegt tiefen Groll, dass der Durchzug mit Basels Begünstigung erfolgt sei, und unterbindet die Zufuhr von Getreide aus dem Elsass.

1855

Es erscheint zum ersten Mal das Basler Singbuch «Lieder für Jung und Alt» von J.J. Schäublin, welches schliesslich 127(!) Auflagen erreicht.

1913

Die Einwohnergemeinde erwirbt zum Preis von Fr. 3 416 706.97 das Areal des alten Badischen Bahnhofs am Riehenring, haltend 149 353 m² Boden und 24 Gebäude.

In der Morgenfrühe des 20. August 1908 bricht im Petroleumlager der Basler Lagerhausgesellschaft beim Badischen Bahnhof ein Grossfeuer aus. Die Feuerwehr steht dem Brand machtlos gegenüber: 61 Tonnen Terpentin, 50 Tonnen Petroleum, 8 Tonnen Karbid, 20 Tonnen Farben und unzählige Fass Öle sowie 60 Kisten mit Streichhölzern entwickeln mit dumpfem Knallen eine derartige Hitze, dass selbst die Eisenbahnschienen durchglühen!

21. August

Privatus der Märtyrer

1446

Papst Felix V. trifft zum Konzil in Basel ein und verbleibt bis zum 9. Januar 1447 in der Stadt.

1473

Nachdem es seit mehr als zwei Monaten nicht mehr geregnet hat, tritt eine grosse Dürre ein. Die Felder verdorren dermassen «als ob es Wiehnacht wär». Die einzigen Ka-

Tägliches Avis-Blatt, 20. August 1844

Zur «Besänftigung der revolutionären Unruhen auf der Landschaft» entsendet die Regierung am 21. August 1831 150 Mann der Standeskompanie, zwei Auszügerbataillone, 200 Mann Landwehr, 50 Schützen, 20 Kavalleristen, 50 Kanoniere und 4 Geschütze nach Liestal. Als unter fortwährenden Gefechten die Mauern Liestals erreicht werden und die vom Rat angeordneten Verhandlungen mit den Aufständischen zu keinem Ergebnis führen, marschieren die Basler unter Anwendung von Gewalt ins Städtchen, wo «sie den Freiheitsbaum umhauen und sonst zum Rechten sehen». Nach zweistündigem Aufenthalt treten die Städter mit klingendem Spiel zum Rückzug an. Der Ausmarsch hat ihnen zwei Tote und 27 Verwundete gekostet, den Landschäftlern zehn Tote. Ölgemälde von Jakob Senn.

biköpfe, die es auf dem Markt zu kaufen gibt, kommen aus dem Sundgauerdorf Muespach. «Ihrer zwei kosten so viel wie zwölf Mass Wein.»

1530

Siebenhundert «wohl bekleidete Bürger» unternehmen einen «Freudenzug» nach Liestal und treiben an der Kilbi allerhand Kurzweil. «Es ist auch Dr. Oekolampad uff der Külbi, der uns das göttlich Wort verkündet, domit wir wissen, wie wir die Külbi halten sollen: Nit mit Föllerey, Essen und Drinken oder schandtlicher Üppigkeit, sondern in göttlicher Furcht und brüderlicher Liebe. Amen.» Bei der Rückkunft der Kilbibesucher ziehen bei St. Jakob zwölfhundert junge Burschen «mit ihrem Fenli und ihren Gewehren» auf und bereiten der muntern Schar einen farbenprächtigen Empfang. «Also zerginge die Külbi mit gutem bürgerlichen Fried und Einigkeit und fründlicher Liebe gegeneinander, so dass Unsere Gnädigen Herren grosses Wohlgefallen haben. Gott wöll uns solche Freud nit zu Argem lohnen, sondern uns allzyt syn Fried und Barmhertzigkeit senden.»

1551

Junker Christoph Offenburg, ein übler Zecher, wird mit einer gewissen Magdalena im Ehebruch ertappt, die von ihrem Mann vor acht Tagen auf der Rheinbrücke tüchtig mit Fäusten durchgeprügelt worden ist. Beide werden in Haft gesetzt.

1620

Ein 20jähriger Bauernknecht wird wegen «Diebstahls, Mordthaten, Bestialität, und weil er sich dem Satan ergeben hat», lebendig gerädert und zu Asche verbrannt.

> **Allerhand Nachrichten:**
> 1. Es haben jüngsthin viele Ehren-Leuthe/ wegen grosser Menge der Baad-Gästen in dem neuen Schauenburger Baad/ müssen abgewiesen werden; da sich aber dermahlen wiederum einige Zimmer daselbsten ledig befinden/ als können dieselben nunmehro accommodirt werden; welches ihnen hiemit gantz freundlich notificirt wird.
> 2. Da es nunmehro mit der letzten Classen-Ziehung der 13. Holländischen Generalitäts-Lotterie bald zu Ende gehet/ (davon das Schicksal der hiesigen Herren Interessenten ersten Tagen eintreffen wird) als ist deroselben bereits eine neue/ nemlich die 14. aus 1700000. fl. bestehende und in 6. Classen vertheilte/ nachgesetzet worden/ welche Eingangs Novembris oder Ends Octobris ohnfehlbar angefangen werden solle/ Es ist dieses eine der favorabelsten Holländischen Lotterie so jemahls errichtet worden/ inmassen sich unter 30000. Loosen 19154. Preise/ Prämien und Frey-Preise/ und hiemit fast zwey Drittel Treffer sich befinden/ Das Billet für sämtliche 6. Classen kommet auf 70. Holländische Gulden/ man kan demnach sämtliche Classen auf einmahl oder von Classe zu Classe zahlen. Die weitern Umstände und Conditionen können aus dem Plan (so nebst denen Billets in dem Berichthaus allhier zu haben) mit mehrerem ersehen werden.
> 3. Auf der Strasse gegen Eümeldingen ist vor 8. Tagen von etnem Bauren-Wagen verlohren worden: Ein Bündel/ worinnen vielerley Sachen zusammen gepackt waren; Namentlich/ zwey Weiber-Hemden/ ein Schurz/ unterschiedliche Manns-Halstücher/ Strümpff-Socken/ Schlaff-Kappen/ Handschuhe: Ferner/ ein Kinds-Käpplein mit güldenen Spitzen/ schwartz Unterfutter in ein Manns-Kleid/ Cameelhaar und Faden/ samt andern Kleinigkeiten. Der Finder ersucht solches im Berichthaus grossgünstig niederzulegen/ und dafür eine gute Recompentz anzunehmen. NB. Das weiß Getzeug ist durchgehends mit A. D. H. gezeichnet.

Frag- und Anzeigungs-Blättlein,
21. August 1736

1659

Barbara Laub wird wegen «grosser Hurerey in der Kirche zu St. Leonhard öffentlich vorgestellt und lebenslang von Stadt und Land verwiesen».

1726

Beim Riehentor stratzt der junge Hans Jakob Rumensberger dem Franz Weitnauer eine Rolle Tabak ab dem Wagen. Unterstützt von seinem Sohn, geht der sogenannte Schmutzbeck mit einer Gabel auf den Knecht los und schlägt ihn zu Tode. Die beiden Weitnauer, «so böse Leüt», ergreifen die Flucht, können aber in Strassburg gefasst und wieder in die Stadt gebracht werden: Lebenslange Zuchthausstrafe ist der Lohn für die schändliche Tat.

1735

Es kommen sechs Schiffe mit sechshundert Personen aus dem Bernbiet und Zürichbiet an, die nach Carolina weiterreisen. «Später kommt Bericht, dass niemand gerathen werden kann, in diese amerikanische Colonie zu gehen. Das Land ist gut, aber gantz mit Holz bewachsen. Auch ist die Hitz allda gross. So haben die einen betteln müssen, die andern aber sind in grösster Armut wieder nach Hause zu gehen gezwungen worden, andere aber sind im Elend gestorben.»

1800

Im Haus des Johannes Merian ist «ein Knall zu hören, als ob man einem eine 10fache Pistole hart am Ohr losschösse, worauf sich ein Schwefeldunst einstellt. Es ergibt sich, dass es ins Haus geschlagen hat. Dank der Vorsehung und den vielen Glockendrähten und goldenen Tapetenlisten hat es nicht gezunden. Der Blitz ist nur den Listen nachgefahren und hat das Gold von diesen weggeschmolzen.»

1859

Die nach der Schleifung der Stadtmauern einsetzende rege Bautätigkeit zieht viele junge katholische Handwerker aus Deutschland nach Basel. Zur Erleichterung ihres Aufenthalts in unserer Stadt wird in Anwesenheit des Begründers, Adolph Kolping, der Katholische Gesellenverein Basel ins Leben gerufen.

1879

In Basel wird die erste Frauenarbeitsschule der Schweiz eröffnet.

1886

In der Wirtschaft Madörin an der Zürcherstrasse 160 gründen 25 junge Männer den Turnverein Breite.

1912

Der Gemeinderat von Riehen überlässt dem FC Nordstern zur Benutzung ein Fussballfeld. Infolge «Verarmung» müssen die «Sterne» den «Staldenrain» aber schon nach fünf Jahren wieder verlassen.

22. August

Timotheus und Symphorianus die Märtyrer

1268

Bischof Heinrich erlaubt den Webern (Wollweber) und Leinwettern (Leinenweber), eine Zunft zu bilden und einen Meister samt sechs Vorgesetzten zu erwählen. Sie sollen ihren Altar im Münster haben und diejenigen ausschliessen, die sich am Mass und Gewicht vergehen.

1317

Der Rat gestattet dem Stift von St. Leonhard, einen Viertel des im Holee gefassten Wassers beim Steinernen Kreuz abzuleiten und in ihr Kloster zu führen, sofern ein entsprechender Kostenanteil übernommen wird.

1444

Der Dauphin erreicht mit den Armagnaken Altkirch. Basel ist in höchstem Masse beunruhigt und lässt ihm ein Schreiben überbringen, in welchem Klage geführt wird, dass in den letzten Tagen verschiedene Basler vor der Stadt überfallen, beraubt und fortgeschleppt worden seien. Der Rat wisse nicht, wodurch Basel dieses feindselige Benehmen sollte verschuldet haben und bitte deshalb um unverzügliche Freilassung der Gefangenen. Gleichzeitig schickt die Obrigkeit Henmann Offenburg und Matthis Eberler nach Bern und Solothurn mit dem Notruf um schleunigste Hilfe. Schon andertags «sieht man einen kleinen Reitertrupp sich von der Menge absondern, in die Gegend des Spalentors und näher an die Stadt herankommen. Man schiesst mit Büchsen auf ihn und trifft etliche. Erst später erfährt man, dass der Dauphin selbst in diesem Häuflein gewesen ist».

1516

Die Bevölkerung wird wieder von einem aussergewöhnlich heissen Sommer geplagt, wie man ihn seit 1473 nicht mehr erlebt hat. Dafür ist auf dem Markt schon am Freitag vor Bartholomei (22. August) neuer Wein zu haben. «Kommt von Hadstat uss dem Elsass.»

1532

Nachdem die Geistlichkeit festgestellt hat, dass man «in Italia Schulen findet, darinnen man lernt tanzen, so dass man das Grusen empfangt», verbietet der Rat das Tanzen, weil solches «die göttliche Majestet hoch erzürnt». So ist das Tan-

Das Kader der ersten Mannschaft des FC Basel tritt auf dem Landhof am 22. August 1913 zum ersten Training unter dem ehemaligen Chelsea-Spieler Percy Humphreys an. Der berühmte Engländer, dem die Basler Sportfreunde bald den Spitznamen «Heufritz» anhängen, versteht es, die Spieler zu einer technisch und taktisch hervorragenden Mannschaft zu formen, die zu den besten zu zählen ist, die der Stadtclub je hatte hervorbringen können.

zen fortan nur noch an Hochzeiten erlaubt.

1632

Der Stallknecht zum Schnabel badet im Rhein die drei Pferde der Gastherberge und wird dabei von der Strömung erfasst, so dass er mit den Tieren in den Fluten untergeht.

1691

Der in der Aufruhr gegen die Obrigkeit eine führende Rolle spielende Tuchhändler Hans Ludwig Iselin zum Hasen widersetzt sich dem Befehl des Rats, sich im Aeschenturm einzufinden, und verschanzt sich in seinem Haus. Als der Oberstknecht Iselins Frau auffordert, ihren Mann zur Vernunft zu bringen, schnallt sich diese einen Türkensäbel um, nimmt in jede Hand eine Pistole und schwört hoch und heilig: «So einer meinen Mann in dem Hause antasten soll, will ich ihm von diesen Kugeln eine durch den Kopf schiessen, dass ihm der Rauch und Dampf davon zum Hals ausfährt!» Die Verhaftung Iselins gelingt denn auch erst am andern Tag.

1748

«Als etwas Rares ist zu melden, dass innert drei Wochen, ausser einigen Kindern, nur eine einzige erwachsene Person allhier gestorben und begraben worden ist. Daraus ist zu schliessen, dass wir in Basel Gott sey Danck gute und gesunde Luft haben.»

1751

«Der Flecken Lörrach wird völlig mit Steinen besetzt, da es vorher sehr unsauber zu gehen gewesen ist.»

1754

«Ein 18jähriger Bauernbub aus dem Solothurnerbiet wird, weil er im Engel an der Spalenvorstadt in einem Stall hat wollen mit einer Kuh unchristlich handeln, als ein Sodomit für 6 Jahr auf die Galleeren verschickt.»

1815

Österreichische und schweizerische Truppen bombardieren die Festung Hüningen. Artilleriehauptmann Lukas Preiswerk eröffnet auf Befehl von Erzherzog Johann das Feuer, worauf vierzehn Batterien die Abatucci-Schanze beschiessen und die Munitionskammer in die Luft sprengen. Nach geraumer Zeit erwidern die Franzosen das Feuer, «indem Barbanègre eine Anzahl Bomben nach der Stadt schickt, von welchen eine in der St. Johanns-Vorstadt platzt und einen Knaben tödtet».

1858

Im Alter von 58 Jahren stirbt Christoph Merian-Burckhardt. Der Landjunker zu Brüglingen, der durch die Entsumpfung und Urbanisierung des historischen Schlachtfeldes von St. Jakob eine seiner grössten Leistungen vollbracht hat, ist durch das Erbe seines Vaters von rund zehn Millionen Franken zu einem der reichsten Basler seiner Zeit geworden. Er hat neben der Stiftung der St. Elisabethenkirche am 26. März 1857 sein ganzes Vermögen seiner Vaterstadt vermacht. Merian, der ein zurückgezogenes Leben geführt hat, ist «kein Pestalozzi gewe-

National-Zeitung, 22. August 1912

Zu verkaufen oder zu vermieten
per sofort oder später
Einfamilienhäuser
an der Realpstrasse (Schützenmatte) in verschiedenen Grössen, solid und komfortabel ausgebaut, mit schönen Gärten. Kaufpreis von Fr. 29,000.—, Mietpreis von Fr. 1600.— an. 14427
Alb. Vogt-Hartmann, Baugeschäft.
Auskunft: Bärenfelserstrasse 18, Telephon 3336 und Laupenring 135, I. Stock.

sen, dazu fehlte ihm die pädagogische und schriftstellerische Leistung. Aber er hat das Pfund, das ihm anvertraut war, getreulich verwaltet und auf diese Weise Grosses und Gutes getan».

1898

Als beim Zollposten Lysbüchel ein Bauernhaus in Flammen aufgeht, stellt sich die Frage, weshalb das Hauptzollamt noch kein Telefon besitze, welches in Basel doch seit fünfzehn Jahren bekannt sei. «Die Zolldirektion erklärt dazu, nicht einmal sie besitze eines, man wolle unnötigen Anfragen bewusst aus dem Wege gehen.»

23. August

Archelaus der Märtyrer

1298

Das Kloster der Barfüsser geht in Flammen auf.

1556

Mit grossen Ehren wird in der Kirche zu St. Leonhard der 55jährige David Joris zu Grabe getragen. Er ist unter dem Namen Johann von Brügge 1544 als reicher niederländischer Flüchtling nach Basel gekommen, führte ein vornehmes, untadeliges Leben, bewohnte den Spiesshof und das Binninger Schlösslein

Am Petersgraben mit dem Chor der Predigerkirche und einem Flügel des Spitalgebäudes. Rechts im Hintergrund: Häuser am Totentanz. Aquarell von Johann Jakob Schneider. 23. August 1874.

Mittwochs-Zeitung, 23. August 1768

Basel, den 23. Augstm.

Den 17. dis um den Mittag, überzogen schwarze dichte Wolken unsern Horizont; es war ein starkes Gewitter, und in der Luft liess sich ein fürchterliches Gerassel hören, worauf ein häuffiger Hagel erfolgte, welcher in der Gegend von Pratteln (ein Dorf zwey Stunde von hier) in solcher Grösse fiel, dass auch die älteste Leute sich nicht erinnern, dergleichen gesehen zu haben. Die Schlossen bestunden in verschiednen Stückgen, welche zusamengefroren, und nicht in ein Stück geschmolzen waren; sie hatten die Form eines zusamengedrückten Eyes, und 5. französische Zoll im Umkreis; und doch, da es windstill war, tahten dise schwäre Schlossen in bemeldter Gegend wenig Schaden; da hingegen ein den 2. dis, durch einen starken Wind getriebner Hagel, an den Weinbergen sehr grossen Schaden getahn hat, obgleich die Schlossen nicht grösser, als die kleinste Art Erbsen gewesen.

und erwarb sich solchermassen die Bewunderung der Bürgerschaft. Drei Jahre nach seinem Tod wird er von seinem Schwiegersohn bei der Geistlichkeit denunziert. Joris habe sich für Emanuel, den Propheten der letzten Tage, dem das Königtum im nahen Reich bestimmt sei, gehalten und wäre in Wirklichkeit das Haupt einer täuferischen Sekte gewesen. Es kommt zu einem Ketzerprozess. Und weil das Gerücht, anstelle des «Propheten» sei ein Tierkörper verscharrt worden, denn der einbalsamierte Leichnam von Joris werde in den Niederlanden göttlich verehrt, nicht verstummen will, ordnet der Rat unter Anwendung jüdischer und römischer Gesetze die Exhumierung an. Am 13. Mai 1559 werden die Gebeine «des verdammten Schwärmgeistes und Erzketzers» samt seinem Bild und seinen Schriften auf der Richtstätte in Gegenwart einer riesigen Volksmenge durch den Henker verbrannt.

1568

Der junge Kurfürst von der Pfalz, der sich für längere Zeit in der Stadt aufhält, wird von den Häuptern zu einem grossen Scheibenschiessen der Bürgerschaft auf die Schützenmatte eingeladen, wo zu seinen Ehren dreissig «Stück grobes Geschütz» abgefeuert werden. Drei Tage später bringen die Studenten Ihrer Durchlaucht die Komödie vom verlorenen Sohn zur Aufführung, «dafür ihnen vom Churfürsten 6 Kronen verehrt werden».

1749

Steinhauser, der Schuhmacher, und Johann Jacob Dömmeli, der Student, werden für zwanzig Jahre auf die Galeeren verschickt, weil sie in der Stadt verschiedene Einbrüche verübt haben.

1779

Im hintern Leimental hat «ein Einsiedler eine kleine Hütte mit einer Kapelle erbaut. Er geniesst durch seine Taubeneinfalt, durch die Simplicität seiner Lebensart und durch seine Gutherzigkeit die Achtung der Landleute. Er hat keine Bücher, nur das Brevier. Er resigniert auf alles, was uns an die Welt binden kann, und macht im Winter, wenn alles eingeschneyt ist, Schwefelhölzchen, die er bei besserem Wetter in die Dörfer trägt und Brot und Eyer dafür bekommt».

1815

«Eine in Hüningen abgefeuerte Bombe schlägt in die Schweizer Batterie und zertrümmert den Canonier Johannes Hermann von Biel-Benken mitten von einander, so dass der Kopf auf den Boden rollt. Hindenlang hebt ihn von der Erde auf mit den Worten: ‹Er ist als rechter Soldat fürs Vaterland gestorben› und reicht den Kopf im Kreis der Cameraden herum, damit er von allen geküsst wird. Wenn das Nest (die Festung Hüningen) nur endlich geschleift wird!»

1828

In Offenburg stirbt Franz Xaver von Neveu, der letzte Fürstbischof des durch die Französische Revolution aufgelösten Bistums Basel.

1876

«Die Gerbergässler möchten, da ihre Gasse jetzt hübsch renoviert ist, aus der Gasse eine Gerberstrasse werden lassen.»

1911

Der Regierungsrat beschliesst die Errichtung eines Lehrstuhls für englische Sprache und Literatur an der Universität.

Herzog Albrecht von Österreich belagert mit seinem mächtigen Heer gegen Ende des Konzils von Basel das bewehrte Kleinbasel. Am 24. August 1445 unternehmen die feindseligen Kriegsknechte einen Ausfall auf die Kleinbasler Weiden und treiben eine Viehherde von zweihundert Stück Vieh in ihr grosses Zeltlager. Faksimile aus der Luzerner Bilderchronik des Diebold Schilling.

24. August

Bartholomäus der Apostel

1551

Der Schulherr zu St. Peter, Jakob Gerster, der schon im Jahre 1546 wegen nächtlichen «Fastnachtsverbutzens» von Unseren Gnädigen Herren mit höchster Strenge bestraft worden ist, wird im Ehebruch ertappt «und verdient, in die Fremde gejagt zu werden».

1620

Georg, der Schuhmacher unter der Brotlaube, «ein gottförchtiger Burger zu Basel», geht in Hausgeschäften nach Grenzach und kommt nicht mehr zurück. Erst nach drei Jahren wird das mysteriöse Verschwinden aufgeklärt: Ein Mörder gesteht, dass er den Basler auf dem Grenzacherhorn erschlagen und in den Rhein geworfen hat.

1743

Prinz Karl von Lothringen kommt mit mehreren Generälen zu geheimen Gesprächen mit dem österreichischen Gesandten nach Basel.

1756

«Der markgräfische Flecken Lörrach, anderthalb Stund von Basel, wird aus Anstiftung vom dasigen ambitiösen Residenten auf Befelch Ihro Durchlaucht, des Markgrafen von Baden-Durlach, zuerst geistlich in der Kirche, zweitens mit Salven und militärischer Paradierung und drittens debochierlich mit Essen und Trincken sambt allen beschriebenen Prifilegien solaniter und ceremonialisch zu einer Statt – notabene Stättli – proclamiert.»

1837

Der Bischof von Basel, Joseph Anton Salzmann, erlaubt der Gemeinde Schönenbuch, «unter dem Vorbehalt der landeshoheitlichen Miteinstimmung», in ihrer Kapelle durch einen Geistlichen Gottesdienst zu halten.

1888

Die Korrektion des offenen Birsigs zwischen dem Gasthof «zum Schiff» am Barfüsserplatz und der Post an der Rüdengasse ist fertiggestellt.

1903

Die Ankunft des Schraubendampfers «Justitia» eröffnet in Basel die moderne Rheinschiffahrt. «50 Jahre sind verflossen, seitdem die regelmässige Dampfschiffahrt von und nach Basel aufhörte. Die ‹Adler des Oberrheins› mit ihren im Volksmund ‹Jumpfere Sandryter› genannten, oft auf Kies- oder Sandbänke auflaufenden Raddampfern

Wir offerieren daher unsere sehr grossen Warenlager in

Herren- und Knaben-Konfektion sowie Damen- und Mädchen-Konfektion

jetzt zu so enorm billigen Preisen, dass es selbst bei momentanem Nichtbedarf lohnend ist, diese seltene Gelegenheit zu profitieren. Unter andern offerieren:

Herren-Anzüge, solide Qualitäten	Fr. 18, 27, 33	Damen-Jackenkleider in diversen Formen	Fr. 18, 25 und 35
Hosen, gute Stoffe und Dessins	Fr. 7, 9, 12	Damen-Taillenkleider, helle und dunkle Genres, zu kaum halben Preisen	
Ueberzieher aus Fantasiestoffen	Fr. 19 und 25	Damen-Waschkleider, geeignet als Hauskleider	Fr. 7, 10 und 15
Knabenanzüge und -Blusen aus Wasch- und Wollstoffen, enorm billig		Wasch-Morgenröcke Fr. 5 und 9, Woll-Morgenröcke Fr. 12 und 18	
Alpaca-Vestons, Waschanzüge, enorm billig		Weisse Leinen- und Batist-Costüme zu halben Preisen	
Piqué-Gilets à Fr. 3 und 5		Weisse und farbige Waschblusen zu halben Preisen	
Flanell-Anzüge, hell und dunkel, enorm billig		Kinder-Wasch- und Wollkleider, enorm billig	12006

☛ sowie viele andere Artikel ganz enorm billig. ☚

Basler Nachrichten, 24. August 1907

hatten 1843 den Schiffahrtsdienst eingestellt. Seit Anfang der 1880er Jahre probeweise ein kleiner Dampfer zwischen der Breite und dem Wiesenausfluss fuhr, hat Basel kein Dampfboot mehr gesehen.»

25. August

Ludwig von Frankreich der König

1274

Bischof Heinrich von Neuenburg ermässigt den Bürgern Kleinbasels, die beim Bauen und Befestigen der Stadt grosse Kosten gehabt haben, das Gewerf (die Steuern) auf vierzig Pfund.

1445

Eine Schar österreichischer Reisiger zieht vor dem zwischen Kandern und Schliengen gelegenen Schloss Liel auf, das dem Basler Bürger Niklaus von Baden gehört. Die baselische Besatzung von zehn Söldnern wird durch Drohungen eingeschüchtert, worauf sie die Burg gegen freien Abzug verlässt. Dann wird die Veste von den Schergen Herzog Albrechts geplündert und ausgebrannt.

1483

Die Tagsatzung zu Baden beschliesst, es sei im Streit der Predigermönche zu Basel mit dem Frauenkloster Klingental daselbst den Mönchen die «Vyten zu lesen».

1487

Die Tagsatzung zu Bern verurteilt den am 21. Mai erfolgten Zug der Solothurner gegen das Schloss Münchenstein. Den Baslern, denen das Schloss auch weiterhin zustehe, soll das Geraubte samt Schadenersatz erstattet werden.

1642

«Durch eine Synode wird erkannt, dass inskünftig bey dem heiligen Abendmahl anstatt der weissen kleinen Hostien gemeines Hausbrot gebrauchet werden soll, das bei der Austheilung zu brechen ist. Item, dass auf dem Land bei Haltung des heiligen Abendmahls neben dem Diener des göttlichen Worts ein ehrlicher und redlicher Mann das Trinckgeschirr halten soll.»

1645

Im Gasthof «zum Wildenmann» wird eine Missgeburt gezeigt. «Es ist eine Manns Person von Genua. Diese hat 2 Leib, 4 Arm, 3 Füss und 2 Köpf. Der 27jährige nimmt Speis für alle beide zu sich. Er heisst Lazarus Colloredo.»

1761

Rudolf Merk zum Drachen an der Aeschenvorstadt wird von einem jähen Tod ereilt. «Ist ein schöner, junger und solider Mann von gutem Verstand gewesen.»

1766

Als im Kreuzgang des Münsters ein neues Grab geschaufelt wird, stossen die Totengräber auf einen kunstvoll bearbeiteten Steinsarg mit einem «vollkommenen Sceledon». Während die Gebeine wieder dem Boden übergeben werden, wird der Steinsarg in einem Gemach zur Besichtigung aufgestellt, was vorab ängstliche Frauen als etwas Ungutes ansehen. «Durch eine Untersuchung in den Archiven wird zu erfahren sein, ob der Tote ein vornehmer, catholischer, einbalsamierter geistlicher Criticus gewesen ist, der vor vielen 100 Jahren im Münster begraben worden ist.»

1841

Die Regierung erlaubt dem Bischof von Basel, in der Stadt das Sakrament der Firmung zu spenden, unter der Voraussetzung, «dass das Geläute und jede öffentliche Ceremonie ausserhalb des den Katholiken eingerichteten Gebäudes unterlassen wird».

1898

«Wie in Pratteln die Landpreise steigen, zeigt nachstehender Fall: Am 20. Februar 1896 ist ein Stück Land von 58 Ar um Fr. 6000.– erkauft und am 21. Juli zu Fr. 12 900.– verkauft worden. Bereits zwei Tage später wechselte es für Fr. 21 250.– die Hand. Und heute, am 25. August 1898, wird die Hälfte des Landes für eine deutsche Firma zum Preis von Fr. 15 400.– gefertigt.»

1900

In Weimar stirbt im 56. Lebensjahr Friedrich Nietzsche. Als «Abgott der ganzen jungen Philologenwelt» 1869 nach Basel als Ordinarius für griechische Sprache und Literatur an die Universität berufen, entfaltete der stets mit dandyhafter Eleganz gekleidete Professor, «feurig, elastisch, selbstbewusst wie ein junger Löwe», eine faszinierende Lehrtätigkeit. Sein philosophisches Gedankengut aber erweckte wegen seiner Angriffe gegen Religion und Christentum, mit denen er in sei-

Zur Erinnerung an den populären Basler Dichterpfarrer Friedrich Oser (1820–1891), der von 1885 bis zu seinem Tode als Pfarrer von Benken gewirkt hat, wird am 25. August 1907 auf «Kannitz», im Wald über den Reben in Benken, das Oserdenkmal eingeweiht. «Musiklehrer Nordmann aus Basel hat es erstellen lassen. Es ist ein in einem Bau von Natursteinen eingelassenes Kopfbild, das Herr Ursprung aus Basel aus einer neuen zementartigen Masse, die sehr haltbar sein soll, hergestellt hat. So schaut nun der Dichter Friedrich Oser aus den Waldbäumen hervor, gerade auf die Kirche und das Pfarrhaus hinunter. Herr Nordmann hat schon vor mehreren Jahren den ganzen Waldkomplex dort gekauft und ihn zu einer Art Park herrichten lassen, wo sich der schwärmerische Naturfreund oft aufhält.»

nem letzten in den Basler Jahren entstandenen Buch «Menschliches, Allzumenschliches» ganz unverhüllt hervortrat, auch den Unwillen der konservativen Bürgerschaft. Seines Lehramts müde und von Kopf- und Augenbeschwerden geplagt, verliess Nietzsche 1879 Basel. Durch ein Ruhegehalt seiner materiellen Sorgen enthoben, blieb der grosse Denker unserer Stadt zeitlebens eng verbunden.

1901

Mit einem Extrazug der Gotthardbahn trifft der von fünfzig Personen begleitete Bruder des Kaisers von China, Prinz Tschun, in Basel ein und bezieht im Hotel Drei Könige für acht Tage Quartier. Er ist auf dem Weg, den deutschen Kaiser um Entschuldigung für die Ermordung des deutschen Gesandten in China zu bitten.

1909

Auf Wunsch des Verkehrsvereins, der eine Höchstgeschwindigkeit von 10 Stundenkilometern beantragt, lässt der Gemeinderat Riehen Strassentafeln mit der Aufschrift «Autos langsam fahren» aufstellen.

26. August

Severinus der Abt

1474

Unter dem Befehl von Heinrich Iselin ziehen vierhundert Mann nach Tattenried (Delle), wo sie sich während rund vier Wochen durch allerlei Scharmützel in burgundisches Pfandschaftsland bemerkbar machen, Basel aber wenig Ruhm einbringen.

1681

Die Franzosen weihen mit grossem Stolz die Festung Hüningen ein. Diese ist trotz heftiger Proteste seitens Basels und der Eidgenossenschaft erbaut worden. Denn Basel, so liess Paris verlauten, stünden durch die Veste zahlreiche Vorteile ins Haus, und der König könne auf seinem Grund und Boden ohnehin bauen, was ihm notwendig erscheine. «So hat die Stadt während der nächsten 118 Jahre diese verdammte Brille vor der Nase.»

1755

Der französische Ambassador de Chavigny trifft in Hüningen ein. Er wird vom Rat anderntags zu einem Bankett eingeladen und bei seiner Ankunft in Basel mit drei aus vierundzwanzig Kanonen abgefeuerten Salven begrüsst. «So ändern sich die Zeiten...»

1759

«In Basel muss man sich zum heiligen Abendmahl im voraus anmelden. Es wird in vier Kirchen ausgeteilt, so dass jeden Sonntag eine an die Reihe kommt. In den andern Kirchen wird aber nie kommuniziert, sondern die Leute hören nur die Predigt an.»

1775

«Der verstorbene Friedrich Burckhardt zum Wolf hatte seinen Verwandten zum Trotz eine Hornerin

Kantons-Mittheilungen,
25. August 1849

Am 26. August.

Ha! welch ein Jauchzen, welch ein fröhlich Leben!
Wie blitzt die Sonne auf den Wiesenplan!
Wie grünt es rings, wie schwellen schon die Reben!
Wie strebt so stolz die Pappel himmelan!
Wie rauscht der Fluß in Mitten grüner Hecken
Und brüstet sich in hellem Silberkleid!
Wie stolz sich ringsumher die Berge recken
Und niederschaun auf diese Fröhlichkeit!

Ist dies Sanct-Jakob? Wölbt an dieser Stätte
Sich unsrer Väter ruhmvoll Heldengrab?
Und dies die Birs, die einst in ihrem Bette
Ein Blutstrom schoß zum grünen Rhein hinab?
Geschah das Wunder einst an diesem Berge,
Daß rastlos man die edle Rebenärt
Behieb und stach in einem Tagewerke
Und Abends schon der Wein gekeltert ward?

Wohl hör' ich sie in siegestrunknem Muthe
Der weisen Führer Warnung überschrein
Und wie sie lechzend nach dem Frankenblute
Ein Bergsturz tosen in die Fluth hinein.
Doch weh! die gähnenden Geschütze knallen,
Manch Einen stürzt die Eisenkugel hin,
Und durch den Rauch seh' ich Helmbüsche wallen
Und Panzerreiter in dem Flusse drin.

«David Joris, der Prophet, wird am 26. August 1556 bey St. Leonhard im hintern Kreutzgang begraben.»

geheiratet, welche eine artige, wohlgewachsene Person gewesen ist. Ihr wollte der alte Geck beständig Liebkosungen erweisen, wurde aber theils Alters, theils Unvermögens halber davon abgehalten. Durch diesen beständigen Reitz ohne Nachdruck wurde die Frau in beständige hitzige Aufwallungen gesetzt, weshalb beyde Sachen begingen, die sich nicht vor aller Ohren erzehlen lassen.»

1816

Die Evangelische Missionsgesellschaft eröffnet im Haus «zum Panthier» an der Rittergasse 22 das erste Basler Missionshaus, in welchem jeweils «10 bis 15 fromme Männer oder Jünglinge in einfach praktischer Weise für den Missionsberuf ausgebildet werden sollen». Bis 1882 verlassen gegen 750 Heidenmissionare die Ausbildungsstätte der Basler Mission in Richtung Russland, Nordamerika, Brasilien und Australien.

1827

«Auch in diesem Jahr wird der 26. August von den Baslern auf dem Schlachtfeld gefeiert, das durch schweizerische Tapferkeit und Todesverachtung von den Vätern zum heiligen Orte für die Enkel geweiht worden ist. Nach dem Abendgottesdienst verfügt sich der Zug vom Aeschenthor zum Monumente, auf dessen Stufen der vom hiesigen Zofingerverein zum Redner erwählte Herr Rumpf eine Rede hält, die von zweckmässigen Gesängen begleitet ist. Dann ziehen die Versammelten nach der Ebene von St. Jakob, wo zu einem frugalen Mahl in der aufgeschlagenen Hütte sich eine noch grössere Zahl sammelt. Der sinnige Spruch des Herrn Stadtpräsidenten Bischoff wird mit der Wärme erwidert, mit welcher er ausgesprochen worden ist. Je heiterer das Mahl wird, desto klarer tritt die Bedeutung des vaterländischen Festes hervor.»

1833

«In Betrachtung, dass die neuesten Ereignisse im Kanton Basel eine Wiedervereinigung beider Landesteile in nächster Zukunft als unausführbar erscheinen lassen», fasst die Eidgenössische Tagsatzung den definitiven Trennungsbeschluss. Dieser hält u.a. fest: «Der Kanton Basel wird in seinem Verhältnis zum Bunde wie bis anhin einen einzigen Staatskörper bilden, in bezug auf die öffentliche Verwaltung hingegen, jedoch unter Vorbehalt freiwilliger Wiedervereinigung, in zwei besondere Gemeinwesen geteilt. Der eine Landesteil besteht aus der Stadt Basel, mit Inbegriff eines Stadtbanns und den am rechten Rheinufer gelegenen Gemeinden des Kantons. Er wird sich Kanton Basel, Stadtteil nennen. Der andere Landesteil besteht aus dem gesamten übrigen Gebiete des Kantons Basel, mit der Bezeichnung: Kanton Basel-Landschaft.»

1839

Die Vereinigung zur Errichtung einer Schule für Schwachsinnige bringt neunhundert Franken zur Verwirklichung ihres Zieles auf. So kann gegen Jahresende an der Unteren Rebgasse 4 eine Schulstube für zwanzig Kinder bezogen werden. «Es ist eine Freude für ein Menschenherz zu sehen, wie die Ärmsten unter den Armen dem Unterricht von Lehrer Niklaus Hasler folgen.»

1855

Die Cholera erfasst die Bewohner der Rheingasse: Aus den Häusern zwischen dem Reverenzgässlein und dem Lindenberg müssen zehn Kranke ins Choleraspital evakuiert werden. «Nach amtlicher Aussage sind deren Wohnungen mehr jämmerliche Löcher als menschliche Behausungen. Zum Unglück ist an diesem schwülen Tag auch noch der Teich abgestellt worden, der das die Rheingasse durchfliessende Bächlein speist, in welches die Bewohner all ihren Unrat zu werfen pflegen. Jetzt liegt zu ihrem Ekel und Abscheu der Inhalt der Nachtgeschirre und sonstiger Kot in der trockenen Rinne!»

1872

Das neue, von Bildhauer Ferdinand Schlöth im Auftrag des Kunstvereins geschaffene St.-Jakobs-Denkmal wird festlich eingeweiht: Ein von den Zünften formierter historischer Zug zieht mit fünftausend Teilnehmern vom Klingental durch die farbenprächtig dekorierte Stadt zum Münsterplatz, wo eine kurze Andacht gehalten und das Vaterunser gebetet wird. Dann bewegt sich der Festzug durch die neue St.-Jakobs-Strasse zum Denkmal, das unter vieltausendfachem Beifall enthüllt wird. Nach vaterländischen Gesängen und der Festrede von Bundesrat Ceresole, «breitet sich auf der schönen alten Wiese ein fröhliches Volksleben aus. Bei Einbruch der Dämmerung werden auf einer Bühne unter bengalischem Feuer in drei Bildern die bedeutendsten Scenen der Schlacht dargestellt. Dann zieht der Zug nach dem Petersplatz, wo mehrere hundert Tische gedeckt sind. Unter dem Dach alter Bäume und bei strahlenden Lampen und rauschender Musik bildet ein Abendessen den Schluss der Feier.»

1898

«Auf der alten Rheinbrücke bildet sich ein seltsamer Anblick: Milliarden von Mücken fliegen in dichten Schwärmen durch die Luft.»

Bei Pratteln stösst am 26. August 1444 der vom eidgenössischen Heer, das die Farnsburg belagert, zur Rekognoszierung abgesandte Spähtrupp von etwa 1600 Mann auf die vorderste Linie der Armagnaken. Die Eidgenossen drängen die zuchtlose Söldnerschar, welche seit einigen Jahren verwüstend und raubend die Gegend unsicher macht, nach Muttenz zurück und stürmen dann siegestrunken, entgegen der ausdrücklichen militärischen Weisung, nicht über die Birs zu gehen, weiter bis auf das Gundeldinger Feld. Dort aber zwingt die vom Dauphin geführte Hauptmacht der 30000 Armagnaken zum Rückzug bis zum Siechenhaus von St. Jakob an der Birs. Hinter den Friedhofmauern Schutz suchend, wälzt sich der Gewalthaufen Österreichs und Frankreichs über die wenigen noch lebenden Schweizer Landsknechte. «Wie wilde Tiere im brennenden Käfig wüten sie, ums blutrote Schweizerpanner geschart. Ein immerwährendes Aufblitzen der Schwerter und das Krachen der Knüttel kommt aus ihrem Haufen, als wären sie ein eingeschlossenes Donnerwetter. Schwerverwundete reissen sich die Pfeile aus dem Leib und schlagen sie dem Feind ins Gesicht. Noch im Sterben verbeissen sie sich in den Gegner. Niemand bettelt ums Leben, alle wehren sich stumm und verzweifelt bis zum letzten Atemzug, bis endlich alles nur noch ein blutiger Haufen toter und sterbender Helden ist.» Die ausgezogene Basler Truppe vermochte keine Hilfe zu leisten; sie muss unverrichteter Dinge wieder in die Stadt ziehen. Durch den auch für den Sieger verlustreichen Ausgang der Schlacht aber unterbleiben fortan Angriffe der Grossmächte gegen Basel und die Eidgenossen. Faksimile aus Tschachtlans Bilderchronik.

1910

Am heutigen Blumentag verkaufen Mädchen zugunsten eines Ferienheims in der ganzen Stadt rote und weisse Blumen. «Diese Art der Geldbeschaffung» regt das Fasnachts-Comité zum Verkauf eines Metallabzeichens im folgenden Jahr an, der späteren Fasnachtsplakette.

27. August

Rufinus von Capua der Märtyrer

1444

Am Tag nach der Schlacht von St. Jakob erlaubt der Dauphin Basel, die erschlagenen Eidgenossen zu begraben und die Verwundeten, die noch durch Verpflegung gerettet werden können, vom Schlachtfeld wegzutragen. So ziehen, angeführt von einigen Herren des Rats und den Mönchen zu Barfüssern, Augustinern und Predigern, gegen vierhundert Bürger mit Stosskarren auf die Walstatt und erfüllen die traurige Ehrenpflicht. Während die gefallenen Eidgenossen zu St. Jakob geweihter Erde übergeben werden, führt man die toten Basler zur Beerdigung in die Stadt.

1461

Andreas Bischoff von Schlettstadt, der Krämer, wird ins Bürgerrecht aufgenommen.

1532

Der Rat verbietet durch eine Verordnung das Messhören ausserhalb des Basler Gebiets. Wer anderswo zur Messe geht, hat eine Geldstrafe zu gewärtigen. Wer auch noch nach der vierten Busse das Verbot übertritt, wird von Stadt und Land verwiesen.

1534

Gegen 470 Leibeigene im Fricktal, die kleinen Gerichte in Frick und den dritten Teil des Burgstalls von alt Homburg tritt die Herrschaft Österreich Basel die hohe Herrlichkeit im Gebiete der Dörfer Oltingen, Anwil, Rothenfluh und Giebenach sowie 70 Leibeigene ab.

1595

Pfarrer Jakob Christoph Ritter in Lie-

Am 27. August 1905 führt eine Abteilung Dragoner des dritten badischen Dragonerregiments eine Schwimmübung im Rhein unterhalb Basels durch. Dabei gilt es, fünf Eskradone (Schwadrone) in zweieinhalb Stunden mit je 100 Mann und 100 Pferden über das Wasser zu setzen. «An die Übung schliesst sich ein Bivouak auf dem elsässischen Ufer an, bei welchem das Trompeterkorps seine lustigen Weisen ertönen lässt.» Im Hintergrund ist die Eisenbahnbrücke Leopoldshöhe-Hüningen zu sehen (1878–1937).

stal klagt der Obrigkeit, es sei unmöglich, auch noch in der Schule unterrichten zu müssen. «Denn damit liegt dem armen Lütpriester, der mit seiner grossen Kilchöre gnueg zu schaffen hat, eine grosse Burde uff dem Hals, besonders wenn der Schuolmeister nit schryben kann, des Gesangs ungeüebet und verdrüssig ist und lieber drei Predigt thun will, weder einmal Vorzesingen oder ein Stund Schuol zehalten.»

1624

Wegen des Einfalls von Tillys gefährlichen bayerischen Truppen in die badische Nachbarschaft rekrutiert die Obrigkeit auf der Landschaft dreihundert Musquetiers und lässt zur Sicherheit der Stadt im Kleinbasel «das Törlein unterhalb der Bruck bey der Schleife und die zwey mittleren zur Haeren vermauern».

Baslerische Mittheilungen,
27. August 1827

1653

«Ist morgen früh während einer ganzen Stund in der Luft ein grausames Getöss, Sausen und Brausen zu hören.»

1654

«Michel Tremblay, ein Studiosus aus Genf, schiesst mit einer Pistole aus einem Haus an der Augustinergasse über den Rhein in die Stube Meister Göebelins. Der Schuss geht dem 9jährigen Söhnlein, das an einem Tisch sitzt, durch das Hirn und führt zu dessen Tod. Der Thäter und sein Gespan werden zwar gefänglich eingezogen, aber ohne Entgelt wieder freigelassen.»

1739

Der Gastwirt «zu den drei Königen», Johann Christoph Im Hof, legt sein erstes «Wirthsbuch» an und vermerkt auf dem Titelblatt: «Dem grossen Gott sey Lob und Dank gesagt für Alles Gute, so ich bis dahin empfangen hab. Insonders, dass mich kein gross Unglück getroffen und ich vor bösen Schulden behüetet worden.» Als erster Gast wird der Graf von Leiningen und Hardtenburg eingetragen, der mit seinem Hofmeister Ebel und zwei Bedienten im Drei Könige abgestiegen ist.

1755

Während des Tanzens sinkt auf der Zurzacher Messe der junge Kürschner Niklaus Geymüller «aus grosser Unpässlichkeit zu Boden und stirbt plötzlich». Er wird unter Anteilnahme vieler Marktbesucher daselbst begraben.

28. August

Augustinus der Kirchenvater

1444

Das österreichisch gesinnte Zürich bezeugt durch das Läuten aller Kirchenglocken seine Freude über den Ausgang der Schlacht von St. Jakob. Und den Eidgenossen wird über die Stadtmauern zugerufen: «Gond gen Basel und salzend das Fleisch und reichend es den Eueren, die erschlagen sind!»

Intelligenzblatt, 28. August 1852

Anzahl Hunde 1826.	Abgabe zahlende.	Nicht zahlende.
Im Bezirk Basel	234	146
» » Waldenburg	13	118
» » Sissach	35	124
» » Liestal	33	105
» » unter Liestal	45	86
» » Birseck	17	48
Total	377	627
In Summa also		1004

Im Jahr 1825 fanden sich 946.
S. Mittheil. des vorigen Jahres S. 167.

Kirchweihfest in St. Louis.

Es wird hiemit E. E. Publikum zur Kenntniß gebracht, daß das Kirchweihfest in St. Louis an folgenden Tagen abgehalten wird:

Sonntag den 29. und Montag den 30. August, Donnerstag den 2., Sonntag den 5. und Montag den 6. September.

Die Tanzbelustigungen finden wie gewohnt im Freien statt und zwar unten an dem Storchen, wie folgt:

An den beiden Sonntagen, Nachmittags von 2 Uhr bis 7 Uhr und Abends wieder von 8 Uhr bis Mitternacht.

An den beiden Montagen und am Donnerstag, Abends um 7 Uhr.

Für eine vortreffliche Musik, gute Beleuchtung, billige Bedienung haben die Unternehmer bestens gesorgt und laden daher ein zu recht zahlreicher Theilnahme höflichst ein. [6547]

St. Louis den 26. August 1852. Die Fest-Commission.

«Der Einzug des Belagerungs-Corps unter Anführung Sr. k. Hochheit Erzherzog Johann von Österreich in Hüningen den 28. August 1815. Nach der Natur gezeichnet und geäzt von Samuel Frey.» Nachdem die französische Besatzung die Festung verlassen und auf der Strasse nach St.-Louis das Gewehr gestreckt hat, hält der österreichische Befehlshaber an der Spitze von 6000 Soldaten triumphalen Einzug im schrecklich verwüsteten Hüningen. Tags darauf wird die glückliche Beendigung der Belagerung festlich begangen: Erzherzog Johann inspiziert die auf dem Feld bei Blotzheim aufmarschierten Truppen, unter denen sich auch Schweizer Einheiten befinden. Der Präsentation der Waffen schliesst sich ein feierliches Hochamt mit dem allgemeinen Gesang des Te Deum laudamus an, worauf die Soldaten mit Braten, Würsten und Wein verpflegt werden. «Die Bewirthung der eidgenössischen Truppen geschieht auf Kosten Basels. Es ist kein schlechter Tropfen Eilfer, der ausgeschenkt wird, kommt der Saum doch auf 60 alte Franken zu stehen.»

1462

Die Nachlässigkeit zweier Schiffleute verursacht bei Rheinfelden eine schwere Katastrophe, die gegen sechzig Menschen, meist niederdeutschen Pilgern und fahrenden Scholaren, das Leben kostet. Unter den Ertrunkenen aber befindet sich auch der Abt von Wettingen, der nach Basel fahren wollte: Er ist nach dem Schiffsuntergang mit zehn Gefährten noch bis nach Augst geschwommen, wo zwei Fischer sich auch gegen eine Belohnung von sechzig Gulden weigerten, die Schiffbrüchigen in ihrem Kahn aufzunehmen! Basel hat unter den Ertrunkenen den Kaplan zu St. Peter, den Leutpriester von Muttenz und Junker Peter Offenburgs Frau samt Kind zu beklagen. Auch der Verlust des grossen Kaufmannsschatzes von Niklaus Gottschalck wiegt schwer. Der überlebende Steuermann, Welti Sassinger, wird wegen seiner grossen Fahrlässigkeit in die Verbannung geschickt. Als er nach elf Jahren beim Einzug von Kaiser Friedrich sich gnadebittend dem Gefolge der Geächteten anschliesst, versagt ihm die Obrigkeit jedes Erbarmen und verweist ihn nach wenigen Tagen neuerdings aus der Stadt, so dass er seinen Lebensabend, fern von seiner ganzen Familie, in fremden Landen verbringen muss.

1580

Das Standbild Kaiser Rudolfs von Habsburg im Seidenhof am Blumenrain, das (irrtümlich) als authentisches Bild des in Basel lange Jahre als Wohltäter verehrten Imperators angesehen wird, ist auf Wunsch des kaiserlichen Hofs durch Vermittlung Basilius Amerbachs vom berühmten Maler Hans Bock kopiert worden und wird Isaac Lichtenhahn zur Spedition nach Wien anvertraut.

1763

Seidenfärber Leonhard Lotz verreist gesund und frisch zu einer vergnüg-

Der Kleine Rat behandelt am 29. August 1705 «die Relation der Verordneten am Bauw Ambt betreffend den Brunnen oben an dem Todtengässlein». Wegen der vorgebrachten Bedenken wird den Anwohnern fortan verboten, «das Wasser dieses Brunnens durch einen Känell in Büttenen zum Bauchen (Waschen) abzuleiten, so lang der Fischmarckt-Brunnen von diesem Brunnen gespeiset wird». Obwohl der 1789 in eine Nische beim Petersstift versetzte Stiftgassebrunnen, dessen Sudeltröglein besonders vom Nadelberg her zugänglich ist, 1915 unter Denkmalschutz gestellt wird, muss er 1927 dem Neubau der Petersschule weichen. Aquarell von Johann Jakob Schneider. 1886.

lichen Badereise nach Hauingen. Dort aber wird er von heftigen «Steinschmerzen» geplagt, sodass er unverzüglich wieder nach Basel gebracht werden muss. Trotz aller ärztlicher Hilfe verstirbt er in seinem 48. Lebensjahr. «Ist ein schöner, dicker, lustiger und anjetzo guter Haushalter, aber vor Zeiten ein leichter Weltmann gewesen.»

1799

In Lörrach werden zwei Franzosen «wegen üblem Verhalten» erschossen. In Basel dagegen «gewöhnt sich der Geistliche der Catholischen an, sich vieler Freyheiten zu bedienen». So weigert er sich, einem französischen Ehepaar die Kommunion auszuteilen, weil es nicht nach der Ordnung der heiligen römischen Kirche getraut worden sei. «Der Fremde verwundert sich, an einem Orte, der mit der grossen Nation in Verbindung steht, dergleichen zu hören ist und beschwert sich bey der gehörigen Behörde, worauf an dieses Geistlichen Stelle ein anderer hierher kommt.»

1860

Mit grosser Festlichkeit weihen die Drei Kleinbasler Ehrengesellschaften den Erweiterungsbau des Café Spitz, den sogenannten Merianflügel, ein. Das «bleibende Denkmal des Gemeinsinns der Kleinbasler Bürger», das 237 500 Franken gekostet hat, ist nur dank eines Darlehens von Fr. 110 000.– durch die Witwe Christoph Merians möglich geworden.

1886

Heute ist ein Unglückstag: Ein 20jähriger Arbeiter der Birsigkorrektion ertrinkt im Rhein, ein vierjähriges Kind im Riehenteich, ein 14jähriger Knabe bei der Schlachtanstalt ebenfalls im Rhein, und eine im Spalenhof dienende Magd erliegt einem von ihr entfachten Hausbrand.

1901

Der Neubau des Gasthofs «zum schwarzen Bären» an der Aeschenvorstadt 67 stürzt plötzlich ein und verschüttet dreizehn Personen, von denen sieben getötet werden. Die Aeschenvorstadt muss für mehrere Tage gesperrt werden.

29. August

Adolfus von Metz der Bischof

1528

Eucharius und Katharina Rieher verkaufen dem Hans Holbein «Hus und Hofstatt, das in der Vorstatt ze Crütz (St. Johanns-Vorstadt 22) an der Siten des Ryns, zwüschen Mei-

Basler Vorwärts, 29. August 1897

Der Leonhardskirchplatz mit dem Känzeli und der Lohnhoftreppe. In der Mitte das Pförtnerhaus mit dem Eingangstor zum ehemaligen Kloster St. Leonhard und nunmaligen Lohnhof, der seit dem Jahre 1835 als Strafanstalt Verwendung findet. Aquarell von Johann Jakob Schneider. 30. August 1874.

ster Hans Froben, des Truckerherrn seligen, und Ulin von Rinach, des Vischers, Hüser gelegen ist, um 250 Gulden in Müntz».

1658

Balthasar Graf, ein wohlhabender Bürger, wird wegen «vielen Unzüchten von vier Musquetiers us synem Gut Wäncken geholt, gefänglich gesetzt und nach Candian (Kreta) uff die Galleeren verschickt».

1720

«Drei Sechser (Vorgesetzte einer Zunft) werden während ihrer Amtszeit durch andere ersetzt: Erstens Sebastian Freyburger zu Kürschnern. Dieser muss sein Amt abgeben, weil er ein gottloses Hurenleben geführt hat und deswegen zu armen Tagen gekommen ist. Zweitens Hans Jakob Wild zum Himmel. Er hat als der reichste Glaser der Stadt gegolten. Sein wenig begabter Sohn, von dem sich die Eltern ungemein blenden liessen, musste unbedingt das vornehme Hosenlismer-Handwerk erlernen. Dabei hat er sich so ungeschickt verhalten, dass die ganze Familie an den Bettelstab gekommen ist. Und drittens Hieronymus Linder zu Gerbern, der ebenfalls verarmt ist.»

1745

Zu Lörrach wird ein 19jähriger Hirtenbub enthauptet und verbrannt, «weil er Sodomiterei mit einem Schaf getrieben hat und deshalb den verdienten Lohn empfangen hat müssen».

1748

Im Doktorsaal des Münsters hält der gelehrte Professor Johann Jacob Spreng (1699–1768), erster Titular einer germanistischen Professur an der Universität, zum Gedächtnis an die Schlacht von St. Jakob eine Gedenkrede und führt dabei aus: Die 1200 eidgenössischen Helden haben über 60 000 Franzosen, Engländer und Deutsche einen doppelten Sieg errungen, ohne einen einzigen Mann verloren zu haben. «Dies hat er Unseren Gnädigen Herren Häuptern, Deputaten, Rathsherren, Pfarrherren, Doctores und Professores wie auch vielen vornehmen, fremden und hiesigen Herren rühmlich expliziert» …

1897

Im obern Saal des Stadtcasinos beginnt unter dem Vorsitz des Wieners Dr. Theodor Herzl der dreitägige Kongress der Zionisten. «Dieser ist eine Zusammenkunft solcher Juden, die die Rückkehr des Volkes Israel aus der Diaspora nach dem Gelobten Land und eine neue Belebung des nationalen jüdischen Gedankens anstreben.» Der Kongress, zu welchem aus allen Teilen Europas Teilnehmer angereist sind, bringt kein greifbares Resultat, doch wird sichtbar, dass das Interesse an der zionistischen Bewegung von weitesten Kreisen massgebender Juden getragen wird.

30. August

Felix und Adauctus die Märtyrer

1520

Hans Staehelin, «der rote Seiler aus Rüdlingen», wird zu einem Bürger angenommen.

1545

Im Dorf Bettingen trägt sich ein furchtbarer Raubmord zu: Es ist Sonntag. Der Bauer Heini Meyer hat die eine seiner Töchter samt seiner Frau zur Kirche geschickt und begleitet die andere Tochter bis zum Berg. Als der Vater heimkommt, wird er vom Tüllinger Hans Otliker aus dem Hinterhalt überfallen und mit einem Karst so schrecklich am Kopf verletzt, dass ihm das Hirn ausfliesst. Nun versucht der Mörder, mit demselben Werkzeug die Truhe zu öffnen, was ihm aber nicht gelingt. So springt er ohne Beute zum Fenster hinaus, das Gesicht mit einem Weiberrock verhüllt, und eilt dem Rebberg zu. Dabei wird er von zwei Dorfwächtern beobachtet, die ihm sogleich nachsetzen, doch ohne Erfolg. Gegen Abend aber wird der Rohling, als er die Rheinfähre bei Bertlingen nehmen will, von den beiden Dorfwächtern erkannt, überwältigt und ins nahe Dorf Grenzach geschleppt. Obwohl

IOHANN. IACOB. GRYNÆUS. THEOL: CEL:
ECCL: BASILEENS: ANTISTES. IIII^{us}
Hac fuerat semper tua magne GRINÆE voluntas
Vivere da recte, da bene Christe mori.
En tibi larga Dei bonitas concessit utrumque
Nam vixti sancte, mortuus esq; pie.
IOH: GEORG: GROSSIUS

Johann Jacob Grynäus, Oberstpfarrer,
†30. August 1617

er an den Ohren und am Hemd mit dem Blut des Ermordeten bespritzt ist, leugnet Otliker die Tat ab, was ihn aber nicht vor der Überführung nach Schloss Rötteln bewahrt. Dort gibt der Verhaftete nur zu, vor zwei Jahren mit einer Sichel einen Mann im Dorf Wyhlen erstochen zu haben. Es entwickelt sich nun zwischen Basel und dem Landvogt von Rötteln ein peinlicher Streit, weil dieser den Mörder auch nach langer Zeit nicht der verdienten Bestrafung zuführt.

1575

«Es werden Philipp Kühner und sein Gesell zum Tod gerichtet. Es ist Dienstag, und solches ist an diesem Tag noch nie geschehen.»

1578

Der Rat stellt den Brüdern Hans und Michael Nebiker von Häfelfingen das zum Bau eines Badehauses notwendige Holz zur Verfügung, damit die Heilquelle von Ramsach genutzt werden kann.

1625

«In Rümlingen kommt ein totes Kind zur Welt, das einen Kopf wie ein zweijähriges Rind ohne Hals hat.»

1723

Die Stadt bereitet dem neuen Fürsten von Montbéliard einen herzlichen Empfang. Beim Burgfelder Bannstein vor dem Spalentor erwarten achtzig Dragoner in blauen Röcken den Fürsten und geleiten ihn unter dem Abfeuern von vierundzwanzig Kanonenschüssen in den Markgräflerhof. Dort erweisen ihm die Häupter der Stadt gebührende Reverenz und verehren dem hohen Gast vier Vierlinge Wein, vier Salme, einige Sack Haber und köstliche Konfitüre.

1729

Der Grosse Rat verfügt: Wenn Bürger sich um ein Amt bewerben, das sie verstehen, sind sie Fremden vorzuziehen. Da aber schon der Vergleich mit Fremden als eine Herabwürdigung des Bürgers empfunden wird, ändert der Rat noch in derselben Stunde das Gesetz dahin ab, dass um die Dienste, zu denen sich ein Bürger meldet, kein Fremder befugt sein soll, sich zu bewerben.

1732

«Es werden drei Weiber einer Diebs- und Mörderbande mit dem Schwert hingerichtet. Als sie zur Richtstätte geführt wurden, hat eine jede unter dem Steinentor drei Gläser roten Wein getrunken. Der ersten wurden, weil sie gezuckt hat, zwei Streiche gegeben. Sie hat dem Scharfrichter vorher gesagt, sie werde ihm zu schaffen machen.»

1738

Ein Bauer aus Haltingen lässt eine Granate, welche von seinem Vater nach der Schlacht von Friedlingen anno 1701 auf dem Weiler Feld gefunden worden ist, in seinen Hof fahren. Dort wird sie von einem Kind ergriffen und an der Brandröhre mit einer feurigen Kohle entzündet. «Statt eines Lustfeuers ist deshalb ein trauriges Ernstfeuer entstanden, schlägt die Explosion doch zwei Mädchen und einen Knaben zu Tode.»

1882

Im Studentenzimmer der alten Burgvogtei heben dreiunddreissig dem Bürgerturnverein nahestehende Sportbegeisterte den Turnverein Kleinbasel aus der Taufe.

1911

Karl Küchlin erhält die Bewilligung zum Betrieb eines Varietétheaters in der Kardinalhalle an der Freien Strasse 36.

> Der Eisgenuß im Sommer ist niemals ganz unbedenklich, ganz zu verwerfen aber ist er nach den Mahlzeiten, wo der Magen ohnehin alle Wärme zur Verdauung bedarf. Hierher gehört auch die Gewohnheit, Getränke dadurch abzukühlen, daß man Stückchen Eis in dasselbe wirft. Es geschieht dies öfters von Bierwirthen, um ihr abfälliges, halb saures, mit Soda versetztes Bier an den Mann zu bringen. Die durch Eisgenuß hervorgebrachten chronischen Magen-Katarrhe sind immer sehr hartnäckig und schwer zu heilen.

Basler Blätter, 31. August 1884

31. August

Paulinus von Trier der Bischof

1287

Konrad von Würzburg, einer der berühmtesten Dichter des Mittelalters, stirbt und wird im Kreuzgang der Reuerinnen zu St. Maria Magdalena an den Steinen beerdigt. Mit ihm werden auch seine Frau und seine beiden Töchter vom Tod dahingerafft, wahrscheinlich durch die Pest.

1444

Für die Seelen der Erschlagenen von St. Jakob an der Birs werden in allen Kirchen der Stadt Totenmessen gehalten und Prozessionen durchgeführt.

1467

Die österreichischen Untertanen im Sundgau flüchten in das neutrale Basel, weil ein vorläufiger Waffenstillstand zwischen Österreich und den Eidgenossen abläuft. Die Obrigkeit hält zur Aufnahme der Flüchtlinge auch nachts das Spalentor offen, durch welches heute 700 Wagen und Karren und während der nächsten Tage deren weitere 3400 eingelassen werden.

Der voll belegte St. Theodorsgottesacker wird am 31. August 1890 geschlossen, so dass die Kleinbasler fortan auf dem neuen Horburggottesacker ihre letzte Ruhe finden. Der Friedhof «im Rosental» mit der von Melchior Berri erbauten Abdankungskapelle ist 1833 als Ersatz für die überfüllten Totenäcker rund um die St. Theodorskirche angelegt worden.

1541

In der Herberge «zur Gilgen» kehrt ein Fremder ein und genehmigt zwei Mass Wein (à 1,42 Liter). Dann zecht der Unbekannte mit einer Frau weiter, indem er nochmals zwei Mass auffahren lässt und eine ganze Flasche Wein derart gierig leer trinkt, dass sich die andern Gäste darob entsetzen. Er aber spricht unentwegt dem Alkohol zu, bis er sinnlos betrunken ist. Als er sich vom Tisch erheben will, sackt er zu Boden und bleibt röchelnd liegen. Einige Gesellen tragen den Bewusstlosen an die frische Luft und betten ihn auf der Laube ins Stroh, dort aber übermannt alsbald der Tod den Bedauernswerten.

1614

«In der Wasserfallen fangen die Waldenburger einen sehr grossen alten Bären, der in dieser Gegend gar viel Vieh während etlichen Jahren aufgerieben hat.»

1713

Die des Mordes an ihren drei Ehemännern überführte Susanna Schaub wird zum Tod verurteilt und hingerichtet: «Es wartet ein Schlitten vor dem Rathaus, worauf die Maleficantin liegend gebunden und vom Nachrichter zur Kopfabheini vor das Steinentor geführt wird. Zu Mitten des Kornmarkts gibt ihr der Henker zwei Pfez mit einer glühenden Zange in ihre beiden Brüst, welches auf dem Barfüsserplatz zum zweitenmal geschieht. Dieses kann die Bestie ziemlich wohl ausstehen, ohne viel Veränderung im Gesicht. Als sie auf die Scheiterbeige hinauf steigen muss, setzt sie sich auf das allda stehende Bloch (Schandholz), so an einem hohen, langen Pfahl angemacht ist. Der Henker fesselt sie mit einer Kette an diesen Pfahl, worauf er ihr die rechte Hand auf einem allda angemachten Stöcklin mit einem neu geschliffenen Beyl in einem Streich, mit einem Hammer drauf schlagend, abschlägt und gleich mit einer Blatern (Blase) verbindet. Das argwöhnisch Weib schaut ohngeachtet ihres grossen Schmerzes noch tapfer ihren Rumpf an und sitzt ohne Ohnmacht still, bis man zu allen Seiten die Scheiterbeige anzündet. Dann aber fängt sie an zu winseln, besonders als das Feuer von unten an sie herankommt. Da zappelt und wütet sie grausam mit ihren Füssen. Und mit dem Stumpenarm will sie unaufhörlich das Feuer von ihrem Gesicht abwenden. Es währt eine halbe Stunde, bis sie ihren Geist aufgibt, da sie von unten her ganz verbrannt ist, bis sie stirbt. Damit wird ein Schandflecken, der unserer Stadt und unserer Religion durch das Greuel des dreyfachen erschrecklichen Mordes ist angehänget worden, wiederum ausgewischt. Dergleichen traurige Geschichten findet man keine in unseren Chroniken.»

1913

Am Allschwilerplatz wird die neue Kapelle der Methodistenkirche eingeweiht.

1. September

Egidius von St-Gilles der Abt

1287

Bischof Peter befiehlt den Würdenträgern und Kirchenvorstehern seiner Diözese, die Boten der Gemeinde zu St. Martin, welche Gaben zur Vollendung des Baus der St. Martinskirche sammeln, gut aufzunehmen und die Gläubigen zu reichen Spenden anzuhalten.

1533

Bernhard Küffer, der Stadttrompeter und Turmbläser, wird wegen «sins Suffens» in den Wasserturm gesperrt. Nachdem er geschworen hat, «hinfür gar in kein Winhus» mehr zu gehen, wird er wieder freigelassen. Doch er bricht den Eid und «hat sich abermols voll Wins gesoffen», weshalb er erneut eingekerkert wird.

1541

Im Kreuzgang des Münsters steht über den Grabinschriften von Bürgermeister Jacob Meyer (1473–1541), Reformator Johannes Oekolampad (1482–1531) und Theologieprofessor Simon Grynäus (1493–1541): «Dass das Regiment, die Kirchen, die Schul/Bis daher in viel Irrtum ful/Erbarmte Gott, zu Hilf seiner Gmein/Er diese drei Werkzeug wählt und stärkt sie fein/Auch andre. Nun bitte Gott dankbar/Dass das wiedergebrachte Licht bleib klar/Die Polizei und die Schul auch bestand/ Zu Trost, Freud, Kunst dem Vaterland/ Wenn Ehr, Gut und Kunst hülfen in Not/ Wär keiner von diesen Dreien tod.»

1589

Bürgermeister und Rat gewähren den Tischmachern und Schreinern eine Handwerksordnung. In dieser wird u.a. ausgeführt, dass zur Meisterprüfung nur zugelassen wird, wer eine dreijährige Lehre bestanden, zwei Jahre in Basel gearbeitet und ein Meisterstück eingereicht hat.

1758

Beim Spielen mit seinen Freunden wird der Maler Caspar Hosch, der sogenannte Käppi-Hosch, plötzlich vom Schlag gerührt und stirbt. «Ist ein solcher Weltmann gewesen, dass zu wünschen ist, dass alle seines Naturells an seinem Tod ein Exempel nehmen.»

1763

Nach einem «Platschregen kommt plötzlich ein kalter Donnerstrahl und dann ein heisser Donnerstrahl». Der merkwürdige Blitz steckt nicht nur etliche Anwesen in Brand, sondern verletzt auch einige Leute mit «Löcher im Kopf». Besonders schwer wird aber die Frau des Holzbammerts zu St. Alban getroffen: «Der Donnerstrahl verbrennt ihr beinahe alle Haar auf dem Kopf. Von da fahrt er oben aben zwischen den Brüsten über den Bauch hinunter und verbrennt ihr um die Scham alle Haar, alwo sie in Ohnmacht zu Boden sinkt. Wäre man ihr nicht zu Hilf gekommen, sie würde am Schwefeldunst erstickt sein.»

1764

«An einer halbjährigen Sauffkrankheit stirbt Lucas Lüdy, der Sensal. Ist ein krummer, unvernünftiger, bosfertiger und einer von den grössten Bacchusbrüdern und auch einer der grössten Hörnerträger (Frauenheld) gewesen.»

1766

Johann Rudolf Wettstein, der in Grenzach wohnhafte Oberstleutnant in holländischen Diensten, begehrt das Bürgerrecht. Seine Bewer-

Frag- und Anzeigungs-Blättlein, 1. September 1733

bung aber lehnt der Rat ab, weil er durch die Heirat seiner Cousine gegen das geltende Recht gehandelt hat.

1827

Nachdem 1815 die Regierung beschlossen hatte, auf Staatskosten die bisherigen 27 «obrigkeitlichen» Strassenlaternen zu vermehren, wird nun die allgemeine Strassenbeleuchtung eingeführt. Die Kosten für das Öl werden gedeckt durch Beiträge der Hausbesitzer und Wirte sowie aus den Einnahmen der nächtlichen Torsperre.

1838

Die französische Aktiengesellschaft «Service général de Navigation» der Gebrüder Oswald eröffnet mit den beiden Rheindampfern «Stadt Basel» und «Stadt Strassburg» ihren Schiffahrtsbetrieb.

1896

Die Drei Ehrengesellschaften Kleinbasels schreiben ihr 46 Jucharten haltendes Allmendland an der Riehenstrasse zum öffentlichen Verkauf aus. Baumeister Florentin Acker, Gastwirt Emil Bratteler, Baumeister Karl Keckeis und Holzhändler Eduard Schmidt erwerben es zum Preis von Fr. 411 000.–. «Damit hat das schwärzeste Kapitel in der Gesellschaftsgeschichte seinen Abschluss gefunden!»

2. September

Emericus und Medericus die Märtyrer

1517

Angeführt von den beiden Bürgermeistern, unternehmen sechzig repräsentative Basler einen Freundschaftsbesuch in die Innerschweiz. In Luzern wird die prächtig herausgeputzte Delegation von Schultheiss und Rat mit grosser Freude begrüsst und zu einem fröhlichen Fest eingeladen, worauf man gemeinsam mit zwei Langschiffen ans grosse Schiessen der Urner fährt. In Altdorf werden die noblen Städter von hübschen Urnerinnen aufs Herrlichste mit den Speisen des Landes verwöhnt, und auf dem Schützenplatz wird während zweier Tage kräftig mit Armbrust und Büchse hantiert. Dann geht die Fahrt weiter nach Schwyz. Die Seereise nach Brunnen verläuft bei reich gefüllten Fresskörben und vollen Weinfässern recht kurzweilig. Der «etwas schwache» Landammann betont in seiner herzlichen Begrüssungsadresse, der Besuch sei angetan, die Einigkeit unter den Bundesgenossen zu kräftigen und die listigen Praktiken der Fürsten und Herren zu überwinden. Ob diesen rührenden Worten «gehen etlichen frommen Lüten die Augen über». Die Schwyzer bieten den Baslern zwei wundervolle, feuchtfröhliche Tage. Dann gehts «im Namen Gottes» zurück nach Luzern. Ehe die Boote zur Landung ansetzen, ertönen ab allen Türmen und Wehren Geschützsalven zum Gruss. Und wiederum kennt die Freude der Miteidgenossen keine Grenzen. Ohne Unterlass und «ohn alles sparen» wird Tag und Nacht

«Zum ewigen Gedächtnis» hält am 1. September 1758 Emanuel Büchel den schweren Erdrutsch von Thürnen im Bilde fest, der sich im «Jahr 1758 bey lang angehaltenem Regenwetter in der Nachbarschaft des Dörfchens Thürnen zugetragen hat: Nach lange angehaltener, nasser Witterung siekerte das Wasser in der Gegend der Thürner Flue unter dem die Felsen bedeckenden Grunde durch und drang allenthalben so ein, dass es den Grund, der auf den Felsen ruhte, unterfrass, der sich dann ablöste und mit grossen Getöse bis in die Tiefe des Thals über die mit den schönsten Früchten geschmückten Kornfelder nach der unten durchgehenden Landstrasse hinwälzte und somit des Landmanns nahe, hoffnungsvolle Ärndt zerstörte. Zu gutem Glücke konnte man dem eingesperrten Wasser bald einen Ausgang nach dem das Thale hinunterfliessenden Bache öffnen und dadurch weiteren Beschädigungen zuvorkommen. Viele Bäume versanken und andere wurden mit der Wurzel aus dem Boden gerissen. Wohl über 100 Jucharten des besten Landes verwüstete dieser unerwartete Erd- oder Landglitsch.»

geprasst und getanzt und dabei auch das Schiessen nicht vergessen. Und so fällt der unumgängliche Abschied auch den Frauen und Töchtern Luzerns besonders schwer. Teils zu Pferd, teils zu Schiff wird die Heimreise angetreten. In Mellingen legen die Schiffe ein erstes Mal an. Während die Kähne dann durch die Stromschnellen von Laufenburg geschleust werden, setzen sich die Herren im Städtchen mit dem Bürgermeister zu Tisch. Nun werden die Schiffe von geschickten Säckinger Lotsen «durch alle Gwild» nach Rheinfelden gesteuert. Und dann schliesslich geht die Reisegesellschaft am 17. September bei der Birsmündung «wohl und glücklich» an Land. Die vier mitgeführten Ochsen, Geschenke der Innerschweizer, und die «mit Geschütz, Büchse und Armbrust» herausgeschossenen Gaben erwecken auf dem Weg in die Stadt die ungeteilte Bewunderung der Bürgerschaft. Dem feierlichen Empfang schliesst sich am folgenden Dienstag eine solenne Nachfeier an, an der die Ochsen samt Wildbret und andern Köstlichkeiten aufgetragen und auch «die armen Lüt» nicht vergessen werden.

1524

Hans Kobel von Heidelberg wird zum städtischen Büchsenmeister ernannt. Er hat in Kriegszeiten als Pulvermacher ins Feld zu ziehen, sonst aber als gewöhnlicher Taglöhner zu arbeiten. Für seinen Dienst erhält er neben Bargeld einen Rock und Brennholz. «Wenn Hans Kobel alters oder krankheitshalber nit mer arbeiten möcht, so soll er samt siner ehelichen Husfrauen in userm Spital die beste Pfrund han, ir Leben lang.»

1532

Der Rat schreibt dem sich wieder in England aufhaltenden Hans Holbein, er möge sich «anheimisch verfügen und desterbass by Hus pliben und sin Wib und Kind ernerren», wozu er «mit dryssig Stücken Gelts früntlich bedenckt» werde.

1535

Der Rat gewährt der Vorstadtgesellschaft zur Mägd eine Ordnung. Diese ermächtigt Meister und Vorgesetzte, Bussen zu verfällen, wenn in der Santihans in den Brunntrögen schmutziges Vieh getränkt wird und Windeln gewaschen werden oder wenn die Strassen mit Mist verunsäubert werden und bei Licht gedrescht wird, «es sige denn, dass das Liecht in einer Laternen bewahrt ist».

1564

Im Haus «zum Fuchs» an der Stadthausgasse (25) stirbt der 1510 geborene Goldschmied Hans Rudolf Faesch. Der Meister «zum Bären»

Anhaltender Regen führt am 2. September 1881 auch in Basel zu gewaltigen Hochwassern. Der Rhein erreicht eine Höhe von über sechs Metern, und auch Birs, Birsig und Wiese treten über die Ufer und richten grossen Schaden an. «Der Rhein wälzt unausgesetzt grosse Balken und Baumstämme daher sowie die Birsfelder Brücke und die Salmenwaage. An der Schifflände beeilen sich die Häuserbesitzer, die im Parterre befindlichen Thüröffnungen zuzumauern, was aber nicht viel nützt, weil das Wasser von unten hereindringt. Die alte Rheinbrücke, die bedeutend schwankt, wird mit schweren Eisenbahnschienen belastet, damit sie nicht fortgeschwemmt wird.»

(Hausgenossen), Landvogt zu Waldenburg und Vater von zwölf Kindern, zeichnete sich durch viele Fähigkeiten und die Kenntnis verschiedener Sprachen aus. Er ist deshalb vom Rat des öftern zum Abgesandten in fremde Länder bestimmt worden. «Derowegen ward er 1563 von Kaiser Ferdinand I. mit einem Adelsbrief beschenkt.»

1607

Unter Androhung einer Strafe von einer Mark Silber untersagt der Rat den Dienstmägden, ihre Kleider und andere Habseligkeiten anderswo als in den Häusern ihrer Herr-

Schweizerischer Volksfreund,
2. September 1862

schaften aufzubewahren. (Mit dieser Massnahme wird wohl ein allzu häufiger Stellenwechsel erschwert.)

1700

Vor dem Kapitel der Basler Kirche erklärt ein Reverend aus Britannien, es gebe in England zwei Gesellschaften, welche sich dem Kampf gegen schlechte Sitten, den Missbrauch des göttlichen Namens und die Sabbathsentheiligung verschrieben hätten und durch Gratisverteilung von Heiligen Schriften die christliche Jugenderziehung befördern würden. Die Geistlichkeit macht die Gründung ähnlicher Vereine von der Haltung der Zürcher abhängig.

1759

Meister Johannes Oser, der Schuhmacher und «Süechen-Kleffler» (Armenpfleger), wird wegen Veruntreuung von Spendegeldern, die er «den Hals hinabgejagdt hat», im Münster durch den Oberstpfarrer «einer Menge Volck vorgestellt und hernach auf ewig bey Wasser und Brodt ins Zuchthaus verspehrt». Der Tod erlöst den 78jährigen indessen schon nach wenigen Monaten von seiner Schmach. «Er stirbt im Spital und wird hernach in der Anadomi-Cammer (Anatomische Anstalt) anadomiert.»

1777

Im Münster wird Johann Rudolf Zwinger, mehrfacher Rektor der Universität und Gründer der Schweizerischen Naturforschenden Gesellschaft, zu Grabe getragen. «Der bewundertste Gelehrte, der während 56 Jahren den Lehrstuhl der Medizin geziert hat», verdankte sein 85jähriges Leben einer wundersamen Errettung: Er wandelte einst über die Rheinbrücke und stürzte aus Unachtsamkeit in eine Lücke des Brückenbelags. Mit seinen kräftigen Armen vermochte er sich, hoch über dem offenen Rhein,

Schweizerischer Volksfreund,
3. September 1881

während längerer Zeit an den Querbrettern festzuhalten. Als ihn seine Kräfte aber verliessen, wurde er auf wundersame Weise auf die nächste Steinbank gehoben und so aus höchster Lebensgefahr befreit. «Es ist nicht zu zweifeln: Das Auge, das nie schläft, noch schlummert, wachte über ihn.»

1836

Der aus dem Piemont stammende Michael Napoleon Allemandi-Ehinger, späterer Oberst im Freischarenzug, pflanzt im Ehingerschen Gut in Augst sechshundert Maulbeerbäume und widmet sich der Seidenraupenzucht. «Herr Allemandi wird keinen Aufwand von Mühe sparen, um diesen Industriezweig über die Schweiz zu verbreiten.» (Das hoffnungsvolle Unternehmen aber scheitert schon nach wenigen Jahren der Blüte an der Raupenkrankheit.)

3. September

Mansuetus der Bischof

1648

Bei der Pfalz watscheln gegen vierhundert Enten in den Rhein und lassen sich auf dem Wasser abwärts treiben. Als dann auf der Rheinbrücke ein Soldat seine Flinte losschiesst, fliegen die Enten auf und davon. «Was das zu bedeuten hat, weiss der liebe Gott. Der welle alles, sonderlich Kälte und Nässe und Regenwetter zum Besten wenden, damit der Wein recht zur Zeitigung kommen möge!»

1714

Unweit vom Holeeschlösschen werden Jacob Werdenberg, der sogenannte Trottenjoggi, und das Töchterlein des Bauern Heinrich Löw, «welche beyde wegen des grossen Rägens under einen Weidenbaum geflohen sind, vom Donner erschlagen».

1717

Rittmeister Merian, wegen zahlreicher Bubenstücke stadtbekannt, hat in Sachen Hurerei vor dem Ehegericht zu erscheinen. Dort gebärdet

Mit grösster Festlichkeit und Ehrerbietung empfängt Basel am 3. September 1473 Kaiser Friedrich III.: «Zur Begrüssung Ihrer Kaiserlichen Majestät haben sich bei der Wiesenbrücke die Häupter und Räte der Stadt mit berittenem Gefolge und die gesamte Geistlichkeit, die zwischen Kerzenflammen die Reliquien in funkelnden Gehäusen trägt, eingefunden. Von der Grenze des Stadtgebiets an reitet der Kaiser unter einem Baldachin, den vier Ritter tragen. Die Zäume seines Pferdes werden gehalten durch den Bürgermeister Hans von Bärenfels und den Erbmarschall des Bistums, Hermann von Eptingen. In dem gewaltigen Zuge, der hinter Friedrich sich herbewegt, sieht man glänzende Gestalten, vielgenannte Männer der Zeit: den Erzbischof Adolf von Mainz, die Herzoge Albrecht und Ludwig von Bayern, den Markgrafen Karl von Baden, den Kaisersohn Max, den Landvogt Peter von Hagenbach und, als seltenes Schaustück, einen leibhaftigen Türken. Im Bischofshof steigt der Kaiser ab. Ringsum und drüben bei St. Peter in den schönen Höfen lagern die Fürsten und Hofleute. Der Rat sendet überall seine reichen Geschenke hin: Goldgeschirre und Geldsummen, Wein, Fische, Getreide, Ochsen und Hämmel. Der Kaiser hingegen tafelt im Schatten der grossen Eiche auf dem Petersplatz und erteilt den Baslern und den Eidgenossen im Bischofshof Audienzen. An einem Freitag ist Friedrich III. gekommen, am folgenden Donnerstag reist er zu einer Zusammenkunft mit Herzog Karl dem Kühnen weiter». Faksimile aus der Luzerner Bilderchronik des Diebold Schilling.

er sich wie wild, setzt sich schliesslich aufs Pferd und jagt wie ein rasender Mensch durch die Eisengasse und über den Marktplatz, wobei er die Pistole zückt und in die Menschenmenge, die sich angesammelt hat, schiesst. Nach einer Rauferei kann er überwältigt werden, worauf er im Zuchthaus in der Kartause an Ketten gelegt wird. Wegen Gotteslästerei zum Tode verurteilt, hätte er zuvor auch noch die entehrende Strafe des Zungenschlitzens zu erleiden gehabt. Doch auf Fürbitte seiner Geschwister wird dem «gottlosen Bub» diese Schmach erlassen. «So geht er ganz beherzt und guten Muths mit ziemlicher Reue zum

Tod. Er hat eine Cavalliers Perruquen auf, einen blauen camelottenen Rock, einen rot scharlachen Camisol (Weste) und Hosen an seinem Leib und in der Hand ein weiss geglättetes Schnupftuch samt einer Citrone, welche er in Handen hält, bis ihm der Kopf vor den Füssen liegt. Daraus ist zu sehen, wie Gott der Herr nichts ungestraft lässt, sowohl an Fürnehmen wie an Gemeinen.»

1862
Die Engländer Abington und Peel haben mit ihrem Boot Basel erreicht und rudern nun durch den Ludwigskanal der Donau zu. «Sie werden die ersten sein, welche eine Wasserfahrt von Basel in das Schwarze Meer vollenden.»

1895
Der FC Basel ermöglicht «anständigen Jünglingen von 16–18 Jahren, in ein Juniors Team des Clubs zum halben Mitgliederbeitrag einzutreten».

1903
Der frühere Eisenbahnviadukt der Elsass-Lothringer Bahn über den Birsig, die 18 Meter breite Verbindung zwischen dem Ost- und Westplateau der Stadt, wird dem Strassen- und Fussgängerverkehr übergeben.

1912
Im «geschmackvoll dekorierten Centralbahnhof» wird der Deutsche Kaiser durch die Regierung und hohe Militärs auf Schweizer Boden willkommen geheissen. Ehe Wilhelm II. zu den Manövern in der Ostschweiz weiterreist, verleiht er an verdiente Persönlichkeiten Orden; zu diesen zählt u.a. auch der Komponist Hans Huber. «Während der Anwesenheit des Kaisers donnern die Kanonen den Ehrengruss.»

4. September

Marinus von Rimini der Einsiedler

1531
Ein gewaltiges Hagelwetter rings um die Stadt richtet grossen Schaden an. Die Grösse der Hagelkörner entspricht derjenigen eines Hühnereis oder einer Walnuss. Der stärkste Hagelschlag dauert beinahe eine Viertelstunde. Dazu kommt ein heftiger Wind, durch dessen Wucht die Hagelsteine gegen die Fenster gejagt werden und viele zerschlagen. Weil auch die nächste Umgebung der Stadt vom fürchterlichen Unwetter verschont bleibt, werten Sundgauer Mönche das Unglück als göttliche Vergeltung dafür, dass (das reformierte) Basel geweihte Glocken zur Herstellung von Geschützen eingeschmolzen habe. «So sucht uns der Herr mit seinen Strafen heim. Obschon er uns seine helfende und gütige Hand darbietet, widerstreben wir ihm. Eine harte und schwere Prüfung steht uns bevor!»

1629
Im 31. Lebensjahr stirbt an der Pest Georg Spörlin, Doktor der Medizin und Professor der Ethik. Sein Grabmal wird mit der Inschrift geziert: «Ich hab in Franckreich und Welschland/Begehrt zu wissen mit der Hand/Durch die Kunst der Anatomey/Wie des Menschen Cörper beschaffen sey/Ob durch Mittel oder Medicin/Von Kranckheit möcht zu helfen sin/Und erfahren, dass diese Kunst/Ohne Gottes Hülf ist gantz umsunst/Auch alles eytel Eytelkeit/Der Welt Thun lassen und ihr Freud/Darum ich mich bey Zeit bereit/Zu einem stillen Abscheid/Meinem Weib und Söhnlein gefolget bin/Christ ist mein Leben, Sterben ist Gewinn.»

1679
Nachdem schon im Mai zwischen Basel und Neuenburg zwei schwerbeladene Weidlinge untergegangen sind und mehrere Insassen in den Tod gerissen haben, ereignet sich erneut ein tragischer Schiffsunfall: Vom Zurzacher Markt heimsteuernd, erleiden bei Rheinfelden drei aneinandergebundene Weidlinge Schiffbruch. 26 Frauen, Männer und Kinder gehen in den Fluten unter und werden später in Basel beerdigt. «Vor dem Untergang stimmten die Todesgefährten den 42. Psalm und das Sterbelied ‹Wann mein Stündlein vorhanden ist› an. Herr Frischmann hätte sich retten können, da schrie ihm der Sohn aus dem Wasser zum Erbarmen zu: ‹Ach Vater, wollt ihr mich verlassen?!› Da stürzte sich der Vater dem Sohne nach, ward von ihm krampfhaft erfasst und mit ihm von der wilden Fluth in den gemeinsamen Tod gerissen.»

1732
Auf der Richtstätte vor dem Steinentor werden vom Henker vier Hinrichtungen vollzogen: Eine Frau (eine Diebin), der sogenannte grosse Samuel und ein Korbmacher aus Oberwil (zwei Räuber) sowie des letzteren 17jähriger Sohn (ein Mörder) haben ihre Schandtaten mit dem Tod zu büssen. «Der Bube hätte

Eine Kugelpumpe.
[11610] In der alten School, Sporengasse, ist ein Geschütz aufgestellt, welches in der Minute 800 Kugeln abfeuert. Dasselbe ist am 3. August d. J. vom Erfinder und Verfertiger erst fertig geworden und stellt alle bis dahin erschienenen Geschütze in Hintergrund. Möge daher Niemand versäumen, diese in vollständiger Grösse und pünktlich schnellfeuernde Waffe anzusehen und sich übergeugen, mit was für einer Genauigkeit geschossen werden kann.
Entree 50 Cts. Militär und Arbeiter 20 Cts. Kinder 10 Cts.
G. Hemps, Mechaniker aus New-York.

Basler Nachrichten, 4. September 1871

zwischen seinem Vater und dem grossen Samuel aufgehängt werden sollen, doch wird er auf sein Flehen durch das Schwert gerichtet, sein Kopf aber wird neben seinem Vater auf den Galgen gesteckt. Sodann wird die Frau, die unter der gottlosen Bande römisch-katholisch geworden ist, hingerichtet. Sie hat unter dem Steinentor mit heller Stimme noch ein schön geistlich Lied gesungen und stirbt sehr gern. Als sie auf dem Richtstuhl sitzt, kommt ein beherztes Fräulein mit einem Pfaffen dahergeritten und ruft ihr zu, sie soll Jesus, Maria und Joseph anrufen. Wegen der Geschwindigkeit des Scharfrichters aber bleibt ihr dann der Name ‹Joseph› im Halse stecken, und der Kopf liegt auf dem Boden. Nachwerts bewerfen einige junge Mannsbilder aus der Stadt das Fräulein mit Steinen und würden es sogar zu Tode geschlagen haben, wenn die Soldaten nicht abgewehrt hätten. Die Männer sind der Meinung gewesen, unter dem roten Mantel hätte in den Weiberkleidern gar ein Pfaff gesteckt. Das Fräulein wird in die Weinschenke ‹zum Trübel› beim Steinentor gebracht, all-

Am 4. September 1880 werden auf der Alten Rheinbrücke gezählt: 26240 Fussgänger, 1022 Handkarren, Kinderwagen und Schubkarren, 23 Reiter, 683 Einspänner, 248 Zweispänner, 5 Dreispänner, 1 Vierspänner und 6 Kühe.

wo man es verbindet. Dann wird es in einer Kutsche nach Aesch ins Bistum Basel geführt. Es ist ein Fräulein von Ramstein gewesen.»

1743

In nächster Nähe der Stadt finden gefährliche militärische Aufzüge statt: In Eimeldingen liegen gegen fünftausend Husaren und Kroaten der deutschen Armee, und bei St. Louis und Neudorf sind Teile des französischen Heeres stationiert. «Unsere Bürger haben die Freyheit, in beyden Lagern wandeln und diese besehen zu können. Deutsche und Franzosen kommen in ziemlicher Menge zu uns und erkaufen allerhand Notwendigkeiten und bezahlen alles mit schönem Gold. Die Deutschen lassen allhier bis zu hundert Centner Seiler verfertigen. Unter diesen befindet sich eines, das sieben Centner wiegt und zu einer fliegenden Brücke dienen soll.»

1815

In Freude und Dankbarkeit feiert Basel die Kapitulation der Festung Hü-

ningen. Auf dem Petersplatz, der zu einer riesigen, mit 24 000 Lampions und 24 Kristalleuchtern bestrahlten Festarena verwandelt worden ist, begrüsst ein Triumphbogen mit der Inschrift «Dem Erzherzog Johann. Das dankbare Basel» den siegreichen österreichischen Befehlshaber. Erbeutete Mörser aus Hüningen dienen, «als Vergeltung für das Übel, das sie angerichtet haben», als Blumentöpfe. Die Jungfrauen Haas und Streckeisen – «das abscheuliche Wort ‹Fräulein› kennt man im gut bürgerlichen Basel nicht» – entzücken die vielen Zuhörer mit einer zu Ehren des Herzog komponierten Kantate. Speis und Trank werden in Hülle und Fülle aufgetragen, und eine Musik spielt zum Tanze auf. «Kurzum, eine Festivität, wie sie Basel noch nie gesehen hat!»

1850

Am Unteren Heuberg 21 wird mit grosser Feierlichkeit die erste Synagoge der Basler Israelitischen Gemeinde eingeweiht. Die Festpredigt von Rabbiner Moïse Nordmann aus

Hegenheim hinterlässt auch bei den christlichen Glaubensbrüdern einen nachhaltigen Eindruck. Das dreissig Männerplätze aufweisende Gotteshaus dient der Gemeinde bis ins Jahr 1868.

5. September

Bertinus der Abt

1442

Papst Felix V. schenkt während des Konzils dem Münster eine neue Glocke, die grösste überhaupt. Sie wird von Meister Hans Peier in der Spalenvorstadt gegossen, hat ein Gewicht von siebzig Zentner und wird «Papstglocke» genannt.

1614

Nach der Beilegung der Unruhen in den vier Waldstätten, am Rhein, im badischen Schwarzwald und im Fricktal halten schweizerische Abgeordnete in Basel Einzug. Sie werden von der Bürgerschaft in aller Freundschaft durch hundertsiebzig

Mann zu Pferd empfangen und im Zunfthaus zu Schmieden mit einem köstlichen Mahl bewirtet. Von Reitern und zweihundertzwölf Musketieren zu Fuss werden die hohen Gäste zwei Tage hernach wieder verabschiedet.

1663

Der Rat genehmigt die Verlegung der öffentlichen Betstunden. Diese sind seit 1634 jeweils am Abend des Mittwochs und des Freitags im Münster und zu St. Clara gehalten, aber von immer weniger Gläubigen besucht worden. «Nun werden die Betstunden auf den Samstag abends in jede Pfarrei verlegt. Man hat also auch vier Betstunden in der Stadt. Das Gebet wird wider den Erbfeind und die bedrängte Kirche angestellt.»

1716

Zehn Bürger, die den Zurzacher Markt besucht haben, wollen mit dem Weidling wieder nach Basel fahren. Da der Rhein nur wenig Wasser führt, gilt es, bei Koblenz zahlreiche Felsen zu umschiffen. Als dies «den liederlichen Schiffleuten» aber nicht gelingt, kippt das Boot um und die ganze Gesellschaft stürzt ins Wasser. Während sich die

Wolfgang Meyer, Archidiakon,
†5. September 1653

WOLGANGUS MAIERUS,
S. S. TH. D. BAS.
ÆT. LXXII ANNO MDCXLIX.

Salutem à Salutis Authore.

Auf dem Unteren Elisabethengottesacker wird am 5. September 1843 der 1775 geborene Spitalpfründer Niggi Münch beerdigt. Er bildete mit Bobbi (David) Keller (1771–1839) Basels berühmtestes Stadtoriginal. «Harmlos, freundlich und lustig von Gemüt und nur ausnahmsweise wild und tobend war Niggi Münch, Schlossersohn am Spittelsprung. Niggi, der noch einen jüngern Bruder hatte, der völlig normal war und später zum Standesreiter avancierte, kam nach dem Tode seiner Mutter, einer dicken, drolligen Witwe, ins Spital. Dort leistete er als Strassenwischer nützliche Dienste. Mit einem Halbbatzen, ein paar Äpfeln, einer Handvoll Kirschen oder ein wenig Naschwerk konnten ihn die Buben in die fröhlichste Laune versetzen, so dass er übermütigste Sprünge produzierte oder seinen Künsten im Pfeifen und Singen ungehemmten Lauf liess. In bitterbösen Zorn aber brachte ihn die Frage: ‹Niggi, sag, was macht dieses Berner- oder Markgräflermaiteli?› Das Schönste, was er in einem solche Falle zur Antwort gab, war: ‹Ihr verfluechte Buebe, ihr Galgeschtrigg!› Ernsthafte Rache zu nehmen aber erlaubte ihm weder seine körperliche Plumpheit und Korpulenz noch sein gutmütiger Charakter. Durch die Darstellungen von Hieronymus Hess ist Niggi Münch unzertrennlich mit Bobbi Keller verbunden. Dieser war, wie seine Schwester, ein armseliges, verkümmertes Kind des rechtschaffenen und körperlich und geistig normalen Weissbäckers David Keller an der Ecke gegenüber dem Kornhaus, an dessen Stelle nun die alte Gewerbeschule steht. Die Rute und der Fliegenwedel aus langen Pferdeschweifhaaren sind die Wahrzeichen geblieben, an denen man den Niggi Münch und den Bobbi Keller auf den Gassen und Plätzen erkannte. Merkwürdig eigentlich, dass diese beiden urbaslerischen Originale selten oder kaum bis in unsere Fasnacht hinein weiter umgehen und herumspuken.» Aquarell von Hieronymus Hess.

Das zum Preis von Fr. 145 000.– aus dem Besitz der Bürgergemeinde in das Eigentum des Kantons übergangene Mueshaus an der Spalenvorstadt wird am 6. September 1899 baulichen Veränderungen unterzogen. Die an die «Actiengesellschaft für eine Gewerbehalle» vermietete ehemalige Lagerhalle für Mehl und gedörrte Früchte (Korn, Waizen, Roggen, Gerste, Hirse, Erbsen, Linsen) erhält, damit sie für Ausstellungen des Gewerbes verwendet werden kann, im Erdgeschoss zwei weitere als Schaufenster verwendete Rundbogen.

meisten an Gebüsch und Stauden festhalten können und sich dadurch retten, versinken drei Handlungsdiener in den Fluten.

1718

Der Rat fasst den Beschluss, dass fortan alle diejenigen, welche des Lesens und Schreibens unkundig sind, keine öffentlichen Ämter bekleiden können.

1882

Fritz Blaser von Langnau eröffnet an der Weissen Gasse 18 einen Glaswarenladen. 1928 wird das Haushaltartikelgeschäft in die Mettlerschen Volksmagazine am Marktplatz 17 verlegt (bis 1984).

1890

«Ein Gärtner aus Lörrach bringt einen Rettig zu Markt, welcher nicht weniger als 6½ Kilo wiegt.»

6. September

Eleutherius der Abt

1444

Französische Unterhändler, Jean de Bueil und Gabriel de Bernes, treffen mit einem Geleite von vierzig Pferden in Basel ein. Die Sieger von St. Jakob werden im Deutschen Haus an der Rittergasse, der Residenz des Konzilspräsidenten, logiert. Die Verhandlungen finden im Refektorium des Augustinerklosters statt. Zugegen sind, neben den Ratsherren Rotberg, Ospernell, Halbisen, Künlin und Zeigler, auch die Kardinäle Alemandi und Segovia sowie Bischof Friedrich von Basel. Die Franzosen erheben im Namen des Dauphins den Vorwurf, dass von den Mauern Basels auf den Dauphin geschossen worden sei, und verlangen Genugtuung. Die Basler verweisen auf Brauch und Recht des Krieges, indem fremdes Volk in ihr Land eingebrochen sei und die Stadt bedroht habe und bekräftigen nachdrücklich ihren Willen, beim Reiche zu verbleiben. So ziehen die Gesandten des Dauphins am 11. September unverrichteter Dinge nach Ensisheim, wo die Verhandlungen nach einigen Tagen erneut aufgenommen werden.

1610

Es verstirbt Barbara Stähelin, die Frau Lux Iselins. Es wird ihr ein Grabstein gesetzt mit der Inschrift: «Gleich wie man aus der Äschen thut/Ein schön und häll Glass machen gut/Also wird aus dem Staub der Erden/Der Leib herrlich verkläret werden.»

1620

Zunehmende Bedrohung der Stadt durch kriegerische Völker bewegen den Rat, anzuordnen, dass alle Türen und Fenster auf der Rheinseite zugemauert werden.

Meister Tolpatsch auf der Londoner Welt-Industrie-Ausstellung

Intelligenzblatt, 6. September 1852

1670

In seinem vor dem Spalentor gelegenen Garten wird Jakob Meltinger, der Ratsherr und Stadtquartierhauptmann, durch «einen gächen und schnellen Tod ohne ein Wort zu sprechen dahingerafft. Er ist, nachdem er in der Jugend aus Unvorsichtigkeit einen Knaben erschossen hat, auf eine lange Zeit als Bereiter in den Krieg gezogen. Durch Heirat eines grossen Herrn Tochter ist er hernach gewaltig herfürzogen worden und zu Ämtern gekommen. War ein Mann ohne sonderlichen Verstand, unbillig, zornmütig und rachgierig. Und hat der grosse und gerechte Gott ein merklich Exempel an ihm erwiesen. Daran seine Mitgenossen sich billig stossen und bekehren sollen».

1684

Ein bernischer Hühnerträger, der bei Tecknau einen Schuhmachergesellen aus Zürich mit dem Degen umgebracht hat, wird vom Scharfrichter mit dem Schwert geköpft und auf das Rad gelegt, damit ihm auch noch seine Glieder zerbrochen werden.

1698

Auf der Pfalz fällt der 12jährige Sohn des Reinhard Harschers beim Spielen mit Schulkameraden die hohe Stützmauer herunter, ohne dass ihm das geringste passiert.

1869

Im Café Spitz findet ein von achtzig Teilnehmern besuchter Kongress der Sozialistischen Internationale statt. Es wird der Beschluss gefasst, dass alle Arbeiter die Bildung «von Gewerksvereinen in den verschiedenen Gewerken» energisch vorantreiben sollen.

7. September

Regina von Alise-Ste-Reine die Märtyrerin

751

Ebo und seine Gemahlin Adalhinda vermachen ihre Güter und Leibeigenen in Vahcinchova (Wenkenhof in Riehen) Laidolvinchova und Bodinchova sowie einen Teil des Kirchengartens in Rötteln dem Kloster St. Gallen.

1347

Die von Obrigkeit und Volk sehnlichst gewünschte Überführung von Reliquien der Basler Stadtheiligen, Kaiser Heinrich und Kaiserin Kunigunde, aus dem Dom von Bamberg ins Basler Münster wird mit einem grossen Volksfest gefeiert. Die Ankunft des Reliquienschatzes veranlasst Bischof Johannes, dem Stadtklerus aufzutragen, den auf den 13. Juli fallenden Namenstag Heinrichs feierlich zu begehen, was immer mit einem Ablass von vierzig Tagen verbunden ist.

1545

Aus der stadtnahen Herrschaft Hochberg (Rötteln) wird ein «Teufelswerk» gemeldet: Im Kerker des Schlosses hat sich ein verbrecherischer Knecht mit einem Messer ums Leben gebracht. Als der Henker ihn auf sein Ross bindet und ihn in den Rhein werfen will, wirbelt ein Sturmwind den Selbstmörder in die Luft, zerreisst den Sattel in acht Stücke und erblindet das verängstigte Pferd. «Solches vermag der

«Die am 7. September 1637 geborene Lydia Albrecht stirbt in ihrem 105. Altersjahr am 14. April 1742.»

Teufel mit Gottes Zulassung zu tun, um den armen Menschen Schrecken einzujagen.»
Der Rat verbietet, den Baselwein an Auswärtige zu verkaufen, damit er für die Bürger um so billiger ist. Obwohl viele Fische gefangen werden, sind sie auf dem Fischmarkt nur zu teurem Preis zu haben.

1584

Es wird der Zimmermann Martin Räm vom Henker geköpft. «Ist ein zornmüthig und versoffner Mann gewesen, der übel zu fluchen pflegte. Als ihm seine Frau, ein christlich Weiblein, mit dem Tod hingeschieden, erkaufte er im Spital zu St. Jakob eine Pfrund, ist dann aber mit 70 Jahren in schwere Strick des Teufels verfallen. Er verführte zwei Töchterlein mit Darreichung von Brot, Wein und Obst, bis ihn die Obrigkeit ergriff und ihm sein grau Sündenhaupt abschlagen lässt. Allen verruchten Leuten zum Exempel, die Gottes Wort verachten.»

1603

«Der Henker hat einem aussätzigen Weib das Haupt abzuschlagen. Dieses hat auf den Märkten das feilgebotene Obst mit ihren unsauberen

Am 7. September 1890 wird der Horburggottesacker mit dem ersten Krematorium Basels feierlich eingeweiht. In Gegenwart einer grossen Menschenmenge «richtet Herr Pfarrer Th. Barth nach vorausgegangenem Gebet Worte des Abschieds an den nunmehr geschlossenen alten St.Theodorsgottesacker (auf der heutigen Rosentalanlage) und gedachte in bewegten Worten der vielen Thränen und Seufzer, die während 57 Jahren die Menschenbrust auf dem alten Gottesacker bewegt haben, aber auch des reichen Trostes, der während dieser Zeit gespendet worden ist. Mit einem Weihespruch auf den Friedhof und die Kapelle schliesst die treffliche Ansprache.» Das «Basler Volksblatt» aber berichtet mit Empörung über die neue Einrichtung (bis zur Eröffnung des Friedhofs am Hörnli am 1. Juni 1932 in Betrieb), den «offiziellen Einzug des Neuheidentums in Basel, denn die Feuerbestattung ist eine dem christlichen Gefühl, aller Würde und dem Ernst eines Begräbnisses hohnsprechende Handlung, die alles eher als einen christlichen Eindruck macht».

Händen angegriffen. Als ihr dies vom Bettelvogt verwehrt wurde, hat sie ihn mit einem Messer erstochen, dass er gleich todt darnieder gefallen ist.»

1714

Ein Mädchen von Muttenz, das einen Korb voll Äpfel auf den Markt in die Stadt tragen will, stürzt in die Birs und ertrinkt, weil die Lehne des Stegs brüchig geworden ist.

1722

«Im Grossen Rat entsteht ein grosser Tumult, weil man alljährlich etlich Tausend mehr aus dem gemeinen Seckel (Staatskasse) ausgegeben hat, als darin gekommen sind. Es wird daher proponiert, dass man hinfür alles besser menagieren (mit allem sparsamer umgehen) soll. Die Versammlung läuft aber ohne Erkenntnis (Beschluss) voneinander.»

1756

Susanna Gerster von Gelterkinden leugnet vorerst einen Gelddiebstahl, gesteht aber, nachdem sie vom Scharfrichter «gedümlet» (gefoltert) worden ist, ihre Verfehlung. Sie wird an den Pranger gestellt, mit Ruten gezüchtigt, mit einem Brandmal gezeichnet und von Stadt und Land verwiesen.

1764

Ein Barbiergeselle am Barfüsserplatz «hat das Unglück, dass er dummerweis, als er mit angezündeten Schwefelhöltzli Wantzen suchen will, mit dem Feuer an das pure Stroh kommt» und dadurch einen Kleinbrand entfacht.

1833

Die Baselbieter beklagen sich über das «steife und zum Theil arrogante

Verhalten der Städter» während der Verhandlungen betreffend die Übergabe der Bezirksarchive an die Landschaft und der dabei in Basels Gasthöfen erfolgten «pöbelhaften Behandlung».

1853

Der Regierungsrat des Kantons Baselland stellt mit Genugtuung fest, dass die Gemeinde Waldenburg eine Kommission bestellt hat, die sich mit der Einführung der Uhrenindustrie im Dorf befassen muss.

8. September

Mariä Geburt

1133

«Nachdem Kaiser Lothar die Alpen überschritten hat, feierte er die Geburt der heiligen Maria in Würzburg und hält in seinem Hofe eine ruhmvolle Zusammenkunft mit den Fürsten verschiedener Gebiete, welche teils durch die Erhabenheit geistlichen Standes, teils durch den Rang in der Welt strahlen. Daselbst werden die Wahlen der Bischöfe Heinrich von Regensburg und Walther von Augsburg bestätigt, und weil der Basler Bischof Heinrich vollständig vom Papste abgesetzt worden ist, folgt ihm der Abt Adalbero von Froburg, vorher Prior des Klosters des heiligen Blasius im Schwarzwald, nach dem Rate des Kaisers durch kanonische Wahl des Klerus und des Volkes.»

1266

Auf dem Münsterplatz veranstaltet die einflussreiche Adelspartei der Psitticher, die vornehme Marienbruderschaft, eine mit einem ritterlichen Turnier verbundene Festversammlung, an welcher sich der berühmte Dichter Konrad von Würzburg mit seiner kurzen Reimpaarerzählung «Der Welt Lohn» für den Kreuzzug eingesetzt haben mag.

1520

In Pruntrut entsteht durch glimmende Hanfstengel ein Grossfeuer, dem mehr als hundert Häuser zum Opfer fallen. Die Flammen schiessen dermassen in die Höhe, dass man den Feuerschein sogar auf den Türmen Basels zu sehen vermag!

1583

Der St. Galler Heinrich Lyner spannt vom obersten Kranz des Münsters ein Seil zum gegenüberliegenden Reinacherhof und zeigt verwegene Seiltänzerkünste. Der Rat ist von seinen Darbietungen so entzückt, dass er ihm ein Empfehlungsschreiben verfassen lässt: «Meister Lyner hat in Gegenwart unzehlicher vieler Menschen seine Kunst geübt und sehen lassen. Also dergestalten, dass er uff dem Seil an dem hellen Tag viel Kurtzwyl und Kunst gebrucht. Er hat auch unter anderem einen kleinen Knaben in einem Stosskarren unversehrt uff gemeltem Seil von oben herab gefiehrt. Auch entlich wie ein freyer Vogel dem Seil der Länge nach hinab wunderbarlich geflogen. Also, dass es jedermann, der es gesehen hat, merglichen verwundert hat.»

1746

Seit Wochen wird «beim Totengatter» hinter dem Münster zu nächtlicher Stunde «ein von einem Menschen verursachtes natürliches

Das neuerbaute Bläsischulhaus, das 24 Klassenzimmer für je 54 Knaben oder Mädchen aufweist, wird dem Publikum am 8. September 1883 zur Besichtigung geöffnet. «Der prachtvolle Doppelbau in freier Lage, der mit allen pädagogischen und sanitarischen Notwendigkeiten ausgerüstet ist und auf 550 000 Franken zu stehen gekommen ist, stellt eine weitere schöne Zierde Basels dar.»

Basler Nachrichten, 8. September 1907

Schnaufen» gehört. Nacht für Nacht sammelt sich eine grosse Menschenmenge an, welche das Geräusch mit eigenen Ohren hören und dem «Gespenst» auf die Spur kommen will. «Etliche sagen, es sey ein Mensch, welcher aus einem Grab ächtzget, andere meinen, es bedeute ein Sterbet. Endtlich verwandelt sich dieses vermeinte Gespenst in zwey grosse Vögel, eine Art sauberer Steyn-Eulen, welche zu Basel noch nie gesehen worden sind.» Mit grosser Mühe gelingt es, einen der seltsamen Vögel einzufangen. So kann sich die Bevölkerung beim Anblick des wundersamen Tiers vom Schreck erholen...

1883

Eine Verfügung des Polizeidepartements, welche in der Bayerischen Bierhalle die Polizeistunde wieder einführt, löst in der Steinenvorstadt tumultartige Ausschreitungen aus, die einige Nächte anhalten.

9. September

Gorgonius von Rom der Märtyrer

1269

Albertus Magnus, der grosse Ordensmann, Gelehrte, Lehrer und spätere Heilige, übergibt die mit grossen Kosten erbaute Kirche der Prediger ihrer Bestimmung, indem er sie mit dem Hochaltar und vier Seitenaltären konsekriert.

1431

Der päpstliche Legat, Kardinal Julian Cesarini, trifft als einer der ersten Konzilsteilnehmer in Basel ein. Er wird vor den Mauern der Stadt vom gesamten Klerus und viel Volk, alle in Festgewändern gekleidet, begrüsst. Unter einem von Adeligen getragenen Baldachin aus Seide und dem Geläute aller Kirchenglokken wird der dannzumalige Präsident des Konzils zum Münster und anschliessend in sein Quartier im Deutschen Haus an der Rittergasse geleitet.

1504

Dem privaten Monopol der Geldwechsler wird in der Person des Heinrich David ein obrigkeitlicher Stadtwechsler gegenübergestellt, der den Geldmarkt von geringhaltigen oder ungültigen Münzsorten zu säubern und die Bürgerschaft vor Schädigungen durch die Privatbanken zu schützen hat.

1525

Der Pfarrer von Kilchberg wird vom Rat ermahnt, die Messe, die Jahrzeiten und andere Kirchenbräuche wie bisher einzuhalten und von sich aus keine Neuerungen im Gottesdienst vorzunehmen.

1545

In Wittersmil, auf Solothurner Boden, ist der Basler Schuldeneintreiber Hans Schürer mit seiner Arbeit beschäftigt. Er ist vielen lästig und darum verhasst. Man nennt ihn einen Ohrenbläser und Angeber, mit dem zu Tische sitzen sich ehrbaren Leuten nicht gezieme. Als nun Hans Schnider von Ettingen dem Schürer ein volles Weinglas ins Gesicht schleudert, zieht dieser mit gezogenem Schwert auf den arroganten Gegner los und bringt ihm tödli-

Die Israelitische Gemeinde weiht am 9. September 1868 ihre neue, einkupplige, «am Eck der Leimenstrasse und der St. Leonhardsstrasse befindliche» Synagoge ein: «Diese neue Synagoge ist kein imponierender Bau, aber die schönen Verhältnisse desselben sowie die zahlreiche, zum Teil reiche Ausschmückung im Innern machen den Totaleindruck zu einem durchaus günstigen. Es ist nicht das erste und nicht das zweite Bethaus, das die Israeliten hier aufgerichtet; im Mittelalter ist es ihnen in Basel nicht besser gegangen als in anderen Städten: wiederholt sind ihre Heiligtümer zerbrochen worden. Umso lebhafter ist die Freude und der Dank der jetzigen Generation über die Freiheit der Religionsübung. Wir wollen hoffen, dass die hiesigen Israeliten ihrer Synagoge durch viele Jahrhunderte sich werden ungestört erfreuen können, und dass nie mehr der finstere Geist Meister wird, der es für ein Gebot ansieht, die zu verfolgen, welche Gott auf andere Weise verehren.»

Basler Volksblatt, 9. September 1899

che Verletzungen bei. Der Totschläger wird ins Schloss Dornach geführt und zum Tod verurteilt, aber nach Verhandlungen zwischen Basel und Solothurn gegen zwei Solothurner, die auf Basler Boden einen Mann erschlagen haben, freigelassen.

1559

Wegen der Vergewaltigung eines sechsjährigen Mädchens wird der Rebmann Felix Hemmig, das sogenannte Hapsenmännlein, zum Tod verurteilt. Er wird mit einer feurigen Zange an den vier Kreuzgassen gepfetzt, vor das Steinentor geführt und enthauptet. Dann werfen die Henkersknechte seinen Körper in ein Loch, durchbohren ihn mit einem Pfahl und überdecken ihn mit Grund. Der Scharfrichter aber hat schlechte Arbeit geleistet: «Als er ihn köpfen wollt, hat er ihn mit dem Streich verfehlt und die Zähn getroffen und hackte ihm erst auf der Erde den Kopf ab. Hierauf warf Meister Pauli das Richtschwert von sich und schwur, keinen mehr zu richten. Er hat dies auch gehalten, kaufte eine Pfrund und wohnte auf dem Barfüsserplatz beim Brunnen. Er gab sein Richtschwert Unseren Gnädigen Herren zurück, welches immer noch im Zeughaus ist. Er sagte einmal, er hätte im Bauernkrieg (1525) mehr als 500 Köpfe abgehauen.»

1571

Karl IX., König von Frankreich, nimmt in Basel zu einem jährlichen Zins von 5% ein Darlehen von 53 000 Sonnenkronen in Gold und 7000 Kronen in Silber auf. Der König verspricht, das Kapital innert drei Jahren zurückzuzahlen. Aber erst Heinrich IV. erstattet im Jahre 1608 7000 Kronen. «Der Rest steht heute noch aus.»

1582

In Lampenberg geht ein von sieben Personen bewohntes Haus in Flammen auf und hinterlässt kein Leben mehr.

1628

Nach einem Bericht des Pfarrers von Läufelfingen «ist innerhalb 14 Tagen durch sonderbare Straf Gottes die Plag der Pestilenz allhie eingerissen. Sonderlich Landvogt Senn samt seinem Ehewib und 5 Kindern sind hievon geschwündt gestorben». Ein Jahr später ergänzt er: «Hat uns Gott der Herr weiters heimgesucht mit dieser Rute, also dass von dem 21. März bis den 4. November bei 82 Personen von jung und alt, mehrteils aber junge Kinder, gestorben sind.»

1662

Der 25jährige Herzog von Holstein trifft mit einer Begleitung von sechzehn Mann im Gasthof «zum wilden Mann» ein. Er wird vom Rat mit drei Saum Wein, zwölf Sack Haber und «etlichen grossen Laxen» beschenkt und interessiert sich besonders für unser berühmtes Zeughaus.

1686

Auf dem Münsterplatz zünden elf Studenten aus Freude über die Siege der christlichen Waffen über die Türken einerseits und zur Fortsetzung und Erlernung der Kriegswissenschaften andererseits einige Handgranaten.

1739

«Der Kleine Rat (die Regierung) zeigt eine seit langem ungewohnte Energie gegen die Gross Räthe»: Als diese sich in die Frage, ob eine Witfrau einen verheirateten Gesellen in ihrem Geschäft halten darf, mischen wollen, hebt der Kleine Rat die Sitzung auf, weil ein solcher Entscheid in seiner Kompetenz liegt.

1756

350 Untertanen von Schliengen und Istein sowie weiterer vier Markgräfler Dörfer leisten ihrem Herrn, dem Fürstbischof von Basel, in Arlesheim den Treueeid. Als einige von ihnen nach der festlichen Huldigung, die letztmals 1705 stattgefunden hat, auf dem Heimweg bei Kleinhüningen einen Weidling besteigen, «haben sie das Unglück, weil sie ziemlich betrunken sind, dass sie an einen Felsen fahren, worüber zehn Mann erbärmlich ertrinken».

1852

Das «Baselbieter Volksblatt» klagt: «Nicht die vielen Wirtshäuser, sondern der viele Durst ist unser Verderben.»

1855

Aus Anlass des Geburtstages des badischen Prinzregenten lässt der Postmeister des Badischen Bahnhofs am Uhrtürmchen die gelbrote badische Nationalflagge aufziehen, wobei Portier Scherzinger «sich vor allen abgehenden Zügen im Eingangssaal mit einem Spitzhut (Klakhut) auf dem Kopfe und einem grossen Stocke (Tambourmajorstock) in den Händen aufpflanzt und in dieser Tenue seinen Portierdienst versieht». Die willkürliche Präsentation der Fahne einer ausländischen Macht auf Schweizer Boden führt zu einer Demarche der Basler Regierung beim Oberamtmann in Lörrach, der schliesslich erklärt, «man werde veranlassen, dass das Aufstecken von Fahnen und ähnlichen Demonstrationen auf dem Badischen Bahnhof in Basel bei Ereignissen, welche nur das badische Land berühren, künftig unterbleiben werde».

1862

«Ein pfiffiger Mitbürger hat ein neues, in England entdecktes Institut aufgetan, das darin besteht, dass in rothe Jacken und Matrosenhüte gekleidete Jünglinge in den Bahnhöfen die schmutzig gewordene Fussbekleidung der Reisenden putzen.»

10. September

Sostonius und Victor die Märtyrer

1512
Auf Bitten von Bürgermeister und Rat befreit Papst Julius II. die Güter des im Hardwald liegenden Eremitenklosters zum Roten Haus, die an das Siechenhaus von St. Jakob gefallen sind, vom Zehnten und stattet die Pfleger mit weitern Privilegien aus, die sonst nur geistlichen Institutionen zustehen.

1609
Einer Brandstiftung fallen in Arisdorf acht Häuser, eine Scheune, vier Kühe und viel Frucht zum Opfer.

1620
Angesichts der allgemeinen Kriegsgefahr und des grauenvollen Blutbades im Veltlin, als auch wegen der grossen Lebensmittelteuerung wird ein allgemeiner Fast- und Bettag angeordnet. Er dauert von morgens acht Uhr bis abends fünf Uhr, wobei zwischen den drei Predigten die Zeit mit Absingen von Psalmen und Lesungen aus dem Alten und Neuen Testament ausgefüllt wird.

1642
Als in Rünenberg Christen Grieder «einen Birenbaum schütteln will, fällt er herab und bleibt gleich todt unter dem Baum liegen».

1727
«Eine Frau von Muttentz kommt aus dem allhiesigen Kornhaus bis zum Stäblinsbrunnen an der Freienstrass, wo sie niederfällt und den Geist aufgibt. Sie wird auf einem Karren mit etwas Stroh nach Muttentz geführt: Oh Mensch, gedenke an den Tod, er kommt gewiss, früh oder spot.»

1753
Heute sonntags werden alle Stadttore bis nach Beendigung der Gottesdienste geschlossen gehalten. Mit dieser Massnahme will der Rat «das viele Geläuff der hiesigen Pietisten nach Muttenz» verhindern. Er hat aber wenig Erfolg. «Da man mit ihnen etwas ernstlicher zu Werck gehen kann», wird der 80jährige geistliche Führer der Separatisten verhaftet und ins Zuchthaus gesteckt, aber dort «von seinen Lehrjüngern in so grosser Anzahl aufgesucht», dass die Obrigkeit wieder einschreiten muss. Es werden nun alle Pietisten angewiesen, innert zwölf Wochen «von ihrer Meinung abzustehen oder mit Haab und Gut die Stadt zu räumen».

1754
«Herr Imhooff, der Drey König Wirth, lässt vor seinem Haus gegen den Blumen-Platz drey in Lebensgrösse in Rheinfelden verfertigte hölzerne Bilder, die Heiligen Drei Könige darstellende Standfiguren, welche ohne Mahler 72 Pfund gekostet haben, aufstellen.»

1760
Wie es die Tradition will, wird an diesem Tag wieder der «Fasstdauer-Buss- und Bätt-Tag» abgehalten: Man geht dreimal zur Kirche, fastet bis zum Abend und betet auch zu Hause!

1767
Nachdem das sogenannte Meyenmacherli am heutigen Bettag die Morgen- und Nachmittagspredigt besucht hat, bleibt es während der Abendpredigt aus Unpässlichkeit zu Hause. Wie die Eltern vom Kirchenbesuch zurückkehren, finden sie ihre 23jährige Tochter «tod vor dem Beth kniend. Es ist merckwürdig, dass am selbigen Tag drey Personen an der laydigen Disenderie (Ruhr) gestorben sind».

1880
Dem Pfarrer von Therwil wird untersagt, seine Gotteskinder zur Firmung in die St. Clarakirche nach Basel zu führen; er hat mit ihnen nach Luzern zu reisen, wo Bischof Eugen Lachat den jugendlichen Baselbieter und Solothurner Katholiken die Firmung erteilt.

1912
Der spätgotische Taufstein der St. Theodorskirche, der lange Zeit ver-

Das Bauerngut «Milchsuppe» an der Grenze bei der Burgfelderstrasse. Der Flurname «Milchsuppe» leitet sich nach der Sage von einer frommen Jungfrau ab, die das nach dem Hinschied ihrer Eltern von ihr bewirtschaftete Bauerngütlein beim «Lysbüchel» zum Nutzen der kranken Mitbürger dem Bürgerspital vermachte und für ihre Mildtätigkeit vom Spitalmeister mit einer vortrefflichen Milchsuppe bedacht wurde, worauf sie im Frieden des Herrn frohen Herzens einschlummerte und nicht wieder erwachte. Aquarell von Johann Jakob Schneider. 10. September 1858.

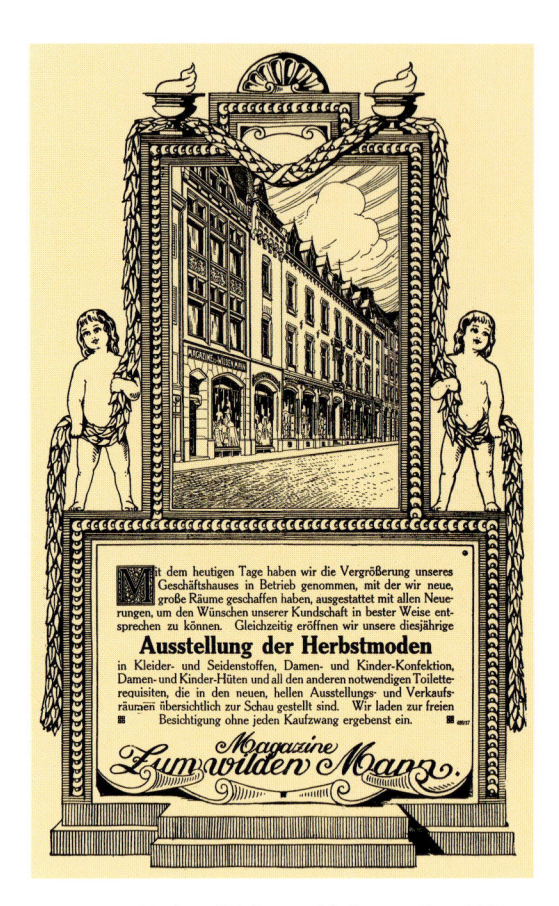

National-Zeitung, 10. September 1912

11. September

Protus und Hyacinthus die Märtyrer

1577

Vor dem Bischöflichen Tribunal in Arlesheim findet ein aufsehenerregender Monsterprozess statt: Dorothea und Agnes Bart, zwei Schwestern aus Reinach, und Jakob Sury von Muttenz sind der Hexerei und der Kollaboration mit dem Teufel angeklagt. Dorothea Bart bekennt, mehrmals auf der Prattelermatte gewesen zu sein, wo Sury auf einem Teller zum Tanz aufgespielt habe, während der Satan ihn auf einer Sackpfeife begleitete. Bevor sie in die Luft gefahren seien, hätten sie in des Teufels Namen den Besen mit Schlangenkraut bestrichen. Auch habe sie in den Reben einen schwarzen Mann getroffen, dem unter dem Rock ein Pferdefuss hervorschaute. Agnes Bart dagegen gesteht, mit ihrer Schwester auf einem Besen und einem schwarzen Hund geritten zu sein. Und Jakob Sury gibt zu, auf der Prattelermatte eine «Müffin» beschlafen zu haben, «dann seyen sie wunderbarlich wieder auf dem Besen heimgefahren, der Böse vornen und er hinten». Auch habe er beim Hagendornbrunnen auf dem Bruderholz einen Hagel machen wollen. Als ihm dies nicht gelang, habe ihn «der Teufel mit einem grossen Stock an den Grind gehauen». Die umfänglichen Geständnisse bewegen das Gericht, die drei Angeklagten wegen Hexerei zum Tod zu verurteilen und dem Feuer zu übergeben.

1611

Die Pest rafft den 41jährigen hochgeschätzten Arzt und Gelehrten Professor Theodor Zwinger dahin. «Er hat den armen verlassenen Kranken, sonderlich des Spitals, welchem er umsonst ganz willig gedient, bis in sein letztes End zu raten nicht unterlassen. Welch grossen Schaden wir an dieses Herrn Tod erlitten haben, wissen die am besten, denen seine grosse Erfahrung in allen Sprachen und Künsten, seine Gottseligkeit und Freundlichkeit bekannt gewesen sind.»

1651

Auf dem Kirchhof von St. Leonhard ist während längerer Zeit jeweils um 11 Uhr nachts ein halbstündiges heftiges Pickeln zu hören.

1654

In Rötteln wird ein 74jähriger Mann wegen Unzucht mit Tieren, welche er seit seinem 13. Lebensjahr getrieben hat, lebendig auf den Scheiterhaufen gesetzt und verbrannt.

1661

Weil «die Todtenbahren der verstorbenen ledigen Knaben oder Töchter mit Kränzen und Mayen fast ganz bedeckt sind, was übersetzt ist», erlässt der Rat bei Strafe von zwei Mark Silber ein entsprechendes Verbot. «Hat aber doch der Gärtnerzunft einigen Verdienst gebracht.»

Mittwochs-Blättlein, 11. September 1743

1666

«Ein Schwein frisst einem Kind des Kleinbaslers Dietrich Huber, das in einer Wiege liegt, ein Händlein, die Nase und eine Backe ab, alldieweil die Mutter auf der Gasse gewesen und ihre andern Kinder gesucht hat. Das Kindlein stirbt am dritten Tag.»

1736

Basel lacht: Die sehbehinderte Frau des Eisenhändlers Euler an der Hutgasse bereitet vor dem Kirchgang das Essen vor. Wie sie das Sauerkraut aufs Feuer setzt und diesem ein Stück Speck beigeben will, kommt ihr das Psalmenbuch in die Hand, das solchermassen in den Küchenhafen wandert, während die sorglose Hausfrau mit dem Speck in die Kirche wandelt. «Als sie nun die Psalmen auf der Speckseite nicht finden kann, wird sie ihres Irrtums gewahr und laufft alsobald wieder nach Haus, findet aber das Psalmen Buch schon verkocht...»

1739

Bischof Jacob Sigismund von Reinach unterzeichnet mit Frankreich einen gegenseitigen Beistandspakt gegen Unruhestifter im Innern des Bistums Basel, der im folgenden Jahr zum Einmarsch französischer Truppen in Pruntrut und zur Verhaftung der bernfreundlich gesinnten Volkstribunen führt.

1847

Eine Schar christlich gesinnter Jünglinge, Studenten, Pädagogisten und Nichtakademiker gründet die Stu-

In Gegenwart ranghoher Persönlichkeiten aus Deutschland und der Schweiz wird am 11. September 1913 der neue Badische Bahnhof an der Schwarzwaldallee festlich eingeweiht. Der nach den Plänen von Karl Moser (1860–1936), dem Architekten der Pauluskirche und der Antoniuskirche, erbaute Bahnhof, «eine der gewaltigsten, mustergültigsten Bahnhofanlagen Europas», verlässt das durch die spätklassizistischen und Neurenaissance-Bahnhöfe üblich gewordene symmetrische Schema des Aufnahmegebäudes zugunsten frei aneinandergereihter verschiedenartiger Baukuben, «wodurch schon rein in der Gruppierung der Massen eine dynamische Monumentalität zustande kommt». Das auf einer Grundfläche von über 8000 Quadratmetern erbaute Bauwerk erforderte einen Aufwand von 53 100 000 Mark oder 65 375 000 Franken.

dentenverbindung «Schwizerhüsli». Der Freundeskreis soll «den Verlokkungen des Verbindungslebens, wie den Versuchungen des Obscurantentums gegenüber, die Mitglieder hier vor Einseitigkeit, dort vor Lauheit in der Gesinnung bewahren; durch das positive Element der Freundschaft, und zwar der christlichen Freundschaft, sollten sie befähigt werden, sich als die Gleichgesinnten und gleich Angefochtenen gegenseitig zu stärken und zu ermuntern.»

Kantons-Mittheilungen,
12. September 1848

Die Friedhöfe Basels früher und jetzt.

Ein Todtenfeld ist Gottes weite Erden,
Der Mensch ein Korn nur in der Leichensaat.
Was muß Das für ein Geistesfrühling werden,
Wenn einst die große Auferstehung naht!
(Wälti.)

So oft ich auf den Schanzen des großen Basels oder im Weichbilde der kleinen Stadt mich ergehe, um Kummer und Sorgen ein wenig zu vergessen, so werden meine Blicke magnetisch auf unsere Gottesäcker hingezogen, wo mein Theuerstes ruht, was ich nächst Gott hienieden kannte; den ersten wohlthuenden, ich möchte beinahe sagen schmerzlindernden Eindruck auf das tiefverwundete Herz macht die auf den Friedhöfen stattgehabte Veränderung. Welch ein Unterschied zwischen früher und jetzt! — früher glichen dieselben einer Haide, mit Dorngestrüpp und wucherndem Unkraut die irregulären Gräber überdeckend und den Tritt des Wanderers hemmend; jetzt sind sie durch die Sorgfalt unserer löbl. Bauverwaltung und gemüthlicher fleißiger Gärtnermeister in einen stillen Garten umgewandelt; ist es doch eine eigene, mit heiligem Ahnungsschauer durchrieselnde Stille, um die der geliebten Todten; ist sie doch die Stille aller Stillen.

12. September

Juventius der Bischof

1453

In Rheinfelden wird Gericht gehalten über Heinrich von Schälklingen, der auf Anstiftung Basels das Schloss Farnsburg, den Stützpunkt österreichischer Angriffe gegen Basel, hätte in Brand stecken sollen. Obwohl der Angeklagte diesen Vorwurf bestreitet und sich erbietet, das Gottesgericht durch Auflegen von glühendem Eisen anzurufen, wird er zum Tod verurteilt. Noch protestiert Basel gegen das ungerechte Urteil, aber Schälklingen wird in Gegenwart eines Chorherrn von St. Leonhard zur Vierteilung aufs Schafott geführt und hingerichtet.

1489

Hans Heinrich Hoffmann, der Schuhmacher aus Münzenberg, wird zu einem Bürger angenommen.

1532

Der Rektor und die Professoren beschwören die neuen Statuten der Universität. Die sechzehn Paragraphen umfassende Ordnung ermahnt u.a. zur Anhänglichkeit an die Stadt und zum Studienfleiss, entbindet alle Universitätsangehörigen vom städtischen Wachtdienst und limitiert die Dauer der Ferien auf höchstens vier Wochen pro Jahr!

1561

Ein mächtiger Wind entwurzelt auf dem Münsterplatz hinter dem Georgsbrunnen die von einer Steinbank umgebene grosse Linde. Auf dem Stein unter dieser Linde pflegte einst der bischöfliche Offizial Gericht zu halten.

1646

Der Rat erteilt den Pfarrherren eine scharfe Rüge, weil sie ohne obrigkeitliche Einwilligung St. Martin mit einer neuen Orgel versehen und auf dem Kirchhof einen Kuh- und Schweinestall erbaut haben sowie aller Orten schlechte Aufsicht über die Schulen üben.

1697

Mit allen militärischen Ehren wird der französische Gesandte Amelot zu einem Staatsbesuch willkommen geheissen. In Begleitung von 120 jungen Soldaten mit blossem Degen und 542 Mann Fussvolk hält der hohe Gast glanzvollen Einzug in der Stadt. In der St. Johanns-Vorstadt stehen 400 Mann Parade, und aus den Rohren der 20 auf der Petersschanze stationierten Kanonen ertönen drei Salven. Nach ehrerbietiger Aufwartung durch den Rat im Gasthof Drei Könige wird der Ambassador von der Obrigkeit zu einem solennen Mahl auf die Zunftstube zu Schmieden eingeladen, wo auf neuen französischen Öfen leckerste Speisen zubereitet werden: Welschhähne, Fasanen, Rebhühner, Wachteln, Schnepfen, Wildbret und was man sonst noch Rares bekommen konnte. Der üppigen Bewirtung folgt eine Fahrt zu den Sehenswürdigkeiten der Stadt: dem Rathaus, der Bibliothek in der Mücke, dem Münster, der Faeschischen Kunstkammer auf dem Petersplatz, dem Zeughaus, dem Totentanz und dem Schützenhaus. Überall zeigt sich der Gesandte als grosszügiger Besucher und spendiert durch seinen Sekretär nicht weniger als 1000 schönste spanische Duplonen. Das ist ungefähr so viel, wie die Stadt für seinen Empfang hat aufwenden müssen.

1727

Es sucht im Rhein der Makler Wentz den Tod. «Er hat auf den Tisch in seinem Rebhäuslein geschrieben, dass seine Frau daran Schuld sey. Er hat mit ihr im Streit gelebt, aber dennoch 20 Kinder mit ihr erzeugt.»

1768

Die Obrigkeit ordnet eine «Landjagd» an, um des fremden Bettelgesindels habhaft zu werden. Es gelingt, 32 Männer, 43 Frauen und 62 Kinder einzubringen. Diejenigen, welche sich nicht kriminell vergangen haben, werden nach dem Ein-

Auf dem Predigerfriedhof wird am 12. September 1802 der 1724 geborene Jakob Sarasin beerdigt. Der wohlhabende Erbauer des «Weissen Hauses» am Rheinsprung widmete sich nicht nur seinen Geschäften als erfolgreicher Seidenbandfabrikant, sondern betätigte sich auch als grosser Literaturfreund. In dieser Eigenschaft pflegte er einen engen Kontakt zum blinden Dichter Gottlieb Konrad Pfeffel (1736–1809). 1777 hat der humorvolle Poet und Fabelerzähler seinem grossherzigen Freund im Weissen Haus ein feinsinniges Gedicht zugeeignet, das bis heute nichts an Gültigkeit verloren hat: «Bathyll, ein kleiner Schäfer/ Fing einen Maienkäfer/Band ihn an eine Schnur/und rief: ‹Flieg auf, mein Tierchen/Du hast ein langes Schnürchen/An deinem Fuss – versuch es nur!›/‹Nein›, sprach er, ‹lass mich liegen:/Was hilft's, am Faden fliegen?/Nein, lieber gar nicht frei!›/Im vollen Flug empfinden/Dass uns Despoten binden/Freund, das ist härteste Sklaverei!» Aquarell von Franz Feyerabend.

trag ins Polizeiregister entlassen. Wer erneut aufgegriffen wird, hat Prügelstrafe, Ohrenschlitzen, Haarabschneiden oder Brandmal zu gewärtigen.

1792

Unter den eidgenössischen Truppen, die zum Schutz der Landesgrenzen nach Basel entsandt worden sind, befinden sich auch Appenzeller. Drei dieser Soldaten geraten nach einem fröhlichen Ausgang mit

dem Binninger Löwenwirt, Hieronymus Wurster, und dessen Söhnen in einen blutigen Schlaghändel. Die Wirtssöhne, die den Streit ausgelöst haben, werden mit einigen Tagen Arrest und der Erstattung der Arztkosten sowie eines angemessenen Schmerzensgeldes bestraft.

1803

Der Stadtrat erlässt eine Ordnung betreffend das Reiten und Fahren in der Stadt. So ist das «allzustarke Fahren mit Kutschen, Chaisen, Bernerwägelin und leeren Güterwägen verboten. Es darf nicht anders als im Schritt gefahren werden. Alles Reiten im Galopp und Trab ist untersagt. Ebenso das Tränken von mehr als vier Pferden nebeneinander an den Brünnen».

1848

Fünfzig auf der St. Albanschanze abgefeuerte Kanonenschüsse verkünden die Annahme der neuen Bundesverfassung durch das Schweizer Volk. Auf der Schützenmatte werden flammende Reden durch patriotisch gesinnte Männer gehalten, und auf St. Chrischona wird ein Freudenfeuer abgebrannt.

1887

Aus dem Zoologischen Garten entweicht ein Seelöwenmännchen. Es wird 24 Stunden später in einem Krautgarten in Binningen entdeckt, den Rümelinsbach hinunter gejagt und ins Gehege getrieben.

1903

Beim Brand einer Scheune an der Weidengasse kommen zwei Knaben aus Allschwil, die ihren Eltern davongelaufen sind, ums Leben.

1911

In Basel wird der erste katholische Caritastag der Schweiz abgehalten.

13. September

Amatus von Sitten der Bischof

1274

Es stirbt Bischof Heinrich von Neuenburg, der letzte Basler Bischof des Hochmittelalters, der am Oberrhein eine selbständige Politik zu treiben imstande gewesen ist. Seine sterbliche Hülle wird in der von ihm gestifteten Kapelle im nördlichen Seitenschiff des Münsters beigesetzt.

1294

Die vornehmlich aus Holzhäusern bestehende Stadt wird von einem Grossbrand heimgesucht, der mehr als sechshundert Häuser verzehrt und vierzig Menschen ums Leben

Am Reichstag in Ulm stellt der Basler Bischof Heinrich von Thun die Frage, ob der König einen Stadtrat errichten könne ohne des Bischofs Willen und Zustimmung. Hierauf antwortet der Erzbischof von Trier, dass der König dazu kein Recht habe. Weil sich auch die übrigen Reichsfürsten dieser Auffassung anschliessen, hebt König Friedrich II. am 13. September 1218 sein den Baslern im Jahre 1212 erteiltes Privileg auf und verbietet den Bürgern, dass sie einen Rat ohne sein Einverständnis einsetzen dürfen. Bischof Heinrich lässt indessen den Rat als bischöflichen Rat bestehen.

bringt. Allein im Haus «zum Richtbrunnen» an der Gerbergasse (46) sind zwanzig Leute zur selben Zeit umgekommen.

1515

Auf dem Schlachtfeld von Marignano, wo die schweizerische Grossmachtpolitik ihr Ende findet, stirbt unter den fünftausend Eidgenossen auch der Basler Fähnrich Hans Bär den Heldentod; obwohl eine Stückkugel ihm beide Schenkel zerschmettert hat, ist es ihm gelungen, die Fahne zu retten. Von den 1800 Baslern kehren unzählige nicht zu-

Billiger Zucker!

Beste Gelegenheit für Bäcker, Bienenzüchter, Private, zum Einkochen

Solange Vorrat bin ich Abgeber von **garantiert reinem, ungebläutem Kristallzucker Beste Qualität**

Bei 5 Kg.	à Kg. 50 Cts.
" 10 "	à " 49 "
" 30 "	à " 48 "
" Original-Säcken, ca. 100–106 Kg.	à " 46 "

netto gegen baar

Karl Steinle-Schwab
Spezereihandlung
88 Isteinerstrasse 88
Basel. 06827

National-Zeitung, 13. September 1912

rück: «Da kamen vil erlicher und redlicher Burger von Basel um. Etlich wurden wund und geschossen heimgebracht. Es gieng fast übel.»

1546

Kaspar Mathis, ein reicher Kleinbasler Bürger, spendiert den angesehenen Ratsherren samt ihren Frauen und den vier Hauptpfarrern der Stadt ein grossartiges Festmahl. «Mit solchen Gastereien gewinnt er die Leute, um sie sich zu verpflichten.»

1623

Hans Siegrist von Oberdorf, der im Jahre 1606 einen Hühnerträger, den sogenannten Hühnerhans, erschlagen hat, wird erwischt «wie er bey Nacht uff dem Feld Ähren abgerupft und Garben aufgeschnitten hat». Er gesteht den Mord, wird enthauptet und auf das Rad gelegt.

1734

In Anwesenheit einer «hochansehnlichen Ratsdeputation» mit dem neuen Oberstzunftmeister an der Spitze leisten in Riehen die Untertanen von Riehen und Kleinhüningen ihren Landvögten den Huldigungseid. «Dieser Actus wird mit einer kostbaren Mahlzeit beschlossen.»

1758

Nachdem der sogenannte Kornkäfer-Merian in Pruntrut zur katholischen Religion übergetreten ist und im Bistum «vieles von seinen schönen Mitteln durchgejagt hat», will er sich wieder in Basel niederlassen. Die Obrigkeit aber verwehrt ihm nun jeglichen Aufenthalt in seiner Vaterstadt.

1790

In seinem 85. Altersjahr wird Rechenrat Jeremias Wildt-Socin vom Wildtschen Haus am Petersplatz zu Grabe getragen. Der erfolgreiche Handelsmann galt als einer der reichsten Bürger der Stadt, fürchtete sich aber derart vor Krankheit und Tod, dass er weder Geld noch Metall in die blosse Hand genommen hat, um nicht durch Grünspan vergiftet zu werden. Wollte er Geld zählen, dann zog er Handschuhe an. Machte er einen Hausbesuch, so wickelte er sein seidenes Taschentuch um den Glockenzug. Seine Garderobe dagegen liess er jeweils im Abtritt aufhängen, weil er gehört hatte, dass jener Geruch an den Kleidern der Gesundheit sehr zuträglich sei …

1868

Auf dem Feld von Muttenz wird die von dreitausend Arbeitern besuchte «Generalversammlung des internationalen Arbeitervereins von Basel» abgehalten. «Mehrere Redner entwickeln, wie sie eine Verbrüderung anzwecken, um den Arbeiter jeglichen Berufes wieder zur Geltung als Mensch und nicht nur als Ware zu bringen. Sie hoffen, dass, wenn sie in Treue und Fleiss dienen als Arbeitnehmer, ihnen die Arbeitgeber auch gerecht sein werden. Sie wollen nicht stören, nicht politische Zwecke erreichen, nur ihr Los als treue Arbeiter verbessern.»

1907

«An der Stelle, wo der Dampfer Musmacher anhält, sind beim Waldhaus in der Hardt ein paar Stufen in den steilen Uferrand gehauen worden, damit sich namentlich die Damen nicht mehr die Rampe hinaufhissen lassen müssen. Die entzückende Waldeinsamkeit wird durch diese Kulturarbeit nicht gestört.»

Frag- und Anzeigungs-Blättlein, 14. September 1734

14. September

Erhebung des Heiligen Kreuzes

1230

Bischof Heinrich von Thun zieht zwischen den Kirchgemeinden St. Leonhard und St. Peter eine feste Grenze. Alle Häuser von der Spalen bis zum Bächlein gegen den Kornmarkt sollen rheinabwärts zu St. Peter gehören, alle Häuser oberhalb dieser Linie zu St. Leonhard.

1273

Rudolf von Habsburg zieht mit seinem Heer gegen Basel und schlägt auf dem Hügel von St. Margrethen das Lager auf. Von dort aus unternehmen seine Soldaten zahlreiche Scharmützel, so «dass die Gegend gräulich verwüstet wird. Was des Landmanns Fleiss erbaut, wird zertreten. Den Gefangenen werden die Füsse abgehauen».

1445

Nachdem Basel am 17. August seine ganze mit Bernern und Solothurnern verstärkte Hauptmacht von fünftausend Mann zur Belagerung der Burgveste nach Rheinfelden entsandt hat, ergibt sich die Besatzung dem harten Geschütz und erhält freien Abzug. Unter dem Kommando von Hauptmann Mathias Eberler übernehmen die Basler das Schloss und machen grosse Beute.

1533

Weil die Untertanen oft im Wirtshaus sitzen und die Arbeit versäumen, statt Weib und Kinder vor Hunger zu bewahren, verbietet der Rat den Wirten, mehr als fünf Schilling Kredit zu gewähren und an Sonntagen durch Pfeifer und Trommler Gäste anzulocken.

1553

Es stirbt der 1487 geborene Bischof Philipp von Gundelsheim. Der Reformationsbewegung in seiner Diözese machtlos gegenüberstehend, hatte der verarmte Kirchenfürst 1528 den Bischofssitz von Basel nach Pruntrut verlegt, während das Domkapitel sich in Neuenburg am Rhein niederliess.

1594

Der Rat bestätigt die von den Papierern angenommene neue Ordnung, welche die durch das Auftreten fremder Meister beunruhigten und entzweiten Handwerksgenossen wieder dem «hochgeliebten Frieden und wohlrühmlicher Einigkeit» zuführen soll.

1612

Die Obrigkeit lässt im Stadtgraben vier Hirsche erlegen und diese an die Ratsherren verteilen.

1651

Der Rat antwortet den «guten Freunden und vertrauten lieben Eidtgenossen der Statt Bern» auf ihre Anfrage betreffend die Hexerei in unserer Stadt, dass «dieses abscheuliche Crimen bey uns und in unserer Jurisdiction und Botmässigkeit, Gott Lob, fast unbekannt und in vielen Jahren nicht verspürt und entdeckt worden ist».

1720

Es stirbt Dr. Hans Jacob Battier, «ein sehr nützlicher Mann des ganzen politischen Stands und sonderlich der Universität. Ist nicht zu ersetzen. Ist durch den Strassburger Le Maire, den trefflichen Operator und Chirurgen, von einem Stein, so gross wie ein Hühnerei, geschnitten worden. Der gute Herr Doctor hat aber an Kräften ziemlich abgenommen und hat bei der ganzen Procedur sehr viel Schmerzen ausgestanden. Dann kam ein Wundfieber, so dass er hat sterben müssen.»

1802

Helvetische Truppen wollen sich im Zeughaus der Kanonen und Kriegsvorräte bemächtigen. Sofort finden sich fünfzig Bürger auf dem Petersplatz ein, die sich dem Missbrauch von Waffen gegen Brüder erwehren. So müssen die Soldaten unverrichteter Dinge abziehen.

1893

«Es fährt eine elegante offene, etwas niedere, mit drei Herren besetzte Dampfkutsche in ziemlich rascher Bewegung ohne irgendwelche Bespannung (mit Pferden), von Basel herkommend, durch Liestal»: das erste Auto im Baselbiet.
Vor über hunderttausend Zuschauern nimmt Bundesrat Emil Frey auf der Schützenmatte «mit einer glänzenden Suite fremder Offiziere» das etwa 1½ Stunden dauernde Défilee des 2. Schweizerischen Armeekorps ab, welches im benachbarten Jura zu grossen Manövern zusammengezogen worden war. «Sozusagen die ganze Stadt feiert diese Truppeninspektion wie einen hohen Festtag.»

1903

Es stirbt der im Jahre 1831 geborene «schweizerische Nationalmaler» Ernst Stückelberg. Neben Genrebildern, religiösen Gemälden und

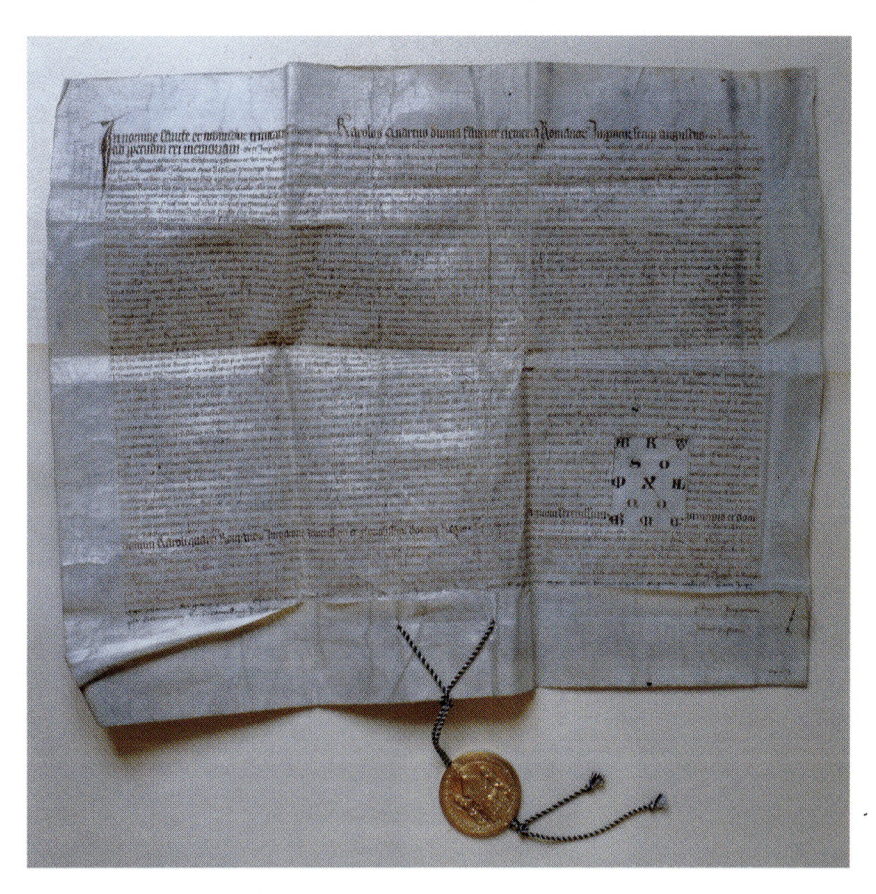

Kaiser Karl IV. besiegelt in Frankfurt am 14. September 1366 mit einer Goldbulle die urkundliche Bestätigung der dem Bischof von Basel in den Jahren 1218 und 1347 gewährten Privilegien und erklärt alles durch die Bürger von Basel wider des Bischofs Rechte und Freiheiten versuchte oder geübte für nichtig. Auch tadelt und warnt der Kaiser die Basler energisch, sie hätten den bischöflichen Klagen zu entsprechen, sonst würde er dem Fürstbischof zur Durchsetzung seiner Willensäusserungen verhelfen.

Landschaften begründeten die Fresken der Tellskapelle am Vierwaldstättersee seinen hervorragenden Künstlerruf.

1911

Nach zehn Wochen lang anhaltender Dürre bringt ein Gewitter den ersten Regen.

15. September

Nikodemus der Jünger des Herrn

1520

Unter Bürgermeister Jacob Meyer ziehen zweihundert Mann nach Pfeffingen und nehmen das Schloss nach «einer Überrumpelung» in Besitz.

1702

Baron Christoph Georg Kleist von Colberg, der an der Universität seinen Studien nachgeht, unternimmt mit einigen Herren einen abendlichen Spaziergang vor das Spalentor. Dann kehrt er mit der vornehmen Gesellschaft im Wirtshaus «zur Tanne» am Leonhardsgraben (15) ein und erregt offenbar durch höhnisches Pfeifen den Ärger von Fechtmeister Mauritius Lange und Magister Johann Jacob Burckhardt. Die Folge ist, dass sich ein Streit entwickelt. Im Stadtgraben «bey der Lyss» zücken der Baron und der Fechtmeister schliesslich ihre Degen, wobei «der Lange den Kleist unter dem fünften Ripp dermassen in das untere Teil des Herzens sticht, dass derselbe gleich in Fussstapfen niedersinkt und stirbt». Obwohl sofort die Stadttore geschlossen werden, gelingt dem Fechtmeister die Flucht ins Ausland.

1758

Der mittellose Hafner Rich gewinnt an einer von einer Kölner Gesellschaft veranstalteten Geldlotterie 10 000 Gulden. «Mithin ist es merckwürdig, dass dieser arme Rich nach seinem Geschlecht rich geworden ist.»

1761

Tollwütige Hunde machen die Gassen und Strassen unsicher und fallen mitunter Leute an. So wird auch ein Soldat von einem «tauben» Hund gebissen. Er wird unverzüglich ins Spital eingeliefert, stirbt aber an den Folgen der Verwundung, nachdem «er zuletzt wie ein Hund gebrüllt hat». Die Obrigkeit ermahnt deshalb die Bürgerschaft, ihre Hunde in den Häusern zu lassen. Freilaufende Hunde würden hinfort ergriffen und totgeschlagen.

1792

Die Freunde der Französischen Revolution, Oberstzunftmeister Buxtorf und die Ratsherren Vischer und Le Grand, setzen im Grossen Rat in einer heftigen Auseinandersetzung die Ablehnung des Antrags des Standes Bern durch, die Eidgenossenschaft solle Frankreich den Krieg erklären.

1845

Die Bank in Basel (1844–1907) emittiert die ersten Banknoten, 1500 Abschnitte zu 20 Stück Fünf-Frankentalern oder 100 französischen Franken.

1885

Basel trauert um seinen letzten Bürgermeister, Karl Felix Burckhardt. Der 1824 geborene Magistrat, «einer der edelsten Bürger der Stadt, der mit grösster Gewissenhaftigkeit die ihm übertragenen Ehrenämter verwaltete und sich unermüdlich der Armen und Bedrängten angenommen hat», diente dem Gemeinwesen in mehreren Funktionen als Richter, als Grossratspräsident, Zunftmeister, Präsident der Synode und, von 1862 bis 1875, als Bürgermeister.

1894

Unter dem Vorsitz von «Papa» Adolf Glatz wird der «Verein Ferienheim» gegründet. Er setzt sich zum Ziel, auf der Alp Morgenholz im glarnerischen Niederurnen das erste Basler Ferienheim zu betreiben, das vornehmlich dem Realschülerturnverein (RTV) zugute kommen soll.

Auf der Tränkematte beim niederen Teich im Gemeindebann Weil stellen sich zwei deutsche Offiziere, Leutnant von Ratzel und Leutnant von Luchaire, zu einem Duell, dessen Ursache im Herzen einer bildschönen Frau verborgen ist. Die blutige Auseinandersetzung der verfeindeten Nebenbuhler findet in Gegenwart von fünf Sekundanten statt, die schliesslich den durch einen Bauchschuss schwer verletzten Luchaire in einer Kutsche ins Bürgerspital führen und alles Erdenkliche veranlassen, um das Leben des jungen Offiziers zu retten. Doch bleibt es der ärztlichen Kunst versagt, die unglückliche Liebesaffaire ohne Todesopfer zu beschliessen.

Hôtel Storchen

Sonntag den 15. September 1907:

Menus:

Diner à Fr. 3.—	Souper à Fr. 2.50
Consommé Américain	Potage Sultane
Saumon du Rhin à la Worchester	Aigrefin à la Lyonnaise
Pommes à la Vapeur	Pommes natures
Volaille à la Demi-Deuil	Tournedos à la Halder
Epinards aux œufs	Noix de Veau glacée
Cuissot de Chevreuil	Maccaroni à la Napolitaine
Sauce crème aigre	
Salade	Salade
Glace panachée	Fromage
Pâtisserie	
Fruits	

Prima offene und Flaschenweine.
Münchner- und Pilsner Bier.

Höfl. empfiehlt sich

8214

G. Gieré.

Basler Nachrichten, 15. September 1907

---

16. September

Einbeth, Warbeth und Wilbeth die heiligen drei Jungfrauen

1466

Beim Zunfthaus zu Gerbern erblickt ein frommer Mann, Hans von Delsberg, am Himmel eine sich öffnende Kugel, aus welcher sich die heilige Veronika herausschält. «Dornoch liess sie ein gross schön wyss Tuch an eynem wyssen Seyl herab. Und

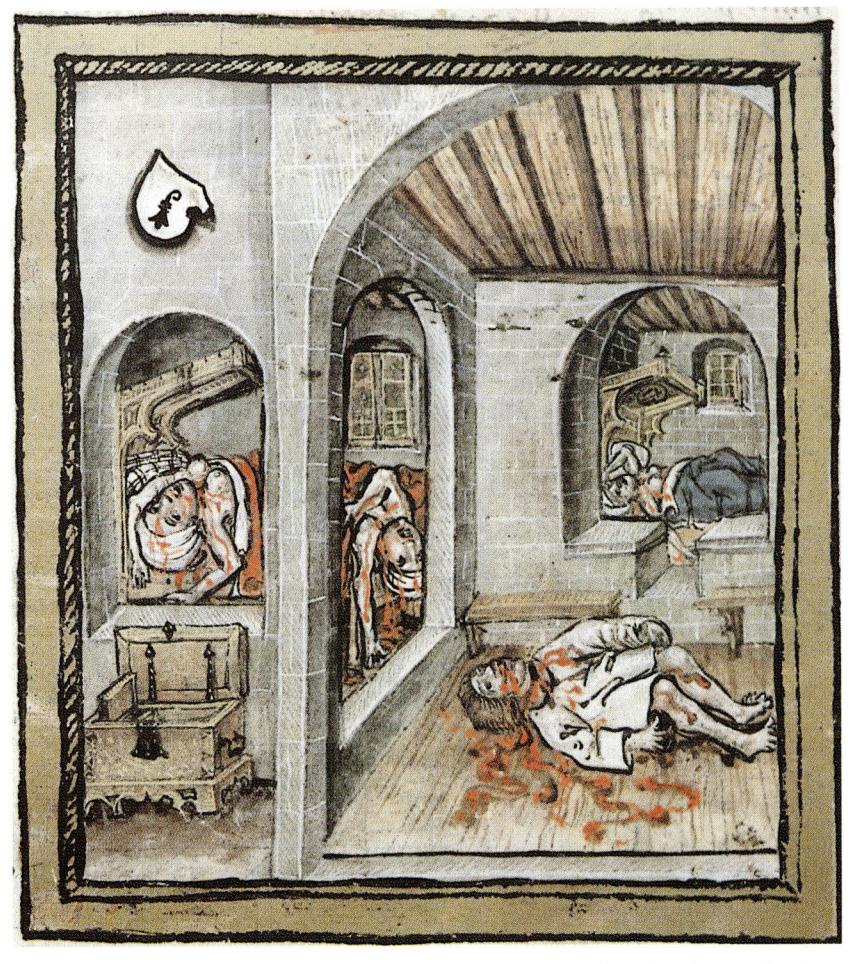

Am 15. September 1475 werden «im Haus zum Sternen bey der Blume ein altes Weib, ein alter Mann, eine Magd und ein Mädchen erwürgt. Der Mord bleybt bey drey Tagen verborgen, bis die Kuh vor Hunger und Durst sehr geheulet und die Leut darauf in das Haus stiegen. Dass so etwas in einer engen, gangbaren, bevölkerten Gasse neben einem Wirtshaus geschehen konnte, beweist, dass früher die Leut sich nicht so sehr um jeden Schritt und Tritt der Nachbarn bekümmerten. Wegen dieses schrecklichen Mords ist ein armer Mönsch, Pfaff Rossschwantz geheissen, übel gemartert worden, dem aber Unrecht geschah, weil ein Barfüssermönch solichen Mord zu Basel hat vollbracht. Derselbe Mönch hat man in Rom verbrannt.» Faksimile aus der Luzerner Bilderchronik von Diebold Schilling.

in dem Tuch stund eine schöne Jungfrau, und war ir Rock blutig.» Meister Hans bezeugt die wundersame Erscheinung mit vier Nachbarn, welche «das wunderbare Gesicht» ebenfalls mit eigenen Augen gesehen haben, mit dem Eid den Vorstehern der Klöster zu St. Leonhard und St. Peter.

1572
Der erste Flüchtling, welcher der schrecklichen Bartholomäusnacht in Paris glücklich entgangen ist, trifft in Basel ein. Es ist der Pfarrhelfer von St. Peter, Heinrich Erzberger, der vom Liestaler Hans Pfaff, der als königlicher Gardist diente, aus dem Blutbad gerettet worden ist.

1578
Graf Hannibal von Ems zieht mit etlichen tausend Mann durch die Stadt, dem König von Spanien in den Niederlanden zu Hilfe eilend.

1643
Hans Fuchs von Magden wird wegen «vieler Diebstähle und Mordthaten vom Henker enthauptet und geradebrecht».

1660
Beim Haus «zum hohen Dolder» in der St. Albanvorstadt ist der Küfer Paul Kühn zu nächtlicher Stunde mit dem Ausbrennen eines Fasses beschäftigt. «Weil nun die Flammen von den Hanfstengeln hoch empor fliegen, vermeinten die Bläser auf dem Münsterturm ein Feuer, weshalb sie zu stürmen blasen. Als die ganze Bürgerschaft und die zu den Feuerleitern Verordneten sich in die Waffen stürzten und aus der ganzen Stadt Leute herbeilauffen und niemand zu sagen weiss, wo es brennt, wird dieser blinde Lärm wieder gestillt. Der Küfer aber wird in den St. Albanschwibbogen gesperrt.»

1705
Der Pfarrer von St. Martin, Alexander Wolleb, beobachtet, wie im Reichensteinischen Hof (Blaues Haus) der Kaplan von Inzlingen im Gärtlein das Brevier liest, und hört gelegentlich auch ein Glöcklein, wie man es bei der Aufhebung der Hostie zu brauchen pflegt. Weil die Ausübung der «römischen Religion» in der Stadt nicht gestattet ist, ersucht der Rat den für «diese Widrigkeiten» verantwortlichen Junker von Inzlingen, das Verbot zu respektieren.

1727
Nachdem sie den Bettag in der Kirche zu St. Peter verbracht hatten, wo «Professor Buxtorf eine herrliche Predigt gehalten, die über zwei Stunden gedauert», kehren die von grossem Durst geplagten Krug und Huber bei Flick, dem Weinschenk «zum blauen Wind» ein, «allwo sich der Krug dermassen vollgesoffen, dass er mit dem Huber in Streit gerät und ihm etliche Wunden ins Gesicht schlägt. Dieser wehrt sich mit seinem Degen, so dass Krug stirbt. Huber wird ohne Schuld des Turmes (aus der Haft) entlassen».

1741
Als man zu St. Jakob zwei Lehenleute begraben will, stossen die Totengräber auf ein Grab, in welchem «ein Bräutigam und eine Braut begraben sind. Obschon beyde dem Vermuthen nach schon über 30 Jahre im Grab liegen, sind der Hochzeitsstrauss des Bräutigams und der

Hochzeitskranz der Braut noch ganz unversehrt. Auch ihre Haare sind noch in schöner Ordnung und Vollkommenheit zu sehen. Das Fleisch aber ist von den Würmern völlig verzehrt».

1769

Ein unglaublich brutaler Basler Bäckermeister wird vom Landvogt von Lörrach mit einer Strafe von 50 Neutalern belegt, weil er eine Magd aus Grenzach, die ihm das Brotgeld schuldete, «seinem Pferd an den Schweif gebunden und nach Hause geschleift hat».

Nachdem das jungeidgenössische Basel gegen Ende des Jahres 1507 den Luzernern zur Mehrung fasnächtlicher Kurzweil bei Nacht und Nebel ihren weitberühmten Bruder Fritschi entführt hatte, treffen hundertfünfzig schmuckgekleidete Waldstätter, angeführt von den beiden Schultheissen und einer Abordnung Urner, Schwyzer, Unterwaldner und Zuger, in Basel ein, um ihr «geraubtes Nationaldenkmal» am 16. September 1508 mit grosser Freude wieder in Empfang zu nehmen (rechts aussen im Bild dargestellt). Den Innerschweizern wird unterhalb der Birsmündung durch die Honoratioren der Stadt ein herzlicher Willkomm zuteil. Und die Zünfte bereiten den Gästen während fünf Tagen glanzvolle Festivitäten. Zum Abschied wird «der Bruder Fritschi von einem körperlich sehr starken, aber wenig witzigen Brunnknecht vor das St. Albantor getragen, worauf er von den Eidgenossen seiner Vaterstadt Luzern zurückgebracht wird». Wenig später schicken die Luzerner ihren vom Unterschreiber begleiteten Schultheissen in die Rheinstadt, um den Baslern für die ihnen erwiesene Ehre und Freundschaft, deren sie nimmermehr vergessen und die mit des Allmächtigen Hilfe stets innige Liebe erzeugen würde, den herzlichsten Dank auszusprechen. Faksimile aus der Luzerner Bilderchronik des Diebold Schilling.

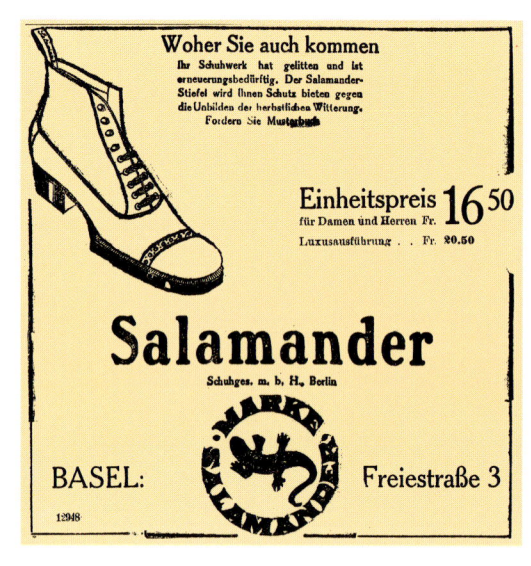

Basler Nachrichten, 16. September 1911

1845

Nach dem Vorbild elsässischer Fabrikstädte wird im Zunfthaus zu Safran das «Sapeur-Pompiers-Corps» gegründet. Die 148 Anwesenden wählen Carl Leonhard Burckhardt zum ersten Hauptmann der Ständigen Feuerwache.

1862

Am Steinenberg ereignet sich ein schwerer Unfall: Ein Fuhrwerk, das einen 80 Zentner schweren Brunnentrog vom Centralbahnhof zum Badischen Bahnhof transportieren soll, ist durch den Bruch der Wagendeichsel unlenkbar geworden, so dass die Pferde durchgehen und eine Frau, die ihrem Mann das Essen bringen will, zu Tode quetschen.

17. September

Lambert von Maastricht der Bischof

1276

Bischof Heinrich von Isny kommt von seiner Fahrt nach Rom zurück, auf welcher neun Männer seines Gefolges das Leben verloren haben.

1445

Nachdem die siegreichen Basler alter Sitte gemäss während drei Tagen nach vollbrachter Tat das Lager aufrechterhalten haben, kehren sie von Rheinfelden nach Basel zurück. Es wird ihnen, samt den Bernern und Solothurnern, ein festlicher Empfang bereitet. Mit Stolz präsentieren die Reisigen ihre Beute, die neben der wiedereroberten «Rennerin», dem Hauptgeschütz der Stadt, aus 35 feindlichen Kanonen und einem österreichischen Fähnlein besteht. 55 fremde Landsknechte werden für ihren Einsatz mit dem Bürgerrecht belohnt.

1510

Die dreihundert Mann, welche am 13. August unter Jakob Meyer zum Hasen über «hohe scharpfe Berg» in den Süden gezogen sind und die Eidgenossen bei ihren Verwüstungszügen zwischen Varese und Chiasso unterstützt haben, kehren «mit schlechtem Namen und kleinem Lob» zurück.

1550

Adelheid Joli hat einem armen Hirten Kräuter, die mit Heiligennamen in einem Säcklein eingebunden waren, verkauft, welche das Vieh vor Wölfen schützen sollten. Auch hat sie sich dem Hannibal von Michelfelden gegen Bezahlung aner-

«Nach mehrtägiger regnerischer Witterung, welche besonders am 17. September 1852 und in der darauffolgenden Nacht fast unausgesetzt anhält, erhebt sich der Rhein auf eine seit Jahrhunderten nie gesehene Höhe. Der Rhein steigt bis auf die Köpfe der eisernen Gallerie auf der Schifflände und schwemmt die dort lagernden Baumwollenballen fort. Die neue Strasse, die Kronengasse, die Schwanengasse und theilweise der Fischmarkt stehen unter Wasser. So auch die kleine Stadt vom untern Rheintor bis zum St. Antonierhof an der Rheingasse (43). Der Birsig überschreitet seine Ufer und strömt zum Steinenthor hinein. Auch die Wiese überquillt und richtet beträchtliche Verwüstungen an.» Aquarell von L. Dubois.

boten, dessen verlorenes Geld wiederaufzufinden. Deswegen vor Gericht geladen, gibt sie nicht nur den vorgeworfenen Tatbestand zu, sondern rühmt sich auch, Umgang mit «läbendigen Erdwyblin» gehabt zu haben und im Innern der «Frau Venus Berg» gewesen zu sein. Auf den Vorhalt aber, sie habe es mit dem Teufel, stellt die «Hexe» entschieden fest, sie gehe mit dem Teufel nicht um, denn sie bediene sich des Segens und lese die Passion. Trotzdem wird «diese Adelheit zum Brand verurteilt, doch uss Gnaden in dem Wassergericht vom Leben zum Thod gevertiget».

1634

Hungersnot und Pest treiben Hunderte von Markgräflern in die Stadt. Obwohl der Rat den Zugang von Kranken einschränkt, sterben täglich gegen vierzig Menschen an der schrecklichen Seuche. «So ist der Klingenthal-Kirchhof bald wegen der Pest mit Markgräfern dermassen angefüllt, dass die Obrigkeit den Befehl gibt, nach einem andern Kirchhof zu sinnen, wo die Fremden begraben werden können.»

1735

«Eine gottvergessene Bäuerin aus Schopfen hat anstatt Brombeeren oder Heidelbeeren Nachtschattenbeeren, welche ein starkes Gift sind, verkauft. Davon sind im Almosen vier arme Personen gestorben. Daher dürfen keine solchen ungesunden Früchte mehr in die Stadt gebracht werden.»

1758

Der draufgängerische Sohn von Landvogt Wagner kommt erneut von einer Reise in fremde Länder zurück und bringt einen siebenjährigen «Mohren-Knab samt einer schönen Beuth mit. Er hat schon vor zwei Jahren im Königreich Maroco die Wilden geschlagen und das Glück gehabt, dasigen König mit eigener Hand umzubringen, von welchem er eine grosse Beuth gemacht, so dass er lebenslänglich genug hat».

1774

«Als ein junger Mann in der Aeschenvorstadt muthwilliger Weis am heitern Tag gantz nacked auf

> **Merckwürdigkeiten:**
>
> Freytags den 4ten hujus, Abends zwischen 4. und 5. Uhren, wurden Ihro Excellenz Herr Marquis de Prié &c. &c. &c. Ihro Königl. Majestät von Hungarn und Böheim &c. &c. &c. Herr Bottschaffter bey Hochlöblicher Eydgnoßschafft &c. &c. &c. durch das tödliche Hinscheyd dero Frau Gemahlin in höchste Trauer gesetzet. Montags darauf Morgens gegen 6. Uhren wurde doch deroselben verblichener Leichnam unter einem nicht gar Zahlreichen Leichen-Conduct, durchs das St. Alban-Thor von hier nacher Rheinfelden abgeführet, und allda bey denen Ehrwürdigen P. Capucineren, Standes-mäßig beygesetzet.
>
> An obigem Freytag hat der Hochehrwürdige und Hochgelehrte Herr Johann Balthasar Burckhardt, H. Schrifft Doctor und bey Löbl. Universität allhier der Theologischen Facultaet Professor auch dißmahliger Decanus facult. Theologiae, mit einer gelehrten Oration, seine Profession des Neuen Testaments angetretten.
>
> Dienstags den 8ten dito, hat ferner um die vacirende Griechische Professions-Stelle disputiert: Herr Johann Ulrich Wagner, A. L. M. und Collegii Superioris Senior; Seine Herren Opponenten waren: Herr Johann Heinrich Brucker A. L. M. Herr Joh. Bernhard Merian A. L. M. und Herr Daniel Mitz A. L. M. der Respondens aber: Herr Joh. Jacob Has.
>
> An nemlichem Morgen hat, auß gleichem Anlaß gelesen, Herr M. Joh. Jacob Burckhardt, S. M. C.

Donnerstags-Blättlein,
17. September 1744

einem Pferd herumreitet, wird er ins Zuchthaus gethan und castigiert» (gezüchtigt).

1793

Nachdem die Franzosen von der Festung Hüningen aus Kleinhüningen beschossen haben, versuchen sie nun, auf vier Flössen Mannschaft über den Rhein zu setzen. Aber der Angriff misslingt: «Viele finden im Strom den Tod.» Und 150 Soldaten geraten in schweizerische Gefangenschaft, werden jedoch nur entwaffnet und wieder nach Frankreich entlassen.

1835

Mit dem Ziel, «wissenschaftliche Bildung im Allgemeinen zu befördern, insbesondere aber die in der Stadt Basel bestehenden höheren Lehranstalten sowie auch die Kunst und wissenschaftlichen Sammlungen zu unterstützen», wird durch Ratsherrn Andreas Heusler-Ryhiner die Freiwillige Akademische Gesellschaft ins Leben gerufen.

1874

Der Rheinfelder Arzt Felix Nussbaumer attestiert dem Abt von Mariastein, dass er nach einer Wallfahrt an den Gnadenort von seiner schweren Hauttuberkulose, die ihn vor 13 Jahren befallen habe, geheilt worden sei: «Der Gefahr ausgesetzt, die Nase zu verlieren, kann ich gegenwärtig ohne jeden Verband wieder unter die Menschen gehen. Ich darf diese Heilung nur dem Einfluss der Göttlichen Mutter Maria zum Stein zuerkennen.»

1903

«An der so viel bewunderten Malerei im Rathaushof wird gegenwärtig eine Umänderung vorgenommen: Über den Zellenfenstern des Rathauspostens befanden sich bis anhin zwei Köpfe von Arrestanten, welche an ihren Ohren festgehalten wurden und komische Grimassen schnitten. Dieses bildlich dargestellte Martyrium erregte Anstoss, und so werden die Köpfe in Zukunft nur noch hinter Gittern ohne Ohrenklemmen zu sehen sein...»

18. September

Ferreolus der Märtyrer

1475

Der Rat auferlegt der Bürgerschaft eine beträchtliche Steuererhöhung, denn die Kriegszüge nach Héricourt, Neuss, Grandson und Blamont haben die Mittel der Stadt erschöpft. Es wird eine Vermögenssteuer, eine Kopfsteuer und eine Verbrauchssteuer erhoben.

1572

«Es regnet bei Rheinfelden und Augst Blut vom Himmel.»

1581

Meister Georg Käser, der Scharfrichter, hält Hochzeit mit eines Tischmachers Tochter aus Schaffhausen.

1622

Die «hochbeschwerlichen Kriegsläuffe» veranlassen den Rat, für die «etlich Hundert Soldaten», die unter das «Fendlin» gerufen werden, eine «Articulierte Ordinantz» zu formulieren. Das nicht weniger als 82 Artikel umfassende «Kriegsrecht» sieht u.a. die Todesstrafe vor für Deserteure, Verräter, Frauenschänder, Ehebrecher, Brandstifter, Räuber, Lebensmitteldiebe, Meuterer und «schlafende Schiltwachen» und das Handabhauen für blutigen Schlaghändel unter Kameraden. Sodann sollen nach dem Willen der Obrigkeit «alle gemeinen Huren aus den Lagern mit Schanden verjagt werden, und wenn sie wieder kommen, mit Ruten ausgestrichen werden».

1783

In Petersburg (Leningrad) stirbt der im Jahre 1707 geborene Leonhard Euler, «der grösste und fruchtbarste Mathematiker des 18. Jahrhunderts». Nach kurzer Lehrtätigkeit in Berlin folgte Euler einem Ruf der Kaiserin Katharina II. und stellte sich 1766 erneut in den Dienst der berühmten Petersburger Akademie.

Obrigkeitliches Mandat,
18. September 1613

> Wir Burgermeister und der Rhat der Statt Basel/ Thun hiemit jedermenigklichen zu wissen/ Nachdem auß eehafften ursachen/ und fürnemblich damit der gemeine Mann desto billicher pfenwerdt erhandlen möchte/ rhatsam befunden worden/ die Karpffen Fisch nit ferners beim augenmaß/ sondern dem gewicht/ inmassen vor achtzig und mehr jahren in dieser Statt auch gebräuchig gewesen/ zu verkauffen: daß wir hierauff wolbedachtlich geordnet haben/ daß fürterhin genandte Karpffen Fisch/ von hiesigen und fremden/ allein auff unserem gewohnlichen Fischmarckt/ und beim gewicht/ mit nachvermercktem underscheid/ und nicht anderst verkaufft: auch solchem gemäß/ auff sonderbaren hierzu verordneten Wagen/ welche einem jeweils wesenden Stubenknecht zun Fischeren/ darüber gute sorg zu tragen anvertrawt/ und jeglichem so Fisch zu feylem kauff einherbringt/ gebürlich zuzustellen/ anbefohlen seyn/ außgewogen und hingegeben/ bey Straff zwölff batzen/ welche beedes dem käuffer und verkäuffer/ von jedem Karpffen Fisch so vorstehender Ordnung entgegen verkaufft/ ohne gnad abgenommen werden sollen. Decretum Samstags den 18. Septembris 1613.

Zu St. Elisabethen wird am 18. September 1800 der ehemalige Weissbäcker und spätere Schreibmeister am Gymnasium Jakob Christoph Holzach zu Grabe getragen. «In den Jünglingsjahren widmete er sich der Weissbäckerei, welche er erlernt hatte und einige Jahre betrieb. Bei seinen natürlichen Anlagen zum Schönschreiber wurde er durch Gönner und gute Freunde aufgefordert, sich ganz dieser Kunst zu widmen, worin er die Jugend in Privatstunden und an öffentlichen Lehranstalten mit sehr gutem Erfolg unterrichtete. Fleissig und unermüdet in seinem Beruf, erlag er einem Zehrfieber, als seine Gattin ihr jüngstes Kind noch unter dem Herzen trug.» Die Federzeichnung von Rudolf Huber trägt die Bildunterschrift: «Zeichnungs-Schulstube von Hr. Landtvogt Holzach, meinem Lehr Herrn. Links mein Platz, wo ich zeichnete, von mir gezeichnet, in dem ersten Lehr Jahr. 1784.»

Trotz seiner völligen Erblindung liess seine beispiellose Schaffenskraft nicht nach, so dass bei seinem Tode gegen 900 wissenschaftliche Arbeiten sowohl über die reine und angewandte Mathematik als auch über Astronomie und Physik vorlagen.

1891

Die im Jahre 1777 ins Leben gerufene Gesellschaft zur Beförderung des Guten und Gemeinnützigen (GGG) widmet ihrem Gründer, Ratsschreiber Isaak Iselin (1728-1782), im Hof des Schmiedenhofs ein vom Berner Bildhauer Alfred Lanz geschaffenes Denkmal. Das in Erz gegossene Standbild, das den grossen Philanthropen «in sprechender Haltung, in der einfachen bürgerlichen Kleidung des vorigen Jahrhunderts, die Rechte ausgestreckt, die Linke eine Mappe haltend», zeigt, wird in festlicher Zeremonie enthüllt und durch eine würdige Gedenkrede von Rudolf Wackernagel der Öffentlichkeit übergeben.

19. September

Januarius von Neapel der Bischof

1445

Ermutigt durch den glänzenden Erfolg ihrer Waffen, ziehen die Basler schon zwei Tage nach ihrer Rückkehr von Rheinfelden mit den Eidgenossen mit zehntausend Mann gegen Säckingen, wo der Herzog von Österreich sein Hauptlager aufgeschlagen hat. Unterwegs werden Schloss und Dorf Schwörstadt in Brand gesteckt, dann wird die Festung Säckingen während vierzehn Tagen belagert. Als die Hauptleute den Sturm wagen wollen, herrscht Uneinigkeit zwischen den Baslern und den Bernern. So wird die Belagerung aufgehoben, und die Kriegsknechte treffen unverrichteter Dinge am 8. Oktober wieder in Basel ein.

1450

Die noch der Zunft der Grautücher angeschlossenen Rebleute erwerben an der Freien Strasse (50) zum Preis von 320 Gulden das Haus «zur Glocke».

1521

Der Rat lässt durch den Schultheissen von Liestal, Heinrich Grünenfels, den Untertanen aufs höchste verbieten, dem Papst, dem Kaiser oder dem König von Frankreich Kriegsdienste zu leisten.

1526

«Ein grausamer Donnerschlag mit einem Blitz aus heiterem Himmel schlägt in den Schniderthurm zwischen dem Aeschenthor und dem St. Albanthor. Darin haben Unsere Gnädigen Herren ihr Büchsenpulver und Schwefel aufbewahrt, by fünffzig Donnen. Der starke Blitz schlägt den Thurm auf den Grund hinweg, als wäre nie ein Thurm dagestanden. Es zerschlägt auch alle Häuser an der Malzgasse. Auch werden etliche grosse Quadersteine bis in die Vorstädte zu St. Alban und Aeschen geschleudert und schändten viele Häuser. Ebenso werden in der St. Theodorkirche die Fenster und Scheiben beschädigt. Was aber noch viel schädlicher ist: Es zerschlägt auch zwölf Menschen. Es ist ein elender Anblick.»

1543

Matthias Ehinger, der Wollenweber aus Rheinfelden, erwirbt das Bürgerrecht.

1634

Der kaiserliche Kapitänleutnant Peter Uriel überfällt mit sechzig Reitern die beiden Dörfer Biel und Benken. Der Meier (Dorfvorsteher) von Benken wird samt einem andern Bauern tödlich verwundet. Die Soldaten hausen übel im Dorf. Alle Häuser werden ausgeplündert, und auch die Kirche bleibt vom Raubzug nicht verschont. So verschwinden Abendmahlskelch, Patene und Taufbecken, «Sparhäfelin», «Plunder»

> **Merckwürdigkeiten:**
> Gestern ist bey St. Theodorn begraben worden: Frau Anna Catharina Erlacherin, Weyl. Herrn Nicolaus Fritschen seel. des Raths nach Tod hinterlassene Frau Wittib.
> So dann heut Nachmittag in dem Münster: Frau Anna Barbara Stupanin, Weyl. Herrn Johann Rudolf Schärrers seel. des Handelsmanns nach Tod hinterlassene Frau Wittib.
> Hingegen sind gestern bey St. Leonhard Ehelich copulirt worden: Meister Sebastian Geßler und Jungfrau Dorothea Oser.
> Als man verwichenen Samstag zu St. Jacob zwey Jünglinge Gebrüdere zur Erden bestatten wolte, gelangte man bey Verfertigung des Grabes auf dasigem Kirchhof an eine Grabstätte, worinnen ein Bräutigam mit seiner verlobten Braut begraben waren, und obschon sie beyde, dem Vermuthen nach, schon über 30. Jahre ligen, so ware doch an dem Bräutigam der Hochzeit-Strauß an seiner Seithen, und an der Braut der Hochzeit-Krantz auf ihrem Haubt, noch gantz unversehrt, auch an beyden die Haare noch in schöner Ordnung und Vollkommenheit zu sehen, das Fleisch aber ware von den Würmern völlig verzehret. Man ist curios zu wissen, wer diese zwey Verlobten gewesen, auch um welche Zeit sie begraben worden; wer einige Nachricht davon geben kan, dehme wird man verbunden seyn.

Frag- und Anzeigungs-Blättlein,
19. September 1741

(Kleider) und «Fatzenettli» (Nastücher). Zudem werden nicht weniger als 22 Fohlen und Pferde, 69 Kühe und Kälber, 47 Ochsen, 2 Stiere und 238 Schafe in Richtung Pfirt weggetrieben, so dass der Schaden die enorme Summe von 6754 Pfund 13 Schilling 4 Pfennig ausmacht!

1646

Gemäss der «Tax-Ordnung der Statt Basel» sind als Höchstpreise festgesetzt: Für «einen hohen Männerhut von der besten und reinsten Wolle» 1 Pfund 15 Schilling, für «ein Paar gute Weiberstrümpfe» 1 Pfund 5 Schilling, für «ein Pfund des allerbesten Lebkuchens» 5 Schilling, für «einen Ratsherrenrock dreimal gesteppt» 4 Pfund, für «eine Haube für eine Hochzeiterin aus Samet» 5 Pfund, für «eine Mandeltorte für 12 Personen» 2 Pfund, für «ein Glied abzuschneiden oberhalb der Dicke samt der Cur» 30 Pfund, «so er aber daran stirbt, nur den halben Theil», für «eine Frantzosen (Syphilis) Cur, weil dieselbige unterschiedlich und desswegen keine gewisse Tax gemacht werden kann, soll man sich gegen den Patienten der Billichkeit gemäss verhalten»!

1654

In Sissach huldigt die Bauernsame der vier obern Ämter, die «ihren grossen Fähler in der Rebellion erkannt und vor einem Ehrsamen Rath um Verzeichung gepetten», einer gewichtigen Abordnung der städtischen Obrigkeit. Auf dem Schützenhaus hält Oberstzunftmeister Wenz «an die uff dem Platz stehenden Unterthanen eine ernstliche Red, in der er ihnen die begangenen Fähler fürhält. Mit Aufhebung zweier Finger und dem Daumen zu Gott im Himmel wird hernach geschworen und gehuldigt.»

1751

In der Kirche zu St. Leonhard soll der pfälzische Student Wagner eine Predigt halten. «Er betet das Gebätt hurtig und verliest den Text recht. Als er aber den Eingang macht, fängt er diesen also an: ‹Salomon sagt›. Und da er diese zwey Wort etwa zehn Mahl wiederholt und nicht weiter kann, fangen alle Zuhörer an zu lachen, und er auch. So begibt er sich von der Kanzel herunter und geht nach Haus!»

1758

In seinem 99. Altersjahr stirbt Johann Heinrich Engelberger, der Seiler. «Ist ein ehrlicher, aber simbler Mensch gewesen, welcher sein Verstand und guten Appetit wie seine Lust am Gartengewächs und den Canari-Vöglen bis an sein Endt gehabt hat. Er hat bis vor zwey Jahren auf seinem Beruf gearbeitet, hat rauch gelebt und ist sein Lebtag wenig kranck gewesen.»

1803

Im Haus «zur Mücke» am Münsterplatz hat sich aus dem Kreis der Universität eine Gesellschaft gebildet, aus welcher «mehrere Herren Professoren jeden Samstag Nachmittag auf hiesige Bibliotheca Publica (die nachmalige Universitätsbibliothek) sich verfügen und dort freundschaftliche Gespräche und Nachforschungen über die dort sich befindlichen Gemälde, Alterthümer, Petrefackten etc. anstellen» und auf diese Weise die Entwicklung der öffentlichen Kunstsammlung zum berühmten Kunstmuseum tatkräftig unterstützen und fördern.

1877

An der Mittlerenstrasse wird das neue Augenspital feierlich eingeweiht. «In der schönen Anstalt sind 50 Betten untergebracht. Im oberen Stock sind die Frauen, im ersten Stock die Männer und ebener Erde die Kinder. Ebendaselbst befindet sich auch der Saal für die Operationen.»

1891

«Auf dem Barfüsserplatz wird den ganzen Tag über, sowohl für Verkäufer von selbstgezogenen Produkten, als für Händler mit fremden Erzeugnissen, insbesondere mit grösseren Partien Obst und Kartoffeln, Markt gehalten.»

1898

In Riehen stürzt am Weilerweg 40 (Bachtelenweg) der Rohbau des Technischen Unternehmens E. Weber & Cie. zusammen, wobei vier Arbeiter den Tod finden.

20. September

Eustachius der Nothelfer

1273

Bei der Belagerung von Basel erreicht Graf Rudolf von Habsburg die Nachricht von seiner Wahl zum deutschen König. Zwei Tage später wird infolgedessen die mehrjährige Fehde zwischen Rudolf und dem Bischof von Basel beigelegt.

1289

In feierlicher Huldigung unterwirft Graf Otto in Basel die Grafschaft Hochburgund König Rudolf von Habsburg.

1458

Bürgermeister und Rat übersenden dem zum Papst erwählten ehemaligen Konzilssekretär Enea Silvio Piccolomini eine Glückwunschbotschaft, weil «unser Gemeinwesen Eurer Heiligkeit wegen Eures wohlwollenden Umganges in unsern Mauern während des allgemeinen Konzils erst recht in Liebe verbunden ist und wir so mit besonderem Grund Eurer Heiligkeit Glück wünschen dürfen. Wohlan denn, allerfrömmster Papst Pius, wir bitten untertänigst Euer Heiligkeit, dass Ihr geruhen möget, über den sorgen-

Am 19. September 1804 stirbt der 1728 geborene Professor Johann Jakob d'Annone, Dozent für römisches Recht, Eloquenz, Numismatik, Mathematik und Naturgeschichte. Der Verfasser zahlreicher wissenschaftlicher Arbeiten widmete sich auch während fünfzig Jahren mit grösster Gewissenhaftigkeit der täglichen Beobachtung des Wetters und notierte Temperatur, Luftdruck, Wind und Witterung, so dass Basel zu einzigartigen systematischen klimageschichtlichen Untersuchungen gekommen ist. Überhaupt wusste der schrullige d'Annone «von allem, was ein sterblicher Mensch zu wissen vermag». Auch war er ein begeisterter Sammler von Kunstwerken, besonders von solchen, die sich in Augst aus der Römerzeit finden liessen. Daneben aber weckten auch Mineralien, Pflanzen, und Schmetterlinge sein Interesse sowie Gegenstände, die er mit seinen abergläubischen Vorstellungen in Verbindung bringen konnte. Zu diesen Dingen gehörte auch ein uralter Goldring, den er am Zeigefinger der rechten Hand trug, weil er dem Träger Glück verheissen sollte. Aquarell von Daniel Burckhardt.

vollen Geschäften des apostolischen Stuhls unsere Stadt und unsere Untertanen nicht zu vergessen, vielmehr sie nach Eurer gütigen Art in der Gunst besonderer Gnaden Euch empfohlen zu halten und uns durch das Geschenk jeder Art besonderer Privilegien den Beweis des Wohlwollens Eurer Heiligkeit gnädig erzeigen zu wollen». Papst Pius II. erinnert sich in der Folge wirklich wohlwollend der Stadt Basel, verleiht er ihr doch die Privilegien zur Gründung einer Universität und zur Entfaltung eines Messeplatzes.

1578

Im Keller des Grempers (Kleinwarenhändlers) Jost Ritter stirbt ein Kind «von dem Dunst des neuen Weines».

1584

Jacob Bachofen, der Schneider von Aettiswil, wird ins Bürgerrecht aufgenommen.

1666

Auf der Richtstätte vor dem Steinentor werden ein 78jähriger Mann und zwei Knaben vom Henker geköpft, weil «sie miteinander Sodomiterey getrieben» haben.

1682

Die Obrigkeit verbietet, Geld unter einem Zins von 5% zu leihen. «Der Fünferzins ist ein christlicher Zins. Diejenigen, die zu vier vom Hundert Geld auf der Landschaft anlegen, sind eigennützige, vortheilsüchtige, schädliche Personen, die zum grossen Nachtheil der Gotteshäuser, Spitäler und Kirchengüter und zum unausbleiblichen Schaden und Ruin vieler armer Witwen und Waisen ihren unersättlichen Geiz befördern.»

1762

Anlässlich des Hochzeitsessens von Balthasar Staehelin werden in der Zunftstube zu Schmieden zum Mittagessen aufgetragen: «2 Wild Schwein Köpf, 2 gr. Schuncken, 1 welscher Hahn im Türkenbund mit Galleren, 1 gr. welschen Hahn Pastete, 1 gr. Span Verlin (Spanferkel) Pastete, 12 Terrines mit Krebs und grienen Suppen, 8 St. Backlin Fleisch mit Redtig und Merredtig, 4 spanisch Brodt Pasteten von Tauben, 2 gr. Ohl (Aal) Pasteten, 3 Bl. von Feldhühner und Tauben, 10 Bl. Sauerkraut mit Schweines, 10 Bl. Fricando mit Chicoret, 10 Bl. Ragou mit Krebscouli, 10 Bl. gebraten und gekochte Forellen und Hecht, 10 Bl. Cappaunen à lorange, 10 Bl. Endten, 10 Bl. farcierte Tauben mit Triffen, 1 Bl. von zwey grossen Schnäpfen, 12 welsche Hahnen, 4 St. schwartz und 5 St. von Reh Wildbreth, 18 St. Feld Hühner, 8 Dotzet Lerchen, 2 Bl. von 14 St. Ried Schnäpffen, 4 Bl. gebraten Ohl und alte Selmlinge, 10 Bl. Compottes von Mirabellen und Borellen (Aprikosen), 10 Bl. Rulade mit Galleren, 10 Bl. Mandelschnitten mit Seidenmus, 10 St. Servelad Würst, 10 Bl. junger Salad, 10 Bl. Cocqumber und Rohnen (Randen).» Ähnliches wird auch noch zum Nachtessen und zum Dessert serviert...

1767

Dürring und Matzinger, zwei junge Fischer, melden dem Bürgermeister, sie hätten bei der Schliesse einen Ertrunkenen aus der Wiese gezogen. Dieser schickt sogleich die

Der in Diegten wohnhafte Bauer Jacob Rieder, der sich am 20. September 1708 mit Magdalena Burckhardt verheiratet hatte, ist ein wahrer Galgenstrick gewesen. «So war er einst, weil er sich mit seiner garstigen Hausmagd vergangen hatte, vor das Ehegericht citiert worden und seiner Frau als Klägerin auch mit vor dem Tribunal zu erscheinen gebothen. Bey Ansicht dieser hübschen jungen Frau, welche von ihrem Mann so schändlich hintangesetzt worden war, ward der oberste Eherichter auf den Bauern sehr erbost und machte ihm die ärgsten Vorwürfe, weil er einer so hübschen jungen Frau eine garstige Viehmagd vorgezogen habe. Dieser erwiderte: ‹Ich habe meine gute junge Frau eben schonen wollen und aus purer Liebe einen Seitensprung gemacht.› Die Frau gab indessen weinend zu bedenken: ‹Gnädiger Herr Richter, ich will und mag aber nicht geschont seyn!›.»

Kohlenberger hinaus, um «selbigen im Clingenthal verlochen zu lassen». Die Totengräber aber stellen fest, dass es sich dabei nicht um einen Menschen, sondern um einen grossen Hund handelt. So erhalten die Fischer statt einer Belohnung eine Strafe. «Mithin kann man sie keine vernünftigen Fischer nennen, sondern unvernünftige Hundsfischer.»

Tägliches Avis-Blatt, 20. September 1844

1873

Es erscheint bei Christian Krüsi am Barfüsserplatz 9 in einer Auflage von 1200 Exemplaren die erste Nummer des «Basler Volksblatts» (seit 1982 «Nordschweiz»).

1906

Die Notwendigkeit zur regelmässigen Buch- und Bilanzprüfung bewegt den Verwaltungsrat des Schweizerischen Bankvereins zur Gründung eines Treuhandinstituts, der Schweizerischen Treuhandgesellschaft mit Sitz in Basel.

21. September

Matthäus der Evangelist

1552

Die Mitglieder des Kleinen und des Grossen Rats erhöhen ihre Besoldung von einem Gulden auf deren zwei und erheben zudem Anspruch auf einen Anteil aus dem Erlös von Strafgeldern.

1770

Bürgermeister und Rat entsprechen dem Wunsch des habsburgischen Kaiserhofs, die im Münster begrabenen Gebeine der Königin Anna, der Gemahlin Kaiser Rudolfs I., und die «Überbleibsel der übrigen Körper, so sich in dieser Gruft oder Grabmahl befinden», in die Klosterkirche der Abtei St. Blasien überführen zu lassen, damit diese «alda zu den Leichnamen und Gebeinen, so aus Königsfelden auch dahin gebracht worden sind, beygesetzt werden können». So begeben sich in «morgens frühe der kayserlich königliche Herr Resident, die Herren Capitulares und die Deputierten der Stadt in die Domkirche des Münsters und lassen die königliche Grabstätte abdecken und öffnen». In dieser finden sich vor: «Erstens ein Körper von einer Weibspersohn, welche balsamiert und von zimlich grosser Statur gewesen. Zweytens die Knochen von einem Mannsbilde grosser Statur, welche nicht balsamiert gewesen. Drittens die Knochen von einem Kinde von circa 4 à 5 Jahren. Viertens die Knochen von einem Kinde, so ungefehr ein viertel oder ein halbes Jahr gehabt, welches dem Ansehen nach auch

Grabinschrift, 21. September 1478

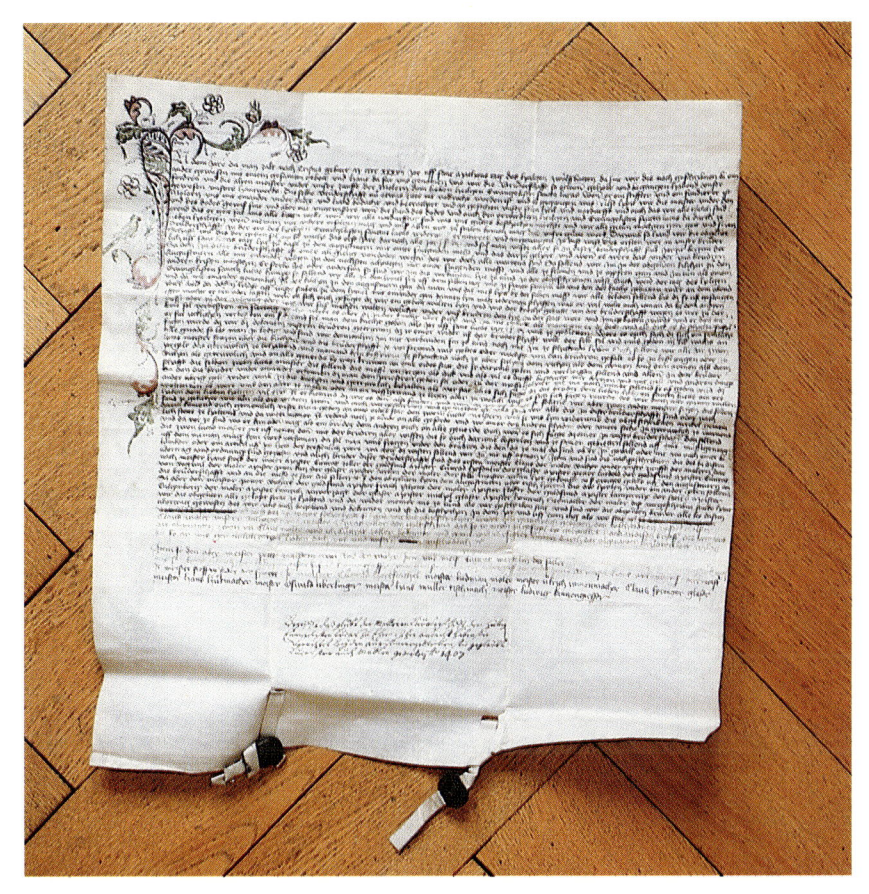

Meister und Vorgesetzte E(iner) E(hren) Zunft zum Himmel erneuern am 21. September 1437 die Grundsätze ihrer in Vergessenheit geratene Lukas-Bruderschaft, der mit dem Kloster der Augustinermönche eng verbundenen, dem Schutzpatron der Maler geweihten christlichen «Seelzunft»: «Um unser Seelen Heil und Notdurft und auch, weil wir alle tödlich sind und des Todes gewiss sind, aber im Ungewissen, wenn die Stund des Todes kommt, wollen wir den ehrwürdigen Heiligen und Evangelisten Sanctus Lucas, weil wir geglaubt, er sei auch ein Maler gewesen, bitten, dass er zu Gott für uns alle bitten wolle, dass uns Gutes beschehen möchte. So wollen wir alle zum Himmel am Lucastag uns früh zesammen sammlen und miteinander gemeinlich zu den Kilchen zu den Agustineren gan, da man uns die Messe het.» Pergamenturkunde.

möchte balsamiert gewesen seyn. Sämtliche Überbleibsel werden vom Fürstabt des Reichsstifts St. Blasien-Martinus aus der Gruft genommen und fortgetragen, also dass die Gruft vollkommen ausgelährt ist.»

1836

Im Moskau stirbt der 1773 geborene Johann Lukas Burckhardt. Der erfolgreiche Kaufmann hatte 1809 in Moskau ein Handelsgeschäft eröffnet, welches sich mit dem Verkauf englischer Baumwollgarne im Zarenreich befasste. Diesem gliederte er später bedeutende Unternehmen im Grosshandel in roher Seide, französischen Seidenstoffen, Diamanten und Perlen sowie ein Bankinstitut an. «Burckhardts Haus war eines der bekanntesten in Moskau, er selbst ein sehr angesehener erster Gildenkaufmann und der erste schweizerische Konsul daselbst. Den in Russland niedergelassenen Schweizern stand er jederzeit mit Aufopferung zu Diensten.»

22. September

Mauritius der Anführer der Thebäischen Legion

1226

Bischof Heinrich von Thun verleiht dem Handwerk der Kürschner das Privileg zur Gründung einer Zunft, mit dem Zweck, alle Mitglieder durch die gemeinsame Regelung des Einkaufs des Pelzwerks wie des Verkaufs der Fertigwaren zu fördern und die Einheit des Berufsstandes zu festigen. Wer sich dem Beitritt zur Zunft entzieht, geht des Rechts, in Basel das Handwerk zu betreiben, verlustig. Der Stiftungsbrief der Kürschner gilt als die älteste Zunfturkunde, die im Gebiet der heutigen Eidgenossenschaft ausgestellt worden und erhalten geblieben ist.

1416

Bischof Humbert von Neuenburg erteilt Pfalzgraf Bernhard von Tierstein das Recht, im Bistum Basel Bergwerke zu suchen, aufzutun und zu nützen, mit der Bestimmung, dass vom Reingewinn die Hälfte dem Basler Domstift zugute komme.

1453

Schultheiss und Rat der Stadt Säckingen verkaufen der Stadt Basel 400 Eichenstämme aus ihren Wäldern und verpflichten sich, die Bäume bis zum Schlag während 31 Jahren zu hüten, wie ihre eigenen, und durch allfällige Kriege geschehenen Schaden zu ersetzen.

1461

Ulrich Thurneysen, der Hufschmied von Nürnberg, wird in das Bürgerrecht aufgenommen.

1500

«Heute jährt sich der Tag, an dem hier in der Stadt Basel der Friede geschlossen worden ist. Dieser wird aber gar übel gehalten. Denn sobald der Friede ist gesiegelt worden, sind die Unsrigen nirgends mehr sicher ausserhalb ihrer Stadt und in ihrer Herrschaft Gebiet. Man beraubt und ersticht sie. Wenn solches geschehen ist, will niemand es getan haben. Wir sind verhasst. Man singt schändliche Lieder von uns.»

1531

«Ein Beweis der wunderbaren göttlichen Güte zeigt sich in der Weinlese, von der viele glaubten, sie habe in Folge des Hagels schwer gelitten.

Nach einem feierlichen Hochamt im Münster wird am 22. September 1499 im Engelhof am Nadelberg zwischen den Eidgenossen und Kaiser Maximilian der «Friede von Basel» geschlossen, der den Schwabenkrieg beendet. Alle Glocken läuten den erfolgreichen Abschluss der Friedensverhandlungen ein. Freudenfeuer werden entzündet. Das Land atmet auf. «Im Reich dagegen herrscht Erbitterung, und ein zeitgenössischer Dichter gibt in Folge dessen den Rath: Plibens dahaim, das wer Not/Und machtend Ziger und auch Kes/Und Anken, den man gern ess/Und gingen in sich selber bass/Und liessen ihren Neid und Hass/Und weren willig undertan dem Adel.» Durch den Friedensschluss wird die Zugehörigkeit der Eidgenossen zum Reich nicht ausdrücklich aufgekündet, aber jede Reichsgewalt, Landfriedens-, Gerichts- und Steuerhoheit ausgeschlossen. Die Eidgenossen gehören dem Reich fortan in nicht näher verpflichteter Form an (bis 1648). Faksimile aus der Luzerner Bilderchronik des Diebold Schilling.

Aber ein viel reicherer Ertrag, als jemand erwarten konnte, ist uns durch göttliche Gnade geschenkt worden. Denn wer 10 Bütten erwartete, bekommt 15 oder mehr. Auf dem Kornmarkt wird am bekannten Platz auf dem sogenannten kalten Stein die Mass zu 6 Pfennigen verkauft. Und doch sind die Unsrigen fast alle so undankbar, dass niemand solches beachtet und Gott ernstlich dafür dankt.»

AVERTISSEMENS.
Dem Publico dienet zur Nachricht, daß mit Anfang nächstkünftigen Monats Octobris die Frankfurter- und Niederländische Briefe, wie in Winterszeit gewohnlich, wiederum 2. Stund früher, nemlich um halb vier- anstatt um halb sechs Uhr von hier abgehen werden; wornach sich jedermann zu richten geliebe.
Post-Amt Basel.

Samstags-Zeitung, 22. September 1762

1635

Als die Bürgerschaft in der Kirche sitzt, tauchen im Morgennebel vor dem Aeschentor dreissig französische Reiter auf und bemächtigen sich etlicher Pferde und Kühe. Der Rat lässt die Räuber durch zweihundert Musquetiers verfolgen. Diesen gelingt es, die Bande im Leimental einzuzingeln, fünf Reiter niederzustechen und deren acht zu entwaffnen und abzuführen. Unter den letzteren befindet sich auch der 18jährige Sohn des verstorbenen Reichsmarschalls von Pappenheim, der vor einiger Zeit in der Herberge «zum wilden Mann» gewohnt hat. Während diesem die Freiheit gewährt wird, werden die andern Gefangenen dem französischen Oberbefehlshaber im Elsass zugeführt, der einen der Soldaten mit dem Schwert hinrichten lässt.

1826

Der am 10. Mai 1760 im Haus «zum Ehr und Gut» am Totentanz 2 geborene Johann Peter Hebel stirbt auf einer Inspektionsreise in Schwetzingen. Der Wunsch des in den letzten Jahren als umsichtiger Prälat der Ba-

Kantons-Mittheilungen, 23. September 1831

Natur-Ereigniß. Am Ende voriger Woche hat sich im sogenannten Schlipf, Riehener Banns, jenseit der Wiese, am Dilliger Berg, bekannt durch seinen vorzüglichen Weinwachs, ein neuer Schlipf, oder eine sogenannte Bergrutsche gezeigt, welche über 20 Jucharten Reben auf lange Zeit zur Cultur unfähig gemacht hat. Der Anblick dieser Schattenhalden ist ganz dazu geeignet, sich größere Bergstürze gehörig zu vergegenwärtigen.

dischen Landeskirche in Karlsruhe wirkenden bedeutendsten alemannischen Dichters und volkstümlichen Kalendermanns, in seinem Geburtshaus in Basel seinen Lebensabend zu verbringen und jeweils

Am 23. September 1861 findet der letzte Familientag der Basler Infanterie statt: «1460 Mann stellen sich auf dem guten Schützenmattfeld und auf den Rübenäckern des Lettenfeldes» zum traditionellen Manöver und defilieren anschliessend vor einer grossen Zuschauermenge. «Ganze Familien sind dort auf den Beinen. Vater, Mutter und Kinder. Man fühlt sich! Es ist ja das einzige Mal im Jahr, wo die Frau das Recht hat, als Vaterlandsvertheidigerin mitzufechten. Wehe dem Manne, welcher es wagt, diese edlen Gefühle zu unterdrücken, an diesem Tage seine Ehehälfte abzuspeisen, sie daheim zu lassen. Grosse Feindschaft kann daraus entstehen, unabsehbares Unglück!» Der mit Hopfen und Malz vermengte glühende Patriotismus überschäumt an diesem Herbsttag aber derart masslos und nimmt mit «sechsmal vierundzwanzig Stunden Arrest für jene Fehlbaren, welche nach dem Einrücken ihre geladenen Gewehre noch losgelassen haben», ein so ungefreutes Ende, dass die Regierung inskünftig auf die weitere Durchführung solcher Familientage verzichtet. Aquarell eines unbekannten Kleinmeisters.

mit einem Schimmelgespann seine Freundin, Jungfrau Gustave Fecht, in Weil zu besuchen, sollte unerfüllt bleiben.

23. September

Thekla von Ikonium die Jungfrau

1248
Bischof Lütold von Rötteln erteilt der Zunft der Bauleute (zu Spinnwettern) einen Stiftungsbrief, indem er die Ordnung, welche sie selbst für das Handwerk der Zimmerleute, Maurer und Gipser aufgestellt haben, bestätigt und anerkennt und damit ihre Korporation kraft seiner Autorität sanktioniert.

1449
Bürgermeister und Rat bezeugen, dass der getaufte Jude Nicolaus von Batzen den Stadtschreiber in einer Stunde gelehrt hat, Deutsch und Latein mit hebräischen Buchstaben zu schreiben.

1471
Heinrich Halbeisen d.J. gibt sein Bürgerrecht auf. Er hatte das von seinem Vater gegründete florierende Papiergeschäft mit abnehmendem Erfolg weitergeführt, bis er sich gezwungen sah, die Rychmühle am St. Albanteich, die Zunzigermühle im Dalbenloch und schliesslich auch noch sein Haus «zur grossen Sonne» an der Freien Strasse (19) zu verkaufen. Als er seiner Frau, mit der er im Unfrieden lebte, «die Nase abgehauen», verliess er mit Schmach seine Vaterstadt.

1527
Der Rat erlässt den denkwürdigen Entscheid, niemand soll hinfort gezwungen sein, Messe zu lesen oder zu hören, denn es sei jedermann anheimgestellt, in dieser Sache frei nach seinem Gewissen zu handeln. Am selben Tag aber bereitet er auch dem neuen Bischof einen Staatsempfang, wie es im Öffnungsbuch des Rats geschrieben steht: «Ist der hochwürdige Fürst und Herr, Herr Philipp von Gundelsheim, der neuerwählte Bischof von Basel, allhie zu Basel mit ungefähr 40 Pferden eingeritten. Auf Befehl des Rats haben ihn die vier Häupter samt vier Ratsfreunden in seinem Hofe freundlich empfangen, seiner fürstlichen Gnade Glück gewunscht und ein halbes Fuder Wein und acht Säcke Haber geschenkt und verehrt. Das hat er verdankt mit freundlichem Erbieten. Es hat auch seine fürstliche Gnade vier Ächter (Verbannte), die hievor um ihrer Missetat willen die Stadt verwirkt, mit sich hinein geführt, für sie gebeten

133

und Verzeihung für sie ersucht. Dem ist entsprochen und den Ächtern die Stadt geöffnet worden, unter der Bedingung, dass ihnen verboten bleibt, ein Gewehr zu tragen.»

1620

Zwei Arisdörfer eilen mit der Kunde in die Stadt, es nahe von Rheinfelden ein Schiff Volks. Der Rat gerät ob dieser Meldung in Unruhe, doch führt das grosse Schiff nur eine Ladung Holz unter der Rheinbrücke durch. So kann Stadtschreiber Ryhiner im Protokoll erleichtert vermerken: «Gott wende alles Unheil».

1667

Als Bern den Rat über den fünf Wochen zurückliegenden Ausbruch der Pest im Aargau unterrichtet und nachfrägt, ob in Basel die Seuche ebenfalls grassiere, antwortet die hohe Obrigkeit, die entsprechenden Massnahmen zur Eindämmung seien eingeleitet. Das beste Mittel gegen diese Strafe und Rute Gottes für unsere Sünden seien aber die Busse, die Besserung des Lebens und das gläubige Gebet!

1719

Diakon Theodor Burckhardt zu St. Peter hat sich erlaubt, öffentlich Kritik am Verhalten der Obrigkeit zu üben. Der Rat toleriert solche «Ausgelassenheit» nicht und beschliesst: «Es soll Diakonus Burckhardt seines tragenden Helferamts und aller davon abhangenden Funktionen ein halb Jahr stillstehen und solche Zeit über seines gewohnten Salariums frustriert sein und ihm bei Vermeidung höchster obrigkeitlicher Ungnade injungiert (auferlegt) werden, hinkünftigs vom obrigkeitlichen Stande und anderen ehrwürdigen Personen mit geziemendem Respekt zu reden.»

1738

«Abends nach 9 kommt ein schwer Gewitter mit Blitz und Hagel, dass in der Stadt schier alle Ziegel auf den Dächern zerschlagen werden. Hat in des Pfarrers Mangold Wittibs Haus in eine Uhr in der Stuben geschlagen. Kein Mensch kann sich dergleichen zorniges Wetters je erdenken.»

Heimstätten-Kolonie Birsfelden
Rheinfelderstrasse.
Eingebaute Häuser Fr. 18,000.—. — Eckbauten Fr. 19,500.—.
Unmittelbar am Hardwald. — Gesunde und schönste Lage Birsfeldens. — Aussicht auf Jura, Vogesen und Schwarzwald. — Vier Minuten vom Tram.
5 Zimmer, Küche, Bad, eventl. 2 Wohnungen à 2 Zimmer und Küche. Lauben im Parterre und I. Stock. — Waschküche. — Gas und Wasser, sowie elektr. Lichtanschluss. Nutzgärten 30 Meter tief.
13115
Auskunft: **W. Lodewig, Basel,** Grenzacherstrasse 3. — **Telephon 2914.**

Basler Nachrichten, 24. September 1911

1767

Weil das Trinken von Kaffee und Tee immer mehr in Mode kommt und dabei «nicht nur überflüssig viel Milch, sondern sogar Milchraum getrunken wird», lässt die Obrigkeit durch Stadttambour Märklin ausrufen, «dass niemand mehr bei 10 Pfund Straff kein Milchraum kaufen soll. Echo in der Poesie: Das 5te Element die Mode hat erfunden / Es ist Thee Milch Caffee mit Wasser warm vermischt / Dem Krancken zur Artznei, zum Gusto dem Gesunden / Auch wird manch trunknes Haupt durch die Getränck erfrischt / Man trinckt es frühi Mittags und wan man ist ermüdet / Und bei dem Wasser wird manch guther Rat geschmiedet».

1842

Die Staatskarosse des Königs von Preussen, Friedrich Wilhelms IV., erleidet auf der Fahrt ins Fürstentum Neuchâtel beim Landgut Klein-Riehen (Bäumlihof) einen Axenbruch. Bis zur Reparatur der Equipage werden der König und die Königin im Gartensaal von Frau Merian-Merian mit «frischen Feigen vom Spalier und Lällitärtli» verwöhnt, was von den Majestäten dankbar angenommen wird. Nach dem Mittagessen im Drei Könige lässt sich der Preussenkönig ins Münster und auf die Pfalz führen. «Es ist ihm aber wenig angenehm, dass sich bald eine grosse Menschenmasse auf dem Münsterplatz ansammelt und sich ziemlich zudringlich benimmt. Um fünf Uhr fahren König und Königin ab und übernachten in Delsberg.»

1870

Es wird die Statistisch-Volkswirtschaftliche Gesellschaft gegründet. «Zweck des Vereins ist die Pflege der statistisch-volkswirtschaftlichen Bildung wie auch die Veranstaltung statistischer Enquêten.»

24. September

Rosa von Viterbo die Jungfrau

1102

Bischof Burchard von Basel unterstellt die dem Kloster St. Alban geschenkten Güter, die auf dem rechten Ufer des Rheins liegen, dem Schutz des Dietrich von Rötteln, diejenigen auf dem rechten Ufer der Vogtei des Rudolf von Homburg.

1526

Offenbar unter dem Eindruck des schweren Explosionsunglücks vom 19. September dieses Jahres zu St. Alban schreibt Erasmus von Rotterdam seinem Freund Varius: «Die Alten haben die zum Frommen der Menschheit erfundenen Künste den Göttern zugeschrieben, aber der Er-

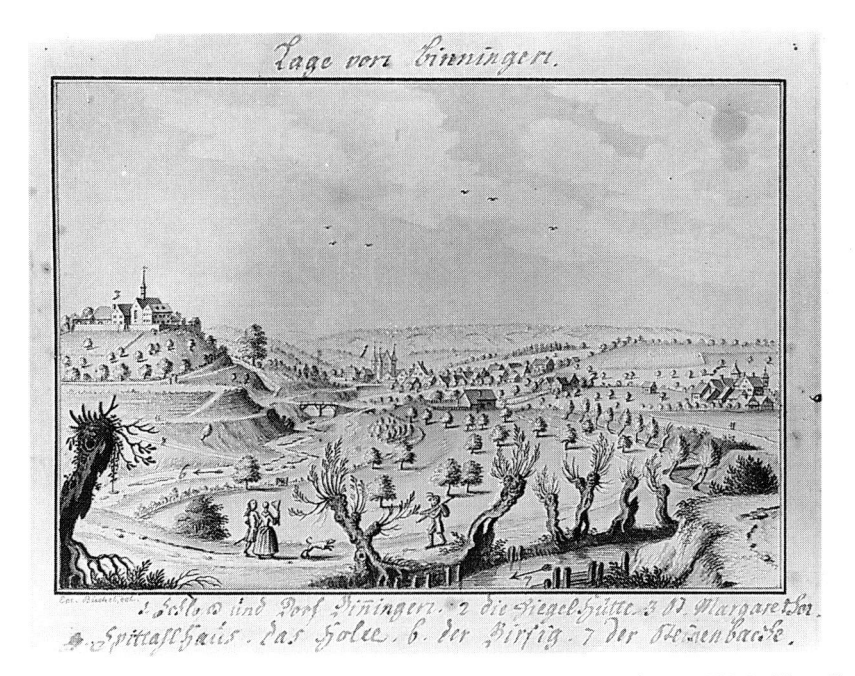

Basel erwirbt vom Bischof am 24. September 1534 zum Preis von 400 Gulden die beiden Dörfer Binningen und Bottmingen. Der Kauf erfolgt nicht etwa, weil «diesse Dörfflin zunächst der Statt gelegen und sich daselbst viel boshaftig Lüt ingeflücht mit Angriffen, Morden und ander Unthaten», sondern in der konkreten Absicht, das baslerische Hinterland wenn immer möglich zu erweitern. Lavierte Federzeichnung von Emanuel Büchel. 1749.

findung des Pulvers Lob kommt keinem andern zu, als allerdings einem scharfsinnigen, aber auch ebenso verruchten Dämonengeist. Und damit treiben jetzt Christen und Knaben selbst ihr Spiel. Vormals wurden die Menschen durch Pfeifen- und Paukenschall zur Wut gebracht, jetzt tosen unsere Donnerpauken. Und nicht bloss zum Kriegen braucht man sie: Man hört sie an Hochzeiten, Festtagen und in Tempeln. Es will halt unserer Zeit nichts mehr gefallen, was nicht nach Krieg und Pulver schmeckt!»

1537

Bei der Salmenwaage am Grenzacherhorn wird eine kaum zwanzigjährige Frau in Mannskleidern ertränkt. «Diese Person hat sich in diesem Anzug etliche Jahre in der Markgrafschaft unentdeckt aufgehalten und an verschiedenen Orten als Knecht oder als Drescher gedient. Endlich vermählte sich sogar eine hübsche Tochter mit ihr. Da diese aber bald immerwährend Grobheiten ausgesetzt war, so hielt man dafür, der ‹Mann› habe keine Zuneigung und Liebe zu ihr, weil die junge Frau das traurige Wesen ihrem Vater verheimlichte. Dann aber lief diese Person mit liederlichen Gesellen der Prasserei nach, bis sie bei einem Diebstahl erwischt und in Rötteln in Gefangenschaft gesetzt wurde. Jetzt wurde der Betrug unter den Augen des Henkers entdeckt, denn sie bekannte, nachdem sie gefoltert und gestreckt worden war, die Tochter eines Bauern zu sein. So empfing sie, wie oben steht, den verdienten Lohn.»

1541

In Salzburg stirbt der 1493 in Einsiedeln geborene Philippus Aureolus Theophrastus Bombastus Paracelsus von Hohenheim, Arzt und Naturforscher, Alchemist und Zauberkünstler. «Wie Luther die Bulle des Papstes, so hat er im Jahre 1527 als Professor und Stadtarzt in Basel die bisherigen Evangelien der Medizin verbrannt. Die Laien und das Volk vergötterten ihn, die Gelehrten verfolgten den kühnen Reformator. Er scheint dem mörderischen Schlage neidischer Berufsgenossen gefallen zu sein.» (Am 5. Juni 1977 wird Paracelsus im alten Kollegiengebäude der Universität am Rheinsprung eine Gedenktafel gewidmet mit der Inschrift: Seine überzeitliche Grösse wurde erst in unseren Tagen erkannt und gewürdigt.)

1634

«Zwey Kirchenräuber werden mit dem Schwert gerichtet. Der Scharfrichter thut zwey Missstreich.»

1691

Die Bürgerunruhen nehmen immer deutlichere Formen an. Auf dem Kornmarkt bekämpfen sich die Anhänger der aristokratischen Partei und der demokratischen Partei mit Flintenschüssen. Als die regierungstreuen Bürger zwei Geschütze in Stellung bringen, laufen die Aufständischen in panischer Angst auseinander.

1827

Es stirbt der 1755 geborene Georg Engler, Siegrist zu St. Martin und Mädchenschullehrer zu Barfüssern. Der zwerghafte Pfiffikus hatte auch als Hilfsprediger zu amten. So verpflichtete er sich einst, zur selben Zeit einen Wochengottesdienst zu St. Leonhard und im Münster zu halten, in der Hoffnung, einer werde bestimmt ausfallen. Unglücklicherweise aber erschien zu St. Leonhard eine Familie mit einem Täufling, so dass Engler die Kirchentür nicht einfach schliessen konnte. Im Münster mahnten indessen die Glocken den verzweifelten Prediger unaufhörlich an seine Pflicht und verstummten erst, als der Obersthelfer die Kanzel bestieg. Kurz vor seinem Tod befiel Engler bei einer kirchlichen Feier im Münster «sein Weh, so dass er zu Boden stürzte und wie ein Spansäulein grunzte» ...

1862

78 Kaufleute gründen den «Verein junger Kaufleute» (KV Basel) und bestimmen das neue Kleinbasler Gesellschaftshaus zu ihrem Vereinslokal.

1909

In der Wirtschaft Kilchling an der Grünpfahlgasse 4 gründen zwölf musikbegeisterte Polizeimänner die Basler Polizeimusik.

Am 25. September 1887 weiht die Französische Kolonie auf dem Kannenfeldgottesacker in schlichter Feierlichkeit einen Obelisken für die in Basel gestorbenen Soldaten der Bourbakiarmee ein und führt in der Folge jedes Jahr eine Gedenkfeier durch. Nach den beiden Weltkriegen wird das Soldatendenkmal mit weitern Inschriften versehen.

25. September

Cleophas der Jünger des Herrn

1539

Der Rat verpflichtet Hans Merohuser zum städtischen Harnischmacher und verleiht ihm auf Lebzeiten das Ehrenbürgerrecht sowie das obrigkeitliche Harnischerhaus am Blumenplatz.

1588

Der Rat entschliesst sich zum Bau eines Schulhauses in Liestal, weil die Schulstube für 60 bis 70 Schüler schlechterdings zu wenig Raum bietet.

1616

Magdalena Betzler, die Mutter des in Italien in fremden Diensten weilenden Johann Rudolf Wettstein, ist besorgt über die Lebensweise ihres Sohnes, weil sie vernommen hat, dass er seine lederne Bekleidung «verspielt» hat. In mütterlicher Liebe schreibt sie ihm deshalb: «Ich bitt dich deswegen, lieber Sohn, du wöllest besser acht auf deine Kleider und Sachen haben wie bishar. Es nimmt mich Wunder, welche Kleider du begehrst, die man dir schikken soll. Wir haben vernommen, wie du ein stattlich Kleid habest machen lassen, welches mir übel gefällt vonwegen der grossen Unkosten halben. Wisse, dass wir dir vor kurzem dine grauen Hosen und vier neue Hemder, sechs Fazenettli (Nastücher) und etliche Nachthauben zugeschickt haben.»

1628

Die Geistlichkeit auf der Landschaft ist empört über das Verhalten der Geldverleiher und Schuldeneintreiber, die «in dieser hochbeschwerlichen Zeit mit unerhörten wunderlichen Griffen, List und Betrug die armen Landleut ussugen und berauben. Da ist auch der Sonntag nit gefeit, dass solche Harpyen (Raubvögel) mit grossem Grimm daherfliegen, die Schulden zu fordern. Und das geschieht teils vor der Predigt, teils mitten in der Predigt, da sie mit Stiefel und Sporen oder mit Seitengewehren und Stecken in die Kirche treten und trotzlich den Raub fordern. Wie den armen Leuten zu Mut ist, was auch die angehörten Predigten bei ihnen fruchten, ist wohl zu erachten» (kann man sich vorstellen).

1691

Der Rat lässt den im Rheintor eingesperrten Dr. Johann Fatio, den Anführer der aufständischen Bürger, durch hundert Mann nach dem Eselsturm am Barfüsserplatz verbringen, wo sich die Folterwerkzeuge befinden. Unterwegs wird ihm von einem Gegner zugerufen: «Du Bluthund! Heut ist der Tag so freudenreich!» Die Examinatoren gehen denn auch nicht zimperlich mit ihm um und halten ihm nach langem Verhör vor, «wie viel Familien er betrübet, und wie mancher armen schwangeren Frau er das Kind in den Underleib gegurlet, ja gar ehrliche Leüt um das Leben gebracht hat». Trotz wiederholter Folterung ist aber aus Fatio nicht mehr herauszupressen, als dass er «das Hauptrad an dieser rebellischen Rottierung ist».

1717

«Heute ist der Basler Herbst. Es gibt sehr viel und köstlichen Wein, mehr als in den letzten 50 Jahren.»

1797

Weil in den benachbarten deutschen Landen «viele Pferde mit der

> **Kundmachung wegen ungesunden Pferden.**
>
> Da einer löbl. Sanität allhier der sichere Bericht zugekommen, daß in den benachbarten und besonders deutschen Landen, viele Pferde mit dem Rotz und der sogenannten gelben Hünsch angegriffen seyen, als wird E. E. Bürgerschaft und jedermann zu Stadt und Land ernstlich gewarnet, in Erkaufung der Pferde alle Vorsicht zu gebrauchen, und wenn an einem Pferd etwas Verdächtiges sollte verspüret werden, solche innzuhalten, und die Anzeige davon zu machen. Zu dem End solle sowohl an den Grenzen als allhier unter den Thoren jedermann gewarnet werden, keine angesteckte oder verdächtige Pferde in unser Land oder Stadt einzubringen, noch in die Ställe einzustellen; wie denn die Befehle abgegeben worden, die Pferde in den Wirthshäusern sowohl als auf dem Roßmarkt von Zeit zu Zeit wöchentlich, bis auf fernere Verfügung zu visitiren, da denn die Fehlbaren empfindlich würden gerechtfertigt, und die angesteckten oder verdächtigen Pferde auf der Eigenthümer Kösten würden weggeschaft werden.
>
> Welches hiemit zur Warnung und jedermanns Verhalt bekannt gemacht wird.
>
> Sign. den 25 Herbstmonat 1797.
>
> **Canzley der Stadt Basel.**

Obrigkeitliches Mandat, 25. September 1797

Rotz und der sogenannten gelben Hünsch (Nasenschleimhautentzündung) angegriffen sind», ordnet der Rat strenge sanitarische Kontrollen unter den Toren und auf dem Rossmarkt an.

1815

Im Pfarrhaus zu St. Martin konstituiert sich unter der Leitung von Pfarrer Niklaus von Brunn die Evangelische Missionsgesellschaft, die nachmalige Basler Missionsgesellschaft, «welche den einfachen Zweck hat, durch einen regelmässigen Kursus im zweckmässigen Vorbereitungsunterricht Zöglinge zu bilden, welche von den schon lange mit glücklichem Erfolg arbeitenden englischen und holländischen Missionsgesellschaften als Verbreiter einer wohltätigen Zivilisation und als Verkünder des Evangeliums des Friedens nach verschiedenen Gebieten der heidnischen Welt versendet werden können».

1859

In der neuerbauten St. Clarakirche findet der erste feierliche katholische Gottesdienst statt.

1875

Die Bahngesellschaft «Jura bernois» eröffnet die 37 Kilometer lange Strecke Basel–Delsberg.

1897

Der Bundesrat erlässt eine Botschaft an die eidgenössischen Räte, einem Basler Initiativkomitee die Konzession zum Bau und Betrieb einer Elektrischen Bahn auf St. Chrischona zu erteilen, die vom Hörnli über Riehen und Bettingen auf den Aussichtsberg geführt werden soll. Die gegen sieben Kilometer lange Strecke auf «Chrischonakulm» würde von sechs Motorwagen, vier Anhängern und zwei Güterwagen befahren. Der Konzessionserteilung aber folgen zunächst Schwierigkeiten in der Finanzierung. Dann wird die ungenügende Wasserversorgung Bettingens als Grund der Verzögerung angeführt. Schliesslich verfassen die Initianten ein neues Projekt, denn «es ist an der Zeit, dass der Genuss von Naturschönheiten nicht mehr das Vorrecht einiger weniger Feinschmecker bleibt». So ist nun auf Chrischona auch der Bau eines Aussichtsturms und eines Restaurants vorgesehen. Der Ausbruch des Ersten Weltkriegs lässt das offenbar nur schwer zu realisierende Vorhaben, das als «eine Verschandelung der Landschaft» auch bekämpft worden ist, sang und klanglos untergehen.

26. September

Cyprianus und Justina die Märtyrer

1190

Der Bischof von Basel, Heinrich von Horburg, der Kaiser Friedrich I. auf seinem Kreuzzug nach Palästina begleitet, stirbt auf der Fahrt übers Meer.

1212

Kaiser Friedrich II. zieht von Italien her Deutschland zu und hält in Basel glanzvollen Einzug. Zum Empfang haben sich die Bischöfe von Trient, Chur, Konstanz und Strassburg, die Äbte von St. Gallen, Reichenau und Weissenburg sowie die Grafen von Kiburg und von Froburg

> Damit die Thor-Schliesser wüssen mögen um welch Uhren sie die Thor öffnen und wiederumen zuschliessen, auch wie die Burger-Wachten des Abends die Soldaten-Wachten, und diese hinwiederum des Morgens ablösen sollen; Als haben Unsere Gnädige Herren E. E. Wohlweiser Raht dieser Stadt anheuto erkannt und zu beobachten befohlen, daß die Thor den Wintermonat, Christmonat und Jenner durch Morgens um acht Uhren.
>
> Den Hornung durch um sieben Uhren.
>
> Den Mertzen und Aprill durch um sechs Uhren.
>
> Den May, Brachmonat, Heumonat und Augstmonat durch um fünff Uhren.
>
> Den Herbstmonat durch um halb sieben Uhren, und den Weinmonat durch um sieben Uhren eröffnet.
>
> Die Soldaten-Wacht sammt ihrem Wachtmeister eine halbe Stund vor Eröffnung der Thoren auf ihren Posten sich einfinden, von ihnen die Burger-Wachten abgelößt, und die Beschliessung der Thoren und Abwechslung der Soldaten-Wachten wann die Thor-Glocken bißherig gewohnter massen verlitten, und die Burger-Wachten bey den Thoren angekommen, beobachtet werden sollen. Actum & Decretum in Senatu den 26. Herbstmonat 1733.
>
> **Cantzley Basel / sst.**

Obrigkeitliches Mandat, 26. September 1733

und der Elsässer Landgraf Rudolf von Habsburg eingefunden. Während seines Basler Aufenthalts erteilt der Kaiser der Stadt das Recht eines von bischöflicher Wahl oder Genehmigung unabhängigen Rats.

1525

Die Verordneten des Rats begeben sich in die Klöster und eröffnen den Mönchen und Nonnen, dass diejenigen, welche die Klöster verlassen wollten in der Meinung, in weltlichem Stande ihrer Seelen Heil besser als in den Orden zu finden, innerhalb Monatsfrist diese verlassen könnten. Es werde ihnen in diesem Fall ihr eingebrachtes Gut zurückerstattet. Diejenigen aber, die in den Klöstern verbleiben, sollen ein göttlich, ehrsam, friedsam, gutes Leben führen und den Tag mit Chorgesang, Singen und Lesen verbringen.

1526

Erasmus von Rotterdam beklagt dem Niederländer Nicolaus Varius den Lärm der Trommeln und Piccolos in Basel: «Einst trieben Korybanten (lärmende Tänzer) mit Trommel- und Flötenlärm die Menschen zur Raserei. Es hat nämlich dieser

Das sogenannte 1691er Wesen, der tumultartige Aufstand der Bevölkerung gegen das korrupte Regiment einer mafiösen Familienoligarchie, treibt seinem Höhepunkt entgegen: Am 26. September 1691 werden Johann Balthasar und Christoph Burckhardt, zwei anrüchige, ämterhungrige Bürger, mit Trommeln und Pfeifen vom Schlüssel ins Rathaus geleitet, wo sie gegen den Hauptsträdelsführer der Rebellion, den verhafteten und gefolterten Dr. med. Johannes Fatio aussagen. Zur gleichen Zeit feuern die «Studentenbürschlein» Jacob Meyer, Peter Falkeysen und Jacob Seidenmann von einem Gemach des Universitätsgebäudes am Rheinsprung mit einer Pistole gegen die Rheinbrücke und verletzen dabei den Kleinbasler Steinmetz Bernhard Siegrist lebensgefährlich. Es brodelt in der Stadt! Die Persiflage auf das skandalöse Basler «Unwesen» zeigt ganz links im Bild den Mahner Niklaus von Flüe mit eidgenössischen Repräsentanten und Landsknechten, in der Mitte den verschacherten Schweizer Stier und rechts den Sonnenkönig Louis XIV. und einen Habsburger mit Bestechungsgeldern für zwei franzosenfreundliche Angehörige des Basler Familienclans, vermutlich Bürgermeister Emanuel Socin und Oberstzunftmeister Johann Heinrich Zäslin. Miniatur in Deckfarbenmalerei auf Papier.

Klang die merkwürdige Kraft, die Gemüter zu erregen. Schrecklicher aber tönen unsere Trommeln, die bald in Anapästen, bald in Pyrrhichiern (verschiedenen Rhythmen) lärmen. Aber diese brauchen wir Christen heute anstelle von Kriegstrompeten, wie wenn es da nicht genügte, tapfer zu sein, sondern man rasen müsste. Doch was rede ich vom Krieg? Wir brauchen sie bei Hochzeiten, bei Festen, wir brauchen sie in den Kirchen... Ich glaube, dass in der Hölle mit keinem andern Instrument die Feste gefeiert werden, wenn es dort überhaupt solche gibt.»

1539

Die Geistlichkeit ermahnt die Bevölkerung eindringlich zur christlichen Lebenshaltung: «Der Sabbath wird noch immer mit Karren und Fahren, mit Übung des schändlichen Monopoly und Fürkaufs (Aufkaufs der Waren durch Spekulanten) auf den Dörfern, mit unordentlichen Zechen auf den Zünften und auf der Schützenmatte, mit Versäumnis der Predigten, mit Gassen-Laufen, mit Spielen und anderen Üppigkeiten entheiligt. Wenn man anhebt zu singen, laufen die Leut zur Kirchen hinaus, spazieren und schwätzen lieber auf dem Münsterplatz und anderen Orten. Die Hurerei und Ehebruch nimmt nicht ab, sondern zu und wird von Tag zu Tag zunehmen. Die Nachhochzeiten (die das Hochzeitsfest abschliessenden, oft mehrere Tage andauernden Festlichkeiten) aber und andere ungebührende Sachen mit langem Sitzen, übermässigem Gesundheit-

Am 27. September 1847 stirbt der 1793 geborene Samuel Birmann. Er hatte sich, wie sein Vater Peter, und sein Bruder Wilhelm, einen vorzüglichen Ruf sowohl als Kunstmaler als auch als Kunsthändler geschaffen. «1836 erfasste ihn ein unerklärlicher Missmuth und eine unbegründete Unzufriedenheit mit seinen eigenen künstlerischen Leistungen. Es folgten 12 Jahre der Sorgen und des Schmerzes, der Gereiztheit und krankhaften Trübsinnes. Badekuren halfen nicht viel. Sein Zustand verdüsterte sich daher immer mehr, und so wurde er eines Tages todt aufgefunden. An seinen Namen erinnert die Birmannsgasse, die durch sein ehemaliges Landgut führte. Auf demselben stirbt am 4. Februar 1859 auch seine Gattin, die Tochter des verstorbenen Ratsherrn Vischer. Die Birmannsche Gemäldesammlung aber im (Kunst) Museum wird noch lange von seinem Kunstsinn und seinen Schöpfungen zu erzählen wissen.»

Trinken, Johlen, Schreien, nächtlichem Gassen-Laufen gehen trotzdem für, wie dann vor Nächten vom Bäumlein an bis zum Haus zum Luft von bösen Buben ein erschröckliches, teufelisches Geschrei ist verführet worden.»

1670

Der Kleine Rat orientiert den Grossen Rat, dass «der Herr Bischof von Basel und seine Konventuales oder Domherren zu Freiburg das hiesige Münster samt allen Pertinentien (dazu gehörenden Dingen) als ihr Eigentum begehrten». Die Angelegenheit sei von ihm abschlägig behandelt worden, was von der grossen Ratsversammlung einhellig akzeptiert wird, worauf «der neu Herr Burgermeister diesen Actum mit einem herzlichen Sermon und herzlichem Wunsch beschliesst».

27. September

Cosmas und Damian die Märtyrer

749

Bischof Baldobertus von Basel unterschreibt als erster Zeuge die Urkunde des Bischofs Heddo von Strassburg für das Kloster auf der Rheininsel Arnulfsau.

1249

Berthold von Pfirt, der Bischof von Basel, lässt auf Anstiftung des Chorherrn Heinrich von Neuenburg die Stadt Neuenburg am Rhein verbrennen.

1410

Die Stadtpfeifer erhalten fortan ihren Lohn regelmässig und wöchentlich.

1525

Reinach, Ettingen, Therwil, Oberwil, Allschwil, Laufen, Röschenz, Wahlen, Bärschwil und Liesberg schwören der Stadt Basel, obwohl sie dem

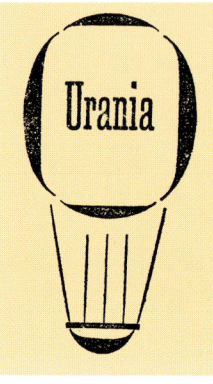

Luftschifffahrt. Kasernenhof Basel.

Erste Auffahrt des berühmten Luftschiffers

☞ **Capitaine E. Spelterini** ☜

Membre de l'Académie d'Aérostation — Météorologique de France

mit seinem Riesen-Ballon ☞ „URANIA" ☜

Sonntag den **27. September 1891**, Abends **4 Uhr**.

══ Cassa-Eröffnung 1 Uhr. ══

Preise der Plätze: I. Platz Fr. 3.—, II. Platz Fr. 2.—, III. Platz Fr. 1.—.

National-Zeitung, 27. September 1891

Bischof zugetan sind, mit ihr Lieb und Leid zu teilen, wogegen Bürgermeister und Rat geloben, diese Orte «bei diesen sorglichen Läufen» in Schutz und Schirm zu nehmen. Mit der Gewährung des Burgrechts bekundet Basel sein Interesse am bischöflichen Territorium und verhilft der Reformation in diesen Gebieten zum Durchbruch.

1586

Zu St. Theodor sind die Pfeifen der Kirchenorgel gestohlen worden. Der Siegrist kann dieser «schändlichen Tat» überführt werden und wird auf ewig von Stadt und Land verwiesen.

1644

Die Gemeinden von Riehen und Bettingen beklagen sich bei Unsern Gnädigen Herren über das Verhalten ihres Schulmeisters und Siegrists: Obwohl die Schule von 120 Kindern besucht wird, ist er meistens abwesend oder erledigt seine Aufgabe nur liederlich. Der christliche Lobgesang in der Kirche ist so miserabel, dass sich die Gemeinden bei den vornehmen Leuten aus der Stadt, welche die Gottesdienste besuchen, schämen müssen. In der Kirche ist eine Unordnung sondergleichen. Der Dienst während der samstäglichen Betstunden wird in der Regel nur unter Alkoholeinfluss versehen. Die Glocken werden so schlecht geläutet, das man nicht weiss, ob zur Kirche geläutet oder wegen Gefahr gestürmt wird, was besonders die Leute von Bettingen, die mit grosser Beschwerde übers Feld kommen, verunsichert. Die amtlichen Schreibereien sind so unleserlich, dass kein Mensch drauskommt. Die Gemeinden erwarten die umgehende Entsetzung des händelsüchtigen Beamten. Doch diese wird erst sechs Jahre später durch die zuständigen Behörden vollzogen...

1692

Der Direktor des Collegiums Musicum weist auf die Unzulänglichkeiten im Konzertsaal hin und lässt die Deputierten wissen, dass es «bisher sehr verdriesslich gewesen ist, vor jedermanns Augen zu musizieren, sonderlich den schwächeren, welche nach einer oder der anderen begangenen Faute Vielen zum Gespött gedient haben, welches aber durch eine geringe Wand, mit welcher der Musikantenchor beschlossen würde, verhindert werden könnte».

1716

«Des nachts springt eine Frau zwei Stockwerke hoch in den Birsig hinunter. Hernach schnockt sie durch den Kot und Unrat bis zum Wirtshaus zum Schiff am Barfüsserplatz, wo der Knecht in Ohnmacht fällt, weil er geglaubt hat, einen Geist vor sich zu sehen. Die närrische Frau wird dann heimgeführt und gesäubert. Man sagt, der leidige Geiz sei die Ursach der Melancholie.»

1759

In der Stadt wird das Gerücht ausgestreut, die vom Chirurgen Geigy am Star operierten Jacob Erhard und Anna Maria Märcklin seien erblindet. Die Patienten versichern nun durch eine Anzeige im Avis-Blättlein, sie wären «glücklich und vollkommen wieder zu ihrem Gesicht gekommen. Es hat zu Basel schon immer unchristliche und boshafte Neider gegeben».

1888

An der Streitgasse eröffnet Gustav Metzger einen Verkaufsladen mit einer Hemdennäherei. Das Geschäft entwickelt sich in der Folge zu einem blühenden Unternehmen der Bekleidungsindustrie.

28. September

Wenzeslaus von Böhmen der Märtyrer

1547

Mit grosser Freude nimmt der Kürschner Veltin Ott den Schaffhauser Kaufmann Benedikt Stocker in seinem Hause auf, wird dieser doch sein Kind aus der Taufe heben. «Als indessen am Abend Ott auf die Wache zieht, macht sich der Gastfreund durch frevelhaften, gewaltthätigen Ehebruch zum Mörder der Ehre der gastwirthlichen Ehegattin. Von Schamgefühl gepeinigt, wirft sich die geschändete Frau verzweifelt in den Rhein und findet den gesuchten Tod. Der schreckliche Vorfall soll vom Malefizgericht (Strafgericht) sträflich behandelt werden, doch hintertreibt ein Fürschreiben der Herren von Schaffhausen den Rechtsgang. Der Übelthäter wird jedoch mit 300 Gulden bestraft und auf ewig der Stadt verwiesen.»

1629

Die Kleinbasler Ehrengesellschaften sind besorgt über den schlechten baulichen Zustand des Bollwerks beim Einlauf des Krummen Teichs in die Stadt. Denn leicht könne es

«Mit zimlichen Solennitäten» wird in den Morgenstunden des 28. September 1691 auf dem Kornmarkt «auf einem hiezu aufgerichteten Theatro» das am Vortag vom Grossen Rat gefällte Blutgericht über die drei Anführer des Bürgeraufstandes vollstreckt: Unter den Augen der aus den Fenstern des Rathauses zuschauenden Ratsherren werden der Chirurg Dr. Johannes Fatio, dessen Schwager Konrad Mosis und der Weissgerber Johannes Müller vom Scharfrichter vom Leben zum Tod gerichtet. «Da man der Bürgerschaft noch nicht ganz traut, ist das Schaffot auf dem Marktplatz mit geworbenen Soldaten und zuverlässigen Bürgern umstellt, während die Landmiliz alle auf den Platz einmündenden Strassen besetzt hält. Die Rotten der Kleinbasler holen unter klingendem Spiel den Müller und den Mosis aus dem Spalenturm und den Fatio aus dem Eselsturm zur Hinrichtung. Fatio und Müller sterben mit grosser Standhaftigkeit. Der erstere schreitet auf das Schaffot, wie wenn er zur Hochzeit ginge, und hält an die Regimentspersonen und an die Bürgerschaft eine herzliche Ansprache, so dass eine grosse Menge von Frauen und Männern zu Tränen gerührt wird. Grausig ist die dem Hass und der Rachsucht entsprungene Nebenstrafe, dass man Fatios Kopf auf einer eisernen Stange auf dem Rheintor über dem Lällenkönig als blutige Trophäe aufsteckt und dort trotz Bitten von Verwandten und Freunden etliche Zeit belässt.»

geschehen, dass der Feind durch Benützung des Teichbettes unter der Mauer hindurch auf den Drahtzug schleiche und böse Taten vollbringe. Dann aber staue sich auch immer wieder ein unterirdischer Ablauf des Wassers in den Rhein, was die Fundamente der Häuser «mit Durchfrässung und Faulung» bedrohe. Es müsse daher die hochschädliche Mühle des Münzmeisters niedergerissen werden. Der Rat versagt dem Problem aber die notwendige Beachtung, so dass die Schanze bei der Hammermühle wenige Jahre später «leichtlich auch durch die armen kranken übelmögenden Bättelbuben erstiegen werden kann».

1758

Vermisst wird «ein Knab von 9 Jahren ab dem Schwarzwald Namens Hanseli Bär von Striedmatt, baarfuss gehend, mit Plumphosen und Wammis, gelben Haaren und schwarzen Augen, wohl gebildet».

1796

Damit die eidgenössischen Zuzüger aus der Innerschweiz, die zum Schutz der Landesgrenzen nach Basel entsendet worden sind, ihrer religiösen Pflicht nachkommen können, hat der Rat am 24. Juni 1792 die St. Martinskirche zur Abhaltung von katholischen Gottesdiensten freigegeben. Jetzt aber, da «die Zuzüger wieder verreist sind und die Fortdauer des catholischen Gottesdienstes, und zwar öffentlich in einer unserer Kirchen, von bedenk-

> **Die St. Alban-Kirche.**
>
> Seitdem die St. Alban-Kirche durch eine pfalzähnliche Mauer in einen halbdunkeln und halbnassen Zustand versetzt worden ist, hat man schon manchen Plan zur Abhülfe gemacht.
>
> Nach dem einen sollte die Kirche für den Sommer, und das Chor für den Winter eingerichtet werden. Das fand man aber zu kostspielig.
>
> Nach dem andern sollte nur das Chor, wie im Waisenhause, mit einem Lettner versehen und bestuhlt, die Kirche aber blos zum Durchgang benutzt werden. Der Raum schien aber für die muthmaßliche Zahl der Zuhörer zu klein zu seyn.
>
> Nach dem dritten Plan wollte man die Kirche selbst benutzen, gegen Norden Fenster anbringen und wegen der Feuchtigkeit den Boden erhöhen. Eine Subscription ist gesammelt worden, um für die Heizbarmachung der also hergestellten Kirche zu sorgen, und zu dem Ende auch die Decke zu erniedrigen. Gegen diesen Plan kann in der That nichts eingewendet werden, als daß das Chor, welches schon seit der Reformation keinen Zweck mehr gehabt hat, ferner unbenutzt bliebe, und mehr als je als überflüssig erschiene.

Tägliches Avis-Blatt, 28. September 1844

lichen Folgen sein könnte, wird die Kirche von St. Martin nach einigen Sonntagen für den catholischen Gottesdienst einstweilen wieder beschlossen und für die Zukunft nach unserer Verfassung für die reformierten Religionsübungen wieder geöffnet».

29. September

Michael der Erzengel

1488

Meister Hans von Nussdorf beginnt mit der Vollendung des Martinsturms am Münster, der «eine zeitlang unausgemacht da gestanden». Er verwendet dabei in Steinen im Wiesental gebrochenen Sandstein. «Damit man im Fahl der Not noch weiters wüsste, Stein zu finden», behält das Domkapitel den Steinbruch von Steinen auch inskünftig in Pacht und bezahlt dem Markgrafen einen jährlichen Zins von drei Gulden und der Gemeinde einen solchen von einem Gulden.

1551

Es fällt ein tiefer Schnee, der vier Wochen liegen bleibt und, «weil das Laub noch nit ab den Bäumen ist, die Nest herabdrückt».

1669

Bei Mariastein stürzt der 12jährige Franz Glutz von Solothurn von einer Felsspitze 30 Klafter in die Tiefe. Er überlebt den schrecklichen Fall auf wundersame Weise, wird aber von heftigen Brustschmerzen geplagt.

Basler Nachrichten, 29. September 1911

Nachdem der Knabe indessen das Gelöbnis abgelegt hat, sich mit aller Innbrunst der göttlichen Mutter zu empfehlen und sieben Samstage hintereinander in der Kapelle die heilige Messe mitzufeiern, wird er von einem 24stündigen Schlaf übermannt, der ihn wieder völlig gesund macht.

1676

In der Zunftstube zum Schlüssel geraten sich der Seidenhändler Peter Fuchs und der Reitsattler Hans Jakob Ramspeck in die Haare: Fuchs, von Ramspeck «die gantze Zeit jeweilen Füchsli genannt», wirft seinem Widersacher ein zinnenes Salzfass an den Kopf, so dass dieser in Ohnmacht fällt und drei gefährliche Wunden davonträgt.

1703

Ein «an Blasenstein, einer der schmerzlichsten und zugleich schwerst heilbaren Krankheiten», leidender Mann aus Chalonviller bei Belfort, der «nur noch durch einen baldigen Tod Erlösung hoffte», erhält nach einer Wallfahrt zur Muttergottes von Mariastein wieder die völlige Gesundheit: «Denn alsbald bildet sich an der Leidensstelle eine geschwürartige Anschwellung, die sich von selbst öffnet und einen fünf Loth schweren Stein in der Grösse eines Hühnereis heraustreten lässt.

Der herbeigeholte Chirurg Fr. Boichot, welcher den Kranken vorher behandelt hat, kann sich über den wunderbaren Vorgang nicht genug verwundern und bezeugt, dass dieses nicht natürlich, sondern mirakuloser Weiss geschehen ist, denn es ist noch niemal erhört worden, dass solches ohne Schnitt und ohne Verlust des Lebens geschehen ist.»

1721

Wie ein Blitz aus heiterem Himmel fliegt die Pulvermühle vor dem Steinentor in die Luft. Die Detonation der mit zwanzig Zentner Pulver angefüllten Stampfe ist so gewaltig, dass der Knall über Stunden weit gehört wird und in der Steinenvorstadt die Fensterscheiben in Brüche gehen. Durch die schreckliche Explosion sind folgende Personen ums Leben gekommen: Der Pulvermacher, dem «von einem Stein der Kopf abgeschlagen wurde, dass er nur noch an einem Riemlin Haut gehangen». Eine Frau, «dero Kopf halb ab und das Hirn herausgefallen ist». Schweren Verletzungen erlagen ebenso zwei Kleinkinder, eine weitere Frau, ein Mädchen und ein Knabe.

1773

In den Reben an der Grenzacherstrasse erlegt der Kaminfeger Schölling ein grosses Wildschwein. «Hat dieses den Herren Häuptern überliefert, welche ihm dafür sechs Neuthaler gegeben haben.»

Das Zunfthaus der 1354 von Bischof Johann Senn von Münsingen gestifteten Zunft zu Schiffleuten muss dem Verkehr weichen: Im Hinblick auf die notwendige Strassenkorrektion haben die Schiffleute ihre jahrhundertealte einstöckige Liegenschaft an der Schifflände gegen 15000 Franken dem Stadtrat abtreten müssen. Und so versammeln sich Meister, Vorgesetzte und Zunftbrüder am 29. September 1838 zur letzten Mahlzeit, einem Spanferkelschmaus, auf ihrer Stube und bekräftigen in trauter Brüderlichkeit die Losung aus der Schifferordnung von 1430: Der Arme soll mit dem Reichen und der Unmögende und Kranke mit dem Starken und Gesunden seine Nahrung finden und einnehmen. Ölgemälde von Constantin Guise.

1876

Der Adlerwirt von Kaiseraugst, Lützelschwab, vermag einen Adler von fünf Fuss Flügelbreite (je 1,5 m) zu schiessen.

30. September

Hieronymus der Kirchenlehrer

1500

«Die Leute zu Liestal und auf der Landschaft sagen, wenn sie das (Schweizer) Kreuz trügen und eidgenössisch wären, würde man sie wohl in Ruhe lassen. Die Solothurner hätten schon lange Glust nach ihnen.»

1517

Basel erwirbt von Hans Friedrich von Eptingen zum Preis von 150 Gulden das Dorf Frenkendorf.

1531

Auf dem Schloss Homburg werden die vier täuferischen Brüder Schaub aus Wittinsburg gefangengehalten. Während deren zwei der Widertäuferei abschwören und freigelassen werden, bleiben die beiden andern bei ihrem Glauben. «Sie werden deshalb im Wasser untergetaucht, doch nicht ertränkt. Es ist die Strafe, die wir ‹Schwemmen› nennen.»

1548

Im Kleinbasler Gesellschaftshaus zum Rebhaus wird beim Kartenspiel ein Mann von einem Mitspieler erstochen und getötet. Der Täter entzieht sich durch Flucht der Verantwortung.

1667

«Leider hat die Pest auch die Stadt Basel ergriffen und so viel nützliche Leuthe hinweggenommen, dass die Päss (Zugänge) aller Orten verschlossen sind. Beym Neuen Haus

143

«Madlena Freyin von Röschentz, des Leonhardt Karrers Muetter, ist uff 100 Jahr alt.» Nach der Meinung ihres Sohnes erreichte sie schliesslich ein Alter von 106 oder 107 Jahren. Federzeichnung von Hans Heinrich Glaser. 30. September 1650.

(am Otterbach) ist eine Schranke gemacht worden, welche niemand übersteigen darf. Wer etwas kauft, wie Holz, Wein oder Obst, muss den Bauern das Geld in einen Hut oder Becki, so mit etwas Wasser angefüllt ist, werfen.»

1732

Es wird eine unverbesserliche Diebin mit dem Schwert gerichtet.

1784

Die Stadt wird von drei heftigen Erdstössen erschüttert. Die Türen springen aus den Angeln, das Geschirr klirrt in den Kästen, die Wände knacken, die Turmglocken schlagen an. «Der berühmte Mathematicus Professor Johann Bernoulli sagt: Es hätte nur noch eines einzigen solchen Stosses bedurft und unser Basel würde in Schutt und Graus zerfallen seyn.»

1833

Es sind, als Nachwehen der Kantonstrennung, noch immer drei eidgenössische Bataillone in der Stadt stationiert. Offenbar deshalb, weil sich die Kommissäre vor den sogenannten Bellianern fürchten, einer ultrakonservativen Krachbrüderschaft, die sich beim Wirt und Metzger Samuel Bell am Barfüsserplatz zu versammeln pflegt. «Repräsentant Fetzer muss eine hohe Idee von der Bravour der helvetischen Streitmacht haben, wenn er glaubt, es brauche 1800 Mann dazu, eine Handvoll Basler Saufbrüder in Respekt zu erhalten!»

1836

Auf Anregung von sieben Professoren der Universität wird, wahrscheinlich im Gebäude der Lesegesellschaft am Münsterplatz, von «Basler Freunden der Geschichte» die Historische und Antiquarische Gesellschaft zu Basel gegründet, mit dem Ziel, «für das gesamte Gebiet der historischen Studien durch gegenseitige Mitteilung und Belehrung die wissenschaftliche Tätigkeit zu befördern».

1894

«Durch den Kunstverein hat unsere Handelsflotte in der Gestalt einer St.-Alban-Fähre erfreulichen Zuwachs bekommen»: Die mit einem Aufwand von rund 10 000 Franken errichtete Fähre, welche das Kinderspital mit dem St.-Alban-Tal verbindet, weist am Eröffnungstag eine Frequenz von 1300 Personen auf.

1912

Im Alter von 50 Jahren stirbt Albert Buss, Gründer des bekannten Eisenbauunternehmens, «ein Selfmademan, der sich vom einfachen Arbeiter zum grossen Industriellen aufgeschwungen hat. In Basel zeugen die Mittlere Rheinbrücke und der Hallenbau des neuen Bundesbahnhofs von der Leistungsfähigkeit seiner Firma».

Schweizerischer Volksfreund, 30. September 1862

1. Oktober

Remigius von Reims der Bischof

1441

Der Bischof von Marseille, Stephan Plonerii, weiht während des Konzils den Kapitelsaal und die Sakristei des Kartäuserklosters im Kleinbasel.

1460

Ritter Bernhard von Eptingen, der nach seiner Pilgerfahrt ins Heilige Land am 12. September im Hafen von Venedig gelandet ist, betritt glücklich und wohlbehalten wieder heimatlichen Boden und wird von seiner Familie im Schloss Pratteln mit grossen Freuden empfangen.

1475

Der Rebmann Niclaus von Herthen wird im Wirtshaus «zum Maulbaum» jämmerlich ermordet. Ebenso bringt der Messerschmied Rösslin sein kleines Mädchen um.

1525

Im Kloster der Kartäuser erscheinen vier Ratsherren und erklären den Mönchen im Namen der Obrigkeit: «Wem das Klosterleben für das Heil seiner Seele nicht förderlich zu sein scheint und wer dafür hält, im weltlichen Stand zufriedener leben zu können, der soll dies innert Monatsfrist offen erklären, worauf er frei austreten darf und so viel Auskommen an Geld, Gut oder sonstigen Dingen erhält, wie er ins Kloster mitgebracht hat. Beschliesst aber einer, im Kloster zu verbleiben, so soll er für immer, ohne Hoffnung auf Befreiung, auszuharren gezwungen sein. Darauf geschieht es bald, dass der Laienbruder Johann Küffer nach Empfang von 18 Gulden für das Mühsal seiner sechs im Orden verlebten Jahre öffentlich abtrünnig wird und im weltlichen Anzug hochmüthig in der Stadt herumzieht. Die andern bleiben, dank der Gnade Gottes, standhaft.»

1546

Bei der Weinlese in Habsheim wird der neben der Kelter stehende Tuchhändler Franz Conrad Schmid, genannt der Glüner, plötzlich vom Tod überrascht und sinkt leblos darnieder. «Er ist ein durchaus habsüchtiger Mann gewesen und hatte ein altes, wohlhabendes Weib geheiratet, das er schon bei Lebzeiten ihres ersten Mannes liebte. Dieses ist aber auch gestorben, und nun verheiratete er sich mit dem schönen zusammengeschacherten Vermögen mit einer jungen Frau, Dorothea Rettalet. Als Meister zum Schlüssel gefiel er sich wohl. Das Begräbnis Conrads fand auf dem Kirchhof zu Habsheim nach katholischem Ritus statt, mit Weihwasser, brennenden Kerzen und andern abergläubischen Gebräuchen. Ein gewisser Rötelin, der dies veranlasst hatte und in Begleitung von etlichen andern Basler Bürgern das Leid führte, wurde deswegen vom Basler Rat um 230 Gulden gebüsst und kam für vier Tage in Gefangenschaft; auch die andern Basler wurden jeder um zehn Pfund gebüsst.»

1616

Hans Bock, der berühmte Basler Maler, hatte in Colmar verschiedene öffentliche Gebäude künstlerisch auszuschmücken. Die Stadt aber bleibt ihm den Arbeitslohn von 900 Gulden schuldig, so dass er wegen «solcher Rücksichtslosigkeit in bittere Verlegenheit gerät».

1634

Ohne Wissen des Rats unternimmt Oberstwachtmeister Jonas Grasser mit dreihundert Getreuen einen Rachefeldzug nach der befestigten Stadt Rheinfelden, von wo aus österreichisches und schwedisches Kriegsvolk immer wieder zu räuberischen Überfällen in baslerisches Gebiet eindringt. «Wie der Tag angebrochen ist, überrennt Grasser mit seinen Reitern die Schildwachen. Sein ergrimmtes Corps stürmt über die wein- und schlaftrunkenen Räuber her, schlägt sich muthvoll mit denen, die sich zur Wehr setzen, tödtet ihrer achtzehn, sprengt sechs in den Rhein und nimmt zwei Cavalleristen und einen Trompeter gefangen. Der siegreiche Kriegerhaufen, mit allen den Lorbeeren und Trophäen geschmückt, welche die Tapferkeit am glücklich errungenen Ziele dem Helden darbietet, wird samt 40 Beutepferden bei der Birsbrücke von der gerührten Bürgerschaft mit Frohlocken begrüsst und unter Trompetenschall und Vivatrufen in die Stadt geleitet. Bis gegen Ende des folgenden Jahrs werden die Gefangenen in Basel im Verhaft behalten und erst auf vieles Fürbitten wieder freigelassen.»

1667

Landvogt Sebastian Stöcklin auf Schloss Farnsburg untersucht im Auftrag des Rats die Todesursache der in Arisdorf beerdigten 20jährigen Catharina Dalcher: Das offenbar an Pest erkrankte Dienstmädchen ist vom Besitzer des Hauses, in welchem es bei einem alten Schuhmacher diente, weggejagt worden, weil dieser eine Wertverminderung seiner Liegenschaft wegen Pestbefalls befürchtete. Im Heimatdorf der Kranken aber verfügte der Pfarrer infolge Verseuchungsgefahr der Gemeinde deren sofortige Ausschaffung und drohte den Angehörigen bei Verweigerung des Befehls, man werde «die Dalcherin einsperren und Hungers sterben lassen» oder gar «mit Heblen zue Tod schlagen»! So hat man das todkranke Mädchen wieder nach Basel geführt, wo es vom Torwächter indessen nicht in die Stadt eingelassen wurde. Auf dem abermaligen Heimweg ist die Bedauernswerte dann, nachdem sie zum Mund heraus geblutet und Eiter gespien hat, gestorben, worauf ihre Verwandten, die sie begleiteten, auf der linken Achsel und am Hals eiergrosse Beulen feststellten. Bei der Bestattung des Mäd-

Der Sundgauer Landvogt lässt fünf Hüninger gefangennehmen und nach Ensisheim abführen, weil diese sich weigern, eine Sondersteuer zur Finanzierung Kaiser Maximilians Romreise zu entrichten. Basel lässt sich dies nicht gefallen und bemächtigt sich durch berittene Söldner neun Blotzheimer Bauern. Der Streit wird am 1. Oktober 1509 durch Vermittlung der Eidgenossen in Zürich beigelegt. Faksimile aus der Luzerner Bilderchronik von Diebold Schilling.

Abonnements
für die
Schlachthausfähre

Auf der Schlachthausfähre werden ausgegeben und sind für diese allein gültig:

a) **Arbeiterabonnements zu 1 Fr. für 40 einfache Fahrten, nur gültig für den Inhaber und nur an Werktagen.**

Dieses Arbeiterabonnement darf **nur** von Arbeitern benützt werden. Als solche gelten: Erdarbeiter, Handlanger, Maurer, Schlosser, Schreiner, Fabrikarbeiter und -Arbeiterinnen, Schmiede etc., resp. alle Gesellen der Gewerkschaften, die die Fähre zur und von der Arbeit benützen. Dieses Arbeiterabonnement darf **nicht** abgegeben werden an Handwerksmeister, Kaufleute, Bureauangestellte und Passanten.

b) **Abonnementskarten zu Fr. 3.50 für 100 einfache Fahrten, gültig für den Inhaber, auch für mehrere Personen gleichzeitig, und an allen Tagen des Jahres.**

Diese Abonnementskarten werden an Jedermann ohne Beschränkung abgegeben.

Es wird darauf aufmerksam gemacht, dass es **polizeilich** nicht gestattet ist, das Schiff mit mehr als **35** Personen zu belasten. Ueberzählige müssen warten.

Der Fährmann ist gehalten, streng auf diese Vorschriften zu achten. Für jede Person und Fahrt hat er eine Nummer des Abonnements zu coupieren. Missbrauch der Abonnements hat deren Verlust zur Folge; besondere Massregeln bleiben vorbehalten.

Basel, Oktober 1910.

Basler Kunstverein.

Öffentlicher Anschlag, 1. Oktober 1910

2. Oktober

Leodegar von Autun der Bischof

1529
Wegen der am 14. Juni erfolgten grossen Überschwemmung des Birsigs erlässt der Rat eine erste Wasserordnung für den oft in gefährlichem Ausmass anwachsenden Fluss. Es wird befohlen, dass jedermann das Birsigbett von einer Landveste zur andern frei und unverstellt lasse. Alle Einbauten werden wegerkannt, ebenso die Überbauten unterhalb der Hochwasserlinie.

1531
Einige Bauern aus Läufelfingen werden vor den Rat geladen, weil sie im Verdacht stehen, ihren Pfarrherrn misshandelt zu haben. Fünf von ihnen lässt die Obrigkeit ins Gefängnis abführen und dort während einer Woche verwahren. Dann werden die Rohlinge zu einer Busse von je fünf Pfund verfällt und wieder in Freiheit gesetzt. Zudem wird der Ratsschreiber nach Läufelfingen entsandt, mit dem Auftrag, die Bauerngemeinde vor weitern derartigen Handlungen abzumahnen, sonst würde die Schuldigen wie die Unschuldigen eine schwere Strafe treffen.

1642
Die Generalsynode der Basler Kirche hat beschlossen, dass «hinfür für das heilige Abendmahl anstatt der weissen, kleinen papistischen Hostie gemein Hausbrot gebraucht wird, und dass das Brot bei Austheilung des Brots gebrochen wird. Dies wird heute das erste Mal im Münster vollzogen. Auch wird eingeführt, dass anstatt der steinernen alten Tische hölzerne gebraucht werden und dass auf der Landschaft bei Haltung des heiligen Abendmahls neben dem Diener des göttlichen Worts (Pfarrer) ein ehrlicher und redlicher Mann von der Gemeinde das Trinkgeschirr halten soll».

1667
Meister Georg Scherer, der Zimmermann, ist der Pest erlegen und wird zur Erde bestattet. «Er ist nur einen Tag in dieser Kranckheit gelegen. Da hat er angefangen zu empfinden, dass sein Sterbestündlein nicht

Das Turnfest
am 2. Oktob. 1829.

Am 2ten dieses Monats wurde das Turnfest im Klingenthal gehalten, wo das Lokal für Leibesübungen, zweckmäßig abgetheilt und eingefriedigt, den außerhalb der Schranken stehenden Zuschauern eine bequeme Gelegenheit verschafft, alle Uebungen zu sehen. Dießmal hatten eine große Anzahl Aeltern und Jugendfreunde ihre rege Theilnahme an diesem Feste bewährt, das auch durch die schönste Witterung begünstigt wurde. Nachdem die Turner, 130 an der Zahl, vom Gymnasium ausgezogen waren und die ihnen von löbl. Kommission des Kadettenkorps geschenkte Fahne abgeholt, stellte sich die bewaffnete Abtheilung derselben im Hofe des Klingenthals auf, wo sie in ihren Evolutionen durch ungezwungene Haltung und leichte Bewegung den Beweis gaben, daß man sich ohne kleinliche Abrichtung an den Waffendienst gewöhnen könne, so daß derselbe als Theil der Gymnastik erscheint. So war es auch in alter Zeit. Der Jugendfreund und Erzieher wird also diese Uebungen nicht mit dem Exerzirbuch in der Hand beurtheilen, sondern solche nur als Zweig der Gymnastik betrachten. Der Hausvater konnte mit Vergnügen bemerken, wie solche Uebungen die Handhabung des Schießgewehrs erleichtern und den Knaben gefahrlos machen.

Baslerische Mittheilungen,
2. Oktober 1829

mehr werde weit sein können. Er hat also seine Frau angesprochen und gesagt: ‹Ich weiss, Frau, dass ich bald sterben muss. Gib mir ein weisses Hemd, Haube und Strümpf, ich will mich selber anlegen. Denn ich weiss, dass nach meinem Tod mich niemand anlegen wird, weil keiner mehr zu dem andern will.› Also legte er sich seinen Totenplunder noch zu Lebzeiten selber an. Nachdem er ihn angelegt hatte, legte er sich auf eine Seite und gab alsobald seinen Geist auf.»

1678
«Martin Spiser von Zeglingen wird, auf einen Schlitten gebunden, zum Hochgericht geführt, mit elf Stössen geradbrecht und auf das Rad geflochten, weil er seine Frau, Maria Aenishänslin, jämmerlich ermordet hat.»

1734
«Ryhiner zu St. Johann und Hugo zum Affen haben Drohbriefe erhalten, in welchen geschrieben steht,

chens in Arisdorf erklärte der Pfarrer, der eine Leichenrede für überflüssig hielt, in der Predigt, man habe jetzt ein Exempel in dieser leidigen Zeit, dass man sich nicht in Gefahr begeben soll! Die Christenpflicht zur Pflege der Kranken war ihm wohl entfallen...

1669
«Der Rhein ist so klein, das man hinter dem Gesellschaftshaus ‹zum hohen Dolder› im Rhein ein Schiessen veranstaltet.»

1896
Fritz Hoffmann-La Roche übernimmt die alleinige Verantwortung über die zwei Jahre zuvor gegründete Hoffmann, Traub & Co., Fabrikations- und Handelsgesellschaft von pharmazeutischen und chemischen Präparaten und Produkten. Dieser Tag gilt als Geburtsdatum der Firma F. Hoffmann-La Roche & Co. AG.

«Prospect der St. Peters Kirch zu Basel, wie solche von der Schantz oder von Abend anzusehen ist. Gezeichnet den 2. Octobris 1762 von Emanuel Büchel.» Die lavierte Federzeichnung Emanuel Büchels zeigt neben der Peterskirche (1) auch die Martinskirche (2), das Münster (3), den Markgräflerhof an der Neuen Vorstadt (Hebelstrasse, 4), das Wildtsche Haus am Petersplatz (5) sowie das Faeschische Kunstkabinett im Haus «zur Mücke» am Schlüsselberg (6).

dass wenn sie nicht 500 Gulden auf ein Bänklein legen, ihnen die Häuser angezündet werden. Darob geräth männiglich in Sorgen und Schrecken. Die Obrigkeit verordnet deshalb ein sorgfältig Wachen und Patrouillieren und verspricht für den Entdecker 100 Ducaten. Schliesslich wird der Thäter gefunden. Er ist ein Studiosus aus dem Markgräfischen mit Namen Recher. Dieser sagt aus, er habe solches in einem Buch gelesen und nachäffen wollen.»

1760

In seinem 86. Altersjahr verstirbt Emanuel Falkner. «Ist ein dürrer, magerer, aber ein kluger Mann von grossem Verstand und Beredsamkeit und bey 26 Jahren Burgermeister gewesen. Weil er auch ein gerechtigkeitliebender Mann und guter Patriot gewesen ist, so wird er von seiner Familie und von Einer Ehrenburgerschaft sehr bedauert.» Wie das Gedenken an Verstorbene oft verschönert wird, erhärtet die Schilderung der Persönlichkeit Bürgermeisters Falkner durch eine andere Hand: «Er ist aller Annahme neuer Bürger abgeneigt gewesen. Einst bediente er sich eines wohlausgedachten Kunstgriffes, um im Rat die Mehrheit zu gewinnen. Er zog nämlich aus der Tasche und las bedächtig vor ein langes Verzeichnis von denen, die seit 1529 Töchter erzeugt und sich mit Söhnen von andern Geschlechtern vermählt hatten. Der Schluss war, dass alle im Grossen Rath sich unter einander verschwägert befänden. Da sagte er ganz beweglich und mit Thränen in den Augen: ‹Seht, wir sind alle von gleichem Geblüt. Lasst uns nicht dieses edle, reine baselische Blut mit fremdem Zusatz verunreinigen!›. Statt ‹verunreinigen› soll er sogar ‹verpesten› gesagt haben!»

1873

In Liestal findet «unter dem Jubel der Jugend und zur Freude von gross und klein die Beleuchtung der Stadt durch Gas zum ersten Mal statt. Das neue Licht zündet in alle Winkel und wird hoffentlich dazu beitragen, dass alte Schäden, wie z.B. privilegiert scheinende Verkehrshemmnisse, endlich verschwinden. Die 72 öffentlichen Flammen geben durch ihr strahlendes Licht Zeugnis von der glücklichen Ausführung und Vollendung des Projekts. Möchte es wahr sein, dass das neue Licht den alten Zopf verscheucht und vertrieben hat».

1897

Das nach den Plänen der Architekten Emanuel La Roche und Adolf Staehelin an der Freien Strasse neu erbaute Zunfthaus zu Rebleuten, mit einer historischen Fassadenmalerei von Wilhelm Balmer und einer Bierhalle im Erdgeschoss, wird in Betrieb genommen. (1956 durch das Warenhaus ABM ersetzt.)

1899

Die Kantonalbank eröffnet ihre Schalter in den hintern Räumen des ehemaligen Gasthofs «zur Krone» an der Schifflände.

1907

Der Regierungsrat beschliesst, auf der Elisabethenschanze einen Neubau für die Kunstsammlung zu errichten und für die naturwissenschaftlichen und ethnographischen Sammlungen an der Augustinergasse und auf dem Areal des Rollerhofs Erweiterungen zu planen.

3. Oktober

Simplicius und Servilius die Märtyrer

1475

Fünfzig Reitersoldaten verlassen mit einem Feldgeschütz die Stadt, um Herzog René von Lothringen im Kampf gegen die Burgunder zu unterstützen. Drei Tage später entsendet der Rat sechshundert Fussknechte, die zu Schiff nach Breisach fahren, in Kaisersberg auf die Reisigen treffen und mit diesen gemeinsam in die Vogesen dislozieren. Enttäuscht über die «lahme Kriegsführung und die durchaus ungenügenden Rüstungen des Herzogs, halten die Basler nach kaum dreiwöchigem Feldzug wieder Einzug in Basel. Unsere Stadt hat das völlig nutzlose Unternehmen die Summe von mehr als 2000 Gulden gekostet».

1489

Basel schickt Banner, Mannschaft und Geschütz nach Heitersheim, um einen Schimpf zu rächen: Bürgermeister von Bärenfels hatte seine dem Adam von Landsberg verlobte Tochter in Gesellschaft von Verwandten und Freunden nach ihrem zukünftigen Wohnort begleitet. Als er sich nach vollzogener Ehe auf den Heimweg begab, wurde er mit seinem Geleite zwischen Griffen und Neuenburg plötzlich vom Hochmeister des Deutschen Ordens, dem Komtur Rudolf von Werdenberg, mit achtzig Kriegsknechten zu Pferd und zu Fuss angegriffen. Dieser böse Überfall, der mehrere Verwundete und Gefangene und schwere Verluste an Hab und Gut gefordert hat, musste seine Vergeltung finden: Wie nun der Harst der Basler am heutigen Tag gegen Heitersheim zieht, sind die Österreicher ihrem Vorhaben zuvorgekommen. Denn diese haben bereits das Ziel ihres Unternehmens erstürmt, sind aber schliesslich bereit, die Hälfte der Komturei und deren Einkünfte zu teilen. So setzen die Österreicher und die Basler je zwölf Mann Besatzung in das Schloss, welche die raublustigen Malteser in Schach halten sollen. Auch dieser Zug kostet Basel wiederum viel Geld, wird die Rechnung doch mit sechshundert Gulden belastet.

1546

Johannes Vech aus Lörrach, der bisher als Pfarrhelfer von St. Alban gedient hat, wird als Pfarrer von Riehen eingesetzt: «ein tückischer, ungebildeter Mensch und trefflicher Schmeichler».

1671

«Mit einem glänzenden Gefolge von einem Dutzend Reiter, französischen und markgräfischen Officieren, reitet zum Trutz der Obrigkeit der von ihr in Acht erklärte Theodor Falkeysen in Gold und Silber bordiertem Anzug über die Rheinbrücke. Es bäumt sich sein Pferd, und sein Federhut fällt in den Strom. Eine Stimme ruft ihm warnend zu: ‹Zurück, Falkeysen! Das ist ein böses Zeichen!› Doch im Trotz des Übermuths jagt lachend der in Schutz und Gunst des Kaisers und des Königs von Frankreich sich stolz brüstende Buchdrucker und Buchhändler durch die Strassen, dem Storchen zu, an das üppige Bankett, das der lustigen, muthwilligen Gesellschaft bereitet ist. Falkeysen hat sich damit selber seinen beleidigten, zur Rachgier gereizten Todfeinden überliefert. Schnell durchfliegt die Kunde seiner Ankunft die Stadt, und im Schoosse des Freudengenusses erfasst ihn sein Schicksal: Binnen einer halben Stunde stehen auf Befehl der Häupter die Thore geschlossen, in Stille der Gasthof von der Garnison umringt. Und Falkeysen wird durch die Ratsherren Stähelin und Fäsch gefangen genommen und in den Spahlenthurm gebracht.» (Über das bittere Ende Falkeysens wird unter dem 7. Dezember berichtet.)

Der unerschrockene Rauracher, 3. Oktober 1834

1696

Anna Maria Seiler, die Dienstmagd des Landvogts von Farnsburg, hat ein uneheliches Kind zur Welt gebracht, dem sie unmittelbar nach der Geburt das Leben genommen hat. Zur Abklärung des Tatbestandes beorderten Unsere Gnädigen Herren sofort den Stadtarzt ins obere Baselbiet, der schliesslich zu Protokoll gab: «Das Hälslin ist von vornen und auff der Seyten gantz braun. Und da man es geöffnet, nicht nur mit gestocktem Blut angefüllt, sondern das Gürgelin gantz entzwey und gebrochen. Das Hirnschälelin auch eingetrüket und das Hirnelin gantz mit Bluth underlofen.» Damit war der Kindsmord erwiesen: So wird Anna Maria Seiler zum Tod durch das Schwert verurteilt und ihr «Corpus den Herren Medicis der Universitet» überwiesen. Deus misereatur animae (Gott möge sich ihrer Seele erbarmen)!

1759

Friedrich, Johann Heinrich und Johann Jacob Weitnauer, die Glockengiesser, haben in den Schoren bei der Riehenstrasse einen Berufskollegen lebensgefährlich verletzt und werden wegen ihrer Grausamkeit zur Rechenschaft gezogen. «In Summa: Diese Weithnauer sind böse, grobe und ungehorsame Burger, welche Unseren Gnädigen Herren

Am 3. Oktober 1887 fährt die Birsigtalbahn, von der Steinentorstrasse aus, zum ersten Mal ins Leimental. «Bei der Rückfahrt von Therwil wird in Binningen eine Frau überfahren und getödtet. Zum Abschluss des Festes findet dann ein sehr belebtes Bankett im Stadtcasino statt(!).» Die Züge der Birsigtalbahn «fahren mit einer Geschwindigkeit von 12 Kilometern auf der Poststrasse und mit einer solchen von 24 Kilometern auf der Strecke mit eigenem Bahnkörper. Berührt werden die idyllisch gelegenen Ortschaften Binningen, Bottmingen, Oberwil, Therwil, Ettingen, Witterswil, Bättwil und Flüh. Alles beliebte Ausflugsziele für die Stadtbewohner, die sich an schönen Sonntagen gerne in das liebliche Birsigthal und auf dessen aussichtsreiche Höhen hinausflüchten.»

schon manchmalen wegen ihrem Gschendmaul schon vielen Verdruss veruhrsacht haben.»

1833

Die neue «Verfassung des Kantons Basel-Stadttheil» wird von der Bevölkerung mit 1033 gegen 190 Stimmen angenommen. «Besonders wichtig und erfreulich ist hiebei, dass die Einführung des Grossen Rats durch einen feierlichen Gottesdienst im Münster eingeleitet wird, damit der Allerhöchste seinen heiligen Geist auf unsere neue Landesobrigkeit herabsenden wolle.» Zur Deckung der Besatzungskosten, die nach der Trennung von Stadt und Land aufgelaufen sind, ist Basel gezwungen, ein Anleihen von einer Million Franken aufzulegen. Die von den eidgenössischen Kommissären verlangte Bürgschaft für die Sicherstellung des basellandschaftlichen Anteils am Staatsgut hingegen wird von 38 Firmen und Privaten aus Basel und von 14 angesehenen Zürcher Kaufleuten geleistet. «Dass diese Zürcher in eidgenössischer Treue und tapferm Trotz gegen die allgemeine Hassstimmung gegen Basel ihre Sympathie offen bezeugten, soll ihnen unvergessen bleiben!»

1864

Der Grosse Rat beschliesst die Korrektion des Claragrabens, des Drahtzuges, der Klingentalstrasse und der Umgebung des Bläsitors. Die Frage, ob das Bläsitor stehen bleiben soll, wird dem Entscheid des Kleinen Rats (Regierung) überlassen. (1867 abgerissen.)

4. Oktober

Franciscus von Assisi der Ordensstifter

1330

Die Städte Strassburg, Basel und Freiburg schliessen auf die Dauer von zwei Jahren ein Bündnis.

1459

Mit Rudolf von Ramstein stirbt der letzte seines Stammes. «Neun Jar vor seinem Abscheid stiftete er im Münster auf deren von Ramstein Altar für 16 Weibs und Manns Personen seiner schon abgestorbenen Voreltern und für fünf damals noch lebende eine herrliche wohlbegabte Jarzeit, mit Ordnung, dass ihm nach seinem Absterben drey Jar aneinanderen täglich drey Messen sollten gehalten werden.»

1475

Beim Münchenhof am Bäumlein wird ein junger Mann ermordet aufgefunden. Es ist dies der sechste Mord innert drei Wochen in Basel!

1534

Die Obrigkeit erlässt eine neue Truppenordnung, wonach inskünftig bei Kriegsgefahr 1500 Mann zum Banner und 500 Mann zum Fähnlein aufgeboten werden, die vornehmlich den Hauptkontingenten der Langspiesser, Halbartierer und Büchsenschützen zugeteilt werden. Neben der Rekrutierung in den Ämtern der Landschaft haben die Zünfte gemäss ihrer Stärke die Mannschaft zu stellen. So der Schlüssel 24 Mann, die Hausgenossen 16, die Weinleuten 19, die Safran 67, die Rebleuten 91, die Brotbecken 11, die Schmieden 35, die Schuhmachern und Gerbern 59, die Schneidern und Kürschnern 30, die Gartnern 51, die Metzgern 27, die Spinnwettern 68, der Himmel und der Goldene Stern 35, die Webern 27 und die Fischern und Schiffleuten 16 Mann.

1541

Durch den Tod von Bürgermeister Jakob Meyer zum Hirzen, der im Alter von 68 Jahren von der Pest dahingerafft worden ist, erleidet die Stadt einen schweren Verlust. Das

Leichenbegräbnis des weltlichen Hauptführers der Basler Reformationsbewegung wird dementsprechend durch das sogenannte Weissbuch des Rats der Nachwelt überliefert: «In Bedenkung der vielfältigen Guttaten, so er einem ersamen Rat und gemeiner Burgerschaft unverdrossen bewiesen hat, sind erschienen: Unsere Herren die drei übrigen Häupter samt beiden Räten. Die haben sich uff dem Richthus (Rathaus) versammelt und sind in ordentlicher Prozession die Freien Strass hinuff bis zum Spital, dem Bäumlein und dem Meyerschen Wohnhaus und Hof beim Eptingerbrunnen gegangen. Im Trauerzug mitgefolgt sind auch der Rektor und die Mitglieder der Universität, alle Geistlichen des Domstifts und eine grosse Menge Manns- und Weibspersonen. Im Münster hat Doctor Wolfgang Wyssenburg das heilig göttlich Wort verkündet und des frommen Mannes ehrliches Leben und christliches Abscheiden zum kürzisten angezeigt. Nach Vollendung des Gebets ist jedermann wieder nach Hause gegangen.»

Mit Mozarts «Don Juan» und einem «auserlesenen und festlich gestimmten Publikum» wird am 4. Oktober 1875 das von Architekt J.J. Stehlin-Burckhardt erbaute neue Stadttheater eingeweiht. «Der ganze Bau ist in einfachen edlen Verhältnissen, klarer und kräftiger Gliederung angelegt; in freier Behandlung der französischen Renaissance. Er besticht nicht durch speziell in die Augen fallende Effekte, um so weniger, da ihm vermöge der zur Verfügung gestellten bescheidenen pekuniären Mittel (Fr. 600000.-) die Kennzeichen des Prunkes und der dekorativen Verschwendung fehlen.» Am 7. Oktober 1904 geht das Stadttheater in Flammen auf und brennt vollständig aus. Es wird unter Verwendung der Fundamente und Brandmauern in der Stehlinschen Architektur wieder aufgebaut (bis 1975).

1558

Es stirbt der 1488 geborene Bürgermeister Theodor Brand, der erste Kleinbasler, der die höchste Würde der Stadt erreichte. «Er war ein langer, starker Mann mit beständiger Gesundheit. So viel die Gemüets Tugenden belangt, hat er mit Frömmigkeit, Weisheit und Gerechtigkeit viel andere übertroffen. Seine Meinung zeigte er mit tapferer Red an. Es hatten ihn die andern Häupter und Ratsherren sehr lieb und freuten sich, wenn er in den Rat kam. Die übrigen Bürger der Stadt hielten ihn für einen Vater des Vaterlands, denn er sprach menniglichen freundlich zue, tröstete die Bekümmerten und gab den Unverständigen weisen Rat.»

1714

«Laut der Wächter und Turmbläser Aussage ist zu Nacht um 12 Uhr eine feurige Kugel mit einem Schweif daran gesehen worden. So weit das Auge reichte, ist es heiter gewesen wie am Tage, obwohl der Mond nicht am Himmel stand: Gott lässt viele Wunderzeichen sehen, doch besseret sich der Mensch ja nicht. Dass er doch möcht von Sünd abstehen, entgegen Gottes strengem Gericht.»

1727

In diesem langen und warmen Sommer schwimmt der 50jährige Hermann zweimal von der Pfalz bis zum St.-Johanntor. «Diesem Hermann hat das obige Schwimmen auch nicht das Geringste geschadet.»

1874

Das Solothurnervolk entzieht dem Benediktinerkloster Mariastein «die korporative Selbständigkeit» und überführt das Klostervermögen in Staatsbesitz (bis 1971).

1902

Die Birseckbahn wird eröffnet, «eine elektrische Strassenbahn von Basel (Aeschenplatz) über Münchenstein nach Arlesheim und Dornachbrugg, die an die Basler Strassenbahnen angeschlossen ist und von ihnen betrieben wird».

Basler Nachrichten, 4. Oktober 1913

UNDERWOOD
UNDERWOOD unbezwungen

Gerbergasse 66   Telephon 87

H. Huber
ab 4. Oktober
Freiestrasse No. 45 I.

5. Oktober

Galla von Rom die Wohltäterin

1382

Auf dem Münsterplatz wird der Brunnstock zum St. Georgsbrunnen gesetzt, der während rund vierhundert Jahren Wasser spendet.

1409

Herzogin Katharina von Burgund, die Gemahlin Leopolds IV., und Herzog Friedrich IV. von Österreich erklären Basel den Krieg.

1541

Die Obrigkeit lässt im sogenannten Schwarzen Buch die Vorkehrungen eintragen, welche beim Vollzug der Wasserstrafe zu treffen sind: «Wenn jemand, sei es eine Weibs- oder Mannsperson, wegen gewisser Übeltaten mit dem Wasser gerichtet und ertränkt werden soll, dann hat die Vorstadtgesellschaft zur Mägd vier Fischer mit zwei Weidlingen auf den Rhein zu beordern, welche den armen Menschen (der vom Scharfrichter von der Rheinbrücke ins Wasser gestürzt worden ist) bis zum St. Thomasturm bei St. Johann zu begleiten haben. Dort ist dieser sofort aufzufangen und an Land zu bringen, damit die Totengräber die Person der Bande entledigen, sie umkehren und das Wasser von ihr schütten und keinen Fleiss noch Labung sparen, so dem Armen zur Rettung des Lebens dienen mag, falls Gott der Herr einem solchen Armen das Leben erretten wollte. Sollten die hiezu verordneten Totengräber und Fischer in ihrer Aufgabe säumig werden, dann erwartet sie eine harte Bestrafung.»

1546

In der Vogtei Ramstein gehen vier fremde Kessler ihrem Handwerk nach. Der Landvogt verdächtigt sie der Giftmischerei und lässt das «französische Gesindel» verhaften und nach Basel führen. Der Rat aber gewährt dem «unnütz Völkli» nach erwiesener Unschuld wieder die Freiheit.

1591

Es stirbt Balthasar Irmi, der Hausherr des prachtvoll erneuerten Spiesshofs am Heuberg. Seine zweite Gattin, Gertrud Harscher, und seine vierzehn Kinder widmen dem ehemaligen Offizier in fremden Diensten und eidgenössischen Gesandten zu St. Martin ein standesgemässes Grabdenkmal mit der Inschrift: «Der Edel und Nohtvest Herr Balthasar Irmi/Hauptmann in Frieden und Kriegszeiten/seinem Vatterland eine Zierd/ein geordneter Oberster/wird von dem Aller-Obersten in das Himmlisch Königreich abgefordert/den 5. October 1591.»

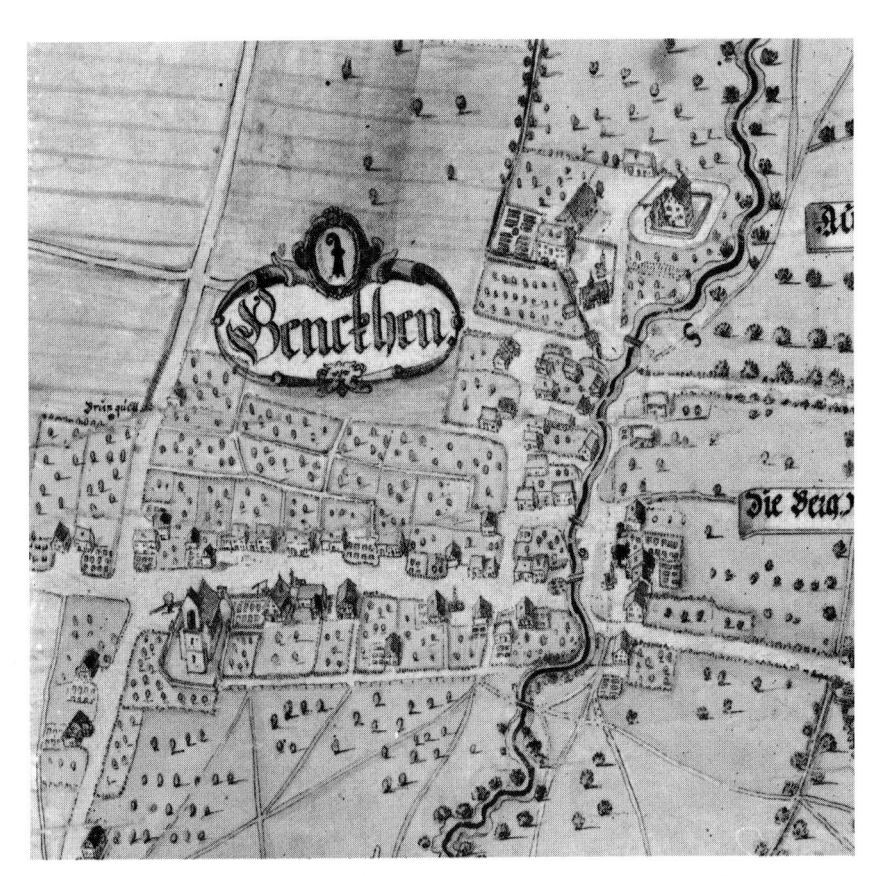

Am 5. Oktober 1526 kauft Basel von Junker Thoman Schaler von Leimen zum Preis von 3200 Gulden das Schloss Benken und das Dorf Biel-Benken. Das Schloss indessen wird sogleich an Ludwig Locher weiterveräussert, aber «in diesem, wie in allen dergleichen Schlössern, etliche kleine Kanonen und anderes Gewehr aufgestellt», damit es der Stadt gegebenenfalls für militärische Zwecke zur Verfügung steht. Ausschnitt aus dem «Geometrischen Grundriss der Bannlinien bey den Dörffern Benckhen und Biel: Lobl. Statt Basel eigenthumblich zustendig. Per Georgium Fridericum Meyerum. Ao. 1678».

1633

Teile des kaiserlichen Heeres verbreiten im östlichen Baselbiet gewaltigen Schrecken. Als die rheingräfischen Soldaten in Hemmiken vier Wohnhäuser und eine Scheune in Brand stecken und Giebenach nach Vertreibung der Bewohner vollständig ausplündern, greifen die erzürnten Bauern zur Selbsthilfe und knüpfen einige der Räuber an den Bäumen auf. Die Obrigkeit lässt aller Orten Sturm läuten und in Gelterkinden sechshundert Mann aus den Ämtern Homburg und Farnsburg versammeln. Die zügellosen Reiterscharen sehen nun von weitern Überfällen ab, so dass die aufgebotene Mannschaft bald wieder entlassen werden kann.

1649

«Tun die Wölf zu Wittinsburg grossen Schaden.»

1667

Der 1638 eingebürgerte Seidenhändler Franz Thierry-Milot (1616–1668) aus Mariakirch erwirbt aus der Hand der Witwe des zu lebens-

151

> Nach der Aufnahme von zwei Schweizern und drei Deutschen wurde die Auflösung des bisherigen s. g. Kaufhauses und die Ueberlassung der Lokalien an die Stadtgemeinde berathen. Die Kaufhauseinrichtung hat 600 Jahre lang bestanden und ist durch die Eisenbahnen zu einem schnellen Ende gekommen; denn vor zwanzig Jahren erst wurde das alte Kaufhaus (jetzt die Post) verlassen und in und um die Baarfüsserkirche verlegt. Jetzt aber musste Alles zu den Eisenbahnen verlegt werden und wurden namentlich bei der Centralbahn grosse Lagerhäuser eingerichtet. Diese Angelegenheit wurde ohne Diskussion genehmigt.

Christlicher Volksbote, 5. Oktober 1864

länglicher Galeerenstrafe verurteilten Balthasar Graf zu viertausend Gulden und zwei Duplonen Trinkgeld den Wenkenhof samt den dazu gehörenden Gütern.

1712

An einem Sonntagabend im September ist es im Wirtshaus von Ziefen zu einem Streit zwischen dem Bannwartssohn Hans Tschopp und dem Schuhmacher Victor Schärer gekommen. Die beiden Berauschten zankten sich heftig wegen einer Schuld von 15 Rappen. Der in seiner Ehre gekränkte Tschopp passte schliesslich dem der Schneematt entgegenstrebenden Schärer ausserhalb des Dorfes ab und schlug ihn mit einem Hagstecken nieder. Weil der unglückliche Schuhmacher anderntags im Wirtshaus an den später von Stadtarzt Theodor Zwinger diagnostizierten Verletzungen der «Lebensregister» starb, konnte es für den unbeherrschten Schläger keine Gnade geben. So wird «der Mörder von Ziefen» heute mit dem Schwert hingerichtet. Der Scharfrichter «nimmt ihm mit dem Kopf auch die Achsel hinweg und haut ihm mit dem andern Streich bis in den Leib hinein, dass der Kopf hinabhängt, so dass er diesen gar abschneiden muss»!

1753

Es stirbt Johann Burckhardt. Er gelangte 1728 mit dem Ansuchen an den Rat, «ein Berichthaus oder Adresse-Comptoir einrichten zu dürfen, worin man sich vermittelst eines gedruckten Wochenblattes wegen Kaufen und Verkaufen, Mieten, Kostnehmen und -geben, Diensten und anderem erkundigen kann». So erscheint ab Neujahr 1729 das «mit hochobrigkeitlichem Privilegio begünstigte Avisblättlein bei Johann Burckhardt, dem Verleger im Adresse-Comptoir zum Schlegel» (Freie Strasse 68).

1864

Nachdem im Vorjahr Zimmermeister Merke in Spekulationsabsicht Quellen bei Angenstein und Leonhard Paravicini solche in Grellingen erworben hatten, konstituiert sich die «Basler Wasserversorgungsgesellschaft», die schon wenig später mit den städtischen Behörden einen Vertrag über die Belieferung der Stadt mit Grellinger Wasser abschliesst.

1876

Der Stadtrat erstattet in seiner Schlusssitzung Bericht über seine Tätigkeit in den vergangenen 73 Jahren und betont seine dauernden Verdienste um den Botanischen Garten vor dem Aeschentor, die Schulhäuser St. Theodor, St. Leonhard und Rittergasse, das Museum an der Augustinergasse und die Gottesäcker Wolf und Kannenfeld.

6. Oktober

Fides von Agen die Märtyrerin

1409

Graf Hans von Lupfen, österreichischer Landvogt im Sundgau, und Graf Hermann von Sulz, österreichischer Landvogt von Breisgau, ziehen vor den Mauern der Stadt auf, berauben reisende Kaufleute und Bauern und stecken die Wasserschlösschen Binningen und Bottmingen in Brand. Auch verwüsten die beiden Österreicher mit ihrem Kriegsvolk die baselischen Lehenssitze Rodersdorf, Häsingen und Blotzheim.

1539

Jakob Meyer zum Hirzen, der am 4. Oktober 1541 verstorbene Bürgermeister, hat zwei Jahre vor seinem Tod noch von einem aussergewöhnlich gesegneten Weinherbst berichten können: «Die weil etwas Reben und Weinwachs um eine Stadt Basel ist, welches bei den Ausländischen wohl nicht gross geachtet und gering gehalten wird, hab ich zu Ehren einer Statt Basel, meinem lieben Vatterland, wöllen die Gutthat, so Gott der Herr uns mitgetheilt hat, offenbahr machen, was uns doch für ein Wein in beiden Bännen Gott beschehret hat. Hierauf man alle Trotten nach Ausgang des Herbstes fleissiger hat untersuchen lassen, haben sich wahrhaftig erfunden im Bann der grossen Statt 10 358 Saum und in der minderen Statt 4202 Saum Wein, zusammen 14 560 Saum (inbegriffen 4480 Saum innerhalb der Ringmauern, also imgesamten rund zwei Millionen Liter!). Dieweil dass solch gemelt Weingewächs um eine Statt Basel und darinnen von unsern Altfordern nicht aufgezeichnet worden ist, hab ich solches alles obgemelt einer loblichen Statt Basel nicht mit kleiner Müh und Arbeit versuchen wollen. Bezeug ich, Jakob Meyer, mit meiner eigenen Handschrift und Verzeichnis, d.Z. alter Burgermeister gemelter Statt. 6. Oct. 1539. Der Herr unser Gott verleihe seine Gnad, dass wir ihn mit Danksagung und Bescheidenheit geniessen und brauchen mögen.»

Bürgermeister Jakob Meyer berichtet am 6. Oktober 1539 von einem gesegneten Weinherbst.

1578

Christoph Burckhardt, der Krämer von Britznach im Obermünstertal,

Am 6. Oktober 1834 wird das auf dem Areal der alten Reitschule neben dem ehemaligen Steinenkloster von Architekt Melchior Berri erbaute Theater «auf dem Blömlein» mit Eduard von Schenks grossem Schauspiel «Die Krone von Cypern» festlich eröffnet (bis 1873). Das 400 Sitzplätze und 800 Stehplätze aufweisende, mit einem Budget von 90 000 Franken errichtete Theater «strahlt nicht die Sonne fürstlicher Gunst wie in deutschen Residenzen. Der republikanisch-protestantische Stadtstaat glaubt mit der Schenkung des Bauplatzes und einem verzinslichen Vorschuss von 20 000 Franken genug für diese zweifelhafte Kunst getan zu haben.» Das Aquarell von Johann Jakob Schneider zeigt das «Blömlitheater» links oben, mit der Elisabethenkirche im Hintergrund. In der Bildmitte der offene Birsig, dann der Eingang zur Steinenvorstadt und der Kohlenberg. Um 1860.

Stammvater des noch heute blühenden Geschlechts, stirbt und erhält im Chor der St. Martinskirche ein Grabdenkmal mit der Inschrift: «Anno 1578 ist in Christo verschieden der Ehrenvest, From, Fürnehm Herr Christoffel Burckhardt, Burger zu Basel/So im Ehestand mit Frau Ottilia Mechlerin in die 20 Jahr Haus gehalten und 9 eheliche Kinder gezeuget/Hernach mit Frau Gertrud Brandin in die 40 Jahr und 13 Kinder ehelich gezeuget/Seines Alters im 88. Jahr/In welcher Zahl diese 6 Söhn und rechte Gebrüder mit Namen Bernhard, Hieronymus, Theodor, Hans Rudolph, Samuel und Daniel diese Begräbnus ihren lieben Eltern zu Ehren und christlicher Erinnerung aller unser Sterbligkeit verordnet haben.»

1601

In der Münsterkirche hält ein Gedenkstein das bewegte Leben des im Alter von 65 Jahren verstorbenen Diplomaten und Offiziers Leo Curio fest: «Hier ruht mein Leib, der in seinem Leben grosser Unruh stäts war ergeben/Und viel Arbeit hat ausgestanden, voraus in weit und frömden Landen/Damit ich meinem Gott diente recht, verliess ich jung mein Land und G'schlecht/Und dass ich diente menniglich, Europam fast durchreyste ich/Mit grosser G'fahr und oft gefangen, für treue Dienst den Lohn empfangen/Liess mich fromm, treu, aufrecht stäts finden/Den Ruhm verlass ich meinen Kinden.»

1759

«Wie bei einem hiesigen vornehmen Leichenbegängnis die Zeremonie stattfindet, wenn man die Leiche einer Frau aus einer der ersten Basler Familien wegträgt: Zuerst kommt die Dienerin der Verstorbenen in Schwarz, dann bringen zu diesem Zweck angestellte Männer die Leiche, hinterher kommt der Witwer mit einem andern Herrn, vielleicht einem Bruder, hernach aber ruft ein Beauftragter (der sogenannte Kondolierer) nach einer vorher aufgestellten Liste immer zwei und zwei Personen auf, und fährt so fort, bis alle weggegangen sind. An ein Begräbnis geht nicht jedermann, sondern nur, wer dazu eingeladen ist. Die Eingeladenen erscheinen in Schwarz, die Professoren, die Mitglieder des Kleinen Rats, die Gerichtsherren und ebenso die Geistlichen in ihren weiten faltenreichen Kleidern, um den Hals mit weisser, gerunzelter Leinwand (Krös), alle andern Personen aber ohne Unterschied in schwarzen Kleidern und Mänteln.»

1766

Der Grosse Rat beschliesst, dass hinfort weder von Amtsstellen noch von Partikularen Grabstätten in Kirchen verliehen noch veräussert werden dürfen.

1888

«Beim Spalentor wird der neue Salmen, eine Filiale der Brauerei F.J. Dietschy in Rheinfelden, dem Publikum zur regelmässigen Einkehr freundlich empfohlen.»

1896

«Die im Stadt-Kasino gezeigte Projektion lebender Photographien erfreut sich fortgesetzt eines zahlreichen Publikums und ungeteilter Anerkennung.»

7. Oktober

Sergius und Bacchus die Märtyrer

1382

Es stirbt Bischof Johann von Vienne. Er lebte mit der Stadt im Streit und hielt sich deshalb vornehmlich in Delsberg auf. Seine Beisetzung findet in Pruntrut statt.

1588

Jakob Bruder von Sissach wird vom Henker mit dem Schwert gerichtet, gerädert und aufs Rad geflochten.

1620

Angesichts des Ausbruchs des Krieges in Böhmen beschliessen die Räte die Verstärkung der Stadtbefestigung. Zu diesem Zweck wird der im Dienst Herzogs Ludwig Friedrich von Württemberg stehende Kriegsbaufachmann Claude Flamand beigezogen, der mit seinem Sohn Jean während einiger Monate sich mit den notwendigen Ingenieurarbeiten beschäftigt.

1628

Apollonia, die Schuhmacherin an der Eisengasse, kann mit einem Fremden, der ein Paar Schuhe bei ihr kaufen will, nicht handelseinig werden. Als sie dann abends ihren Laden aufräumt, bemerkt sie, dass ihr die fraglichen Schuhe fehlen. Weil sie «einen bösen Mann» hat, überfällt sie Angst und Traurigkeit. Des Nachts jedoch erblickt sie im Traum das verschwundene Paar Schuhe unter einem Bett im Gasthaus «zum Kopf» an der Schifflände. Die Schuhmacherin macht sich denn auch flugs auf und entdeckt unter dem Bett des friedlich schlafenden Unbekannten wirklich ihre Schuhe!

1718

«Im Spital öffnen die Herren Medici einer ledigen Frau, die während vielen Jahren mit einem überaus grossen Bauch elendiglich herumgehen musste, so dass ihr niemand helfen konnte, den Leib und nehmen eine kleine Anatomie vor. Sie schneiden den Bauch auf und finden einen Molam (abgestorbene Leibesfrucht), wie sie es nennen, in der Mutter voll Wassers, gleich als Gallen, welches mit harter zäher Haut umgeben ist.»

1781

Auf das im Namen der Vorstadtgemeinde zu St. Alban ergangene Ansuchen von mehr als dreissig Gesellschaftsbrüdern lassen Meister und Vorgesetzte zum Hohen Dolder die Ehrenzeichen von Gesellschaft und Quartier in Gestalt dreier Eidgenossen in den Standesfarben Zürichs, Berns und Basels erneuern. Gleichzeitig wird eine neue Fahne angeschafft: rotweiss geflammt, mit dem Dolderwappen und einem Schweizer als Schildhalter. So kann der Hohe Dolder heute einen festlichen Zug auf die Schützenmatte unternehmen, wo 146 Mann «in gutem Frieden und mit grösster Lustbarkeit» um die ausgesetzten 46 Gaben schiessen. («Es sollte der letzte vaterländische Auszug von einer Ehren-Gesellschaft zum Hohen Dolder sein.»)

1803

«Nachdem durch die Vermittlungsakte Napoleons der Kanton Basel wieder als einer der 19 Kantone der Eidgenossenschaft erstanden ist, wird demselben durch die helvetische Liquidationskommission ein Vermögen ausgeschieden, dessen Einkünfte auf 60 000 Franken berechnet sind.»

1846

Das Turnen wird zum offiziellen Schulfach erklärt: «Ermächtigt der Grosse Rat den Kleinen Rat, den Turnunterricht in die Lehrfächer des Gymnasiums und der allgemeinen Töchterschule definitiv aufzunehmen, jedoch mit der Bestimmung, dass den Eltern jeweilen offen behalten bleibt, ihre Kinder an diesem Unterricht teilnehmen zu lassen oder nicht.»

1864

Auf Initiative von Professor Eduard Hagenbach-Bischoff gründen acht Mitglieder die «Kommission für Populäre Vorträge», mit dem Zweck, kostenlos volkstümliche Vorträge auf dem Gebiet der Naturwissenschaften, Mechanik, Technologie, Geschichte und Volks- und Staatswirtschaftslehre für Männer und Jünglinge durchzuführen.

1904

Aus unabgeklärten Gründen bricht um 2 Uhr früh im Stadttheater ein Brand aus, der innert kürzester Zeit unermesslichen Schaden anrichtet: «Eine mächtige Röte, als ob ein ganzes Stadtviertel in Brand stünde, überzieht den nächtlichen Himmel.» Zur Brandbekämpfung werden die ständige Feuerwehr und vier der fünf Kompanien, aus welchen die freiwillige Feuerwehr besteht, kommandiert. Ihre Arbeit aber kann nur im Abschirmen der

Der Stadttheater-Brand vom 7. Oktober 1904

Die Frage, ob der St. Johannsschwibbogen aus der Welt zu schaffen sei, bewegt im Sommer 1872 die Gemüter in unserer Stadt brennend. Die Befürworter machen geltend, der sich unter dem Schwibbogen durchziehende Fuhrwerkverkehr nehme fortwährend zu und treibe die Fussgänger buchstäblich in die Enge. Die Gegner jedoch sind der Meinung, hier würden wieder einige Tausende weggeworfen, um ein Stück Altertum, das sich recht artig ausnehme, für immer zu beseitigen. Nach ausgiebigem Hin und Her verfügt der Grosse Rat am 7. Oktober 1872 schliesslich den Abbruch des St. Johannsschwibbogens, und das «lästige Verkehrshindernis» verschwindet im folgenden Jahr aus dem Stadtbild. Aquarellierte Federzeichnung von Anton Winterlin. Um 1860.

anliegenden Bauten bestehen. Eine «ins Riesenhafte gehende Zuschauermenge» verfolgt den Einsatz der 313 Feuerwehrmänner, die sich bis zum Morgengrauen intensiv der Brandbekämpfung widmen müssen. Was dem gierigen Frass des «grausig-schönen Flammenmeers, das wie aus einer mächtigen Esse emporwallt», entgeht, sind einzig die Grundmauern, die öde zum grauen Himmel ragen.

8. Oktober

Pelagia die Märtyrerin

1585

Es stirbt der Edle Claus von Hattstatt. Einem wohlhabenden Elsässergeschlecht entstammend, verbrachte der imponierende Söldnerführer des Sundgaus viele Jahre seines bewegten Lebens in Basel, dessen Bürger er war. Sein städtisches Anwesen, den Hattstätterhof am Lindenberg, machte er samt seinem reichhaltigen Archiv Basel zum Geschenk.

1608

Heinrich Tschudi von Hölstein, der sich mit dem Vieh geschlechtlich vermischt hat, wird durch den Scharfrichter enthauptet und zu Asche verbrannt.

1633

«Der Ehrsame und Wohlweise Rath dieser Stadt Basel hat den Grossen Rath versammeln lassen, weil der Herzog von Feria mit 12 000 Spaniern und der General von Altringen mit 12 000 allerhand teutschem Kriegsvolk samt einem unglaublichen Tross von Huren und Buben unversehens aus dem Schwabenland zu Rheinfelden angekommen sind. Also hat die Armee von 24 000 Mann an die Stadt Basel zwey Dinge begehrt: Erstlichen, dass ihr der Durchgang über die Birsbruck bis an den Stadtgraben zu St. Alban und durch Gundeldingen und Holee der Marsch in den Sundgau vergünstiget wird. Zum andern, weil die ganze Armada ausgehungert und viel Menschen und Pferd an Hunger gestorben sind, dass die Stadt 600 Seck Mehl bereit halte und Brot daraus bache. Da die Garnison in der Stadt zu schwach und eine Unterstützung aus der Eidgenossenschaft in Kürze nicht zu erwarten ist, weiss man kein anderes Mittel, als sowohl den Durchpass zu erlauben als auch 550 Seck Mehl, aus welchen man 24 000 Laib Brot bacht, zue Schiff ins Quartier nach Othmarsheim zu führen. Vor den geschlossenen Stadttoren plündern die Soldatenhorden wie Ameisenhaufen und Heuschrecken die Felder und Räben bis zum Schützenhaus. Bis zum 10. Oktober ziehen Tausende von Kriegsknechten bei St. Margrethen an der Stadt vorbei mitsamt 36 kleinen und grossen Geschützen, 4 Feuermörsern und 70 Wagen mit Kriegsmaterial.»

1655

In Rötteln werden zwei Bauern, welche einen Juden in den Rhein geworfen haben, enthauptet.

Avis.

In unsern Stallungen Ramsteinerstraße Nr. 9 dahier haben wir eine Auswahl von 60 Stück 5 bis 7 Jahr alter, hochelegantester und bester englischer, Irländer u. norddeutscher **Luxus-, Reit- und Wagenpferde,** worunter viele complet gerittene und 12 egale Paare eingefahrener Pferde sich befinden.

Wir laden zu deren Besichtigung ergebenst ein und empfehlen uns hochachtend 12626 H3224Q

Gebrüder Bloch, Pferdehändler,
Zürich-Basel-Mailand.

National-Zeitung, 8. Oktober 1891

1656
Zu St. Theodor wird Hieronymus von Brunn im Alter von 61 Jahren «in sein Ruhebettlin gelegt». Von seinem offenbar gewaltsam herbeigeführten Tod berichtet die Grabinschrift: «Bey meinem Beyspiel frommer Christ/Betracht wie gewiss der Tode ist/Wie ungewiss aber seine Stund/Als morgens ich frisch und gesund/Mein Hausgeschäft mit Fleiss verricht/Der Menschen Würger mich anficht/Ein Kriegsmann mich ungefehr/Durch sein Geschoss verletzet sehr/Zwölf Stund ich noch gelebet hab/Hernach der Welt gesetzet ab/Lass auch mein liebstes Ehegemahl/Und Kinder diesen Todesfahl/Betrüben nicht so sehr das Hertz/Entledigt auch von Pein und Schmertz/Befreit von meines Leibes Band/Leb ich im rechten Vaterland.»

1691
Benedict Renauld wird erlaubt, einen Löwen und einen Hasen vorzuführen, die «allerhand Kurtzweyl machen».

1699
Seit dem 1. Mai wird Basel von Glaubensflüchtlingen «überschwemmt». Nur wenige, die ihren Lebensunterhalt aus eigenen Mitteln bestreiten, können sich aber in der Stadt sesshaft machen. Und das sind nur einige über hundert. Bis heute sind auf Kosten des Gemeinwesens per Schiff 4414 Fremde abgeschoben worden, was einen Aufwand im Ausmass von 10 560 Talern erfordert hat. Die meisten der Waldenser wie auch der Refugianten aus Frankreich, ziehen nach Deutschland und England weiter.

1728
Der Grosse Rat überweist der Regierung einen Anzug mit dem Inhalt: «Es soll untersucht werden, woher es kommt, dass hiesiger Stand bey den Miteidgenossen nicht in gar gutem Credit steht, und wie dem zu remediren (abzuhelfen) ist. Gott gebe seinen Segen.»

1752
In Professor Raillards Haus am Fischmarkt wird ein frecher Einbruch verübt, bei welchem vierhundert Gulden entwendet werden. «Noch in selbiger Nacht werden drey verdächtige Gassenschwirmer etliche Wochen in Arrest gethan. Nachdem sie nun nach aller Schärfe examiniert worden sind, hat es sich nicht befunden, dass sie obige Diebe gewesen sind. Mithin werden sie wieder losgelassen.»

1770
Auf eine vertrauliche Anfrage des Rats an den französischen Gesandten, ob Dauphine Maria Antoinette mit «kaiserliche» oder «königliche» Hoheit anzusprechen sei, trifft die Antwort ein, das französische Königtum gelte mehr als das deutsche Kaisertum!

1865
Das städtische Pompierkorps begeht unter zahlreicher Anteilnahme von Delegationen aus nah und fern mit rund 1500 Feuerwehrmännern auf dem Münsterplatz das Jubiläum seines 20jährigen Bestehens: «Rumpedibum, es trommelt schon/Wach auf, du wackrer Pompier-Sohn/Vive Hunique et ses pompiers/Die Himmelsakkernundidie!»

1873
Die für die Verbindungsbahn zwischen dem Badischen Bahnhof im Kleinbasel und dem Centralbahnhof im Grossbasel bestimmte Eisenbahnbrücke besteht die Belastungsprobe mit sechs Lokomotiven, so dass sie im November dem Verkehr übergeben werden kann.

1884
Die französische Kolonie begrüsst den durchreisenden greisen Dichter Victor Hugo.

1898
«Bekanntlich cirkulieren in hiesiger Stadt über 5000 Fahrräder, weshalb man oft seines Lebens nicht mehr sicher ist. Zudem fährt die Strassenbahn durch die Hauptstrassen, etwa 100 Droschken sind konzessioniert, und viele Herrschaftskutschen machen die Cirkulation zu einer gefährlichen. Nun sollen auch noch die sogenannten Automobildroschken hinzu kommen und den Trubel, den Lärm und die Gefahren des Strassenverkehrs noch vermehren helfen? Bleibe man uns doch mit dieser zweifelhaften Bescherung vom Leibe und überlasse man diese Neuerung andern Grossstädten, wo die Strassen breiter sind als in Basel.»

1913
Der kantonale Universitätsreitlehrer, Oskar Fritz, wird wegen ungenügender Ernährung seiner Pferde zu einer Geldbusse von 30 Franken verurteilt.

1914
Die Konfektionshäuser PKZ-Burger-Kehl und Merkur eröffnen an der Elisabethenstrasse 1 bzw. an der Eisengasse 14 ihre Ladengeschäfte.

Am 8. Oktober 1554 wählt das Domkapitel Melchior von Lichtenfels als Nachfolger Philipps von Gundelsheim zum neuen Fürstbischof des Bistums Basel, welcher 1562 der Schlosskapelle Angenstein ein prachtvolles Triptychon stiftet.

9. Oktober

Dionysius von Paris der Bischof

1588

Lux Hagenbachs Magd, die wegen Kindsmords zum Tod durch Ertränken verurteilt worden ist, wird vom Scharfrichter beim Käppelijoch mit eingeschnürten Gliedern in den Rhein gestürzt, kann aber von den Fischern beim Thomasturm lebend an Land gezogen werden und bleibt durch Gottes Willen am Leben.
In Therwil hält der Priester Caspar Schenk die erste katholische Messe seit der Reformation.

1605

«Heute wird das erste Mal angefangen, um 6 Uhr zu Barfüssern und um 7 Uhr im Münster zu predigen, so wie es die Obrigkeit angeordnet hat.»

1742

Ein Schuhknecht, der seinem Meister allerhand gestohlen hat, wird von zwei Stadtknechten durch die ganze Stadt getrommelt. «Auch wird laut vorausgerufen: ‹Hausdieb!› ‹Hausdieb!›»

1743

In Kilchberg wird ein kaum 5jähriges Knäblein von einem wütenden Stier jämmerlich zu Tode getrampelt.

1744

In Grosshüningen ist der König von Frankreich mit glänzendem Gefolge, von der Belagerung Freiburgs herkommend, eingetroffen. Der Rat erweist dem Monarchen gebührende Ehre, indem er sowohl bei seiner Ankunft als auch bei seiner Abreise jeweilen dreifache Salven aus fünfzig Kanonen ertönen lässt.

1762

«Als der züchtige Jüngling Johann Rudolf Eglin, der Strumpfbereiter, der bei Elias Steiger, Strumpffabricant, als Gesell arbeitet und in seinem Farbhaus im Clingenthal vor einem sittigen Kessel voller rother Farb Strümpf färben und eintuncken will, hat er das Unglück, dass er entschlipft und bis an den Hals hineinfällt und die Haut verbrüht.

Am 9. Oktober 1837 wird der bis zur dritten Erweiterung der Stadtbefestigung gegen Ende des 14. Jahrhunderts die Landstrasse in den Sundgau öffnende Spalenschwibbogen, der «mehr als irgend ein anderer Schwibbogen einen hässlichen und entstellenden Anblick darbietet», als Abbruchgut zur Versteigerung ausgerufen, findet aber keinen Liebhaber. Einer Wiederholung der Gant ist dann Erfolg beschieden, indem ihn Maurermeister Remigius Merian für 7200 Franken erwirbt. Im folgenden Jahr wird der malerische Torbogen am oberen Spalenberg abgerissen. Aquarell von Candidat Weiss.

Zum Unglück ist er allein, so muss er in grossen Schmertzen allein hinaus steigen. Man bringt in hierauf zu Meister Wolff an der Weissen Gasse, wo von zweyen Chirurgici und seinen Geschwistern zwey Tag lang alle Hilfsmittel angewendet werden. Aber vergebens. Er stirbt unter grössten Schmertzen in seinem 22. Jahr.»

1763

In Grosshüningen wird durch eine Deputation des Rats der neue französische Gesandte, M. Chevalier, auf das Herzlichste begrüsst. Andertags wird er mit einer vierspännigen Kutsche und einer Suite von 18 jungen Herren auf den Kornmarkt geführt, wo ihm vor dem Rathaus eine Kompagnie Feldjäger paradiert. «Darüber bezeugt er so grosse Freud, dass er bis auf den halben Leib aus der Chaise hinausschaut.» Dann wird der Ambassador von 28 Dragonern bis nach Langenbruck geleitet, wo er beim Bannstein «ceremonialisch mit Adieunehmen» verabschiedet wird.

1876

Der weitere Bürgerrat versammelt sich im Stadthaus zu seiner ersten Sitzung und nimmt seine Arbeit «zum wahren Wohle der Bürgerschaft und der Stadt» auf.

1883

Im Stadtcasino gibt die siebenjährige Sängerin Gretchen Kühle mit rauschendem Erfolg ein Konzert.

1884

Der Ankenmarkt und die öffentliche Waage werden in die Barfüsserkirche verlegt.

10. Oktober

Gereon von Köln der Märtyrer

1549

Am Münsterberg ergreift der Feuerteufel das Haus «zur Meerkatze». In «diesem Feuer verbrennt der Meister, welcher das höllisch Feuer am selben Tag in das Haus geflucht hat, desgleichen auch ein welscher Knab. Das Weib und der Knecht indes können durch den Laden hinausspringen und kommen kümmerlich davon».

1557

Die letzte Äbtissin des Frauenklosters Klingental, die hochbetagte Walpurga von Runs, stirbt, worauf die Obrigkeit, nach einem Vergleich mit der letzten Nonne, das Klostervermögen an sich zieht.

1634

Beim Nüchternbrünneli vor dem Riehentor wird der Kleinbasler Heinrich David von einer Schwadron von vierzig nach Rheinfelden ziehenden kaiserlichen Soldaten überfallen und seiner drei Pferde samt des Weinwagens beraubt. Auch wird dessen Knecht von den Reitern halb tot geschlagen.

1661

Beim Blotzheimerweg werden mit grossen Ehren Herzog Mazarin und Gemahlin empfangen, nachdem sie durch eine Abordnung des Rats in Breisach zu einem Besuche eingeladen worden sind. Bereits vor ihrem Einzug in die Stadt werden die ho-

«Über den täglichen Detail der Suppen-Austheilungen gibt Ihnen die Tabelle vom 10. Oktober 1847 des Seckelmeisters der Suppen-Anstalt Aufschluss. So schwer und entmuthigend uns oft die vermehrten Ansprüche der Einsassenbevölkerung waren, woran das rücksichtslose Hereinziehen fremder Arbeiter-Familien durch die hiesige Industrie schuld ist, und worunter unsere Anstalt leidet, so fühlen wir uns doch gedrungen, Gott zu preisen und ihm zu danken, dass er uns auch diesmal wieder die Mittel geschenkt hat, das Schicksal so mancher Familie zu erleichtern. Zur Zubereitung von 106258 Portionen Suppe sind verwendet worden: 2123 Pfund Fleisch, 1061 Pfund Butter, 14772 Pfund weisse Bohnen, 7091 Pfund Reis, 8540 Pfund Brot, 1500 Pfund Salz und 11 Pfund Pfeffer samt Ingwer.»

hen Gäste von hundert Reitern und vierhundert Fussknechten willkommen geheissen. Wie der aus drei Kutschen, einer Sänfte, zwölf Maultieren, etlichen Handpferden, 44 Kreuzrittern und deutschen Edelleuten und Offizieren bestehende Tross dem Spalentor naht, wird mit 16 Kanonen und vier Mörsern Salve geschossen. Innerhalb des Spalentors paradieren in Schweizer Trachten gekleidete Fähnlein Fussvolk, welche ebenfalls einen Ehrensalut losfeuern. Anderntags werden die Gäste, die im Domhof untergebracht worden sind, von der Obrigkeit begrüsst und beschenkt. Die Aufwärterschar besteht lauter aus schönen, starken Männern. Auch eine respektable Leibgarde mit blossen Schlachtschwertern ist zugegen. Nachdem der Herzog auf das Wohl der Stadt sein Glas erhoben hat, werden auf der Pfalz drei Feldgeschütze gezündet, die mit mächtigen Donnerschlägen die Bedeutung des Tages unterstreichen. Während des Gastmals, bei welchem mehr als 17 Saum Wein (rund 2400 Liter!) getrunken werden, führt sich das Basler Publikum weder fein noch wohlgeartet auf: in strömendem Geläufe drängt es sich – vorab Frauen und Jungfrauen – in die Speisekammern und bedient sich gar freventlich des Konfekts! Vor seiner Rückreise dankt der Herzog dem Rat für die Gastfreundschaft mit einem Besteck goldener Löffel, Gabeln und Messer. «Übrigens bemerkt man in der Folge, dass die Ehre, die man dem Herzog erwiesen hat, grösser als die Freundschaft gewesen ist, die man von ihm empfangen hat.»

1712

Die schöne Tochter des Ratsherrn Mitz am Schlüsselberg ist anlässlich der Umzüge der Drei Ehrengesellschaften Kleinbasels, welchen sie

> **Es ist gefunden worden:**
> 1. Bey der St. Martins-Kirchen ist gefunden worden: Ein Mößingenes Pittschafft/ so im Adresse-Contor zu beziehen ist.
> Item/ Parepluye, Hembder-Knöpfflein/ Schnupfftuch und allerhand Schlüssel/ alles gegen einer kleinen Discretion.
>
> **Preiße der Lebens-Mittlen.**
> Vergangenen Freytag haben die Früchten ꝛc. gegolten/ schier wie in letsterm Ordinari gemeldet worden/ namlich:
> Der Obrigkeitliche Kernen 5. Pfund.
> — Land-Kernen alter 6. Pfund 10. ß. à 6. Pfund 15. ß.
> — dito Neuer 5. Pfund 6. ß. à 5. Pfund 10. ß.
> — Mischleten 4. Pfund 10. ß.
> — Weitzen 6. Pfund. à 6. Pfund 1. Batzen.
> — Gersten 4. Pfund.
> — Roggen 4. Pfund. à 4. Pfund 1. Batzen.
> — Habern 1. Thaler à 2. Gulden der Sack.
> Der Butter 24. Rappen der beste/ und ordinari Kauff/ sonsten auch der geringere 22. à 23. Rappen das Pfund. Von verschwenderischen Mägden solle er auch biß 25. Rappen das Pfund bezahlt worden seyn.

Avis-Blättlein, 9. Oktober 1729

Kantons-Mittheilungen, 10. Oktober 1831

> **Städtisches.**
> Der ehrwürdige Bann der Müngergemeinde hat die Einrichtung eines heizbaren Lokals für den Gottesdienst während der Wintermonate mit Recht als ein Bedürfniß anerkannt; denn die Münsterkirche ist zwar ein herrliches Denkmahl gothischer Bauart, aber der Aufenthalt in ihren kellerartigen Gewölben, zumal im Anfange des Frühjahrs, der Gesundheit nachtheilig werden, und überhaupt eignet sich ihr Bau nicht zum protestantischen Gottesdienste. Dagegen erheben sich mancherlei Einwürfe gegen das Vorhaben, den Doktorsaal im Münster zu einem Winter-Betsaale einzurichten, welches vor einigen Monaten in einer kurzen Druckschrift mit lithographirtem Plane von dem E. Bann der Gemeinde mitgetheilet worden ist, und welches einen durch freiwillige Beiträge zu deckenden Kostenaufwand von 5000 Fr. erfordern würde. Man scheint zu finden, daß der zu gewinnende Raum zu eng, und der Zugang dazu viel zu beschwerlich sein würde, und daß demnach die Ausführung des vorgelegten Planes eine halbe Maßregel wäre. Halbe Maßregeln haben nun bekanntlich den Nachtheil, daß sie niemand befriedigen, daß sie das Bessere und Vollkommnere auf eine lange Reihe von Jahren hemmen, und daß sie sogar die Theilnahme an öffentlichen Unternehmungen lähmen. Einige Gemeindsgenossen erlauben sich aus diesen Gründen, unter verbindlicher Verdankung der gemeinnützigen Bemühungen des Bannes, den Wunsch auszusprechen: „es möchte jene ehrw. Behörde auf jenen Plan Verzicht leisten; und dagegen versuchen, ob nicht ein anderes, ganz zweckmäßiges und jedem billigen Wunsche entsprechendes Lokal (wie z. B. die St. Ulrichskapelle) zu jenem Zwecke angekauft und eingerichtet werden könnte, und die dazu nöthige als wohlhabenden Münstergemeinde aufzubringen?"

im Jänner beigewohnt hat, von einer bösen Vettel (hexenähnlichen Frau) verzaubert worden, so dass sie ihre Beine nicht mehr bewegen konnte. Keine ärztliche Kunst vermochte sie wieder gesund zu machen. Wie das 13jährige Mädchen nun im Gartenhäuschen seines Vaters vor dem Spalentor sitzt, kann es auf einmal, zu vieler Leute Verwunderung, die Beine strecken und beugen, worauf es gleich wieder gehen lernt. Obwohl das Mädchen an Gewicht abnimmt und von seiner schönen Gesichtsfarbe verliert, besucht es eifrig die Kirche.

1799

Der Oberbefehlshaber der Rheinarmee, General Massena, fordert von der Stadt Basel ein Darlehen von 800 000 Franken. Die Helvetische Regierung gebietet der Munizipalität, dem Begehren nicht zu entsprechen und schickt seinen Minister des Auswärtigen zu Verhandlungen mit dem Franzosen. Allein das französische Direktorium billigt das Vorgehen Massenas, und dieser erhöht am 2. November seine Forderung um das Doppelte!

1813

Nachdem sich auch Österreich auf die Seite Preussens und Russlands im Kampf gegen Napoleon geschlagen hat, erhöhte sich die Gefahr, dass der europäische Krieg sich der Schweizer Grenze näherte. Die Regierung lässt daher durch Oberstleutnant Lichtenhahn auf dem Münsterplatz eine Inspektion vornehmen, der sich über den Stand der Truppen masslos ärgert: Die drei aufgebotenen Kompagnien sind in verschiedenen Farben gekleidet, unter den Tschakos befinden sich noch alte dreieckige Hüte von vier unterschiedlichen Qualitäten, und die Artillerie hat sich seit Jahren nicht mehr im Zielschiessen geübt. «Eine bedenkliche Sache angesichts der drohenden Kriegsgefahr!»

1867

Die von Professor Carl Gustav Jung gegründete «Anstalt zur Hoffnung für schwachsinnige Kinder» nimmt an der Elsässerstrasse 23 ihre segensreiche Tätigkeit auf (1905 nach Riehen verlegt).

11. Oktober

Vedastus von Arras der Bischof

1019

«Im Jahre 1019, am fünften Tage vor den Iden des Oktober, wird die von Kaiser Heinrich II. erneuerte und reich mit Reliquien und Zierden (u.a. mit goldener Altartafel, silbernem Kronleuchter und reichem Altarkreuz) ausgestattete Kirche von Basel (Münster) durch den Bischof Adalbero geweiht, in Anwesenheit des Kaisers selbst, im 18. Jahre seines Königtums, dem sechsten seines Kaisertums. Sie wird geweiht zu Ehren der heiligen Auferstehung Jesu Christi, des heiligen Kreuzes, der heiligen Gottesgebärerin Maria, des heiligen Johannes Baptista, der Apostel Peter und Paul, Andreas, Thomas und aller Apostel und aller Heiligen. Es wohnen der Feier bei, ausser dem Bischof und dem Kaiser, die ehrwürdigen Herren und Väter Popo, Erzbischof von Trier, Wernher, Bischof von Strassburg, Rumold von Konstanz, Hugo von Genf, Hugo von Lausanne und Erich, der Bischof der kaiserlichen Kapelle.»

1230

Papst Gregor IX. gewährt dem Nonnenkloster St. Maria Magdalena an den Steinen seinen Beistand und nimmt dessen «Closter, Hus, Reben, Hertboden, Hüser, Schüren und Renten» in seinen apostolischen Schutz.

1466

Mit einem Geleite von vierhundert Pferden trifft Herzog Sigismund von Österreich ein. Die Obrigkeit bereitet ihm einen grossartigen Empfang und veranstaltet zu seinen Ehren «alle Nacht einen köstlichen Tanz in der Mücke mit höflichen Frauen». Drei Tage hernach verlässt der Herzog mit seiner vornehmen Gesellschaft auf drei Schiffen die Stadt zur Weiterreise nach Strassburg.

1561

Wegen eines unbedeutenden Diebstahls von etwas Leder, wenigen Hausrats und eines vergoldeten Bechers werden zwei Fremde mit dem Schwert hingerichtet. Ein ebenfalls des Diebstahls bezichtigter hiesiger Seckler will die Schuld einem Weiss-

«Zu Mittag des 11. Oktobers 1433 langt die holde Majestät Kaiser Sigismund in Basel an. Seine Ankunft ist so überraschend, dass die Stadt und das Konzil kaum Zeit zu einer Begrüssung finden. Gut für sie, naht er doch ganz prunk- und anspruchslos. Zu den Domherren, die in Adelsrüstung zu Pferd vor ihm auftreten, spricht der Kaiser: ‹Ich sehe keine Domherren. Sollt ihr Priester oder geweihte Personen sein, dann habt ihr in Chorröcken und Kutzhüten vor mich zu kommen!› Nachdem dies geschehen ist, grüsst er sie freundlich und sagt: ‹So finde ich euch der Ehre würdig, da ihr euch nicht schämt, ehrwürdig zu erscheinen.› Bei seinem Austritt aus dem Münster lässt er drei von den Ungarn den schnöden Türken entrissene, von Christenblut gerötete Halbmondbanner zur Freude des Volkes in Koth zertreten.» Faksimile aus der Luzerner Bilderchronik des Diebold Schilling.

gerber zuschieben. Unter der Folter gesteht er aber seinen Meineid, weshalb er, statt mit dem Schwert, mit dem Strang gerichtet und an den Galgen gehenkt wird.

1660

Niklaus Kappeler hat sich erhängt. Seine Familie vertuscht indessen den Selbstmord. Als die Obrigkeit die wahre Todesursache erfährt, ordnet sie an, dass die vorgesehene Leichenpredigt in eine Busspredigt umzuwandeln und «der Person mit keinem Wort zu gedenken ist».

1672

Pfarrer Jakob Übelin zu St. Martin wird vom Pfarrkonvent ermahnt, sich inskünftig des Orgelspiels zu enthalten und im Singen Mässigkeit zu beobachten.

1699

Die Obrigkeit erlässt ein neues Mandat über die Frauentracht und erlaubt wohl Marderpelz, nicht aber Zobel, gestattet sechs bis acht Ellen Band und belegt mit Strafe die übermässig langen taffenen Bänder und Nesteln an Fürtüchern (Brusttüchern) und Kutten, die grosse Men-

«Der Kaiser ohne Schuh», zum 11. Oktober 1433

> Es kam daher zur Mittagsstund
> Wohl auf dem Rhein gefahren
> Der röm'sche Kaiser Siegismund
> Allein fast, ohne Schaaren.
> Ganz unverhofft kam er daher,
> Und ob der Brücke, da ließ er
> Erst zum Willkommen Blasen.
>
> Und als man fuhr dem Salzthurm zu
> Und dort an's Land wollt' gehen,
> Da hatt' der Kaiser keine Schuh
> Er stand auf bloßen Zehen.
> Darauf versammelt' sich der Rath,
> Und diesen dann der Kaiser bat,
> Ihm ein Paar Schuh zu leihen.

ge Stoffs an gefältelten Kutten, Fürtüchern und Unterröcken, die Spitzen am Weisszeug der Wäsche und den allzuweiten Ausschnitt um den Hals. Auch die Mannspersonen dürfen keine weissen Spitzen am Weisszeug tragen, keine goldenen und silbernen Spitzen an der übrigen Bekleidung, keine Knöpfe aus Gold- und Silberfaden, keine gestickte Arbeit und keine Hutschnüre aus Brokatbändern, wohl aber massive silberne Knöpfe und Degenknäufe. Dazu soll jeder in vaterländischem Anzug seinem Stand gemäss einhergehen, besonders die Räte, Gerichtsherren, Professoren und Geistlichen.

1833

Basel kommt dem Entscheid der eidgenössischen Kommissäre nach und liefert nach der Kantonstrennung 30 grössere und kleinere Kanonen, 9 Wagen mit 1200 Gewehren, 20 Wagen mit 400 Zentner Munition sowie 54 Wagen mit Geschützkugeln, Zelten und allerlei sonstigen Kriegsbedarf an den Kanton Basel-Landschaft.

12. Oktober

Pantalus der Bischof von Basel

237

«Zur Zeit des Kaisers Maximus, der im Jahre der Menschenwerdung des Herrn 237 das römische Reich regiert, wird der ehrwürdige Bischof Pantalus, ein Mann von grosser Frömmigkeit und Demut, nach göttlichem Ratschluss von den Gläubigen Christi als erster zur bischöflichen Würde der Kirche von Basel erhoben. Als nun in jenen Tagen das barbarische Volk der Hunnen unter seinem Führer Julius sowohl die gallischen als auch die deutschen und italienischen Lande mit Mord und Brand ohne Ende verheert, derart dass in Folge der Zerstörung der Städte und der Verbrennung der Kirchen kaum einige schwache Spuren des göttlichen Glaubens zurückbleiben, da stärkt Pantalus als ein guter Hirte, der seine Schafe nicht wie ein Mietling, dem sie nicht gehören, verlässt und sich flüchtet, wenn er den Wolf kommen sieht, sondern als ein wahrhaft guter Hirte, der ohne jede Furcht und Ängstlichkeit sein ganzes Leben einsetzt für all seine Gläubigen mannhaft im christlichen Glauben.»

1273

Königin Anna besucht Basel. Sie wird von einer grossen Anzahl Bür-

Die Pest wütet in Basel: «Vom Januario dess Jars 1610 bis den 12. October sind an allerley Kranckheit by 1696 Personen, jung und alt, gestorben. Von der Zeit an wietet die Pest über die Massen, also dass man wüchenlich über die 250 biss auf 288 vergräbt. Biss den letsten Monat December, do fängt es abnemmen ums Halb und noch weniger, biss die Zal der Abgestorbenen des Jars 1610 sich auf 3681 erstreckt.» Die Malerei auf Kupfer zeigt Professor Jakob Zwinger (1569–1610), sowohl als Rektor der Universität als auch als unerschrockenen Arzt mit Pestmaske.

ger, Domherren und Ordensgeistlichen empfangen, die ihr Reliquien und Geschenke entgegentragen.

1531

Der Rat lässt Zürich wissen, «dass noch an diesem Morgen das Geschütz ausrückt, um im Kampf gegen die Katholischen Hülfe zu bringen. Am nächsten Tag wird das Zeichen (das Stadtbanner) mit 500 Mann nachziehen». (Die kriegerische Auseinandersetzung mit den katholischen Eidgenossen hat jedoch bereits am Vortag durch die Schlacht bei Kappel stattgefunden, an welcher das Heer der Zürcher geschlagen worden ist und Zwingli den Tod gefunden hat.)

1583

Hieronymus Werthemann von Plurs im Bergell wird zu einem Bürger angenommen.

1741

«In Gegenwart der Herren Medicorum und Chirurgorum wird an der Weibsperson Susanna Haas in allhiesigem Spital eine wichtige Operation vorgenommen, indem ihr die linke Brust, in welcher sie seit mehr als einem halben Jahr entsetzliche Schmerzen verspürte, und keine Hoffnung zur Genesung mehr bestand, abgenommen werden muss. Die gefährliche Operation ist von Herrn Mangold, dem Chirurgo, in sehr kurzer zeit mit grösster Behutsamkeit und Geschicklichkeit vorgenommen worden. Die Patientin findet sich nachher ganz wohl. Zu ihrer Genesung ist die beste Hoffnung vorhanden, hat die Brust doch über acht Pfund gewogen.»

1855

Am Nervenfieber stirbt im 54. Altersjahr Eduard Geigy. «Der Chef eines grossen Handelshauses (Mitinhaber der J.R. Geigy AG) ist in vielfacher Art für seine Vaterstadt thätig gewesen. Auch vergabte er ihr über 100 000 Franken als Stiftungsfond für ein Altersasyl für Pfründer».

1910

Die Regierung beschliesst die Einrichtung eines Archivs für schweizerische Wirtschaftskunde und Wirtschaftsgeschichte (Schweizerisches Wirtschaftsarchiv).

> Daniel Scholer und Herr Hans Caspar Hauser.
> Heut Morgen 8. Tag langten zwey von Zürich kommende grosse Schiffe/ mit ungefehr viertdthalb hundert Personen jung und alt/ auf dem Rhein allhier an/ welche nebst etwan 60. Personen/ so zu Land allhier angekommen und noch zu ihnen geflossen/ in das neue mittägige Englisch-Americanische Carolina zu reisen gesinnet. Vergangenen Freytag kame ein drittes Schiff von Bern allhier an/ welches mehrentheils Piemontesische Refuglanten etwan 100. an der Zahl aufhatte/ die/ gleich den oblgen nach dem neuen Carolina zwecken/ sie haben aber einen Führer aus Engelland/ der sie zu Bern abgeholet/ und warten auf ihren Paß von Straßburg/ welcher heute eintreffen solle/ um sodann ihre Reise fortsetzen zu können.
> Jüngsthin gienge ein frommer alter Mann zu Krenzach um seine Nothdurfft zu verrichten des Nachts in der Finstere aus seiner Schlaffkammer/ verfehlete aber des Wegs/ und kam auf die Bühne in der Scheuer durch welche er in die Scheuer hinunter fiele/ und unter einigen beweglichen Seufftern zu seinem GOTT und Heyland den Geist aufgabe.
> P. S. Man verlangt beyde Theile des Paracelsi Schrifften in lateinischer Sprache/ entweder in billichem Preiß zu kauffen/ oder aber für 3. Wochen zu entlehnen und zu geben was man fordern wird.

Frag- und Anzeigungs-Blättlein,
12. Oktober 1734

Junker Johann von Bärenfels besiegelt am 13. Oktober 1333 eine Urkunde, durch welche der Edelknecht Wernher Geisrieme die Fischwaage im Rhein oben bei Kleinbasel für fünf Schilling Basler Pfennig – «weil nieman me drumbe wolte gen» – zugeschlagen erhält. Es ist dies das früheste Dokument eines «Fischergalgens» in Basel.

13. Oktober

Colomanus der Märtyrer

1296

Kaiser Albrecht von Österreich beschliesst einen seiner verschiedenen Besuche in Basel. «Er trachtet vornehmlich darnach, die Bürger an sich zu fesseln, indem er die Rheinzölle aufhebt und dem Landfrieden Nachachtung verschafft.»

1386

Die Söhne des am 9. Juli in der Schlacht von Sempach gefallenen Herzog Leopolds von Österreich treten ihre Pfandschaft Kleinbasel gegen Bezahlung von siebentausend Gulden an den Rat ab, entlassen die Kleinbasler ihres Eides gegenüber Österreich und weisen sie an, der Stadt Basel zu huldigen und gehorsam zu sein.

1427

Der Rat hat ein neues Feldgeschütz giessen und ein altes reparieren lassen. Nun werden die beiden Kanonen auf ihre Funktionstüchtigkeit geprüft, wobei «die eine die Probe hält, die andere aber in viele Stücke zerspringt und den Büchsenmeister, den Oberstknecht und zwei weitere Personen erschlägt und sonst noch bey vierzig Menschen verletzt».

Wöchentliche Nachrichten,
13. Oktober 1812

1482

«Die Klingentalnonnen, die 1480 bei Papst Sixtus wegen ihres üppigen, liederlichen Wesens, welches sie wider den geistlichen Staat und die weibliche Zucht führten und auch im offenen Rhein badeten, verklagt worden sind und hernach die Stadt verlassen haben, dürfen nach ihrer Aussöhnung mit den Dominikanern im Predigerkloster jenseits, unter deren Obhut sie gestanden, wieder in die Stadt zurückkehren. Trompeten verkünden ihre Rückkunft, und herrliche Banner voll zierlicher Wappen flattern hoch. Eine Menge Männer, Weiber und Kinder, auf der Rheinbrücke sich drängend, begrüssen ihre Ankunft mit dem lautesten Freudenruf. Die stattliche Schwesternschaft im streng beobachteten Ordenskleide (weissen fliessenden Röcken, schwarzen Schleiern und Mänteln mit schwer von den Gürteln herabhängenden Rosenkränzen) sitzt auf Wagen, gezogen von weissen Pferden mit Zobeldecken, in schönem Abstand gegen die glänzenden Rüstungen, prachtvollen An- und Überzügen von Seide und Samt und gegen die von den Helmkämmen wallenden Federbürsche, welche die kühnen Ritter in ihrem freudigen Übermuthe tragen, zu Seiten der Damen reitend auf den unter Schabrakengepränge (verzierten Satteldecken) sich lustig bäumenden Hengsten.»

1799

Auf dem Marktplatz wird ein Räuber während sechs Stunden an den Schandpfahl gebunden und der Bevölkerung zur Schau gestellt, ehe er seine achtjährige Kettenstrafe anzutreten hat.
Die Helvetische Republik beauftragt die Kantone zur Rekrutierung einer Nationalgarde, wobei von je hundert Mann einer im Alter zwischen

> Mit wehemüthigem Herzen sehen wir uns genöthiget, dem hiesigen Publiko anzuzeigen, daß, da die Einnahme der Kranken-Commission so beträchtlich sich vermindert hat, wir in die traurige Nothwendigkeit versetzet sind, die mehresten unserer bisherigen Unterstützungen im künftigen Monat einzustellen, und uns nur auf die Nothleidenste Claß der allerbedürftigsten Kranken zu beschränken, wenn wir nicht durch die Hülfe wohlthätiger Menschenfreunde in den Stand gesetzt werden, den Kranken zweckmässiger wieder helfen zu können.
> Die Kranken-Commission.

25 und 45 Jahren auszuheben, mit Waffe und Rock zu versehen und täglich mit zweieinhalb Batzen zu besolden ist.

1810

Durch die sogenannte Kontinentalsperre hat Napoleon jeglichen Handelsverkehr mit England untersagt. Als 37 vom Kaiser des Spekulationshandels mit Kolonialwaren bezichtigte Basler Firmen die verbotene Tätigkeit nicht einstellen, wird der Rat vom Flügeladjutanten des Landammanns strikte auf die französische Forderung aufmerksam gemacht. So lässt die Regierung durch Trommelschlag den Verkauf solcher Waren streng verbieten. Es zeigt sich aber, dass der grössere Teil der Vorräte auf fremde Rechnung und als Speditionsgut in den Magazinen lagert. Auch enthalten die Verzeichnisse verschiedener Häuser nichts als alte Ladenresten. «Begreiflicherweise liefert niemand gerne seine englischen Waren der Konfiskation aus.»

1833

Die mit der Aufteilung des Kantonsvermögens beschäftigten Wilhelm Geigy und Jakob von Blarer geraten in einen wütenden Wortwechsel, worauf der Basler vom Baselbieter eine Forderung zum Zweikampf mit dem Säbel erhält. Die gefährliche Auseinandersetzung findet denn auch in der Scheune des Wirtshauses «zur Krone» in St. Louis statt und endet nach sechs Minuten damit, dass Blarer von Geigy einen Hieb an den Kopf erhält und für einen Augenblick betäubt zu Boden sinkt. Kaum hat der von Geigy mitgebrachte Professor Mieg den verletzten von Blarer verbunden, so ergreift dieser erneut den Säbel und will den Kampf fortsetzen. Aber der französische Oberst der Garnison von Hüningen, der als Sekundant amtet, verwahrt sich dagegen, so dass das Duell abgebrochen wird und die Gesellschaft wieder heimwärts zieht...

1837

Durch den späteren Münsterorganisten Benedikt Jucker erklingt in Basel erstmals eine Orgelfuge von Johann Sebastian Bach.

In Gegenwart von 600 Kindern und 200 Erwachsenen wird am 14. Oktober 1884 das von den Architekten Vischer & Fueter erbaute Sevogelschulhaus eingeweiht. Das für die Ausbildung von 864 Knaben und Mädchen konzipierte «Sevögeli» erforderte, bei einem Landpreis von Fr. 8.80 pro Quadratmeter, einen Aufwand von 373 956 Franken.

1865

An der Kaufhausgasse 1 wird die Musikalienhandlung und das Musiknotengeschäft Hug eröffnet, eine Zweigniederlassung der 1807 gegründeten Firma Hug in Zürich.

1883

Das bisherige Frühgeläute in den vier Hauptkirchen wird vom Regierungsrat auf das Einläuten des Tages durch nur eine Glocke des Münsters reduziert.

14. Oktober

Myconius der Märtyrer

1375

Basel bittet Strassburg dringend um Hilfe gegen das gefährliche Vordringen des kriegerischen Volkes der Gugler (Franzosen, Bretonen, Engländer).

1482

Hans Hagenbach von Mülhausen erhält das Bürgerrecht.

1538

Im Ratsbuch werden diejenigen sieben Nonnen aus dem Kloster St. Maria Magdalena an den Steinen verzeichnet, die aus dem Kloster ausgetreten sind und sich verheiratet haben. Es vermählten sich: Sibillia Vollrot mit Georg Müller, dem ehemaligen Abt von Wettingen, Christiana Kolb mit Peter Ryff, Elsbeth von Busch mit Jakob Zweybrucker, Dorothea Hutsche mit Heinrich Petri, Barbel von Busch mit Lienhard Rot, Mergili Kolb mit Hans Peter und Ottilia Dirsun mit Gregorius Lotterer. «Nun erscheinen vor dem Rath an diesem Tag auch die Ehemänner. Sie erzählen, dass ihre Ehefrauen sich gehorsamlich aus dem Kloster gethan und in den Stand der heiligen Ehe, welcher Gott viel besser als der Klosterstand gefällig sey, getreten, und dass sie mit Kindern beladen wären, weshalb sie um einen Zuschuss anhielten. Der Rath lässt ihnen hierauf ein für allemal gegen Quittung jedem hundert Gulden zustellen.»

1637

Hans Berger von Maisprach, der mit «einer Stute Sodomie begangen hat, ist der Kopf abgeschlagen und sein Körper mit der Stute verbrannt worden. Wenig später bringt Oberstzunftmeister Wettstein im Rate an, wie ein Geschrei durch die Gassen erschalle, weil vor dem Steinentor an jenem Ort, da der Sodomit verbrannt worden ist, sich immer noch Rauch erzeige, also dass viele hundert Menschen hinauslaufen, um solches zu sehen. Nachdem der Scharfrichter angewiesen worden ist, am genannten Ort zu graben, hat sich aber nichts gefunden als glühende Kohlen, worauf diese mit Wasser gedämpft werden. Es ist seine Schuld, weil er den Übeltäter nicht ganz und gar zu Asche verbrannt hat».

1694

Beim Haus «zum Rosenberg» am Nadelberg 3 wird in einem Körblein ein Kindchen ausgesetzt. «Man nimmt es ins Spital und tauft es auf den Namen Daniel Rosenberger.»

1702

Am Tüllingerberg kommt es im Zusammenhang mit dem Spanischen Erbfolgekrieg (1702–1714) zur Schlacht bei Friedlingen: Vier Brigaden Infanterie und eine starke Kavalleriebrigade der französischen Armee unter General Villars kämpfen gegen mehrere Bataillone der deutschen Reichsarmee unter Markgraf Ludwig von Baden, dem sogenannten Türken-Louis, um den Rheinübergang zwischen der Festung Hüningen und der Schusterinsel. «Im Käferhölzli entwickelt sich ein blutiges Waldgefecht. Die meisten höheren Führer werden getötet oder gefährlich verwundet. Beide Theile schreiben sich den Sieg zu. Der König von Frankreich sendet General Villars den Marschallstab. Offenbar hat er Operationen ausgeführt, die einem Feldherrn alle Ehre machen.»

1708

Ein Maurer fällt vom Dach des Rathauses zu Tode, und «ein schwangeres Weib aus dem Baselbiet, das im Bärenloch wegen Ehebruch und Hurerey gefangen ist, erhängt sich an seinen Zöpfen».

1710

Der Markgräfler Musikus Schwab, der spätere Organist zu St. Peter, überrascht die Herren Häupter nachts um 10 Uhr mit einem überaus lieblichen Konzert auf dem Münsterplatz: Auf seinem Musiktisch unter den Lindenbäumen erklingen auf das schönste Clavizimbel, Geigen, Fagotte, Flascheneten (kleine Flöten), Hoboys (Oboen), Waldhörner oder Jägertrompeten. Nach und nach finden sich mehr als zweihundert Zuhörer ein, die sich ebenfalls an der herrlichen Ehrenmusik vor den Häusern der beiden Bürgermeister erfreuen.

1808

Der Markgräflerhof an der Neuen Vorstadt (Hebelstrasse), den Markgraf Friedrich Magnus in den Jahren 1698 bis 1705 in «neuem französischem Geschmack» als Stadtsitz und Absteigequartier hatte errichten lassen, geht zum Preis von 90 000 Gulden in Basler Staatsbesitz.

1826

«In der Umgebung von Basel treiben sich zu dieser Jahreszeit bald jeden Abend Knaben verschiedenen Alters herum, deren Eltern in der Fabrik oder auf dem Taglohn beschäftigt sind und sie nicht beaufsichtigen können. Sie berauben die Gärten vor den Thoren und richten ihre Streifzüge besonders in die Nähe des Bruderholzes. Die Nussbäume dieser Gegend sind das Ziel ihres Strebens, das sie mit dem Wort ‹stauchen› belegen, das in ihren Ohren etwas besser klingt als das Wort ‹stehlen›. Eine geschärfte Aufmerksamkeit auf diese Staucher ist nothwendig, ehe die Strenge des Gesetzes eintreten muss.»

15. Oktober

Antiochus von Lyon der Bischof

1495

In der Kapelle der das Basler Bürgerrecht geniessenden Mönche von Lützel an der Freien Strasse (35), die dem heiligen Bernhard geweiht ist, wählen die Lützeler Konventualen mit Theobald Hyllweg einen neuen Abt. «Er wird bald einer der bedeutendsten Männer des Reformationszeitalters. Als der unselige Bildersturm die Heiligtümer Basels verwüstet, rettet Abt Theobald mutig eine Muttergottesstatue, indem er sie aus der St. Bernhardskapelle herausholt und auf seinen Armen durch die tobende Stadt trägt. Seiner Glaubenstreue und Energie ist es zu verdanken, dass das Oberelsass katholisch bleibt.»

1531

Die fünfhundert Basler, welche zu spät gegen die Katholischen in den Kappelerkrieg gezogen sind, vereinigen sich nach dem unglücklichen Ausgang der Schlacht bei Bremgarten mit den Zürchern und den übrigen Protestanten.

1552

Im Schürhof, dem Oberstpfarrhaus am Münsterplatz 19, verstirbt Oswald Geisshüsler. Der unter dem Namen «Myconius» bekannte Anti-

Basler Volksblatt, 14. Oktober 1899

Gemüsemarkt:	Fr. bis Fr.		Andreasmarkt:	Fr. bis Fr.	
			Kaninchen	1.—	4.50
Blumenkohl	—.10	1.20	Hühner junge	1.35	1.50
Rübli	—	—	Brathühner	1.80	2.25
" neue 1 Bsch.	—	—.—	Kapaunen	5.—	6.—
Neue Böhnli p. Pfd.	—	—.—	Leghühner	—	—
Grossbohnen	—	—	Junge Hahnen	1.50	2.—
Krautstiele	.20	—	Gänse junge	5.—	6.—
Kopfsalat	—.5	—.20	Enten	3.50	3.80
Kresse	.20	—	Tauben per Paar	1.30	—
Gurken	—.5	—.15	Butter	1.25	—
Cornichon p. Hundert	—.70	—.90	Eier	1.—	1.30
Rübkohl p. Büschel	—.25	—	Gaiskäsli	—.15	—.45
Jörgenkraut	—.—	—	Hasen	5.50	6.—
Rahnen	—.10	—.20	Fischmarkt:		
Wienerrettig	—.10	—.—	Salm	1.75	2.75
Monatrettig	—.10	—	Rheinlachs	3.—	

Johann Ludwig Burkhardt
alias Scheik Ibrahim,
†15. Oktober 1817

stes der Basler Kirche ist nach dem Tod des in der Schlacht bei Kappel ums Leben gekommenen Huldrych Zwingli, mit dem er eng befreundet war, nach Basel gezogen und hat die Nachfolge Oekolampads angetreten.

1557

Auf dem Kornmarkt werden 52 Karren und Wagen voll Obst, die zahlreichen Krätzen und Körbe nicht inbegriffen, feilgeboten. Doch schon vormittags kann das aussergewöhnlich viele Obst mühelos verkauft werden.

1586

Scharfrichter Georg Käser hat als nebenamtlicher Wasenmeister zur nächtlichen Stunde auch die undankbare Aufgabe des «Hundeschlagens» zu erfüllen. Weil er die vielen herrenlosen Hunde nur unter Mithilfe von einigen «Hundschlägern» totschlagen kann, bittet er den Rat um eine Gehaltsaufbesserung. Auch bemerkt er, man würde den Hundschlag besser bei Tag durchführen, denn nachts versteckten sich die Tiere in allen Winkeln, auch seien Verwechslungen möglich, zudem werde man ständig gescholten von den Leuten und stehe gar in Lebensgefahr.

1607

«Der ehrenvest, fürnem und weis Herr Hans Ludwig Meyer des Rahts ist seliglich im Herrn verschieden. Der almechtig Gott wolle ihm und uns allen zu seiner Zeit am jüngsten Tag eine fröhlich Auferständnus verlichen. Amen. Seins Alters im 68. Johr. Ligt in Sant Martins Külchen begraben bey seiner Frauen, Anna Frobenin, selig. Hat dry Söhn und ein Dochter verlassen mit Namen Adelberg, Bernhard, Niclaus und Anna.»

1641

In Binningen wird ein Kind geboren «ohne Hinderen, das ist ohne After, stirbt aber bald». Zur selben Zeit kommt in der Stadt ein Kind zur Welt «mit einer abscheulichen Hasenscharten, nur mit einem Aug und einem abscheulichen grossen Missgewächs».

1681

Der Rat erlässt eine neue Gottesdienstordnung, die besagt, dass während der Dienstagspredigt die Handwerker nicht arbeiten, die Frauen keine Göbel (mit Seide bestickten Kleider) tragen und vor der Münsterkirche keine Karren fahren dürfen.

1706

«Mit unversöhnlichem Herzen stirbt der sogenannte Hasenbattier, welcher auch die Prediger nicht um sich leiden mochte. Er wollte sprechender Begehr eben nicht in den Himmel. Ist wie ein Vieh gestorben. Man begräbt ihn wohl im Kreuzgang des Münsters, doch wird ihm keine Leichenpredigt gehalten.»

1714

«Sebastian Grimm, ein beim Kornmarktbrunnen wohnhafter Mann, hat aus verfluchtem Geiz etliche Jahre beim Kirchgang anstatt eines Rappens allzeit ein Blechlein in der Grösse eines Rappens in das Almosensecklein oder in den Gotteskasten gelegt. Weil er zumeist bei den Barfüssern in die Kirche geht, muthmasst man, dass er es sein muss, der mit Blech Barmherzigkeit übt. So wird er denn auch vom Siegrist, der auf ihn Achtung gibt, erdappt. Darauf wird er sogleich in Gefangenschaft genommen, wo er gleich alles bekennt. Da er ein Mann von grossen Mitteln ist, aber keine Kinder und nur eine schöne Frau hat, wird er um tausend Pfund bestraft. Lebt hernach nicht mehr als ein Jahr.»

1724

Zwei junge Schönheiten der Stadt, Maria Daubenberger und Ursula Pack, die eng miteinander befreundet sind, geraten sich bös in die Haare. Und als Schimpfworte wie «Hure» und «Zuckerbrotschleckerin» fallen, entsteht gar ein blutiger Händel zwischen den beiden jungen Frauen, der schliesslich vor dem Richter endet. So erfüllt sich an ihnen das Sprichwort: «Gemein macht selten rein.»

1849

Es stirbt der arbeitsscheue Kaminfeger Jakob Müller, der phlegmatische und zynische «Pfluume-Bobbi». Ihm konnten weder Frost noch Hitze noch Not und Sorge etwas antun. Aber wenn die Buben ihn beim Spitznamen riefen oder ihm eine auf Pflaumen reimende Frage stellten, dann verwandelte sich seine Ruhe in satanische Ausbrüche. Er war meist auf dem Barfüsserplatz anzutreffen, wo er sich bei Wind und Wetter als Besserwisser aufspielte, was ihm der Volksmund mit einem Spottreim honorierte: «Nicht immer denken klug und fein / die grossen Herren nur allein / sonst wäre Bobbi Pflumius / allhier nicht auch Politicus!»

1851

In Liestal wird der 29jährige Raubmörder Hyazinth Bayer von Friedrichshafen in Gegenwart von gegen zehntausend Zuschauern hingerichtet: «Im Regierungshof wird ihm nochmals das Urteil vorgelesen.

Am 15. Oktober 1882 wird die von Architekt Eduard Vischer-Sarasin in neugotischem Stil erbaute Evangelische Engelgasskapelle (bis 1970) eingesegnet. Die Stiftung der Kapelle an der Engelgasse ging, wie diejenige der Lukaskapelle im Gundeldingerquartier, aus der Erweckungsbewegung hervor, in welcher sich bibeltreue, strenggläubige Protestanten zusammengeschlossen haben, um ihren Unwillen gegen die immer mehr von freisinnigem Geist beherrschte Landeskirche auszudrücken.

Dann macht er vom Recht Gebrauch, eine Anrede an das Publikum zu halten, in welcher er u.a. ausführt: ‹Ich bin durch das Gesetz zum Tod verurteilt worden. Ich sterbe gerne und hoffe, wie der Schächer neben Jesu am Kreuze, heute noch im Paradies zu sein. Ich bitte, meiner nicht zu spotten. Denn wer meiner spottet, der spottet Gott, der jeden reuigen Sünder zu sich aufnimmt. Herr Statthalter, ich stehe zu ihren Diensten. Brechen Sie den Stab über mich und werfen sie ihn zu meinen Füssen.› Als der Statthalter den Stab gebrochen und Bayer zu Füssen geworfen hat, tritt der Scharfrichter heran. Bayer gibt ihm die Hand und ersucht ihn, einen guten Streich zu tun. Hierauf wird der Missetäter in einer Chaise unter dem Geläute einer Glocke zum Richthaus geführt. Auf das Schafott getreten, knien die beiden katholischen Geistlichen in ihren Ornaten neben dem Verbrecher nieder und beten mit ihm im christlichen Glauben. Dann spricht Bayer mit lauter Stimme an das Volk: ‹Gebe Gott, dass jeder bei seinem Ende eben so getrost sagen kann wie ich: Herr Jesus. In deine Hände empfehle ich meinen Geist.› Dann setzt er sich ruhig auf den Richtstuhl. Und kaum hat er ausgerufen: ‹Jesus, nimm meinen Geist auf›, fliegt schon sein Haupt durch den geschickten Streich von Herrn Mengis aus Rheinfelden vom Rumpfe. Das gefasste, wirklich noble Benehmen Bayers feuchtet manches Auge. Nach der Operation muss Bayers Sündenblut noch zu allerlei Heilkünsten herhalten. So werden ihm ab der Brust Hautplätzchen weggehauen, die gegen den Kropf gut seien. Ebenso holt einer einen Topf voll Armsünderblut für einen mit Epilepsie behafteten Bürgerssohn. Dann wird Bayers schauerlich getrennter Körper nach Basel in die Anatomie gebracht und derselbe noch den Neugierigen gezeigt. Der Abwart, des zweitägigen unaufhörlichen Geläufs endlich müde, weist schliesslich die Zuströmenden ab, indem er sagt: ‹Bayer ist nicht mehr zu sehen. Er hat den Kopf unter den Arm genommen und ist wieder davongelaufen. Wohin weiss man nicht› …» (Bayers Hinrichtung ist die dritte und letzte im Kanton Baselland. 1873 wird die Todesstrafe mit 4782 gegen 3019 Stimmen abgeschafft.)

16. Oktober

Gallus von St. Gallen der Glaubensbote

1444

Pfalzgraf Ludwig, Der oberste Reichshauptmann, fordert den Rat von Basel auf, mit Reisigen im Feld vor Hagenau zu erscheinen, um das fremde Kriegsvolk aus dem Elsass zu vertreiben. Die ohnehin bedrängte und den Eidgenossen zugeneigte Stadt sieht sich indessen nicht in der Lage, Kriegsdienste zu leisten, und schlägt das Aufgebot aus.

1461

Das seit dem Grossen Erdbeben von 1356 nur mit einem provisorischen Notdach bedeckte Münster wird durch Meister Hans von Tanne mit einem neuen Dachstuhl versehen. Für seine Arbeit werden ihm fünfhundert Pfund zugesichert; das

Holz liefert ihm die Stadt, wogegen er das «Abholz» erhält. (1887 wird der hölzerne Dachstuhl durch einen eisernen ersetzt.)

1627

Die im Dreissigjährigen Krieg zerstörte St. Niklauskapelle im Gemeindebann von Schönenbuch (Chappelematt) ist durch Matthias Schnabel von Eptingen und dessen Frau, Beatrix Blarer von Wartensee, wieder aufgebaut worden und wird feierlich eingesegnet.

1707

Im April ist bei Hegenheim eine schöne Frau des Adels, mit 22 Wunden verletzt, tot aufgefunden worden. Nachdem keinerlei Anhaltspunkte vorlagen, wie der Mord hatte vor sich gehen können, wurde die Tote nach Basel geführt und auf dem Predigerfriedhof beerdigt. Weil der Meier (Bürgermeister) von Häsingen indessen einen Verdacht äusserte, ist die vornehme Frau wieder ausgegraben und im Sarg jedermann gezeigt worden, so dass schliesslich in Erfahrung gebracht werden konnte, dass die Dame aus Paris stammte und in Besançon die Erbschaft ihres verstorbenen Mannes regeln wollte. Dabei ist sie auf ihrer Reise vor dem Spalentor von ihrem Begleiter auf schreckliche Weise ums Leben gebracht und beraubt worden. Diesen «gottlosen Bösewicht» hat man nun samt dem Eseltreiber in Paris verhaften und nach Basel bringen können. Trotz heftigster Folterungen leugnete er aber die Tat und hat sich statt dessen im Spalenschwibbogen, im Käfig Eichwald, mit «einem feinen seydenen Strumpf selbst erdrosselt, und zwar auf eine gantz seltsame Weise, so dass man wohl daraus schliessen konnte, der Teufel habe ihm dazu geholfen. Darüber ist vom Raht erkannt worden, dass dieser selbsterhenkte Mörder mittwochs den 16. Oktober vom Spalenthurm hinuntergelassen, auf einer Schleife zum Halseisen auf den Kornmarkt und von dort zur Gerichtsstatt vor das Steinenthor hinausgeschleift, allda Arm und Bein entzweigestossen und aufs Rad gelegt werden soll, wobei draussen von Diacon Gernler eine kleine Vermahnungspredigt zu halten ist. Den 3. November wird der Eseltreiber, welcher die ermelte Dame hat ganz jämmerlich mitermorden helfen, lebendig auf der Kopfabheini gerädert, nachwerts aber vor das St. Alban Thor geführt und auf das Rad geflochten».

1773

Auf der Heimfahrt von Basel nach Hausen übermannt der Tod auf einem Pferdefuhrwerk die Mutter des 13jährigen Johann Peter Hebel, Ursula Hebel-Örtlin. Sie muss ihrem Sohn ein Vorbild an Liebe und Zucht, Güte und Strenge gewesen sein, hat Hebel doch seiner Mutter, die ihn «an die Allgegenwart Gottes denken gelehrt hat», durch das Gedicht «Vergänglichkeit» ein literarisches Denkmal gesetzt.

1851

«Anlässlich eines Brandes bei der Witwe Sandreuter an der Schneidergasse herrscht eine solche Unordnung bei den Spritzenhauptleuten und Spritzenmeistern, indem dieselben gar nicht oder nur höchst unvollkommen mit der bestehenden Feuerordnung vertraut sind, so dass sämtliche vor die Direktion der Löschanstalten geladen werden, um ihnen ihre Obliegenheiten ernstlich zu Gemühte zu führen.»

1884

Im Restaurant Belvédère an der Feldbergstrasse gründen Berufsfischer den Fischer-Club Basel.

1897

Zum 70. Geburtstag des berühmten, in Florenz arbeitenden Kunstmalers Arnold Böcklin (1827–1901) wird die Sundgauerstrasse in Arnold Böcklin-Strasse umbenannt.

1898

«Im Schaufenster Steinenvorstadt 18 ist ein Rettig im Gewicht von 15 Pfund ausgestellt. Dieser Koloss ist im benachbarten Neudorf gewachsen.»

17. Oktober

Lucina die Märtyrerin

1500

«Weil die Räte den Hans Ymer von Gilgenberg vom Bürgermeisteramt beurlaubt haben, nimmt auch der Herr von Andlau seinen Abschied. So sitzt kein Ritter mehr im Rat. Diejenigen, welche zu den Eidgenossen neigen, rücken vor. Peter von Offenburg führt sie an. Viele deuten dies als Zeichen, dass das (Schweizer) Kreuz obsiegt.»

1525

An der Kapitelversammlung in Sissach hält Jerg Stähelin eine flammende Rede gegen die Messe, die Fürbitte der Heiligen Maria und die

---

Löwenbräu.
Wiedereröffnung der Wirthschaftslokalitäten
Samstag den 16. Oktober 1886
Abends 5 Uhr.

Mache meinen werthen Freunden und Bekannten, sowie einem E. Publikum die ergebenste Anzeige, dass ich meine Wirthschaft „zum Löwenbräu", Gemsberg 2, mit heutigem Tage wieder selbst betreiben werde.

Meine frühere langjährige Thätigkeit in dieser Branche berechtigt mich zu glauben, dass ich den dermaligen Ansprüchen eines geehrten Publikums in jeder Beziehung zu entsprechen im Stande bin.

Gutes Bier vom Fass, Café, reelle, reingehaltene Weine, Restauration à la carte zu jeder Tageszeit zu mässigen Preisen. Aufmerksame und freundliche Bedienung. (13197)

Fritz Läsch.

National-Zeitung, 16. Oktober 1886

Der Rat versucht am 16. Oktober 1538, den sich vorübergehend wieder in seiner Vaterstadt aufhaltenden Hans Holbein d.J. (1497–1543) «mit siner Kunst und Arbeit» für verschiedene «Malwerck» zu gewinnen und verspricht ihm eine lebenslängliche Rente. Der berühmte Meister aber zieht es vor, weiterhin in England zu verbleiben und sich als Hofmaler in den Dienst König Heinrichs VIII. zu stellen. Die Abbildung zeigt ein Werk des erst 19jährigen Holbein: Den Geldwechsler, Jakob Meyer, der im Sommer 1516 als erster Nichtadeliger zum Bürgermeister der Stadt gewählt worden ist (bis 1521).

Lehre vom Fegfeuer. Durch die Heilige Schrift ist der Pfarrer von Rümlingen zur Überzeugung gekommen, «dass im Sakrament des Herrn Fleisch und Blut nicht gegenwärtig sind, dass weder die Heiligen noch die liebe Mutter Gottes für jemand bitten können und dass es das Fegfeuer gar nicht gibt». Wenn ihm nicht das Gegenteil bewiesen werde, dann wolle er offen schreien und dagegen predigen. Der Dekan des Kapitels, Heinrich Scherrer von Sissach, will diese Fragen dem Rat von Basel vorlegen.

1554

Der Wollweber Jerg Hecker wird in die Zunft zum Schlüssel aufgenommen. Weil er krankheitshalber am Erscheinen verhindert ist, leisten seine Schwäger Jacob Hügel und Heinrich Batzendorf, nachdem ihnen «der Artickel, so er Tuch usschniden welle, fürgehalten worden ist», den Zunfteid.

1607

Österreich und Basel beschliessen in Säckingen, gemeinsam gegen die im Lande herumziehenden Bettler, Hausierer, Gardeknechte, Krätzenträger und Gremper (Kleinhändler) vorzugehen.

1759

In einem Gartenhäuschen auf dem Gellert wird ein ungefähr 20jähriger Mann tot aufgefunden. Einige Tage später lässt die Obrigkeit den offensichtlich Ermordeten «im Collegio nach Brauch und Recht vor öffentlichem Gericht unter freiem Himmel vor vielen 100 Menschen von der Wundschau sundieren, wobei im Hirni eine kleine Bleykugel gefunden wird. Selbige wird aufbehalten, die Seele aber Gott und der Leib der Erde übergeben». Obwohl etliche Verhaftungen vorgenommen werden, bleibt der jammervolle Mord am unbekannten Reisenden aus Paris, der «ein schweres Couffre von vielem Gelt mitgeführt», ungeklärt.

1778

«Im Grossen Rath entsteht der lächerliche Uhrenstreit durch den Anzug, ob nicht die (eine Stunde vorausgehenden Uhren) mit den Uhren der Benachbarten in Gleichförmigkeit gesetzt werden könnten. Die Anhänger der neuen Zeit erhalten dabei die Namen Neumödler und Franzmänner, die der alten Zeit Spiessbürger und Lallebürger. Die Gelehrten betragen sich in dieser Frage wie Kinder. Professor Johannes Bernoulli stellt deshalb zum Hohn eine Berechnung auf, wonach die neue Uhr in den Winternächten eine Stunde mehr Licht erfordere. Die neue Zeit wird aber doch auf den 1. Januar 1779 angeordnet, aber schon am 18. Januar wieder zurückgenommen.»

1779

Johann Wolfgang von Goethe erweist Basel erneut die Ehre seines Besuches und steigt, mit Herzog Karl August von Weimar aus Freiburg herkommend, beim berühmten Kupferstecher Christian von Mechel im Erlacherhof an der St. Johanns-Vorstadt 17 ab. Auch bestaunt er in der öffentlichen Kunst-

«Papa Glatz» (Adolf Glatz, 1841-1926), der in Basel das Fussballspiel einführte, mit Mitgliedern des von ihm 1879 gegründeten Realschülerturnvereins (RTV) am 17. Oktober 1893 auf dem Turnplatz Viadukt. Die Photographie zeigt Papa Glatz mit Willy Preiswerk, Henri Lüdin, Arnold Derrer, Josy Ebinger (Mitgründer des FC Basel 1893), Hans Burckhardt (Mitgründer des FC Old Boys 1894), Adolf Rittmann, Eduard Linder und Fritz Denner.

sammlung in der Mücke insbesondere die Holbeinschen Bilder.

1848

Der Grosse Rat wählt Oberst Johann Jakob Stehlin zum ersten Basler Ständerat

Basel. In dieser herbstlichen Zeit haben wir Tage der Freude und des Vergnügens erlebt, wie wir sie noch nie gesehen. Dem Beispiel anderer Schützengesellschaften folgend, gelang es der Thätigkeit einiger Mitglieder der hiesigen Schützengesellschaft, ein sog. Grümpelschießen zu veranstalten. Die einfache Halle auf der Schützenmatte war mit Gaben aller Art geziert und lockte Tausende von Neugierigen, die hübschen Sachen zu betrachten. Donnernd knallten die Büchsen und groß war der Wetteifer, das Auserlesene zu erringen. Schnell reifte in der Contingents-Mannschaft der Gedanke, ein solches Grümpelschießen ebenfalls abzuhalten, das, obgleich von ungünstiger Witterung begleitet, stark besucht, zu einem wahren Volksfeste wurde. Wenn auch der Himmel seinen Wolken nicht Halt gebot und Regengüsse herniederströmten, heiter und froh blieb doch die wackere Mannschaft, die ihre Kugeln dem unsichern Ziele zusandte. Unter Sang und Becherklang holte sich jeder eine Gabe und freute sich des fröhlichen Tages. Und die ältere Wehrmannschaft, die rüstigen Väter unserer Söhne, sie sollte und wollte den Schlußstein bilden zu diesem ächt schweizerischen Soldatenfeste. Sinnig geziert, ohne den Prunk eidgenössischer Feste, entzückte jedes Auge das bunte Allerlei der aufgestellten Gaben und keiner, auch nicht Einer sollte leer ausgehen von der brüderlichen Spende. Legte ja ein Geber sein Motto bei: „Demjenigen, welcher immer die Scheibe fehlt."

1849

Das Handelshaus Christoph de Christoph Burckhardt wird gerügt, weil

Kantons-Mittheilungen, 17. Oktober 1849

es gegen Rheumatismus eine «allein ächte» Metallkette zum Verkauf angeboten hat, «ist in Basel doch jeder Schulbub über calvanische Kräfte im Bild und kann jeder Gürtler oder Spengler solche Ketten ebenso ächt herstellen».

1878

«Seit einiger Zeit bestehen in Basel zwei neue Industrien: Die Holzschnitzerei von Leuthold-Stähli und die Elfenbeinschnitzerei von Paul Dieterle, beide am Blumenrain.»

1889

Im Schosse des 1879 gegründeten Katholischen Jünglingsverein Basel wird der Turnverein St. Clara gegründet.

1914

An der Sängergasse wird die öffentliche Beleuchtung eingeführt und «eine ganznächtliche Laterne aufgestellt».

«Man soll wissen, dass die Stadt Basel von dem Grossen Erdbeben zerstöret und zerbrochen ward. Und bleibt keine Kirche, kein Turm noch steinern Haus, weder in der Stadt noch in den Vorstädten ganz. Auch ist der Burggraben an vielen Stellen eingefallen. Und fing das Erdbeben an am Dienstag nach St.Gallustag, das war am St.Lukastag des Evangelisten, des Jahres da man zählt von Gottes Geburt dreizehnhundert und sechsundfünfzig Jahr, und es währt durch das ganze Jahr hindurch und kommt unterweilen gross und unterweilen klein. Desselben Dienstags, als es anfing, da ging das Feuer an in der Nacht und währte wohl acht Tag, da ihm niemand, zu widerstehen wagte noch mochte. Und verbrannte beinahe die gesamte Stadt innert der Ringmauer, und zu St.Alban in der Vorstadt verbrannten auch viel Häuser. Von denselben Erdbeben wurden auch nahezu alle Kirchen, Burgen und Vesten, die um die Stadt bei vier Meilen gelegen, zerstört und zerfallen, und blieb nicht eine ganz.» Gefirnisste Tempera auf Leinwand von Ernst Stückelberg. 1885.

18. Oktober

Lukas der Evangelist

1285
König Rudolf verleiht der Kirche zu Basel das Patronatsrecht über die Gotteshäuser von Augst und Zeiningen zur Gründung von zwei Präbenden (Pfründen).

1353
König Karl IV., der in Zürich das Verhältnis Zürichs und der Waldstätte mit Habsburg geregelt hat, hält sich auf seiner Reise nach Mainz in Basel auf.

1367
Das mit Freiburg verbündete Basel erleidet in der Schlacht bei Endingen gegen Graf Egino II. eine schwere Niederlage mit grossen Verlusten an Mannschaft und Material. Auch geht das Banner an den Feind verloren.

1475
Der Rat lässt vor dem Steinentor, um die Stadt vor den drohenden Angriffen der Burgunder zu schützen, in aller Eile ein neues Bollwerk errichten. Auch werden die Reichsstädte Ulm, Überlingen und Rottweil (erfolglos) um Zuzug erprobter Büchsenschützen ersucht wie auch an Nürnberg die Bitte ergeht, den Tausendkünstler Heinrich den Visierer, der früher einem Basler «ettlich verborgene Künst» betreffend die Erstellung von Wagenburgen und die Verteidigung der Stadtmauern gezeigt hat, hierher zu entsenden.

1545
Nach dem Imbiss ereignet sich in der Abenddämmerung beim Lyssbrunnen, nahe beim Spalenschwibbogen, ein blutiger Raufhändel: Der Brunnknecht Dionis Heidel will einen verpfändeten Lederkoffer vom Ackermeister der Elenden Herberge, Peter Schmid, zurückkaufen und gerät dabei mit diesem in Streit. Obwohl die Dienstmagd Ursel Fritschi verzweifelt schreit: «Dass Gottesmutter erbarm. Ist doch niemand hie, der die beyden scheydet!», ist keiner bereit, die

Christlicher Volksbote, 18. Oktober 1838

Herbstliche Mahnung am 18. Oktober.

Des Herbstes Blätter fallen,
Die Nebel zieh'n durchs Land,
Von Gottes Spenden allen
Ist voll des Menschen Hand.
Man brachte froh herein
Der Bäume reiche Gaben,
Und schon gekeltert haben
Wir den von Gott bescheerten Wein.

Bald ist's ein halb Jahrtausend,*)
Da sah es anders aus,
Da stürmte wild und brausend
Der Herbst auf unser Haus.
Da hat mit ernster Hand
Der HErr die Stadt beweget,
Und hat in Staub geleget,
Was Er da Starkes, Hohes fand.

Kampfhähne zu trennen. Erst als Schmid einen Degenstich in die Herzgegend erhalten hat, tritt der Lohnherr Sebastian Krug hinzu und lässt den Verletzten ins «Scherhaus» führen, doch bricht der Ackermeister bereits unter dem Spalenschwibbogen tot zusammen. Der Täter wird sogleich verhaftet, aber wieder freigelassen und nur verbannt, weil es sich erwiesen hat, dass der Erstochene «ein Fremder und unruhiger und aufrührerischer Kopf gewesen ist, der anderswo einen mit der Büchse hat erschiessen wollen». (Die Todesstrafe für Totschlag im Raufhändel ist damals in Basel nicht vollzogen worden.)

1727

«Im Dorf Auggen kommt ein Feuer an, welches das gantze Dorf, bis auf ein paar Häuser, verzehrt, weil dazu ein starker Wind gekommen ist und die armen Leuthe kein Wasser zum Löschen hatten. Der Liebe Gott möge sich deren erbarmen.»

1745

Der Rat beschliesst auf ein Gutachten der Geistlichkeit, es sollen die Missionare der Brüdergemeinde Herrnhut, welche die hiesigen Bürger belästigen, festgenommen und ausgewiesen werden.

1829

In Bad Bubendorf versammeln sich aus den fünf Landbezirken etwa vierzig Männer, welche nach einer flammenden Rede des in der Stadt wohnhaften jungen Notars Stephan Gutzwiller in einer halb loyal, halb drohend abgefassten Petition an den Grossen Rat eine neue Verfassung nach der Freiheitsurkunde von 1798 fordern. In den nächsten Tagen werden im Baselbiet über achthundert Unterschriften gesammelt und dem Dokument beigefügt, welches am 26. Oktober Amtsbürgermeister Wieland überbracht wird.

1856

Regierung, Zünfte und Kirche gedenken mit der gesamten Bevölkerung in würdigen Feiern des Grossen Erdbebens von 1356. Im langen Zug, der sich durch die Innerstadt nach dem Münster bewegt, zeigen sich die Ratsherren zum letzten Mal der weitern Öffentlichkeit in der traditionellen Amtstracht. Waisenknaben sammeln in Kistchen freiwillige Beiträge zugunsten der Lukasstiftung, welche an arme Kinder das «an die Bussprozessionen» erinnernde Schülertuch austeilt.

Obrigkeitliches Mandat, 19. Oktober 1709

1906

Das Brausebad St. Johann wird als drittes Brausebad der Stadt eröffnet. Neben der Möglichkeit zur Pflege der allgemeinen Körperhygiene bietet es dem Publikum auch Solbäder und Kneippkuren an.

1910

«Bei einem Brandfall im Hause zur Gambrinushalle an der Falknerstrasse müssen viele Leute zu den Fenstern hinaus gerettet werden.»

19. Oktober

Engelhard von England der Glaubensbote

1521

Um sich des Vorwurfs des Eigensinns gegenüber den Miteidgenossen zu erwehren, hat der Rat im August beschlossen, vom König von Frankreich ebenfalls Pensionen entgegenzunehmen. Elf Mitglieder der Räte weigerten sich, fremdes Geld zu empfangen, die andern Kleinräte und Grossräte aber bezogen je fünfzehn bzw. sechs Kronen. Bald aber ging das Gerede um, verschiedene Räte hätten mehr in den Sack gesteckt, als die bewilligten Kronen. Nachdem sich die Vermutungen als zutreffend erwiesen haben, kommt es im Rat zu einer «wiesten Rumy»: Die Zünfte beschliessen durch Urabstimmung, das hinfort zu ewigen Zeiten niemand mehr Pensionen oder Dienstgelder von Fürsten und Kommunen annehmen darf, und verweisen sechzehn überführte «Kronenfresser» des Rats.

1531

Die Obrigkeit erlässt eine neue Ordnung, wie man sich bei Gefahr durch den Feind, das Feuer oder das Wasser zu verhalten hat: Das Geläute des Ratsglöckleins bedeutet Kriegsgefahr, dasjenige der Kirchenglocken Feuergefahr und dasjenige der Papstglocke im Münster Wassergefahr. Beim Erklingen eines dieser Warnzeichen haben alle wehrfähigen, über 14 Jahre alten Zunftbrüder und Einwohner «zu dem süferlichsten und besten ausgerüstet» mit ihren Waffen an den ihnen zugewiesenen Orten unter den Stadttoren, Türmen und Ringmauern oder auf dem Kornmarkt zu erscheinen. Wer gesund ist, das

Die Steinenvorstadt gegen den Barfüsserplatz mit dem aus dem Jahre 1672 stammenden und 1839 erneuerten Brunnen Einer Ehrenzunft zu Webern. Aquarell von Johann Jakob Schneider. 19. Oktober 1880.

Aufgebot aber verweigert, wird mit dreissig Schilling gebüsst.

1584
Adam Henric Petri, der zum Stadtschreiber gewählte Professor der Rechtswissenschaften, «hat viele Studenten hiehergezogen und 72 Doktoren gemacht».

1631
In Therwil kann nach 10jährigen Bemühungen durch den Generalvikar des Bistums endlich die neue Kirche eingeweiht werden, so dass «hinfort an Festtagen, wo beide Gemeinden Therwil und Ettingen sich versammeln, nicht mehr der halbe Teil oder mehr in Kälte, Schnee, Regen und Wind draussen bleiben muss».

1633
Die kaiserlichen Truppen haben beim Roten Haus vor der Hard ein «mächtig grosses Geschütz mit vier wohlbeschlagenen Rädern hinterlassen, weil sie matte Pferde gehabt. Unsere Gnädigen Herren lassen die Stuckschaft allhier ins Zeughaus führen».

1690
Bürgermeister Emanuel Socin beschenkt die Zunft zum Schlüssel mit einem prachtvollen Wappenbuch mit kostbarem silbernen Einband von Goldschmied Adam Fechter II.

1726
«Um Mitternacht sieht man ein häller Glast (Lichtschein) am Himmel während 1½ Stunden. Er ist feuerrot und so häll, dass man aller Orten vermeint, Feuersbrunst zu haben.»

1749
Es wird der Käsehändler beim Spittelsprung (Münsterberg), Jacob Frey, beerdigt. «Er hat allein in seinem Haus gewohnt und 15 Jahre kein Fenster mehr geöffnet und in einem Trog geschlafen, dessen Deckel er mit einem Stecken ein wenig aufsperrte. 24 Jahre vor seinem Tod hat er einen Accord (Vertrag) mit zwey Bekannten gemacht, Kraft welchem diese ein jeder ihm wöchentlich dreimal zu essen gebe. Dafür standen ihnen sechs aber erst bei seinem Tod auszahlbare Batzen zu. Er wiederum durfte sich bei niemand anderem verkösigen lassen, widrigenfalls er für tod angesehen werde und er seinen Accordanten 400 Pfund zu zahlen gehalten sei. Kam er jeweils zum Essen, dann machte er seine Knöpf am sogenannten Würgelin (kleines Männerhalstuch mit Schnalle, Hafte oder Knöpfen) und an den Hosen auf, um statt für eine für zwey Mahlzeiten zu speisen. Acht Tage vor dem Tod hat er sich der Frau Muntzinger zur Pflege versprochen und diese dafür zu einer Testamentserbin gemacht.

Es hat also letztere in 8 Tagen über 700 Pfund verdient, die andern aber in 24 Jahren nur 400 Pfund.»

1848

Ratsherr Achilles Bischoff wird mit 1564 Stimmen zum ersten Basler Nationalrat gewählt.

1858

Im sogenannten Säuboden in Liestal «heissen Jäger ein seit vielen Jahren so wie Eisbären seltenes Reh mit einigen Schüssen willkommen und tragen es im Triumph nach Hause. Der Rehbock wiegt beinahe einen halben Zentner und wird als Rarität mit Eichenlaub bekränzt im Städtchen herumgetragen».

1883

«Das Glühlicht verschafft sich Eingang in den Fabriken. Den Anfang macht die Bandfabrik Fichter und Söhne.»

1894

Die Hochwache der ständigen Feuerwache auf den Münstertürmen wird aufgehoben, weil die Stadt mittlerweile von einem Telefonnetz mit über zweitausend Anschlüssen überspannt ist.

20. Oktober

Wendelin der Einsiedler

1571

Weil sie vor dem Spalentor einem Bauern mit Gewalt das Geld abge-

Der unerschrockene Rauracher, 20. Oktober 1836

Gestern Nachts um ¼ auf 10 Uhr sind die Liestaler Feuerlöscher wohl nicht die einzigen zum Besten gehaltenen gewesen. Ein dunkelrother Schimmer mit bald etwas hellern bald dunkleren Streifen hatte den nördlichen Horizont in der Höhe von 25° bis 35° eingenommen und viele Bewohner hielten anfänglich diese Lufterscheinung für den Rauch eines in Arisdorf wüthenden Brandes. Aber es war zum Glück nur einer der bei uns selten vorkommenden Nordscheine, dergleichen in den Polarländern häufig und von viel stärkerer Helle sich zeigen. Abergläubische Leute hätten es für ein grösseres Glück gehalten, wenn den Arisdörfern die Häuser gebrannt wären, denn, sagen sie, die Röthe bedeutet einen bevorstehenden blutigen Krieg. Sonst werden die Nordscheine als Vorzeichen kalter Winter gehalten.

Am 20. Oktober 1580 wird im Richthaus (Rathaus) der erste Stein zum Fundament der vom Strassburger Bildhauer Hans Michel geschaffenen überlebensgrossen Sandsteinfigur Lucius Munatius Plancus', des «römischen Obersten» und vermeintlichen Gründers Basels, gesetzt. Das Standbild selbst kann eine Woche später aufgerichtet werden. Aquarell von Johann Jakob Neustück. Um 1850.

nommen haben, werden zwei Männer «mit dem Schwert gerichtet und dem einen noch die Zunge ausgeschnitten, an eine Stange genagelt und das Haupt auf die Stange gesteckt. Der hat Gott im Himmel geflucht».

1723

Der 20jährige Hans Suter aus Muttenz hat in Begleitung eines Bauernmädchens im Zunfthaus zu Weinleuten einen Einbruch verübt. Als er andertags das Diebsgut, das aus allerhand Tuchwerk bestand, durch das Spalentor schmuggeln wollte, wurde er von der Wache verhaftet und der Obrigkeit überantwortet. «Nachdem er etliche Wochen im Gefängnis gesessen, wird er enthauptet. Dieser Knab war so wohl in Gott erbaut, dass er sich selbst mit Trösten und Bätten hat aufrichten können, dass er abends zuvor die allerschönsten Psalmen und Lieder im Beysein von mehr als 50 Personen gesungen hat. Ist so freudig gestorben, dass er seine letzte Stunde nicht hat erwarten können.»

1778

Emanuel Legrand, Besitzer des sogenannten Legrandgutes an der Rössligasse in Riehen, dem das Dorf wegen seiner Verdienste als Gemeindeschreiber 1807 das Bürgerrecht schenkt, vermerkt in seinem Notizbuch: «Dato habe ich meinen Johannes wieder bis Johanni gedungen, und zwar mit dem Beding, dass er an keinem Sonntag ausgeht, ohne mich um Erlaubnis zu fragen. Da übrigens die Librey (Bekleidung) nun sein ist, so bin ich mit ihm übereingekommen, dass er nun solche noch bis Johanny tragen soll, wogegen ihm der Caputrock versprochen worden, dass er sein seyn soll. Anbey habe ich auch angemerkt, dass ich hoffe, dass keine solchen Historien mehr wie bey letster Hochzeit vorkommen, weil ich sonst genöthigt wäre, ihm gleich am andern Morgen den Abschied zu geben, denn es kann unmöglich zusammen bestehen, dass der Herr in die Kirche zur Erbauungsstunde geht und sein Knecht sich feuchtfröhlich bey wilden Schlaghändlern finden lässt.»

1884

An der Kanonengasse wird die für achthundert Schülerinnen ausgelegte Töchterschule eingeweiht: «Das Wohlbehagen am neuen Schulhaus ist gross: Es mangelt nicht an den äusseren Bedingungen zu einer fruchtbaren Pflanzstätte ächter weiblicher Bildung und Tugend. Möge es auch an den innern nicht fehlen!»

1889

Der Nationalökonom Karl Bücher erklärt zur Frage der Zulassung von Studentinnen an der Universität: «Es darf sich schwer ein Arbeitsgebiet finden, auf dem Frauen etwas Besseres oder nur Gleichgutes wie die Männer zu leisten versprechen. Im Gegenteil lässt sich ziffernmässig nachweisen, dass in weitem Umfang ein Überangebot an akademisch gebildeten Arbeitskräften männlichen Geschlechts vorliegt, das durch die Konkurrenzierung minderwertiger und billig angebotener weiblicher Arbeit verschärft werden müsste.»

1894

In der Wirtschaft «zum Breo» an der Steinenvorstadt 36 gründen auf Anregung von Papa Glatz 24 junge Leute, mit wenigen Ausnahmen ehemalige Realschüler, den «Footballclub Old Boys».

1895

In Erinnerung an die Hilfeleistungen aus der Schweiz bei der Belagerung Strassburgs im deutsch-französischen Krieg von 1870, als 1778 Frauen, Kinder und Greise in Basel hatten Zuflucht finden können, wird bei der St.-Elisabethen-Anlage das vom berühmten Colmarer Bildhauer Auguste-Frédéric Bartholdi geschaffene Strassburger-Denkmal «bei gewaltigem Volksandrang in einer erhebenden Feier enthüllt».

21. Oktober

Ursula von Köln die Märtyrerin

1445

Peter und Conrad von Mörsberg ziehen mit ihren Reisigen raubend und brandschatzend durch das Laufental. Schliesslich stecken sie auch noch das Kloster Beinwil in Brand und nehmen den Abt für sechs Monate in Gefangenschaft.

1554

In Pratteln ist Andres Atz in Gegenwart des Dreschers Fridli Zimmermann mit dem Reinigen seiner «Fürbüchse» beschäftigt. Während der Kornschläger eine «raue Zibelen und ein Stück Brot dazu» verzehrt, geht aus der Feuerbüchse unversehens ein Schuss los, der den Drescher tödlich trifft. Das Landgericht zu Pratteln anerkennt, dass der unglückliche Schütze nicht mutwillig gehandelt hat, und nimmt von der Todesstrafe durch das Schwert Abstand. Atz hat einzig hundert Pfund Stebler in Basler Währung zu erlegen und eidesstattlich zu erklären, dass er zu Weib und Kindern zurückkehre und seine Güter bebaue.

1568

In Basels Wirtshäusern halten sich 970 welsche Soldaten auf. Durch das Schlagen des Landsknechtestreichs in den Strassen werden wei-

In Köln erleiden am 21. Oktober 238 die heilige Ursula, der heilige Bischof Pantalus von Basel und die Elftausend Jungfrauen das Martyrium, indem das «barbarische Volk der Hunnen plötzlich mit lautem Geschrei über sie herfällt und, wie Wölfe gegen Schafe wüten, die ganze Schaar niedermacht». Das silbervergoldete, aus dem 14. Jahrhundert stammende Kopfreliquiar der heiligen Ursula gehörte zum Münsterschatz, ist 1836 nach der Trennung von Stadt und Land versteigert und nach Amsterdam verkauft worden und konnte 1956 unter Mithilfe der Bevölkerung für das Historische Museum zurückgewonnen werden.

> **Nachrichten.**
> Auf bevorstehende Baselmeß, seyn auf dem allhiesigen Kaufhause annoch einige Magazins von verschiedener Größe, um billichen Zins zu verleihen, weshalben sich an dem Ort selbsten anzumelden. Auch dienet zur beliebigen Nachricht, daß Jedermann auch bey sonst beschlossenem Kaufhause, den ganzen Tag hindurch, nach Belieben der darauf Feilhabenden, durch den bekannten Hauseingang, ohngehindert von= und zugehen kann.

Samstags-Zeitung, 21. Oktober 1769

tere Kriegsknechte geworben, die unter Oberst Claus von Hattstatt zu Schiff nach den Niederlanden fahren und für den Prinzen von Oranien ins Feld ziehen.

1592

Im benachbarten Wyhlen gehen 25 Häuser in Flammen auf, wobei ein Kind den Tod findet und grosse Vorräte an Wein und Korn verbrennen.

1670

«In dem Dorf Inzlingen, nicht weit von Basel, entsteht zu Nacht eine Feuersbrunst, dadurch 14 Häuser und 3 Personen vom Feuer verzehrt werden. Die Bauern müssen, weil sie nicht genugsam Wasser haben, mit Wein löschen.»

Schweizerischer Volksfreund, 22. Oktober 1881

1767

Jungfrau Anna Barbara Meltinger, die Letzte ihres Geschlechts, wird «auf Lumpen tot aufgefunden. Ist ein wohlbemitteltes, aber wüest interessiertes Mensch gewesen, welches unvernünftig und säuisch gelebt, hat auch nie in einem Bett, sondern auf Lumpen geschlafen. Etliche Tage vor ihrem Tod hat sie sich ihrer Sterblichkeit erinnern wollen, ist auf den St. Leonhards Kürchhof gegangen und hat sich auf ein früsch Grab mit hochem Gras gelegt und geschlafen, bis sie von einem dort weidenden Esel wieder aufgeweckt worden ist».

1797

In Reinach findet auf dem Exerzierplatz an der Birs die Trauerfeier für den verstorbenen französischen General Louis-Lazare Hoche statt. Ein imposantes Aufgebot an Kavallerie und Grenadieren erweist dem toten Truppenführer die letzten militärischen Ehren. Weissgekleidete Bürgerinnen und viele Würdenträger schmücken die Bahre mit Eichenzweigen. Beschlossen wird die eindrucksvolle Feier mit dem Gesang der letzten Strophe der Marseillaise und Geschützsalven der Artillerie.

1808

Im 79. Altersjahr stirbt Abel Socin, Doktor der Medizin und Professor der Physik. Der geistreiche Gesellschafter, im Ruf eines Wundertäters oder allenfalls eines Hexenmeisters stehend, versetzte mit einer einfachen Glasscheiben-Elektrisiermaschine oft seine Mitbürger in Staunen, besonders, wenn sein mit Elektrizität geladener Körper seine Haare zum Sträuben brachte und Funken aus seinen Fingerspitzen sprühten. Aber auch seine Fähigkeit, mittels Spiegelglasplatten und raffinierter Beleuchtungseffekte Geistererscheinungen zu produzieren, erregte jeweils grösste Aufmerksamkeit in der Stadt.

1877

Für eine eidgenössische Abstimmung wird das Stadthaus in Anspruch genommen, «was der Bürgerrat jedoch für die Zukunft ablehnt»!

1894

Der FC Basel 1893 tritt erstmals in Zürich gegen den Grasshoppers-Club an und verliert 0:4. «Die Rheinstädter erregten auf dem Ground, der stellenweise eine verzweifelte Ähnlichkeit mit einem Sumpf hatte, mit ihrer Art Kick-Off, also dem Schlagen des Balls durch den Centreforward geradeaus, immerhin gewaltiges Aufsehen, weil solches bis dato kaum gesehen worden ist.»

1911

Durch Beschluss des Regierungsrates wird «der Metzgerei Samuel Bell AG erlaubt, 80 Schlächtereiarbeiter täglich von 6–12 und 1½–19 Uhr zu beschäftigen, dagegen samstags nur bis 17.00 Uhr».

22. Oktober

Cordula die Märtyrerin

1441

Der Gottesacker der Kartäuser wird seiner Bestimmung übergeben.

1527

Im Augustinerkloster versammeln sich vierhundert reformationsfreudige Bürger und entwerfen eine Bittschrift mit dem Begehren an den Rat, zwiespältige Predigten zu unterdrücken und allein den neuen Glauben anzuerkennen. Hierauf lässt die Obrigkeit am 27. Oktober auf den Zunfthäusern der Bürgerschaft anzeigen, dass sie die stattgehabte Versammlung zu Augustinern verurteile und künftige Zusammenrottungen bestrafe, dass sie aber auch nach wie vor bereit sei, jedermann die Religionsfreiheit zu gewähren.

1692

Ein 16jähriges Mädchen, das wegen einfachen Diebstahls im Spalenschwibbogen inhaftiert ist, stürzt bei einem Fluchtversuch in die Tiefe und bleibt mit zerbrochenen Gliedern auf dem Pflaster liegen. «Weil nun der Diebstahl nicht so gross gewesen ist, wird ihm Gnad erwiesen. Es wird daselbst im Spalenthurm

Am 22. Oktober 1911 führt der Automobilclub «wieder einmal ein Automobilrennen in der Umgebung von Basel durch, wozu die Regierung des Kantons Solothurn nach langen Bemühungen die Gempenstrecke freigegeben hat, unter der Voraussetzung, das man kein Rennen, sondern nur eine Bergprüfungsfahrt Oberdornach-Gempen veranstaltet».

couriert und hernach in das Waisenhaus gethan. Der Ort aber, wo es geschehen ist, wird mit Gätter besser verwahrt.»

1725

«Es entleibt sich des Metzgers Oser Frau mit einem scharfen Messer auf dem Weg, da man gegen die St. Lienhards Schantze geht, oben auf dem Heuberg. Sie wird von ihrem eigenen Sohn aufgefunden und nach Hause geschleppt. In der Nacht lässt man die Selbstmörderin durch die Kohliberger bei den armen Sündern verscharren.»

1732

«Eine Weibsperson beweist mit der That, dass ihr Geschlecht nicht immer das schwächere ist, wehrt diese sich doch, nachdem sie mit drey Stadtknechten in ein Handgemänge gerathen ist, so ritterlich, dass diese ihr den Kampfplatz allein überlassen müssen.»

1776

«Das Studium der Botanik wird bei uns jeweilen eifrig und vielleicht mehr als auf irgend einer andern Universität betrieben, indem den Studiosis nicht nur das Fundament der Kräuterkunde gelehrt wird, sondern überdies durch öftere Aufsuchung und Zergliederung der Pflanzen in den umliegenden Gegenden noch mehr in Übung gebracht und eingeprägt wird. Daher haben Verschiedene eine solche Lust zu diesem Studio der Botanik bekommen, dass sie dadurch den gelehrtesten Botanicis unserer Zeiten gleichzusetzen zu werden verdienen.»

1852

Königin Amalie von Frankreich und Prinz Joinville treffen in Basel ein und übernachten im Hotel Drei Könige.

1875

«Es wird noch so weit kommen, dass eine internationale Kommission es uns Baslern geradezu verbieten wird, die Exkremente in den Rhein zu führen!»

1887

Ratsherr Im Hof übergibt namens des Kunstvereins der Universität die hinter der Kunsthalle erbaute Skulpturhalle zu getreuen Handen.

23. Oktober

Severus der Märtyrer

1443

Das Konzil vermittelt im Streit zwischen Basel, Österreich und dem Elsass. Auch eine Delegation der Eidgenossen sowie der Städte Strassburg, Konstanz, Colmar, Mülhausen und Rheinfelden ist zugegen. In der sogenannten Rheinfelder Richtung werden u.a. für die Basler die Zölle im Sundgau, Säckingen und Neuenburg aufgehoben. Auch gegenseitig freier Kauf und freier Zug sollen wieder wie seit alters Gültigkeit haben.

1448

Die mit Basel eng verbündete Stadt Rheinfelden wird durch Hans von Rechberg und seine Helfer eingenommen. Die Österreicher kommen als Pilger verkleidet zum Stadttor. Während sie Anstalten machen, den Zoll zu bezahlen, landet ihre auf mit Holz getarnten Schiffen mitgeführte Mannschaft, überwältigt die Wächter und stürmt mit gezogenen Schwertern durch die Gassen. Wer sich zur Wehr setzt, wird erstochen. Mit ihrem Leben davon kommen diejenigen Bürger, die sich frühmorgens zum Herbstmarkt nach Liestal begeben haben.

1503

Bischof Christoph von Utenheim, der sich energisch um die Wiederherstellung der kirchlichen Ordnung bemüht, versammelt die gesamte Geistlichkeit seiner weitläufigen Diözese im Münster. So kommt die Stadt zu einem seltenen Schauspiel, indem Hunderte von Priestern, Pfarrherren und Mönchen, Prälaten und Domherren in ihren weissen Chorhemden unter dem festlichen Klang der Glocken in langer, feierlicher Prozession Einzug in der Kathedralkirche halten. Nach dem Hochamt ermahnt der Bischof alle Pfarrer und Leutpriester, dass sie gut, eifrig und heilsam für ihre Herde sorgten, im Lebenswandel und in der Lehre ihr löblich vorstünden und den Gemeinden, den Einfältigen, Ungelehrten, des Lesens Unkundigen nicht durch schlechtes Beispiel ihres Lebens Ärgernis gäben. «Zum Schluss redet der Bischof so bescheiden, so eindringlich, so bewegt, dass jeder Priester, der nur noch einen Funken von Gottesfurcht in sich hat, zur Einkehr, Ehrbarkeit und Frömmigkeit angespornt werden muss.»

1520

«Von vielen Leuten wird am Himmel ein Komet gesehen mit einem langen Striemen, als ob eine Fackel brennen würde. Er verbreitet einen Schein, als ob der Mond scheinen würde, verschwindet aber bald wieder. Gott schicks zum besten.»

1530

Die Bauern des Laufentals erheben sich gegen den Bischof und ziehen vor die Schlösser Zwingen und Birseck. Weil die versprochene Unterstützung aus Basel ausbleibt, müssen die Bauern jedoch unverrichteter Dinge wieder abziehen.

1556

Der mehrfach bestrafte und als Totschläger verbannte Seckler Jacob Wentz stellt sich unter den Schutz des Geleits des Markgrafen Karl von Baden, der mit 65 Pferden in Basel seinen Einritt hält, und wird begnadigt.

1619

Die Stadtwache wird verstärkt: Unter das St.-Johann-Tor, das Spalentor und das Steinentor sind nun zur Tageszeit je acht Soldaten zu stellen, unter das Aeschentor und das St.-Alban-Tor je deren vier. Bei Anbruch der Nacht werden die fünfzehn Hochwachen auf den Türmen und die Hauptwache beim Rathaus nun durch sechzig Mann versehen. Die Bewachung Kleinbasels ist auf ähnliche Weise zu vollziehen.

1630

Weil es immer wieder vorkommt, dass die Hochzeitsgesellschaften zu der gewöhnlich auf 9 Uhr morgens angesetzten Trauung verspätet erscheinen, verfügt die Obrigkeit, dass «alles weitläufige Gratulieren und die zu langen Reden und Gegenreden so viel als möglich abgekürzt werden».

1650

«Die Zigeunerinnen und Heidenweiber Maria Rosenberger und Anna Schwab werden wegen Diebstahls ergriffen, an den Pranger gestellt und mit Ruthen ausgehauen und bei Androhung des Schwerts von Stadt und Land verwiesen.»

National-Zeitung, 23. Oktober 1891

In der Nacht vom 23. auf den 24. Oktober 1858 bricht in der Schreinerei Rudolf Hubel an der Neuen Vorstadt 10 (Hebelstrasse) ein Grossbrand aus, der nicht nur grössten Schaden anrichtet, sondern auch einem Schreinergesellen das Leben kostet. Dank der schnellen und tatkräftigen Hilfe des Pompierskorps kann ein Übergreifen der Flammen auf das Spital im Markgräflerhof vermieden werden. Lithographie von Louis Dubois.

1692

«Der Küferknecht von Meister Rudolf Jackel wird, als er bei der Rümelinsmühle ein Fass mit neuem Wein mit Hilfe eines Mitgesellen in den Keller herunter tun will, elendiglich zerknirscht, weil unversehens das Seil zerbrochen ist. Ein Gleiches hat sich ein Jahr zuvor zugetragen.»

1767

Die Orgel von St. Theodor ist «ausgeloffen» und wird durch Johann Andreas Silbermann ersetzt. Sie ist 1620 von Meister Mathias Hueber erbaut worden, der aber seine Arbeit nur halbbatzig ausgeführt hatte, so dass spöttisch vermerkt wurde: «Die kleinen Basler söllen gäl Rüeben und Peterlinwurtzen anstatt der Pfeifen an die Windlade stecken, es tüeg ihnen solches auch genüegen!»

1853

«Bei Fischer Emanuel Bell an der Rheingasse 42 ist fortwährend frischer verschnittener Lachs zu haben, 1.50 das Pfund.»

1881

Bauinspektor Heinrich Reese ruft vor der Jahresversammlung des Schweizerischen Ingenieur- und Architekten-Vereins das alte Desiderat einer rheinebenen Verbindung zwischen der Mittleren Brücke und dem St.-Alban-Tal in Erinnerung.

1907

An der Freien Strasse 23 eröffnet Carl Füglistaller-Frey sein in der Art eines Warenhauses mit Oberlicht, Galerie und Lichthof erbautes Verkaufsgeschäft in Geschirr und Haushaltwaren. (Das architektonische Konzept des Hauses ist bis heute unverändert geblieben.)

«Menükarte», 24. Oktober 1903

24. Oktober

Salome von Galiäa die Mutter der Apostel Johannes und Jakobus

1475

Die Glocke der Münsteruhr wird vom St. Martinsturm in den St. Georgsturm «über die Vesper- und Primglöcklin» versetzt.

1531

Bei der Schlacht der Reformierten gegen die fünf katholischen Orte am «Zugerberg» (Gubel bei Zug) verlieren die Basler einhundertvierzig Mann und vier Geschütze. Das «Fähnlein» kann in höchster Not

Am 24. Oktober 1589 wird das auf Initiative von Stadtarzt Felix Platter (1536–1614) am Münsterplatz (15) erbaute neue Schulhaus der Lateinschule «auf Burg» (Humanistisches Gymnasium) in einer solennen Feierlichkeit seiner Bestimmung übergeben.

durch den Bannerherrn, Claus Zäslin, gerettet werden.

1605

Hans Vorberger von Bretzwil hat mit zahlreichem Vieh Unzucht getrieben. «Wird aber nicht, wie sonst bräuchig, zu Basel, sondern dem jungen Volck zur Mahnung und Abschreckung solcher gräulicher Laster, uff dem Land unterhalb von Hölstein enthauptet und samt dem Vieh zu Äschen verbrennt.»

1648

Es wird feierlich der in Münster und Osnabrück ausgehandelte Westfälische Friedensvertrag proklamiert, der die schweizerische Unabhängigkeit vom Deutschen Reich für alle Zeiten festhält: «Wie vom Blitz getragen, geht der Ruf von Ort zu Ort, der tiefgebeugten Welt eine neue, glücklichere Zeit verheissend. Auch in der Eidgenossenschaft wird die frohe Kunde mit Jubel aufgenommen, denn man ist ja auch in den Frieden eingeschlossen und wird als frei und unabhängig und keinem fremden Richter und Herrn mehr verpflichtet angesehen. Es lautet dieses Friedensinstrument nämlich, wenn man es aus der lateinischen Fassung ins Deutsche überträgt und Unwesentliches übergeht, folgendermassen: ‹Nachdem die kaiserliche Majestät (Ferdinand III.) auf die namens der Stadt Basel und gesamter Eidgenossenschaft vor dem Kongresse angebrachten Klagen durch ein besonderes Dekret vom 14. Mai 1647 erklärt hat, dass die vorgenannte Stadt Basel und die übrigen Orte der Eidgenossenschaft im Besitze so gut wie völliger Freiheit und Exemtion vom Reiche und dessen Gerichten in keiner Weise unterworfen sind, ist beschlossen worden, dass solches in den allgemeinen Friedensvertrag soll aufgenommen und steif und fest gehalten werden›.»

1657

Rudolf Schweinberger, der Pastetenbäcker am Spalenberg, wird mit dem Schwert hingerichtet, weil er ein Mädchen in sein Haus gelockt und geschändet hat. «Hat unfern dem Steinenkloster (auf dem Weg zur Kopfabheini vor dem Steinentor) die bekannten Taten wieder verleugnet: es wäre keine Sache, die des Todes wert sey. Deswegen ist er wieder zurück in die Gefangenschaft geführt und erkannt worden, dass er noch einmal an die Folter soll gezogen werden. Ehe es aber geschehen, hat er seine Taten und Fehler erst recht gestanden. Deswegen er erst gegen 12 Uhr enthauptet worden ist. Hat im Hinausführen den geistlichen Gesang ‹Herzlichst thut mich verlangen›, vor dem Rathaus aber ‹Wann mein Stündlein vorhanden ist› bis zum End gesungen. Dadurch sind viele Leute, denen er freundlich grüssend ‹Gott behüt euch› zurief, zu grossem Mitleid bewogen worden. Auch weil Schweinberger von schöner Gestalt und mehr nicht als 30 Jahr alt war. Sein Eheweib war Judith Scherb, die schwangeren Leibes war und hernach eine Tochter geboren hat.»

1665

Heute kommen siebzig vertriebene Waldenser in unserer Stadt an. Die Obrigkeit lässt die Flüchtlinge im Gasthof «zum Kopf» unterbringen, spendiert ihnen Wein und Brot und besorgt ihnen ein Schiff zur Weiterfahrt. Auch wird der Gesellschaft eine milde Gabe auf ihren Weg ins Ungewisse mitgegeben. Im nächsten Jahr finden weitere fünfzig Waldenser gastfreundliche Aufnahme, ehe sie auf dem Rhein nordwärts weiterfahren.

1672

Margareth Uebelin wird von Meister und Vorgesetzten zu Safran aufgefordert, sich «wie andere ihresgleichen» in die Zunft einzukaufen, weil sie als Krämerin «ein offen Lädelin» führe.

1701

Der 61jährige Gassenbesetzer Meynard Leuthold «wird im Spalenturm mit einfachem, hernach bald mit doppeltem Gewicht aufgezogen und bekennt, 63 Säck Korn, Haber und andere Früchte, zusammen 80 Säck, gestohlen zu haben. Hierauf wird er in das Eselstürmlein geführt, ihm das Leben abgesprochen und darauf an den Galgen gehenkt. Gerade neben einem andern, so kurz vorher auch wegen Diebstahls aufgehenkt worden ist».

> Basel. Das von uns vorgestern fragweise angedeutete Gerücht hinsichtlich des Rössliwirth Wölmy erhält sich fortwährend und wird von verschiedener Seite bestätigt; einige badische Artilleristen waren zwischen dem baslerischen Dorfe Riehen und Lörrach auf dem Wege, sich als Flüchtlinge zu stellen; ein wackerer preussischer Offizier, der sie unterwegs antraf, mahnte sie jedoch davon ab und ging mit den Leuten nach Riehen zurück, liess ihnen Essen und Trinken geben und versah sie mit Geld. Wölmy, in dessen Wirthshause Solches geschah, sah und hörte diess und hatte nichts Eiligeres zu thun, als schnell anzuspannen und nach Lörrach zu eilen, um Anzeige zu machen, worauf denn der edelmüthige Offizier bei seiner Rückkehr verhaftet und seither mit standrechtlicher Strenge bestraft worden sei.

Schweizerische National-Zeitung, 25. Oktober 1849

1717

Ursula Günzer, des Wechselherrn Wettstein hinterlassene Witwe, stirbt im 91. Altersjahr als älteste Baslerin.

1758

Johann Jakob Nörbel, Pfarrer in Laufen, wird bei der Predigt vom Tod überrascht und bricht unter der Kanzel leblos zusammen. «Ist ein ehrlicher, religiöser und stiller Mann bey 52 Jahren und in seiner Jugend einer von den besten Schwimmern zu Basel gewesen, welcher vielmal mit seinen Cameraden ums Gwett von oberhalb dem oberen Rheinthor (bei der Kartause) bis zum untern Collegium (am Rheinsprung) mit grösster Verwunderung über den Rhein geschwummen ist. Ist aber dem Baccho sehr ergeben gewesen und hat den vinum rubrum dermassen geliebt, dass er ihm ohne Zweifel den Tod veruhrsacht hat.»

1765

Der Rat verbietet durch ein neues Sittenmandat den Mägden das Tragen von Nachtröcken in den Kirchen und den Hintersassen (Niedergelassenen) das Benützen von Ohrgehängen. Den auf dem Lande wohnhaften Bürgern aber wird geboten, bei Kirchbesuchen in der Stadt in schwarzer Kleidung zu erscheinen, wogegen bei gelegentlichem Kirchgang auf dem Land auch ein farbiges Kleid getragen werden darf.

1907

Vertreter der Fussballclubs Fortuna, St. Johann und Basilea gründen im Restaurant «Posthörnli» den Fussballverband Basel. (Seit 1939 Fussballverband Nordwestschweiz.)

25. Oktober

Crispinus und Crispinianus die Märtyrer

812

Ludwig der Deutsche und Karl der Kahle beabsichtigen, mit ihrem Neffen Lothar II. in Basel eine Zusammenkunft zu halten. Während König Ludwig in Basel erscheint, bleibt Lothar aus, so dass auch Karl seine Reise einstellt.

1185

Durch einen Brand wird das Münster so schwer beschädigt, dass es neu aufgebaut werden muss.

1545

Betrunkene Gesellen fallen mit gezückten Schwertern über alle her, die ihnen begegnen. Dabei wird der Weberssohn Hans Scheltner vom Wagnergesellen Conrad Vaterlaus aus Eglisau «so zerhackt, wie von den Metzgern Fleisch zerhackt wird, so dass er lebensgefährlich darniederliegt».

1645

Jacob Fuss wird vom Scharfrichter mit dem Schwert enthauptet, weil er den Heinrich Düring ermordet hat.

1694

Nächtlicherweil gehen viele gottlose Gassenvögel, sogenannte Deller, auf hohen Stelzen herum, schauen den Leuten zu den Fenstern hinein und verüben allerhand schändlichen Mutwillen.

1720

Auf Grund von Mitteilungen aus Bern und Zürich sowie aus dem Deutschen Reich beschliesst der Grosse Rat, infolge der Gefahr des Einschleppens der Pest die Herbstmesse abzusagen. Obwohl schon einige Warensendungen eingetroffen sind, werden keine Fremden mehr in die Stadt eingelassen. Und die schon aufgestellten Messhäuslein müssen mit grösstem Bedauern wieder abgebrochen werden.

1759

Einige vornehme Herren unternehmen einen Bummel nach Lörrach, wo ihnen zunächst ein Mann begegnet, der beim unerlaubten Abschuss eines Hirsches erwischt worden ist und deshalb das Hirschhorn an einer eisernen Kette am Halse tragen muss. Dann besuchen sie den berühmten Weinkeller des Markgrafen von Baden-Durlach. Dort sind «schrecklich grosse Fässer» zu sehen, das grösste 46 Fuder (mehr als 50 000 Liter!) fassend. Dabei aber werden die Gesetze des Hauses missachtet, nach denen beispielsweise die Fässer nicht berührt oder die Kopfbedeckung nicht aufgesetzt werden darf. So haben die Basler, alle der Reihe nach, die festgesetzte Strafe über sich ergehen zu lassen: Man hat sich bäuchlings auf ein Fass zu legen, worauf der Hintern von einem Gesellen mit der flachen Seite eines Messers malträtiert wird. Beim ersten Schlag sagt der Kellerknecht: «Diesen meinem ruhmreichen Fürsten!», beim zweiten: «Diesen dem Fassbinder!» und beim dritten: «Diesen dem Kellergesetz!» Nachdem zu dieser schicklichen Strafe auch noch ein schönes Trinkgeld entrichtet worden ist, dürfen die vornehmen Gäste den markgräfischen Weinkeller wieder verlassen...

1836

Im 66. Altersjahr stirbt Pfarrer Johannes Faesch. «Er hat 35 Jahre lang als liebevoller Diener Gottes das Seelsorgeramt in Ormalingen verwaltet. Als vor einigen Jahren der Bürgerkrieg ausbrach, liess sich auch ein Teil der Gemeinde Ormalingen vom bösen Geist anstecken, so dass er am 11. März 1833 seinen Wirkungskreis verlassen musste. In Basel besuchten ihn dann während seiner langen Krankheit viele Orma-

Umgeben von ihren geliebten Katzen, stirbt am 25. Oktober 1842 im St. Antonierhof an der St. Johannsvorstadt 35 Jungfer Judith Faesch. Eine ihrer Vorgängerinnen, die resolute Elisabeth Ryhiner-Leissler, hatte im sogenannten Klösterli, in Nachahmung der französischen Damenmode, in ihrem Schlafkabinett im zweiten Stock einen Drahtzug installieren lassen, mit dem sie vom Bett aus die Zimmertür öffnen konnte... Aquarell von Rudolf Follenweider.

linger und bezeugten Reue. Hoffentlich werden noch manchen in seiner Gemeinde die Augen darüber aufgehen, wie sehr sie sich an ihrem Seelsorger versündigt haben.»

1896

Mit Redaktor Eugen Wullschleger wird der erste Sozialdemokrat ins eidgenössische Parlament gewählt. «Der neue Nationalrat vermutet, dass ihm etwas mehr als die Hälfte der Freisinnigen die Stimme gegeben hätten.»

26. Oktober

Amandus von Strassburg der Bischof

1433

Heinrich Halbysen erwirbt die Allenwindenmühle am Riehenteich und führt in Basel die Papierfabrikation ein.

1471

Der Magistrat lässt durch den städtischen Schreiber aus dem Fenster des Rathauses der Bürgerschaft die Eröffnung der ersten Messe ankündigen, die jeweils am Sabinentag (27. Oktober) ihren Anfang nehmen soll. Damit möglichst viele Besucher die Geschäftätigkeit beleben, wird als «Rahmenprogramm» auf den Matten vor dem Steinentor ein Wettlaufen für Männer und Frauen durchgeführt. Ebenso veranstalten die Behörden einen sogenannten Glückshafen, eine Lotterie, bei welcher Geld, Silbergeschirr und Kleinodien zu gewinnen sind.

1593

Josef Socin übernimmt von seinem Vater die Herberge «zum Storchen» und führt sie zu hoher Blüte. Fürsten, Kardinäle, Bischöfe, Handelsleute und hohe Offiziere zählen zu den vielen Gästen aus aller Herren Ländern. In den Stallungen des renommierten Gasthofs müssen oft bis zu siebzig Pferde eingestellt werden.

1611

Die bisherige Praxis, dass jeder Bürger nach einer bestimmten Ordnung Wachdienst zu leisten hat, bewährt sich nicht mehr, werden doch von wohlhabenden Bürgern Lohnwächter angestellt, die ihre Aufgabe nur auf liederlichste Weise erfüllen und oft betrunken zum Dienst antreten. Weil «solche unverträgliche Missbräuch und Fähler allzustark herfürbrechen», stellt der Rat auf Kosten der Bürgerschaft eine ständige Tagwache von je zwei «geziemend ausgestaffierten Musquetieren» unter jedes Stadttor.

1633

Es ziehen fünfhundert kaiserliche Kürassiere mit 150 Bagagewagen am Riehentor vorbei und fügen der Stadt grossen Schaden zu.

1650

Bürgermeister und Rat erlassen eine Sittenordnung und verfügen u.a., dass «die Weiber alle unziemliche, überflüssige Pracht mit Aushängung der goldenen Ketten, grossen, ungeheuren Kappen, Bändel und Borten und anderer üppiger, neu erdachter Kleydungen ab und von sich legen», nachdem den Mannspersonen bereits verboten worden ist, die seit «kurzer Zeit uffgestandenen langen Hosen und unfletigen wüesten langen Schnäbel Schueh» zu tragen.

1658

«Philipp, der Postillion, fährt bey der Rossschwemme beym Kleinbasler Gesellschaftshaus zur Haeren mit Pferden und Kutsche in den Rhein zum Schwencken. Dabei gerät er zu weit hinaus und treibt ab. Seine Kutsche fährt unter den Schiffen hinweg und kommt dann wieder herauf. Doch ertrinckt ihm ein Pferd.»

1672

Die Haushälterin von Christoph Mentzinger, Margreth Hilti, bringt ein uneheliches Töchterchen zur Welt. «Dem Verlaut nach soll sie Herrn Christoph sel., den doch jedermann für impotent gehalten, zum Vater angeben.»

1681

In Arlesheim, das am 23. Oktober 1679 zum Sitz des Domkapitels erwählt worden ist, weiht Bischof Johann Conrad von Roggenbach mit höchstem Glanz den noch nicht vollständig ausstaffierten Dom. Neben den Prälaten und Adeligen des ganzen fürstlichen Hofstaates bemerkt man in der feierlichen Prozession, die sich unter dem Schutz der bischöflichen Schweizergarde von der Arlesheimer Pfarrkirche zum Weiheakt in die neue Kathedralkirche bewegt, sämtliche Vögte der bischöflichen Herrschaften, das gesamte Domkapitel in Begleitung des Prämonstratenserabtes von Bellelay und der Benediktineräbte von Beinwil und Murbach sowie ein grosses Aufgebot an ranghohen Militärs. Trompeten künden dem anwesenden Volk den Beginn der «mit grosser Mayestät und Herrlichkeit» vollzogenen Zeremonien. Sie stellen den Dom unter den Schutz der Gottesmutter Maria und begleiten die Übergabe der für den Hochaltar bestimmten Heiligenreliquien Kaiser Heinrichs, Kaiserin Kunigundes, Pantalus', Ursicinus' und Ursulas. Andertags finden die Festlichkeiten durch die Firmung von 1200 Gläubigen und «die Translation des Leibes des glorwürdigen Ritters und Blutzeugen Christi Vitalis von Pruntrut» in die Domkirche einen erhebenden Abschluss. Mit der neuen Residenz der Domherren erhält Arlesheim, bis jetzt als kleines Dörfchen hinter mancher birseckischen Gemeinde an Grösse zurückstehend, seine besondere Bedeutung.

Basler Nachrichten, 26. Oktober 1871

1697

Von Stuttgart her erreicht der Erbprinz von Baden-Durlach unsere Stadt. Seine Suite ist umfangreich: gegen hundert Pferde, ein halbes Dutzend Karossen und viele Bagagewagen. Der Tross wird beim Einreiten von der herzoglichen Garde und der markgräfischen Kavallerie angeführt. Dann folgen auf mit goldenen Breitspitzen wohl gezierten Pferden der Markgraf von Durlach, der Herzog von Württemberg und des Erbprinzen Sohn sowie, in einer vergoldeten Karosse, die Prinzessinnen.

1711

Zu St. Leonhard wird der Tuchhändler Rudolf Lindenmeyer beerdigt. Seine Nachkommen üben in acht Generationen den Pergamenterberuf und den Bau von Trommeln aus.

1734

Per Schiff kommen etwa hundert Zürichbieter auf ihrer Reise nach Carolina an der Schifflände an. Da die Leute in der Stadt herumbetteln und keine Pässe haben, wird nach Zürich geschrieben, «diesem Unfug möchte in Zukunft Einhalt geboten werden».

1759

«Es haben Unsere Gnädigen Herren für gut befunden, dass zur Verwahrung des Rathauses eine beständige Schiltwacht sich allda befinden soll.»

1798

«Die französische Garnison in der Stadt und das Gerücht, dass sofort einige Tausend unserer jungen Leute zum Kriegsdienst ausgehoben werden sollen, verbreiten ausserordentlichen Schrecken unter der Bevölkerung. Je bedenklicher und betrübter es um uns herum wird, je mehr erfahren wir, dass der Heiland unsere Herzen tröstet und die Zuversicht zu ihm stärkt.»

1811

Die Gesangskommission der GGG wendet sich an die «Jünglinge und Töchter aus den gebildeten und bemittelten Ständen» und wirbt für die Pflege des Gesangs, denn «die menschliche Stimme übertrifft an eindringender Kraft und hinreissendem Wohlklange unendlich weit alle künstlichen Instrumente».

Bischof Jakob Stammler weiht am 26. Oktober 1912 die an der Thiersteinerallee durch die Architekten Meckel und Doppler erbaute Heiliggeist-Kirche. «Kirche und Nebengebäude sind in charaktervollem spätgotischen Stil gehalten. Die Gruppierung der Gebäude ist klar und in der Silhouette einfach. Um so reicher und als besonderer Schmuck wirken die reizvollen Steinhauerarbeiten in hellem Vogesensandstein an Fenstern und Portalen, an Balustraden, Kanzel und Taufstein.»

1855

«Fräulein Walseck, die im Stadttheater mit grossem Triumph die Lucia von Lammermor singt, ist eine junge, liebliche Erscheinung und wird mit ihrer klangvollen Stimme und ihrem künstlerischen Talent einer glänzenden Laufbahn entgegensehen.»

1892

Der Regierungsrat stellt fest, dass Besitzer von Gütern in der Gemeinde Riehen, welche in Basel wohnen, der Personalsteuer nicht unterliegen.

27. Oktober

Sabina die Märtyrerin

1445

Vor den Toren Kleinbasels zieht eine Schar von wohl dreihundert österreichischen Reitern aus der in Neuenburg am Rhein liegenden Garnison auf. In der Stadt wird Sturm geläutet, und Dietrich Ammann und Claus Wartenberg unternehmen mit zweihundert aufgebrachten Bürgern ohne Wissen des Rats einen Ausfall. Vom Feind an die Hochwasser führende Wiese gelockt und umzingelt, werden die ungestümen Basler bei Riehen erbärmlich in die Flucht geschlagen, wobei siebzehn Bürger den Tod finden und ein leichtes Feldgeschütz verloren geht. Als die Obrigkeit mit dem Banner einen Rachezug anordnet, machen sich die raublustigen Reisigen beim Galgenfeld (bei der heutigen Bäumlihofstrasse) aus dem Staub. Nach dem willkürlichen Ausfall hält Stadthauptmann Conrad von Laufen dem Dietrich Ammann vor, er sei ein Bösewicht und sei für die Erschlagenen verantwortlich, worauf dieser ihn der Lüge bezichtigt. Dem Wortgefecht folgt ein solches mit den Schwertern, das von den Umstehenden nur mit Mühe ohne Blutvergiessen geschlichtet werden kann.

1475

Beim Riehentor bricht ein Grossfeuer aus und richtet grössten Schaden an.

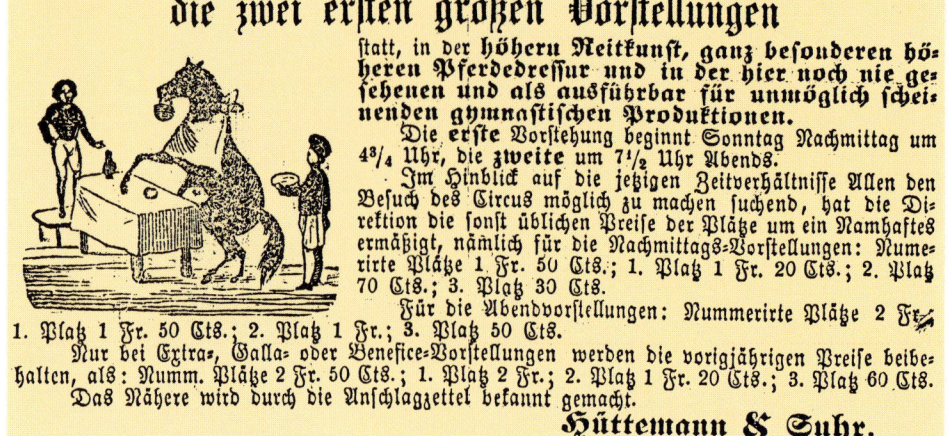

1542

Martin Luther bittet den Rat in einem Brief, den von Johannes Oporin verbotenerweise gedruckten Koran, die heilige Schrift des Islams mit den Verkündigungen Mohammeds, dennoch erscheinen zu lassen. Die Obrigkeit antwortet dem «hochgelehrten Herrn Martin Luthern, unserm lieben Herren und Fründt», dass das «schädlich bös Buech und giftig Ding» auf seine Fürbitte hin veröffentlicht werden möge, aber nur unter der Voraussetzung, dass auf dem Titel weder die Stadt Basel als Druckort noch der Drucker genannt noch das Buch in Basel zum Verkauf gelange.

1545

Der Müller Jakob Ochs von Kempten hat im Sommer zwei Pferde gestohlen und ist nur wegen seiner armen Kinder Barmherzigkeit einer Bestrafung entgangen. Er hat aber unter Androhung des Schwerts schwören müssen, sich auf Zeit und Ewigkeit nicht mehr innerhalb des Stadtbanns von zwanzig Meilen finden zu lassen. Weil Ochs die Stadt indessen mehrmals betreten und demnach Eidbruch begangen hat, wird er «im Landgebiet Basels entdeckt, gefangengenommen und geköpft».

1595

Vor dem Rat erscheint eine Abordnung der «Riechemer und Bettiker» und erbittet (mit Erfolg) Unterstützung, damit «um der Jugend willen eine Schuel» errichtet werden kann.

1608

«Es stirbt Georg Wiedenmann, stud. phil., welchem der Krebs den Bakken völlig verfressen hat, bis ihm endlich allein der Küfel verblieben ist.»

1734

Der berühmte englische Augenarzt Taylor «hält in Gegenwart der Professoren und anderer vornehmer Personen eine Lection über die Schönheiten des Auges und nimmt hernach eine ebenso nützliche wie neuerfundene anatomische Dissection oder Zergliederung der Augen vor. Auch stellt er den vorher völlig blinden Daniel Reinli vor, der von der Medizinischen Fakultät als wieder sehend begutachtet wird. Obwohl Taylor sehr über die Nase sieht (also hochnäsig ist), wird er in die Basler Societät aufgenommen und mit einer kostbaren Mahlzeit im Untern Collegio beehrt.»

1899

«Durch die Verlegung der Tramschlaufe erhält die Messe auf dem Barfüsserplatz ein ganz verändertes Aussehen, indem alle Verkaufsbuden der Strasse die Rückseite kehren müssen, so dass der Messeplatz vollständig in sich selbst abgeschlossen ist.»

1908

Die Aktiengesellschaft Samuel Bell Söhne eröffnet an der äussern Elsässerstrasse mit 65 Arbeitern ihren neuen Fabrikbau.
Im Neubau an der Ecke Marktplatz und Gerbergasse bezieht das seit 1823 bestehende Teppichhandelshaus Sandreuter sein neues Domizil.

1912

«Im Lokal zur Brodlaube am Marktplatz ist täglich die 408 Pfund schwere Königin aller Kolossaldamen, Miss Gertha aus England, zu sehen. Diese hünenhafte Erscheinung ist unstreitig eine Schönheit und gleichzeitig die schwerste und wohlproportionierteste Riesendame der Welt.»

1913

«Die heute eingeläutete Messe zeichnet sich vor ihren Vorgängern dadurch aus, dass sich Schaubuden und Lustbarkeiten diesmal nicht nur auf dem Barfüsserplatz und Kohlenplatz (oberhalb der Inneren Margarethen-Strasse), sondern entsprechend einem Wunsche Kleinbasels auch auf dem Platz vor dem alten badischen Bahnhof am Riehenring entfalten.»

28. Oktober

Simon und Judas die Apostel

1061

In Basel wird eine Reichssynode abgehalten: Kaiser Heinrich IV. erhält die von den Römern gesandte Krone und der von Kaiserin Agnes vorgeschlagene Bischof Cadalus von Parma wird zum Papst gewählt und nimmt den Namen Honorius II. an.

1431

Basel hat Kaiser Sigismund ein Darlehen von zweihundertfünfzig Gulden gewährt und erhält dafür das Privileg, eine Meile ausserhalb der Stadt Brücken und Strassen zu bauen und auf diesen Wegzölle zu erheben.

Schweizerischer Volksfreund, 27. Oktober 1861

Am Sabinentag vermögen auf dem Münsterplatz ein Fleckenreiniger und ein Moritatensänger selbst eine von Zahnweh geplagte Frau in ihren Bann zu ziehen. Und auf dem Barfüsserplatz zeigt zur Eröffnung der Herbstmesse am 27. Oktober 1758 ein Schausteller aus dem Bernbiet einen «schönen alten gelben Löw samt einem schönen gelblichen grossen Düger (Tiger) und einem grossen sogenannten Waldteufel (Satyr) und einem kleinen Pferdt-Schimmeli. Obiger Löw ist mit demjenigen auffem Rebhaus in der Kleinen Statt so ähnlich, als wann er nach diesem Original wäre gemacht worden.»

1444

Basels Abgeordnete schliessen zu Ensisheim mit dem Dauphin von Frankreich einen Friedens- und Freundschaftsvertrag. Die Zünfte und das Volk aber zögern mit der Annahme, weil der Dauphin eine Geldforderung von 41 000 Gulden stellt.

1493

Die Papstglocke, die 1489 beim Läuten eines Gewitters zersprungen und hernach durch Meister Georg von Speyr neu gegossen worden ist, wird durch den Weihbischof von Basel feierlich eingesegnet und auf den Namen «Osianna» getauft. Taufzeugen sind zwölf Prälaten und Domherren, zwölf Kaplane, vierzehn weltliche Bürger, unter ihnen der Bürgermeister und einige Ratsherren sowie sechzehn Frauen des Adels und des Bürgertums, welche alle sich mit einer Geldspende verdient machen. Die Glocke trägt die Inschrift: «O rex gloriae Christe 1493 veni nobis cum pace.» (O Ruhmeskönig Christus, komm zu uns mit deinem Frieden.)

1499

«Ein Trupp Weiber steht auf der Bsetzi und fährt mit ruchen Worten aufeinander los. Die Buben stehen dabei und freuen sich des Zankens. ‹Ihr unmächtigen Schwaben, geht doch nach Dorneck in die Metzg, da findet ihr Fleisch›, stichelt die eine. Fährt ihr die andere über das Maul: ‹Wenn ich nach Dorneck ging Fleisch holen, möcht ich so bald einen Schweizer wie einen Schwaben finden.› Die Buben fangen an zu singen: ‹Sie sind gestanden auf weichem Grund/Dri Tusend blibend tot und wund/Das Plären tät man vertrieben/Büchsen, die sie vor Dorneck gebracht/Die sind den Eidgenossen bliben!› Es ist das Lied, das nach der Schlacht einer gesungen hat. ‹Kuehmäuler! Kuehgygen!› schreien die Weiber und muhen, indes die anderen ‹Pfauenschwänz› und ‹Schwabenkäfer› rufen. Und fahren einander schier in die Haare. Da kommt der Ratsherr Lienhard Grieb daher und herrscht sie an, sie sollten sich nicht um Dinge kümmern, die allein die Männer angingen. ‹He, wenn der Rat sich nicht getraut, die Geiss herumzulupfen und die Männer die Hände in den Hosen halten, müssen wir ihm wohl nachhelfen, ruft da eine dem Grieb nach...»

1524

Zwischen sieben und acht Uhr abends wird die Stadt von einem «ungestümen Wetter mit Donner und Blitzen und mit einem starken Regen, wie bisher kaum geschehen», heimgesucht, worauf sich der Himmel wieder ganz aufhellt.

1700

Als er das Fischergarn in den Weidling ziehen will, fällt bei Grenzach

Petersburg, den 1. Weinm.

Der berühmte Gelehrte, Herr Leonhard Euler, hat auf eine unverhoffte und glückliche Art sein Gesicht wieder bekommen. Der geschikte Oculist, Freyherr von Wenzel, erhielt von dem Hettmann, Grafen von Rasumowsky, den Befehl, an seinem Auge eine Operation vorzunehmen, welches er auch mit einem glücklichen Erfolg verrichtete. Als er die Augen des Herrn Euler sahe, sagte er sogleich, daß es ein Staar von der besten Art sey, schrieb ihm eine Diät vor, und verordnete Arzneymittel, um zu der Operation eine Vorbereitung zu machen. Hierauf nahm er am 26. vorigen Monats die Operation selbst vor, und es waren bey selbiger der wirkliche Staatsrath, Herr Krusse, Leibmedicus des Grosfürsten, 8. andere Aerzte, und die ganze Familie des Herrn Euler zugegen. Nach 3. Minuten rief Herr Euler aus: Ich kan alles sehen, und er kante alle Umstehenden. Seine Familie zerfloß in Thränen, und dise Begebenheit verursachte eine allgemeine Freude, an welcher alle diejenigen Theil nehmen werden, welche wissen, wie viel dem ganzen Europa an der Erhaltung eines Mannes, welcher seit langer Zeit eine seiner seltensten Zierden ist, gelegen sey.

Mittwochs-Zeitung, 28. Oktober 1771

ein Knabe in den Rhein und ertrinkt. «Es ist der Sohn des Stubenknechts zu Schiffleuten, der vorher schon zwei Söhne dem nimmersatten Rhein hat überlassen müssen.»

1702

Zwölf Sundgauer Bauern verüben auf das Schützenhaus einen Raubüberfall. Das «unbekannte Lumpengesindel» bedient sich im einsam vor dem Spalentor gelegenen Standhaus der Feuerschützen aller wertvollen Dinge, die nicht niet- und nagelfest sind. Auf der Flucht stossen die Räuber jedoch auf eine Polizeipatrouille, die sogleich das Feuer eröffnet. Von einem Schuss getroffen, sinkt des Küfers von Buschweiler jüngster Sohn tot zu Boden, die andern Banditen aber können sich unerkannt aus dem Staube machen. Der Körper des leblosen Sundgauers wird «zur Abscheu dergleichen Diebe unbedeckt auf einen niedern Schlitten geladen, im Beysein zweier Stattknechte mit aufgehobenen Stäben durch die Hauptstrassen der Statt vor St. Alban geschleppt und bey der Wallstatt öffentlich an den leichten Galgen gehenckt. Hat zwar noch laut geschrauen» (der Tote!).

Bis zum 28. Oktober 1913 sind die an der Basler Messe auftretenden Spielleute gehalten, den Spitzen der Polizei im «Schlosshof» des Lohnhofs jeweils Proben ihres Wissens und Könnens abzulegen, bevor ihnen die Spielbewilligung erteilt wird: «Schlotternd klemmt der Clarinettist das Mundstück des abgegriffenen Instruments zwischen die Lippen und quikt wie ein Pudel, dem man auf den Schwanz getreten ist. Der Harfenist greift in die besten Saiten seines ehrwürdigen Drahtgestells und befleisst sich einiger möglichst richtiger Akkorde. Und der Flügelhornbläser fährt zuerst mit den Fingern durch die glänzenden Lokken, zieht den Mund in die Breite, dass er aussieht wie ein Sparhafenschlitz und schrenzt in das verbogene Messingrohr, als hätte er die Mauern Jerichos umzublasen.» Bleistiftstudie von Hieronymus Hess.

1799

Während der Abendpredigt treiben französische Besatzungssoldaten im Münster Unfug. «Bettelvogt Suter wehrt ihnen ab, aber die Franken prügeln ihn wacker durch und gehen ihres Weges!»

1827

Das Criminalgericht verurteilt den 36jährigen Barbier Samuel Weissenberger, der im Streit den 18jährigen Johannes Stump getötet hat, zu einer Kettenstrafe von 16 Jahren. Das Appellationsgericht aber korrigiert das Strafmass auf 4 Jahre Zuchthaus, weil der Delinquent häufiger Belästigung durch die mutwillige Dorfjugend Riehens ausgesetzt gewesen ist.

1882

«Im Centralbahnhof wird die elektrische Beleuchtung eingeführt.»

Am 29. Oktober 1791 berichten die Benachbarten der St.Andreaskapelle, das seit 1241 von der Krämergasse (Schneidergasse), dem Totengässlein, dem Imbergässlein und dem Nadelberg umfangene Gotteshaus der St.Andreasbruderschaft der Safranzunft, dem Rat, dass die Safranzunft bereit sei, die verwahrloste Kirche gegen 500 neue französische Thaler zum Abbruch freizugeben. So fällt die gottgeweihte Stätte der ruhmvollen Andreasbruderschaft in Schutt und Asche. Und der dadurch gewonnene Platz eignet sich wie gewünscht zur Abhaltung eines Kraut- und Geflügelmarktes.

29. Oktober

Narcissus von Jerusalem der Bischof

1285

König Rudolf von Habsburg erklärt Kleinbasel der Leibeigenschaft ledig und erteilt der Kleinen Stadt einen Freiheitsbrief des Inhalts: «Wir befreien das jenseitige Basel aus der Fülle unserer Königsmacht. Wer unangesprochen ein Jahr lang in der Stadt gewohnt hat, der soll auch fernerhin als Bürger angesehen und gegen alle Ansprüche eines frühern Herrn geschützt werden. Wir gewähren fernerhin der Stadt die Abhaltung eines Wochenmarktes unter unserm und des Reiches Schutz.»

1526

«Unsere Herren, der alte und der neue Rat, beschliessen einhellig, um die Einheit der Volksgemeinschaft zu beweisen, dass fortan auch alle Priester, Domherren, Chorherren und Kapläne, nicht aber die Seelsorger und Predikanten, wie die Bürgerschaft und die Hintersassen, hüten und wachen müssen. Sie sollen sich daher in der Grossen Stadt einer beliebigen Zunft und in der Kleinen Stadt den drei Ehrengesellschaften anschliessen.»
Der Rat erklärt, das Nonnenkloster zum Roten Haus (beim heutigen Schweizerhalle) zu seinen Handen genommen, die Liegenschaft verkauft und die Schwestern entschädigt zu haben. Noch vorhandene Kleinode, wie Kelche, Monstranzen und Messgewänder, werden verwertet und der Erlös dem öffentlichen Gut oder den armen Leuten zufliessen.

1545

Im benachbarten Dorf Häsingen ereignet sich ein furchtbarer Mord: Ein junger, betrunkener Bauer lauert hinter einer Hecke einem verhassten Nachbarn mit gezogenem Schwert auf. Doch dieser ist wegen Trunkenheit und Ruhestörung in Basel ins Taubhäuslein gesperrt worden, so dass der Bösewicht, von Wein und Zorn verwirrt, einem Unbeteiligten mit einem mächtigen Hieb fast den Kopf abschlägt. Nach der schrecklichen Tat ergreift der

Anzeige betreffend die Gasbeleuchtung.

(14068) Nachdem schon seit einigen Tagen theilweise Steinkohlengas in die Stadt geleitet worden ist, wird die Beleuchtung mit diesem Gase von heute an regelmäßig beginnen und das Holzgas in der Weise nach und nach beseitigt werden, daß in vier bis fünf Tagen nur noch Steinkohlengas für die Beleuchtung in Anwendung kommen wird. Hiebei werden die verehrlichen Gasabnehmer darauf aufmerksam gemacht, daß es in ihrem Interesse liegen wird, die bisher im Gebrauch gewesenen Brenner durch kleinere zu ersetzen, indem das neue Gas nicht nur eine höhere Leuchtkraft hat, sondern auch überhaupt kleinere Brenner für dasselbe geeigneter sind.

Öffentlicher Anschlag, 29. Oktober 1860

Schurke die Flucht und lässt den Unglücklichen im Sterben liegen, der sich in seinem Blut wälzt und so laut röchelt, dass Vorübergehende ihn auffinden. Der Dorfjunker verfügt sogleich, dass alle Untertanen des Ortes sich bei ihm mit umgürtetem Schwert einzufinden haben. Und so wird derjenige, dessen Schwert mit Blut befleckt ist, des Frevels überführt. Durch öffentlichen Richtspruch zum Tod durch das Rad verurteilt, wird der Totschläger auf Fürbitte jedoch vom Scharfrichter erst nach der Enthauptung auf das Rad geflochten.

1608

Dicke Nebelschwaden überziehen des abends den Rhein, «darauf man in der Luft ein brennendes Licht sieht und einen Todtenschädel darby. Ist ohne Zweifel ein Vorbot gewesen auf das grosse Sterben von 1610».

1621

«Brändlin von Waldenburg, der vermeintlich einen jungen Sennen ob Reigoldswil ermordet hat, wird enthauptet und aufs Rad gelegt.»

1637

In der Abendpredigt im Münster sorgt Claus Äberlin «vollerweis» für etliche Unruhe. Er wird deshalb nach dem Gottesdienst zur Ernüchterung in den St. Albanschwibbogen gesperrt.

1679

Der Rat lässt die Obervögte und Amtsleute auf der Landschaft wissen, dass er im Waisenhaus eine Spinnanstalt zur Ausbildung junger Leute errichtet hat, damit die ländlichen Lebensbedingungen verbessert werden.

1685

Der Kurfürst von Brandenburg, Friedrich Wilhelm, dankt Basel für seine Beihilfe beim Transit von in der Viehzucht erfahrenen Berner Bauern, die ihm in der Landwirtschaft nützlich sind.

1692

Die medizinische Fakultät der Universität ersucht den Rat (mit Erfolg), ihr den Garten des Predigerklosters für einen «hortus medicus» (botanischen Garten) zuzuweisen. Trotz kriegerischer Zeitläufe sei das medizinische Studium in Basel noch immer in Flor, studierten doch aus manchen Städten Deutschlands Leute bei uns, selbst aus solchen, wo berühmte Universitäten sich befänden.

1788

Auf dem Kornmarkt (Marktplatz) wird ein neuer Esel aufgestellt, den renitente Soldaten zur Strafe zu reiten haben. «Einsmahlen nun sass ein Soldat darauf, welchen ein Bauer, der an seinen Stecken gelähnt war, mit unverwandten Augen ziemlich lange beguckte. Der Soldat, den dasselbe verdross, sagte: ‹Bauer, es dunckt mich, dass du mich schon lange genug begafft hast.› Da erwiderte der Bauer: ‹Wenn du solches nicht leyden magst, dann reith doch in eine andere Gasse!›»

1862

Das Bundesgericht entscheidet den vom Kanton Basellandschaft angestrengten sogenannten Schanzenprozess, indem es feststellt, dass ein Miteigentum der Landschaft an den Basler Festungswerken nicht bestehe und deshalb die Forderung von 1 162 565 Franken abgewiesen werde. «So verwandelt Basel die Fortifikationen und Ringmauern in Anlagen und Promenaden und schafft sich damit um das Weichbild der engern Stadt eine Gartenumwallung, welche den Bewohnern Luft und Licht und Gesundheit gibt und von grösserem Werthe ist als die Umwandlung zu Bauplätzen, aus deren Werth die Landschaft überdies den Löwenantheil bezogen hätte.»

30. Oktober

Cenobius der Märtyrer

1439

Nach der am 25. Juni erfolgten Absetzung Papst Eugens IV. schreitet das Konzil zum Konklave. Dem Hochamt im Münster und der Vereidigung der Wähler folgt vor einer gewaltigen Menschenmenge die feierliche Prozession, welche vom Kardinal von Arles in der Pracht der Mitra und des goldenen Gewandes angeführt wird, ins Haus «zur Mücke». Um neun Uhr abends wird das Tor geschlossen, verriegelt und mit Ketten gesichert. In den drei Sälen der Mücke sind kleine Kammern für die Konklavisten eingerichtet, deren Fenster beinahe ganz zugemauert sind. Um Rauch und Brandgefahr zu verhüten, wird kein Feuer entfacht. «So lebt man hier in Dunkel, Kälte und Feuchtigkeit. Kein Wunder, dass die alten Herren sofort von Rheumatismen befallen werden, so dass das Husten des Einen dem des Andern antwortet. Auch die Nahrung ist kläglich.»

1475

Die Eidgenossen lehnen die von Basel angeregte Teilnahme am Feldzug nach Nancy ab, beschliessen indessen, dass jeder dritte Mann ausgerüstet werden soll.

1517

Der vom Krämer zum Grosskaufmann aufgestiegene Hans Lombart verliert wegen unsauberer Geschäftemacherei und Münzbetrügerei Ämter und Ehren und wird aus der

12. Merkwürdige Seltenheit.

Ein hochverehrtes Publikum in Basel und der Umgegend beehrt sich der Unterzeichnete in Kenntniß zu setzen, daß der mit demselben hier angekommene Afrikaner von der bekannten kriegerischen Nation der Ashantées, welche in West-Afrika am Rio-Volta nächst der Goldküste wohnen, sich hier während der Dauer der Messe auf E. E. Zunft zu Safran, wo dessen Abbildung ausgehängt ist, sehen lassen wird. Dieser als der Erste von der Nation der Ashantées in Europa reisende Afrikaner, wurde in allen Hauptstädten und Universitäten, als: Wien, München u. s. w., wo er sich bisher zeigte, nicht nur seines fernen Vaterlandes, sondern besonders seines muskulösen schönen Körperbaues und anderer Eigenthümlichkeiten wegen, als eine höchst interessante Erscheinung bewundert, auch hatte er bereits die Ehre, der Universität zu Zürich bei einer zahlreichen Versammlung von Professoren und Akademikern vorgestellt und mit allgemeiner Anerkennung besichtigt zu werden.

Der Unterzeichnete schmeichelt sich daher, daß hier die Verehrten, welche den Ashantées besuchen, denselben ebenfalls interessant finden, und angenehm befriedigt verlassen werden.

Das Nähere ist aus dem Anschlagzettel zu ersehen. W. Philadelphia.

Wöchentliche Nachrichten,
30. Oktober 1834
(Erstes Zeitungs-Cliché in Basel)

Das Waldenburgertal feiert am 30. Oktober 1880 die Eröffnung «seiner Bahn». Die aus Lokomotive, Postgepäckwagen, zwei zweiachsigen Personenwagen und zwei gedeckten und sechs offenen Güterwagen bestehende Komposition des «Waldenburgerli» verkehrt indessen nur bei Tag, weil «böse Nachtbuben die Bahn durch Auflegen von Steinen und Holzspältern aus den Schienen zu entgleisen trachten».

Zunft zum Schlüssel, der er als Zunftmeister und Ratsherr gedient hat, ausgeschlossen.

1520

Benedict Knup, Illustrator der Fabeln Aesops, verkauft sein Haus «zur goldenen Rose» an der Stadthausgasse (18) um 220 Gulden dem genialen Goldschmied, Zeichner und Maler Urs Graf.

1551

Zwei Diener, die im Auftrag einiger Basler Bürger dem König von Frankreich acht Falken und andere Vögel zum Geschenk zu überbringen haben, erhalten einen Pass.

1593

In Sursee wird Martin Duvoisin, «der ehrliche christliche Mann und Zunftbruder zu Safran», mit dem Schwert gerichtet und verbrannt, weil er auf «Angeben zweyer durchstreifender Papstdiener» die Heiligenverehrung verleugnet hat.

1666

Durch Unachtsamkeit einer Wäscherin gehen am Nadelberg fünf Häuser in Flammen auf. Bis Neujahr entstehen in der Stadt nicht weniger als weitere neunzehn Brandfälle. «Gott den Herrn soll man mit inbrünstigem Gebet anrufen, dass er hinfort solche Strafe von uns abwende.»

1675

Auf der Brotbeckenzunft wird ein Pferd mit acht Füssen, das «ettliche Kunst kann», von einem Leibstädter zur Schau gestellt.

1718

Der Fischerknabe Augustin Stern wird in der Peterskirche der Gemeinde öffentlich vorgestellt und hernach ins Zuchthaus geführt und gegeisselt, weil er seinen alten Vater geschlagen hat.

1796

Georg Emanuel Vest, der letzte Singmeister der Universität, klagt seinen Vorgesetzten, die Studenten würden viel lieber kegeln als singen. Und wenn schon, dann sängen sie lieber weltliche statt geistliche Lieder. Das Geld für die Unterrichtsstunden sei wie weggeworfen und ein Sündenlohn.

1799

Bei einem Gelage treiben französische Besatzungssoldaten mit einer Magd allerhand Scherze. Als der Schneider Peter Hans Frey vom Spalenberg zur übermütigen Gesellschaft stösst, «schrenzt ihm ein Frank mit einem Messer den Unterleib auf, also dass er den zweiten Tag daran verstirbt. Der Thäter wird habhaft gemacht und gefänglich

National-Zeitung, 31. Oktober 1891

eingesetzt». Während der 26jährige Schneider am 2. November zu St. Leonhard beerdigt wird, lässt die Obrigkeit den 20jährigen Mörder, Felix Frank aus dem elsässischen Schweigheim, auf dem Petersplatz «arquebusieren» (erschiessen).

1886

«Wenn die Produktionen der Affen und Hunde im Messezirkus auf dem Barfüsserplatz Heiterkeit erregen, so erfüllen uns die Leistungen der Symbole der Dummheit, der Schafsköpfe, und vollends diejenigen des plumpen, aber klugen und velozipedfahrenden Elephanten mit der grössten Bewunderung.»

31. Oktober

Wolfgang von Regensburg der Bischof

1538

In Riehen hat Frau Gisin-Rütsch ihren Mann durch Verabreichen von Spinnen und Nadeln ums Leben bringen wollen. Als das ruchlose Vorhaben durch die Hand des Scharfrichters gesühnt werden soll, legt die ganze Bevölkerung Riehens angesichts des schwangeren Leibes des «bösen Weibes» Fürbitte beim Rat ein. Dieser lässt denn auch Gnade vor Recht ergehen und verbannt die Missetäterin auf ewig fünf Meilen vom Basler Gebiet entfernt.

1599

«Dieses Jahr wächst in Basel ein so guter Wein, dergleichen seit Menschengedenken hernach bis 1651 nicht mehr geschehen. Wird seiner Köstlichkeiten wegen der 99er genannt.»

1655

Der Fürstbischof des Bistums Basel, Franziskus von Schönau, konsekriert in Gegenwart vieler Pilger die Wallfahrtskirche und den Hochaltar von Mariastein «zu Ehren Gottes, der allerseligsten Jungfrau und Gottesmutter Maria und des heiligen Blutzeugen Vincentius». Der Grundstein zur prachtvollen Abteikirche ist 1648 durch die Benediktinermönche von Beinwil gelegt worden.

1658

«Weil unsere Gnädigen Herren beschlossen haben, einen Schultheissen von der Bürgerschaft von Basel nach Liestal zu entsenden, kaufen sie allda an der vorderen Gasse eine kummliche Bewohnung von Caspar Märklin um 2300 Pfund.»

1705

In Arlesheim schwören über tausend Untertanen aus den bischöflichen Dörfern dem neuen Fürstbischof Treue: «Nachdem Mess gehalten worden ist, wird vor der grossen Porte der Kirche ein grosses Theatrum aufgerichtet und in die Mitte ein schöner Sessel gestellt, worauf der neue Bischof von Basel, Johann Conrad von Reinach, in einem schwarzen Mantel und seydenem Kleid mit einem Kräglein und breitem Hut gesetzt ward. Zu beiden Seiten sitzen in ihrem Kirchenhabit auch auf den Sesseln die Domherren. Auf der Seite steht der Kanzler und hält eine Oration, die Huldigung betreffend. Nachwerts vermahnt er das Volk und liest ihm den Eyd der Treue vor, worauf sämtliche mit aufgehobenen Fingern schwören. Hernach rufen fast alle: ‹Vivat Johannes Conradus!› Hernach zieht der Fürst samt den übrigen Honoratioren in ein Haus auf dem Platz. Vor ihm gehen sechs Trabanten in der Livrey, gelb und schwarz, und zu Pferd zwey fürstliche Trompeter und ein Herpaucker, welche tapfer draufblasen. Den folgenden Tag wird der Bischof durch den Nuntium Apostolicum geweiht und gesalbt.»

1775

Gegen eine jährliche Miete von 610 Pfund vergibt der Rat die Pacht der Gebäulichkeiten des ehemaligen Klosters Klingental an Franz Rosenburger.

1799

Es werden 120 deutsche Gefangene aus Mannheim in der Stadt aufgenommen. «Hiesige Bürger schicken ganze Züber voll Suppe und Erdäpfel.»

1822

Prinz Karl von Hessen, ehemaliger Jakobiner und Bürgergeneral, der sich 1811 in Basel niedergelassen hat, aber wegen Veröffentlichung zahlreicher Manifeste gegen die französische Regierung ausgewiesen worden ist, schenkt der Allgemeinen Lesegesellschaft am Münsterplatz seine aus 672 Bänden bestehende Bibliothek.

1839

Das «Komitee der Vaterlandsfreunde» beschwert sich beim Landrat über die sich «in Basellandschaft unter dem Namen ‹politische Flüchtlinge› ohne Heimatschriften aufhaltenden Personen». Auch wird die Frage gestellt, warum die Polizei gegenüber diesem Fremden so nachsichtig oder nachlässig war, und weshalb «denn Basellandschaft zum

Am 31. Oktober 1852 geht der 1775 geborene Universitätspedell Emanuel Scholer in die Ewigkeit ein. Zu seinen beruflichen Obliegenheiten gehörte die Verwaltung der öffentlichen Kunstsammlung, die mit den Beständen der Universitätsbibliothek und des Faeschischen Museums im Haus «zur Mücke» am obern Schlüsselberg untergebracht ist. Auf seinem täglichen Arbeitsweg begegnete der schnurrige Scholer oft dem spottlustigen Kunstmaler Hieronymus Hess (1799–1850), den er einfach nicht leiden mochte. Und so gehen die beiden Erzfeinde auf unserm Bild grimmigen Blicks aneinander vorbei und gönnen sich keinen Gruss. Im Hintergrund die Fassade der «Mücke». Aquarell von Hieronymus Hess!

Tummelplatz für das fremde Lumpengesindel bestimm» sei. (Die anonym gehaltene ‹Fremdenpetition› findet beim Volk wenig Zustimmung und wird am 10. Dezember 1839 vom Landrat abgelehnt.)

1857

In der Nacht auf heute kann der Hauensteintunnel durchbrochen werden, was «von der Arbeiterschaft nach Knappenbrauch mit dem Absingen des englischen Bergmannslieds und dem Abfeuern von 101 Freudenschüssen gefeiert wird. Dann werden bei der Wasserscheide fünf Minen gezündet, so dass vom Luftdruck alle Lampen ausgelöscht werden. Das Rollen der Schüsse, und der schallende Gesang der Arbeiter machen einen unvergesslichen Eindruck».

1869

Am Petersgraben wird der von Architekt Paul Reber und Baumeister Eduard Bruckner erbaute Vereinshaussaal eingeweiht und den hiesigen christlichen Vereinen zu biblischer Erbauung, zur Belehrung und christlicher Geselligkeit zur Verfügung gestellt.

1. November

Allerheiligen

1007

Unter König Heinrich II. wird in Frankfurt eine grosse Kirchenversammlung abgehalten, an der auch der Basler Bischof Adalbero zugegen ist.

1214

Kaiser Friedrich II. besucht die Stadt und hält während des ganzen Monats Hof in Basel.

1339

Ein Birsighochwasser reisst beim Steinentor einen starken Turm nieder, untergräbt die Fundamente vieler Häuser, dringt mannshoch in die Kirche des Maria Magdalena-Klosters an den Steinen, wühlt den Kirchhof der Barfüssermönche auf und spült die Toten aus den Gräbern.

1475

Am Spalenberg stürzen drei Häuser ein.

1532

Rektor Oswald Bär wirbt mit einem programmatischen Aufruf für die Universität: "Wozu mit vielen Worten die Stadt anempfehlen, die jedem Gelehrten um ihrer Wohltaten willen so bekannt ist, seit Jahren eine unerschöpflich spendende Mutter so zahlreicher lateinischer, griechischer und jetzt selbst hebräischer Werke! Also komm, guter Leser! Wir werden uns bemühen, dass Basel, gebe es Gott, der Musen bleibende Wohnstätte sein soll."

1604

«Sieht man in der Morgenröte fünf Rägenbögen, die sich dann zerteilen, so dass es deren zehn werden.»

«Es ist ein so herrlicher Wein gemacht worden, wie seit Jahren nicht mehr. Bemerkenswert ist, dass vor hundert Jahren, also anno 1599, im Kleinbasel ein ebenso köstlicher Wein gewachsen ist. Dieser exzellente Wein ist als eine Rarität im Keller Unserer Gnädigen Herren eingelagert worden, wo er vielleicht heute noch zu finden ist...» 1. November 1699. Ölgemälde von Johann Rudolf Feyerabend. Um 1810.

1640

Der zu einem Bürger angenommene Tuchhändler Daniel Legrand aus Tournay wird auch in die Zunft zu Safran aufgenommen und begründet als Stammvater eine bedeutende Basler Refugiantenfamilie.

1721

Anna Jäcklin aus dem Bernbiet wird vom Henker mit dem Schwert gerichtet, weil sie nach eigenem Bekenntnis «ihr Kind umgebracht und viel Hurerey getrieben» hat.

Avis-Blättlein, 1. November 1730

1751

«Meister Leonhard Oser, der Metzger, wird in Treibung einer Herde Schaaf auf dem Feld von einem Schlagfluss überfallen und stirbt plötzlich. Merckwürdig ist, dass sein Hund die Schaaf um den toten Cörper zusammentreibt und beyde bewacht, das niemand sich darzu machen darf. Deshalb wollen die Bauern den Hund erschiessen. Zu allem Glück aber kommt des Verstorbenen Schwager, welcher den Hund kennt, so dass er ihm nach Hause folgt.»

1770

Wegen grosser Teuerung und Hungersnot «müssen in der Mess alle fremden Musicanten, Raritäten-Männer und Murmelthierli-Buben zur Statt hinaus».

1781

«Auf E. E. Zunft zu Gartnern ist eine junge Riesin von 22 Jahren aus der Bretagne zu sehen. Sie hat eine gute Bildung, und ihr Körper ist der Grösse nach wohlgestaltet. Auch ist sie sehr gesprächig. Ihr Leib ist vollkommen so dick wie drei starke Männer. Und ein Arm von ihr ist so starck wie der Leib eines andern. Sie ist 450 Pfund schwär und kann mit dem Daumen einen Neuthaler bedecken.»

1852

Die Gasfabrik vor dem Steinentor (Binningerstrasse) nimmt ihre Produktion auf, so dass zunächst zweihundert Laternen beleuchtet werden können. Ab 1. November 1860 wird das Gas in der neuen Anlage vor dem St. Johanntor (Voltaplatz) erzeugt, und die Anzahl der öffentlichen Laternen steigt innert weniger Jahre auf 670 an. Die ausgedienten Öllaternen, welche «den Baslern bisher ihr dürftiges Licht gespendet haben», werden auf Ansuchen den Gemeinden Altdorf und Stans unentgeltlich überlassen».

1860

In einem umgebauten Bauernhaus nimmt die Taubstummenanstalt Bettingen ihre segensreiche Tätigkeit auf, mit dem Ziel, «diejenigen aus der Anstalt Riehen austretenden Zöglinge, für die von Hause aus wenig oder nichts getan werden kann, väterlich aufzunehmen und sie bei braven und tüchtigen Meistern in die Lehre zu bringen».

1871

«Der Rhein ist wieder einmal gründlich durch chemische Substanzen vergiftet. Alle Fische längs des Rheins können hierüber Zeugnis ablegen, und es soll sogar mit solchen Fischen in der Stadt hausiert werden.»

1884

Mit sieben Teilnehmern wird in Liestal das Telefon in Betrieb gesetzt und dem «Fernverkehrsnetz» mit Basel angeschlossen.

1898

«Ein Beispiel, in welch eminenter Weise die Terrainpreise gestiegen sind, ergibt sich aus dem Kaufpreis einer für das neue Stations-Gebäude

Therwil benötigten Parzelle, für welche nicht weniger als 32 Rappen(!) pro m² zu bezahlen sind.»

2. November

Allerseelen

1118

Bischof Rudolf konsekriert die den Heiligen Bartholomäus und Leonhardus geweihte neue Stadtkirche, welche 1135 auf Wunsch beinahe des ganzen Stadtvolks durch Bischof Adelbero zum Augustinerchorherrenstift St. Leonhard erhoben wird.

1474

Die Basler ziehen, wie schon 1425, gegen das in der Nähe Belforts gelegene Städtchen Héricourt, um mit den von österreichischen Truppen der Rheinstädte und aus dem Schwarzwald unterstützten Eidgenossen ganz Burgund zu erobern. An der Spitze der von rund zweitausend Mann gebildeten Basler Streitmacht sind alt Bürgermeister Hans von Bärenfels und Oberstzunftmeister Heinrich Iselin zu sehen. Weil eine Belagerung vorgesehen ist, werden die grössten Geschütze, der «Rüde» und der «Drache», mitgeführt. Aber auch riesige Mengen an Habermehl, Gerste, Erbsen, Butter, Käse, Zwiebeln, gesalzenem Fleisch von Schweinen, Rindern und Hammeln wie auch an Stockfischen und Heringen werden den Kriegsknechten mit auf den Feldzug gegeben. Selbst an «gebranntem und gesottenem Wein» und Gewürznelken zur Zubereitung erwärmender Medikamente, die gegen Erkältungen bei längerem Zeltleben in kalter Jahreszeit angewendet werden sollen, wie an einem berittenen Feldkaplan samt Feldaltar fehlt es der Mannschaft nicht. Wie so oft vor einem grösseren Kriegszug ist auch jetzt wieder ein neues seidenes Hauptbanner angeschafft worden. Desgleichen hat der Rat ein Fähnlein für die sogenannten Freiheitsknaben, d.h. für die Lastträger und andern nichtzünftigen Berufsarten, welche neben dem Gewalthaufen der zünftigen Bürgerschaft als besondere Freischar zu Felde zieht, anfertigen lassen.

In den Umbau und die Erweiterung des Rathauses durch die Architekten Vischer & Fueter in den Jahren 1898 bis 1904 ist auf der Bergseite gegen die Martinsgasse als stattlicher Neubau ein besonderes Archivgebäude, das Staatsarchiv, mit einbezogen worden. Nachdem die bisher im Rathaus und im Bischofshof verwahrten Akten der öffentlichen Verwaltung und der Gerichte sowie diejenigen der Korporationen, der Zünfte, der Bürgergemeinde, der Universität und der Kirche in 1054 Rückenlasten und 317 Kistenladungen an ihren neuen und endgültigen Standort verbracht worden sind, können am 2. November 1899 die Arbeitsräume des Staatsarchivs bezogen werden.

1658

Im Kleinbasel wird ein im Wirtshaus «zum Schaf» wohnhafter Knabe, der auf bestialische Weise mit Tieren Unzucht getrieben hat, vom Henker auf dem Galgenfeld enthauptet.

Intelligenzblatt, 2. November 1852

1669

«Heimlicherweise begibt sich junges Volk in das Klingental und tanzt daselbst die ganze Nacht hindurch. Spielmann ist Johann Pfaff, Schuldiener am Barfüsserplatz. Die Tänzer sind der fürnehmsten Leute Kinder, die ohne Ansehen jeder um

Eröffnung der Menagerie auf dem Barfüßerplatz.

[8337] Diese schöne Menagerie bietet dem Tit. Publikum eine seltene Sammlung von Thieren in voller Kraft und von der schönsten Race. — Als besonders sehenswerth sind anzuführen:

Eine große Löwin aus der Berberei und ihre Jungen,
9 Monate alt, geboren in der Menagerie. (Die ersten, welche in Frankreich zur Welt gekommen.)

Zwei gestreifte Hyänen vom Cap der guten Hoffnung.

Ein indischer Königstiger.

Bis jetzt übten die berühmten Thierbändiger, die Carter, van Amburg, van Aken, auf die Thiere der Wildniß einen Einfluß und beherrschten sie durch Waffen und ihre Kraft; es war einer Frau aufbehalten, ihre Herrschaft über dieselben Thiere auf einen ruhigen kalten Muth zu gründen, den die Ueberlegenheit der Vernunft giebt. Sie tritt in die Käfige, einfach eine Reitpeitsche in der Hand, und ist überall, wo man sie sah, für ein Non plus ultra an Unerschrockenheit erklärt worden.

Die Vorstellung beginnt mit den Kindertänzen: Menuet Pompadour. — Gisela Walzer. — Pas styrien. — Pas de deux. — Cracovienne. — Mazurka. — Pas du Matelot.

Die Fütterung der Thiere findet um halb 7 Uhr statt.

Die Vorstellungen finden statt von 4 Uhr Nachmittags bis 10 Uhr Abends.
Preise der Plätze: Erster Platz 75 Cent. Zweiter Platz 50 Cent. Dritter Platz 25 Cent.

Publikation
wegen Behutsamkeit in Reden und Handlungen.

Da sich der Kriegsschauplatz unsern Grenzen nähert, und die Eidgenossenschaft kein höheres Glück kennt, als die Beybehaltung einer genauen Neutralität: so erwarten Wir in diesem wichtigen Zeitpunkt, daß alle unsere Bürger und Einwohner zu Stadt und Land sich bestreben werden, im Reden und Handeln sich so zu benehmen, wie es von ruhigen und Vaterlandliebenden Bürgern erwartet werden kann. Sollte sich jemand diesfalls etwas zu Schulden kommen lassen, so sollen die Fehlbaren Uns verzeigt, und je nach den Umständen streng bestraft werden.

Welches zu jedermanns Verhalt durch das KantonsBlatt kund gemacht, und in allen Wirths- Wein- und Kaffehäusern angeschlagen werden soll.

Obrigkeitliches Mandat,
3. November 1813

eine halbe Mark Silber gebüsst werden. Spielmann Pfaff aber muss zwei Nächte im Kerker verbringen und hat erst noch vor dem Rat und den Reformationsherren zu erscheinen.»

1721

Im Kleinbasel erhängt sich eine alte Frau auf dem Estrich ihres Hauses, weil sie von ihrer Tochter «schnöd, spöttisch und verächtlich behandelt worden ist». Die Mutterschänderin hat vor der Kirchgemeinde St. Theodor öffentlich Abbitte für ihr schändliches Tun zu leisten.

1784

Der von 1776 bis 1790 in Muttenz wirkende Lehrer, «ein alter, mürrischer, geiziger Magister, dessen Geisteskräfte, Gesicht (Augenkraft) und Gehör alle gleich schlecht sind, pflegt von seinem Kompetenzholz das Meiste zu verkaufen, so dass die Kinder im Winter erbärmlich frieren».

1785

«Weil durch die auf der Rheinbruck aufgestellten Spiel- und Würfeltisch viele junge Leüth verführt werden, lässt der Rat solche wieder abbrechen und fortweisen.»

1883

«Beim Tiefergraben eines Eiskellers im Davidsboden werden zwei Arbeiter verschüttet. Nach anderthalbtägiger Rettungsarbeit wird der eine noch lebend hervorgezogen, der andere ist todt.»

3. November
Theophil der Märtyrer

1375

Die vermutlich neu erbaute, schon 1255 gestiftete St. Niklauskapelle am Kleinbasler Brückenkopf (am Ort des heutigen Café Spitz) ist wiederum Gegenstand einer festlichen Weihe.

1592

Im Kornhaus am Eingang zur Spalenvorstadt wird zum ersten Mal Markt gehalten. Zur Verlegung des Fruchtmarktes vom Kornmarkt (Marktplatz) ins Kornhaus, das der Rat bereits im Jahre 1573 hat errichten lassen, vermochte sich die Obrigkeit erst zu entschliessen, nachdem zwei Ratsdeputierte die Einrichtung und den Betrieb des Kornhauses in Colmar studiert und dessen Zweckmässigkeit bestätigt hatten.

1630

Melchior von Heidegg, der während 22 Jahren als gottseliger Priestermönch die Wallfahrtskapelle von Mariastein betreut und ganze Nächte im Gebet in der heiligen Höhle verbringt, wird mit ausserordentlichen Gnaden und Visionen beschenkt. So erscheint ihm heute «Morgen nach drei Uhr die Muttergottes und zeigt ihm ihren einzigen Sohn».

1634

Es stirbt Bürgermeister Johann Friedrich Ryhiner. «Auff dem Grabstein ist zu lesen: Herr Johann Friedrich Ryhiner/ Halb Lebenszeit zu Gottes Ehr/ Der Eydgnoss Freund, dem Vatterland/ Getreu im Geist- und Weltlich Stand/ Hat abgewart zwanzig vier Jahr/ Stadtschreiber, zwey Zunfftmeister war/ Vertrat vier Jahr das Burgermeisterthumb/ Sein Leben sechzig Jahr ein Blum/ Als man sechzehen hundert zehlt/ Auch dreissig vier zu gschwind abfelt/ Zu End Octobers ihn beweint/ Ders mit dem gmeinen Nutz wohlmeynt/ Da ruht der Leib, die Seel aus Qual/ Erhebt ist in des Himmels-Saal.»

1717

Gesellen, die im Waldenburgeramt mit einer Alraune auf der Suche nach einem «Geld-Männli» sind, werden von einem Bauern überrascht und erschiessen den «Wunderfitz» kurzerhand. Der Haupträdelsführer wird zur Rechenschaft gezogen und am Galgen vor dem St. Albantor aufgeknüpft. «Seine Cameraden aber schneiden ihn des nachts vom Galgen herunter und werfen ihn in den Teich, damit man ihn nicht mehr finden soll. Man findet allda aber eine Schwette Blut, weil einer dieser Diebsgesellen zweifellos ab der Leitern gefallen ist.»

1849

«Dem seit einigen Tagen als Privatmann hier weilenden General Dufour bringen 150 Bürger ein Fackelständchen dar. Und Dr. Carl Brenner bezeugt dem greisen General die Liebe und Hochachtung der hiesigen Bevölkerung und spricht ihm den Dank aller eidgenössisch gesinnten Basler für seine Aufopferung im Sonderbundskrieg aus.

1854

«Die Vergrösserung des Gemeindeschulhauses im Luftgässlein ist vollendet. Diejenige der Schulhäuser hinter dem Münster und zu St. Peter rückt der Vollendung entgegen. Für die Mädchenschule jenseits kann eine provisorische Lokalität in der Burgvogtei gewonnen werden.»

1876

Im Plattnerschen Zimmerhof an der Leonhardsstrasse 24 bricht ein Grossfeuer aus, das in kurzer Zeit auf 21 Häuser auch an der Holbeinstrasse und am Steinengraben übergreift. «Eine ungeheure Feuersäule

Am Zusammenfluss von Limmat und Aare unterhalb von Baden erleidet am 3. November 1508 ein mit Zürchern besetzter Kahn auf dem Weg zur Basler Messe Schiffbruch, weil die Steuerleute angeblich auf die Fundamente einer – wohl römischen – Brücke gestossen sind. An die vierzig Insassen, unter ihnen zwei Predigermönche, finden beim schweren Schiffsunglück den Tod in den Fluten. Faksimile aus der Luzerner Bilderchronik von Diebold Schilling.

schlägt gen Himmel und erleuchtet taghell die tiefergelegenen Stadtteile. Obwohl an 14 Hydranten die Feuerwehr den Brand mit Mut und Ausdauer bekämpft, beläuft sich der Gesamtschaden auf enorme 173 000 Franken. Bei dieser Katastrophe beweist das neugegründete Sicherheitskorps zum ersten Male seine Nützlichkeit.»

1883

Auf dem alten Werkplatz des Zeughauses wird die Aufrichte der Anstalt für Anatomie und Physiologie, das Vesalianum, gefeiert. Die Hälfte der Bausumme von 320 000 Franken wird von der Freiwilligen Akademischen Gesellschaft getragen.

1900

«Der Messmocken spielt im Basler Volksmund eine so grosse Rolle und ist mit der Entwicklung unserer Messe so eng verbunden, dass wir ihm die Ehre erweisen wollen, ihm einen Heimatschein zu geben. Es ist gegen Ende der Sechzigerjahre gewesen, als zwei alte Franzosen, der Père Lazzari und der Père Leonard, aus Lyon und Nancy stammend und regelmässig die grossen Jahrmärkte im Elsass besuchend, auch auf der Basler Messe eintrafen. Beide waren Zuckerkocher und bereiteten in einer Zeltbude aus Segeltuch aus gekochtem Zuckerbrei lang gezogene dünne Zuckerstengel. Das aber brauchte viel Zeit, und so wurden an der Messe 1879 erstmals kürzere und dafür dickere Stengel produziert.»

4. November

Vitalis und Agricola von Bologna die Märtyrer

1227

Anlässlich seines Aufenthalts in Basel verleiht König Heinrich VII. der Stadt das vielbegehrte Recht, dass die Bürger Ritterlehen erwerben dürfen, wodurch sie in sozialer Beziehung den Rittern gleichgestellt sind.

1347

Aus Bamberg treffen die Reliquien Kaiser Heinrichs II. und Kaiserin Kunigundens, der Stadtheiligen, ein.

1450

Der Rat verspricht zwei Ausländern und «heimlichen Dienern» das Bürgerrecht, falls sie es fertigbrächten, Feinde der Stadt aufzuspüren und unschädlich zu machen.

1616

Peter Roschet, der Krämer aus Savoyen, wird zu einem Bürger angenommen.

1629

In Läufelfingen sind seit «dem 21. Martii des Jahres 82 Personen von jung und alt, Weib- und Mannspersonen, mehrteils aber junge Kinder, an der Pest gestorben».

1637

Der Rat ersucht Zürich, Bern und Solothurn, «einen grossen Schwall von Bettlern in St. Jakob abzunehmen».

1644

Das von Landvogt J.J. Bischoff bewohnte Schloss Ramstein bei Bretzwil wird von einem Grossbrand heimgesucht und, mit Ausnahme des Turms, in Asche gelegt. «Während des Löschens fällt der Schlossfrau ein, dass im brennenden Gebäude zwei Fässlein Pulver aufbewahrt lägen. Rasch entschlossen, stürzt sie sich mit dem Lehenmann ins lodernde Schloss, lässt durch ihn

Affen-Theater
von
L. Casanova
in der grossen Bretterbude auf dem
Barfüsserplatz.
Heute und jeden folgenden Tag
Zwei grosse Vorstellungen
des
vierfüssigen Künstler-Vereins.
Anfang der ersten Vorstellung 5 Uhr,
zweite 7 Uhr.

THEATER IN BASEL.
Sonntag den 4. November 1855.
Das Lager vor Sebastopol
und
die Einnahme des Malakoff.
Militärisches Schauspiel aus der Gegenwart
in 4 Aufzügen von Wehringer.
Mit neuen Dekorationen.

Montag den 5. Nov. 1855.
Auf mehrfaches Verlangen.
Der Waffenschmidt.
Komische Oper in 3 Aufzügen v. A. Lortzing.

Der
Riese
Joseph Cantonio,
23 Jahre alt,
von einer Grösse von **7 Fuss**
7 Zoll, 6 Fuss im
Umfang.
Einer seiner Schenkel hat die Dicke eines
Mannes, mit seinem Daumen bedeckt er einen
Fünffrankenthaler, seine Hand hat die Grösse
von vier gewöhnlichen Händen.
Dieser Riese ist der schönste,
kolossalste Mann in Europa.
Er unterscheidet sich dadurch von Anderen,
daß er bei seiner ungewöhnlichen Grösse dennoch verhältnissmässig vollkommen schön gewachsen ist.

Schweizerische National-Zeitung,
4. November 1855

Nebelspalter, 5. November 1880

Bierstrike in Basel.
Schön ist der Zug des Wohlthuns,
Doch oft auch Leidenschaft.
Das wissen die Brauer Alle,
Drum wird trotz Gift und Galle
Der hohe Preis — nicht abgeschafft.

die Fässer entfernen, bleibt aber so lange zur Stelle, bis das Feuer die Treppe ergreift und ihr den Rückweg abschneidet. Erst nachdem man unter grosser Gefahr lange Leitern hat anstellen können, kann die heldenmüthige Schlossfrau unverletzt heruntergeholt und gerettet werden.»

1665

«Esther Hagenbach, die ihr Kind vor dem Bläsithor erwürgt hat, wird mit dem Schwert zum Tod gerichtet. Weil sie von vornehmem Geschlecht ist, wird sie gleich von der Gefängnistür zur Richtstätte geführt (also nicht durch die Stadt). Ist willig und gern gestorben. Merckwürdig ist, dass dem Scharfrichter beim Streich eine Dunckelheit vor die Augen gefallen ist, so dass er eine gute Zeit grosse Schmertzen in den Augen gelitten hat.»

1674

Die Obrigkeit beschäftigt sich erneut mit der Kleidertracht der Bürger und bestimmt, dass Frauen unter vierzig Jahren, die nicht Leid tragen, für gewöhnlich, wenn sie nicht zur Kirche gehen oder an Hochzeiten und Leichenbegängnissen teilnehmen, nicht im «Sturtz» (breites weisses Band um den Hals und Kopf, hinten herabhängend) in der Öffentlichkeit erscheinen sollen, sondern in Tüchlein und Umschläglein einherzugehen haben. Ledige Töchter, die am Morgen zu des Herrn Tisch gegangen sind, sollen auch zur Abendpredigt Tüchlein und Umschläglein tragen. Den Männern geziemt patriotische und vaterländische Tracht sowie ein Leidmantel, der nicht länger als ein Drittel Elle (ca. 17 cm) vom Boden weg absteht.

1762

«Nachdem öfters in Betrachtung gezogen worden ist, auf welche Art und Weise die in dem Zuchthaus gefangenen Personen zur Arbeit angehalten werden können, erkennen Unsere Gnädigen Herren, dass die gefangenen Männer Holtz schneiden und Pack Tuch machen, die Weibs Bilder aber Seiden winden, Garn zum Pack Tuch spinnen und auch auf der Baumwollen Spinnerey arbeiten sollen. Zu solchem wird ein erfahrener, ehrlicher Wäber Meister zur Aufsicht angenommen. Aller von dieser Einrichtung zu verhoffender Nutzen soll dem Armen Hauss zu gute kommen.»

1817

In Berlin stirbt im 81. Altersjahr, einsam und verlassen, der Basler Kupferstecher und Kunsthändler Christian vom Mechel. Einst stolzer Besitzer einer berühmten Offizin und florierenden Kunsthandlung, verliess der begabte Künstler 1804 seine Vaterstadt wegen familiärer und wirtschaftlicher Schwierigkeiten. In Berlin entwickelte von Mechel, der bereits in Wien die bedeutende Gemäldesammlung Kaiser Josephs dem Publikum zugänglich gemacht hatte, im Auftrag der kunstliebenden Königin Louise das Konzept für eine preussische Kunstsammlung.

1872

An der Herbstmesse sind zu sehen: «Die grösste Dame, die kleinste Dame und der kleinste Herr der Welt sowie drei Walrosse, von denen jedoch eines auf dem Wege von Frankfurt nach Basel bereits gestorben ist...»

1881

«An der Gerbergasse hat ein Droschkenführer die Peitsche beim Bock eingesteckt. Ein Schulknabe ergreift im Vorbeigehen deren Ende und zieht sie an, um sie später wieder zurückschnellen zu lassen, so dass eine Dame empfindlich an der Wange getroffen wird und das Blut fliesst. Der Junge sucht das Weite. Zum Glück bleibt das Auge des Frauenzimmers unversehrt.»

1899

Die Kraftstation an der Voltastrasse nimmt mit drei Gasmotoren den Betrieb auf.

5. November

Malachias von Armagh der Erzbischof

1387

Der in Basel weilende Kardinallegat Herzog Philipp von Alençon bestätigt dem durch Erdbeben, Krieg und

Auch nach einer aus Waldenburg eingegangenen Meldung vom 4. November 1795, dass sich das gesuchte «Geldfässlein mit 500 Neuthalern Silbergeld und 100 Louisdor in Gold» sich nicht in des vermeintlichen Diebes Haus in Hölstein habe finden lassen, will «der Delinquent ungeachtet aller Vorstellungen (Folterungen) durch den Meister Scharfrichter nicht eingestehen, wo er mit dem fehlenden Silbergeld hingekommen ist. Jakob von Känel wird deshalb für drey Monathe an das Schellenwerk geschlagen und dann für drey Jahre von Stadt und Land verwiesen». Das Aquarell von Lucas Vischer zeigt die «Vorstellung des Meisters auf der Bärenhaut. Delinquent Fuhrknecht Jakob von Känel in Hölstein, wegen eines Geld-Diebstahls verdächtig. Examinator P. Vischer. Beysitzer J.P. Erzberger und Martin Wenck des Raths. Schreiber Andreas Freyburger».

Pestilenz völlig heruntergekommenen Kloster St. Alban die Inkorporation der Kirche von Hauingen im Markgräflerland.

1439

Mit 26 von 33 Stimmen wählt das Konklave des Konzils von Basel Herzog Amadeus von Savoyen zum neuen Papst (Felix V.). Die vermauerten Fenster des Hauses «zur Mücke» werden aufgebrochen, die Türflügel mit Beilen eingeschlagen, und dem wartenden Volk wird durch das Fenster über dem Eingang das silberne Kreuz hinausgehalten. Dann verkündet ein Kardinal den Namen des Gewählten und hält eine Ansprache, die der Domdekan ins Deutsche übersetzt. Währenddessen singen in der «Mücke» die Wähler dankbar das Tedeum, und die Kirchenglocken beginnen zu läuten. Die Stadt ist in freudiger, feierlich gehobener Stimmung. Dann kommen die draussen verbliebenen Prälaten, mit Chormantel und Mitra angetan, sowie der Klerus der Stadt vor die «Mücke», wo die Wähler als bleiche, fröstelnde Gestalten herauskommen. In gemeinsamem Zug begeben sich die Konzilsherren hierauf in den Chor des Münsters, um mit Gebeten und Lobgesängen die vollzogene Wahl dem Schutz und Segen des Allmächtigen zu empfehlen.

1602

Im 58. Altersjahr verstirbt Oberstzunftmeister Christmann Fürfelder. «Aus ehelicher, kindlicher Liebe richten seine hochbetrübte Witwe und Kinder ein Epitaphium zur Gedächtnis auf mit der Inschrift: Ein schönes Liecht zündt uns Gott an / Im Regiment, das heiter brann / Erlöscht doch wider alsobald / Gott andre Liechter uns erhalt.»

1748

Jacob Singeisen, Schulmeister und Sigrist zu Lausen, bittet die Obrigkeit um eine bescheidene Erhöhung seines Gehalts: «Ihr knecht hat gar ein geringen Und schlechten dienst.

Als am 5. November 1894 das Turmkreuz für die sich der Vollendung nähernde Matthäuskirche, eine prächtige Kunstschmiedearbeit aus der Schlosserei Emanuel Roth und Jakob Wahl, zum Aufzug bereitsteht und ein Tannenbäumchen und viele Fähnchen das Gelingen des Werks anzeigen, ereignet sich ein schweres Unglück: Aus unabgeklärten Gründen gibt am östlichen Querschiffgiebel ein Gerüsthebel nach, was den Absturz von vier Maurern zur Folge hat, die jedoch glücklicherweise von schweren Verletzungen verschont bleiben. Zur selben Zeit arbeitet im Turmhelm «ein 22jähriger lediger Zimmermann-Taglöhner. Der dramatische Vorgang löst bei diesem Gesellen in luftiger Höhe offenbar einen Schwindelanfall aus. Der junge Mann stürzt zunächst ca. 25 Meter tief auf ein Gerüst, wird emporgeschleudert und schlägt hernach nochmals mit dem Kopf auf dem untern Teil des Kirchendaches auf. Er ist auf der Stelle tot».

Nicht mehr als Nur einige Viertzel korn Jährlich fix, dass Übrige ist in güthern. Als Nemlich äckere, die bös und schlecht land ist, welche mir Mehr zur last als Nutzlich sind, indem es zu Viel bau kösten erforderet.» (Beispiel des durchschnittlichen Bildungsstandes eines Landschullehrers im 18. Jahrhundert.)

1770

Die in einem Schrank in der Kanzlei im Rathaus verwahrten Passionstafeln Holbeins werden in die Öffentliche Bibliothek im Haus «zur Mükke» verbracht, «zur schicklicheren Verwahrung, damit ihnen das gehörige Licht zuteil wird». Weil den Stadtboten durch die Verschiebung der Gemälde etwas an Trinkgeldern abgeht, werden sie mit einem Louisdor entschädigt.

1836

Stadt und Land werden durch zwei «nicht unbedeutende Erdstösse erschüttert. Der erste ist so bedeutend, dass die Glocken zu St. Martin einige Male anschlagen. Auffallend ist, wie das Wasser mehrerer Brunnen der Stadt trübe und unschmackhaft wird».

1845

Der Stadtrat bewilligt erstmals Theatervorstellungen an Sonntagen.

Basler Nachrichten, 6. November 1891

1855

«Um die Mitte des sechzehnten Jahrhunderts hat der Baseler Sebastian Münster in seiner Kosmographie auch des Engadins gedacht. ‹Es wachst keine Frucht darin›, sagt der alte Erdbeschreiber, ‹dann Summergersten und Heu, aber Vieh genug und gut Dörffer, gut streitbar Volk und grössten Dieb als die Züginer.› Jahre verstrichen, bis Anno 1554 das Buch auch in das Innthal seinen Weg fand. Die Entrüstung über den Vergleich mit den Zigeunern war so gross, dass die Engadiner zwei ihrer besten Männer, Johann Travers und Balthasar Planta, gen Basel sandten, um eine namhafte Bestrafung des vermessenen Autors zu erwirken. Zwar traf es sich, dass Sebastian Münster seit 2 Jahren gestorben war, und der Drucker, Heinrich Peter (Henric Petri), gab vor, die verfängliche Stelle nicht gekannt zu haben. Der Rath der alten Stadt Basel aber begütigte die erzürnten Engadiner durch Ausstellung einer feierlichen Erklärung.»

1881

Gastwirt Wilhelm Glaser wird gestattet, den Gasthof «zum goldenen Kopf» an der Schifflände inskünftig unter dem Namen «Bellevue au Rhin» zu führen.

1892

«Der beim Springbrunnen auf dem Aeschenplatz umgestürzte Tele-

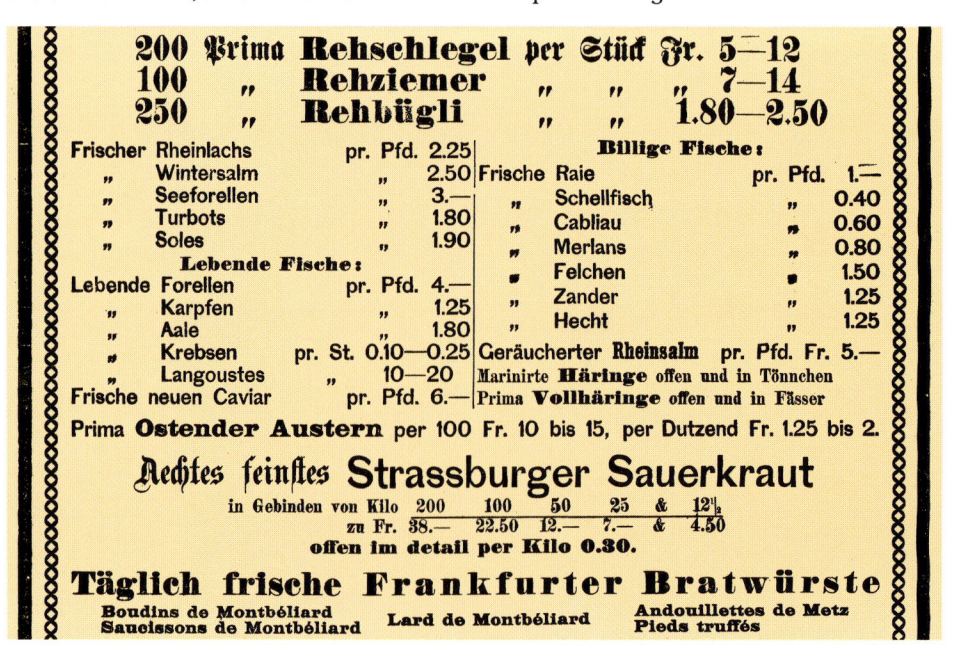

Die von Architekt Emanuel La Roche in neobarockem Stil gehaltene und mit rotem Sandstein aus der bayerischen Pfalz teilweise auf dem aufgefüllten Stadtgraben erbaute Universitätsbibliothek (bis 1966) wird am 6. November 1896 feierlich eröffnet: «Die Einweihung fällt mit der Rektoratsfeier (dem heutigen Dies academicus) zusammen. Der Grosse Rat nimmt fast vollständig an der Feier in der Martinskirche teil. Doch ist schon an diesem Festakt eine Reihe von Studenten über Gebühr betrunken! Der Rector magnificus, Professor der Theologie Bernhard Duhm, spricht über das zur Zeit der Basler Zionistenkongresse durchaus aktuelle Thema der Bibliothek der jüdischen Gemeinde. Dann bewegt sich der Festzug zum neuen Bibliotheksgebäude, wo Professor Andreas Heusler gemäss altem deutschem Rechtsbrauch zum Umgang einlädt. Ein Zunftessen in grösserem Rahmen beendigt den Tag.»

phonthurm will vermuthlich durch seinen wuchtigen Fall die massgebenden Persönlichkeiten zum Bewusstsein bringen, dass sie durch Aufstellung des unschönen Gitterthurms im Begriffe sind, einen Fehler zu begehen, wie solche eben nur in Basel vorkommen.»

1908

«Der Riese Pisjakoff, der auf der heutigen Messe debütiert, ist der grösste Mensch der Welt. Er wiegt nicht weniger als 188 Kilo. Seine Schuhnummer ist 77. Sein Spazierstock wiegt 3¾ Pfund. Im Hotel beansprucht der Riese zwei Betten und verschlingt die dreifache Portion eines normalen Menschen.»

1913

«Eine Petition von 21 483 Frauen der Kommission des Bundes abstinenter Frauen in Basel verlangt die Einführung der Polizeistunde und will, dass die Wirtschaften von 12 Uhr bis morgens 6 Uhr geschlossen sind.»

6. November

Leonhard von Limoges der Einsiedler

1406

Der Rat duldet, dass sich Dirnen gegenseitig als «böse Hure» beschimpfen. Strafbar aber ist, wenn eine die andere als Diebin bezeichnet.

1423

Dreizehn Nonnen aus dem Kloster Unterlinden bei Colmar übernehmen im Frauenkloster Maria Magdalena an den Steinen das Regiment, um die arg gelockerten Sitten wieder zu straffen. Die Reuerinnen zu Steinen anerkennen in kurzer Zeit, dass sie weitab vom Pfad der Tugend gewichen sind, und fügen sich demütig strenger Zucht und harter Armut. Äusserlich wird die Klosterreformation sichtbar an der Erhöhung der Klostermauer und der Vergitterung der Fenster, damit die Nonnen in ihrer Klausur ungestört bleiben.

1664

«Nachdem er ganz von dem Fleisch und seinen Kräften gekommen ist, dessentwegen er zuvor ohne empfindliche Schmerzen bettlägerig gewesen, ist ganz sanft und seliglich aus diesem zeitlichen Jammerthal abgeschieden Oberstzunftmeister Benedict Socin, eidgenössischer Gesandter zum Bundesschwur mit Frankreich nach Paris anno 1663 und Mitglied des Kriegsgerichts der Schweiz sowie 300mal Gevatter (Taufgötti), seines Alters 70 Jahr und 15 Wuchen.»

1701

Verschiedener Diebstähle wegen wird eine dreiköpfige Gaunerbande abgeurteilt. Peter Tritt, der Haupttäter, hat sein Vergehen durch den Tod am Galgen zu sühnen. Michel Hess, dem zuvor Nase und Ohren abgehauen worden sind, wird zu lebenslänglicher Galeerenstrafe verdammt, und der sogenannte rote Bub hat nach saftiger Auspeitschung die Stadt samt Frau und Kind auf ewig zu verlassen.

1710

«Zu Schiffleuten kann eine seltsame Postur, ohne Händ und Füss, kunstreiche Sachen machen, wie mit dem Armstumpen durch eine Nadel einen Faden einfädlen, Karten mischlen, keiglen und Buchstaben schreiben.»

1718

An der Gerbergasse fällt ein 10jähriges Mädchen in einen Farbkessel mit siedendem Wasser und stirbt unter schrecklichen Schmerzen nach wenigen Tagen.

1723

«In Sissach entsteht hinter der Kirche eine Feuersbrunst, so dass innert 2½ Stunden zehn Häuser, sechs

Scheunen und ein Knabe von 17 Jahren verbrennen.»

1759
«In der Mess werden drey Weibsbilder, welche aus einer Diebsbande gewesen, weil sie etlichen hiesigen und fremden Kaufleuthen für 200 Pfund Geltswert Waren und Nodlen gestohlen haben, an den Pranger gestellt, mit Ruthen gestrichen, mit einem Zeichen an der Stirnen gebrannt und von Statt und Land verwiesen.»

1764
Im Grossen Rat wird der Anzug behandelt, ob es nicht der Sicherheit der Stadt diene, wenn Nachtlaternen aufgestellt würden. 170 bzw. 30 Laternen sollen hinfort Grossbasel und Kleinbasel erhellen. «Es bleibt aber beim Alten.»

1846
Gioacchino Rossinis 1829 komponierte Oper «Wilhelm Tell» wird zum ersten Mal im Stadttheater aufgeführt.

1847
Mehr als fünfzig Redner äussern sich im Grossen Rat zum Antrag der beiden Bürgermeister, Basel solle dem verbindlichen Aufgebot der Eidgenossenschaft Folge leisten und gegen die zum sogenannten Sonderbund zusammengeschlossenen katholischen Kantone Luzern, Uri, Schwyz, Unterwalden, Zug, Freiburg und Wallis, die sich dem Tagsatzungsbeschluss der Aufhebung der Klöster nicht unterwerfen und sich der gewaltsamen Vertreibung der Jesuiten aus der Schweiz widersetzen, in den Krieg ziehen. Die Mehrheit der Grossräte erklärt, der Krieg sei ungerecht; man dürfe nicht Unrecht tun, um Gefahren zu entgehen. Schliesslich aber siegt mit schwachem Mehr der Antrag der Regierung: Basel bringe im Hinblick auf die Lage der Eidgenossenschaft und des eigenen Kantons das schwere Opfer der eigenen Überzeugung und stelle seine Truppen der Tagsatzung zur Verfügung. (Die am 9. November ausrückende Batterie aber kommt während des ganzen Feldzugs, erst gegen Freiburg, dann gegen Luzern, nie zum Schuss.)

1858
«In Ziefen ist letzten Montag ein schöner Steinadler geschossen worden. Er misst von einem Flügelende zum andern fünf Fuss (1.50 m) und wird in das Museum nach Liestal geliefert.»

7. November

Florentius von Strassburg der Bischof

1433
Zu Ehren Kaiser Sigismunds versammelt sich das Konzil zu einer feierlichen Messe im Münster. «Als die Messe zu Ende ist, legt der Kaiser seine Gewänder ab und zieht Kopfbinde, Chorhemd, den Rock eines Archidiakons und einen Chormantel ganz von Goldstoff an und setzt sich ein rotes Barett und darauf eine weisse Mitra nebst einer goldenen Krone mit Edelsteinen auf das Haupt. So gekleidet, besteigt er einen mit Goldstoff ausgeschlagenen Sessel. Nachdem auch alle Kardinäle, Erzbischöfe, Bischöfe und Äbte mit ihren Chorhemden, Mänteln und weissen Mitren bereit sind und Stille geboten worden ist – man bemerkt, dass es im ganzen 84 Mitren sind – tritt der Bischof, welcher die Messe gelesen hat, vor den Altar und fängt an, Litaneien zu singen, wobei alle ihm antworten. Hierauf wird das Evangelium gesungen und ein Termin an den Papst verlesen. Nun erhebt sich der Kaiser und dankt dem Konzil in demütiger Weise für das, was es getan hat. Dann legt er seine priesterlichen Kleider ab und begibt sich in sein Quartier.»

1494
Durch einen offenen Ruf lässt der Rat verkünden, dass die 1471 von Kaiser Friedrich bewilligte Pfingstmesse wieder abgeschafft ist.

1583
«Auf der Kürschneren Zunft wird ein lebendiger Löw gezeigt.»

1608
«Montags den 7. Tag Wintermonats entschlief im Herren Jesu seliglich/Der Ehrenvest Herr Jacob Ober-

> **Consignation**
>
> Jener neuerdings entdeckten jüdischen Räubern, deren nachstehende Beschreibungen bis den 7ten Novembris 1768. abgenommen worden.
>
> Als:
>
> 1mo Des Judens Schepkowitz, oder Prizestawlik.
>
> Dieser Jud ist groß, und starker Statur, hat schwarze Haar, große Augen, blattermäßig im Angesicht, redet deutsch, und böhmisch, ist ledig, und überall zu Haus: Diesen Juden nennen die jüdische Räubere unter einander auch Kugel.
>
> 2do Des Judens Srole.
>
> Dieser ist aus Hungarn gebürtig, verheyrathet, ohngefähr 4 oder 25. Jahr alt, mittelmäßiger Statur, mager, hat gelblechte Haar, einen kleinen ganz gelblechten Bart, einen bösen Kopf, redet deutsch, und gebrochen böhmisch, er wird Feldscherer genannt, weilen sein Vatter in Hungarn Feldscherer ware, und er auch diese Profession treibet.
>
> 3tio Des Judens Eiffig Gederer.
>
> Dieser Jud giebet vor, aus dem Reich zu seyn, ist 5. oder 36. Jahr alt, mitterer Statur, sehr dick, verheyrathet, hat gelblechte Haar, ein kleines gelblechtes Bärtl, und tragt einen weißlechten Rock, und schwarzes Camisol.

Polizeianzeige, 7. November 1768

riedt/ alter Burgermeister dieser Stadt/ Seines ehrlichen alters im 85. Jahr/ Als er Gottes Raht im Regiment zu Stadt und Land Basel 41 Jahr/Mit gutem Raht, Wolthaten und loblichem Wandel des Lebens/ Getreulich gedient. Und dieses Lebens satt/ Nach dem ewigen Leben/ Welches Gottes Gaab ist in Christo/ Sein höchstes Verlangen hatte und den Nachkommen Gottes Warheit und Frieden von Hertzen wünschte/ Dem wird Gott ein freudenreiche Aufferstendnuss mit anderen Ausserwählten gnädiglich verleyen.»

1640
Das Schifferstädtchen Neuenburg im Breisgau, von den furchtbaren Folgen des Dreissigjährigen Krieges geplagt und in grösste Armut geraten, bittet die befreundete Rheinstadt Basel verzweifelt um Unterstützung in seiner Not. Besonders die Kirche steht in Gefahr, einzustürzen. «Damit die Glocken heruntergelassen werden können, es aber an den dazu notwendigen Werk-

zeugen und Instrumenten fehlt», wäre man für die Überlassung eines Flaschenzugs, zwei Scheiben samt Nägeln und zwei starken Seilen zu grösstem Dank verpflichtet. Die namentlich angesprochene Schiffleutenzunft zögert denn auch nicht, den Hilfeschrei aufzunehmen und den Neuenburgern in ihrem Elend beizustehen.

1661

«Bey sehr kleinem Rhein wird das Fundament zu einer Salmenwaage auf einem Felsen unter der Pfalz angelegt und in wenigen Wochen durch den Zimmermeister von Rheinfelden zur Perfection gebracht. Es sind in dieses Gebäud über 100 Berner Schiff mit grossen und kleinen Steinen versenkt worden. Den 22. April 1662 wird der erste Salm gefangen und den 23. wieder zwei. Der eine dieser Salmen wird dem französischen Ambassador nach Solothurn zu einem Präsent gesandt. Er wiegt 30 Pfund.»

1678

Der Birsig, der wegen eines heftigen Wolkenbruchs im Leimental Hochwasser führt, bringt am Barfüsserplatz fünf Häuser zum Einsturz.

1725

«Das Collegium Medicum erhält zu Zwecken der Anatomie die Körper derjenigen, so etwa in der Elenden Herberg oder im Spital sterben und unbekannt sind. Nach der Zergliederung der Leichen lässt das Collegium diese jeweilen ehrlich begraben.»
«Es stirbt Michel Fuchsens Frau an der Weinsucht. Sie ist eine grosse Liebhaberin des edlen Rebensafts gewesen.»

1735

«Aus Anlass des Namenstages des römischen Kaysers hält der kayserliche Botschafter auf der Schmiedenzunft eine kostbare Mahlzeit mit einem Ball. An Silbergeschirr, kostbarer Musik und andern Ergötzlichkeiten wird nicht gespart. Unter den allseitigen hohen Ehrengästen befinden sich der Markgraf von Baden-Durlach, die vier Herren Häupter, der gantze Dreizehnerrat, viele Standespersonen von hier und viele vom herumliegenden und hier befindlichen Adel. Der Ball wird von des Botschafters Frau Gemahlin eröffnet und dauert bis vier Uhr morgens.»

«Im Jahr 1492, den 7. November, um die elfte Stunde fallen bey Ensisheim, zwischen Colmar und Basel, zwey Meteorolithen oder Luftsteine (von Meteŏros, hoch in der Luft, und li‡hos, Stein) zur Erde. Der grössere ist bey drey Zentner schwer. Der kleinere sieht einer Salzscheibe, anfangs aber einem griechischen Delta, ähnlich. Inwendig sieht er wie Erz oder wie Schlacken von Eisen aus. Einer von diesen Steinen wird in der Kirche aufgehängt und wird in der Folge fast rund, weil stets Viele zum Wunder davon abschlagen und wegnehmen. Als diese Steine bey Ensisheim aus der Luft herabfielen, erschütterten zu Basel alle Glasfenster. Andere schreiben diese Erschütterung einem Erdbeben zu. Auf der öffentlichen Bibliothek soll ein altes Mönchenbuch darüber Bericht enthalten, das von vielen gelehrten Männern eingesehen wird.» Faksimile aus der Luzerner Bilderchronik von Diebold Schilling.

1759

Bei der Schlacht um das kanadische Quebec, an welcher auch einige Basler kämpfen, wird der Perruquier Friedrich Seiler «von den Frantzosen blessiert und als Invalid nach London transportiert. Den 23. April 1760 kommt er wieder auf Basel und bekommt alljährlich vom König von Engelland einen Invalidensold von ungefähr 90 Pfund».

1764

Den Bauern und Sennen auf der Landschaft wird befohlen, von Michaeli bis Mai von jedem Stück Vieh, das sie wintern, je 25 Pfund Anken auf den hiesigen Markt zu liefern.

1810

Die Obrigkeit entscheidet sich für die Beibehaltung von Zugbrücke und Wolfsgrube beim Spalentor, weil der Stadtgraben an keiner Stelle so schmal ist wie hier und deshalb im Kriegsfall nur mit besonderem Aufwand verteidigt werden kann.

1894

Julius Settelen, Inhaber einer Droschkenanstalt und des Tramomnibusgeschäftes, wird erlaubt, «behufs Hufbeschlags der Pferde an Sonntagen einen Hufschmied zu beschäftigen.»

1900

«Es werden in den Primar- und Sekundarschulen der Stadt ca. zweitausend Körbe Äpfel an die Schüler verteilt, ein generöses Geschenk der Gemeinden des Nachbarkantons Baselland, die den überreichen Obstsegen des Jahres 1900 auf diese Weise auch den Städtern zu gute kommen lassen.»

1907

«Die neue Passerelle beim Bundesbahnhof, welche von der Güterstrasse zur Centralbahnstrasse führt, wird dem Verkehr übergeben. Schön ist die graublau gestrichene Passerelle kaum zu nennen. Eine Sehenswürdigkeit bleibt sie aber doch, ist sie doch die längste Passerelle der Schweiz (über 100 Meter). Auch ein Trost für das Gundeldinger-Quartier.»

8. November

Der vier gekrönten Märtyrer-Tag (Castor, Symphorianus, Claudius, Nicostratus)

1133

Lothar III. von Sachsen kehrt nach seiner Romfahrt als gekrönter Kaiser nach Deutschland zurück und legt in Basel eine Rast ein, die er dazu benutzt, Bischof Heinrich seines Amtes zu entsetzen und an dessen Stelle Adelbero von Froburg, den frühern Prior von St. Blasien, wählen zu lassen.

1474

Auf der alten Römerstrasse von Folgensburg nach Hirsingen, über Largitzen und Montbéliard hat das von Basel ausgezogene Heer mit seinen Belagerungsgeschützen Héricourt erreicht und legt mit 18 000 Mann zur Beschiessung des Schlosses an. «Bei der Umständlichkeit, bei welcher im allgemeinen die Ladung der Geschütze vor sich giebt, gibt jede von den grossen Büchsen im Tag nicht mehr als 14 Schüsse ab. Die Steinkugeln, welche aus den Feuerschlünden geschossen werden, sind zum grössten Theil nicht aus Basel mitgebracht worden, sondern kommen aus einem Steinbruch bei Pruntrut, wo sie durch den Basler Werkmeister und seinen Knechten zugehauen worden sind.»

1647

«Man sieht einen feurigen Drachen über die Stadt fliegen».

1758

Im Gasthof «zum wilden Mann» an der Freien Strasse beziehen etliche Offiziere vom neuen französischen Zürcher Regiment Quartier, um ihre bei der Schlacht von Neuss erlittenen Verletzungen zu kurieren. Unter ihnen befindet sich auch Oberst Lochmann, welcher «ein Arm und Fuss verlohren hat und lebenslänglich an den Grucken wird gehen müssen».

1762

Siebzig Zimmergesellen nehmen in der Kleinbasler Herberge «zum roten Löwen» an der Grempergasse (Greifengasse) ihr neues Quartier in Miete. Nach einem Umzug, «alwo ein jeglicher in der Hand sein frisch balliertes Winckeleisen, obenauf mit einer Citronen mit sauberen Banden geziert» trägt, richten die Zimmergesellen unter Vivatrufen ihren neuen Schild auf und beschliessen den Freudentag «mit Essen und Trincken, Tantzen und Springen».

1786

Im Markgräflerdorf Welmlingen erscheint beim wohlhabenden Bauern Dänzer «ein frömdes Weibsbild» und macht sich anheischig, mit Hilfe eines frommen und berühmten Mannes einen im Haus liegenden Schatz zu heben. «Wenn einem Geld und Gut profezeit wird, wird auch der Klügste von seiner Begierde hingerissen, ohne seinen Verstand zu Rathe zu ziehen.» Und so lässt der Bauer die Fremden zu mitternächtlicher Stunde «mit drey Liechtern, zwey zinnenen Kannen, einem Rosenkranz samt Alraunen und Wurzen den Hocus Pocus, wie es bey solchen Leüth-Betrügern üblich ist, machen. Dann packt sich alles zur Stube hinaus, und die Schelme füllen die Kannen mit allerhand Lumpen und einigen Rechenpfennigen obendrauf.» Wie die «Zauberer»

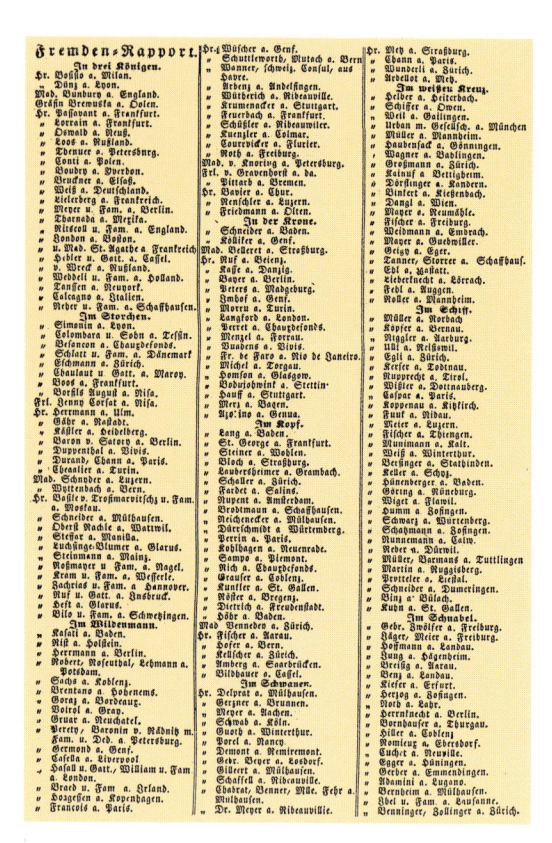

Intelligenzblatt, 8. November 1854

schliesslich nach der Bezahlung von 12 Louisdors auch noch deren weitere sieben für eine sogenannte Zwingmesse fordern, wird der Bauer misstrauisch und meldet den Vorfall schliesslich Major Miville in Basel. Und dieser lässt «den gelehrten Schüler samt seiner Consort einstecken und dann ins Zuchthaus nach Pforzheim abführen».

1795

Im Haus «zum Vogelsang» am Münsterberg 2 eröffnet Magister Johann Heinrich Munzinger eine «Hausschule» und vermittelt während mehrerer Dezennien den Sprösslingen der Basler Gesellschaft die Elemente der Bildung.

1798

Johannes Jenn von Mülhausen lässt in der Deckerschen Buchdruckerei ein Stellengesuch folgenden Inhalts einrücken: «Gott zum gruss und Jesus zum Kuss. Mein viel geliebder herr. Ich hab mich entschlossen, In den Krieg zu gehen. Ich hab auch Erfahrren, dass Einnige in Bassel sin, dass sie umb ein Eine gutte Bezahl-

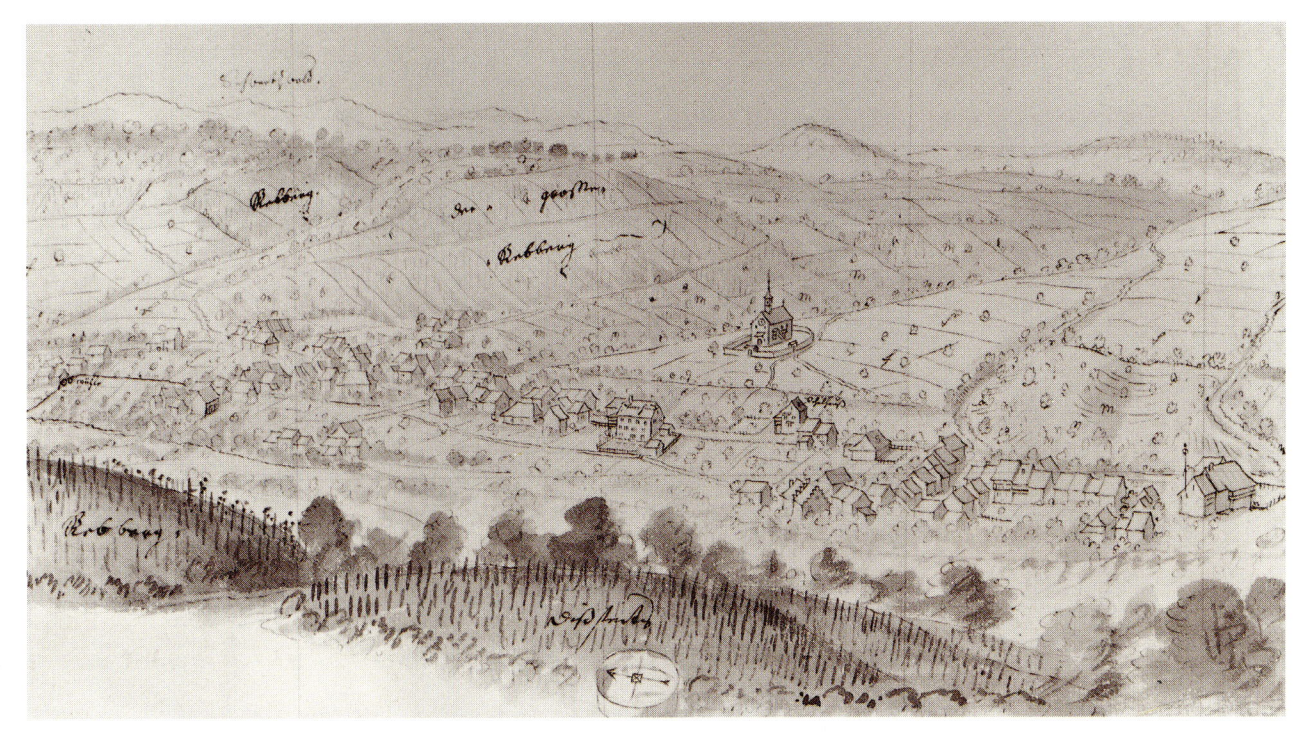

Adelberg von Bärenfels, Herr zu Grenzach, verkauft am 8. November 1532 mit Einwilligung seines Lehensherrn, Sigmund von Falkenstein, die drei Dörfer Ober-, Mittel- und Nieder-Arisdorf, «so under dem Closter Olsperg Basler Bystums glegen», der Stadt Basel. Im Kaufpreis von «zweytusent Guldin in Münz, für jeden Guldin ein Pfundt fünf Schilling guter Stebler Basler Währung gerechnet», inbegriffen sind alle Einwohner, Güter, Zinsen, Gülten, Gerichte, Äcker, Matten, Wälder, Reben, Grasweiden, Fischweiden, Gewässer, Wege und Stege. Lavierte Federzeichnung von Emanuel Büchel. 1752.

lung Ein mahn zu stellen begert. Wan man mir 2 Daussent liebber (Pfund) giebt nebst dobblet Mundur, so will Ich gehn.»

1824

«Zu womöglicher Ausrottung der in hiesiger Gegend schon seit einiger Zeit sich aufhaltenden Wölfe» stellt die Jagdkommission «gemeinschaftliche Treibjagden auf diese schädlichen reissenden Thiere» an.

1897

Die bisher von Zürich aus betreute Neuapostolische Kirche wird mit einem eigenen Gemeindevorsteher versehen.

9. November

Theodorus von Amasea der Soldat

1122

Es stirbt Bischof Rudolf von Homburg. Während seiner bewegten Amtszeit, die im Jahre 1107 ihren Anfang nahm, weihte der dynamische Fürstbischof u.a. die Abtei Rheinau, den Allerheiligenaltar des Klosters Marbach und die St. Leonhardskirche.

1636

Den Basler Harschierern (Polizisten) läuft ein «böser Buebe» mit selten schwer belastetem Strafenregister in die Arme: Georg Wittich von Frankfurt hat nach seiner Entlassung aus dem Holsteinischen Regiment mit einigen Landsknechten weite Teile des deutschen Reichs unsicher gemacht. Plündernd und mordend ist er durchs Land gezogen und hat die Bevölkerung in Schrecken gejagt. In Basel ist es dem gewissenlosen Totschläger dann gelungen, den Posten eines Musquetierers (Wächters) zu erschleichen. Doch als man ihn beim Stehlen von Brot und Fleisch auf dem Kornmarkt erwischt, erhellt sich seine schauderhafte Vergangenheit. So wird dem Bösewicht nach kurzem Prozess «das Haupt abgenommen, hernach er radgebrecht und auf das Rad sampt dem Haupt gelegt und verbrennt wird»!

1744

Mit grossem Gepränge wird in Hüningen König Louis XV. empfangen. Nachdem der Kommandant dem Herrscher den silbernen Schlüssel zur Festung überreicht hat, «spaziert der König auf den Wall, wobei in Basel 50 Kanonen zu je 3 Salven gelöst werden. Eine angetragene Bewillkommnung durch die Stadt aber lehnt der König ab, weil er vom üblichen Ceremoniell von 1681 nicht abweichen könne, das vorschreibt, dass die Schweizer ihm mit entblösstem Haupte gegenüber stehen müssen. Trotz der grossen Menge Volks und den vielen Carossen, welche nach Hüningen gefahren sind, läuft alles gut ab, und es passiert kein Unglück.»

1751

In Kleinhüningen vollziehen die Landvögte von Kleinhüningen und Riehen, die Gerichtsherren Kleinbasels und der Landvogt von Lörrach die Wuhröffnung der Wiese und den Lachsfang. «Sie besehen die Wiese, damit die Fisch durchgehend genug Wasser hinauf zu steigen finden. Dann verfügen sie sich an den Rhein, wo der Landvogt von Lörrach kurz erklärt, mit welchen Bedingungen Kleinhüningen verkauft worden ist, worauf er den Fischern Glück wünscht. Alsdann ziehen die Fischer ihr Garn, Wolf genannt, in dem Rhein um den Auslauf der Wiese, allwo die Fisch gemeiniglich etwas Zeit stehen bleiben, ehe sie hinauf steigen. Was in dem ersten Mahl gefangen wird – diesmahlen sind es 12 Stück, manchmal 20 bis 40 Stück – muss nach dem Befehl des Schultheissen der Kleinen Statt unter die anwesenden Gäste vertheilt werden. Es ist sonst noch anzumerken, dass dieser Tag von sämtlichen hohen Anwesenden und Gästen mit viel Vergnügen zugebracht wird und die Unkösten einmahl von dem Markgrafen, das andermahl von Basel bezahlet werden.»

1758

«Im Kaller-Wäldli werden von Baselbieter Bauern die 6 Spitzbuben, welche im Lentzburgischen in etlichen Kürchen und Pfarrhäusern eingebrochen und gestohlen, gefangen und auf Basel geführt, worauf dieselben von Major Meviel den Herren von Bern in ihre Händ geliefert werden. Hernach werden die Diebe in Lentzburg justificirt und mit dem Strang hingerichtet.»

1849

«Das Baselbieter Erziehungsdepartement hat ein Kindlein geboren, indem der junge Musiker Häring von Aesch von Staatswegen angestellt wird, damit er im Kanton sogenannte Musikschulen bildet.»

1861

«Professor Jacob Burckhardt eröffnet seine Vorlesungen über Kunst und Alterthum. Das Interesse ist so gross, dass die Aula des Museums nicht alle fassen kann. Den Vortrag

Mit grosser Solennität und öffentlicher Anteilnahme finden am 9. November 1635 die Ehrenbezeugungen zur Hochzeit des Dr. Jakob Frei und der Catharina Güntzer am obern Spalenberg statt.

hält Professor Burckhardt in freiester Weise, mit lebendiger Anschaulichkeit. Von einer Vorlesung ist nicht die Rede. Die geschilderten Kunstgegenstände erscheinen, so weit Worte und Gestikulationen es vermögen, wie plastisch gezeichnet.»

1877

«Die Basler Firma Hans Franz Sarasin verabfolgt lobenswerter Weise ihren Arbeitern und den Witwen Alterszulagen von 160 Franken im Jahr. Ehre dem Unternehmen!»

10. November

Tryphon der Märtyrer

1258

Die Stadt wird von einem Grossbrand heimgesucht, wobei besonders das Münster und das Predigerkloster grossen Schaden erleiden.

Schweizerischer Volksfreund, 9. November 1861

Der unerschrockene Rauracher, 10. November 1834

1306

Papst Clemens V. ernennt den Bischof von Basel, Peter von Aspelt, zum Erzbischof von Mainz. Als solcher Reichskanzler geworden, steigt er zu den massgeblichen Politikern des Deutschen Reichs auf.

1407

«Es fängt an zu schneien und Winter zu sein, also dass der Rin überfriert und man mit Karren und Wagen, zu Ross und Fuss darüber geht. Währt das Wetter bis zu unserer Frauen Tag der Liechtmess (28. Ja-

---

☨ **Basel.** Unlängst wollten von einem hiesigen Handlungshause der französischen Ostbahn 80 Kisten aus Italien hieher gelangte Gewehre als Transitgut für Belgien zur Reparatur bestimmt aufgegeben werden. Nach den gesetzlichen Bestimmungen stiess man auf Schwierigkeiten und gelangte bis zum Kriegsministerium. Dieses wollte ebenfalls ohne eine förmliche Petition nicht entsprechen. Um nun diesen Zeitversäumnissen, Plackereien und Kosten zu entgehen, wurde die Waare der deutschen Bahn übergeben, wo sie ohne alle Schwierigkeiten übernommen wurde. Es ist dies zwar nur ein Frachtbetrag von ca. 1000 Fr., aber der Fall zeigt, wohin es führt, wenn dem Handel bei der jetzigen Concurrenz Schwierigkeiten bereitet und Fesseln angelegt werden wollen.

Ex-Pfarrer Linder von Basel, aus Zysen in St. Jakob.

Dieser Wundermann, der gewöhnlich Arme und Beine in Basel, den Kopf aber in Zysen hat, ist letzten Sonntag zwischen beiden Orten ganz geworden. — Es begab sich nämlich, daß während der Morgenpredigt in St. Jakob der Siegrist zum Pfarrer trat und ihm berichtete, daß er die Predigt abkürzen möchte, indem der Pfarrer Linder auf einem Wagen mit Bauern angefahren käme, um solchen hier das Abendmahl auszutheilen. Wirklich hielt bald darauf der Wagen vor der Kirchthüre und Zyfer waren darauf! hört! — nicht Ungeziefer. — Man stieg ab und die heilige Handlung wurde vorgenommen! — ! — Göttervergnügt fuhren sie wieder nach Hause und thun seitdem ganz radikal. — Der Herr Pfarrer hatte ihnen Schweizerblut gereicht.

nuar). Do kommt ein warmer Regen und Wind und bricht das Ys uff.»

1419
Es fällt ein grosser Schnee, der bis zum 21. Dezember liegen bleibt.

1425
Die Basler erobern Héricourt, schleifen die Festung und kehren mit reicher Beute in die Stadt zurück. Zum Gedenken an den erfolgreichen Feldzug ordnet der Rat alljährlich auf den 10. November ein Hochamt in der Klosterkirche der Augustiner an.

1451
Basel entsendet unter Ritter Bernhard von Rotberg vierunddreissig Reisige zu den Krönungsfeierlichkeiten Kaiser Friedrichs in Rom, nachdem diese versprochen haben, überall für die Stadt Ehre einzulegen.

1470
Bischof Johannes von Venningen beauftragt Prior und Konvent zu Augustinern an der Spiegelgasse (Augustinergasse), die durch eine Feuersbrunst vollständig zerstörte Marienkapelle im Stein (Mariastein) samt dem Priesterhaus wieder aufzubauen. Bis zum Brand sei der Ort von zahlreichem Volk aus dem Bistum Basel und andern Gegenden besucht worden, so dass die Verehrung der Gottesmutter dort wieder gepflegt und der Gottesdienst von neuem gefeiert werden mögen.

1608
«Der sonst fromme und eingezogene Reinhard Wasserhun, auch an Schwermuth leidend, erhebt sich aus seinem Bett und stürzt sich nackt aus seinem Sommerhäuslein die Halde hinab, von wo er, wenn schon mit zerschmettertem Beine, sich in den nahen Rhein schleppt und ertrinkt, nachdem er noch ein schreckliches Jammergeschrei hatte hören lassen. Die Leiche wird drei Tage darauf bei Klein Kembs aufgefunden und im Grab seines Vaters zu St. Alban beerdigt.»

1643
Tobias Friedmann, der sogenannte Butzenbeisser, wird wegen seiner gotteslästerlichen Reden im Münster vor der Gemeinde öffentlich blossgestellt und getadelt.

1702
Die zur Sicherung der Stadt während der Schlacht von Friedlingen nach Basel beorderten aargauischen Regimenter kehren in ihre Dörfer zurück. «Alle Offiziere haben schöne Maien auf den Hüten, nachdem sie vorher im Schlüssel auf das Prächtigste gastiert worden sind. Sie reisen nicht von hier ab, ohne vielfältig zu rühmen, wie man ihnen bei uns viel Gutes getan hat. Sonderlich bezeugen auch die gemeinen Soldaten, dass sie von den hiesigen Bürgern wohl traktiert worden sind und meistens an ihren Tischen gegessen haben, obwohl man ihnen nichts als Wasser über das Brot anzurichten schuldig gewesen ist.»

1750
«An der Basler Mess ist nebst vielen Commedianten ein extra schönes Tyger Thier auf der Gerbern Zunft zu sehen, welches mit dem Kopf mit einer Katz zu vergleichen ist und einen langen Schwantz gleich einem Hund hat. An diesem Ort zeigt man auch einen kunstreichen Wäbstuhl, welcher durch ein Triebwerck von sich selbst kleine Bändel verfertigt, welche sie den Leüthen verkaufen.»

Kartengruss des Dr. Theophil Gubler an Lineli Iten vom 10. November 1897.

1799
«Die provisorische Munizipalität der Gemeinde Basel teilt mit, dass laut der bestimmten Erklärung des französischen Obergenerals das bereits bezahlte Anleihen noch um Livres 600 000 vermehrt und davon der erste Termin heute noch abgeführt werden muss. Also sieht sich die Munizipalität genötigt, die fällige Summe auf ihre Mitbürger zu verteilen, und ersucht, die auf den Einzelnen festgesetzten Betreffnisse heute Nachmittag auf das Gemeindehaus zu senden und dadurch Gefahr und Unglück abzuwenden.» Die von General Massena auferlegte sogenannte Beisteuer beträgt für Basel eine Million und vierhunderttausend Franken, für Zürich achthunderttausend Franken, für St. Gallen vierhunderttausend Franken und für Winterthur zweihunderttausend Franken.

1875
In den Langen Erlen legt ein tobender Sturm gegen dreihundert Bäume um.

1883
Der Regierungsrat beschliesst die Verlegung des Baudepartements in das Gebäude der Hauptpost. Die dadurch im Bischofshof frei werdenden Räumlichkeiten werden der Schule und dem Staatsarchiv zur Verfügung gestellt.

11. November

Martin von Tours der Bischof

1232

Papst Gregor IX. verheisst den Besuchern und Wohltätern des Nonnenklosters St. Maria Magdalena an den Steinen, die an Maria Himmelfahrt und am Tag der heiligen Maria Magdalena die Beichte ablegen und Reue bezeugen, «XX Tag Applos (Ablass) uffgesetzter Buss».

1302

Graf Herman von Homburg verleiht dem bischöflichen Kämmerer Ritter Matthias Reich gegen fünf Pfund Pfennig die Erzgruben von Wölflinswil.

1442

König Friedrich III. kommt unter dem Geleite der Konzilväter und der Bürgerschaft nach Basel. Die Stimmung aber ist kühl und reserviert, so dass ihre Majestät dem Konzil keine Beachtung schenkt und auch Felix V. als den neuen Papst nicht begrüsst.

1476

Bei eisig kaltem Wetter ist der Rhein so niedrig, dass ein Bauer aus Kirchen sein Holz durch das Flussbett führen kann.

1514

Es setzt eine scharfe und langwierige Kälte ein, die bis zum 25. Januar andauert. Diese wird so streng, dass die stehenden und fliessenden Gewässer tief überfrieren und die Mühlen stilllegen. Die Bevölkerung aber hat auch ihre Freude an der Eiskälte und vergnügt sich auf dem zugefrorenen Rhein mit Pfeifen und Trommeln, Essen und Trinken. Die Rebleute halten das denkwürdige Geschehnis durch eine markante Inschrift an ihrem Zunfthaus fest: «Von der Pfalz bis zu Kingental/Bestund von der Kälte überall/ Der Rhein, darauf man zu tanzen pflag/ Dasselbig währet auf acht Tag/ Da zählt man fünfzehnhundert Jahr/ Vierzehn darzu, das ist wahr.»

1524

Der Rat erkennt, dass der jährliche Zinspfennig, der bisher an Martini von jeder Haushaltung von den Amtleuten zuhanden des Bischofs eingezogen worden ist, nicht mehr abgeführt werden muss.

1537

«Von Martini 1537 bis in die Fasten 1538 ist gar kein Winter, so dass sich jedermann verwunderet ab der Wärmi und noch Wyenachten sine Reben mit Uffziehen, Schniden, Stikken und Binden rüstet. Und verspürt niemand eine Kälte, und zeigen sich die Reben schon im April wohl. Meint jedermann, alles Böse sey hinweg. Doch begibt es sich nach dem Palmtag, dass ein gross Himmelsgfrist mit Ryffen kommt, dass die Trauben verfrieren, obwohl sie schon fast zeitig sind.»

1640

«Der Basler Münsterturm wird gemessen, haltet 200 grosse Schueh.» (Der Georgsturm ist 67 Meter hoch, der Martinsturm 65 Meter.)

1695

«Als des Sigrists zu St. Peter Magd zum frühen Fünfeläuten in die Kirche geht, schleicht ihr ein finster bekleideter Mann nach. Sie gewahrt es wohl, zieht aber unbeirrt die Glocke wie sonst, geht dann ruhig wieder hinaus, schliesst die Tür und holt rasch die Wache. Der Mann (Lux Buess) liegt in seinen Mantel gehüllt unter einer Bank und trägt viele kleine Schlüssel bei sich. Im Gefängnis bekennt er dann, er habe beinahe in allen Kirchen der grossen Stadt schon mit Fischbeinen, in Karrensalbe getaucht, aus den Gotteskästen Geld gezogen. Obwohl nun der Almosenraub im Ganzen nicht über 12 Pfund ansteigt, so wird Buess doch enthauptet. Wie streng ist dieses Urteil doch im Vergleich mit demjenigen eines Kirchenräubers, des 86 Jahre alten Luthenburgers. Dieser Almoseneinzieher entwendet 1712 etliche 100 Pfund und wird nur im Münster vorgestellt.»

1718

Der Rat beschliesst, dass von nun an keine neuen Bürger mehr aufgenommen werden und dass ein Verzeichnis der bestehenden Geschlechter angelegt werden soll. Er verbietet auch, fremde Weibspersonen zu ehelichen, die nicht 2000 Reichstaler, wenn sie sich mit Herren vermählen, oder 300 Reichstaler, wenn sie Handwerker zur Ehe nehmen, im Vermögen haben.

1756

«Ein 19jähriger Baselbieter Bauernbub von Zeglingen wird, weil er zu Liechstahl in einem Stall mit einer Kuh Sodomiterey getrieben, für 101 Jahr auf die Galleeren verschickt.»

1758

Unter der Direktion des Strassburgers Conrad Ackermann zeigt eine deutsche Komödiantengesellschaft «viele sechenswürdige geistlich und romanische Comoedien.» Besondere Aufmerksamkeit wird der Aufführung «des Ursprungs der Eydtgnosschaft samt des Vogts seiner Gewalt gegen die ersten Eydtgnossen und des Wilhelm Delles, welcher seinem Kind den Apfel nach der Kunst mit seinem Pfeil und Bogen ab dem Kopf schiesst», zuteil.

1762

«Unsere Gnädigen Herren anbefehlen den Wald Herren, die Strohdächer in Höllstein abzuzehlen und die Eigenthümer zu vernehmen, ob sie solche mit Ziegeln zu decken im Standt sind, um die Strohdächer nach und nach auszumustern.»

1804

Die Regierung beschliesst die Bildung einer Standeskompagnie (Stänzler) mit einem Sollbestand von zweihundert Mann. In das Korps aufgenommen werden ledige Schweizer zwischen sechzehn und vierzig Jahren, die wenigstens fünf Schuh ein Zoll französischen Masses gross sein müssen (1,62 m). In Anbetracht des gelben Fiebers, das bereits in Malaga grossen Scha-

---

Football.

Behufs Gründung eines **Footballclubs** sind sämmtliche Freunde dieses Sports eingeladen, nächsten Mittwoch abends 8¼ Uhr im obern Saal der Schuhmacherzunft zu einer Besprechung zusammen zu kommen. 13877

Basler Nachrichten, 11. November 1893

Nachdem Edelknecht Burkhart Münch von Landskron sein gegenüber Basel feierlich abgegebenes Versprechen gebrochen hatte, die aus zwei Schlössern bestehende Feste Istein den Feinden der Stadt nicht zu öffnen, beschliesst die Obrigkeit, den wortbrüchigen Edlen zu züchtigen. Mit einem auf fünftausend Mann geschätzten Heer ziehen die Basler machtvoll vor die durch Leute der Herrschaft Österreich besetzten Schlösser und lassen am 11. November 1409 «die groben Geschütze von Morgen bis Nachmittag also ernstlich darein gehen, dass dieser Ton weit und breit im Lande erschallt». Getuschte Federzeichnung von Ludwig Adam Kelterborn. 1860.

den angerichtet hat, verfügt die Sanitätskammer, dass alle aus Italien und Spanien ankommenden Briefe im allhiesigen Postbureau geräuchert werden müssen.

1809

Der Stadtrat verfügt die Versetzung des Vorstadtbrunnens (an der Ecke des Petersgrabens und der heutigen Hebelstrasse) in den Markgräflerhof. Die an ihm angebrachte Tafel trägt die 1576 von Felix Platter verfasste Inschrift: «Vom Brunnen springt uns das Wasser kalt/Damit Gott Leut und Vieh erhalt/ Das braucht mehr dann die starken Trank/Sag um die Gab Gott Lob und Dank/Christus hat uns ein Wasser geben/Wer davon trinkt, wird ewig leben/Sein göttlich Wort, das fass und lehr/So wird dich dürsten nimmermehr.»

1826

Der Kleine Rat (die Regierung) verbietet den Druck der Staatsrechnung und der Verhandlungen des Grossen Rats. (Die Grossratssitzungen finden bis 1831 unter Ausschluss der Öffentlichkeit statt.)

1852

In Riehen wird feierlich die Diakonissenanstalt eingesegnet, welche «christliche Jungfrauen zur Pflege von Kranken herangebildet» und sich bald zu einem «Dorf der Barmherzigkeit» entwickelt.

1875

Das für «fremde Mädchen und Frauen, welche in Basel Dienstplätze und Asyl suchen, und alleinstehende Witwen und ältere Jungfrauen» bestimmte Marthastift am Petersplatz wird seiner Bestimmung übergeben.

1879

«Bekanntlich ist Prinz Louis Napoleon Bonaparte, nachmaliger Kaiser von Frankreich (1852–1870), seiner Zeit einmal Schweizer Artillerist gewesen und hat als solcher in Thun ein Manöver mitgemacht, an welchem Daniel Burckhardt von Basel als Artilleriehauptmann ebenfalls teilnahm. Diese beiden lernten einander daselbst näher kennen, und nach einiger Zeit erschien Napoleon beim Millionaire in Basel auf Besuch, bei welchem er diesen um ein Darlehen ersuchte. Burckhardt streckte Louis denn auch eine ziemliche Summe vor. Und bald darauf tauchte Napoleon in Strassburg auf und inscenierte den bekannten Putsch – mit Basler Geld!»

1905

Die mit einem Kostenaufwand von Fr. 2 667 112.– «gänzlich in Stein gebaute» neue Mittlere Rheinbrücke wird mit einem grossen Volksfest in Betrieb genommen. «Plötzlich eintretender Regen beeinträchtigt jedoch leider die Illumination der Brücke mit Feuerwerk auf dem Rhein.»

12. November

Immer der Glaubensbote von St. Imier

1328

Basel erneuert mit Luzern den Vertrag zum Schutz des freien Handels und Verkehrs.

1459

Papst Pius II. bestimmt auf die Bitte von Bürgermeister und Rat, dass zu Basel ein allgemeines Studium sein soll, ernennt zum Kanzler der Universität den jeweiligen Bischof von Basel und gewährt ihr dieselben Freiheiten und Ehren wie der Universität Bologna, Statuten und Ordnungen aufzustellen. Durch die Hochschule soll «die Stadt – zu einer Universitätsstadt vor andern geeignet durch die Fülle ihres Lebens, die milde gesunde Luft, die Lage an den Grenzen verschiedener Nationen – mit den Gaben der Wissenschaften geschmückt werden, so dass sie Männer hervorbringe, ausgezeichnet durch Reife des Urteils, angetan mit den Zierden aller Tugenden und in den Lehren der verschiedenen Fakultäten erfahren, und damit in Basel ein Quell sprudle, aus dessen Fülle alle nach Wissen Dürstenden schöpfen mögen». Die ersten Zeilen der in Mantua besiegelten päpstlichen Urkunde sind in die Wand des Kollegiengebäudes am Petersgraben gehauen und lauten: «Unter den verschiedenen Glückseligkeiten, welche der sterbliche Mensch in diesem hinfälligen Leben durch Gottes Gabe erlangen kann, verdient nicht unter die letzten gezählt zu werden, dass er durch beharrliches Studium die Perle der Wissenschaft zu erringen vermag, welche den Weg zu gutem und glücklichem Leben weist und durch ihre Vortrefflichkeit bewirkt, dass der Erfahrene weit über dem Unerfahrenen hervorragt.»

1468

Der Frauenwirt Hans Wolf und dessen Gattin misshandeln eine ihrer Dirnen, Adelheid von Zürich, grundlos und prügeln sie zu Tode. Das brutale Zuhälterehepaar hat den Mord mit dem Leben zu büssen, indem der Mann auf das Rad gesetzt und die Frau lebendig begraben wird.

1741

«Der sächsische Oculist oder Augenarzt Meyners nimmt sowohl an vornehmen wie an geringen Personen verschiedene Operationen vor, wobei er diese bey letzteren guten Theils umsonst verrichtet. Bey den Reichen aber lässt er sich desto besser bezahlen, wie bey Herrn Werthemanns Töchterlein 1000 Gulden und bey Herrn Wildt 300 alte Louisdor. Dass er mit seiner raren Wissenschaft gar blind Geborene sehend zu machen vermag, wie an einem Kindlein in Liestal, mag allhier nur wenigen verborgen seyn.»

1750

«In Liechstahl trägt sich eine lächerliche Begebenheit zu: Herr Wagner, der Kürschner allda, steht bey andern guten Freunden auf der Gasse, als sein kleiner Knab vorbeigehen will. Diesen ruft er und fragt ihn, wohin er gehen will. Sein Knab antwortet, er wolle etwas kaufen gehen. Auf weiteres Befragen, wo er denn sein Geld hergenommen hab, sagt der Knab, es sey ein Herr mit einem rothen Rock (Anzug) in ihrer Wohnstube, der habe ihm das Geld gegeben. Als der Vater weiter fragt, was der Herr in seiner Stube mache, bekommt er die unbeliebige Antwort, der Herr habe die Hosen hinunter gelassen, und die Mutter habe die Junte aufgehoben, er glaube, sie wollen beyde auf den Tisch scheissen... In der Tat muss der Knab, um seiner Mutter Zorn auszuweichen, sich einige Zeit bey seinem Grossvater, Landvogt Wagner, in Basel aufhalten!»

1761

Vier Vischer beobachten mit einigen Reisenden morgens um fünf Uhr «um den Vollmond herum ein feuriger Schein. Etliche Minuten darauf fahrt durch den Vollmond eine feurige Kugel, und es gibt einen Knall, dass die Fenster zittern, als wäre es ein Erdbeben.»

1844

An der ehemaligen Stätte der ruhmvollen Augustiner-Eremiten wird an der Augustinergasse der Grundstein

---

Milchlieferung in's Haus. Kindermilch.

Von heute an liefern wir den Kunden, die es verlangen, ihren Bedarf an Milch in's Haus zu 20 Cts. per Liter. (Zahlung mit Geld, nicht Marken).

Zugleich beginnen wir den Verkauf von Kindermilch. Dieselbe wird nach den Vorschriften des hiesigen Sanitätsdepartementes bei ausschliesslicher Dürrfütterung und unter thierärztlicher Aufsicht produzirt und überdies bei uns gekocht. Tägliche Lieferung in's Haus in verschlossenen Flaschen. Preis per Liter 35 Cts., per ½ Liter 20 Cts. (Geld oder Marken.

National-Zeitung, 12. November 1888

Als die Neudörfer sich erneut erdreisten, den Kleinhüningern den Lachsfang beim Einfluss der Wiese in den Rhein widerrechtlich streitig zu machen, kommt es am 12. November 1736 zu einer heftigen Auseinandersetzung, welche für die Basler schliesslich ein peinliches politisches Nachspiel mit Frankreich zur Folge hat. Die aquarellierte Karikatur von Franz Feyerabend zeigt den Kleinhüninger Obervogt Daniel Schorndorf (1750–1817), «den friedlich sorgenden Bürger und liebevollen Unterstützer und Berather der Armen, der alle Liebe und Achtung erworben hat, indessen in Wirklichkeit seine Amtsgeschäfte genau nach dem Buchstaben des Gesetzes führte, dem Grundsatz gemäss, dass das Gesetz für die Armen, das Recht jedoch für die Reichen sei. So stand ihm in Kleinhüningen die Bevölkerung feindselig gegenüber. Denn dort hatte er ein ansehnliches Einkommen aus dem Lachsfang. Und da er immer die schwersten Fische für sich verlangte, gaben ihm die Fischer den Rat, sich selbst an ihre Stange zu hängen!»

zu Melchior Berris monumentalem Museumsbau gelegt.

1859

Beim sogenannten Drahtzug im Kleinbasel geht die Farbholzmühle der Witwe Elise Grisard in Flammen auf. Bei den Löscharbeiten der für die Nachbarschaft äusserst gefährlichen Feuersbrunst werden drei Pompiers schwer verletzt und «zwei weitere finden als Folge der erlittenen Erkältung beim Wasserschöpfen dermalen den Tod».

1861

«Die am Viehmarkt beim alten Steinenkloster vorbeiführende Strasse (Theaterstrasse) ist nichts anderes als eine stinkende eckelhafte Cloake. Bei schlechtem Wetter entsteht zudem eine übelriechende Sauce, die tagelang fortdampft und der Nachbarschaft mit ihrem Gestank lästig wird. Der landwirtschaftliche Viehmarkt muss mit seinem Misthaufen endlich vor das Steinenthor verlegt werden, damit es hier wieder auszuhalten ist!»

1889

In der Frage um die Zulassung «des weiblichen Geschlechts an der Universität weisen die Basler Medizinstudenten hohnvoll auf die Verhältnisse an der Universität Bern hin, wo gegenwärtig 48 Frauenzimmer Heilkunde studieren, worunter eine einzige Schweizerin neben 43 Russinnen. Dass sich unter diesen Fremdlingen zum Teil bedenkliche Individuen vorfinden, wird durch die Verwicklung einiger Studentinnen in die berüchtigte Zürcher Bomben-Affaire beleuchtet.»

1891

Professor Hermann Fehling, der Gynäkologe, erklärt in seiner Rektoratsrede u.a.: «Im Ringen und Streben nach höchsten Zielen der Wissenschaft sei jeder willkommen, der sie fördern hilft – auch das Weib, das seiner Bestimmung zum Trotz mit euch wetteifern sollte. Nützet ihr aber die Kräfte, die euch die Natur verliehen, so wird, das ist meine Überzeugung, auch in ferner Zukunft wie von alters her der schöpferische Geist des Mannes die Welt bewegen und gestalten!»

13. November

Brictius von Tours der Bischof

1525

Die Obrigkeit befasst sich mit dem Zeremoniell gegenüber der im Rat erscheinenden Geistlichkeit und beschliesst, dass die Räte den Weihbischof, die Domherren des Hohen Stifts (Münster) und den Propst zu St. Peter, falls sie im Auftrag des Bischofs, des Domkapitels oder der Universität ein Anliegen vortragen, «setzen und ihnen dann aufstehen sollen. Falls sie aber von wegen ihrer eigenen Person vor einem ehrsamen Raht erscheinen, so soll man sie dann wie andere stehen lassen.»

1645

Im Gasthof «zum Storchen» ereignet sich ein Händel mit tödlichem Ausgang. Der schwedische Dragoneroberst Wolmar von Rosen, genannt die tolle Rose, und der Basler Johann Widmer, Major in fremden Diensten, geraten wegen 1200 Dublonen in einen handfesten Krach.

Widmer hat sich in der untern Gaststube «zum Ofen gesetzt, ohne jemandem weder gueten Abend noch guete Nacht gewünscht zu haben». Dies erfüllt den Oberst dermassen mit Ärger, dass er dem Major eine der drei weissen Federn, die dieser auf seinem Hut trägt, vom Kopfe zerrt und auf den eigenen Hut steckt. Ein Wort gibt das andere. «Bald hernach geht ein Getümmel an, so dass meniglich nach Liechtern, andere nach ihren Dägen rufen. Ehe man es versieht, wird der Herr Oberst mit zwey Stichen getroffen und fällt todt hernieder.» Major Widmer aber flüchtet bei Nacht und Nebel über den Rhein und entzieht sich so den Armen der Justiz.

1717

«Im Kleinbasel kommt ein Mann voll Weines heim und fällt in eine Bügte mit Wasser und ersäuft in derselben.»

1842

Der traditionsreiche Gasthof «zu den drei Königen» wird abgerissen

«Leserbrief», 13. November 1891

Basler Messe.

Basel 10. Nov. Ich möchte gern etwas von unserer Messe schreiben, die nun wieder für ein Jahr vorüber ist, aber nicht was die Handelsleute interessirt, denn ich bin kein solcher, und weiß so wenig ob viel oder wenig Geschäfte und ob gute oder schlechte Geschäfte gemacht worden sind, so wenig als unser Landesvater der Lällenkönig. Nein, ich möchte nun einmal auch meinem Aerger freien Lauf lassen und über unsere Regierung ein wenig schimpfen, und zwar mit Recht, weil dieselbe auch diesesmal wieder dem Burger alle Freude verdorben hat. Ja, ja, alle Freude, alle Lust, die wir doch von Kindesbeinen an genossen haben. Die Herren gehen jetzt ins Theater, aber für unser einen, für einen gemeinen Burger geht das nicht an, wir müssen ein Vergnügen haben, das nicht so köstlich zu kommt, und dieses hatten wir früher in vollem Maaße während der Messe an den Liren, die den ganzen Tag unsere Ohren ergötzten. Ach wie lieblich, wie göttlich, wie herrlich klang es nicht, wenn man so an einer Kreuzstraße von allen Seiten die schönsten Lieder miteinander herleiern hörte. Da ertönte „Was ist der Mensch? halb Thier halb Engel", dort wiederum „Was gleicht wohl auf Erden", denn an einem andern Ort „Konstanz liegt am Bodensee", und dieß alles miteinander genossen! — o, der Burger war entzückt, war im siebenten Himmel für wenige Kreuzer! — und nun war alles stille und öde, man hörte nichts als das eintönige Auftreten auf unserm schönen Gassenpflaster von einer Menge geschäftiger Menschen, denn die Regierung verbot alles Leiern in der Stadt. Hätten wir das früher gedacht, wir hätten in der Revolution eher den Bauern als unserer Regierung geholfen.

Im Spalenschwibbogen nimmt sich am 13. November 1484 Erzbischof Andrea Zamometić von Granea bei Saloniki das Leben. Der hohe geistliche Würdenträger ist vor zwei Jahren in der Stadt erschienen und hat im Münster feierlich die Eröffnung eines allgemeinen Konzils angekündigt. Als durch die exzentrische kirchenpolitische Tätigkeit des vehementen Antirömers Basel mit dem Bann des Papstes belegt und mit der Reichsacht durch den Kaiser bedroht wurde, versagte die Obrigkeit dem streitbaren Erzbischof den persönlichen Schutz und liess ihn ins Gefängnis legen, wo er sich trotz strenger Bewachung das Leben nehmen konnte. Nachdem die Obrigkeit den Leichnam «blosshäuptig in sinem Unterhembd und in sinem wissen Rock» wochenlang am Fensterstock hatte hängen lassen, wird der Selbstmörder am Strick, an dem er sich erhängt hatte, aus dem Kerkerturm geschleppt, in ein Fass geschlagen und dem Rhein übergeben. Faksimile aus der Luzerner Bilderchronik von Diebold Schilling.

und durch einen nach der Mode der Zeit errichteten Hotelneubau ersetzt.

1883

«Der Konkurs des Baumeisters Rudolf Aichner bringt 55 Liegenschaften unter den Hammer.»

14. November

Veneranda die Märtyrerin

1260

Bischof Berthold von Pfirt gestattet den Schneidern die Errichtung einer Zunft, «da beynahe jede Klasse Menschen in unserer Stadt, welche mechanische Künste treiben, und gemeiniglich Handwerkslüt genannt werden, sowohl durch unsere als die unserer Vorfahren Bruderschaften haben, welche gemeiniglich Zünft heissen... Übrigens sollen alle Strafen und Eintrittsgelder zur Ehre des allmächtigen Gottes und seiner Mutter, der glorreichsten Jungfrau Maria, dahin verwendet werden, dass das Münster an den hohen Festtagen mit Wachskerzen beleuchtet wird».

1458

An der Kleinbasler Rosstränke (beim Café Spitz) taucht im Rhein ein Rudel von mehr als zwanzig Wildschweinen auf. «Do werden die Vischer inne, kommend an die Swin und fiengend 9 Swin, junge und alte.»

1484

Am Leonhardsberg (Oberer Heu-

«Am 14. November 1903 entsteht an der äusseren Austrasse in der Kabelleitung des Telephons eine gewaltige Explosion, wodurch fünf Kabeldrähte demoliert werden. Es scheint, dass durch das Defektwerden einer Gasleitung das ausströmende Gas in die Kabelleitung eingedrungen und auf bis jetzt noch nicht ermittelte Art beim Brausebad zur Explosion gekommen ist. Die schweren eisernen Schachtdeckel sind mit solcher Gewalt in die Luft geschleudert worden, dass durch dieselben Dächer der anliegenden Häuser beschädigt worden sind. Drei solcher Deckel sind sogar über die Dächer hinweg in die hinter den Häusern befindlichen Gärten geflogen. Unglück an Menschenleben ist glücklicherweise jedoch keines vorgekommen.»

berg) schenken die Küferknechte «um Gotts Willen» roten Wein aus.

1683

Der Rat bescheinigt Claude du Vallon und seiner Seiltänzertruppe ein vergnügliches und einwandfreies Benehmen dahier und erklärt, dass «unsere Statt und die umliegende Nachbarschaft von ansteckenden und verdächtigen Seuchen gänzlich befreyt ist und wir von der Gnade Gottes einen ganz reinen und gesunden Lufft geniessen».

1696

«Als die teutschen Comedianten den Faust spielen, begibt es sich, dass nach geendeter Tragödie der Harlequin von etlichen Herren der Zunft zu Webern ins Zunfthaus eingeladen wird. Als dieser dann wohl bezecht nach Hause gehen will und die Treppe hinuntersteigt, tut er einen Misstritt und fällt häuptlings auf den Kopf. Bis auf die Hirnschale blessiert, ist er morndrist (anderntags) tot. Hieraus ist zu merken, dass es sich nicht schimpfen lässt, so gottlose Comedien zu spielen und den Satan sovielmal anzuziehen.»

1771

«Die Klein-Hüniger Fischer fangen bei diesjährigem Lachsfang, wie gewöhnlich vor vielen Zuschauern, abends 3 Uhr im Rhein auf ein Zug 102 Lachs und die Basler selbigen Tag hindurch 93.»

1829

«Die Dintersche Menagerie zeigt eine Sammlung von einem Dutzend lebendiger Königsschlangen, die man, so klein ihr Kopf ist, ganze Kaninchen hinunterschlucken sieht. Und ebenfalls lebendige Klapperschlangen sind Sehenswürdigkeiten, die noch nie hier gewesen sind. Auch der schön tatouwirte Kopf eines unserer Gegenfüssler, eines neuseeländischen Häuptlings, ist sehr bemerkenswerth.»

1844

«Durch Überwölbung des Birsigs zwischen Barfüsserplatz und Marktplatz würde Basel eine ziemlich breite und beinahe gerade Strass erhalten, welche in wenigen Jahren eine Zierde der Stadt sein würde. Die eine Hälfte der Freien Strasse und der Gerbergasse würde eine bequeme Zufuhr erhalten, weil vor diesen Häusern nicht einmal das Brennholz abgeladen, gesägt und gespalten werden kann.»

1845

Mit der Bestattung des 90jährigen Papierers Heinrich Erb von Rothenfluh wird der neue Spitalgottesakker vor dem St. Johanntor seiner Bestimmung übergeben (bis 1868).

1854

Die von der Basler Künstlergesellschaft im Mai angeregte «Verbindung zwischen der Harzgraben-Schanz und dem oberen Rheintor durch Errichtung einer fliegenden

Brücke mit Drahtseilen zu bewerkstelligen», ist mit Zustimmung der Regierung in die Tat umgesetzt worden. So kann die von Ratsherr J. J. Im Hof auf den Namen «Rheinmücke» getaufte erste Basler Rheinfähre den Fussgängerverkehr zwischen dem Harzgraben und dem Waisenhaus aufnehmen. «Ohne irgend einen Unglücksfall» befördert die Harzgrabenfähre bis zu ihrer durch die Eröffnung der Wettsteinbrücke am 1. September 1877 erfolgten Stillegung 4 358 691 Passagiere.

1868

Wegen des umstrittenen Gewohnheitsrechts des sogenannten Viertelblauens am zweiten Messemontag lösen die Arbeiter der Seidenbandfabrik de Bary einen Konflikt aus. Und Wortführer Amsler erklärt seinem Arbeitsherrn: «Herr de Bary, die Zeit ist vorbei, wo sich die Arbeiter vor den Herren fürchteten. Wir dulden keine Willkürlichkeiten mehr. Wir sind in einem freien Land, und die Zeiten der Gessler dürfen nicht wiederkehren!»

1871

Im Café Spitz gründen G. Abt, J. J. Hindermann, F. Hofmann, A. Jenny, A. Lotz, W. Riedtmann und C. Staehelin den Erlenverein, der bei einem Jahresbeitrag von drei Franken nach weitern Idealisten Ausschau hält, die sich für den Ausbau der von der Regierung in den letzten Jahren angelegten Parklandschaft zu «einem erholsamen und kinderfreundlichen Tiergarten» einsetzen.

15. November

Leopold von Österreich der Markgraf

1278

Johannes Meyer in Pratteln verkauft dem Kloster St. Alban mit Zustimmung seines Vogtes, Gottfried von Eptingen, die Pfarrmatten für acht Pfund Basler Pfennig.

1404

Heinrich und Claus Murer veräussern gegen 325 Goldgulden das Erblehensrecht am Haus «zum Schlüssel» an der Freien Strasse an die «Gesellschaft der Stube zum Schlüssel».

1579

An der eidgenössischen Tagsatzung greift Schultheiss Ludwig Pfyffer die Basler Gesandten, Remigius Faesch und Marx Russinger, heftig an, weil Basel seit vier Monaten ein fremdes Heer in seiner Nähe duldet, ohne die andern Eidgenossen zu benachrichtigen. Die Basler aber lassen sich die Vorwürfe nicht gefallen, da die Kaufleute und Schiffer aus dem Durchmarsch fremder Truppen Vorteile ziehen.

1688

«Im Rhein lässt sich zu jedermanns Verwunderung und Entsetzen ein schreckliches Meer-Wunder sehen: Es ist an Grösse und Farbe einem schwarzen Pferd gleich, mit langen Ohren und einem breiten Schweif und hat darbey einen gar grossen Kopf. Etliche halten es für ein Meer-Pferd, andere für ein Monstrum oder Meer-Wunder, welches Unglück andeutet. Es geht in der grössten Geschwindigkeit den Rhein hinauf von Bonn bis Basel und erschreckt alle Einwohner sonderlich mit seinem gewaltigen Brausen. Obwohl man verschiedene Schüss nach ihm abfeuert, achtet es diese so wenig, als würde man ein paar Bohnen nach ihm werfen.»

1714

Der neue Kunstabler (Feuerwerker) der Stadt legt der Bevölkerung Proben seines Könnens ab und erfreut zwischen der Pfalz und der Baar (bei der Kartause) viele tausend Zuschauer, indem er auf dem Rhein «ein feuriger Drache, gegen 200 allerhand Raggeten und etliche sogenannte Wasserenten in die Luft verspeit».

1740

«Im Dorf Tenniken sind drei alte Weiber verstorben. Die eine war 90, die andere 100 und die dritte fast 110jährig.»

1753

Im grossen Saal des Gasthofs «zu den drei Königen» zeigt der Regensburger Anton Baumschlager «eine

Basler Nachrichten, 14. November 1871

National-Zeitung, 15. November 1891

offene Tafel mit 20 Speisen, welche so natürlich und kunstvoll in Wax vorgestellt sind, dass sie einem Appetit erwecken. Um die Tafel sitzen und stehen 16 Personen in Lebensgrösse und kostbarer Kleydung, so dass man unter den wächsenen und lebendigen Persohnen fast keinen Unterschied findet.»

1759

Am untern Blumenrain stürzt «ein Stück von der Rosencrantz Mauren auffem Blumenplatz, hindenaus auf den Bürseck (Birsig) stossend, doch ohne Unglück, ein. Dies verursacht, dass Unsere Gnädigen Herren dasige fünf Häuser an sich kaufen, selbige niederreissen und anstatt diesen eine schöne, gerade Strass bauen».

1823

«In seinem Garten wird der trübsinnige Handelsherr Johann Jacob Vischer-Forcart schwer verwundet aufgefunden. Er hat sich mit einem scharfen Federmesser acht Stich- und Schneidwunden beigebracht, die nach einigen Stunden zu seinem Tod führten. Bei seiner Beerdigung, die in der Dunkelheit stattfindet, erscheint der Archidiakon in pontifi-

«Das neue Elephantenhaus, von Robert Tschaggeny im maurischen Stil erbaut, ist vom 15. November 1891 an zur Besichtigung geöffnet. Der kuppelförmig gebaute Theil des Gebäudes wird von der jetzt siebenjährigen ‹Miss Kumbuk› bewohnt. Sie darf auf ihr helles, geräumiges Heim stolz sein, ist es doch grösser und schöner als das Gemach gar mancher Menschenkinder. Es befindet sich eine Küche daselbst, womit mittelst eines Gasapparates für den Elephanten Reis und Mais gekocht werden können. Die ‹Miss› will überhaupt gut behandelt sein und verlangt zum Mindesten, dass ihr ein drolliges Hündchen Gesellschaft leistet. Im weiteren sind im neuen Elephantenhaus auch eine Kollektion Kraniche, die beiden prächtigen Zebras und die Strausse untergebracht.»

calibus (in der feierlichen Amtsbekleidung). Dies veranlasst den Bürgermeister, darauf hinzuweisen, dass bei einem solchen Anlass das Tragen des geistlichen Ornats nicht erlaubt ist, weil jeder kirchliche Anstrich bei der Beerdigung von Selbstmördern vermieden werden muss. Hingegen ist es gestattet, dem Begräbnis im schwarzen Rock beizuwohnen und nach Bedürfnis im Leidhaus ein Gebet für die Hinterlassenen zu sprechen.»

1824

Der Rat erlaubt der Gemeinde Oltingen, ein neues Schulhaus zu bauen und die dazu notwendigen 30 Stämme Bauholz und 20 Gerüststangen im Grossholz zu schlagen und die Steine bei der Schafmatt zu brechen.

1860

Als Nachfolgeorganisation des Vereins für wissenschaftliche und praktische Medizin 1838 gründen 31 Ärzte die Medizinische Gesellschaft Basel.

1869

Der Grosse Rat genehmigt nach langer, lebhafter Diskussion das Fabrikgesetz, das den 12-Stunden-Tag verankert und schulpflichtige Kinder von der Fabrikarbeit ausschliesst. Weil das Schulgesetz von 1870 erst sieben obligatorische Schuljahre verlangt, werden aber auch fortan noch immer einige hundert ältere Kinder in den Fabriken beschäftigt.

1873

Der Kleine Rat bewilligt einen Kredit von 11 000 Franken zur Anschaffung von 85 Polizeigewehren nach dem Modell Sauerbrey, denn der Polizeimann «muss exerzieren können, muss soldatische Ausbildung haben, muss gewisse Zweige des gewöhnlichen Dienstes mit dem Gewehr versehen können, z.B. bei nächtlichen Patrouillen in die entlegenen Aussenseiten der Stadt und der Dörfer, oder in gefährlichen Zeitumständen».

1893

Professor Dr. Emil Abderhalden, Direktor Roland Geldner, Sportlehrer Ferdinand Isler, Rektor Dr. Fritz Schäublin und neun weitere Sympathisanten gründen den FC Basel. «Der Football-Club Basel bezweckt, den Footballsport ‹Association und Rugby› zu betreiben und ausserdem seine Mitglieder zu gemütlichen Zusammenkünften zu vereinigen.»

1894

Der Allgemeine schweizerische Stenographenverein und die Stolzeana ersuchen den Regierungsrat um Einführung der Stenographie am obern Gymnasium, an der obern Realschule sowie an der Töchterschule.

16. November

Othmar von St. Gallen der Gründerabt

759

«Eine Nonne aus der Stadt Basel, die vier Jahre vorher an beiden Augen erblindet war, kommt mit ihrer Schwester ins Kloster St. Gallen und verweilt dort, immer noch von ihrer Blindheit umnachtet. Als das Fest herankommt, an dem die katholische Kirche sich in der ganzen Welt der Ankunft des heiligen Geistes erfreut, wirft sich die Nonne, als eine grosse Menge Volk wie gewöhnlich ins Kloster kommt, um zu beten, mit einigen andern vor dem Grabe des seligen Othmars zum Gebet nieder und, nachdem sie einige Zeit gebetet hat, erhält sie ihr verlorenes Augenlicht wieder und gibt durch dieses offenbare Wunder den vielen Menschen, die da zusammengekommen sind, Anlass zu grosser Freude.»

1377

Der Rat und 32 adelige Domherren, Ritter und Edelknechte schliessen eine Vereinbarung ab, wonach den Edeln Steuerfreiheit gewährt und die Aufnahme ihrer Eigenleute in das Bürgerrecht zugesichert wird.

1404

Es stirbt der aus dem württembergischen Rosenfeld stammende, seit 1364 in Basel niedergelassene Heinrich Iselin, der Stammvater des heute noch blühenden Geschlechts.

1448

Die sich in der Gegend raubend herumtreibenden Rheinfelder überfallen beim Roten Haus in der Hard einen nach Basel fahrenden Warentransport, treiben die Schafherden der Städter hinweg und verbrennen die Mühle zu Augst.

1487

Ein Grossfeuer legt die Stadt Delsberg in Asche. Einzig die Kirche und zwei Häuser überstehen schadlos die schreckliche Feuersbrunst.

1529

Die Obrigkeit verbietet denjenigen Bürgern, welche die Stadt wegen der Reformation verlassen haben, ihre Häuser wieder zu beziehen. «Sie sollen einzig und allein in einem Wirtshaus einkehren und kein Feuer noch Rauch bei uns haben.»

1645

«Der Erzrossdieb, der Edel genannt, wird an den Galgen gehenkt.»
Die Fischer fangen einen «recht natürlichen Salmen von 28 Pfund Gewicht und schenken ihn der Obrigkeit».

1661

Der Zürcher Schuhknecht Konrad Widmer, der im Ringgässlein den jugendlichen Weissbeck Jakob Bertschi mit einem Halsschnitt ums Leben gebracht hat, muss seine brutale Tat mit dem Tod büssen: «Im Ausführen bittet er jedermann, den er beleidigt zu haben vermeint, um Vergebung und um ein Vater-Unser, was auch aus Mitleid und Erbarmen seiner Jugend und Schönheit von Vielen gethan wird. Die ganze Procedur erregt viel Aufsehen, besonders in Zürich. Vor allem hätten den jungen, saubern Gesellen des Meisters Frau und Töchter gerne vom Tode gerettet gesehen. Die Herren von Zürich ermangelten auch nicht, etliche Male für ihn Fürbitte dem Rath einzusenden. Sie schalten die Basler barbarische Tyrannen. Die Erbitterung war so stark, dass sogar Bürgermeister Wettstein, der gerade in obrigkeitlichen Geschäften in Zürich weilte, in Leibes- und Lebensgefahr gerieth und nur durch heimliche Flucht sich den Nachstellungen der Bürger von Zürich entziehen konnte.»

1711

«Die hiesige Messe währt acht Tage länger, weil sie sehr schlecht gewesen ist und viele Kaufleute auf ihre Waren warten mussten, da diese in Rheinfelden aufgehalten worden sind. Und zwar wegen unbesonnenen Schiffleuten. Zur Straf werden die Vorgesetzten der Schiffleutenzunft vom Rat für 1½ Jahr abgesetzt.»

1744

Es stirbt im 70. Altersjahr der aus dem Bernbiet gebürtige Julius von Känel. «Er ist Unseren Gnädigen Herren 54 Jahr im Werckhof in Arbeit gestanden und ist 36 Jahr nacheinander am Ostermontag (zur Kontrolle des Mauerwerks) auf den Münsterthurm gestiegen.»

1767

Weil die Milchverkäufer seit einiger Zeit entrahmte Milch verkaufen und damit die Leute verführen, «unterm Thee und Caffé kostbaren Milchrahm» zu trinken, verbietet der Rat den Verkauf von Rahm und «schlechter Milch in kleinem Mes».

1823

«Unter grossem Aufsehen und im Beisein einer riesigen Volksmenge wird erstmals seit 83 Jahren in Basel wieder ein Jude getauft: Ferdinand Ewald aus Maroldsweisach in Bayern. Der 25jährige Optiker hatte schon in Schaffhausen und Zürich versucht, zum christlichen Glauben überzutreten. Allein, diese Behörden konnten sich nicht entschliessen, der gewünschten Konversion zuzustimmen, dafür wurde er aufs freundlichsten nach Basel empfohlen. Der junge Ewald ist vom ‹Comité zur Ausbreitung des Christentums unter den Juden› aufs beste auf sein Vorhaben vorbereitet worden. Zwischen den religiösen Unterweisungen musste er dreimal dem Amtsbürgermeister die Aufwartung machen. Der Magistrat besah sich den Bewerber peinlich genau und stellte ihm u.a. auch die Frage, ob wohl im Himmel, der doch mit vielen nationalen Bekenntnissen gefüllt sei, auch ein Jude Platz finde. Ewald gab zur Antwort, er wäre weit davon entfernt, irgendeinem Religionsgewissen das Himmelreich abzusprechen. Schliesslich ist Ewald vor das Stadtkapitel zitiert worden und hatte sich vor diesem über sieben Fragen zu äussern. Als der Neuchrist aber nach der Taufe einen Antrag auf Erlangung des Basler Bürgerrechts stellt, wird dieser, obwohl der Bürgermeister für den einzigen Optiker auf dem Platz Fürsprache einlegte, abgelehnt, was mit noch allzu kurzem Aufenthalt begründet wird...»

Lokales.
(Eingesandt.)

Das alte Basel, das von jeher nicht auf den Namen einer schönen Stadt Anspruch machen konnte, bringt auch heute noch, trotz der vielen Verschönerungen, die es theils dem Eifer unserer Behörden, theils den Bauunternehmungen von Privatleuten verdankt, auf den durchreisenden Fremden einen unerfreulichen Eindruck hervor durch seine engen, krummen Gassen und seine grösstentheils alten und hässlichen Häuser. Wir gestehen es, Regierung und Stadtbehörde haben in neuerer Zeit Vieles für die Verschönerung unserer Stadt gethan; aber dennoch glauben wir, dass im Vergleich mit andern Städten, die sich in ähnlichen Verhältnissen befinden, Basel eher zurückgeblieben, als mit diesem Schritt gehalten hat; auch erlauben wir uns die Bemerkung, dass nach unserer Ansicht sehr oft das weniger Nothwendige ausgeführt und das Nothwendigere dagegen unterlassen worden ist.

Es ist besonders die innere Stadt, die City, die sich durch unzweckmässige Anlage und alterthümliche Bauart sehr unvortheilhaft auszeichnet, und welche daher der Aufmerksamkeit unserer hohen Behörden besonders angelegentlich zu empfehlen ist; denn gerade hier, wo der stärkste Verkehr herrscht, wo täglich eine Menge grösserer und kleinerer Fuhrwerke zirkuliren, besitzen wir keine einzige Strasse, sondern nur mehr oder weniger enge Gassen und Gässchen. Durch Korrektion der Eisengasse ist in jüngster Zeit ein wichtiger Schritt zur Verbesserung dieses Uebelstandes gethan worden, und es ist zu wünschen, dass auf der rühmlich betretenen Bahn kräftig weitergeschritten werde.

Bei dem immer mehr zunehmenden Verkehr macht sich der Mangel einer Strasse im Innern der Stadt jeden Tag fühlbarer, und es sind daher schon früher, und wenn wir nicht irren selbst im Schooss unserer Behörden, verschiedene Projekte zur Sprache gekommen, deren Ausführung eine erleichterte Kommunikation in diesem Stadttheile erzwecken sollte; es ist aber leider bis heute nur bei den Projekten geblieben. Wir heben unter diesen Vorschlägen blos zwei hervor: die Wegbrechung des sogenannten Stöcklin's einerseits, und die Ueberwölbung des Birsigbettes vom Barfüsserplatz bis zum Markte andererseits.

Ueber ersteren Vorschlag glauben wir mit wenigen Worten hinweggehen zu können, da durch Ausführung desselben ein im Verhältniss zu den Kosten nur sehr geringfügiges Resultat erzielt würde; denn es müssten nicht weniger als zwölf Häuser weggebrochen werden, wodurch zwar die Ausmündung einer Gasse erweitert, aber eben noch lange keine Strasse gewonnen würde.

Schweizerische National-Zeitung,
16. November 1844

Während schon im Jahre 1333 urkundlich von einer Salmenwaage im Rhein bei Basel die Rede ist, findet der erste Fischergalgen erst am 16. November 1889 Erwähnung: Landjäger Basler vom St.-Alban-Posten bringt seiner vorgesetzten Behörde zur Kenntnis, Fährmann Alexander Meichel-Binkert am Untern Rheinweg 58 habe am linken Rheinufer, hinter der Kerzenfabrik Weidengasse 9, eine Fischerhütte und einen Galgen mit Ständer erstellt. Kantonsingenieur Hermann Bringolf erklärt indessen, eine Bewilligung für das Aufrichten von Fischergalgen auf privatem Grund und Boden sei nicht notwendig. (Bauvorschriften für Fischergalgen werden erst im Jahre 1942 erlassen.)

1907

«Schon mehr als fünf Jahre sind es her, seit unser Velodrom auf dem Landhof nicht mehr existiert. Es ist dies ein dunkles Blatt in der Sportsgeschichte Basels, wenn man bedenkt, dass unsere Stadt gegen 10 000 Radfahrer aufweist. Wann kommt Basel endlich zu einer neuen Radrennbahn?»

17. November

Casimirus der Königssohn

1321

Basel und Zürich schliessen einen Vertrag über die Rechtsgleichheit ab, so dass die Bürger der beiden Städten nur auf gerichtliches Urteil hin bestraft werden dürfen.

1362

Bischof Johann Senn von Münsingen schenkt dem durch das Erdbeben hart mitgenommenen Kloster St. Alban die Kirche St. Agatha in Hüningen mit allen ihren Einkünften.

1451

Ein Sturmwind fegt während Stunden mit solcher Wucht über die Stadt hinweg, dass Basels Untergang befürchtet wird. Anderntags «aber kommt ein greulicher Wind mit einem Hagel und überdeckt den Münsterplatz mit grossen Stein».

1474

Nach der gnadenlosen Beschiessung durch 18 000 Mann, woran auch die zweitausend am 2. November ausgezogenen Basler ihren Anteil haben, ergibt sich das Städtchen Héricourt den übermächtigen Belagerern. Die Obrigkeit lässt noch am Tage der Kapitulation ihre Hauptleute wissen, dass sie ihr möglichstes zu tun hätten, um die Eidgenossen zur Fortsetzung des Feldzuges zu bewegen. Denn nur durch die Eroberung weiterer burgundischer Geibete könne das Wein und Korn liefernde Elsass vor neuen Einfällen gesichert werden.

1522

«Zwei Flüchtlinge, Ulrich von Hutten und Johannes Oekolampad, suchen den Schutz unserer gastlichen Stadt auf. Während von Hutten, der eine Reformator, Basel bald wieder verlässt, nachdem er von Erasmus die tiefste Kränkung erfahren hat, und sich dem benachbarten Mülhausen zuwendet, bezieht Oekolampad beim Buchdrucker Andreas Cratander Quartier und widmet sich einstweilen der Herausgabe seines Chrysostomus.»

1650

«Es wird ein ausserordentlicher Buss- und Fasttag gefeyert, nachdem man verschiedene Erdstösse verspürt hat und der Mensch sich so leicht vor dem Tode fürchtet, obwohl er sich bisweilen unsterblich glaubt.»

1657

«Judith Wagner von Rümlingen kommt mit einem Meidtlin von ungewöhnlicher Gestalt nieder. Denn die Augen stehen fast auf dem Kopf oben. Hinten am Genick hat es ein Blateren von Blut, eines Hühner Eis gross. Auf beiden Schulterblatten in der Haut innen hat es auf jedem ein knöchiges Beinlin in Form eines

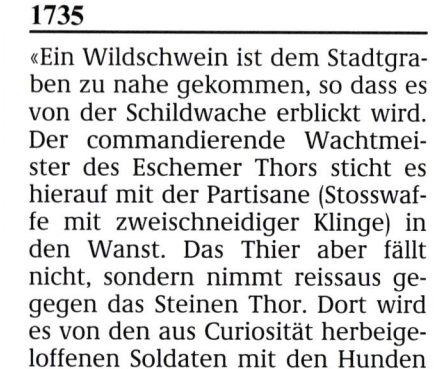

«Im Juli 1898 begonnen, wird die Pauluskirche, das monumentale Werk des Architekten Karl Moser, am 17. November 1901 unter starker Beteiligung der ganzen Gemeinde feierlich eingeweiht. Zur Erreichung des architektonischen Zieles wurden grundsätzlich klare Formen und Linien zur Hilfe genommen; oft, und je nach der Anpassung, in Anlehnung an alte Stile. Vor allem wurden eine wirkungsvolle Baumasse und eine sprechende Silhouette gesucht; infolgedessen spielt das Dach eine grosse Rolle. Die Fensteröffnungen wurden nach dem innern Bedürfnis verteilt, sollen aber im Äussern einen wirksamen Gegensatz zu den Mauerflächen bilden. Die Pauluskirche ist das erste Gotteshaus, das in Grossbasel als ein protestantisches erbaut worden ist.»

kleinen Geisshörnleins, etwa eines Fingers lang. In der Nase hat es nur ein Löchlein. Die Ohren sind wie Gitziöhrlein. Der Kopf steht hart an der Brust, fast ohne Hals. Es ist 10 oder 12 Wochen zu früh auf die Welt gekommen und tod.»

1658

Balthasar Graf, ehemaliger Schlossherr zu Bottmingen und Wildenstein und nunmehriger Besitzer des Wenkenhofs in Riehen, wird wegen finanzieller und ehelicher Schwierigkeiten auf ewig nach Candia (Kreta) verbannt, «dort sein Leben in Soldatendiensten zu verschliessen ohne irgend eine Remission (Strafnachlass), mit dem Gebot, bei Strafe des Schwerts sich anders nicht betreten zu lassen». Eine Soldateneskorte führt ihn nach Bergamo, wo er dem Staat Venedig übergeben wird, in dessen Diensten er als lebenslänglich Verbannter im Kampf gegen die Türken sein Leben verbringen soll.

1735

«Ein Wildschwein ist dem Stadtgraben zu nahe gekommen, so dass es von der Schildwache erblickt wird. Der commandierende Wachtmeister des Eschemer Thors sticht es hierauf mit der Partisane (Stosswaffe mit zweischneidiger Klinge) in den Wanst. Das Thier aber fällt nicht, sondern nimmt reissaus gegen das Steinen Thor. Dort wird es von den aus Curiosität herbeigeloffenen Soldaten mit den Hunden erneut angefallen und endlich erlegt. Man hätte das Wildschwein gleich erschiessen können, doch wollten die Jäger ihre Kurtzweil haben und es mit der Hand töten.»

1842

Das auf dem Areal des Markgräfler Hofs an der Neuen Vorstadt (Hebelstrasse) erbaute neue Pfrund- und Krankenhaus, das auch die Insassen des Siechenhauses St. Jakob und der Armenherberge aufzunehmen hat, wird feierlich eingeweiht. Und in der Spitalkirche finden sich die Gläubigen zum ersten Gottesdienst ein.

Intelligenzblatt, 17. November 1854

Couragierte Mitglieder des Grossen Rats wenden sich am 18. November 1690 gegen das die Stadt immer mehr beherrschende «Weiberregiment».

Das nach dem Grossen Erdbeben von 1356 von Jakob von Reichenstein neu aufgebaute Schloss Landskron, ein österreichisches Lehen, wird am 18. November 1588 der Stadt Basel erneut zum Kauf angeboten, doch weist der Rat das Angebot wiederum von der Hand. 1814 wird die Landskron durch bayerische Belagerer zerstört. Kolorierte Radierung von Christian von Mechel.

1907

«In Riehen wird ein mit der Diakonissenanstalt in Verbindung stehendes neu erbautes Krankenhaus, das nach den neuesten Erfordernissen der Wissenschaft und der Technik eingerichtet ist, feierlich eingeweiht. Der bisherige Diakonissenspital wird das Altersasyl für die Schwestern eingerichtet.»

18. November

Eugenius der Märtyrer von Paris

1274

Von Lausanne herkommend, wo er mit Papst Gregor Gespräche geführt hat, trifft König Rudolf in Basel ein und feiert mit dem neugewählten Bischof, Heinrich von Isny, im Münster dessen erste Messe.

1291

Basel gerät mit Luzern wegen der Kriegspolitik des Bischofs in Streit. Dieser wird durch vier Schiedsleute in Aarau beigelegt und mit einem auf zwanzig Jahre befristeten Abkommen beschlossen, wonach beider Städte Bürger mit denselben Rechten ausgestattet sind.

1626

Das «Brett», die Staatskasse, wird mit einem Pfund fünf Schilling belastet «für die Mess ein- und auszuläuten».

1640

«Hans Caspar Faesch, der Landvogt auf Homburg, ersticht sein Pferd, weil es ihn hat beissen wollen.»

1663

In Paris beschwören fünfunddreissig schweizerische Abgeordnete das Soldbündnis mit Frankreich, welches dem französischen König erlaubt, bis zu 16 000 eidgenössische Kriegsknechte anzuwerben. Obwohl Bürgermeister Johann Rudolf Wettstein zuvor gewarnt hatte, dass sich «das Volk in den Betteldienst der Franzosen» begebe, sichert Basels Delegierter, Oberstzunftmeister Emanuel Socin, dem Sonnenkönig ein Kontingent von 540 Mann und 23 Offizieren zu.

1690

Im Grossen Rat opponieren angesehene Handelsherren gegen die Misswirtschaft und Familienoligarchie der Obrigkeit. Der Bürgermeister nimmt die vorgebrachten Beschwerden und Anschuldigungen betreffend die unehrliche und schlechte Verwaltung des Gemeinwesens nur widerwillig zur Beratung im Kleinen Rat entgegen. Die später unter der Bezeichnung «1691er Wesen» in die Lokalgeschichte eingehende Bürgerrevolution nimmt ihren Anfang.

1720

«Mit Bewilligung Unserer Gnädigen Herren wird im Stadtgraben zu St. Johann von etlichen irrländischen

Officieren, die zu Hüningen in der Garnison liegen, durch ihre mitgebrachten Hunde ein grosser Hirsch gejagt und endlich gegen abends mit grosser Mühe getötet.»

1813

Die eidgenössische Tagsatzung in Zürich proklamiert feierlich die bewaffnete Neutralität im Napoleonischen Krieg und ruft zum Schutz derselben 15 000 Mann unter die Waffen.

1848

Trotz Fürsprache zahlreicher Riehener und Bettinger weist der Rat das Niederlassungsgesuch des «alten zähen Revoluzzers Josef Spehn von Inzlingen ab. Die Regierung hat sich nicht beeindrucken lassen von seiner Bemerkung, dass wenn man ihm die Teilnahme am Aufstand im badischen Oberland übel aufnehme, alle diejenigen Verehrungen von einem Befreyer-Helden Tell und Winkelried zu einem Spotte gereichen».

1854

«Die erste Lokomotive der Centralbahn hat gestern durch eine Fahrt nach Liestal und zurück mit einigen Mechanikern und Ingenieuren ihre erste Fahrt bestanden. Das zweite Dampfross wird heute eintreffen.»

19. November

Elisabeth von Portugal die Königin

1539

Der Rat weist die «Bannbrüder» an, den Bann der Exkommunikation erst auszusprechen, wenn an die Fehlbaren eine geziemende letzte Warnung vorausgegangen ist. Von der Exkommunikation bedroht sind alle diejenigen Bürger, welche die Sakramente mit ihren Pfarrgenossen nicht empfangen, der hohen Obrigkeit die Steuern nicht entrichten, Schmachbüchlein machen, drucken oder verkaufen, das Recht biegen und brechen, das Wort Gottes verdrehen und falsch und übel auslegen, sowie alle «Flattierer, Schmeichler, Verrätscher, Kalthansen, Augendiener, Suppenfresser, Zutitler und Ohrenbläser, die zwei Zungen in einem Maul haben».

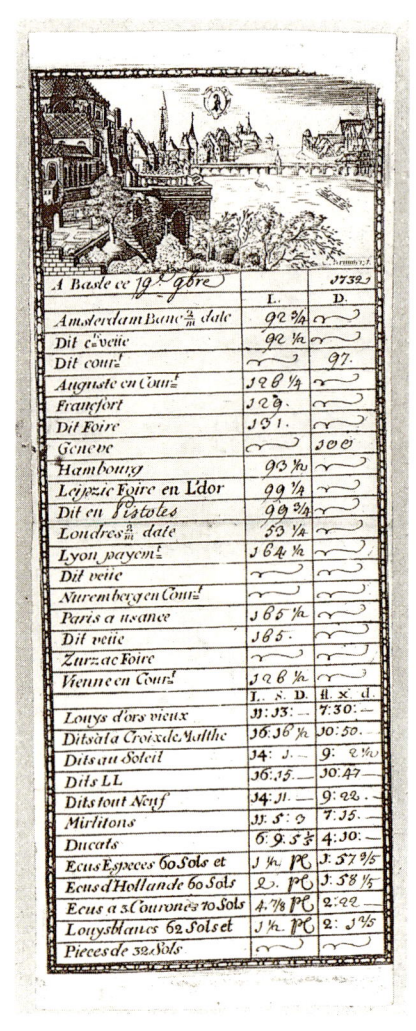

Bis um die Mitte des letzten Jahrhunderts dominierte Basel als führender Bankenplatz das wirtschaftliche Leben der deutschen Schweiz und weiter Teile des Elsasses und Südwestdeutschlands. Kurszettel vom 19. November 1732.

1544

«Rektor und Regenz der Universität sollen dafür besorgt sein, dass alle Professoren fleissig und mit Frucht lesen und die Lektionen nicht versäumen und damit ihre Stipendia ehrbarlich verdienen und der Rat das Geld nicht vergeblich ausgibt. Es sollen auch die jungen Studiosen, deren aus unsern Baselkindern zwölf in das Stipendium angenommen sind, alle Fronfasten einmal examiniert werden und ihnen gesagt sein, dass sie in ihren Studien mit Frucht fortfahren, dass sie gute Sorge und Acht haben, dass die grossen und schweren Kosten, die man mit ihnen hat, nicht vergeblich angelegt werden.»

1574

Den Markgräfler Rebbauern, welche auf dem Markt verwässerten Wein anbieten, wird das Handwerk gelegt: Sie werden zunächst für eine Woche eingetürmt, worauf die Stadtknechte den Weinfässern der Weinpanscher auf dem Kornmarkt die Böden ausschlagen und 18 Saum «Wein» in den Birsig schütten.

1645

Demjenigen, der aufgrund eines Gerichtsurteils die Pfänder nicht herausgeben will, wird «mit dem Kärlin gefahren». D.h. der Gerichtsdiener fährt mit einem in den Standesfarben bemalten Karren vor der Wohnung des Verweigerers vor und beschlagnahmt öffentlich die Pfänder.

1690

Die Obrigkeit erlässt neue Vorschriften betreffend die Abhaltung von Hochzeitsessen und verfügt: «Soll die Zahl der Tische bei Hochzeiten könftigs allein auf sechs oder höchstens auf acht Tische restringiert (beschränkt) und dabei aller Überfluss an Speisen, besonders an kostbarem Geflügel, abgeschnitten werden. Hierumben mehr nicht als zweimal aufgetragen, auch nicht auf einem einfachen Tisch nicht mehr als ein einziger welscher Hahn, und so fort, auf einem zwei- oder dreifachen Tisch zween oder drei derselben serviert, sonsten aber aussert Kapaunen, gemeinen (gewöhnli-

Anzeige, 19. November 1861

Bulacher'sche Bierbrauerei.

1965) Nach Vollendung der neuen, baulichen Einrichtungen wird die Bier- und Weinwirthschaft von Fr. Bulacher sel., heute Samstag wieder eröffnet.

Bei diesem Anlasse empfiehlt sich die Unterzeichnete den werthen Freunden und Bekannten des verstorbenen, sowie E. E. Publikum auf's höflichste.

In einem Wäldchen zwischen Hüningen und dem Neuen Haus beim Otterbach ersticht im September 1507 Hans Kilchmann, Ritter des Heiligen Grabes, seinen unter einem Baum schlafenden ehemaligen Kriegsgefährten Spengler. Die beiden hatten sich auf dem Zug nach Genua, welcher von Kilchmann als Hauptmann angeführt worden ist, zerstritten und tödlich verfeindet. Nachdem der Rat den ruchlosen Ritter wegen seiner verwerflichen Tat zu ewiger Verbannung von Stadt und Land verurteilt hat, wird das Urteil auf Intervention der eidgenössischen Tagsatzung vom 20. November 1507 in eine fünfjährige Verbannung umgewandelt. Faksimile aus der Luzerner Bilderchronik von Diebold Schilling.

chen) Hühneren, Dauben, Hahnen, Schnepfen und Lörchen (Taubenart) ganz kein ander, viel weniger fremdes Geflügel wie Rebhüner, Wachteln, Krametsvögel, Fasanen und anders» aufgetragen werden.

1755

«Es stirbt der junge Stupanus auf der Eysengass plötzlich, nachdem er tags zuvor einer Gasterey beygewohnt hat und, wie man vermuthet, allzu viel Melonen gegessen hat.»

1757

«Doctor Johann Jacob Schlecht, der Handelsmann auf der Eysengass, welcher alle Abend den Roten Ochsen frequentiert und sich mit Kurtzweilen divertiert (vergnügt), wird beim Thee Trincken durch den Schlag gerührt, sinckt zu Boden und stirbt gleich. Ist ein discursifer (unterhaltsamer), aber zornmüthiger, doch ehrlicher und kurtzweiliger Weltmann, auch im Singen und auf der Violj ein erfahrener Musicus, auch ein Meister auffem Clavier und Organist bey St. Theodor gewesen.»

1865

«Johannes Brahms (1833–1897) gibt im obern Kasinosaale ein eigenes öffentliches Konzert, das grossen Erfolg hat und stark besucht ist. Er spielt u.a. das A-Dur-Quartett, zusammen mit Abel, Fischer und Kahnt, dann die c-Moll-Variationen von Beethoven, die C-Dur-Fantasie von Schumann und bringt ausserdem noch die Volkslieder und die Gesänge für Frauenchor op. 17 zur Aufführung, die er mit Mitgliedern des hiesigen Gesangvereins selber einstudiert und bei denen Frau Reiter die Harfenbegleitung übernommen hat.»

20. November

Pontianus der Papst

1495

Nachdem der Rat vor zehn Jahren beschlossen hat, die Spielleute bis auf einen Trompeter zu entlassen, nimmt er nun erneut Pfeifer in den städtischen Dienst. Sie sollen aber nicht ungebetenerweise bei Hochzeiten und andern Festlichkeiten aufspielen, doch haben sie der Universität für die Feierlichkeit der Doktorpromotionen zur Verfügung zu stehen.

1545

Im Gasthof «zum Storchen» steigt ein spanischer Bischof ab, der mit einem Tross von 16 Pferden und zwei wohlbeladenen Mauleseln in unserer Stadt eingetroffen ist. Es heisst, er sei ein Gesandter Kaiser Karls V. und sei im Begriff, nach Italien zu reiten. Als der Bischof im Kartäuserkloster die Messe lesen will, verweigert ihm Bruder Thomas, «vielleicht der letzte Mönch», den Zutritt, weil er obrigkeitlichen Unmut befürchtet. «So zieht der Gesandte, der zwei Tage im Gasthaus bleibt, in ein benachbartes Dorf, wo noch immer der päpstliche Aberglaube herrscht, und opfert dort seinem Götzen im Namen dessen, der den Dienst des schwarzen Höllenfürsten gestiftet hat.»

1627

Der Stadt wird unverhoffter Besuch zuteil: Erzherzog Leopold stattet mit seiner Gemahlin und zahlreichem Gefolge Basel eine kurze Visite ab. Die adeligen Gäste werden von der Obrigkeit auf dem Petersplatz glanzvoll empfangen und beschenkt. Der Erzherzog erhält 50 Sack Hafer und 24 Saum Wein, die Herzogin einen mit Dukaten gefüllten Becher und süssen Wein. «Wegen des vielen frömden Volks brennen die ganze Nacht hindurch die Harzpfannen in allen Gassen.» Anderntags reist der Trupp ins Elsass weiter. Der Erzherzog hat sich u.a. mit zwölf Wildschweinen den Herren der Stadt gegenüber erkenntlich gezeigt. «Den Reitern, die ihn begleiteten, gab er 40 Neuthaler, die sie im Wirtshaus zum Storchen miteinander verzechten.»

1651

«Der Rhein fängt dergestalten an zu wachsen, dass er in die Kleine Statt hinein läuft. Bey dem Gasthaus zur Crone (an der Schifflände) steht das Wasser mannshoch. Die Häuser stehen so weit im Wasser, dass man zu den Einwohnern mit Weidling fahren und zu den Stubenfenstern eyn und aussteigen muss. Ein Bauernhaus samt einer Salmenwaag (Fischergalgen) fährt den Rhein hinab. Die hölzernen Joch der Rheinbruck stehen in höchster Gefahr und werden mit grossen Quadersteinen beschwert. Der Rhein schwellt sich bis zum Barfüsserplatz hinauf.»

1661

Der Rat entschliesst sich zum Kauf des sogenannten Amerbachschen Kabinetts. Obwohl von einem Holländer 12 000 Neuthaler geboten worden sind, überlassen die Erben die berühmte Kunstsammlung des Rechtsgelehrten Basilius Amerbach im Haus «zum Kaiserstuhl» an der Rheingasse (23) mit «Bibliothek, Raritäten, 15 Holbeinbildern, 6 Gemälden von Niklaus Manuel Deutsch sowie 5500 Zeichnungen und Drukken» der Stadt Basel zum Preis von 9000 Neuthalern, «damit solch Kleinoth in der Statt verbleiben mögen, wenn man jetzo paar 3000 Neuthaler und in den zwey nechstfolgenden Jahren jedesmohls auch 3000 Neuthaler, und das ohne Zins, bezahlen wird». (Das Amerbachsche Kunstkabinett bildet den Grundstock der berühmten Basler Kunstsammlung, des ersten Kunstmuseums der Welt.)

1732

«Ein Holländer zeigt allhier allerhand frömde Thiere, wie einen Meerhund, welcher vornen ein Hund und hinten ein Fisch ist. Ein Crocodill. Ein Salamander, der im Feuer lebt. Zwei Legwanen, Mann und Weiblein. Ein Tirantula, wenn dieser ein Mensch gestochen hat, tanzt er, so lange er noch lebt. Ein Armedil. Ein Harmelin. Eine egyptische Heuschreck, welche extra gross ist. Eine Katze mit einem Kopf, zwei Leibern, einer Brust, vier Ohren, acht Füssen und zwei Schwänzen. Eine grosse Roube. Ein Faulentzer, der vornen seine Füsse noch einmal so lang hat wie hinten. Ein Haupt von einem Jüngling, der vor 55 Jahren enthauptet worden ist und noch sehr schön ist mit rothen Wangen und sehenden Augen. Ein Mannen und ein Weiber Scham (Geschlechtsteil), alles in Brantwein und Gläsern anzusehen, wie auch eine ganze Menschenhaut.»

1758

Im Kleinbasel schlägt der unverschämte Strumpfbereiter Johann Jacob Schäublin seine Frau stundenlang mit einem Seil derart erbärmlich, dass schliesslich im Spital während 14 Tagen um ihr Leben gebangt wird. «Weil der junge Lump von allen Nachbern kein gutes Lob hat, wird er eingesteckt und ins Zuchthaus geführt, allda ans Eisen angeschlossen, mit Wasser und Brot gespiesen und alle Wochen zweimal mit dem nämlichen Seil, mit dem er seine Frau geschlagen hat, mit 24 starcken Streichen castigiert (gezüchtigt).»

1773

Die Feldmäuse richten auf Matten und Wiesen so grossen Schaden an, dass «der Rath verbietet, auf Katzen und Raben zu schiessen».

1780

Der Grosse Rat erkennt, dass «die kleinen Spitzlein oder sogenannten Hahnenfüsslein in der Breite von höchstens einem Quartzoll, jedoch nur an Manchettes, Jabots, Tours, Hauben und Halstüchern, zu tragen erlaubt sind».

```
Preiß der Lebens-Mitteln:
Land-Kernen      7. Pfund 9. Batzen / 8. Pfund /
        8. Pfund 4. Batzen / biß 8. Pfund 6. Batzen.
Weitzen 8. Pfund 2. Batzen / biß 8. Pfund 3. Bat.
Mischelten       6. Pfund à 6. Pfund 6. ß.
Obrigkeitlicher dito    5. Pfund 10. ß.
Gersten          4. Pfund.
Rocken           4. Pfund 10. ß.
Haber       22. biß 22½ Batzen der Sack.
Erbsen      12. à 13. Rappen der Becher.
Der Butter  21. à 22. Rappen das Pfund.
Rind- oder Ochsenfleisch 11. Rappen / auch
             10. Rappen.
Kühe- oder Kälbelin-fleisch 9. Rappen.
Kalbfleisch 10. Rappen.
Schäffenfleisch 9. Rappen das Pfund.
```

Avis-Blättlein, 20. November 1736

1815

Die Festung Hüningen, von welcher aus Basel bombardiert worden ist, wird, nachdem sie von österreichischen und schweizerischen Truppen unter Erzherzog Johann von Österreich belagert und zur Übergabe gezwungen worden ist, aufgrund des zweiten Pariser Friedens abgetragen. Basel hat an die Schleifungskosten gegen 200 000 Franken zu bezahlen.

1824

Der 21jährige Taglöhner Johannes Krebs in Bettingen, ein Kretin, der Unzucht gegen die Natur (mit einer Kuh) bezichtigt, wird mangels Beweisen auf freien Fuss gestellt.

1854

Es stirbt Franz Matzinger, während 34 Jahren Schreiblehrer am hiesigen Gymnasium. «Mit ihm geht die schöne alte Basler Handschrift zu Grabe.»

21. November

Maria im Tempel

1445

Ein mächtiger Baumstamm, der vom Hochwasser herangeführt wird, zerschmettert eine der beiden Rheinmühlen, welche die Obrigkeit während der Belagerung durch die Armagnaken zur Versorgung der Bevölkerung mit Korn hatte errichten lassen.

Nachdem Ritter Bernhard von Efringen die Burg Dorneck dem Schultheiss und Rat von Solothurn verkauft hat, lassen die neuen Besitzer am 21. November 1485 den Basler Peter Rot, den Gemahl einer Nichte Ritter Bernhards, wissen, wie er sich wegen des Anteils am Kaufpreis seiner Frau zu verhalten habe. Der 1487 verstorbene Peter Rot, aus dem Rat der Achtburger zum Bürgermeister aufgestiegen, hatte 1453 mit dem Barfüssermönch Hans zem Rosen eine Reise ins Heilige Land unternommen und am Heiligen Grab die Ritterwürde erlangen. Aus Dankbarkeit für die glückliche Wallfahrt stiftete Rot nach seiner Rückkehr einen für seine Grabkapelle in der Barfüsserkirche bestimmten Votivaltar und beauftragte mit dessen Ausführung die Werkstatt des Basler Meisters Bartholomäus Ruthenzweig. 1808 wurde der prachtvolle spätgotische Flügelaltar, der nach der Reformation in den Besitz der Markgrafen von Baden übergegangen war, vom begeisterten und erfolgreichen Kunstsammler Daniel Burckhardt-Wildt ersteigert und befindet sich heute im Eigentum des Historischen Museums (Teilansicht).

1474

Im Wirtshaus «zum Schnabel» lässt sich ein Landsknecht zu «grosser Unvernunft» hinreissen, indem er drohend das Schwert zieht und mit lauter Stimme die ganze Stadt Basel in Grund und Boden verflucht und allen Bewohnern das St. Antoniusfeuer und den St. Veitstanz anwünscht. Die Obrigkeit setzt wegen dieser Unverschämtheit die Stadt Solothurn, deren Bürger der fremde Söldner ist, in Kenntnis und verlangt dessen Bestrafung.

1509

Der Rat ernennt Kaspar Schlesinger auf zehn Jahre zum städtischen Büchsenmeister. Als solcher hat er «Büchsen zu giessen, zu Kriegszyten mit uns ins Feld zu ziehen und Pulver zu machen». Für seinen Dienst erhält Schlesinger das Wohnrecht in einer angemessenen Behausung, die Nutzung des Stadtgrabens ausserhalb des Deutschen Hauses an der Rittergasse, auf Fronfasten jeweils vier Pfund Geld Pfennig gewöhnlicher Währung sowie alljährlich einen Rock und zwei Karren Wellholz.

1582

Der als Hauptmann in den Diensten des Herzogs von Alençon stehende Basler Tuchhändler Hans Heinrich Irmi «erschiesst sich mit seiner Pistole selbst und wird den 3. Tag hernach zu Calais begraben».

1630

Die Geistlichkeit versammelt sich im Kapitelhaus, um zu beratschlagen, ob das jüngst im Schilderhäuschen von St. Alban aufgefundene sechsjährige Kind getauft werden soll. Nach eingehender Beratung wird beschlossen, die Taufe zu verschieben, bis das Kind älter ist.

1692

Der Rat schafft das Recht der Zunftbrüder ab, Meister und Vorgesetzte zu wählen. Mehrere Bürger lehnen sich gegen diese Einschränkung auf und werden wegen ihrer Widersetzlichkeit eingesperrt.

1706

Die Aufnahme neuer Bürger wird für zehn Jahre ausgestellt. Ausnahmsweise aber werden «qualificierte Subjecte» ins Bürgerrecht aufgenommen, aber nur unter der weitern Voraussetzung, dass sie über ein Vermögen von 10 000 Reichstalern verfügen und dass erst deren Grosssöhne in den Rat gewählt werden können.

1733

Nach dem obligaten Wachtaufzug kehren die Dragoner Hans Heinrich Schweighauser, Emanuel Bürgin und Martin Ladmann in ihr Quartier im Wirtshaus «zur Krone» zurück und genehmigen einen rechten Schluck Wein, ehe sie ihre Pferde füttern und tränken. Wie Schweighauser vom Stallknecht Martin Hägler mehr Heu verlangt, entsteht ein Streit zwischen den beiden. Schweighauser nennt Hägler einen Hundsfott (Schuft). Kronenwirt Hauser, der den Redewechsel mitangehört hat, gibt seinem Knecht zu verstehen, was Mieses es bedeutet, einen Hundsfott genannt zu werden, und ermuntert ihn, dem Widersacher das Schmachwort mit einer Ohrfeige heimzuzahlen. Hägler lässt sich dies nicht zweimal sagen und vollzieht sogleich die Aufforderung seines Herrn und Meisters. Von einem kräftigen Schlag getroffen, sinkt Schweighauser zu Boden, «übertrolt etliche Mahl und gibt wenig später seinen Geist auf». Hägler, der sofort nach seiner Tat die Flucht ergriff, kann für den Totschlag nicht belangt werden. Dagegen wird Kronenwirt Hauser auferlegt, zugunsten der Schweighauserschen Witwe und Kinder dreihundert Pfund zu erlegen.

1761

Der Rat erlässt eine Verordnung über das Bücherwesen und führt darin u.a. aus: «Wir versehen uns zu der Klugheit unserer geordneten Censoren, dass dieselben den Buchdruckern und Buchhändlern keine unnötigen Schwierigkeiten machen. Sie werden daher wissen, die vernünftige Mittelstrasse zwischen einer übertriebenen Schärfe und einer allzu grossen Nachsicht zu beobachten. Das Bücherwesen soll nur der Ausbreitung der Wahrheit und der Tugend gewidmet sein.»

1765

Die kleine Elisabeth Iselin schluckt einen halben Batzen herunter und versetzt damit ihre Familie in grossen Schrecken. Zwei Tage später «aber geht der halbe Batzen Gott Lob wieder fort, so dass die Aufregung umsonst gewesen ist».

1849

«Basel ist eine Stadt des Reichthums und steht weit und breit im Ruf grosser Religiösität.»

1854

Der erste Zug fährt durchs Baselbiet: «Gegen 12 Uhr schnaubt wirklich die schöne Lokomotive ‹Schweiz› heran und wird in Liestal von viel Volk, worunter sich die liebe Jugend durch Unvorsichtigkeit hervortut, empfangen und mit Böllerschüssen begrüsst. Die innere Einrichtung der Wagen findet allgemeinen Beifall. Besonders die Coupés mit kleinen Kanapes und Tischchen. Ein Anwesender meint, die seien wie gemacht um selbviert unterwegs die Fahrtaxe (mit einem Kartenspiel) herauszubinokeln.»

22. November

Cäcilia von Rom die Märtyrerin

1683

«Auf der Zunft zu Safran hat ein italiänischer Wassersäufer seinen Auftritt, indem er 40 Gläser Wasser nacheinander trinkt und hernach weissen und roten Wein, Muscatelier und Hippocras von sich gibt. Auch bringt er frische Nägeli, Rosen und Rosenwasser samt anderen Sa-

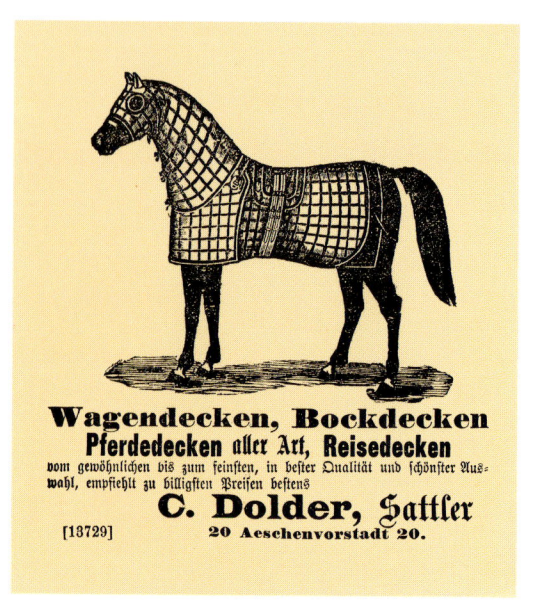

Wagendecken, Bockdecken Pferdedecken aller Art, Reisedecken vom gewöhnlichen bis zum feinsten, in bester Qualität und schönster Auswahl, empfiehlt zu billigsten Preisen bestens
C. Dolder, Sattler
20 Aeschenvorstadt 20.
[13729]

National-Zeitung, 21. November 1891

chen aus dem Mund hervor. Dies wird von viel 100 Personen gesehen.»

1694

«Veronica Ziereysen wird, weil sie ihr uneheliches Kind umgebracht hat, durch den Henker Georg Adolf von Hagen elendiglich hingerichtet. Da des Scharfrichters Sohn sein Meisterstück probieren muss und von Zaghaftigkeit und Mitleid befallen ist, muss er unter der Hand seines Vaters dreimal zu einem Streich ansetzen. Und dann muss er den Kopf auf dem Boden erst noch absägen.»

1713

«In der Krone fällt ein Pfaff von Gross-Kembs, der im Gasthof übernachten will und sich vollgesoffen hat, aus dem Fenster hinaus und wird tod aufgefunden. Darauf wird er in die Wachtstube bei der Rheinbrücke getragen und morndrist auf dem Kornmarkt öffentlich besiebnet (durch die Wundschau untersucht) und hernach auf dem Wasser heimgeschickt. Er hatte in Geld 50 Pfund bei sich und eine schöne Uhr.»

1721

«Der Bauernkerli Baschi Brunner von Maisprach bekennt seine Sündenfähler, dass er es als Sodomit mit

«Der vor wenigen Jahren auf dem Münsterplatz angelegte Asphaltbelag hat zur Folge, dass täglich ein halb Dutzend Pferde stürzen, sowie nasses Wetter, Schnee oder Glatteis eintritt, und sich auf dem schlüpferigen Asphalt nicht mehr aufrichten können.» 22. November 1881.

1757

Im 67. Altersjahr wird Johann Christoph Burckhardt zum Kranichstreit am Rheinsprung (7) «durch den Schlag gerühret und stirbt. Der seit drey Jahren abgebättene Gerichtsschreiber, welcher bey 30 Jahren sein Amt ehrlich, fleissig und getreulich versehen hat, ist einer von den guthmütigen und patriotischen Burckhardten gewesen».

1872

Christian Singer übernimmt die Bäckerei Wetzel an der Freien Strasse 107. 1898 eröffnet der initiative Württemberger an der Clarastrasse eine «nach den neuesten maschinellen Vervollkommnungen eingerichtete Dampf-Bäckerei», die sein Sohn als «Schweizerische Bretzel- und Zwiebackfabrik» zu einem in der ganzen Schweiz bekannten Unternehmen entwickelt. (Bis 1969.)

1893

«Nicht blos jenseits der Alpen blühen noch Blumen und reifen Erd- und Himbeeren. Auch in unserer Stadt gibt es noch Flecke, wo die diesjährige milde Witterung ausnahmsweise solche Erscheinungen erzeugt. So bringt man uns heute als freundlichen Gruss aus einem Garten des Herrn Philipp Silbernagel am Weiherweg einen Zweig voll reifer und schöner Himbeeren von einem im Freien stehenden Strauch, der noch viele Früchte trägt.»

23. November

Clemens der Papst

1520

Am Himmel erscheint «ein seltsam Meteorum oder Feuergesicht. Ist ein langer schiessender Strom, gleich einer fliegenden Flamme, der ein Glanz gibt als wenn der Mond einer Kuh getrieben hat, und wird vom Scharfrichter mit dem Schwert hingerichtet.»

1750

Es stirbt Ratsherr Ulrich Passavant, gewesener Schaffner im Klingental. Zwei Tage später folgt ihm seine Frau, Margaretha Ryhiner, im Tode nach. «Hernach werden diese beyden Eheleuth, beyde im 65. Jahr ihres Alters, in zwey hintereinander tragenden Särgen bey St. Theodor begraben.»

Grabinschrift, 22. November 1571

An. 1571. Begräbnuß des Ehrenhaften Herren Jacob Becken, dises Gottshauß St. Alban, 19. Jahr gewesener Schaffner, starb Donstags den 22. Novemb. Anno 1571.

Der Baum verdirbt, die Frucht fällt ab:
Gott hat die Seel, den Leib das Grab.

leuchtet. Die Naturkundiger nennen solche Entzündungen brennender Speer, Wurfspiess oder Feuerbalcken.»

1603

Hans Bock (1550-1624), Basels bedeutendster Maler seit Hans Holbein, erwirkt vom Rat die Enterbung seiner Tochter Elisabeth. Denn diese ist «durch die Arglistigkeit böser Leüthe verkuplet und betrüglich verführt worden, so dass sie hinderrucks und wider seinen Willen mit des Turmbläsers Sohn Johann Tittelbach sich in den Stand der Ehe eingelassen hat».

1607

«Den fremden Schreinermeistern ist es verboten, Bettladen, Tröge, Tische, Stühle, Kästen und dergleichen Werke auf den Markt zu führen und sonst zu verkaufen, ausser der Martinimesse und den Jahrmärkten.»

1626

Der neunjährige Sohn des Schweinehirten Hans Meyer von Kilchberg wird beim Füttern der Borstentiere von diesen derart zerfleischt, dass er zwei Stunden später den Verletzungen erliegt. «Die fehlbaren Schweine dürfen erst nach Abschluss der obrigkeitlichen Untersuchung geschlachtet werden.»

1634

Kaiserliche Truppen unternehmen vom österreichischen Rheinfelden aus erneut einen Ausfall auf Basler Gebiet. «Die wildtobenden Räuber ziehen gegen das an der Grenze zum Frickthal liegende Anweil, dessen Einwohner zur Hälfte an der Pestseuche darniederliegen. Die Wohlhabenheit sowohl als die augenblickliche Wehrlosigkeit des Dorfes locken die kaiserlichen Streifzüger zum Angriff. Sie plündern Häuser und Ställe und machen sich mit dem gestohlenen Gut davon. Allein der schnelle Anzug der Nachbarn von Rothenflue und Oltingen gibt den noch gesunden Anweilern Muth zur Verfolgung der Bande, um ihr entführtes Eigenthum grösstentheils zurückzuholen, nachdem sie einige von den Räubern tödtlich verwundet und in die Schluchten des dortigen Waldgebirges hinabgestürzt hatten.»

1640

Nachdem Basel bereits im Jahre 1385 in den Besitz eines Teils der Gemeinde Kleinhüningen gekommen ist, verkauft nun auch Markgraf Friedrich von Baden seinen Anteil am Dorf zum Preis von 3500 Reichstalern der Stadt. «Zum schier ganz ruinierten, in Brand gesetzten und zu Grundt gerichteten Dorf kleinen Hünningen sind auch das Neue Hauss und die Visch- und Lachswayden in der Wiese, im Ottenbach und im Rhein zugehörig.» Die aus 211 Personen bestehende Bevölkerung teilt sich in elf Familien auf, die alle dem Geschlecht der Gysel, Hort und Kiefer entstammen.

1644

Caspar Schenk, ein aus dem Bernbiet stammender «daubweisser» Müller, wird vom Scharfrichter lebendig auf das Rad gelegt und zu Asche verbrannt, weil er seine Frau ermordet und sie hernach in sein von ihm angezündetes Haus geworfen hat.

1691

Im Wirtshaus «zum weissen Kreuz» kommt es zu einer wilden Rauferei, wobei ein Franzose dem Wirt mit einem Stilett «ein Stück vom rechten Ohr glatt hinweg haut und es auf den Misthaufen wirft».

1710

«Zur Weihe der Kirche von Kleinhüningen marschiert der Stadtleutnant samt zwölf Soldaten zum Thor hinaus, um die Menge Volk auf dem Kirchhof zu bewachen, damit diese nicht vor der Zeit in die Kirche dringt und die vornehmen Leute keinen Platz mehr finden. Es kommen aber unerhört viele Leute zu Pferd, zu Fuss und zu Wasser. Als man dann die Kirchenthür öffnet, kommt der ganze Schwall von Männern und Weibern mit einem solchen Geräusch und Tumult, dass man sein eigen Wort nicht mehr hören kann. Auch sind die Soldaten nicht mehr Meister, obwohl sie drauf schlagen. Es dringt alles hinein, so dass etlichen Weibern ihre Fürtücher (Brusttücher) und Männern die halben Röck zerrissen werden. Gegen Tausend dringen in die gar nicht grosse Kirche ein, so dass man einander fast auf den Köpfen steht. Als der Tumult nicht enden will, steigt Antistes Hieronymus Burckhardt auf die Kanzel und befiehlt, man soll singen, worauf er 1½ Stunden predigt. So nimmt die Feier doch noch einen würdigen Verlauf.»

Johann Friedrich Franck, Vorsteher der Herrnhuter Brüdergemeinde, †23. November 1780

1716

Andreas Silbermann, der berühmte Orgelbauer in Strassburg, erklärt sich «mit göttlicher Empfehlung» bereit, die St. Leonhardskirche mit einer neuen Orgel zu versehen und «verhofft wegen dem Preiss accord zu werden».

1733

«Wie Niklaus Bulli, der Hosenkoch, um 10 Uhr nachts auf dem Kornmarkt Schildwache steht, kommt Jakob Fäsi, ein junger, alberner und stummer Kieferknecht vorbei. Bulli ruft ihn dreimal an, und da dieser nicht antwortet, legt er auf ihn an und erschiesst ihn, so dass er sogleich stirbt. Der Rat verurteilt den unglücklichen Schützen zu einjährigem Hausarrest und erklärt ihn

«Philip Buser v. Lausenn bey Liechstall. Seines Alters im Herpst Anno 1641 nach seiner Sag und Angeben im 101. Jar. Dann im heissen Sommer war er ½ Jar alt. Anno 1566 seines Alters 26 Jar nam er ein Weib von Furlen. Barbara Galli Spillmans eheliche Dochter mit dero er in 40 Jaren 6 Künder erzeiget. Dorunder 4 Söhn waren. Nach seinem 15wöchigen Witwerstandt verheirathete er sich mit Catharina Frickherin von Arissdorff. Hatte mit derselbigen in 33 Jaren 1 Sohn und 2 Döchteren geborn. War dissmalen uff 3 Jor ein Wittling. Hans Heinrich Glaser. 23. November 1641. 1642 ist er gestorben.»

wehrlos, wodurch er in das künftige seine Wachten durch einen Lohnwächter versehen lassen muss.»

1799

«Die hiesige französische Besatzung leistet General Chabran und der ganzen Generalität unter dem Donner der Kanonen den Eid der Treue. Man schätzt, dass von den hieher gebrachten verwundeten Franken und Russen, so an ihren Wunden gestorben sind, schon weit über 600 vor dem St. Johannthor beerdigt worden sind.»

1890

«Im Bürgerspital wird zum ersten Mal in der Schweiz mit der in Berlin von Dr. Koch unlängst erfundenen Lymphe, welche den Tuberkelbacillus angreift, geimpft.»

1891

Der Grosse Rat bestimmt zum neuen Sitzungstag den Donnerstag anstelle des Montags.

1909

Die Kleinbasler Vereine und Gesellschaften wenden sich in einer grossen Protestaktion gegen die geplante Erweiterung des Rangierbahnhofs der Badischen Bahn im Bereich der Langen Erlen.

1912

Unter der Leitung von Nationalrat Hermann Greulich nimmt ein von 555 Delegierten beschickter Kongress der Sozialistischen Internationale seinen Anfang. «Der Hauptzweck ist die Annahme einer Resolution gegen den Balkankrieg. Nach aussen tritt der Kongress durch einen Demonstrationszug hervor, an dem über 10 000 Teilnehmer mit zahlreichen Fahnen und Musiken mitmarschieren. Es schliesst sich daran eine Versammlung im Münster und eine ebensolche auf dem Münsterplatz, wobei man die Häupter der Sozialdemokratie der verschiedenen Länder in ihren Zungen sprechen hören und sehen kann. Die Weltgeschichte nimmt indessen vom Basler Friedenskongress keine Notiz, aber in die Basler Geschichte eingeht die Bewilligung der kirchlichen Behörden, den ‹Roten› das Münster als Versammlungsraum zu überlassen.»

24. November

Chrysogonus von Alquileja der Märtyrer

1531

Es begibt sich der christliche Abschied des theuren Johannes Oecolampadius, durch welchen die Kirche zu Basel des irrigen Papsttums abgekommen ist.» Der 1482 im schwäbischen Weinsberg als Sohn einer Baslerin geborene Johannes Husschin ist 1522 nach Basel gekommen. Er trat zunächst in die Offizin des berühmten Buchdruckers Johannes Froben ein und betätigte sich mit seinen ausgezeichneten Hebräischkenntnissen als Gehilfe des Erasmus. Dann aber widmete sich der zum Professor der Heiligen

Johannes Oekolampad,
Basels Reformator,
†24. November 1531

Schrift ernannte Reformator von der Kanzel zu St. Martin herab ganz der Ausbreitung der neuen Religion. Im Abendmahlsstreit stand Oekolampad gegen Martin Luther auf der Seite Huldrych Zwinglis. Der Zürcher schätzte seinen Basler Mitstreiter aufs höchste, was er auch brieflich bekräftigte: «Ich habe dich immer mehr geachtet als gewisse bunte Pfauen, die bloss wegen der Farbenpracht ihres Stils für weise gelten (Erasmus!). Du aber bist ein Mann, der Frömmigkeit mit Gelehrsamkeit und feiner Bildung zu verbinden weiss.»

1537

Der gewesene Bürgermeister von Freiburg im Uechtland, Wilhelm Arsent, stiftet in Basel grosse Unruhe und Aufregung: Er lockt den Franzosen François de Rochefort, der als Abt dem geistlichen Stand entsagt hat und sich nun an der Universität ganz dem Studium der neuen Glaubenslehre hingibt, sowie zwei weitere, ebenfalls dem Studium obliegende Edelleute nach Grosshüningen zu einem Abendessen. Auf Elsässer Boden aber werden die «Basler» von Reitern und Landsknechten umzingelt. Rochefort gelingt es, zu entwischen, doch wird er auf der Flucht von den Häschern in der Hard aufgegriffen und erschossen. Die beiden andern Franzosen aber werden auf einem Schiff nach Othmarsheim entführt und schliesslich auf Schloss Schwarzenburg inhaftiert. Der Rat erwägt die gewaltsame Befreiung der Geiseln, die Arsent wegen einer vom König von Frankreich nicht bezahlten Schuld in seine Gewalt gebracht hat, doch erwirkt die Tagsatzung die Freilassung der mit Reichtümern gesegneten Franzosen. «Arsent und seine Helfer aber bleiben ungestraft, ausser dem Schulz von Bellingen, der wegen seiner Helfersdienste nach ausgestandener wiederholter Folter in Basel enthauptet wird. Doch bald bekommt auch Arsent seinen Lohn: Er wird in Lothringen angehalten, dem König von Frankreich überliefert, mit dem Schwert gerichtet und dann geviertailt.»

1541

«Wer in Gerichtshändeln den Namen Gottes mit leichtfertigen Worten lästert, wird mit einer Busse von 4 Pfund 13 Schilling belegt.»

1684

Der Sonnenkönig erlaubt seinen Untertanen im benachbarten elsässischen Neuweg den Ort «St-Louis» zu nennen. Auch befreit er sie und jeden neuen Zuzüger auf die Dauer von drei Jahren von sämtlichen Steuern und militärischen Lasten.

1689

Dem Chirurgen Dr. Johannes Fatio gelingt die Trennung siamesischer Zwillinge, welche an Brustbein und Nabel miteinander verwachsen gewesen sind. Fatio, einer der ersten schweizerischen Geburtshelfer und Gynäkologen, wird nur kurze Zeit nach seiner aufsehenerregenden medizinischen «Wundertat» als beherzter Führer der gegen das oligarchische Stadtregiment gerichteten 1691er Wirren auf dem Kornmarkt enthauptet. Sein bedeutendes wissenschaftliches Werk «Helvetisch-vernünftige Wehe-Mutter» erscheint erst 61 Jahre nach seiner Hinrichtung.

1736

Nicht Brotlosigkeit, Teuerung oder Armut veranlassen manchen Bürger zur Auswanderung, sondern Unzufriedenheit und Abenteuerlust. Die Obrigkeit veröffentlicht deshalb einen verzweifelten Brief der Esther Werndtlin aus Philadelphia in Pennsylvanien, in welchem diese mitteilt, das Land «ist eine Freystatt aller Übeltäter in Europa, ein verwirrtes Babel, ein Behaltnus aller unreinen Geister, eine Behausung der Teuflen, eine erste Welt, ein Sodom. Man trifft überall Leute aus dem Schweizerland, die unsäglich Not leiden und kaum zu leben haben». Die schlechte Nachricht vermag aber die Auswanderungslust nach Georgien, Carolina und Pennsylvania nicht entscheidend zu bremsen, so dass der Rat 1771 diejenigen, die ohne Erlaubnis wegziehen, für tot und ihres Vermögens und Erbes als verlustig erklärt.

1750

Im 55. Altersjahr stirbt Andreas Faesch, Landvogt auf Farnsburg. «Er ist ein sehr verständiger Mann gewesen, der die History seines Vatterlands wohl inne hatte, sich aber von dem Wein zu wunderlichen Sachen verleiten liess. In der Bau Kunst hatte er wenig seines gleichen, wie denn auf seiner Alp Dietlisberg fast alle Arten von Wasser Werck, aus seinem Weyer angetrieben, anzutreffen waren. Das Schloss Farnsburg veränderte er fast gantz und machte einen recht fürstlichen Sitz daraus, ungeachtet, dass Unsere Gnädigen Herren wenig dazu beytrugen, wodurch er in grosse Schulden kam.»

1771

«Die Klein-Hüninger Fischer fangen 108 und die Basler 55 Lächs. Vorher kostete ein Pfund Lachs 35, 36 und 40 Rappen, hernach aber bei dieser Wohlfeile nur noch 15 bis 20 Rappen.»

1800

Die Obrigkeit erlässt eine neue Feuerordnung und regelt insbesondere die Pflichten der umliegenden Gemeinden bei Feuergefahr: «Der erste, der Feuer wahrnimmt, soll dies mit dem Ruf ‹Feuer, Feuer› an-

Um die Mittagszeit des 24. November 1797 donnern von der St. Albanschanze die Geschütze: General Bonaparte zieht in seinem mit acht Pferden bespannten Reisewagen in Basel ein. Gleich einem gekrönten Haupt wird er hier empfangen und mit allen militärischen Ehrenbezeugungen begrüsst: Parade, Ehrenfahne, Ehrenwache. Die ganze Stadt ist auf die Strassen und Plätze geströmt, welche der von Reitern eskortierte Zug mit der sechsspännigen Karosse der Landdeputierten, dem Generalswagen und einer Postchaise passiert. Im Hotel Drei Könige, wo Napoleon zum ersten Mal den Rhein erblickt, der die Grosse Nation von Deutschland trennt, wird der hohe Gast von den städtischen Behörden willkommengeheissen. Bürgermeister Buxtorf hält eine in französischer Sprache verfasste Rede, die den «Citoyen-Général» aber wenig beeindruckt. Der «kleine, bleiche Feldherr» indessen erregt mit seinen Äusserungen einiges Missfallen. Nach dem Mittagessen reist Bonaparte weiter nach Rastatt, wo der Friede zwischen Frankreich und dem Heiligen Römischen Reich geschlossen werden sollte. Bei seinem Abschied «erliegt die Rheinbrücke gleichsam unter der Zahl der herbeyströmenden Zuschauer und erschallt von Jubelgeschrey». Nach dem Sturz Napoleons singt Basels Jugend aber: «Dr Näppi, dä isch nimme schtolz/Är handlet jetz mit Schwäfelholz/Lauft d Strosse-n-uff und d Strosse-n-ab/‹Wäre kauft mer myni Hölzli ab?›/Bonabardi, brave Burscht/Handlisch jetz mit Läberwurscht!» Kolorierte Radierung von Jakob Kaiser.

zeigen. Die notleidende Gemeinde stürmt mit allen Glocken. Die Nachbargemeinden dagegen nur mit einer einzigen. Eine Bürgerwacht hat sich sogleich mit Ober- und Untergewehr an den Ort der Gefahr zu begeben. In den Häusern jedoch bleiben stets einige Personen zurück, um dieselben zu bewachen, dass kein Diebsvolk einschleicht oder fliegendes Feuer entzündet.»

1843

Jacob Burckhardt schreibt dem Kunsthistoriker Gottfried Kinkel in Bonn: «Wie so eine Stadt (Basel) versumpft ohne anregende Lebenselemente von Aussen! Gelehrte Leute sind da, aber man hat sich recht gegen die Fremden versteinert. Es ist nicht gut in unserer Zeit, wenn solch ein kleiner Winkel ganz seiner Individualität überlassen bleibt.»

1844

Fast ausschliesslich von Handwerkern wird die Basler Sektion des Schweizerischen Grütlivereins ins Leben gerufen, die erste proletarische Organisation mit politischer Zielsetzung.

1861

«Seit man die Strasse am Aeschengraben gemacht hat, hat man dreimal die Trottoirs verlegt, den Boden für eine Gasleitung aufgerissen und zugeworfen, und dasselbe wiederholt, um eine Agde einzuführen. Und jetzt soll das Trottoir wieder verändert werden. Es scheint, als ob Till Eulenspiegel sein Spiel treibe und man das Geld schaufelweise wegzuwerfen habe.»

1867

Arbeiter aus den beiden Halbkantonen gründen den «Arbeiterverein des Kantons Basel, Stadt und Landschaft».

1873

Der Bundesrat bittet die Basler Regierung, der russischen Gesandtschaft einen Plan der 1864 auf dem Areal des Elsässerbahnhofs errichteten Strafanstalt zu übermitteln, da der russische Generalmajor Khlebnikoff auf seiner Studienreise durch Europa die Strafanstalten Basels

Fahr-Saal & Fahr-Schule
45 Klaragraben 45

Ueber den Winter Abonnements oder Dutzend-Billets je nach Uebereinkunft.
Geschlossenen Gesellschaften bleibt auf Wunsch der Saal reserviert.

Aufbewahrung von Velos über den Winter
gründliche Reinigung derselben, emaillieren, vernickeln, sowie alle Pneumatic-Reparaturen besorgt gewissenhaft und billig.

48734

National-Zeitung, 25. November 1894

und Lenzburgs als Musterbetriebe bezeichnet hat.

1881

«Ja wohl gibt's noch Menschenfresser. Gehen Sie nur einmal nach Afrika oder Australien, dort können Sie mit Haut und Haar aufgefressen werden!»

1906

An der Güterstrasse brennt die Lampenfabrik Levy fils nieder.

25. November

Katharina von Alexandrien die Märtyrerin

1374

Der Kaiser überträgt Herzog Leopold von Österreich das Recht der Besteuerung der Juden, das seit 1365 Basel zustand.

1405

Nachdem der Rat die Beginen (nicht in einen Orden eingebundene Schwestern) der Stadt verwiesen hat, zeigen sich einige der Schwestern in ihrer Nonnentracht wieder auf den Strassen. Die Obrigkeit lässt sogleich die Glocken läuten, bis die unerwünschten geistlichen Frauen wieder abgezogen sind.

1406

«Nach Einbruch der Nacht erscheint der Mond voll am Himmel, und alles Gestirn leuchtet hell und klar. Zwischen zehn und elf Uhr aber geht er unter und wird so klein wie der Neumond am achten Tag. Bald verliert er auch seinen Schein und wird schwarz, blut- und feuerfarben durcheinander. Es dauert anderthalb Stunden, bis er wieder in seinem normalen Anblick erscheint.»

1412

Schopfheim wird von einer schweren Feuersbrunst ergriffen, die vierundzwanzig Wohnhäuser, drei Gerberhäuser, acht Scheunen und Ställe und eine Mühle bis auf den Grund niederbrennt.

1569

Es stirbt der 1503 im Piemont geborene Coelius Secundus Curio. «Für die neue (reformierte) Lehre mächtig entflammt, beschloss der verfolgte Glaubensbruder aus Italien über die Alpen zu ziehen und in Basel Asyl zu suchen. Hier erhielt er den Lehrstuhl für Rhetorik und zugleich, seines Talents wegen, den akademischen Doktorgrad. Sein Ruf lockte sogar viele Studenten aus Ungarn und Polen nach Basel, dem schweizerischen Athen, und verschaffte ihm die Gunst hoher und höchster Personen, berühmter Männer und Gelehrter.»

1639

«Hinter der Pfaltz wird im Rhein ein lebendiger Wolf gefangen.»

1836

Unter dem Spalentor wird Dr. med. Julius Gelpke, ein im Kanton Basellandschaft Asyl geniessender deutscher Freiheitskämpfer, verhaftet und schliesslich des städtischen Bodens verwiesen. «Diese ungesetzliche Massnahme führt zu einem Notenwechsel zwischen den beiden Regierungen, der jedes Mindestmass von diplomatischem Abstand vermissen lässt, das selbst im Verkehr zwischen entzweiten Brüdern erwartet werden darf. Liestal versteigt sich zu grober Sprache und ultimativen Drohungen, so dass die übliche Schlussformel vom göttlichen Machtschutz, in den man sich gegenseitig zu empfehlen wünscht, höchstens noch ironisch aufgefasst werden kann.»

1839

Dreizehn kulturbeflissene Basler gründen in der Lesegesellschaft «zur Beförderung künstlerischer Interessen» den Basler Kunstverein.

1861

«Dass das Kostgeld im Spital auf 80 Rappen erhöht wird, mag begründet sein. Dass das Pflegeamt das Spital aber ein «Armenhaus» nennt, zeigt so recht den Geist und die Gesinnung jener Landesväter, welchen der Zopf noch immer hinten hängt.»

1887

Er stirbt der 1815 geborene Johann Jakob Bachofen. Von der grossen Welt der Wissenschaften gleichermassen verkannt und bewundert, versuchte der vielseitige Privatlehrer, Rechtshistoriker und Altertumsforscher in seinen von Poesie und Intuition erfüllten Abhandlungen und Darstellungen, eine romantische Deutung der antiken Mythologie und Symbole. Als sogenannter Entdecker des Mutterrechts vertrat Bachofen die Meinung, die Menschheitsgeschichte habe mit einer Epoche der Vorherrschaft der Frau begonnen. «Bachofens Mutterrecht erschütterte zum ersten Male ernstlich die bisher als

Am 25. November 1811 wird in Füllinsdorf Anna Huggler ermordet. Die aquarellierte «Wiederherstellung von Zeugenbeobachtungen», die auf Veranlassung des Kriminalgerichts angefertigt worden ist, hält dazu fest: «Das grosse Haus gehört dem Heinrich Plattner, Metzger. Die beiden Männer im Vordergrund bedeuten Hans Jakob Martin und Heinrich Meyer. Die Frau, die aus dem Häuschen links blickt, wäre Jungfrau Anna Bürgin. Der Mörder trägt die Huggel im Schatten des Hauses nächtlicher Weile in das Plattnersche Haus und entfernt sich wieder allein. Des Mordes verdächtig ist Hans Jacob Mangold.»

selbstverständlich hingenommene Überzeugung von der Naturgegebenheit der monogamen patriarchalischen Familie. Mit ihm beginnt die wissenschaftliche Geschichte der Familie als einer sozialen Institution.» (Karl Meuli)

1894

Der aus klangvollen Namen forcierte F.C. Buckjumper spielt mit den Linder, Faesch, Thurneysen, Iselin u. a. gegen die zweite Mannschaft des Stadtclubs und gewinnt mit 2:1. ehe der vielversprechende Club aufgelöst werden muss, weil fast alle Spieler dem FC Basel beigetreten sind, wird noch der F.C. Mülhausen aufgesucht, «dem man durch gutes Zusammenspiel bis hinauf gegen das feindliche Ziel den Ball gleich sieben Mal durch das Goal jagt.»

1911

In den Schulhäusern wird das Gaslicht durch «halbindirektes elektrisches Licht ersetzt, um den Stromabsatz für das Elektrizitätswerk möglichst zu steigern»!

26. November

Conrad von Konstanz der Bischof

1398

Bürgermeister und Rat bestellen Meister Gutleben auf die Dauer von zehn Jahren und bei einer jährlichen Entlöhnung von fünfzig Gulden zum Wundarzt der Stadt. Er erhält alle Rechte und Freiheiten wie die andern Bürger, doch sollen weder er noch seine Frau noch seine Hausgenossen Geld auf Wucher leihen. Wenn aber andere Juden sich in der Stadt niederlassen und das Recht erhalten, Geld zu verleihen, so soll auch Gutleben zu diesem Geschäft berechtigt sein. Fremde Juden über Nacht beherbergen darf er nicht, wenn die Erlaubnis des Rats nicht vorliegt.

1543

«Zu Reinach wird ein Kind mit zweyen Köpfen, zweyen Brüsten und Bäuchen und vier Armen geboren. Unten ist es nur eines und männlichen Geschlechts. Ist zwar lebendig in die Welt geboren worden, lebt aber nit über eine Stund.»

1546

Vor dem hiesigen Ehegericht wird der aufsehenerregende Fall der Frau des Hufschmieds Lukas Grünnagel verhandelt, nachdem diese «volle 15 Jahre ein Hurenleben geführt, hin und her gezogen war und schamlos gelebt hat, auch die Beischläferin eines päpstlichen Pfaffen gewesen ist und dessen Knecht darauf geheiratet hat». Das Gericht gestattet der Bryda Hanis trotz ihres höchst unsittlichen Lebenswandels zwar eine Wiederverheiratung, verbietet ihr indessen, weil sie «in offenem süntlichen Leben gewandelt» ist, wieder in Basel Wohnsitz zu nehmen und daselbst ihren Unter-

Burgvogteihalle Basel

Cagliostro-Theater,
Dir. Prof. B. Schenk,
grösster Zauberer, Geisterbeschwörer und Illusionist.
Heute Samstag den 26. Nov.
grosse
aussergewöhnl. Vorstellung
mit reichhaltigem Programm.
Die Zauber- und Geisterwelt.
Malerische Reise um die Erde.
☞ Neu! ☜
Phaites! Phaites! Phaites!
Die magnetisch Gefesselten,
grosse spiritist. Sitzung.
The Fakyr oder Träumen und
Erwachen.
Chromaticecataractapoicile
oder die kolossale 7fache Pracht-
Wunder-Fontaine.
Die Diamanten-Grotte Rübezahls.
Im Reich der Amazonen,
grosse Feerie ersten Ranges
Anfang an Wochentagen 8 Uhr.
Cassa 7 Uhr.
Preise der Plätze:
Nummerirt-Parquet 2 Fr. 1. Platz
1 Fr. 25. 2. Platz 80 Cts. Gallerie
50 Cts. Billetverkauf am Tage in
der Cigarrenhandlungen des Hrn.
Wazniewski, Gerbergasse 75 und
Klein-Basel, Waldeck.   (22918)
Morgen Sonntag:
2 Vorstellungen
4 und 7½ Uhr.

Schweizerischer Volksfreund,
26. November 1881

An der Augustinergasse wird am 26. November 1849 das von Melchior Berri erbaute Neue Museum, «der erste Museumsbau der Schweiz», feierlich eingeweiht. Es ist geräumig genug, ausser den Gemälden der Kunstsammlung auch noch die Bibliothek und die naturhistorischen Sammlungen aufzunehmen. «Es kostete 302 000 Fr., wobei der Preis des Grundbodens, den die Universität hergab, nicht eingerechnet ist. An diese Summe leistete der Staat 180 000 Fr., die Stadtgemeinde 16 000 Fr., die Universität 15 000 Fr. und Freunde der Wissenschaft durch freiwillige Beiträge 70 000 Fr. Zur Erfüllung und Erleichterung der Zwecke des Museums wird im gleichen Jahr der Museumsverein gegründet.»

halt zu verdienen. «Ein rechtes Vieh. Aber wenn sie sich aufrichtig bessert, verdient sie Lob.»

1634

«Es wird ein von Wien gebürtiger Soldat enthauptet, der im Wirtshaus zum Schiff den Frenkendörfer Hans Weber erstochen hat. Nach dem Mord zog ein Soldatenweib dem Entleibten den rechten Schuh aus und, ihm denselben unter den linken Arm legend, sagte sie, der Thäter werde nicht mehr weit laufen. Wirklich wurde derselbe im sogenannten Hurengässlein angehalten und auf den Spalenturm gebracht, um bald hingerichtet zu werden. Der Henker, der von Schaffhausen berufen worden ist, musste 5 Streiche thun. Er sagte, dergleichen sey ihm noch nie begegnet, der Richtplatz müsse nicht just (eben) seyn. Man hat wahrgenommen, dass es andern Scharfrichtern auch so ergangen ist. Daher richtet man nachgehends vor dem Steinenthor neben der Kopfabheini.»

1643

Als etliche im Sundgau liegende Weimarerische Soldaten ausreissen und nach Basel flüchten wollen, werden sie bei St. Jakob von ihren Hauptleuten eingeholt. Und es kommt zu einem Feuergefecht, bei welchem ein Korporal und ein Gefreiter niedergeschossen werden.

1741

«Zu Langenbruck auf dem Berg Wannen wird ein 6jähriger Knab beim Hüten der Schafe von einem Schafbock zu Tode gestossen.»

1798

Pfarrer F. J. R. Huber berichtet nach Basel, dass die wirkliche Einwohnerzahl von Riehen ungefähr 1050 Männer, Frauen und Kinder beträgt. 1811 «setzt sich die Zahl der im Dorfe und Banne Riehen wohnenden Seelen folgendermassen zusammen: 800 Gebürtige von Riehen. Einsassen, reformierte und lutherische 130. Einsassen katholische 12. Wiedertäufer 18. Summa 960.»

1800

Der Wasserzufluss des Stadthausbrunnens ist versiegt. Auch der Brunnmeister, der deswegen den Weiher beim Neubad abgelassen hat, findet keine Erklärung.

1813

Der Kleinbasler Tuchscherer Flick weigert sich, in seinem an die Ringmauer stossenden Gartenzaun eine vier Fuss breite Öffnung anzubringen, damit im Notfall die zur Verteidigung der Stadt bestimmten Truppen ungehindert Durchlass finden. Deswegen vom eidgenössischen Obersten Johann Anton von Herrenschwand zur Rede gestellt, antwortet Flick «mit starker Stimme, in Basel seien die Bürger keine solche Despotie gewohnt, solches möge allenfalls in Bern angehen, führt aber unter Androhung der Verhaftung den Befehl doch aus».

1834

Das Kriminalgericht verurteilt zwei Lörracher Truppenführer «wegen Verwundung der zu Riehen stationierten Landjäger und verschiedener Bürger und Einwohner».

1893

Auf der «Wiese neben der letztjährigen Schlittschuhbahn Landhof» findet das erste offizielle Fussballspiel in Basel statt. Es wird bestritten von der ersten und der zweiten Mannschaft des F.C. Basel. «Firstrate kann das erste Spiel nicht genannt werden. Um so grösser ist der Eifer der Jungmannschaft und die Befriedigung, mit der man wahrnehmen kann, dass es an gutem Material nicht fehlt und man es bei genügender Übung zu etwas bringen kann.»

Das nach dem Grossen Erdbeben 1364 neu erbaute Rheintor (bis 1839) ist trotz wiederholter kostspieliger Unterhaltsarbeiten einmal mehr derart schadhaft, dass es am 27. November 1671 «neu unterfahren und renoviert» werden muss. Auf dem Bänklein vor dem Zollhaus, dem beliebten Treffpunkt der «Bänggli-Heere», wird ausgiebig dem Stadtklatsch gefrönt. Auch werden den Vorübergehenden kritische, nicht immer goutierte Bemerkungen nachgeschickt. Links neben der «astronomischen» Rheintoruhr ist Basels Wahrzeichen, «dr Lällekönig», zu sehen. Unter den Schiessscharten schnappen Gefangene frische Luft. Aquarell von Peter Toussaint. 1838.

27. November

Virgilius von Salzburg der Bischof

1530

Urban Hochnagel, der Stadtknecht, wird vom Scharfrichter geviertailt und in den Strassen der Stadt aufgehängt und zur Schau gestellt, weil er sich am Aufstand im Laufental beteiligt hat.

1545

Conrad Klingenberg, der Storchenwirt, ein sittlich übel beleumdeter Bürger, versucht mit einer Dirne Ehebruch zu begehen, die er durch eine Hintertüre in den hintern Teil seiner Herberge eingelassen hat, in der Meinung, die Sache sei ganz ge-

Die erste Kleinkinderschule für Arme im Kanton Basel.

In den baslerischen Mittheilungen N° 21 dieses Jahres wurde der vor einem Jahre bereits geäußerte Wunsch leise wiederholt, es möchte über die in unsrer Stadt bestehende Kleinkinderschule eine kurze Nachricht ertheilt werden.

Mögen nun folgende Notizen diesem Wunsche entsprechen!

Seit 2 Jahren besteht eine durch den Frauenverein bey St. Peter als Versuch errichtete Armenkinderschule deren Zweck, Einrichtung und darauf verwandte Unkosten folgende sind:

1. Zweck.

a) Die Mütter, welche als Wäscherinnen oder Taglöhnerinnen ihren Unterhalt erwerben müßen, in den Stand zu setzen, diesem Erwerb desto ungehinderter nachgehen zu können.

b) Die kleinen Kinder der oft so sehr verdorbenen Stubenluft zu entreißen, in welcher dieselben bisweilen zu 6 und mehrern, wie aufgeschichtet beisammen sich befinden.

c) Diese Kleinen den Händen ihrer, gar oft selbst noch im Kindesalter sich befindenden Geschwister, deren Aufsicht und Pflege sie auf die sorgloseste Weise anvertraut werden, zu entziehen und

Baslerische Mittheilungen,
27. November 1827

heim. Doch weil «das hintere Stüblin ob der Stallung», das für einen fremden welschen Herrn bereit gemacht werden sollte, verschlossen ist und Knecht und Magd den Wirt in der Kammer reden hören, rufen sie die Wirtsfrau herbei, die sofort erklärt: «Sammer botz Marter, ich will hinuff und will lugen, wer darinnen ist.» Der Wirt, in seinem Liebesabenteuer gestört, will seine Frau davonjagen und donnert: «Gotts Marter, Lyden, Macht und Crafft. Ich will dich so zurüsten und schlagen, dass man dich sacramenten muss!» Schliesslich öffnet er die Tür und traktiert seine Frau aufs heftigste, so dass diese ihrerseits droht, die Hure mit einem Messer zu erstechen. Schliesslich schleift der Wirt seine Frau fort, und die Dirne, die in ihrer Angst eben noch geschrien hat: «Ach, lieber Conrad, hilff mir. Sie will mich tödten!», kann entrinnen. Die grobe Misshandlung seiner Frau aber hat der Storchenwirt mit einigen Tagen Gefängnis und einer Geldbusse von 20 Pfund zu sühnen.

1551

Der Landsknecht und Pferdehändler Hans Birkling, «siner Bubenstuck wegen der Gutschick genannt,» wird von der Obrigkeit ergriffen und in den Eselsturm gesperrt. Er hat vom bischöflichen Oberwil aus im Auftrag des Obersten Niklaus von Bollwiler, dem kaiserliche Kommandanten im eroberten Konstanz, als Spion gegen die Stadt gewirkt und einen Mordanschlag geplant. Obwohl Gutschick auch an der Folter hoch und heilig schwört, er habe der Stadt Basel und der Eidgenossenschaft nichts Übles antun wollen, wird das Todesurteil über ihn verhängt. Dabei gedachte das Gericht auch eines frühern Totschlags, den der unheimliche Kerl am Stallmeister des Herrn von Mörsberg vollbracht hatte. «Zur Ax», d. h. zur Vierteilung, verurteilt, wird Gutschick, als er Gnade begehrte, dem Scharfrichter nur zum Köpfen übergeben! So tritt der ruchlose Haudegen am 11. Januar 1552 in tiefster Niedergeschlagenheit seinen letzten Gang an. «Man wollte ihn anatomieren, aber weil die Red ging, er were voller Franzosen (Syphilis), liess man es bleiben. Seine schöne spanische Kappe aus Samt trägt nachher noch lange der Nachrichter (Henker) Niklaus.»

1667

Ein offenbar in einem Kleinbasler Haus von der Pest angestecktes Dienstmädchen aus Liestal wird auf seinem beschwerlichen Heimweg von einer Schwäche befallen und soll «im Holz von Wölfen verzehrt» worden sein.

1701

Der erfolgreiche Abschluss der Münsterrenovation, «welche das Münster dem vorigen Glanz zurückgegeben hat,» wird mit einem Dankgottesdienst gefeiert. Bei dieser Gelegenheit ermahnt Antistes Werenfels die Gemeinde zu fleissigerem Kirchenbesuch, «nicht nur an Sonntagen Morgens und Abends, in den Dienstags- und Donnerstags-, sondern auch in den übrigen Wochenpredigten und in den Bättstunden, da die Frequenz sehr gering ist».

1750

«Ein gewissenloser, frevler Gassenschwirmer understeht sich, eine spöttische Schmächschrift in Cantzleischrift mit Kreiden ans Halseysen beym Kornmarkt zu scheiben.»

1756

Im hohen Alter von 83 Jahren stirbt «an einer langweiligen, kindlichen Kranckheit der alte und bekannte Herr Magister Joachim Lüdin, der bey 30 Jahren in der 4. Class und bey 20 Jahren Praeceptor in der 6. Class im Gymnasio gewesen ist».

1763

«An einer 5tägigen Altersschwachheit stirbt Meister Matthias Geymüller, der Kürschner. Ist ein kurtzweiliger und bis in seine letzten Tage insonderheit mit den Weibsbildern ein vexivischer (spöttelnder) Mann gewesen. Anno 1749 ward er Landvogt auf Lauis (Lugano). Wegen seiner gnädigen und realen Regierung auf der Landvogtey hatten selbige ihm zu Ehren einen weissen Fahnen, worauff sein Name und Wappen, zu einem Denckmal und Präsent auf Basel geschickt. Dieser Fahnen hat er Unsern Gnädigen Herrn Häuptern gezeigt und hernach auf seine Zunft zu Kürschnern zu ewi-

Basler Nachrichten, 28. November 1913

gem Gedächtnis gethan, alwo er allezeith, wann ein Gastmahl ist, herausgehängt wird. Mithin hat noch kein Landvogt ein solches Präsent bekommen.»

28. November

Willibold der Pilger

1374

Bischof Johann von Vienne verschreibt Herzog Leopold von Österreich für seine auf 30 000 Gulden geschätzten Kriegsschulden die Stadt Kleinbasel. Da diese aber in der Gewalt Basels ist, überlässt er ihm vorübergehend Liestal, Waldenburg und Homburg zum Pfand.

1449

Der Rat spricht Hede Zehnder von allen Lasten und Pflichten der Leibeigenschaft gegenüber Ritter Kunrad von Eptingen frei und ledig.

1546

«Das ehebrecherische Weib Christina Furer wird, diewil es eines Kindes schwanger ist», nur während eines halben Tages «ins Eisen gelegt» und nach dem Versprechen, sich zu bessern, wieder laufengelassen.

1589

Nicolas de Harley de Saucy, dem der Rat erlaubt hat, Truppen für die Dienste des französischen Königs zu werben, trifft mit sechs Fähnlein Reitern und etlichen hundert Landsknechten in Basel ein. Letztere werden «zur Erholung» nach Pratteln, Liestal und Sissach geschickt, ehe sie nach Mümpelgard weiterziehen.

1625

«Der französische Marschall Bassompierre hält in der Stadt Einzug. Hinter den beiden Ratsherren Lützelmann und Frobenius ziehen ihm 40 junge Bürger zu Pferd entgegen sowie 200 Musketiere. Nach einem zweitägigen Aufenthalt verlässt er mit der gleichen Ehrengeleitschaft die Stadt wieder, indem er dasjenige Pferd reitet, das ihm von der Obrigkeit verehrt worden ist. Das ist also der Stellvertreter des grossen Königs gewesen, des ‹besten Freundes der Eidgenossenschaft›, der mit

Am 28. November 1797 stirbt der 1722 geborene Gymnasiarch Professor Jakob Christoph Ramspeck. Der umstrittene Gelehrte hatte nach dem Studium der Medizin und der Botanik weite Reisen unternommen und ist dann in seiner Vaterstadt durch das Los zum Professor für Mathematik erwählt worden, doch trat er diesen Lehrstuhl wenig später an Johann Bernoulli ab und erhielt stattdessen die Professur für Eloquenz. Als es 1762 die Posten des Oberstknechts und des Ross-, Vieh- und Schweinezollers neu zu besetzen galt, bemühte sich der damalige Rector Magnificus auch um diese Beamtungen! Weil ihm dieses Vorhaben zur Aufbesserung seiner Finanzen jedoch misslang, bewarb er sich 1765 mit Erfolg um das Rektorenamt des Gymnasiums, betrieb aber daneben weiterhin eine medizinische Praxis für Kinderkrankheiten! Der in obrigkeitlichen Diensten stehende Ramspeck war zeitlebens ein Querulant, der «unermüdlich war in Supplikationen, wo er zu kurz zu kommen glaubte, und in Reklamationen, wo ihn gerechter Tadel getroffen hatte». Aquarell von Franz Feyerabend.

250 000 Thalern den Werbungen des kaiserlichen und päpstlichen Anhangs entgegenzuwirken bestimmt ist. Derjenige also, der seinen Freunden hinausschrieb: ‹Der König hat mich meiner Sünden wegen in die Schweiz geschickt. Ich verspreche mir nicht, dass meine Unterhandlungen den Papst veranlassen, mir einen Ablass zu spenden. Sie können leicht denken, dass ich es vorzöge, meine eigene Person am Hofe zu repräsentieren, als diejenige des Königs in diesen Bergen.›»

1626

«Ein Haas läuft zum St. Alban Thor hinein.»

1662

Es fällt während vier Tagen hintereinander ein so grosser Schnee, dass niemand mehr auf die Strassen kann. Als der Schnee wieder vergeht, findet man auf der Strasse von Basel nach Solothurn sechs Personen, denen die Kälte den Tod gebracht hat.

1726

Der Rat verfügt, dass nunmehr bei Beerdigungen von Leichenreden abzusehen ist: «Sollen inskünftig keine Leichenpredigten gehalten, sondern die Verstorbenen ohne grosses Gepränge dergestalten zur Erde bestattet werden, dass diejenigen, welche der Leiche nachfolgen, in die Kirche sich verfügen und allda von dem Herrn Prediger eine kurze Erinnerung und Gebet, welche beyde in eine Formel gebracht und gedruckt werden sollen, abgelesen werden. Übrigens sollen die Weiber von den Leichenbegängnissen gänzlich ausgeschlossen, und bey Bestattung junger Kinder, die noch nicht communiciert haben, nur die Götti und nähern Verwandten eingeladen werden.»

1742

«Im Markgräfischen verstirbt in ihrem 103. Altersjahr eine ledige Weibsperson. Sie hat niemals zu heiraten verlangt, weil sie schon in ihrem 17. Jahr auf unschuldige Weise zu Fall gebracht worden ist und von zwey Zwillingen entbunden worden war, ohne deren Vater zu kennen.»

Verordnung wider gefährliches Kochen.

Da sich durch die laidige und öfftere Erfahrung erwiesen hat, wie gefährlich es sey, in Zimmern oder offenen Orten, wo keine sicheren Feuerstätten sich befinden, nur auf ledigen Windöfelinen oder Kohlpfannen zu kochen; so haben Unsere Gnädige Herren Ein E. und Wohlweiser Rath dieser Stadt aus Landes-Väterlicher Vorsorge das Kochen auf Kohlpfannen und Windöfelinen, an andern Stellen als auf sichern Feuerstätten bey empfindlicher Strafe gänzlich verboten. Befehlen demnach allen Eigenthümern und Beständern eines ganzen Hauses, ein so gefährliches Kochen an ihren Haußleuten nicht zu gestatten, weniger selbsten es zu thun. Die hierwider Fehlbaren aber sollen von der E. Feuerschau, und in den Vorstädten von den E. Gesellschafften, gerechtfertigt werden.

Obrigkeitliches Mandat,
29. November 1777

1763

Im Zunfthaus zu Gerbern zeigt Kunstmeister Ricardo Pilsen «ein hochberühmtes englisches mathematisches Kunststück. Es praesendiert viele mit aufgespannten Segel auffem Meer hin und her fahrende Seeschiff. Ferners viele zu Pferdt und in Gutschen fahrende Herren und Dames, welche so natürlich Compliment machen und Almosen austheilen, als wenn sie lebten. Ferner sieht man einen Reiter, welcher unter einem Berg bei seinem Pferdt schlaft und von ihm etlichmal aufgeweckt wird. Diese und noch mehrere an Menschen und Viech passierte und repassierte Kunststück bestechen in nichts anderem als in einer künstlichen auf Kupfer gemachten natürlichen Mahlerei.»

1824

Die Gesellschaft zur Beförderung des Guten und Gemeinnützigen eröffnet im Klingental eine Schule für Lehrlinge und Handwerksgesellen. Zweihundert Schüler, in drei Klassen eingeteilt, benutzen die Gelegenheit, sich an Sonntagen und Werktagabenden im Lesen, Schreiben, Rechnen, Briefaufsetzen und Zeichnen unentgeltlich zu üben.

1855

«Aus Diegten gehen fünf Bauern zur englischen Legion. Einer von ihnen hinterlässt eine arme Frau mit vier unmündigen Kindern.»

29. November

Saturninus von Rom der Märtyrer

1517

Auf untertäniges Ersuchen der aus Gläubigen beiderlei Geschlechts bestehenden Bruderschaft zu Ehren der Heiligen Jacobus und Rochus und des ehrwürdigen Priesters Johannes Ringler erteilen Raphael von Ostia und elf weitere Kardinäle der Kirche zu St. Leonhard einen Ablassbrief. Durch dieses Instrument wird «allen besagten Christusgläubigen, die in aufrichtiger Busse Beichte ablegen, sofern sie den besagten Altar an den jeweiligen Festen und Tagen des seligen Apostels Jacobus des ältern und des heiligen Rochus und dreier Sonntage von der ersten bis zu der zweiten Vesper andächtig Jahr für Jahr besuchen und zum Unterhalt des Altars hilfreiche Hand bieten, hundert Tage Ablass von den ihnen auferlegten Büssungen gewährt. Das soll für alle Zeiten gelten».

1539

Der Rat gebietet dem Ritterorden der Deutschherren, welche das Glöcklein ihrer Kapelle an der Rittergasse nach Beuggen verbracht haben, nun auch das Glockentürmlein ihres Gotteshauses abzubrechen.

1571

«Es werden wieder zwei Männer enthauptet. Der eine hat Feuer eingelegt, der andere hat gräuliche Gotteslästerung getrieben. Diesem wird auch noch die Zunge ausgeschnitten und samt dem Kopf auf einen Pfahl gesteckt.»

1753

Magister Wiegand, Lehrer am Gymnasium, leidet nach einem Schlaganfall an Lähmungen und Sprachlosigkeit. Durch «die Würckung der Electricitaet von Herrn Rahtsdiener Götz seiner Maschine aber wird er glücklich, wenn auch nicht völlig, curiert, so dass er wieder reden, greifen und gehen kann».

1759

Es stirbt der 1687 geborene Niklaus Bernoulli, Mathematiker, Jurist und Philosoph. «Er widmete sich mit Vorliebe der Erforschung der unendlichen Reihe und bereicherte mit mehreren Entdeckungen die Wahrscheinlichkeits- und die Integralrechnung.»

1776

«Dr. Wernhard de Lachenal erhält die Professur der Anatomie und Botanik und richtet sein Augenmerk auf den in Gewächsen und Pflanzen vernachlässigten botanischen Garten. Er bietet seine ansehnliche Kräutersammlung nebst seiner sehr ansehnlichen Bibliothek und einer Summe baren Geldes der Obrigkeit an, wenn sie den Garten herstellen und ein Haus dazu bauen wollte, welches der jeweilige Professor der Botanik und Anatomie zu bewohnen hätte. Der Rat entspricht diesem uneigennützigen Anerbieten, und das Haus kommt zu Stande.»

1868

Mit linksfreisinniger Unterstützung wird auf der Liste des Riehenquartiers der Fabrikarbeiter Josef Heinrich Frey zum ersten Arbeiter-Grossrat Basels gewählt.

30. November

Andreas der Apostel

1444

Die Stadt wird von einem heftigen Erdbeben erschüttert. «Selbigen Jahrs, wie dann kein Elend allein kommt, ist auch die grosse Schlacht bey St. Jacob geschehen, da Basel in

Am 29. November 1788 wird der Vatermörder Hans Joggi Tschudin von Eptingen «zur Vollstreckung der wohl verdienten Todesstrafe» durch Harschiere, Stadtknechte, Gerichtsdiener und einen Geistlichen auf einem Schlitten durch die Stadt geschleppt: «Er soll zu gerechter Strafe und andern Bösewichtern zum Schrecken auf einer erhöhten Schleife zur Richtstatt vor das Steinen Thor geführt, allda ihm die rechte Hand abgehauen, er alsdann mit dem Schwert vom Leben zum Tode gebracht, sein Leib hernach von da weggeführt, bey dem Hochgericht vor St. Alban Thor auf das Rad geflochten und den Kopf und Hand am Galgen aufgesteckt werden. Gott sey seiner armen Seele gnädig!» Mit der Hinrichtung Tschudins hat «sich das letzte Beyspiel, dass in einem Kriminal-Prozess dem Delinquenten mit dem ersten Grad territionis (des Schreckens) gedroht werden sollte, ereignet. Es hatte nemlich, in einem abgelegenen Thal des Kantons, zu Rauch-Eptingen, einer namens Tschudin, nächtlicher Weile seinen Vater aus Eifersucht todgeschlagen. Seine Frau war schön, und er glaubte, dass der Todtgeschlagene in dieselbe verliebt gewesen wäre. Übrigens war Tschudin von einem ungestümen und brausenden Charakter, konnte weder lesen noch schreiben und spielte so wohl den Heuchler, dass der Orts-Pfarrer ihn anfangs für unschuldig hielt. Er läugnete lang das Verbrechen ab, wurde aber durch ein ungewohntes Mittel zum Geständnis gebracht: Der Examinator hörte auf, ihn zu befragen. Er erzählte ihm aber alles, was er vor, während und nach der Missethat gethan hat. Und so war es Tschudin, als wenn ein unsichtbarer Geist ihn zwölf Stunden lang begleitet und alles nachher dem Examinator geoffenbaret hätte. So fiel der Mörder auf die Kniee, rasselte nicht mehr wie vorher und gestand alles.» Kolorierte Radierung von Reinhard Keller.

grossen Sorgen und Gefahren gestanden ist.»

1519

Mit Heinrich von Tierstein stirbt «der Letzte dieses uralten herrlichen Geschlechts der Grafen von Tierstein».

1540

«Das Jahr 1540 nennt man den heissen Sommer, weil es von Hornung (Februar) bis auf Andreas (30. November) alle Monat trocken und heiss gewesen ist. Es ist ein so heisser Sommer gewesen, weil es in dieser Zeit nit über 10 Tage geregnet hat. Es war grosser Mangel an Wasser: Die Wiese lag trocken und der Birsig war klein. Der Rhein war so klein, dass es von der Kleinen Stadt bis zum Käppelijoch ganz trocken war. Ebenso hinauf bis zur Cartaus und hinunter bis gegen Klybeck.

Kundmachung
das Hereinbringen fremder SchreinerWaare betreffend.

Auf die von E. E. Meisterschaft der Schreiner vor E. E. W. W. Kleinen Rath geführte Beschwerde, über das Hereinbringen fremder SchreinerWaare, wurde von dieser hohen Behörde folgende Verfügung getroffen:

Soll vom 8 Christmonats nächstkünftig an, alles Hereinbringen fremder SchreinerWaare ausser der Meß verboten seyn. Die dawieder Fehlbaren sollen mit einer Busse von 10. bis 20. Franken vom Stück belegt, und ihre Waare zurückgewiesen werden.

Gleichermassen soll alles Einstellen fremder SchreinerWaare das ganze Jahr hindurch, sowohl in der Stadt als vor den Thoren untersagt und bey obbestimmter Strafe verboten seyn. Die während der Jahrmesse nicht abgesetzten Waaren sollen zurückgeführt, oder unter dem Kaufhaus niedergelegt, unter keinem Vorwand aber nachher allhier verkauft werden.

Obrigkeitliches Mandat,
30. November 1803

Auf der andern Seite vom Birsig bis zur Pfalz. Die Büchsenschützen hatten ihre Schiessen auf den Grienen (Inseln) bei der Pfalz, vor dem St. Johanntor und beim Käppelijoch im Kleinbasel. Weil nur noch wenig Mühlen mahlen konnten, war grosser Mangel an Mehl. Dafür gab es trefflich vielen Wein, wie zuvor noch nie gesehen.»

1657

«Als der 74jährige Pfarrer Leonhard Lützelmann in Liestal die Sonntagspredigt hält, trifft ihn auf der Kanzel der Schlag, so dass er tot hinfällt.»

1659

Wie in den übrigen Orten der Eidgenossenschaft findet auch in Basel eine «allgemeine Bätteljagd statt, alles unnütze, meisterlose und dem Landmann beschwärliche überflüssige Gesindel aus dem Land zu jagen».

1673

Zu St. Margrethen wird in Anwesenheit einer grossen Volksmenge die neue Kirche durch den eben in sein Amt eingeführten Pfarrer Theodor Werenfels eingesegnet. Zum Einweihungsgottesdienst läutet zum ersten Mal die in den Dachreiter aufgezogene neue Glocke mit der Inschrift «Gloria in excelsis deo. Jakob Rot goss mich im Jahr 1673». Das durch die hohen Fenster ins Kircheninnere flutende Sonnenlicht bricht sich in den bunten Wappenscheiben, welche die Zünfte zu Hausgenossen und zum Schlüssel gestiftet haben.

1724

«Es ist eine so wohlfeile und anmutig gesunde Zeit, dass man im Münster, in einer so grossen Gemeind, während etlichen Wochen nur für eine einzige Person, die Todes dahingegangen ist, beten muss, was fast unglaublich ist.»

1750

«In Lörrach legt ein Berner mit Hilfe des Schwanenwirts einen Bürger hinein, indem er ihm durch Erlösung eines verdammten Geistes einen grossen Schatz verspricht. Zu diesem Behuf muss der Betrogene in einem Säckel 600 Gulden in eine Grube herunterlassen, worauf er aber von einem murmelnden Geist derart erschreckt wird, dass er das Weite sucht und das Geld in der Grube liegenlässt. Diese Hergangenheit bewirkt, dass einige vom nämlichen Berner betrogene Riechemer Bauern sich verschwätzen, was dem Landvogt zu Ohren kommt. Dieser lässt die drei Bauern gefangennehmen und examinieren. Zwei bekennen, dass sie dem Berner 400 Gulden angehängt haben. Der dritte Löliger bekennt, dieser habe ihm nicht nur versprochen, einen Schatz in seinem Stall zu zeigen, sondern sein Vieh auch vor der Seuche zu bewahren, insofern er alle Nacht den 130. Psalm bete und Büchlein Hiobs lese. Während die drei Riechemer nur mit dem Tragen des Lasterstecken bestraft werden, macht es der Markgräfische Landvogt anders: Er verfügt, dass der Lörracher, weil er zur Beschwörung der bösen Geister 600 Gulden ausgegeben hat, zur Versöhnung der guten Geister ruhig deren 1000 für die Armen hergeben kann.»

1755

In der St. Theodorskirche hält Pfarrer August Johann Buxtorf «eine christliche Buss- und Vermahnungspredigt wegen diesmaligen betrübten Zeiten und schreckhaften Erdbeben, insonderheit bey dem erbärmlichen Undergang der königlichen Residentz der Statt Lisabona in Portugal».

1757

«Es erscheint Graf Nikolaus von Zinzendorf (1700–1760), der Begründer der Herrnhuter, in unserer Statt und logiert bey Peter Gemuseus zum Pflug. Es ist dann ein grosser Zulauf, um diesen berüchtigten Propheten zu sehen, zu hören und bey dem gnädigen Papa zu einem Handkuss gelangen zu können. Den Sonntag darauf predigt Pfarrer Buxtorf über die Wort ‹Sehet Euch für vor den falschen Propheten›, worauf er dann mit ziemlichem Feuer wider diese Sectierer loszieht, ihnen die Larve wegnimmt und sie in ihrer ganzen Hässlichkeit darstellt. Zwey Anhänger von Zinzendorf gehen hierauf aus der Kirche, machen dem Pfarrer eine Faust und schmettern die Thür hinter sich zu. Der Graf selbst verweilte nicht lang in der Statt, da er roch, dass man ihm von Raths wegen das Consilium abeundi geben wollte (den Rat, sich fortzubegeben).»

1808

Der Rat lässt bekanntgeben, dass «die Herausgabe irgend einer Zeitung dahier männiglichen untersagt ist».

1810

Es stirbt in ärmlichen Verhältnissen der 1737 geborene Torzoller Samuel Werdenberg. Im Dienst der Stadt stehend, hatte er den Weg- und Brückenzoll unter dem St. Albantor zu erheben. Seine Einkünfte aber waren so gering, dass er die flehentliche Bitte an die Obrigkeit richtete, es möchte seine Kompetenz erhöht werden, da es ihm bei einem Wochenlohn von 18 Batzen und den Früchten der Obstbäume im Fröschgraben unmöglich sei, seine Frau und ihn durchzubringen, würden doch auch noch die ihm als Brennmaterial dienenden alten Flecklinge

«Vue pittoresque du théâtre de la guerre sur le Haut Rhin au-dessous de Basle prise à la lueur du feu soutenu de l'artillerie et mousqueterie pendant l'attaque de la tête du pont d'Huningue dans la nuit du 30 Novembre au 1 Décembre 1796. A Basle chez Chrétien de Mechel.»

der hölzernen Fallbrücke wegfallen, weil diese in Stein neu erbaut worden sei.

1861

Der Kreuzgang des Münsters wird für Bestattungen geschlossen. Als letzte sind im Münsterkreuzgang noch in diesem Jahr beerdigt worden Alfred Burckhardt, Emma Merian, Johann Jakob Buser und Maria Judith Riggenbach.

1871

Vor einiger Zeit haben Mitglieder des Sanitätsausschusses die Raillardsche Gerberei im St. Antonierhof an der Utengasse 34 inspiziert und «beim Eintritt in den Hof eben bemerkt, dass eine Milchkuh entleert wurde und dass deren aashaftriechende, jauchefarbige Flüssigkeit in einer offenen Rinne von Pflastersteinen mitten durch den Hof floss, um bei der Rheingasse in die unterirdische Dohle abzulaufen. Im Hofe links lagerte ein Haufen von Haaren, bereit zum Abholen als Dünger für Tabak. Gegen die Utengasse zu wurden Häute aus der Schwitzkammer gebracht, welche natürlich stanken. Da die üblen Gerüche in den Kleidern der Experten noch stundenlang unangenehm anhafteten, wurden die letzteren in eine üble Stimmung versetzt.» Nach einem erneuten Untersuchungsbericht von Physikus De Wette haben sich die Verhältnisse in der Raillardschen Gerberei noch immer nicht wesentlich gebessert, ist doch weiterhin ein «gesundheitsschädlicher Fäulnisgestank wahrnehmbar».

1893

Eine arbeitslose Mutter richtet einen verzweifelten Hilferuf an den Arbeitervertreter in der Unterstützungskommission: «Den ganzen Sommer habe ich keinen Verdienst gehabt und sind acht Kinder da, und noch keine Hilfe. Und der Mann ist blos Taglöhner und verdient im Sommer 3 Fr., jetzt Fr. 2.80 und bei schlechtem Wetter nichts. Und das Schlimmste ist, jetzt hat keiner Schuhe, der Mann läuft auch auf blossem Boden, ich habe auch keine. Zwei Kinder kann ich nicht in die Schule schicken, da sie nichts anzuziehen haben!»

1. Dezember

Chrysanthus und Daria von Rom die Märtyrer

1362

Ritter Conrad von Bärenfels als Bürgermeister und der Rat zu Basel nehmen den Grafen Rudolf von Habsburg und die Stadt Laufenburg, welche ein Darlehen von 3400 Goldgulden aufgenommen haben, in den Schutz der Stadt.

1466

Nachdem Graf Oswald von Tierstein als Inhaber der «Grafschaft Pfeffingen» das von ihm errichtete Zollhaus an der Reinacherstrasse beim äussern Gundeldingen trotz der Einsprache Basels beim Kaiser nicht wegschaffen will, zögert die Obrigkeit nicht, den Zöllner gefangenzunehmen und die Zollstation niederzubrennen.

1502

Das Domkapitel wählt Christoph von Utenheim, als Nachfolger von Kaspar ze Rhyn, zum neuen Bischof von Basel. «Drey Rathsboten wohnen der Wahl bey. Von Seiten des Kaisers sind Leo Freiherr von Stauffen und viele Ritter erschienen. Der Kaiser liess antragen, einen jungen Herrn von Mörsberg zu ernennen. Allein die Wahl fiel auf den bisherigen Coadjutor Christoph, einen gelehrten und frommen Mann.»

1574

Der Reitschmied des Prinzen von Condé wird enthauptet, weil er seinem Herrn, aus Rache für geschuldeten Lohn, verschiedene Kleinodien entwendet hat.

1599

Michel Brandenberger, ein Weber im Kleinbasel, wird wegen zehn Mordtaten auf das Rad gelegt und zu Tode gefoltert.

1717

Ein Zimmermann begeht im Engelhof einen Diebstahl. Als er an der Folter sein Vergehen nicht gestehen will, wird er auf die Galeeren geschickt. Von seiner Verbannung aus bittet er später seinen Sohn, die gestohlenen 32 Louisdor für ihn aus dem Versteck zu holen. Dieser aber unterrichtet die Obrigkeit, welche denn auch um die Repatriierung des Diebs ersucht, damit er der Todesstrafe zugeführt werden kann. Doch Frankreich verweigert die Auslieferung des Sträflings. «Hieraus ersieht man dergleichen Diebsgesellen Hartnäckigkeit, die trotz Marter und Folter ihr Verbrechen nicht gestehen wollen.»

1751

«Die Kirche in Seggingen, die weltberühmte Wallfahrt zu unserem Stadt- und Landpatron Fridolin, gerät in Brand und wird übel zugerichtet. Als das nächste Patrozinium eine solche Menge Leute anzieht, die seit vielen Jahren niemahl so gross gewesen ist, entsteht ein Tumult aus Furcht, es wollte das Gewölb einstürzen, dass einige mit blutigen Köpfen hinausgetragen werden müssen. Der Ruf aber, es wäre das Chor eingefallen und hätte viele Menschen zu tod geschlagen, ist aber gäntzlich ohne Grund, denn dergleichen Unheil bey einer so gnadenreichen Wallfahrt wird durch die Fürbitte von Gott, dem Allmächtigen, niemahlen zugelassen.»

1823

Der 84jährige Meister Johann Jakob Schlosser, Zöllner unter dem Riehentor, nimmt sich das Leben: Er steckt einen Hirschfänger in die Tischschublade und bohrt seinen Körper hinein. Der Unglückliche stirbt erst nach einigen Stunden grauenhaftester Qualen. Sein Frau soll mit ihren beständigen Nörgeleien wesentliche Schuld am tragischen Freitod gehabt haben. Ihre Bemerkung, der Tropf hätte sich besser erschossen, als sich auf so schmerzliche Weise umzubringen, ist hinlänglicher Beweis für diese Behauptung.

1853

Das nach den Plänen von Architekt Johann Jakob Stehlin auf dem Areal des alten Kaufhauses an der untern Freien Strasse erbaute Postgebäude (Hauptpost) wird seiner Bestimmung übergeben: «Nun schaut zu dem hinauf/Der aller Welten Postenlauf/Von Ewigkeit hat wohl bestellt/Dass jedes seine Stunde hält/Der auch der Zeiten Sturmesflügel/Zu lenken weiss mit starkem Zügel/Ihm sei, was Menschenhand gebaut/Ihm sei auch dieses Haus vertraut/Dass er es gnädiglich bewahr/Vor Feuersbrunst und Kriegsgefahr/Und was da gehet aus und ein/Soll seiner Hut befohlen sein!»

1908

«Mit dem heutigen Tag wird der Polizeiposten an der Rheinbrücke aufgehoben und die Mannschaft nach dem Rathausposten verlegt.»

1909

Die seit 1902 erscheinende «Basler Zeitung» geht im «Basler Anzeiger» auf.

1910

«Das Ergebnis der Volkszählung lautet: 136 310 Einwohner (1900: 112 885); Schweizer 84 388, Ausländer 51 922. Haushaltungen 32 093 (24 604). Bewohnte Häuser 11 001 (8638).»

1914

Die Allschwiler Linie der Basler Strassenbahnen wird bis nach Riehen verlängert (und 1926 nach Lörrach weitergeführt).

2. Dezember

Bibiana die Märtyrerin

1376

Engländer erscheinen in Basel, angeblich 14 Scharen zu je 4000 Mann (!). Deshalb schicken die Eidgenossen eine Besatzung in die Stadt. Bern allein entsendet 1500 Mann in weissen Röcken mit einem schwarzen Bären darauf. Als sie in Basel ankommen, gehen jedermann vor Freuden die Augen über. Die Engländer werden wegen ihren spitzen Hüte Gugler genannt. «Niemals hat Basel ein solches aus Mördern, Räubern, Brennern, Kirchenbrechern

Schweizerischer Volksfreund,
1. Dezember 1862

Ein sehr gebildetes Frauenzimmer, mit ziemlich vorgerücktem Alter, welches französisch und deutsch spricht, sehr gut kochen und nähen kann und sich auch derzeit mit der Nadel beschäftigt, sucht sich auf diesem Wege einen Lebensgefährten. Ob derselbe alt oder neu, wird nicht berücksichtigt. **Fr. 100,000** baares Vermögen wäre jedoch wünschenswerth. Zu erfragen in Nr. 200 Aeschenvorstadt. (14461)

geb. 1818. Fotzeldorli. 1894.†

E. Müller 1907

Völlig entkräftet wird am 1. Dezember 1894 Rosina Dorothea Arnold aus dem württembergischen Marbach ins Bürgerspital eingeliefert. Das schmächtige, verschrumpfelte Weiblein, ungekämmt, ungewaschen, in Lumpen gehüllt, mit seinen zwei einzigen langen Zähnen im Unterkiefer gleichsam Grimms Märchen entlaufen, gehört seit Jahrzehnten zum Inventar der Stadt und geniesst als Stadtoriginal unter dem Spitznamen «Fotzeldorli» grösste Popularität. Es bewohnte am Martinskirchplatz ein Zimmer, mit einem Lager von Lumpen und Stroh, einer alten Kiste mit einem Branntweinlämplein und einem verbeulten Nachthafen. Die ehemalige Wäscherin zog gewöhnlich in einem beispiellos schmutzigen Zustand in der Stadt herum, bettelte überall um Speisen und scheute sich nicht, für Katzen und Hunde bestimmte Teller auszuschlecken, mit der Begründung: «d'Katz bruucht kai Ai!» Doch das Fotzeldorli lebte beileibe nicht nur vom Gassenbettel, sondern auch von seiner Hände Arbeit. Es war bezeichnenderweise das Unkraut, das ihm einigen Verdienst bot: Moos und Gras, das zwischen den Kopfsteinpflastern wucherte und immer wieder entfernt werden musste. Als man das Fotzeldorli nach Jahrzehnten zum ersten Mal gebadet haben soll, stirbt es am 21. Dezember 1894 im Alter von 76 Jahren. Und die fast 25 000 Franken, welche das geizige Hutzelweibchen im Laufe seines kargen Lebens zusammengekratzt hatte, gingen an einen entfernten Verwandten in Deutschland: «O Fotzeldorli, alti Dante/Hesch glaub im Läbe nie gnueg gseh/Du hesch dr Schwindel guet verstande/Doch jetze goht das nimmemeh/Denn under dyne Limbben-n-unde/Hett me jo dy Gärschtli gfunde/Kasch es mache, wie de witt/Doch mitnäh kasch's halt nit ...»

und Frauenschändern bestehendes Teufelsvolk vor seinen Mauern gesehen.»

1431

Den sittlichen Grundsätzen des Konzils folgend, verfügt der Rat die Trennung von Frauen und Männern in öffentlichen Bädern.

1497

Eucharius Holzach, Kleinbasels Schultheiss (Gerichtspräsident), erwirbt aus der Hand der Geschwister Hans Michel und Barbel Meyer den Hattstätterhof am Lindenberg und erlegt dafür 350 Pfund in bar. Der nachmalige Zunftmeister zum Bären (Hausgenossen) und Herr zu Grosshüningen baut den ursprünglichen Ziegelhof zu einem burgenähnlichen Herrenhaus mit mächtigem Walmdach aus. (Seit 1836 befindet sich der Hattstätterhof im Besitz der Römisch-Katholischen Gemeinde).

1570

«Der Rhein ergiesst sich in die Kleine Stadt, so dass man in der Rheingasse mit Weidlingen herumfährt. In der grossen Stadt steigt das Wasser bis zu den Röhren des Fischmarktbrunnens an.»

1594

«Doktor Hans Heinrich Pantaleon (1522–1595), Arzt und Professor der lateinischen Sprache, der Rhetorik und der Physik sowie Rektor der Universität, feiert nach 50jährigem Ehestand mit seiner Frau nochmals Hochzeit.»

1610

Dem verstorbenen Tuchhändler Hans Ulrich Schultheiss wird zu St. Peter ein Grabdenkmal gesetzt mit der Inschrift «Im Regiment ein schöne Blum/In Gottes G'mein auch ohne Ruhm/In seinem Haus sein Weib und Kind geehrt/Geliebt, g'regiert das G'sind.»

1699

Weil er sein Geld in seinem Haus am Petersplatz schlecht verwahrt hat, wird Junker Besold um tausend Pfund bestohlen. Als Dieb entpuppt sich nach langem Suchen Jacob Flury von Matzendorf, ehemaliger

> **Stadt-Merckwürdigkeiten:**
> Seith letsterem Ordinari ist gestorben und begraben worden:
> Vergangenen Sambstag ist bey den Predigeren beygesetzet worden: Die Edle Frau Catharina Leer, des Weyland Hoch-Edelgebohrnen Herrn Nicolas Barbeaux, Herrens der Frey-Herrschafften Grand-Villars und Thiancour nach Tod hinterlassene Frau Wittib.
> Vor drey Wochen ist Meldung gethan worden, von einer Mordthat welche ohnweit Brugg beschehen, und dass der Suspicirte Thäter sambt seinem Vatter und Mutter in Verhaft genommen worden seye; Nun folgen noch diese Umstände, dass der Ermordete ein fast 70. jähriger Mann, seiner Profession ein Maurer von Belfort aus dem Tyrol, welcher vermuthlich dise Strasse in das Elsass offt zu gebrauchen pflegte, und auch erst vor einem Jahr in eben dieses Bauren- oder Tagners Haus in dem Dörfflein Hasen übernachtet; Wie nun der gottlose Sohn des Hauses vernommen, dass dieser, obschon armscheinender Mann, eine ziemliche Baarschafft bey sich trage, hat er dehme vor seiner Abreise des Morgens frühe aufgepasset, und da der arme Mann kaum 3. à 400. Schritte von seiner Nacht-Herberg gekommen, wurde er von diesem gottlosen Buben mit einer Art zu tod geschlagen. Er hat sich zwar zu verschiedenen mahlen gesuchet aus seiner Gefängnuss, in dem Schloss Wildenstein, zu salviren und loss zu machen, wurde aber wiederumb mit grosser Mühe eingeholt, desto fester angeschlossen und mit einer Wacht umgeben, und obschon alle Kundschafften sehr schlimm vor ihme ausgefallen, so hat man ihne dennoch zu seiner Bekandtnuss bringen können, biss ihne gestern 14. Tag der Scharfrichter binden und an die Folter legen wollen, da er dann alles gestanden und seine Eltern als unschuldig wiederumb auf freyen Fuss gestellet worden. Diesem Maleficanten ist bereits sein des Todes-Urtheil (so diese Woche an ihme vollzogen werden solle) gefället; Es solle derselbe lebendig geradbrecht, nach empfangenem Hertzens-Stoss auf das Rad geflochten und neben dem Galgen gesetzet werden.

Avis-Blättlein, 2. Dezember 1732

Der nach den Plänen von Johann Jakob Stehlin am Steinenberg erbaute Musiksaal wird am 2. Dezember 1876 festlich eingeweiht. «Mit Beethovens neunter Sinfonie mit Schlusschor, unter Volkland von Liedertafel und Männerchor aufgeführt. Als Hauptstück kann man bei dicht besetzten Reihen gewahren, wie prachtvoll eine kräftige Tonmasse im neuen Konzertsaal klingt, ohne dass dabei die feineren Nuancierungen im Geringsten verloren gehen.»

Wirt zu Burgfelden. «Er wird um einen Kopf kürzer werden! Nach dem Urteilsspruch geht er herzhaft und getrost in den Tod, dann wird er von den Medizinern anatomiert.»

1711

«Joseph Meyer, ein Jud aus Frankfurt, zeigt während 8 Tagen gegen 4 Pfennig ein Kalb mit 2 Köpf und 4 Ohren.»

1752

Friedrich der Grosse, König von Preussen, ersucht Basel, seinen Leibeigenen Tschudi, von Sissach, der mit seinen Söhnen in einer Bandfabrik in Halle arbeitet, gegen Erlegung der erforderlichen Gebühren aus der Leibeigenschaft zu entlassen. Der Rat antwortet, Tschudi sei widerrechtlich und heimlich aus Basel entwichen Er schädige Basel, da er als Bandweber in einer auswärtigen Fabrik arbeite. Auch sei einer seiner Söhne arretiert worden, weil er im Verdacht stehe, weitere Posamenter zur Auswanderung zu verleiten.

1796

Der junge, hoffnungsvolle französische General Johann Karl Abbatucci, der im Kampf gegen die Österreicher bei Hüningen schwer verwundet worden ist, erliegt seinen Verletzungen. Die Generalität der Krone lässt ihm ein Denkmal errichten, «das von Basel aus viel besucht wird».

1839

«Es ertönt wie an einem hohen Fest feierliches Geläute von den Thürmen unseres Münsters. Auch die Papstglocke lässt ihre dumpfen und ernsten Klänge hören. Der erneuerte Grosse Rath zieht vor der ernsten Feier der Beeidigung aus dem Bürgermeisterhause in das Münster, diesen alten Zeugen der Schicksale unserer Stadt in Freud und Leid. Schmetternde Posaunentöne empfangen die Väter des christlichen Vaterlandes, und vom blauen Lettner hernieder singt ein reicher Musik-Chor ein Lied zu Ehren des christlichen Vaterlands. Hierauf legt Antistes Burckhardt die Worte der Heiligen Schrift aus mit dem wichtigen Rath des Propheten Jeremias: ‹Suchet der Stadt Bestes, dahin ich euch habe lassen wegführen, und betet für sie zum Herrn, denn wenn es ihr wohl gehet, so gehet es euch auch wohl.›»

«Am 3. December 1625 wird ein Löwe aus Affrica in der Gastherberg zur Gilge, alhie an Kätten gefesslet, gezeigt. Als Jacob Burckhardt, ein Knab von 13 Jahren, Lust hat, denselbigen zu besehen und ihm Speisen zuwirft, erwitscht der Löwe das Knäblein mit seinen grausamen Clauen ganz erbärmlich und beisst ihm mit seinen vier grössten Stockzehen in den Kopf, das Angesicht und das Genick durch die Hirnschalen, dass also bald das Hirn hinaustropft. Darüber schreit das Knäblein um Hülf, so dass es durch sonderbare Fürsehung Gottes von Herrn Jeremias Fäsch dem grimmigen zornigen Löwen aus dem Rachen gerissen werden kann. Als dann der Meister mit einer eysenen Mistgablen, auch der Löwenbub mit einem Prügel, dermassen auf den Löwen einschlagen, lässt dieser vom Knäblein ab. Es wird aber zugleich eine solche Furcht unter die Umstehenden gebracht, dass etliche junge Knaben samt einem Hund hinden hinaus in den Birsick springen. Hernach ist das Knäblein mit verwunderlichem Verstand und Geduld seliglich in Gott entschlafen und zu St. Martin begraben worden. Der Löwe ist indessen von Raths wegen zur Statt hinaus gebotten worden.» Kupferstich nach Hans Heinrich Glaser. 1625.

1867

Staatsschreiber Gottlieb Bischoff, der sich während der Choleraepidemie eingehend mit den Problemen der Erhaltung der öffentlichen Gesundheit beschäftigt hat, regt die Errichtung einer obligatorischen Krankenversicherung an. (Verwirklicht aber wird das erste eidgenössische Kranken- und Unfallversicherungsgesetz erst 1912).

3. Dezember

Attala die Äbtissin von Strassburg

1529

«Uff Fritag vor Nicolay fängt man im Closter zu den Augustineren zu dem ersten Mal an, die Ornatte und Kilchenzierden zu verkouffen, welches hernach in allen Kilchen beschicht. Und was daruss erlöst wird, das gibt man dem Almosen für die Armen.»

1639

«Es stirbt ein Gerber, der den Brauch hatte, sich oft Weiber Kleyder anzuthun und solcher Weise in die School (Metzgerei) und auf den Markt zu gehen. Das konnte man ihm nicht abgewöhnen, denn er hat im untern Theil des Leibs beständige Schmertzen empfunden, wie Kindsweh.»

1772

«Zu St. Bläsi neben der Wachtstuben hat es gegen 2 Uhr starck angefangen zu brennen. Eine halb Stund darauf sind die Stallung, Scheuren, Keller, Fruchtschütteneu, Wellen, Stroh, Frucht, Haber und Geschirr sowie die Burger-Wachtstube vom Boden hinweg gebrennt. Bei dieser Brunst haben sich die Küfer wieder wohl gehalten. Einer aber, Schölli der Kaminfeger, hat sich auf die Täcker um und an das Feuer gewagt und bekommt von Unseren Gnädigen Herren drey neue Louisdor und lebenslänglich auf diesen Tag einen Gulden.»

1855

Grossrat Löliger, «der in salbungsvoller Rede den Ruin aller Sittlichkeit im Tanzen erblickt», setzt im Grossen Rat ein Tanzverbot am Neujahrstag und am Ostermontag durch.

1873

Auf Initiative des Sozialdemokratischen Arbeitervereins und des

[102] Für die Familie, Schulen und Kirchen.
Haupt-Niederlage von Harmoniums
aus Stuttgarter Fabriken bei **C. Detloff**, Freie Strasse Nr. 40 in Basel.
Originalpreise.
Preis-Courants gratis.
Nebige Sorte (vollständiger Ersatz einer Orgel für grössere Lokale, Kirchen) ohne Aufsatz Fr. 1320. mit Aufsatz Fr. 1800.

Christlicher Volksbote, 3. Dezember 1864

Deutschen Arbeitervereins wird nach einem von dreitausend Teilnehmern besuchten Arbeiterfest in der Birsfelder Hard die Arbeiter-Union Basel konstituiert.

1880

Jacob Burckhardt schreibt an Friedrich von Preen u.a.: «Wir gehen hier unsern gewohnten Trott; das Semester an der Universität zeichnet sich in angenehmer Weise durch erhöhte Frequenz aus – gegen 250 Studenten! – Basel schwirrt von Musik; Rubinstein hat sich zwei Abende das Herz aus dem Leibe getrommelt, ich habe ihn aber beidemale versäumt, wie ich denn überhaupt gegen das Virtuosenhören ein allmäliges Vorurtheil habe in mir aufkommen lassen. Der letzte, den ich gehört habe, war Sarasate. – Dieser Tage hatten wir Volkszählung und vernehmen nun nicht ohne Grauen, dass bloss die Stadt (ohne Riehen, Bettingen und Kleinhüningen) binnen 10 Jahren von circa 45 000 Seelen auf 61 000 gestiegen ist. Und all das Volk kann mitstimmen, selbst die Aufenthalter. Es ist das grösste Wunder, dass diese Masse ihrer Wucht noch nicht mehr bewusst geworden ist, ich fürchte aber, es wird kommen. – Einstweilen ist es bei uns interessant zu sehen, wie der Wunsch nach Wiedereinführung der Todesstrafe überall im Steigen ist. So oft sich unsere Mittermaier in irgend einer Zeitung gegen diese Wiedereinführung geregt haben, immer ist in den nächsten Tagen ein besonders gräuliche Mordthat darauf gefolgt, wie zB: in diesen Tagen der Mord von Biglen (vierfach!).»

4. Dezember

Barbara die Märtyrerin

1529

Das Kloster zu St. Clara wird aufgelöst, und sein Besitz fällt der öffentlichen Hand zu: «Statthalterin und Convent des Claraklosters sind aus demselben wieder in die Welt und gemeinen (gewöhnlichen) Christenstand zurückgekehrt. Damit nun aber des Klosters Hab und Gut nicht verschwendet, sondern also verwendet wird, dass dadurch die Ehre Gottes geäufnet, die Armen und Dürftigen getröstet und der gemeine Nutzen der Stadt Basel gefördert werden, so übergeben die Schwestern und Nonnen das Kloster samt allen Zugehörde an Burgermeister und Rat.»

1545

Die Obrigkeit hat mit grossen Kosten das Haus «zur Mücke» am obern Schlüsselberg neu aufführen lassen. Zur Erinnerung an das stattliche Bauvorhaben lässt der Rat über dem Eingangstor eine prachtvolle Inschrifttafel anbringen, für welche der Künstler, der bekannte Maler Matthäus Han, fünfzehn Pfund erhält.

1589

Wegen plötzlichen Abgangs des grossen Schnees führt der Rhein ein derartiges Hochwasser, dass das siebte steinerne Joch der Brücke voneinandergerissen wird und mit erheblichen Kosten neu aufgebaut werden muss. Die Bevölkerung wird zur Fronarbeit angehalten.

1610

Zur wirksamen Bekämpfung der die Bevölkerung heimsuchenden Pest «verfertigt die medicinische Fakultät ein Gutachten, das der Rath drucken lässt, in welchem viele präservative und curative Mittel angegeben werden. Ferner wird befohlen, dass alle Todtenbäume (Särge), worin junge Leute liegen, die unter 14 Jahren alt sind, auf den Kirchhöfen geöffnet und die Körper nochmals besichtigt werden sollen, ehe sie in die Erde gebracht werden.»

Hebels Wegweiser.
(Ins Moderne übersetzt.)

Waisch wo der Weg zum Aemtli isch!
Me muess si Nase z'vorderscht ha;
Denn wenn de still bescheide bisch,
Kunsch bis zum jingste Tag nit dra.

Zue Fisch und Brotis, waisch der Weg?
Flattir de riche Herre nur,
Lass kein in Ruh auf Weg und Steg,
Das ist di einzig rechte Spur.

Waisch, wo dr Weg zum Kapital?
Me lequitiert sex, siebe mol.
Denn andre isch's zwar sehr fatal,
Hingege Dir gohts dopplet wohl.

Waisch, wo dr Weg zur riche Frau?
Träg's Gsangbuch in dr linke Hand,
Kai Wi trink, Thee und Milch thuets au,
Und red' nit viel vom Erdetand.

Waisch, wo dr Weg zum Wisass isch?
Kauf Heidelberi, Zucker, Sprit,
Und wenn de guraschiert nur bisch,
Schaffhuser nenns, so bringsch es wit.

Waisch, wo dr Weg zum Rothus isch?
Me thuet e Zit lang liberal.
Und wenn du nur erscht diene bisch,
So hesch ja zum Schangiere d'Wahl.

Waisch, wo dr Weg zu jeder Ehr?
Heb nur de Kopf e bitzli krumm,
Bisch hesli gege d'Millionär
Und red' recht siess und stell' di dumm.

Waisch, wo dr Weg ins Narehus?
Blieb bi dr Wohret, trau der Welt,
Und wirsch verruckt nit und kumfus
So kostets doch die Gut und Geld!

Basler Vorwärts, 4. Dezember 1897

1628

Es stirbt Professor Dr. Thomas Platter. «Er hat sich ein Amulectum gegen die Pest angehenkt. Da solches bei ihm erwarmte und er schwitzte, ist das Gift durch die Schweisslöcher zu ihm gedrungen und hat ihn getötet.»

1719

«Es wird im Grossen Rath geklagt über die gottlose und leichtfertige Aufführung des Spitalmeisters, welcher nicht allein den armen Pfründern einen Theil ihrer Portion abstiehlt, sondern auch den ganzen Spital Fonds ruiniert. So erkennt der Grosse Rath endlich, Burckhardt, der Spitalmeister, von seinem Dienst abzusetzen, ihn für ein Jahr in sein Haus zu bannisieren und mit einer Strafe von 9000 Pfund zu belegen, weil er den armen Leuten gleichsam vom Maul hinweggestohlen hat.»

1759

«In der Stadt wird ein See-Tiger gezeigt. Ein sehr schönes Tier, zur Hälfte wie ein Hund oder ein Tiger, die andere Hälfte aber von Fischgestalt. Die zwei Vorderfüsschen sind ähnlich geschaffen wie beim Blässhuhn oder der Ente, es kann aber nicht darauf gehen, sondern springt ohne Zweifel damit ins Wasser. Hinten steht noch eine Flosse heraus wie bei einem Fisch und ausserdem hat es einen kurzen Schwanz. Es geht auf dem Fussboden herum oder besser gesagt, es wälzt sich, denn es hat keine andern Füsse als die zwei. Sonst ist es ziemlich lustig, zahm und stellenweise behaart.»

1838

Es wird der 80jährige Dr. med. Johann Jakob Stückelberger zu Grabe getragen. Der stadtbekannte Arzt hatte es einst auch mit der Witwe Ochs-Fuss, der sogenannten Oggsefuessene, zu tun. Das beleibte grosse Weibsbild war immer nach der Mode gekleidet, zu welcher auch eine aufgesteckte Haube gehörte. Sie war etwas einfältig und daher von sich selbst eingenommen und zudem noch hypochondrisch. Trotz ihres blühenden Aussehens beklagte sie sich beständig über Unwohlsein oder prophezeite den Beginn einer ernsten Krankheit. Als sie bei Gelegenheit über die Rheinbrücke spazierte, begegnete ihr nun Doktor Stückelberger, den sie auf offener Strasse prompt um eine Konsultation bat. Unwillig wies dieser die eingebildete Patientin an, ihre Augen zu schliessen, den Mund zu öffnen und die Zunge möglichst weit herauszustrecken. Derweil die Oggsefuessene tat, wir ihr befohlen, schlich Stückelberger auf leisen Sohlen davon. Und diese merkte die Narretei erst, als die Umstehenden in schallendes Gelächter ausbrachen...

Am 4. Dezember 1646 besteigt Bürgermeister Johann Rudolf Wettstein an der Schifflände das Schiff zur Abreise zu den Friedensverhandlungen im westphälischen Münster. Neben seinem Sohne Johann Friedrich gehören auch Ratssubstitut Rudolf Burckhardt und zwei Klosterfrauen aus dem Elsass zur Reisegesellschaft. Aber auch Korporal Hans Horn und der Diener Wettsteins, Hans Jäcklin, der allzeit fröhliche «Giggis-Hans», begleiten den eidgenössischen Gesandten in seiner wichtigen diplomatischen Mission. Lichtdruck nach Wilhelm Balmer. 1895. (Über Wettsteins Erfolg berichtet der Basler Almanach unter dem 24. Oktober 1648.)

1874

87 Anwohner wenden sich mit einer Petition an die Regierung gegen das geplante Auffüllen des schon 1284 als Richtbrunnen erwähnten Lochbrunnens an der Ecke Gerbergasse und Gerberberg. So bleibt das «Gerberloch», die mit Quellwasser berieselte sagenhafte Höhle von Basels Wappentier, erhalten. Bis 1927, als die «Basilisken-Gruft» mit einem niederen Brunnentrog überdeckt wird.

1909

«Die Artilleristen sammeln sich allerorten, um die heilige Barbara ihrer schnauzbärtigen Liebe zu versichern. Jeder drückt sie im Geiste an sein Bomben- und Granatenherz und flüstert ihr ins Ohr: ‹Gäll, Bäbeli, du alti Klepfgattere, du hesch mi lieb!› Und die Kanoniersfrau wird darob nicht einmal eifersüchtig, sondern sie denkt, da ihr Mann vier Herzkammern habe, so dürfe eine derselben wohl als Pulverdampf mit der guten Barbara als Pulververwalterin eingeräumt und verwendet werden.»

> **Fest - Ausstellung**
> von
> **Leonhard Kost**
> 33 u. 101 Freiestrasse z. Himmel Freiestrasse 33 u. 101.
> **Bürsten- und Pinselfabrik**
> Korbwaaren, roh und garnirt,
> Linoleum-Wachstuch
> Läuferteppiche in Cocos, Manilla und Jute
> Thürvorlagen in Cocos, Manilla und Spart

National-Zeitung, 5. Dezember 1891

5. Dezember

Crispina die Märtyrerin

1235
Bischof Heinrich von Konstanz gewährt allen Diözesanangehörigen, welche die Predigermönche beim Bau ihrer Kirche ausserhalb des St. Johannschwibbogens in Basel unterstützen, einen Ablass.

1262
Das Kloster Wettingen leiht dem Brotmeister Heinrich Güter in Riehen zu einem Erbrecht und gestattet ihm die freie Benützung des aus der Wiese abgeleiteten Gewerbekanals im Kleinbasel (Riehenteich).

1285
Durch eine in Rom ausgestellte Urkunde wird allen Gläubigen, die an Marienfesten und anderen kirchlichen Feiertagen Basels Kathedralkirche aufsuchen und das Münster mit milden Gaben bedenken, ein Sündenablass verheissen.

1506
Franz von Brunn hat seinen Vater vergiftet und das Erbgut mit Schlemmen, Prassen, Spielen und Unzucht durchgebracht. «Weil er dann nit hat arbeiten kennen und megen, dazu er nit erzogen war, da er all sin Lebtag ein Junker ist gewesen, und sich des Bettelns geschembt hat, ist er uff den Ribben so dürr geworden, dass ihm die Müüs im Brotkorb gestorben und sine besten Sauff- und Dantzbrüder ihn verlassen haben. Da er nit mehr zbeissen und zbrechen hat, hat er gluegt und sich beflissen, wo er etwas möchte erdappen und auffheben, was er selbst nit nidergelegt hat.» Wie von Brunn nun auf der Safranzunft etliche Zinnkannen entwendete und sie einem Juden nach Weil verkaufte, geriet er in die Fänge der Justiz und gestand schliesslich neben seinem Diebstahl auch den Giftmord an seinem Vater. So wird der Vatermörder zum Tod durch das Rad verurteilt, «uff ein Karren gsetzt, mit heissen Zangen pfezt: 1. Am Kornmarckt. 2. Vor dem Haus zum Geist (Stadthausgasse 13). 3. Am Vischmarckt. 4. An der Rheinbrucken. 5. Wieder am Kornmarckt. 6. Vor dem Spital (an der Freien Strasse. Wird darnach lebendig uff das Rad gelegt beim Galgen (auf dem Gellert). Lebt noch 5 Stund uff dem Rad».

1586
«Es wird ein armer Sünder von Arisdorf mit dem Schwert hingerichtet und hernach ins Collegium geführt und anatomiert.»

1624
Nachdem er «kaum 36 Tage krank darniederlag, während er doch über 36 Jahre lang den Segen einer festen Gesundheit genossen hat», stirbt Stadtarzt Caspar Bauhin, Professor für Anatomie, Botanik, Griechisch und praktische Medizin. «Als Arzt, Lehrer und Schriftsteller wirkte er in glänzender Weise und mit verdientem Ruhme. Er verbesserte die anatomische Terminologie und machte sich durch gute Lehrbücher bekannt. Über die Geschichte der Pflanzenkunde schrieb Bauhin mehrere vortreffliche Werke. Er zuerst benannte die Pflanzen mit kurzen charakteristischen Namen und ward der Gesetzgeber der Botanik.»

1680
«Auf dem Gesellschaftshaus zum Rebhaus wird ein lediger Metzger nahmens Hans Ulrich Keller mit einem Degen erstochen. Weil es aber Nacht und finster ist, will keiner der Thäter seyn. Daher werden anderntags alle Thore bis um 10 Uhr verschlossen gehalten.»

1696
«Es wird der 16jährige Hirtenbub Joggeli Kümmler von Maisprach wegen Sodomiterei mit einer Geiss mit dem Schwert hingerichtet und samt der Geiss mit dem Feuer zu Asche verbrannt. Als der Scharfrichter parat steht, begehrt Kümmler, noch etwas zu reden. Man zieht ihm deshalb die schon aufgesetzte Haube wieder ab. Dann sagt der Knabe nur, man soll seiner Mutter gute Nacht sagen, und er bitte die Obrigkeit nochmals um Verzeihung. Dann wird ihm die Kappe wieder aufgesetzt, aber der Scharfrichter tut seinen Streich so kurz, dass noch ein grosser Fetzen von seinem Rücken am Kopf hängen bleibt, welchen er mit seinem Schwert teils absägen, teils abschlagen muss. Als der Blutvogt ihm deswegen Vorwürfe macht, entschuldigt er sich, Kümmler sei nicht still gewesen. Der Scharfrichter wird aber diesmal nicht bestraft.»

1725
«Der Landvogt von Farnsburg bittet den Rath, den armen Leuten der Gemeinden Diegten und Eptingen, welche zur Erbauung der Kirche in Eptingen fronen müssen, auf den Mittag ein Glas Wein und etwas Brod aus Gnaden reichen zu lassen. So befiehlt der Rath, dass man jedem Fröner täglich ein Pfund Brod

Der Salm, bzw. der Lachs, der wegen seines vorzüglichen Fleisches der «Junker des Rheins» genannt wird, galt seit Jahrhunderten als das begehrteste Schuppenwild unserer Flüsse. Die ergiebigsten Jagdgründe lagen unterhalb der Wiesenmündung. Er wurde zu allen Zeiten als köstliche Delikatesse und fürstliches Geschenk hochgeschätzt. Und deshalb ist es völlig unglaubhaft, dass der Lachs (der 1473 soviel wie 15 Sack Roggen kostete!) im Alten Basel nicht mehr als dreimal in der Woche den Dienstmägden habe aufgetischt werden dürfen! «Das Männlein wird, besonders wenn dieser Fisch ein Lachs ist, wegen dem unten an dem Kiefel hervorgehenden Hacken ein Hackfisch genannt.» Tuschpinselzeichnung von Emanuel Büchel. 5. Dezember 1750.

und eine halbe Maas Wein austheilen soll.»

1759

«Es gibt Leute, die den italiänischen Sprachlehrer Decius Mussita aus Brotneid aus der Stadt vertreiben wollen, indem sie vorgeben, dass er sich zum grossen Schaden der städtischen Chirurgen in die Obliegenheiten der Barbiere mische. Der andere Grund ist, dass er sich verheiratet hat, denn solche fremde Eingewanderte werden nach Stadtgebrauch nur solange geduldet, als sie ledig bleiben. Sobald sie aber heiraten und den nötigen Fundus für ihr Fortkommen und den Unterhalt der Angehörigen nicht aufweisen können, werden sie sogleich der Stadt verwiesen.»

1761

«Unweit von Augst wollen etliche junge Kiefer von Riechen ihre im Rheinfelder Wald gemachten tausend Stangen auf zwey Waidlingen den Rhein hinunterführen. Nachdem sie aber nicht weit vom Orth der Einschiffung weggefahren sind, fangen die Waidlinge an, zu sincken. Die darauf befindlichen vier Persohnen wollen sich umgehend durch Schwimmen retten. Drey aber müssen elendiglich ertrincken. Der Vierte kann zwar noch errettet werden, ist aber vom Frost so übel zugerichtet, dass er etliche Tage darauf auch sein Leben verliert.»

1867

Es stirbt der 1818 geborene Theodor Meyer-Merian aus dem Jahrhunderte alten Basler Geschlecht der Meyer zum Pfeil, Direktor des Bürgerspitals und Divisionsarzt. «Seine ärztlichen Kenntnisse und Erfahrungen legte er in einer Reihe von Monographien nieder. Auch der Poesie wandte er sich zu, zur Schilderung des Stillebens in der Natur und des Menschen. Als Volksschriftsteller war er ein Stück Hebel und ein Stück Jeremias Gotthelf.»

6. Dezember

Nikolaus von Myra der Bischof

1146

«Von Heitersheim her kommend, trifft Bernhard von Clairvaux in Basel ein. Auf die Kunde hievon strömen die Massen im Münster zusammen. Da redet ihnen der gewaltige Mann ins Gewissen. Er stellt ihnen das Bild des Erlösers vor Augen. Er spricht von der heiligen Pflicht, den Ungläubigen das Land zu entreissen, wo jener mit den Menschen gewandelt ist. Er ruft sie auf, der Fahne Gottes zu folgen und sich damit frei zu machen von Sünde und Schuld. Seine Glut entflammt alle, und der Erste, der das Kreuz nimmt, ist der Bischof Ortlieb selbst. Als nach der Feier Bernhard aus dem Münster tritt, drängt sich die hocherregte Menge um ihn her. Sie verlangt, Wunder zu sehen. Durch Handauflegen gibt Bernhard einer stummen Frau die Rede, einem Lahmen die Kraft, einem Tauben das Gehör wieder. Folgenden Tags reist er über Rheinfelden weiter.»

1442

«Es fängt eine grosse Kelti an, und die wert also lang, dass alle Reben erfrieren, die nit gedeckt sind, und viel Bäum. Man sagt, dieser Winter were viel kälter, als der kalt Winter von 1407. Die Kälte währt bis Ende März 1443.»

1481

Nach den reissenden Hochwassern, welche am 23. Juli des vergangenen Jahres die Rheinbrücken von Laufenburg, Säckingen und Rheinfelden zerstört und diejenige in Basel schwer beschädigt haben, wird ein neues steinernes Joch geschlagen. Auch muss die Obrigkeit noch zwei Joche aus Holz neu aufrichten lassen.

1484

In seinem Haus an der Aeschenvorstadt stirbt Ritter Hans Bernhard von Eptingen, Schlossherr zu Prattlen, der in jungen Jahren in Gesellschaft seines Vetters Thüring von Büttikon und eines Knechts eine Reise ins Heilige Land unternommen hat.

Am 6. Dezember 1811 kann auch mit dem Auffüllen des an die Lyss stossenden Abschnitts des Leonhardsgrabens begonnen werden, nachdem die Besitzer der Häuser «ze Oberwiler» (Leonhardsgraben 11/Spalenberg 57), «zum Pelikan» (13/55) und «zur Tanne» (15/53) ihr Einverständnis dazu gegeben haben: Schuhmachermeister Jakob Christoph Lindenmeyer erwartet indessen «den Ersatz seiner Kösten», Handelsmann Friedrich Ziegler verlangt «die Aufführung einer Unterzugsmauer des bedeckten Ganges, der zum Abtritt führt, samt heiter Liecht des Kellers» und Ratsherr Abraham Iselin begehrt «etwas Platz zu einem Hühnerhäuslein». So können in der Folge die ehemals an die Stadtmauer gestellten Spalenberg-Hinterhäuser zu eigentlichen Wohnhäusern ausgebaut werden, wie unser Bild aus der zweiten Hälfte des letzten Jahrhunderts zeigt.

1674

«Gott erbarm sich unser: Ein Viertel vor 9 Uhr, als die Leute in der Morgenpredigt sind, geschieht plötzlich ein sehr starkes Erdbeben, dergleichen bei Mannsgedenken nicht erhört und weit und breit im Land verspürt wird. Die Leute zu St. Leonhard und im Münster laufen haufenweis davon und werden im Gedränge übel getreten. In der Kirche bey St. Leonhard begibt sich Pfarrer Werenfels vor Schrecken die Kanzel herunter, besteigt sie aber nachgehends wieder. Im Münster aber flüchtet sich vor Angst die Jungfrau Valeria Battier auf die Kanzel zum Oberstpfarrer Gernler, der ruhig dort verharrt und aus dem Stegreif in seiner Predigt auf das Erdbeben übergeht. Die Kirchen und Gebäu haben gezittert und gewanket, und zu St. Martin und im Münster haben die Glocken angeschlagen. In summa, es ist ein grosser Schrecken und Jammer unter uns. Seine Bedeutung ist nur Gott bekannt. Der gebe, was zu seiner Ehr und seiner bedrängten Kirchen Heil dienen wird.»

1748

«Der gelehrte und berühmte Johann Jacob Spreng, Professor der teutschen Beredsamkeit und Dichtkunst, hält im undern Collegio eine lobenswürdige, schöne Gedächtnus-Red und Beweisthum über das Herstammen und Geschlecht unsern drey ersten, schon längst in Gott ruhenden Eydtgnossen, insonderheit des Wilhelm Thels, wie derselbe wunderbahrlich durch Schikkung Gottes die edle Freyheit erhalten, welche noch heutiges Tags in der gantzen Eydtgnosschaft gehalten wird.»

1855

«Seit dem Jahr 1798 führt in Binningen Lehrer Jundt das Schulzepter. Im Jahr 1721 hat sein Grossvater die Schule daselbst übernommen. Ihm ist sein Sohn gefolgt, so dass seit 134 Jahren sämtliche Binninger von Grossvater, Vater und Sohn Jundt unterwiesen worden sind.»

1864

Der Grosse Rat beschliesst die Abschaffung der Kettenstrafe, die durch Einsperrung im Zuchthaus ersetzt wird.

1900

«Heute hat St. Niklaus eine grosse Arbeit zu bewältigen, denn an allen Enden und Ecken harrt die ungestüme Jugend auf den alten Graubart, genannt Klaus. Neben einigen mehr oder weniger glücklichen Interpretationen der St. Niklaus-Rolle verdient der prächtige alte Klaus besondere Erwähnung, welcher mit einem Eselchen, beladen mit zwei Körben voll allerlei Nützlichem für die kleine Welt, die Strassen Klein-Basels durchzieht und da und dort

Basler Nachrichten, 6. Dezember 1913

durch ein Geschenklein einen Sonnenstrahl in dunkle Stuben trägt. Dem Silberton seines Glöckleins folgt eine ganze Kinderarmee.»

7. Dezember

Agathon der Märtyrer

1080

Der Deutsche Kaiser, Heinrich IV., schenkt dem Bischof von Basel, dem getreuen Burkhard von Fenis, die zwischen dem Jura und dem linken Ufer der Aare gelegene Grafschaft Buchsgau.

1589

Nicolas de Harley de Saucy erhält vom Rat zur Anwerbung von Truppen für den französischen König viertausend Goldkronen. Er verspricht, dieselben innert vier Monaten zurückzuzahlen und überlässt der Obrigkeit zum Unterpfand eine in Gold gefasste Tafel, zwölf Feldgeschütze, zweihundertfünfzig Musketen, hundert Harnische und vierzig neue Munitionswagen.

1646

Wie ein junger Schuhmacher zu nächtlicher Stunde durch die Eisengasse spaziert, begegnet ihm eine unbekannte Frau. «Diese schlägt ihm mit ihrer Hand auf die seinige, worauf ihm die Hand unverzüglich verdorrt.»

1650

«Im Dorf Pratteln ist Schulmeister Schwartz plötzlich gestorben. Weil sein Tod verdächtig erscheint, lässt die Obrigkeit eine Untersuchung anstellen. Diese ergibt, dass ihm seine Frau ein Clistier oben eingegeben hat, das im Hintern hätte appliciert werden müssen.»

1671

Theodor Falkeysen, der am 3. Oktober wegen seiner extravaganten weltmännischen Lebensführung und seiner offenbar illegalen Tätigkeit als Buchdrucker verhaftet wurde, ist der Prozess gemacht worden. Sein Benehmen erschien den Untersuchungsbehöden derart hochnäsig, dass sie ihm seine glänzende Uniform abnahmen, «damit er sich nicht als wie ein Pfau in seinen Federn darinnen bespiegle». Die schlechte Behandlung und die erbärmliche Unterkunft in einem «Stinkloch», wo nächtlicherweile Ratten ihm Löcher in die Arme bissen, trieben Falkeysen fast zur Verzweiflung. So legte er durch heimlich zurückbehaltene Ofenglut in seinem Gefängnis einen Brand. Dem herbeigeeilten Turmwart rief er zu, der Turm müsse bis zum Boden niederbrennen, oder der Teufel solle ihn lebendig zerreissen und verzehren. Die Obrigkeit handle mit ihm nicht wie eine christliche, sondern wie eine barbarische Macht und traktiere ihn wie einen Schelmen. Er aber sei doch nie ein Dieb gewesen, wie diejenigen, so die Münzen und das Kupfer aus dem Zeughaus gestohlen hätten. Als ihm hierauf Ratsknecht Huber zusprach, dergleichen Reden zu unterlassen, fuhr er diesen an: «Was, du alter Dieb, hast das Deinige versoffen und verfressen und bist jetzt froh, dass du an deinem Diebesdienst bist und deiner Obrigkeit alles zu Ohren tragen kannst.» Zu einem «Geständnis» war Falkeysen vorerst nicht zu bewegen, weshalb das Gericht dem Scharfrichter die Anwendung der Folter auftrug. Anfänglich ohne Gewicht am Seil aufgezogen, klagte der «Inquisitor» heftig über Gewalt und Unrecht. Dann, mit schwerem Gewicht an der Folter hängend,

Bürgermeister Emanuel Socin, †7. Dezember 1717

schrie er schmerzgepeinigt: «O, ihr Schelmen, ihr werdet es am jüngsten Tag verantworten müssen. Haut mir nur den Kopf herunter, ich will um alle Qualen Gott nicht veleugnen!» Endlich wurde Falkeysen «auf sein vielfältiges Schreien und Bitten» heruntergelassen und gestand schliesslich gebrochenen Leibes, was man von ihm hören wollte. Aufgrund des erzwungenen Schuldbekenntnisses wurde der 1630 geborene Theodor Falkeysen des Hochverrats schuldig befunden. Die Rechtskonsulenten der Stadt beantragten, der Verräter solle auf den Richtplatz geschleift, mit glühenden Zangen gepfezt, geviertteilt, sein Weib und seine Kinder an den Bettelstab gewiesen, all sein Hab und Gut konfisziert und nach seinem Tode sein Gedächtnis verdammt werden. Der Obrigkeit war beim Urteilsspruch indessen nicht ganz wohl, und deshalb wurde Falkeysen «nur» zum Tod durch das Schwert verurteilt. Die Vorbereitungen zur Hinrichtung wurden dennoch in aller Heimlichkeit getroffen, befürchtete der Rat doch, das

Volk könne sich zu Missfallenskundgebungen hinreissen lassen. So waltet denn in der Frühe des heutigen Dezembertages, bei blassem Schein von Pechfackeln und Harzpfannen, Scharfrichter Meister Jakob seines blutigen Amtes. Ohne feierliche Urteilsverkündigung im Rathaushof, ohne Läuten der Armsünderglocke wird die Hinrichtung im Werkhof in Gegenwart einer Abteilung Soldaten in unheimlicher Stille vollzogen, worauf die Stadtknechte den Leichnam zu St. Elisabethen einscharren. Um die neunte Morgenstunde zerrt der Henker des Gerichteten Schmachschriften an einem Seil aus dem Rathaushof und verbrennt sie auf dem heissen Stein am Marktplatz. Damit hat ein unwürdiges Kapitel baslerischer Strafjustiz ein beschämendes Ende gefunden!

1690

Die Auflehnung gegen die unsauberen Praktiken gewisser Ratsherren ist nun auch von den Kanzeln herab hörbar. So erklärt Pfarrer Emanuel Meyer im Münster, die Meineidigen seien ärger als der Teufel, weil sie mit aufgehobenen Händen falsch schwören und mit dem gleichen Fingern das heilige Abendmahl empfangen, so dass es kein Wunder wäre, wenn ihnen die Hand abfiele oder verdorrte oder wenigstens aussätzig würde!

1853

Der Hutmacher Daniel Gessler verkauft den aus der zweiten Hälfte des 16. Jahrhunderts stammenden Spiesshof am Heuberg 3/7 der Schweizerischen Centralbahn (Heute Zentraleinkauf der Schweizerischen Bundesbahnen).

1874

Der Grosse Rat entzieht den Drei Ehrengesellschaften Kleinbasels das Recht zur Ausübung von Vormundschaften.

1879

In Bad Bubendorf gründen 36 Pferdeliebhaber den Basellandschaftlichen Reiterclub (seit 1887 Reiter-Club beider Basel).

1907

«Die Trambahn Basel–Aesch wird für den regelmässigen Betrieb eröffnet. Es sind in jeder Richtung 25 Fahrgelegenheiten vorgesehen. Die Fahrzeit dauert 32 Minuten. (Heute: 26 Minuten.)

8. Dezember

Maria Empfängnis

1458

«Diesseits wird beim Käppelijoch eine neue steinerne Arche gelegt.»

«Eigentlicher Abriss dess new-scheinenden Cometen, wie solcher nach seiner Gestalt und Stand zu Basel Anno 1664, den 7. December, erstmahls gesehen worden ist.» Dieser «erschreckliche Comet mit einem lang ausbreitenden Schweif ist gegen Mittag gesehen worden. Zwölf Tage hernach wendet er sich mit dem Schweif gegen den Sonnen Aufgang. Er wird am Himmel unseres Horizonts während 30 Nächten gesehen. Deshalb wird auf den 5. Januar 1665 zu Stadt und Land wie auch in den übrigen evangelischen Orthen der Eidgenossenschaft wiederum ein Fast-, Bet- und Busstag gehalten.»

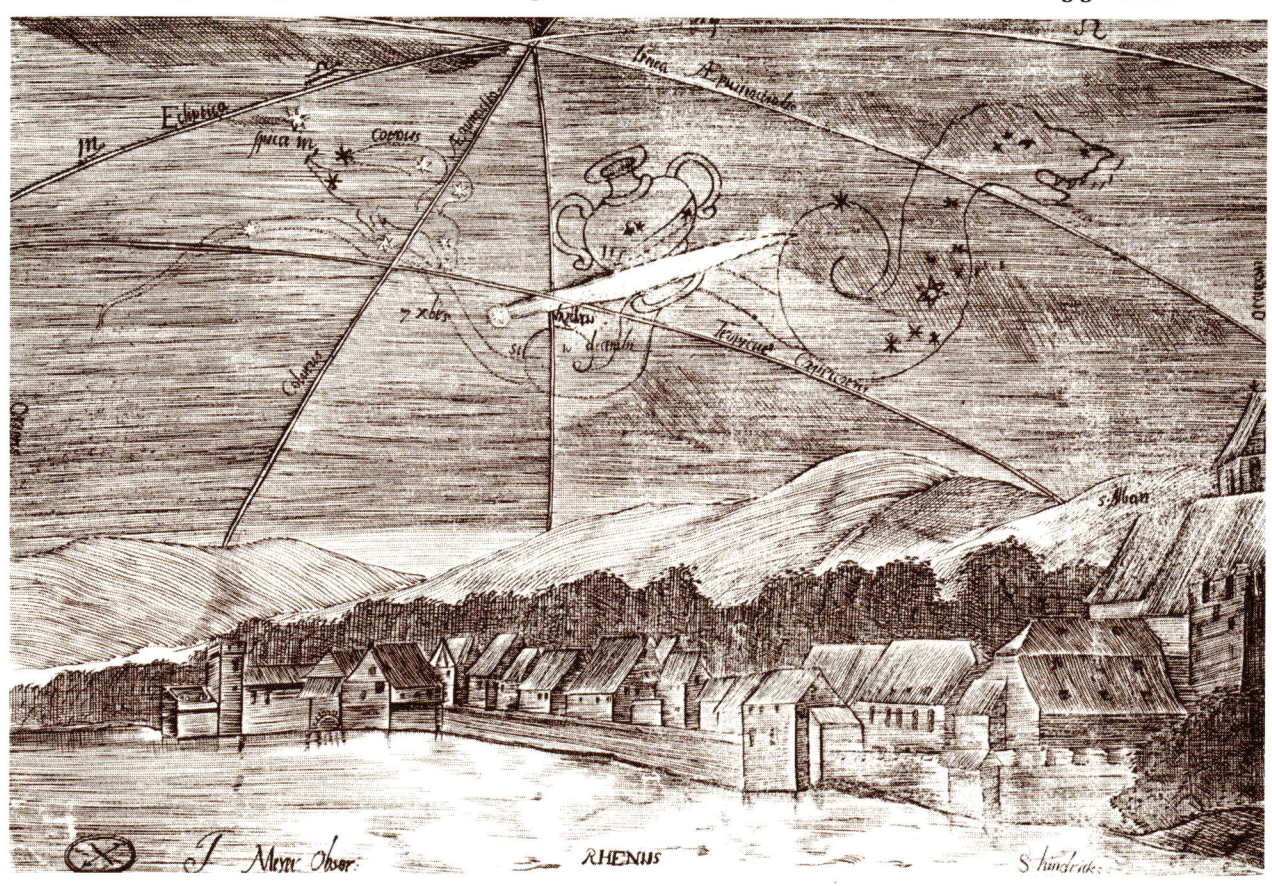

1657

Der Rat erlaubt der Amsterdamerin Christina Morlans, auf den Zunfthäusern zum Bären und zu Brotbecken ein 12jähriges Mädchen zu zeigen, das ein Gewicht von 230 Pfund aufweist. «Der Schenkel ist so dick, als ein Mensch in der Weite. Man kann vor Fettigkeit kein heimliches Orth sehen.» In die Bewilligung miteinbezogen ist auch die Schaustellung eines Pelikans, eines Strausses und dreier Löwen. Wenige Wochen später dürfen dem Publikum auch «etliche rare wilde Pferde aus Westindien» präsentiert werden.

1714

Am Münsterplatz, gegenüber der Ecke zum Schlüsselberg, entsteht ein gefährlicher Brand. «Wird geich darauf Lärmen gemacht und gestürmt. Man muss alle Feuerspritzen brauchen. Das Wasser dazu holt man im Rhein. Man reicht es in Eimern durch die Pfalz. Weil auch die Mücke in Gefahr steht, werden die meisten Kunstsachen im Cabinet in Sicherheit getragen.»

1722

Als Durs Osti, der Lehenmüller der Hirzlimühle im St. Albanloch, mit seiner Frau ins Kornhaus fährt, um neue Frucht zu holen, überlässt er seine Kinder zur Beaufsichtigung einer 17jährigen Magd. Eine alte verrostete Pistole, welche auf einer Kommode im elterlichen Schlafzimmer liegt, scheint für die Kinder nicht gefährlich zu sein, spielen diese doch schon seit Jahren mit der Waffe. Wie nun der sechs Jahre alte Durs an der vermeintlich ungeladenen Muskete herummanipuliert, geht plötzlich ein Schuss los und zerschmettert das Gesichtlein seines jüngsten Brüderchens. Auch «etliche Weiber», die aus der Nachbarschaft herbeieilen, können keine Hilfe mehr bringen; das Knäbchen erliegt auf der Stelle seinen Verletzungen. Chirurg Peter Mieg sieht «expressé nach dem Geschrott, kann aber keines finden und glaubt deshalb, es sei nichts als ein Schuss Pulver in der Pistole gewesen.» Der Rat verzichtet auf eine Strafverfolgung, doch ordnet er an, «dass zu Stadt und Land publiciert wird, mit dem Gewehr sorgsam umzugehen».

1752

Der Kleinbasler Schultheiss (Gerichtspräsident) Andreas Merian übermittelt dem Rat die Namen von 23 Kleinbaslern, die sich trotz Aufforderung keiner der Drei Ehrengesellschaften angeschlossen haben. Denn nach einem obrigkeitlichen Erlass aus dem Jahre 1726 hat jeder gewerbetreibende Bürger einer Zunft oder einer Gesellschaft anzugehören. Weil die Bürgerschaft der Obrigkeit zunftweise den Eid zum Gehorsam schwört und der Wachtdienst an den Ringmauern durch die Zünfte und Gesellschaften geleistet wird, machen sich die säumigen Kleinbasler einer schweren Vernachlässigung ihrer Bürgerpflicht schuldig, die für jeden eine Busse von einer Mark Silber absetzt.

1766

Im Gasthaus «zur Krone» zeigt sich gegen ein Eintrittsgeld von einem Batzen ein über 115 Jahre alter Zwerg dem Publikum. «Seine Länge ist 2 Schuh und 4 Zoll hoch (71 cm). Er ist schön von Gestalt, weiss von Kopf, grad von Gliedern. Sein weisser Bart ist über ein Schuh (30 cm) lang. Er ist so stark, dass er mit dem kleinen Finger ein Centnerstein auflüpfen kann. Er geniesst seine Nahrung nichts anders als halb raues Fleisch. In seinem Lappländer Land ist der höchste Mann nicht über 3 Schuh und 3 Zoll hoch (99 cm).»

1770

Die Obrigkeit erkennt, dass die Zünfte und Ehrengesellschafen wie auch die gesamte Bürgerschaft sich auf Neujahr keine gegenseitigen Geschenke mehr machen dürfen.

1844

Fünf Basler – Redaktor Brenner, Satiriker Kölner, Schlosser Münch, Bierbrauer Meyer und Mathematikstudent Klein – nehmen am ersten Freischarenzug teil. Als sie zurückkehren, sind sie mehr Gegenstand des Spotts als der Bewunderung. Zudem haben sie den verbotenen Kriegsdienst mit Haftstrafen zu büssen.

1883

Papst Leo XIII. erhebt Benedikt Joseph Labre in den Stand der Heiligen. Als armselige Pilger zog er von

Nachdem die Kommission zur Schwimmschule der Gesellschaft des Guten und Gemeinnützigen sich zur bessern Frequenz ihrer Pfalzbadhäuschen erfolglos um die Konzession zum Betrieb einer Münsterfähre erworben hatte, erteilte die Regierung dem Basler Kunstverein, dem die Priorität im Fährenwesen zusteht, eine entsprechende Bewilligung. Denn die durch den Bau der Wettsteinbrücke überflüssig gewordene Harzgrabenfähre soll auch nach Ansicht der Behörden ersetzt werden. Der Aufstieg vom Landeplatz zur Pfalz kostet allerdings einige Mühe. So wird ernsthaft die Konstruktion «einer Hebemaschine studiert, eines Aufzugs für Personen auf die Pfalz, ähnlich wie solche nun vielfach für Gasthöfe erstellt werden, der sich wahrscheinlich mit der Wasserkraft des Rheins bewerkstelligen liesse». Die zu erwartenden enormen Aufwendungen aber führen schliesslich zum Ausbau des Fussswegs, so dass die Münsterfähre am 8. Dezember 1877 dem Betrieb übergeben werden kann.

Brauerei z. Cardinal.
Eröffnung der neuen Bierhalle
Dienstag den 8. Dezember.
Wir empfehlen dieselbe dem Tit. Publikum bestens. [15173]

National-Zeitung, 8. Dezember 1891

Heiligtum zu Heiligtum und suchte dabei auch des öftern das Kloster Mariastein auf. Hier verweilte er tagelang in stillem Gebet in der unterirdischen Kapelle vor dem Gnadenbild der lächelnden Muttergottes. Die Pilger verehrten «Labri» schon zu seinen Lebzeiten als Heiligen. In seiner Grabeskirche «Santa Maria Regina dei Monti» in Rom sind denn auch immer wieder viele Zeichen und Wunder wahrnehmbar.

1898

Der Grosse Rat spricht sich für die Überdeckung des Birsigs zwischen dem Barfüsserplatz und der Rüdengasse durch eine Strasse mit Tramgeleise aus (Falknerstrasse).

1902

«Der reichlich gefallene Schnee in Verbindung mit ziemlicher Kälte

Kantons-Mittheilungen, 9. Dezember 1848

Von den Zünften gewählt.

Schlüssel.	Schmieden.
Herr J. R. Frey, Bürgermeister.	Herr And. Fäsch, Rathsherr.
„ Oberst Bened. Bischer.	„ Samuel Minder, Rathsherr.
Hausgenossen.	**Schuhmacher und Gerber.**
Herr Oberst-Lieutenant Wilh. Bischoff.	Herr And. Braun-Geßler.
„ Adolph Christ, Rathsherr.	„ Joh. Bücher.
Weinleuten.	**Schneider und Kürschner.**
Herr German LaRoche.	Herr Adolph Hübscher.
„ Oberst Joh. Burckhardt.	„ Friedrich Wohnlich.
Safran.	**Gartnern.**
Herr J. J. Bruckner-Eckenstein.	Herr K. Burckhardt, J.U.D., App.-G.-Präs.
„ Achilles Bischoff, Nationalrath.	„ Müller-Bruckner.
Rebleuten.	**Metzgern.**
Herr Georg Felber, J.U.D., Staatsschr.	Herr Matthias Oswald, Rathsherr.
„ Niel. Halter-Fäsch.	„ Samuel Sachofen.
Brobbetten.	**Spinnwettern.**
Herr J. Christoph Schmidt-Fäsch.	Herr Ch. Ronus, Statthalter d. G.Raths.
„ Rudolph Schmidt-Mäglin.	„ Oberst J. F. Stehlin, Rathsherr.
Schärer, Maler und Sattler.	**Universität.**
Herr Georg Scherb, Med. Dr.	Herr Andreas Heusler, J.U.D.
„ Hasler, Lithograph.	„ Peter Merian, Ph. Dr., Rathsherr.
Webern.	**Riehen.**
Herr Rudolph Schmid, J.U.D.	Herr Samuel Stump, Rathsherr.
„ Fried. Lotz, Vater, Appell.-Rath.	„ Theobald Wenk.
Fischer und Schiffleute.	**Kleinhüningen.**
Herr Karl Brenner, J.U.D.	Herr Sebastian Weber.
„ Heinrich Hertner.	„ Friedrich Bell.

öffnet dem Wintervergnügen verhältnismässig frühzeitig die Bahn. Auf dem Münsterplatz kommen viele Schlitten ein-, zwei- und vierspännig angefahren. Dreizehn prächtige Schlitten nehmen mit weithin hörbarem Peitschenknall und Schellengerassel ihren Weg durch die Freie Strasse, Marktplatz, Blumenrain, St. Johannsvorstadt u. s. w. und wählen als Endziel das Gasthaus zum Hirschen in Lörrach. Bei der Fahrt durch die Stadt bildet ein stattliches Publikum Spalier.»

1907

Im Saal «zur Mägd» findet die Gründung des «Hilfsvereins St. Peter» statt, womit die Petersgemeinde zum Vorbild weiterer Vereine der wohltätigen Haus- und Krankenpflege der Stadt wird.

9. Dezember

Joachim der Vater Mariens

1633

Ein schwedischer Reiter sprengt über die Rheinbrücke und bleibt an der eisernen Kette am Rheintor hängen, so dass «das Pferd gleich tod liegen bleibt. Von beyden Seiten des Rheins her sind in diesem Jahr nach Basel geflüchtet: 1528 Mannspersonen, 1789 Weibspersonen, 1939 Kinder, 623 Pferde, 432 Rindvieh, 462 Schafe, 28 Geissen, 211 Schweine und 20 Esel».

1654

«Jakob Buser, der Wirt zur Sonne in Buckten, der zu Zofingen als Rebell für 100 und ein Jahr der ganzen Eidtgnossenschaft verwiesen worden ist, wird begnadigt und kann das Land wieder betreten.»

1662

«Eine ledige Tochter von Mümpelgrad (Montbéliard), die nach Basel gehen will, gerät in starken Wind und grossen Schnee, so dass sie zwischen Bettingen und Riehen tod aufgefunden wird.»

1681

«Die Abgeordneten von Basel haben mit denjenigen der übrigen Eidgenossen in Ensisheim den französischen König zu begrüssen, worauf sich dieser anderntags in die Festung Hüningen begibt. Auf Basels Wällen müssen sechzehn Kanonen ihm zu Ehren dreimal salutieren. Die Geschenke, welche Basels Gesandte als Zeichen der königlichen Gnade erhalten haben – Bürgermeister Krug 50 Louisdor, Oberstzunftmeister Johann Jakob Burckhardt eben so viel, Dreierherr Zäslin eben so viel und Stadtschreiber Harder 30 Louisdor – legen sie übungsgemäss auf den Rathstisch. Als ihnen aber diese Geldgeschenke ebenso übungsgemäss überlassen werden, schickt Bürgermeister Krug seine 50 Duplonen in den Spital, und Stadtschreiber Harder stellt seine 30 den armen Schülern auf Burg zu. Das ist wohl der angemessenste Ausdruck des Widerwillens gegen die unausweichliche, aber von Ehrenmännern tief empfundene Demütigung, welche ihre Gesandtschaftsreise zum verhassten und gefürchteten König für sie gewesen ist.»

1751

Gegen Ende des vergangenen Jahres wird ganz Europa von einer grassierenden Kindsblatternepidemie heimgesucht, wie es in solchem Ausmass seit 1618 nicht mehr der Fall gewesen ist. «Die meisten Kinder sterben. Auch faulen viehlen die Küfel und Backen. Etlichen muss man gantze Stücker Fleisch, Füssli und Fingerli abschneiden und rinnen die Augen aus. Der Geschmack ist so entsetzlich starck, dass die Umstehenden selbigen kaum ertragen können.»

1797

Den Kustoden (Schulabwarten) stehen für ihre Dienste folgende Bezüge zu: «Wöchentlich 10 Besen. Auf Kayser Heinrichs Tag jedem 3 Mass (à 1,42 Liter) Wein und 3 Pfund Brot. In den Hunds Tagen für die sämmtlichen Fenster im Gymnasio zu butzen jedem 1/2 Gulden, 3 Mass Wein und 3 Pfund Brot. Den Hof im Examen zu säubern jedem 3 Mass Wein und 3 Pfund Brot. Für jedes Clafter Holz zu versorgen und zu beigen beide zusammen 1 Mass Wein und 1 Pfund Brot. Am Oster Montag für den Münster Platz zu säubern jedem 3 Mass Wein und 3 Pfund Brot. Die Lanteren (Spalier), Mehl- und Bodenwisch, Spritzkachel und Stuben Schäufeli wie auch Züber und Kübel werden nur angeschafft, wan es nöthig ist.»

1834

«Beim musikalischen Kränzchen bei Professor De Wette sind zu hören: Gesang von Frau Bischoff-Kestner. Duett von Anna De Wette und Wassermann. Claviersolo von der Tochter des Postdirektors von Hüningen. Terzett aus Don Juan. Nocturne für zwei Stimmen durch Fräulein Bernoulli und Wassermann. Duett von Moschels von Wassermann und Heusler.»

1883

«Die auf 11° gestiegene Kälte ermöglicht bei prächtigem Wetter das erste Schlittschuhlaufen in diesem Winter.»

«Gladi Weissenburger, der Bräter, hat einen grossen Wagen mit Mist geladen, welchen er folgenden Tags auf sein Landgut führen will. Einige junge vornehme Herren, welche von einem Schmaus zurückkehren, machen sich indessen einen Spass und laden den Wagen ab. Dann lassen sie ihn an Seilen in den Stadtgraben hinab und laden dort den ganzen Mist wieder drauf. Nun hätte man anderntags den Gladi sehen sollen, wie er anspannen und wegfahren will! In der Stadt verbreitet sich die Vermutung auf Hexerei, doch klärt sich nach geraumer Zeit alles auf…» 9. Dezember 1760.

10. Dezember

Melchiades der Papst

1409

Basel schickt ein kleines Heer von tausend Mann zu Fuss und vierhundert Mann zu Pferd in den Breisgau, welche acht Dörfer heimsuchen, das Schloss Badenweiler plündern und viele Gefangene machen.

1498

Theobald Merian, bischöflich-baslerscher Meier in Lüttelsdorf, wird zu einem Bürger angenommen.

1522

Basels Reformator Johannes Ökolampad schreibt Zürichs Reformator Huldrych Zwingli u. a.: «Ich bitte Gott, er wolle Deinen Geist so reich, stark, feurig und fruchtbar machen, dass mir oft frohe Kunde über Dich zukomme, ja von der Verherrlichung des Evangeliums und Christi durch Dich. Das soll dann mich, der ich zu denen gehöre, die beim Gepäck sitzen, oft anfeuern, Dir wenigstens Glück zu wünschen und Dich brieflich zum Weiterkämpfen aufzumuntern. Denn das will ich mir schon erlauben, Dich ohne Scheu durch mein Beispiel zu ermuntern, jubeln doch auch denen, die im Theater kämpfen, nicht nur die Vornehmen, sondern auch das gewöhnliche Volk zu. Also kämpfe auch Du weiter und siege, nicht für Dich, sage ich, denn das wolltest Du ja gar nicht. Du kennst ja den Spruch: ‹Ein Jeglicher sehe nicht auf das Seine, sondern auf das, das des Andern ist.› (Phil. 2, 4). Also siege für uns, siege für Christus!»

1574

«Es wird einem Mörder das Haupt abgeschlagen, worauf er hernach auf das Rad gelegt und seine Glieder gebrochen werden.»

1604

Gesandte aus Genf bitten den Rat von Basel um Unterstützung, dass ihre Stadt als zugewandter Ort in die Eidgenossenschaft aufgenommen werde.

1648

«Beim Hüninger Galgen werden drey Strassenräuber ihrem Verdienen nach abgestraft: Einer wird lebendig gerädert, die andern werden an das Rad gehängt.»

1666

Im Zunfthaus «zum Schlüssel» wird ein Glückshafen (Lotterie) eröffnet. Zwei Ratsherren wachen während zehn Tagen über die gerechte Abwicklung des Geldspiels. «Der Hafen ist gleich einem goldenen Berg anzusehen, davon etliche Bürger schöne Gaben bekommen, welche mit Trommeln und Pfeifen nach Hause begleitet werden.»

1695

Es stellen sich im Gasthof «zur Blume» zwei Zwerge zur Schau, «die beide sehr kurz und klein sind. Der eine, ein Fräulein, ist so stark, dass es mit seinem Haar einen Zentnerstein auflüpfen kann».

1725

«Heute sind 7 Hochzeitskirchgänge zu einer Stund im Münster. Die gantze Kirche ist mit Leuthen angefüllt. Herr Pfarrer Rychner thut die Predigt. Er hat genug zu thun, dass er vor den Altar die Letzte nicht mit dem Ersten zusammengibt. Es ist schier nöthig, dass ein jeder Bräutigam seine Braut an einer Schnur gefasst hätte. Dem Verlaut nach ist nämlich eine zu einem anderen herabgerückt, der ihr vielleicht besser gefallen hat, als der ihrige. Sie soll aber von besorgter Hand an der Jüppe (Rock) wieder zurückgezogen worden sein.»

1732

Schnee und Frost entwickeln «stinkende Nebel, durch welche die Luft stark inficiert wird und nichts als Krankheiten verursacht. Das Übel fängt an mit einer Mattigkeit in den Gliedern, Engbrüstigkeit, Verlust des Appetits zum Essen, darauf folgen grosse Kopfschmerzen und ein starkes Fieber, so dass die stärksten Männer sich müssen zu Bett legen. Wenn durch die Wärme und die angewendeten Mittel dem grössten Übel gesteuert worden ist, folgt ein starker Schnuppen und Husten sowie bei den jungen Leuten ein sehr starkes Nasenbluten, so schier nicht zu stillen ist».

Räte und Meister erlassen am 10. Dezember 1411 eine Feuerordnung. Den darin festgehaltenen Bestimmungen gemäss haben sich bei Feuerausbruch die Zünfte mit ihren Bannern und guten Holzäxten auf dem Kornmarkt einzufinden. Die in den Vorstädten zu St. Alban, Aeschen, Steinen, Spalen und St. Johann wohnhaften Wehrfähigen sind gehalten, sich bei den Toren zu versammeln. Jeder dieser fünf Vorstädte sind zwei Hauptleute zugeordnet, von denen je einer ein Gerfähnlein trägt. Die Mannschaften der Vorstädte dürfen die innere Stadt oder eine andere Vorstadt erst betreten, wenn Rat und Meister es befehlen. Die vier obersten Ratsknechte mit den Wachtmeistern haben auf der Brandstätte diejenigen, die «kein Wasser tragen noch löschen, sondern müssig stan und gaffent», mit einer Busse zu belegen.

1759

«An einer Basler Hochzeit pflegt jeder Eingeladene der Braut vor der Hochzeit ein Geschenk zu schicken, das auch für ein gewöhnliches Stadtkind mindestens ein Goldstück betragen muss. Ausserdem muss man die Musikanten beschenken, ebenso die Diener, die einem Hut und Degen abnehmen. Da man ausser den fremden Gästen bis 50 Personen einladen darf, so wächst das Geldgeschenk, welches die Braut erhält, zu einer ansehnlichen Summe, welche die Ausgaben für die Hochzeit um vieles übertrifft – ein Zeichen, dass der Basler auch hier klug für sich sorgt, damit sein Geldbeutel die Gasterei nicht spürt! Tanzen darf man nicht länger als bis 12 Uhr nachts. Gegessen wird dreimal. Zuerst gibt's das Mittagsmahl gegen 12 Uhr, aber dies dauert wenig mehr als eine Viertelstunde, dann wird sogleich getanzt. Zum zweitenmal isst man gegen 8 Uhr zu Abend, und drittens zu Mitternacht, wenn der Tanz zu Ende ist, setzt man sich wieder zum Nachtessen.»

Tägliches Avis-Blatt, 10. Dezember 1844

Weckstimme.

Die jüngsten Ereignisse lehren uns, wie in diesen Tagen eine rechtmäßige Regierung durch die Umtriebe einer im Finstern schleichenden Rotte sollte zersprengt werden. Die Art, wie es derselben gelungen, durch Zusammenraffen bewaffneter Banden, die Fackel und Schmach des Bürgerkrieges über einen friedlichen Kanton zu schleudern, geben uns einen neuen Beweis, was uns erwarten würde, wenn es derselben je einfallen sollte, durch sogenannte Freischaaren? ein ähnliches Schauspiel wieder bei uns aufzuführen.

Man fragt sich daher mit Recht, ob es nicht in der Pflicht unserer hohen Regierung liege, wenigstens diejenigen von uns, welche an diesem Aufruhr Theil genommen, gleich andern Ruhestörern zur Verantwortung und Strafe zu ziehen.

Den 10. Dec. 1844.

1884

«Die Kommandit-Aktiengesellschaft Bindschedler Busch und Cie. geht über an eine Aktiengesellschaft unter dem Namen ‹Gesellschaft für chemische Industrie Basel› (CIBA).»
«Zur Vermeidung von Verwechslungen erhält der Kanonenweg den Namen ‹Dolderweg›.»

1893

Auf dem Landhof messen sich der RTV 1879 und der FC Basel in einem Fussballspiel, das vom Fussballclub mit 0:2 gewonnen wird. Die Realschüler ertragen die Niederlage selbstgefällig: «Unsere Partei unterlag der Wucht und der ziemlich

Viele der rund 28 000 Einwohner Basels ziehen am 11. Dezember 1845 vor das St. Johannstor zum festlich bekränzten Französischen Bahnhof hinter der Lottergasse und jubeln bei der Eröffnung des ersten Bahnhofs auf Schweizer Boden den zahlreichen in- und ausländischen Honoratioren mit dem Präsidenten der Tagsatzung, Jonas Furrer (dem nachmaligen ersten Bundespräsidenten) an der Spitze, begeistert zu. Nach der Einweihungszeremonie beim Stationsgebäude sind die Ehrengäste zu einem Festkonzert ins Theater geladen. Dieses ist «durch wohl 250 Kerzen auf das Glänzendste erleuchtet, so dass von dem Kranze reizender Damen und ihren gewählten Toiletten dem Beschauer nichts entgeht. Einen allerliebsten Anblick gewähren bei der herrlichen Beleuchtung die prächtigen, von Gold und Silber strotzenden Civil- und Militäruniformen der Franzosen.» Ein solennes Bankett im Stadtcasino beschliesst den denkwürdigen Tag. Aquarellierte Planzeichnung. (Der Französische Bahnhof auf dem Schällenmätteli dient bis zum 15. Juni 1860 seiner Bestimmung.)

groben Spielweise der Feinde, aber – und das haben die Gegner selbst zugegeben – der RTV geht in bezug auf Gewandtheit und Eleganz dem Fussballklub voran!»

11. Dezember

Damasius der Papst

1448

Im Krieg gegen die in Rheinfelden liegenden Österreicher beschränkt sich Basel den ganzen Winter hindurch mit gelegentlichen Streifzügen in die Dörfer der Herrschaft Rheinfelden. Die Feinde ihrerseits versuchen vor allem, der Stadt die Zufuhr abzuschneiden. Zu diesem Zweck drohen sie mit Grausamkeiten gegenüber denjenigen, die mit Basel noch zu verkehren wagen. So werden heute einem Bauern, der seinen Zins in die Stadt tragen will, von den Reisigen beide Hände abgeschlagen.

1529

Heinrich Ecklin, der Sakristan des im Zusammenhang mit den Reformationswirren von Wächtern umstellten Kartäuserklosters, wird bei einem Fluchtversuch erwischt und in seiner Zelle an eine eiserne Kette gelegt. Als er auf die Forderungen des Rats eingeht, erhält er die Freiheit und lässt sich während einiger Zeit, die Kleidung eines Weltgeistlichen über seiner Kutte tragend, in der Stadt blicken. Dann macht er sich aus dem Staub und sucht die Kartause in Freiburg auf.

1533

Der Rat stellt missbilligend fest, dass immer mehr Männer und Frauen die Kirchweihfeste in der Nachbarschaft besuchen und sich dabei mit übermässigem Essen und Trinken unangenehm bemerkbar machen, womit sie sich dem strengen Regiment der christlichen Obrigkeit entziehen. Er verbietet daher der Bürgerschaft eindringlich, weiterhin die Kilben in den umliegenden Dörfern aufzusuchen.

1554

Felix Platter, der spätere Stadtarzt, weilt studienhalber in Montpellier und verpasst keine Gelegenheit, sich in der Anatomie zu üben, selbst wenn es ihn «abscheulich dünkt». So lässt er sich heute nacht in aller Heimlichkeit von andern Studenten auf den Friedhof des Klosters St. Denis führen. «Dort scharren wir mit den Händen einen Körper heraus, den tragen wir auf zwei Bengeln bis an das Stadt-Tor. Da klopfen wir am kleinen Törlein. Es kommt ein alter Pförtner im Hemd, der uns aufmacht. Wir bitten ihn, er wolle uns einen Trunk geben, wir stürben vor Durst. Während er den Wein holt, ziehen wir ihrer drei den Leichnam herein, in ein Haus nicht fern vom Tor, so dass der Torwächter nichts gewahr wird.»

Der neue Plan der Stadt Basel.

(Von Friedrich Mähly-Lamy.)

Sinnspruch des Planes:
Der Herr mache die Riegel deiner Thore feste
Und segne deine Kinder drinnen.
Er gebe deinen Grenzen Frieden
Und sättige dich mit dem besten Weizen!
Psalm C. 14, V. 13. 14.

Endlich prangt nach langem Warten,
Nun der Plan von Basel-Stadt
In der Künste schönem Garten,
Als ein neu ersprosnes Blatt:
Wie der Vogel es beschauet
Aus der Höh', vor der uns grauet,
Mit Umgebung fern und nah,
Steht das Bild im Stiche da.

Festungähnlich eingeschlossen
Stellt es sich dem Auge dar,
Von lebend'gem Strom durchflossen; —
Wie ein liebend Schwestern-Paar
Sich die Hände reicht, im Glücke:
So verbindet es die Brücke,
Und der majestät'sche Rhein
Haucht dem Bilde Leben ein.

Komm, durchwandle Basel's Gassen,
Ohne Furcht vor Müdigkeit;
Sieh Dir an die Häusermassen
Und verweile, wo's Dich freut:

Kantons-Mittheilungen,
11. Dezember 1847

1609

Der Rat stellt die sogenannten Bochselnächte in der Nacht vor Weihnachten ab, weil «besonders die ungezähmte Jugend» die Strassen der Stadt mit ohrenbetäubendem Lärm erfüllt und zu unliebsamen Ausschweifungen Anlass gibt. Auch haben in der letzten Nacht des Jahres die Stadtknechte umzugehen und für allgemeine Ruhe zu sorgen.

1670

«Im Stadtgraben tut ein Hirsch Schaden und stosst einen andern zu Tode. Deswegen wird ihm auf Befehl Unserer Gnädigen Herren auf der Fallbruck unter dem Steinenthor durch den Kopf geschossen, so dass er in den Weiher fällt, worauf ihm noch drei Schüss gegeben werden. Das Fleisch wird hernach den Herren Häuptern und Stadt- und Rathschreibern verschickt.»

1690

«Es stirbt Bürgermeister Franz Robert Brunnschweiler nach einer schmertzhaften Kranckheit. Er hat sich an der linken Brust ein Geschwür zugezogen. Als man es für rathsam befunden hat, es zu öffnen, ist ihm dadurch die Nahrung entzogen, und alle Speis und Säfte sind von ihm hinweggeflossen, so dass er Hungers hat sterben müssen. Sein Zunftmeisterthum soll ihn über 4000 Thaler gekostet haben, dazu ihn sein Weib verleitet hat. Dieses hat mehr als er nach Ehr und Ansehen getrachtet und mit Frau Salome Schönauer das Weiber Regiment geführt. Brunnschweiler ist ein ehrlicher und aufrichtiger Mann gewesen, aber gegenüber den Armen etwas unbarmherzig. Mit ihm ist das Geschlecht ausgestorben.»

1764

In seinem 37. Lebensjahr stirbt «an den laydigen Kindsblatteren» Professor Johannes Gernler. «Ist ein Tag und Nacht unermüehter, hochstudierenter Herr, welcher in alle 4 Facultäten, insonderheit in den Sprachen, Historien und Antiquitäten, eine grosse Einsicht gehabt hat, und ein dürrer, magerer, freundlicher Herr gewesen. Mithin hat unsere Universität widrum ein hohes Mitglied verlohren, um dessentwillen er nicht nur allein von hier, sondern auch von anderen Academien sehr bedauert wird.»

1883

«Der Kunstverein veranstaltet dem Maler der Tellskappele, Herrn Dr. Ernst Stückelberg, eine Ovation. Dem Künstler werden ein Lorbeerkranz und ein von Freunden gestiftetes prachtvolles Geschenk überreicht.»

1906

«Die Heilsarmee weiht unter zahlreicher Beteiligung von auch nicht ihrer Genossenschaft angehörigen Geistlichen und Laien ein Nachtasyl für Männer ein, das zwischen Oberer Rheingasse und Oberem Rheinweg gelegen ist, und, wenn vollendet, Raum für etwa 100 Männer zum Übernachten bieten soll.»

12. Dezember

Paul der Bischof

1295

Johann und Thüring von Aarberg schenken dem Bischof von Basel, Peter Reich von Reichenstein, ihre Festung Neuveville im Val de Ruz.

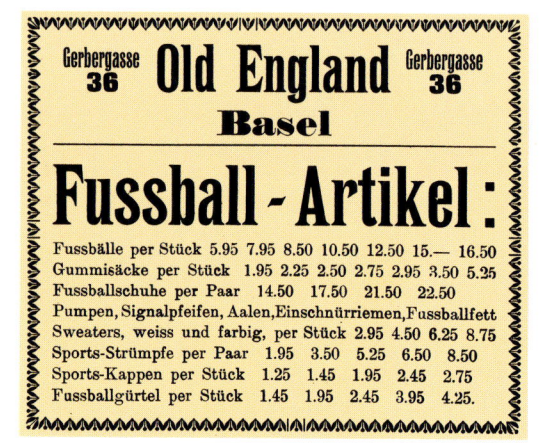

Football, 12. Dezember 1906

1401

Bürgermeister und Rat verkaufen den Bischofshof im Kleinbasel, der durch Oberstzunftmeister Jakob Ziboll dem Kartäuserorden für die Gründung eines Klosters überlassen wird.

1421

Der Rhein führt ein derart mächtiges Hochwasser, dass man mit Frachtschiffen bis zum Fischmarkt und mit Weidlingen bis zur Obern Rheingasse fahren kann.

1428

Der Rat verkündet, dass der berühmte Juan von Merlo «ein Gefecht thun will». Dem abenteuernd durch die Welt ziehenden spanischen Edelmann wollte sich bisher kein ebenbürtiger Gegner zum Kampf stellen. In Basel aber macht sich Junker Heinrich von Ramstein anheischig, es mit dem prahlerischen Fremdling aufzunehmen. Dem Rat kommt dieser Zweikampf zunächst gar nicht gelegen, denn er befürchtet einen grossen Volksauflauf und ähnliche Vorfälle wie bei der sogenannten Bösen Fasnacht von 1376. Er trifft daher alle Vorsichtsmassregeln: Die Bürgerschaft soll sich ruhig verhalten, und niemand darf eine der beiden Parteien schmähen und beschimpfen. Alle Mummereien werden untersagt. Den Frauen wird befohlen, ihr Haus zu hüten, da es ihnen nicht anstehe, solches Waffenspiel zu sehen. Ausser dem Spalentor und dem Aeschentor sind alle Stadteingänge geschlossen und

Seit dem 15. Jahrhundert hält die Obrigkeit im fast neun Meter breiten Stadtgraben Rotwild, das für festliche Anlässe gejagt wird. «Den 11. tut ein Hirsch Schaden und stosst einen andern zu Tode. Deswegen wird diesem auf Befehl Unserer Gnädigen Herren den 12. Dezember 1670 auf der Fallbruck unter dem Steinentor durch den Kopf geschossen, so dass er in den Weiher fällt, worauf ihm noch drei Schüsse gegeben werden. Das Fleisch wird hernach den Herren Häuptern und Stadt- und Ratsschreibern verschickt.» Aquarell von Franz Feyerabend. 1788.

wohl bewacht. Ebenso werden der Münsterplatz und die Rheinbrücke sowie Zeughaus und Werkhof von bewaffneter Mannschaft besetzt. Patrouillen ziehen durch die Stadt, und die Rheinkähne stehen in Bereitschaft. Auf dem beschneiten Münsterplatz werden ein kreisrunder Kampfplatz und eine Zuschauerbühne für die Kampfrichter, den Rat und den Adel aufgeschlagen. Um 9 Uhr erscheinen die beiden Kämpfer mit Kriegslanze, Streitaxt, Schwert und kurzem Degen bewehrt. Der Kampf wird in drei Gängen ausgetragen, wobei 50 Streiche mit der Streitaxt, 40 mit dem Schwert und 30 mit dem Degen zu schlagen sind. Beide Gladiatoren kämpfen mit Mut und Eleganz. Als der Gewandtere erweist sich schliesslich der Spanier, und er erhält den Siegespreis, einen Rubin. Unmittelbar nach dem Duell tritt Graf Hans von Thierstein in den Ring und schlägt Juan von Merlo zum Ritter. Der Rat lässt dem vornehmen Herrn aus Hispanien einen schönen Salm überreichen und veranstaltet zu seinen Ehren auf der Stube «zur Mücke» ein rauschendes Fest. Hundertachtzig Jahre später setzt der grosse spanische Dichter Cervantes dem ruhmvollen Zweikampf in seinem Werk «Don Quixote» ein Denkmal.

1524

Die Räte erlassen eine Ordnung, wonach «die Buchdrucker nichts drucken lassen sollen, oder selber drucken, weder latein, hebräisch, griechisch noch deutsch, es sey denn zuvor von den Herren besichtiget und zugelassen worden. Was ihnen von denselben zu drucken vergünstiget wird, dazu sollen sie ihre Namen drucken.»

1602

Bürgermeister Remigius Faesch weist alle Amtleute auf der Landschaft an, Asarias von Bodenstein auf der Suche nach Salpeter «in alten Gemeuren und in Kellern» behilflich zu sein, weil solches der Stadt dienlich ist.

1663

Die neue Löschordnung bestimmt, dass die Feuerwehrleute inskünftig nicht mehr im Verband der Zünfte aufgeboten werden, sondern quartierweise ihren Dienst zu leisten haben.

1703

Maria Elisabeth Huber von Bern, die Geld und Juwelen im Wert von über fünftausend Pfund gestohlen hat, wird wegen ihrer Diebereien vom Scharfrichter mit dem Schwert zum Tode gerichtet.

1711

«Nachdem ihr vorher die rechte Hand in zwei Streichen abgehauen worden ist, wird die junge Weibsperson Catharina Grübelin von Häfelfingen mit dem Schwert hingerichtet. Diese hat in ihrer Kammer in der Aeschenvorstadt ihr eigenes Kind jämmerlich ums Leben gebracht, dergestalten, dass sie das Kindlein mit einem rostigen Messer entleibte, ihm einen Schnitt ins Hälslin gab und ihm einen Stich ins Leiblein oberhalb dem Kneulein abgehauen und in ein Säcklein mit der Nachgeburt gestossen und auf dem Barfüsserplatz durch das Birsigloch in den Birsig geworfen hat. Hernach hat das Mägdlein das Leiblein in ein ander Säcklein getan, solches mit sich in ihrem Hurensack herumgetragen und endlich beim St. Albanlochbrunnen in den Rhein gestossen. Nachdem man dieses Leiblein bei St. Johann aufgefangen, hat die Kindsmörderin gleich alles bekannt, Reue und Leid über diese unmenschliche Mordtat bezeugt, wie sie sich dann sehr wohl im Bätten und im Gotteswort geübt und hiermit als eine recht bussfertige Sünderin mit Freuden gestorben ist und sich nicht einmal, nachdem man ihr die rechte Hand abgehauen hat, über den Tod entsetzte, was sehr verwundert. Der Ehebrecher, der Weissbeck Franz Senn, aber wird für eine Zeitlang an das Schellenwerk geschlagen.»

1750

«Zween Nachtdiebe, welche vor dem Rüechen Thor in etlichen Gartenhäusern vieles gestohlen haben, werden vom Leben zum Tod mit dem Strang an dem am ersten Dezember neu erbauten Galgen gehänckt. Der erste hiess Johann Bärr, ein Beck aus der obern Pfaltz. Der zweite Jochen Ringli, ein Schlosser aus Sachsen.»

1833

Seit jenem unglücklichen 3. August ist die Hardt, in welcher der Rückzug der Basler und die Greuelszenen der Baselbieter stattfanden, sowie auch die Örter, wo die unglücklichen Opfer der Volkswut begraben liegen, zur besonders berüchtigten Spukgegend geworden. Verschiedene Zeugnisse stimmen darin überein, dass einzelne Personen das Ächzen und Winseln der Gemordeten schauerlich hören oder auch, ohne was zu sehen, ein beständiges Marschieren, Getümmel und Gekarr auf der Strasse hören. Ein Milchmann aus dem Schönthal will eines Morgens die Sache so deutlich vernommen haben, dass er kaum glauben konnte, es sei nur Täuschung. So auch ein Mädchen von Muttenz, das auf der Strasse wandelnd unaufhörlich dadurch geängstigt wurde. Es war ihr, als wandle es mitten im Kriegszug. So hört man von Zeit zu Zeit unwillkürlich das Schiessen und Plänkeln in jener Gegend. Andere merkwürdige Erscheinungen sind die, dass ein junger Mann von Diegten sich eines Tages plötzlich von einer grossen Schlange umwunden fühlte und sich lange Zeit von diesem Ungetüm nicht losmachen konnte. Ebenso wurde ein junger Schreiner von Münchenstein auf dem Bruderholz von einem grossen schwarzen Mann derart belästigt, dass er erst durch die Kapuziner von Dornach von diesem Unhold erlöst werden konnte. In einer Zeit, wo man denken sollte, es wäre jede Spur von Aberglauben durch die Fackel des Unglaubens aus den Raurachern herausgebrannt, zeigen sich dergleichen grosse Spuren davon und verbreiten sich von Mund zu Mund. Wenn es denkbar wäre, dass unser armes Volk durch solche Beängstigungen zur Einkehr in sich selbst gelangte und dass dann auch nur einige sich bekehrten, so möchte man über derartige Gottesgerichte dankbar sein.»

1900

An der Fabrikstrasse 11 wird der auf dem Areal der in Konkurs geratenen Haut- und Fellhandlung Bloch & Cie. erbaute Verbrennungsofen der neuen Wasenmeisterei auf seine Funktionstüchtigkeit geprüft. (Bis im Jahre 1943 in Betrieb.)

13. Dezember

Ottilia die Äbtissin von Odilienberg

1363

Es setzt eine grosse Kälte ein, die während vierzehn Wochen ununterbrochen anhält und die grosse Linde auf dem Münsterplatz in Mitleidenschaft zieht.

1428

«Als man das Nachtmahl einnimmt, erhebt sich ein Erdbeben, welches etliche Ziegel und Camin von den Häusern wirft. Auch fällt das Creutz über der St. Gallus Porte im Münster herab, und auch zu Barfüssern geschieht merklicher Schaden. Dieses Erdbeben ist erfolgt auf den unnothwendigen Kampf, welcher zu Basel ist gehalten worden zwischen Johann von Merlo und Heinrich von Ramstein.»

1570

«Es werden fünf Diebe hingerichtet; vier mit dem Strang, einer mit dem Schwert. Keiner von ihnen ist zwanzig Jahre alt.»

«Um gesündere Lufft zu geniessen» zieht Junker Hans Thüring Reich von Reichenstein aus dem pestverseuchten Pfirt nach Mariastein. Wie er nun am 13. Dezember 1541 zur sogenannten Gregoriushöhle hinabsteigt und die Aussicht ins Tal geniessen will, bricht der Baumast, an dem er sich festhält, so dass er in die Tiefe stürzt. Trotz des «grusamen Falls» erleidet der Junker keine lebensgefährlichen Verletzungen. Der herbeigeeilte Wallfahrtspriester führt den wundersam vom Tode Bewahrten mit gebrochenem Kiefer in die nahe Mühle bei Flüh, worauf er zur väterlichen Burg Landskron verbracht wird. Aus Dankbarkeit lassen die Eltern des Geretteten an der Unglücksstelle ein Kreuz errichten und schenken die Kleider, welche der Junker bei seinem Sturz getragen hat, der Kapelle im Stein; aus dem rotsamtenen Stoff des Wamses verfertigen die Mönche ein Messgewand und schmücken es mit dem Reichensteinischen Wappen. Zudem beauftragen die Reichensteiner den Stadtschreiber von Pfirt, den ganzen Hergang des Mirakels in einer pergamentenen Urkunde niederzuschreiben und im Jahre 1543 durch den Künstler C.H. auf einer grossen Holztafel darzustellen.

257

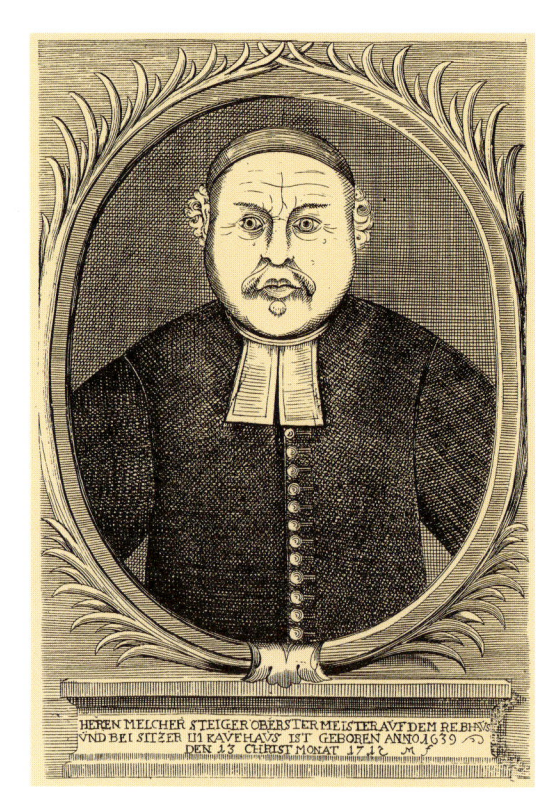

Melchior Steiger, Oberstmeister zum Rebhaus, «geboren den 13. December 1639».

1794

Zu St. Peter wird der Buchbinder Augustin Scholer beerdigt. Er zählte wegen seiner ungeheuren Nase zu den populärsten Figuren der Stadt. Johann Peter Hebel widmete ihm denn auch in seinem Gedicht «Erinnerungen an Basel» den Vers: «Eis isch nümme do / Wo isch's ane cho? / 's Scholers Nase weie weh / Git der Bruck kei Schatte meh / Wo bisch ane cho?»

1801

Heinrich von Kleist, der schwermütige Dichter, hält sich in Basel auf und lässt sich über die allgemeinen schweizerischen Verhältnisse ins Bild setzen. Böses ahnend, schreibt er: «Ach, ein unglückseliger Geist geht durch die Schweiz. Es feinden sich die Bürger unter einander an. O Gott, wenn ich doch nicht fände, auch hier nicht fände, was ich suche, und doch nothwendiger bedarf als das Leben.»

1853

Das neue Postgebäude an der Freien Strasse, die Beteiligung an der Centralbahn und «die Hieherführung der badischen Eisenbahn» haben den Finanzhaushalt des Kantons arg strapaziert. Die Regierung schliesst deshalb mit der Bank in Basel einen Vertrag über «von der löblichen Staatskassa zu emittierende Staatskassascheine im Belauf einer Million Franken, die von der Bank zur jeweiligen Einlösung auf Sicht verwaltet werden».

1885

In der Bierbrauerei Zeller an der Greifengasse 24 gründen bodenständige Bürger das «Wurzengraber-Kämmerli» mit dem Ziel, kulturelle und gesellschaftliche Belange zu pflegen und kleinbaslerische Tradition zu bewahren.

14. Dezember

Nicasius von Reims der Erzbischof

1394

Der Bischof, Conrad Münch von Landskron, erlaubt Bürgermeister und Rat, unter der Bürgerschaft eine Steuer zu erheben, ausgenommen die Domherren und Kapläne.

1530

Die bischöflichen Untertanen im Laufental erheben sich unter Hauptmann Stephan Bart gegen den Bischof und legen sich vor die Schlösser Zwingen und Birseck. Sie ersuchen den Rat, ihnen zu helfen. Dieser aber schlägt die Bitte ab und fordert stattdessen die Aufständischen auf, die Waffen zu strecken. Als dies nicht geschieht, schreitet die Obrigkeit mit Gewalt ein und bestraft die Aufwiegler. Einer derselben wird zum Tod verurteilt und durch den Scharfrichter geviertelt.
Der Rat teilt die Kirchengemeinden in vier eigenständige Pfarreien auf, die von je drei Frommen, den Leutpriestern und Diakonen gleichgestellten Männern geleitet werden sollen. Ihnen ist es anheimgestellt, «lasterhafte Personen nach brüderlicher Warnung von des Herrn nachtmahl auszuschliessen».

1564

Es setzt eine von heftigen Schneetreiben durchmischte Kälte ein, die bis Mitte März 1565 andauert.

1586

«Es wird Jacob Stumpf wegen einer Mordthat im Rathaushof für recht gestellt. Er läugnet jedoch wieder. Den 21. dies aber wird er aus Gnaden enthauptet.»

1605

Die Gerichtsbehörden haben sich mit einem aussergewöhnlich «bösen Bueb» zu beschäftigen: Mit Hans Rupp von Rothenfluh, dem nicht weniger als 112 Straftaten zur Last gelegt werden, darunter Diebstähle, Betrügereien, Vergewaltigungen, Mord und Totschlag. Der in misslichen Verhältnissen aufgewachsene Rupp ist «ein böser, mutwilliger, verrückter Mensch, der mit faulen Luontzen (Dirnen) und verdächtigem Gesindt umeinander gezogen. Von einer Kilbi zur andern. Hat allda seine Zeit mit Spielen, Fressen, Sauffen und anderen Üppigkeiten zugebracht». Als der gefürchtete Unhold, zum Tod durch das Rad und den Strang verurteilt, «hinaus uff die Wallstadt geführt wird, leugnet er aller Dingen. Wird uss Geheiss des Reichsvogts wieder hinein uff den Eselsturm geführt und erst zwey Tag darnach mit dem Rad gerichtet».

1622

Der Rat ordnet zur Bestrafung widerspenstiger Soldaten die Aufrichtung von Esel, Wippe und Galgen auf dem Kornmarkt an. Gleichzeitig aber zeigt er Milde gegenüber einem diebischen Soldaten, der nach dem Strafgesetz zum Tod durch Erhängen hätte verurteilt werden sollen, indem er diesen nur an den Pranger stellen und dessen Name an den Galgen schlagen lässt.

1655

«Im Rhein wird ein Winter Salmen gefangen.»

1696

«Während drei Tagen fällt ein solcher dicker Schnee, dergleichen seit 30 Jahren nicht gesehen worden ist. Man kann in der Stadt nicht gehen, und sind vor den Häusern, als man gebahnt, so hohe Haufen wie kleine Berglin. Es ist Kneu's tief, und der Rhein treibt mächtig Grundeis. In

Damit Schloss und Dorf Pratteln nicht an Solothurn verkauft werden, erwirbt Basel am 14. Dezember 1521 «den Flecken» zum Preis von fünftausend Gulden, obwohl er «der drytausend nit wohl wert ist». Die lavierte Pinselzeichnung von Emanuel Büchel aus dem Jahre 1737 zeigt das Oberdorf mit Blick vom Pfarrhaus aus. «Das Dorf Bratteln, das mit wohlgebauten Bauernhäusern und einigen Baslern zuständigen herrschaftlichen Wohnungen geziert ist, wird von 130 Haushaltungen bewohnt, die aus sehr fleissigen Leuten bestehen und meistens wohlhabend sind. Es wird hier ein vortrefflicher, besonders rother Wein gewonnen, welcher den besten Sorten der Gegend an die Seite gesetzt werden kann.» (1805.)

den Thälern liegt mannstief Schnee bei sehr grosser Kälte.»

1710

«Allhier passiert in Dr. Johann Heinrich Stehelins Behausung eine lächerliche Action: Die Frau Doctorin befiehlt ihrer Magd, sie soll das Hündlein (so bezeichnete man eine Schweinswurst) zum Feuer setzen und kochen. Die unwissende Magd aber nimmt das kleine Haushündlein, metzget solches und setzt es zum Feuer. Dann richtet sie davon zu Mittag eine Suppe an, welche dem Herrn Doctor und seinen Kostgängern sehr unappetitlich vorkommt. Daraufhin dann die Frau Doctorin nach der Wurst fragt. Aber anstatt der vermeinten Wurst bringt die Magd das Hündlein, welches allen einen ziemlichen Appetit erweckt! Die Magd aber muss trotzdem die Thüre suchen...»

1797

«Zwölf angesehen Bürger gründen einen patriotischen Klub, den sie nach ihrem Versammlungsort bei Bierbrauer Erlacher neben der Rheinbrücke das ‹Kämmerlein zum Rheineck› nennen. Die Wirksamkeit der Klubgenossen ist für den Verlauf der Staatsumwälzung in Basel von grösster Wichtigkeit, sollen doch Freiheit, Sicherheit und Eigentum erhalten bleiben.»

1813

«Wir haben die kriegerischen Horden kaum eine Stunde vor unserer Stadt. Die armen Leute müssen Alles für ihre zahlreichen Einquartierungen hergeben. Es gehen viele Offiziere und Basler nach Lörrach, um die Kosaken anzusehen. Diese erzeigen ihnen grosse Ehrerweisungen nach russischer Art, wobei die Schweizer zuerst ein Schlotter mag angekommen sein. Dann aber finden sie es ganz deliziös. Als sie zu den Kosaken ins Wirthshaus kommen, verschliessen diese die Stubenthüre und stellen sich in einen Kreis um unsere zitternden Helden herum. Dann ergreifen sie einen von ihnen bei den Schultern, Hüften und Beinen und heben ihn von acht Mann in die Höhe und schaukeln ihn, wobei die Andern ein Nationallied singen und den Takt schlagen. Dann prellen sie ihn drei Mal in die Höhe bis an Pflafond und fangen ihn mit den Armen wieder auf.»

1855

«Nachdem die ganze Wachtmannschaft auf dem St. Johannthor in die Schweizer Legion nach England desertiert ist, fängt der Sicherheitszustand der Stadt an bedenklich zu werden.»

Zum Andenken
an das Hinscheiden des Herrn
[11427] Oberst Werthemann.

Auch du! o Lieber! bist nun hingeschieden
Aus der Freunde Kreis auf jenen Lebenspfad,
Der uns Allen hier beschieden,
Und auch Christus einst gewandert hat.

Doch Du schied'st von uns in Frieden,
Wie ihn Gott nur Wenigen gab;
Alle sind Dir hold geblieben,
Wünschen Ruhe Dir ins Grab!

„Des Lebens Feierabend ist hereingebrochen"!
Das war Dein letztes Wort!
Dein Auge — im Gebet zu Gott gezogen
Und „Amen" war Dein Hort!

So war Deine letzte Kraft zu Gott gewendet!
Das Auge himmelwärts!
Zum Händefalten noch verwendet!
— Zu Ende schlug das Herz.

Unter dem Gebet der Deinen
Entschlief'st Du sanft in Ruh!
Wer möcht' solch' einen Tod beweinen
Schließt man so sanft die Augen zu.

Intelligenzblatt, 14. Dezember 1854

1859

Vom Truppenzusammenzug an der Luziensteig zurückgekehrt, versammeln sich auf Veranlassung von Trompeter-Instruktor Gottlieb Frikker zwölf Trompeter der beiden Näger-Kompagnien des Bataillons 80 im Studentenzimmer der Burgvogteil und gründen die Musikgesellschaft «Basler Jägermusikverein».

1872

Im seit 1595 bekannten Kleinbasler Wirtshaus «zum roten Löwen» (an der Greifengasse 18) wird «auf Einladung der Herbergsmutter, Frau Oeschger-Langmesser, zum letzten Mal gewirtet. Im Namen der

National-Zeitung, 15. Dezember 1891

Praktische Neuheit
Kleiderraffer
Elegant, per Stück 70 und 80 Centimes
Allein-Verkauf
bei 14811
Gebr. Loeb, Eisengasse 21
Nach Auswärts gegen Nachnahme.

Stammgäste spricht im Honoratiorenzimmer in seiner originellen Weise Herr Staatschreiber Gottlieb Bischoff die Abschiedsworte. Darauf richtet sich eine neugegründete Apotheke in der Herrenstube ein. 1907 aber verschwindet der altberühmte Rothe Löwen vom Erdbogen und räumt einem unmalerischen Neubau mit einem modernen Engros-Lager den Platz.»

15. Dezember

Abraham der Abt von Clermont

1604

Unsere Gnädigen Herren verleihen Hans Hemmiker, Beat Walter, Jacob Weisslin und Andres Walter die Rheinlachsweise in Grosshüningen. Als Lehenszins haben die vier Fischer der Obrigkeit jährlich «acht Pfund Gelts guter Basler Währung sampt einem Lachs mit dem Schnabel» abzuführen.

1606

«Henricus Justuis, Pfarrer zu St. Peter, fällt im Pfarrhaus drey Gemach (Stockwerke) zum Zug (Estrich) hinaus in den Hof. Weil aber Wellen Holtz daliegt, auf welches er fällt, begegnet ihm kein Leyd. Er lebt darüber noch 5 Jahre und stirbt 1610 an der regierenden Pest.»

1635

«Unter besonderer Schärfung des Todesurtheils endet die Kindsmörderin Verena Mettler von Stäfa, Jacob Degen, des Posamentierers Hausfrau von Liestal: Amtmann Hotz, der aus Urtheil verkündet, erzählt den blutigen Actus als Augenzeuge: Die Büsserin hat ihr 10 Wochen altes, ehelich erzeugtes Kind aus Ungeduld, das es die ganze Nacht geschrauen und weil sie bisweilen die Milch nit ums Geld hat bekommen können, aus Eingebung des bösen Feindes um das Leben gebracht. Sie ist auf das Kind gelegen, hat mit den Händen an der rechten Seiten gedruckt und es also barbarischer Weise hingerichtet. Das Urtheil lautet: Sie soll auf der Walstatt zuvorderst mit feurigen Zangen gerissen, darnach vom Leben zum Tod hingerichtet werden mit dem Schwert. Sie wird von Meister Georg unterhalb der Walstatt gerichtet.»

«Auf dem weiten Feld unterhalb den lieblichen Gundeldinger Höhen erhebt sich am 15. Dezember 1875 ein stattlicher Neubau: Es ist das grossartige Gebäude der Aktienbrauerei Basel-Strassburg. Bei einer Jahresproduktion von mindestens 80 000 Hektoliter und einem Fassbestand von 15 000 Hektoliter wird es der Basel-Strassburg-Brauerei ein leichtes sein, ihre Kunden voll zu befriedigen. 1876 wird das Zunftgebäude zu Schuhmachern eröffnet, 1896 das malerische Zunfthaus zu Rebleuten und wenig später das Gundeldinger Kasino.»

1653

«Es ist ein Weibsbild zu Basel, das am ganzen Leib haarig ist. Auch das Gesicht und alles ist haarig. Es hat auch einen langen Bart.»

1702

«Zu St. Peter wird das händ- und füsslose Töchterlein eines Sporers getauft, was in der Stadt grosses Mitgefühl auslöst.»

1735

«Ein 70jähriger Waldbruder aus dem Elsass, der nach Einsiedeln gehen will, wid in Rothenfluh in einer Scheune von einer auf ihn herunterfallenden Habergarbe zu Tod geschlagen.»

1764

Als Meister Emanuel Hey, der Seiler, in nächtlicher Dunkelheit wohl bezecht und berauscht den Heimweg unter die Füsse nimmt, stürzt er in den Spalenvorstadt in einen offenen Kellerabgang, «darinnen er das Genick bricht und, obwohl man durch ein Barbier alles angewendet hat, darauf in Vollheit eine Stunde später stirbt. Ist eine von den gottlosesten Flucheren und grössten Weinschläuchen gewesen, den man sonst, weil er den Elsässer und Markgräfer Bauern den allhier feilgebotenen Wein hat verkaufen helfen, den sogenannten Wein-Curti geheissen hat. Mithin kann man auch sagen, wegen seinem vüechischen Fluch- und Saufleben, was das Sprichwort sagt: Wie gelebt, also auch gestorben.»

1797

«Die Machthaber in Paris stellen den Satz auf, dass die französische Republik als Rechtsnachfolgerin des Bischofs von Basel auch zur Ausübung seiner Hoheitsrechte im Gebiet der Eidgenossenschaft berechtigt sei. Und so rückt General St. Cyr mit seiner Rheinarmee im St. Immerthal ins Bistum ein.»

1822

Es stirbt Hans Bernhard Sarasin. Er wirkte segensreich als Landvogts von Münchenstein, als Miglied des Kleinen Rats und als eidgenössicher Vertreter in Lugano. Nach ausgedehnten Verhandlungen mit Napoleon, im Jahre 1802 leitete er die Einführung der Mediationsverfassung. «Erst 1812, im Alter von 81 Jahren, legte er seine Staatsämter nieder.»

1913

«Von den 935 an der Universität immatrikulierten Studenten (darunter 48 Damen) entfallen deren 140 aus dem europäischen Russland.»

16. Dezember

Adelheid von Selz die Kaiserin

1521

Die Obrigkeit schickt sechzig ausgesuchte Bürger gegen das zwischen Pfeffingen und Landskron gelegene Schloss Biederthal, um dieses wegen ausstehender Zinse einzunehmen. Der Überfall gelingt. Das österreichische Lehen wird mit einer Besatzung belegt, die unter dem Kommando von Metzgermeister Georg Schölli steht.

1531

Ludwig Weitnauer, der Comenthur des Deutschen Hauses an der Rittergasse, wird zu einem Bürger angenommen.

1654

«Ein Bürger zeigt an, dass seine 24jährige Tochter, die sich zu Büren, Solothurner Gebiets, im Papsttum aufgehalten hat, jetzt vom leidigen Satan hart und heftig geplagt wird. Er bittet deshalb um ihre Aufnahme im Spital, was ihm bewilligt wird.»

1656

Am Spittelsprung (Münsterberg) erstickt das fünfjährige Töchterchen des Taglöhners Martin Fricker. Die Mutter hatte «das Maidtlin uff das Ofen Bäncklin zum warmen Ofen gesetzt und ist under dessen uff den Marckt gegangen. Wie sie wider heim in die Stube kommt, schlägt ihr ein grosser Rauch entgegen, das Kind liegt uff dem Herd, athmet noch einmal oder zwey und stirbt.»

1761

«Wegen seiner unverzeihlichen unehelichen Schwangerschaft wird ein Aarauer Mensch, welches auf der Schützen Matte gedient hat, von seiner Herrschaft weggejagt. Sie begibt sich aber nicht weiter als in das nächste Lehenhaus. Nachwerts findet man auf dem Estrig des Schützen Hauses unter dem Dach Stuhl ein totes Kind. Die Wund-

Im beflaggten Hüningen wird am 16. Dezember 1910 die bevorstehende Eröffnung der Tramverbindung mit Basel geprobt (bis 1961). «Eine solche grenzüberschreitende Tramlinie ist etwas ganz Besonderes: Sie hat über die Zwischeninstanz des Reichsstatthalters in Strassburg die allerhöchste Genehmigung des deutschen Kaisers benötigt!» Die geplante Verlängerung der Linie bis nach Neudorf, die auch mit Güterwagen für den Gemüsetransport hätte befahren werden sollen, wird durch den Ausbruch des Ersten Weltkriegs verhindert.

> **(11588) Aktionair-Sitzung der Rheinfähre.**
>
> Heute Dienstag den 16. Dezember wird im Lokal der Künstlergesellschaft zu Dreikönigen, Abends 6 Uhr, die ordentliche Versammlung stattfinden, wozu die Herren Aktionäre höflichst einladet
> **Der Verwaltungsrath.**
>
> **Traktanden:**
> 1) Bericht über die Erstellung und das erste Betriebsjahr.
> 2) Rechnungsablage.
> 3) Wahlen von einem Mitgliede und zwei Rechnungsrevisoren.
> 4) Antrag wegen einem Ausweg bei der Bänematte.
> 5) Besprechung wegen Verpachtung und Erstellung einer zweiten Fähre.

Intelligenzblatt, 16. Dezember 1854

schau ergibt, dass das Kind bey seiner Geburth gelebt hat und deshalb müsse umgebracht worden seyn. Das Mensch wird sogleich beygefängt und gesteht die That. Es wird deshalb, vom Pfarrer von Kleinhüningen begleythet, mit grosser Reu durch des Scharfrichters von Aarau Sohn glücklich enthauptet...»

1767

«An einer langweiligen Kranckheit stirbt im 76. Jahr Burgermeister Felix Battier. «Ist ein religioser, patriodischer und vor Zeiten ein grosser und soliter Kaufmann gewesen.»

1773

Der Rat beauftragt die Kollegien für den Haushalt und das gemeine Gut mit der Untersuchung der Staatsfinanzen. Es müssen die Einnahmen vermehrt und die Ausgaben vermindert werden. «In den Jahren 1761 bis 1770 haben die ausserordentlichen Baukosten nicht weniger als 222 000 Pfund ausgemacht, wobei die Theure 108 000 Pfund Ausgaben verursacht hat.»

1868

Bürgermeister und Rat erlassen im Hinblick auf die Auswirkungen der von Karl Marx in London gegründeten «Internationalen Arbeiter-Assoziation», die sich nun auch in Basel bemerkbar macht, eine Proklamation, in welcher mit ernsten Worten die Arbeiterschaft davor gewarnt wird, sich verhetzen und zu ungesetzlichen Schritten verführen zu lassen. Zugleich verkündet die Regierung, dass sich eine mit ausländischer Leitung verbundene Organisation drohend in unsere Basler Verhältnisse einmische, weshalb im voraus gegen allfällige unheilvolle Vorkommnisse Massregeln getroffen werden müssen. Alle «Freunde der Ordnung» werden aufgefordert, beim ersten Alarmzeichen in Zivil an bestimmten Orten jedes Quartiers zusammenzutreten und sich unter das Kommando von namentlich genannten fünf Obersten zu stellen.

1914

«Die Droschkenanstalt Keller wird für den auf Fr. 732.85 bezifferten Schaden, welcher Chauffeur Hänzi durch das Rammen des Geländers der Wettsteinbrücke verursacht hat, haftbar gemacht.»

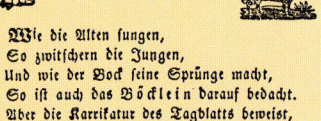

> **Ankündigungen.**
>
> Wie die Alten sungen,
> So zwitschern die Jungen,
> Und wie der Bock seine Sprünge macht,
> So ist auch das Böcklein darauf bedacht.
> Aber die Karrikatur des Tagblatts beweist,
> Daß Böcklin noch lange nicht Künstler heißt.

Schweizerische National-Zeitung, 17. Dezember 1844

17. Dezember

Lazarus von Bethanien der Bruder Mariens und Marthas

1411

Herzogin Katharina von Burgund verbindet sich für drei Jahre mit Basel, wodurch die Stadt in Kriegsgefahr mit den Österreichern gerät.

1470

Oberstzunftmeister Hans Zscheggenbürlin, der als Geldwechsler und Mitinhaber von mehreren Silberbergwerken zu hohem Ansehen und Reichtum gekommen ist, söhnt sich mit der Zunft zum Schlüssel aus, mit der er sich «der Schulden halb» zerstritten hatte, so dass seine Söhne Ludwig und Hans, die sich ebenfalls mit grossem Erfolg zahlreichen Handelsgeschäften widmen, gleichermassen in der Zunft Aufnahme finden.

1558

Der aus dem Thurgauischen stammende Messerschmied Hans Baumgartner anerbietet sich dem Rat als Fechtmeister für die Bürgerschaft. Er wird zu einem Bürger angenommen und kann in der Stadt wunschgemäss seinen Beruf ausüben.

1634

Hans Ackermann von Zunzgen, «so mit einer Stute unchristlich gehandelt, wird vor dem Steinentor, unweit vom Rabenstein, vom Scharfrichter enthauptet, hernach auf die Scheiterbeige neben die Mähre gelegt und verbrannt».

1666

«Es wird vom Kleinen Rath die Jahr-Rechnung abgelesen, welches seit 1615 niemalen geschehen ist.»

1704

Mit Maria Müller, der Frau des Schlossers Sebastian Eck, kann die Obrigkeit einer «schändlichen Diebin» das Handwerk legen, die «viel Leuth alhier, welche ihre Sachen entweders zu versetzen, zu verkaufen oder nur auszuleihen ihr anvertraut haben, vorsetzlich betrogen hat». Auch hat die Müllerin unter Mithilfe des Federmarxlin, eines «verbrühten Gesellen, nächtlicherweil verschiedene diebische Angriffe verübt und in Rudolf Merians Behausung, neben anderem Gold und Silber, einen Sackh mit Geltt, darinnen sich nachwerts bey 300 Sols befunden, angetroffen und nach Hauss getragen, allwo der Federmarxlin das Gelt also ausgetheilt hat». Die Schwere dieser Übeltaten ist nach geltendem Recht mit der Lebensstrafe zu ahnden. Zum Urteilsspruch «treten die Herren Räth in der Rathsstuben unter die Saul (Säule), die Maleficantin Maria Müller aber steht ob der Saul zwischen zween Stattknechten. Nachdem sie auf Befragen des Bürgermeisters solches gestanden, geben die Herren Häupter ihr Urtheil dahin, dass Maria Müller mit dem Schwert vom

Leben zum Tod gerichtet werden soll, darauff wird die Maleficantin exequirt. Deus animae misereatur» (Gott möge sich ihrer Seele erbarmen).

1729

«Es ist Bericht gekommen, dass Conrad Schultes, Schulmeister zu Oberdorf, sich in Melancolia so schrecklich vergessen hat, dass er sich von ihrem Kirchthurm herab zu tode auf die Gasse gestürzt hat, nachdem er zuvor mit seinem Rohr sich einen Schuss durch das Hertz gegeben hat. Er ist im etlich und siebenzigsten Jahr seines Alters gewesen.»

1755

«Wegen dem den 9ten December entstandenen schreckhaften Erbeben erkennen Unsere Gnädigen Herren, dass hinfüro der Sonntag zur Ehre Gottes, besser als bisher geschechen, soll geheiligt werden. Auch ist das Schlittenfahren, sowohl in als auch ausser der Statt, und das Dantzen auf Bällen, Dantzböden und Hochzeiten bis auf fernere Verordnung bey höchster Ungnad gäntzlich verbotten.»

1759

«Das sogenannte Wurstlisi, eine arme Taglöhnerin, hat eine schlechte Hütte, keine Kleiderpacht und keine delikaten Speisen. In Summa, sie hat an der Armuth keinen Mangel. Weil sie ein Frohnfastenkind ist, so bittet sie gutherzige Leut, ihr ein Hellerlein an den Hauszins zu steuern. Sie will dann für diese Ehrenpersonen bätten.»

1798

Der aus dem Oberelsass stammende Jude Leopold Levy erhält als erster Israelit die Aufenthaltsbewilligung in der Helvetischen Republik und wenig später, am 2. März 1800, die Niederlassungsbewilligung in Basel.

1815

«Mit Hüningen ist nun hoffentlich für Zeit und Ewigkeit abgerechnet. Die geschleifte Festung liegt da zu den Füssen der Schweizer. Und das hat, so zu sagen, keinen Tropfen Menschen-Blut gekostet. Und Geldt gar nicht viel. Was sind schon 197 077 Franken 8 Batzen 9 Rappen? Eine Bagatelle gegen die Summe, welche die Basler allein schon längstens aus ihrem eigenen Sack bezahlt haben würden, um sich diese verhasste Brille von der Nase wegzuschaffen. Jetzt geht's noch

«Die aus Fischbachstein neu erstellte Figur des Ritters St. Martin wird am 17. Dezember 1883 ohne allen Unfall an der Münsterfassade aufgestellt. Das alte Standbild erwies sich als in so hohem Grade schadhaft, dass eine gänzliche Erneuerung nicht zu umgehen war. Dabei wurde das Bildwerk getreu in seinem bisherigen Zustande, also ohne Wiederanfügung der Bettlerfigur, reproduciert.» Als Emanuel Büchel das Standbild anno 1774 im Bilde festhielt, bemerkte er dazu: «St. Martinus auf einem Pferd reitend, welches der hintere und vordere rechte Fuss auf einmahl auflupfet, ist ein merklicher Fehler von dem Bildhauer.»

wohlfeiler zu. Basel zahlt nur die Hälfte der besagten Franken, Batzen und Rappen. Die andere Hälfte bezahlen die übrigen Stände!»

1859

Der neue Besitzer des Formonterhofs an der St. Johanns-Vorstadt 27, Daniel Meyer-Merian, hat Mühe, Dienstpersonal zu finden: «Es ist das Gerücht verbreitet, es geiste in dem Haus. Nicht nur in den untersten Bevölkerungsklassen steht dieser Glaube fest, sogar ein Kanzelredner erkundigt sich angelegentlich darum, ob wirklich ein Geist sein Unwesen treibt, und trotz der Verneinung des Herrn Meyer glaubt er doch, dass er ihm die Thatsache verheimlicht.»

Aus interessierten Kreisen ergeht der öffentliche «Aufruf zur Gründung einer Sternwarte», die als Schenkung der Bürger- und Einwohnerschaft für die 1860 fällige Vierhundertjahrfeier der Universität gedacht ist. Obwohl sich ein Fonds von gegen 60 000 Franken Spendengeldern äufnet, kann das Vorhaben erst mit dem Bau des «Bernoullianums» anno 1874 verwirklicht werden.

1900

Durch die Zusammenlegung des Baugeschäftes Rudolf Linder-Bischoff mit dem Architekturbureau Linder & Visscher van Gaasbeek entsteht die Basler Baugesellschaft.

1901

«Eine eindrückliche Protestkundgebung der Frauen und Jungfrauen Basels gegen die Behandlung, die in den Konzentrationslagern Südafrikas den Boerenfrauen und -kindern zu teil wird, vereinigt binnen kurzer Zeit über 20 000 Unterschriften.»

18. Dezember

Ildefonsus von Toledo der Erzbischof

1501

Damit den Bürgern, ihren Kindern und Töchtern «Schand und Schad» erspart bleibt, verbietet die Obrigkeit der männlichen Jungmannschaft «jeglichen Unfueg wie Nachtgesang, Wurstsammeln, Klopfen an

Allerlei.

In Liestal gehen entweder die Stadtuhren nicht selten unrichtig oder läuft die Sonne nicht immer recht; oft schlägt es am obern Thor 10 Uhr, wenn der Zeiger am Kirchthurm ½11 zeigt, und so umgekehrt. Deßwegen hat wohl ein oft zu lustiger Bürger, Mohlermarti genannt, vor einiger Zeit des Nachts ½12 Uhr gerufen, aber der Nachtwächter, der, nebenbei gesagt, auch schon um 12 Uhr 10 Uhr gerufen haben soll, glaubte sich dadurch an seiner Ehre angegriffen und verklagte den in sein Amt eingreifenden Mohlermarti bei löbl. Gemeindrath. Letzterer fand gut, diesen für sein überflüssiges halb Stund rufen um 9 Batzen abzustrafen. Ordnungsliebende Leute freuen sich hierüber gar männiglich, weil man sonst am Ende vor lauter Nachtwächter nicht mehr schlafen könnte, und weil man hofft, dergleichen Strafen werden dazu verwendet, die Uhrwerke zu verbessern, was sehr Noth thut.

Um 11er Wein zu machen, sagte jüngst ein deutscher Schauspieler, nehme ich 22ger, mische ihn halb mit Wasser, und dann habe ich 11er.

Viele Wirthe sollen sich dieß hinter die Ohren geschrieben haben. Es ist gut daß Niemand nach 17er Wein frägt, sonst würde unser gute 34ger gewiß auch halbirt.

Der unerschrockene Rauracher,
18. Dezember 1834

den Hüseren und Guet Jahr Singen» an den bevorstehenden Festtagen.

1725

«Zwischen 4½ und 5½ Uhr abends, nachdem es schon bei etlichen Stunden geregnet hat, kommt ein schrecklich Gewitter mit starken Donnern, Wetterleuchten und grausamem Wind und einem Hagel, wie es sonst mitten im Sommer oft geschieht. Es währet fast eine Stund. Der Wind ist warm, obwohl es bisher seit 14 Tagen ziemlich kalt gewesen ist. Er thut grossen Schaden an Bäumen und Dächern. Auf St. Petersplatz werden sechs grosse Lindenbäum aus der Wurzel gerissen und gefällt, und in der Hard bei 200 grossen Eichbäumen. Underschiedliche Kamin sind eingestürzt, viel Ziegel ab den Dächern. Bei keines Manns Denken ist dergleichen Gewitter um diese Zeit des Tages geschehen und höchst verwunderungswürdig, dass die Bäume dato ohne Laub dennoch sollen aus der Wurzel gezogen worden sein. Einem fremden ansehnlichen Menschen ist sein Hut samt seiner Perruque und sameten Seckel auf der Rheinbruck von dem Wind in einem Huy ab dem Kopf genommen und in den Rhein geweht, so dass er sich auf den Boden legte, aus Besorgnis, er müsse nachfolgen. Ihrer drey oder vier über die Rheinbruck gehende Weibspersonen legten sich so plötzlich, als fielen sie gleichsam zu Boden, und schryen so laut um Hülf, dass man es in den Häuseren an der Augustinergass hörte.»

1742

«Während einer gottesdienstlichen Predigt erkühnt sich ein Geissbock, in die Münster Kirche hineinzulaufen. Dieser aber wird vom Siegrist gleich hinausgemustert und für den Frevel solange in Verhaft genommen, bis er von seinem Meister wieder ausgelöst wird.»

1797

Die Basler Revolution nimmt ihren Anfang und setzt sich im Verlauf von fünf Wochen durch. Ratsherr Peter Vischer «stellt den unerhörten Antrag», das Landvolk in seinen politischen Rechten den Stadtbürgern gleichzustellen. Der Vorstoss wird indessen mit Entrüstung abgelehnt, obwohl dreissig Grossräte diesen unterstützt haben».

1811

Auf Anraten von Professor Johann Rudolf Faesch wird durch die Regenz der Universität Holbeins Gemälde des Johannes Froben aus dem Besitz des Buchhändlers Wilhelm Haas zum Preis von hundert Louisdor angekauft.

1848

Seidenbandfabrikant J.J. Richter-Linder offeriert dem Bauamt für den Ankauf der Stadtsäge vor dem Riehentor 15 000 Franken, nach deren

Durch Ratsbeschluss vom 18. Dezember 1619 «sollen die unzüchtigen Weiber und offnen Luntzen (Dirnen), um Ärgernus und Unzucht zu vermeiden, nit nur us den Wirtshäusern, sondern auch ab den Strassen hinweggeschafft werden». Das Aquarell von Franz Feyerabend aus dem Jahre 1790 zeigt eine unehelich in andere Umstände geratene Tochter, die vom Ehegerichtsweibel zur Bestrafung der Obrigkeit vorgeführt wird.

Abbruch auf einem 4800 Quadratmeter umfassenden Bauplatz eine Seidenwinderei mit Wohnungen errichtet werden sollte. Weil den Behörden das Angebot als zu gering erscheint, erhöht es Richter um 5000 Franken. Zu diesem Preis aber beliebt nur die Zunft zu Gerbern, die Besitzerin der Lohmühle am Riehenteich, als Käuferin. Und diese mag für die Wasserkraft der Säge nicht so viel ausgeben. Obwohl der Sägereibetrieb immer unrentabler wird, da zugeschnittenes Bauholz durch die Eisenbahn billiger eingeführt werden kann, bleibt die Kleinbasler Stadtsäge bis zu ihrer Ersetzung durch das Pumpwerk im Jahre 1862 bestehen.

1881

«Die Polizei unternimmt abermals eine General-Razzia auf Vaganten und Dirnen, die sehr ergiebig ausfällt, so dass eine grosse Anzahl zweifelhafter Subjekte eingebracht wird. Um den beabsichtigten Zweck zu erreichen, sind die Landjäger in Blousen gekleidet worden.»

1899

Das Polizeidepartement berichtet dem Regierungsrat: «Zur Zeit findet noch kein brauchbares System für den Automobildroschken-Verkehr praktische Anwendung. Es scheint, dass die Verwendung von Automobildroschken eher im Rückgang begriffen ist. Auch in Zürich haben sich diese nicht bewährt»...

1903

Der Grosse Rat beschliesst die Erstellung der Kannenfeldstrasse, und zwar unter Ausschluss des Referendums, weil der Bau dieser Strasse Gelegenheit bietet, die Arbeitslosen zu beschäftigen.

Als am 19. Dezember 1476 gegen dreihundert Kriegsknechte bei grosser Kälte auf zwei Schiffen nach Breisach fahren wollen, um im Dienste der Stadt Strassburg nach Lothringen zu ziehen, da vermögen sie, wie ein Augenzeuge berichtet, «nit nüchter ab statt faren. Sassend nider, assend und truncked eben vast (ziemlich viel), damit sy an der Kelti möchtend harren (aushalten). Und als sy nach dem Mal frölich von dem Win worden sind, lüffend sy schnäll zuo den Schiffen, sprungend fräventlich in die Schiff, waren ungehorsam und gabend nüt um die Schifflüt. Was sy inen auch seitend, so wollt doch jeglicher der erst in den Schiff sin. Und wie vest sy von den Schifflüten und andern wurdent angeschruwen, Sorg ze haben oder hübschlich ze tuon, so half es alles nit.» Wie die Schiffe dann vom Land abstossen, fällt ein Mann ins Wasser. Als deswegen ein Wehgeschrei ausbricht und sich im Unglücksschiff alles zusammendrängt, bricht unter der Last und dem Gepolter der Boden ein, so dass der Kahn untergeht. Mit Hilfe von Weidlingen, welche eilig in die Strömung hinausfahren, können etliche Söldner lebend aus dem Wasser gezogen werden. Zwischen dreissig und hundertvierzig Mann aber finden beim schweren Schiffsunglück den Tod. Über den Hergang der Katastrophe werden schliesslich allerlei Meinungen geäussert. Unter den Geretteten fehlt es nicht an solchen, welche offen bekennen: «Den Ertrunkenen ist Recht geschehen, sie waren mehrerenteils in der heiligen Fronfasten in Wirtshüsern und hinder dem Spiel gelegen und waren in mengen Tagen in nie kein Kilchen kommen.» Faksimile aus der Berner Chronik von Diebold Schilling.

19. Dezember

Nemesius der Märtyrer

1305

Das Hochstift Basel entspricht der Forderung Bischofs Peter von Aspelt und erwirbt zum Preis von 2100 Mark Silber aus der Hand der Gräfin Ida von Honberg die Stadt Liestal, die Feste Neu-Homburg und den Hof Ellenweiler.

1632

Der Rat warnt die Bürger davor, den Studiosis für etwas anderes als für Kost, Kleider, Wohnung und Bücher Geld zu leihen. Insbesondere nicht «für Extrafechten, Dantzen, Ballenspiel, Pastetenbeck, Weinhäuser, Wirts- und Kochhäuser, Gewürtzkrämer, Apothekerschleck, Goldschmidtsarbeit, Mahler, Messer- und Büchsenschmidt, Sattler und Sporer und was dergleichen unnötige Sachen zu dem Studieren nicht gehörig sind».

1735

Der von der niederländischen Krone zum Gouverneur der holländischen Insel St. Eustachius in Westindien ernannte Isaak Faesch erreicht in Begleitung seines Sekretärs und Landsmanns Johann Jakob Hoffmann mit einem Kleinschiff die Insel Texel, von wo aus die grosse See-

> **Liebe Herzen vnnd gute Freundt,** Ob gleichwol vnsere gnedigen Herren, Herren Burgermeister vnnd Rhat dieser Statt Basel, zimliche, mit ehren vnnd bescheidenheit abgehende frewden zu verwehren, sonst nit gemeinet sindt: So werden doch ihr St. E. Wht. Vmb willen die leydige Sterbsucht, vnnd Thewrung zur zeit nit allerdings nachgelassen, wie auch besorgender Kriegs gefährlichkeiten, vnnd anderer vrsachen halben mehr, dahin bewogen, daß sie deß von Gott erwartenden newen Jahrstages gewohnte frewdige haltung, zu Statt vnd Landt dißmalen ab: vnd eynzustellen für hoch gebürend sein ermessen haben. Lassen derowegen wolermelte ihr St. E. Wht. hiemit gebietlich ansagen, das auff erstbenandten newen Jahrstage, weder in Zünfften, Gesellschafften, oder Winckeln einiche gesambte Mähler nicht angerichtet; item durch die Handwercksgesellen ihren Meisteren das gute Jahr mit Tromen vnd Pfeiffen keines wegs geschenckt; sondern von meniglichen alle bescheidene nüchterkeit gebraucht, vnd deß Göttlichen worts verkündigung, morgen vnnd abends, mit erforderlicher andacht angehört, selbsten deß gerechten Gottes zorn vnd angeregte straffen abzubitten, auch gnad, fried, vnd segen, mit vnablässigem seufftzen zuerlangen, verholffen werden solle. Es mag sich auch dieser zeiten jeder deß Sternen, vnd guten jahr singens, vnnd vbrigen geplärs auff den gassen gäntzlich enthalten. Dann welcher in einem oder anderem vorstehender dingen fehlend betretten, soll ohne Gnad ein Marck Silbers zu bezahlen verfallen seyn. Darnach wisse sich meniglich zu halten vnd vor schaden zubewahre. Decretum 19. Decembris, Anno 1610.
>
> **Cantzley Basel.**

Obrigkeitliches Mandat, 19. Dezember 1610

reise angetreten werden soll. Wegen heftiger Unwetter aber kann das Hochseeschiff erst am 10. Februar auslaufen. Nach turbulenter Fahrt erreicht die Gesellschaft am 6. Mai völlig ausgehungert Puerto Rico, doch verweigern ihr die Spanier Aufenthalt und Proviant, weil solches nur auf Geheiss des Königs erfolgen darf. Zwei Tage später gelingt es dem Kapitän, das Schiff vor der Haiti vorgelagerten Insel Mona zu ankern, so dass auf dem unbewohnten Eiland aller Gattung Früchte und Getier aufgetrieben werden können. Ehe «die Seefahrer, die allemal Trunkenbolde sind», aber die Segel zur Weiterfahrt zu hissen vermögen, wird das Schiff von Freibeutern aufgebracht, «deren man ein Teil bei uns für Teufel ausgäbe», Die streitbaren Spanier kommen an Bord, brechen alle Kisten und Koffer auf, rauben und plündern nach Belieben und zwingen Besatzung und Passagiere schliesslich, auf ihr Schiff überzugehen. Nachdem die Basler «von den Läusen und Ratten halb gefressen worden sind», werden sie auf San Domingo verbracht, wo ihnen der Gouverneur zur völligen Überraschung einen herzlichen Empfang bereitet und ihnen mit leckersten Speisen wieder zu Kräften verhilft. Am 29. Juni 1736 landen Faesch und Hoffmann schliesslich – wie der Basler Almanach unter diesem Datum bereits berichtet hat – auf St. Eustachius: «Man hat uns bereits für verloren gehalten. Unbeschreiblich ist die Freude, mit der uns die Einwohner empfangen. In Begleitung des Rats und der bewaffneten Einwohnerschaft führt man uns in die Festung, wo unter Kanonendonner die Eingeborenen dem neuen Gouverneur Faesch den Eid der Treue ablegen.»

1854

Vom provisorischen Bahnhof an der Langen Gasse (86) aus nimmt die Centralbahn den regelmässigen Eisenbahnbetrieb zwischen Basel und Liestal auf.

1877

«Der Basler Skating Club beginnt wieder mit den beliebten Rollschuh-Soiréen in der Burgvogteihalle. Wie auf einem Feen-See schweben die Läuferinnen und Läufer durch den Saal.»

1880

Im Anschluss an den Liquidationskongress des Schweizerischen Arbeiterbundes in Olten konstituiert sich die Basler Sektion der Schweizerischen Sozialdemokratischen Partei. Die 27 Gründungsmitglieder gehören fast ausschliesslich der Schicht der Fabrikarbeiter, Posamenter und Handwerksgesellen an.

1881

Die Regierung erteilt Schuhhändler J.J. Kühn die Konzession, die grosse kahle Mauer zwischen dem Barfüsserplatz und der Gerbergasse mit Geschäftsanzeigen zu bemalen.

1908

«Für die Arbeiterschaft» wird die Strassenbahnermusik Basel gegründet. Die öffentlichen Auftritte erfolgen während der ersten Jahre in der Dienstuniform der B.St.B.

20. Dezember

Ursicinus von St-Ursanne der Eremit

1347

Der in der Stadt weilende Kaiser Karl IV. hebt den seit 15 Jahren bestehenden päpstlichen Bann auf und stellt den Gottesdienst wieder her. Er bestätigt der Kirche die von frühern Kaisern und Königen ihr verliehenen Rechte, insbesondere Recht und Gericht in Kleinbasel bis zur Mitte der Rheinbrücke sowie das Münzrecht. Die Bürger leisten ihm den gewöhnlichen Eid. Der Kaiser feiert auch noch Weihnachten in Basel, soll sich aber «auf den Bällen gegenüber den Basler Frauen ziemlich unanständig aufgeführt haben».

1424

Der oberrheinische Städtebund geht in Breisach auf die Beschwerde Basels gegenüber den Strassburger Schiffleuten ein und untersagt diesen das Dingen und Schiffen in Basel und oberhalb der Stadt. Nur für die grossen Einsiedler-Wallfahrten

An der Eidgenössischen Tagsatzung vom 20. Dezember 1531 «rufen die V Orte als Liebhaber der Gerechtigkeit und des alten wahren Glaubens freundlich an, bei Basel auszuwirken, dass es die der Deutschordens-Commenthur zu Beuggen zustehende Zinse und Gülten in den Dörfern Gelterkinden, Buus und Wintersingen etc. wieder verabfolgen lasse». Aquarell von Peter Vischer. 1793.

wird ihnen freies Gefährt zuerkannt. Den Basler Schiffleuten wird zudem die freie Talfahrt über Strassburg hinaus zugestanden, wobei die Strassburger ihnen die notwendigen Steuerleute zur Verfügung zu stellen haben.

1436

Es stirbt Bischof Johannes von Flekkenstein, der mit Erfolg die finanziellen und rechtlichen Verhältnisse des Bistums in Ordnung gebracht hat. «Er wird durch die Conciliumsherren zierlich besungen und bestattet. Anno 1529 am Aschermittwoch wird sein Grabstein zerschlagen.»

1478

Mit der Grablegung von Fürstbischof Johannes von Venningen erlebt Basel das letzte Bischofsbegräbnis seiner Geschichte. Glanzvoll, wie der stolze Fürst in seinem Schloss in Pruntrut gelebt hat, vollzieht sich seine Bestattung: Nach einer von prunkhafter Leidfolge begleiteten Fahrt durch die verschneite Juralandschaft trifft der lange Leichenzug beim Klang der Totenglokken von Stadt und Land vor dem Spalentor ein, wo ihn die Geistlichkeit und der Stadt weltliches Regiment erwarten und ihn in feierlicher Prozession nach dem Münster führen. Die Geistlichkeit aller Pfarreien, Klöster und Stifte, der Rektor der Universität in scharlachfarbenem Rock, die Professoren und Studenten sowie Vertreter der zahlreichen Bruderschaften gehen dem Sarg voran. Dicht hinter ihm schreitet Weihbischof Niklaus Fries, ein Augustinermönch. Auf ihn folgen Bürgermeister und Zunftmeister, alle Ratsherren, die Vorgesetzten der Zünfte und eine grosse Menge aus der Bürgerschaft. Als man im Münster «den Leichnam vom Feretrum (Totenbahre) nimmt, ist er mit weisser Leinwand und weissen Handschuhen angetan, hat an der rechten Hand seinen schönen guldenen Ring und sein Bullam provisionis (die päpstliche Einsetzungsurkunde vom 12. Juli 1458) vom Papst Calixtus III., mit welchem er begraben werden will». Nach der kirchlichen Handlung wird der Sarg mitten vor den zum Chor führenden Stufen versenkt. Eine einfache Steinplatte, mit einem Messingrand eingefasst und dem messingenen Wappenschild darauf, bezeichnet bis in die Mitte des letzten Jahrhunderts die Stelle des letzten Bischofsgrabes im Münster.

1512

Papst Julius erteilt Basel verschiedene Privilegien. Von diesen sind zu nennen die Bewilligung, dass so-

267

Papst Julius II. erweist Basel am 20. Dezember 1512 erneut seine besondere Gunst

wohl Weltgeistliche als auch Ordensbrüder an der Universität Physik hören und studieren dürfen, sowie die Ermächtigung des Rats von Basel zur Wahl eines Priesters, der den in gerechten Kriegen Fallenden und den auf dem Schaffote Sterbenden die Beichte abzunehmen und die Absolution zu erteilen befugt ist.

Basler Abendblatt, 21. Dezember 1864

Basel. (Eingesandt.) An der Rheinbrücke wird Schutt in den Strom geworfen und zwar so, daß derselbe die Strömung jenseits etwas staut; dadurch wird es bei dem niedrigen Wasserstande des Rheines und bei eintretender starker Kälte wohl möglich, daß der Strom auf der Kleinbaslerseite unter- und oberhalb der Brücke bis zum Käppelijoch vollständig zugefriert und wir dadurch eine große Eisfläche zum Schlittschuhlaufen erhalten. Es wäre wünschbar, wenn sich die Behörden, namentlich auch die gemeinnützige Gesellschaft, dieser Sache wie bisher annehmen würden.

1626

Es werden drei Männer und zwei Frauen wegen Diebstahls und Falschmünzerei enthauptet.

1760

«Es gibt hier eine Vereinigung, die sich die ‹Deutsche Gesellschaft› nennt, welche von sehr gelehrten Männern gebildet wird. Diese Gesellschaft pflegt alle zwei Wochen einmal am Donnerstag nachmittag in der Wohnung eines Mitgliedes zusammenzukommen, um gelehrte Unterhaltung zu treiben.»

1770

«Eine barmherzige Societät kocht den Armen zu Gutem Brod, Ärdäpfel, Erbsen, Reis, Gersten, Hirs, weisse und gelbe Rüben und Butter undereinander und lässt es durch Meister Thomas Widler gratis portionenweis austheilen.»

1813

Oberst von Herrenschwand reitet in Begleitung von Oberst Lichtenhahn, eines Adjutanten und von zwei Berner Kavalleristen nach Lörrach und vereinbart mit Feldmarschall Bubna, dem Befehlshaber der alliierten Armeen, die Kapitulation, nach welcher in der folgenden Nacht 250 000 Mann frei und ungehindert die Basler Rheinbrücke passieren können. «Obwohl jedermann den Durchmarsch der Österreicher und Bayern erwartet, begibt sich Magister Heinrich Kölner, der sich neben der Konsumation von Bier, Wein und Schnaps, von denen er unglaubliche Mengen vertragen kann, dem Spazieren widmet, nach Hüningen. Als er wieder nach Hause gehen will, ist das Tor der Festung bereits fest verriegelt, was ihn zum Bleiben zwingt. Erst auf Gutsprache von oben wird zwei Tage später das Tor für den wanderlustigen Basler geöffnet, damit er wieder zu seiner Familie zurückkehren kann.»

1822

Ein «Anonymes Ansuchen um Vorsorge für gesunde Leibesübungen für die Jugend» weist darauf hin, «dass eine vernünftige, alle Übertreibungen und halsbrechenden Sprünge ausschliessende Gymnastik dem Körper Stärke und Gewandtheit gibt, die Geisteskraft erhöht und ihre Anstrengungen unschädlich macht».

1886

Der Grosse Rat beschliesst, eine «Allgemeine Gewerbeschule» als öffentlich-rechtliche Institution zu errichten.

1889

Die Bewohner des Bläsiquartiers fühlen sich durch das grosse unbebaute «sumpfige Mattland» zwischen Klybeckstrasse und Hammerstrasse von der übrigen Stadt abgeschnitten und richten deswegen eine Petition an den Regierungsrat. Sie beschweren sich, dass für die rund 8000 Einwohner kein Polizeiposten besteht und nur eine einzige öffentliche Bedürfnisanstalt beim Erasmusplatz vorhanden ist. Bemängelt wird auch der schlechte Zustand der Strassen, die überdies nur durch wenige Gaslaternen spärlich beleuchtet sind.

21. Dezember

Thomas der Evangelist

1281

Bei Rheinau im untern Thurgau ertrinkt der 18jährige Landgraf Hartmann, König Rudolfs Sohn, als er mit einem Gefolge von 18 Personen über den Fluss fahren will. Sein Leichnam wird nach Basel überführt, wo er im Münster neben der Gruft seiner am 20. März beigesetzten Mutter, Königin Gertrud Anna von Österreich, eine standesgemässe Grabesstätte findet. «Sein Monumentum aber geht im Grossen Erdbeben zu grunde, so dass davon nichts mehr übrig bleibt.»

1421

Basel wird von einer Kältewelle heimgesucht, wie sie seit dreissig Jahren nicht mehr erlebt worden ist und die bis zum 24. Januar anhält. Der Rhein ist auf seiner ganzen Breite mit Eis überdeckt, so dass die Zimmerleute die Pfeiler der Rheinbrücke schützen müssen, «hört man doch die Joche bis zu den Kartäusern krachen».

Am Morgen des 21. Dezember 1813 sprengt die Avantgarde der mächtigen alliierten Armeen Preussens, Russlands und Österreichs, die über oberrheinisches Gebiet Burgund zustreben, unter Anführung des Fürsten von Liechtenstein über die Rheinbrücke. Eine Ratsdeputation empfängt den hohen Militär zum Morgentrunk im Hotel Drei Könige. Mittlerweile verfolgt die Bürgerschaft mit Besorgnis vermengter Neugierde die vom Kleinbasel her durchmarschierenden, von harten Strapazen gezeichneten und tropfnassen 80000 fremdländischen Krieger, denen nur der höhnende Lällenkönig dann und wann ein müdes Lächeln abzuringen vermag. Während der grösste Teil der Landsknechte die Stadt nur passiert und dann entweder Richtung Hauenstein oder Elsass weiterzieht, begehren etwa 18000 ausgehungerte Soldaten ein Nachtlager. Für die Bevölkerung bedeutet die Beherbergung eine ungeheure Belastung. Alle Bürgerhäuser, Zunftstuben und Gasthäuser werden mit erschöpften Leuten überschwemmt, und weil die Ställe und Scheunen längst nicht allen Pferden ein Dach bieten können, werden auch im Kreuzgang des Münsters 250 Tiere untergebracht. Auch in den nächsten zwei Tagen hält der endlos scheinende Zustrom unvermindert an, und der Stiefelschritt der Infanteristen, das Pferdegetrampel der Kavallerie und das Rasseln der Bagagewagen dröhnt aufrührend durch die engen Strassen und Gassen der Stadt. Im ganzen sollen über 200000 Mann den Rhein bei Basel trockenen Fusses überqueren. Der Durchmarsch der Alliierten kostet der Stadt auch einen unerhörten materiellen Aufwand: 647717 Verpflegungstage für Soldaten à zwei Franken, deren 1875 für Generale à acht Franken und deren 4761 für Frauen à fünf Franken. Die Landschaft dagegen hat für 263616 Heurationen, 260025 Haferrationen und 119368 Strohrationen aufzukommen. Aquarell von Max Oser. 1901.

1633

Der Durchgang eines fremden Heeres durch eidgenössische Territorien zwingt die Obrigkeit zum besseren Schutz der Stadt zur Anwerbung von fremden Soldaten. Weil die damit verbundenen grossen Aufgaben die Leistungsfähigkeit der Staatskasse übersteigen und zu grossen Einschränkungen im täglichen Leben führen, muss eine Vermögenssteuer von einem halben Prozent erhoben werden «vom liegenden oder fahrenden Gut vom höchsten bis zum niedrigsten Stand, niemand ausgenommen, dass die Nachkommen sagen können, dass keiner sich beschwärt hat, von seinem Gut einen halben per Cento willig herzugeben, und also wohlgedacht Unsere Gnädigen Herren nicht Anlass gewinnen, nachzusinnen, wie gegen die zu verfahren ist, die nur für sich selbst sorgen. Danach hat sich männiglich zu richten.»

1718

«Da seit einiger Zeit an den Grossen Raths Tagen das Gebätt für denselben auf der Cantzel unterlassen worden ist», beschwert sich die Obrigkeit beim Antistes (Oberstpfarrer) und weist ihn an, für die Einhaltung der christlichen Gepflogenheit besorgt zu sein und die Räte der Allmacht Gottes anzuempfehlen.

1726

«Von einem Ehrsamen Rath wird erkannt, so wie es in der lutherischen Kirche üblich ist, dass auch an den Samstag Abend Bethstunden geistliche Lieder sollen gesungen werden und dass aus der heiligen Schrift ein Kapitel verlesen und ein Vers nach dem andern erklärt und ausgelegt wird. In der Münsterkirche wird aus den dazu gebräuchlichen und gesammelten Liedern das erste Mahl gesungen ‹Herr Christ der einig Gottes Sohn›. Auch ist es bisher gebräuchlich gewesen, dass bey Haltung des heiligen Abendmahls während dem Gesang ‹Ehre sey dem Vater und dem Sohn› der Pfarrer von der Kanzel stieg und vor den Altar trat, wodurch die Nichtkommunikanten ohne priesterlichen Segen haben weggehen müssen. So wird nun ebenfalls erkannt, dass nach Beendigung des Gesangs der Geistliche den Nichtkommunikanten den Segen von der Kanzel ertheilen soll.»

1726

Der Kleinbasler Amtmann Ludwig Locherer hat die Obrigkeit wissen lassen, dass er etwa im ehemaligen Kartäuserkloster (Waisenhaus) eine Akademie einzurichten gedenke, «um die Jugend im Reiten, Fechten, Tanzen, in den Sprachen, der Fortification und anderen Künsten zu unterweisen». Den Lehrbetrieb wolle er durch einen Stallmeister, einen Unterbereiter, einen Ingenieur, einen Fechtmeister, einen Tanzmeister und zwei Sprachmeister gestalten, und für den Reitunterricht beabsichtige er, zwanzig Pferde anzuschaffen. Der Rat aber kann sich nicht entschliessen, Locherer das nachgesuchte Darlehen von 15 000 Gulden zu gewähren, so dass es beim Projekt bleibt.

1776

Anlässlich von Umbauarbeiten im Waisenhaus kommt beim Abbruch einer Zelle des ehemaligen Kartäuserklosters eine eingemauerte hölzerne Kapsel mit einem in lateinischer Sprache auf Pergament geschriebenen Glaubensbekenntnis zum Vorschein. Durch das anno 1456 abgefasste Dokument stellt der mönchische Schreiber, Bruder Martinus, im ersten Jahr seines Gelübdes die Allgewalt Gottes in Frage.

1869

Im Alter von 63 Jahren stirbt Wilhelm Wackernagel. Der aus Jena stammende bedeutende Germanist und Dichter «hat verschiedene Berufungen anderer Universitäten ausgeschlagen. Er war mit den Gebrüdern Grimm, Ludwig Uhland und Hoffmann von Fallersleben persönlich befreundet. Seine Anthologie und seine Proben deutscher Dichtung gelten als vorzüglich. Seine Geschichte der deutschen Literatur hingegen ist unvollendet geblieben.»

1896

«Bei 14- bis 15stündiger Arbeitszeit verdient ein Landposamenter 3½ bis 4 Franken per Tag. Davon ab geht noch der Botenlohn und die Beleuchtung. Auch muss er vielmals gratis arbeiten. Ein Posamenter verdient also, wenn alles abgezogen ist, nicht viel mehr als ein Kohlenarbeiter in Belgien!»

1907

«Zu Ehren der aus der Wintersession der Bundesversammlung nach Basel zurückkehrenden drei Basler Präsidenten (Bundespräsident Brenner, Nationalratspräsident Speiser und Ständeratspräsident Scherrer) veranstalten die politischen und geselligen Vereine mit Behörden, Korporationen und Studentenschaft unter Kanonenschüssen, Musik und Trommelklang eine feierliche Einholung. Unter dem Schein zahlloser Lampions geht's auf den Markt zu einem kurzen patriotischen Akt. Im Musiksaal bei einem grossen Bankett kommt sodann jeder der Gefeierten einzeln zum Wort.»

1911

«Im Restaurant zur Brodlaube am Marktplatz erscheint die Riesenjungfrau Brunhilde mit der stattlichen Höhe von 2,26 Metern. Die Riesin ist ein imposantes Weib mit sehr schönen Gesichtszügen und blondem wallendem Haar. Wenn Deutschland noch mehr solche Germaninnen bringt, so kann es sicherlich ruhig sagen: Lieb Vaterland, magst ruhig sein!»

22. Dezember

Chiridoni der Märtyrer

1513

Die Führer des deutschen Bauernkrieges, Kilian Meiger und Jakob Huser, haben sich in die Schweiz geflüchtet und halten sich während einiger Zeit in Seewen auf. Als sie sich nach Zürich begeben wollen, werden sie «uff dem Feld» von Basler Häschern gefangengenommen und schliesslich wegen versuchten Aufruhrs in Basel enthauptet.

1524

Ludwig Liechtenhahn, der Krämer aus Leipzig, erhält das Bürgerrecht.

1532

Die Reformationsherren klagen, dass «man am Sonntag oder Fyrtag nit am Morgen zu dem Gotteswort geht, sondern allenthalben uf den Kornmarkt, Rhinbruck und Sant Petersplatz und uf der Pfalz und in der School (Metzgerei) spazieret».

1556

Der Tuchhändler Pangratz Bobst wird vom Zunftvorstand zum Schlüssel zu einer Strafe von fünf Pfund Wachs verfällt, weil er «ein welsch Duch gekauft hat und lossen färben und ramen (ausspannen) und es wieder hat verkaufen wöllen, das nyt so gut wie Basel Futtertuch» gewesen ist.

1572

«Es wird einer von Riehen, der zu Rheinweiler aus der Gefangenschaft entronnen ist, enthauptet.»

1629

In Langenbruck hat die Pest seit dem 15. Oktober 68 Männer, Frauen und Kinder dahingerafft.

1678

Lux Linder schiesst vor dem Riehentor «ein Trapphuhn, was etwas ungewöhnliches ist».

1684

«Eine Dienstmagd fährt mit dem Schlitten den Rheinsprung hinunter und schlägt an der Eisengasse an einen Buchbinderladen. Sie schiesst dabei die Herzkammer ein, so dass sie andern Tags stirbt.»

1759

«Weil seit etlichen Jahren viele reputierliche Leuthe wegen Mangel von Arbeit ohne Verdienst sind, aber auch, weil viele muthwilligerweise wegen Müssigangs verarmt sind und sich samt ihren Kindern auf das Betteln verlegt haben, haben Unsere Gnädigen Herren den Armen und Notleidenden zu gutem eine neue Baumwollen-Fabriken aufgerichtet. So sollen sich diejenigen, welche sich vom Baumwullen Spinnen ernähren und selbiges lehren wollen, nach dem Neuen Jahr beym Spital- oder Waysenamt angeben, alwo man ihnen nicht alein das Werkzeug, sondern alles gratis zeigt und ihnen einen proportionierten Spinnerlohn aufs freundlichste verspricht.»

Am 22. Dezember 1848 offeriert Seidenbandfabrikant J.J. Richter-Linder dem Bauamt für den Ankauf der Stadtsäge vor dem Riehentor 15000 Franken, nach deren Abbruch auf einem 4800 Quadratmeter umfassenden Bauplatz eine Seidenwinderei mit Wohnungen errichtet werden sollte. Weil den Behörden das Angebot als zu gering erscheint, erhöht es Richter um 5000 Franken. Zu diesem Preis aber beliebt nur die Zunft zu Gerbern, die Besitzerin der Lohmühle am Riehenteich, als Käuferin. Und diese mag für die Wasserkraft der Säge nicht so viel ausgeben. Obwohl der Sägereibetrieb immer unrentabler wird, da zugeschnittenes Bauholz mit der Eisenbahn billiger eingeführt werden kann, bleibt die Kleinbasler Stadtsäge bis zu ihrer Ersetzung durch das Pumpwerk im Jahre 1862 bestehen. Aquarell von Anton Winterlin.

1813

«Alle Thore und öffentlichen Gebäude sind von den Österreichern besetzt, und in mehrern Gassen, namentlich in der Gerbergasse und auf dem Barfüsserplatz, wiehern österreichische und russische Uhlanen- und Kosakenpferde zu den Fenstern der Wohnstuben ebener Erde heraus. Die Häuser sind alle mit Einquartierungen voll gepfropft. Die Kosaken füttern ihre Pferde sogar in einigen Kirchen und verschneiden auf den Altären ihre halbverfaulten mitgebrachten Rationen. Die Belagerung von Hüningen durch 10 000 Österreicher und Bayern mit ihren verschiedenen Beschiessungen, die jeweilen auch gegen Basel hin erwidert werden, setzen die Bevölkerung in grosse Schrecken.»

«In Waldenburg erscheinen 2200 Österreicher. Die ansässigen Leute wissen nicht, wo sie Brot und Fleisch für die Soldaten hernehmen sollen. Das Futter für die Hunderten von Pferden kann ebenfalls kaum beschafft werden. Der Gemeindepräsident ist nicht imstande, die nötigen Anordnungen zu treffen, da er vor Angst und Aufregung den Kopf verloren hat. In Reigoldswil, Bretzwil, Diegten und Titterten herrscht die gleiche Bestürzung.»

1832

Der Kanton verkauft das bisherige Pfarrhaus von St. Clara samt dem vom Kleinbasler Teich durchflossenen Garten und der Hälfte an einem Ziehbrunnen dem Seidenfärber Johann Rudolf Wegner. Der neue Eigentümer wird verpflichtet, den Zugang zum militärischen Rondenweg bis zum Bollwerk durch die Türe vom «Rumpel» offenzuhalten.

1854

Der Grosse Rat setzt sich mit der Absicht auseinander, die alte Rheinbrücke durch «eine gewölbte steinerne Brücke» zu ersetzen. Diese aber wehrt sich verzweifelt gegen den Abbruch: «Jetzt händ sie Plän für e neuji Bruck gmacht / Und Kosteüberschläg derby dass es kracht / Händ gmesse an mer, untersuecht und grüttlet / Und gflickt und d'Köpf no alle Syte gschüttlet / Doch wär ka sage vo de Menschekinder alle / En einzig's heb y in Rhy lo abe falle / Und doch, was isch mi Dank?»

1870

Langanhaltender Schneefall überzieht die Stadt während 44 Tagen mit einer Schneedecke.

Grabinschrift, 22. Dezember 1629

An. 1629.

Hier ligt ein solcher Mann begraben
Welcher von Gott solch Gnad thet haben/
Daß er trewiglich zehen Jahr
Nutzlicher Spittalmeister war/
In welchem ampt er auch geneigt
Armen Barmhertzigkeit erzeigt.
Er war from auch in Gottes Wort g'übt/
Darumb von Jedermau geliebt/
Vnd weil allzeit sein Glaub that sein
Daß Christi Blut jhn mache rein/
Dardurch er werd vor Gott bestahn
Drumb thut er Gottes Huld empfahn/
Vnd auch die ewig Seligkeit
Die Kindren Gottes ist bereit.
Vmb den Stein.
Hier ligt begraben der Ehrenvest vnd Fürnehm Herr Gabriel Rosenburger/ gewesener Spittalmeister. Starb seliglich den 22. Christmonat Anno 1629. seines alters 42. Jahr/ Deme Gott ein frölische aufferstendnuß verleyhen wolle.

1878

«Seit dem März 1855 ist auf die gute Stadt Basel keine solche Masse Schnee mehr heruntergefallen, wie in den letzten Tagen, der Bildhauer Meili und Holzhändler Jauslin erlaubt, an der Steinentorstrasse vor der Merianschen Bierbrauerei einen Riesenschneemann zu bauen.»

1892

Das kleine Haus Gerbergasse 85 gerät durch eine Petroleumlampe in Brand und brennt völlig aus. Dabei findet der 26jährige Christbaumverkäufer Lauber den Erstickungstod. «Er hinterlässt zwei Kinder und eine der Entbindung nahe Frau, deren sich die öffentliche Mildthätigkeit annimmt.»

23. Dezember

Dagobert von Austrasien der König

1528

Die zunehmenden Spannungen unter den Befürwortern und den Gegnern der Reformation haben im vergangenen Jahr zur Erkenntnis geführt, dass eine friedliche Verständigung unter den zerstrittenen Glaubensbrüdern nicht werde erzielt werden können. Auch im Rat sind die Meinungen gespalten gewesen: An der Spitze der Altgläubigen stand Bürgermeister Heinrich Meltinger, an derjenigen der Evangelischen Oberstzunftmeister Jakob Meyer zum Hirzen. Durch den 1527 unternommenen Versuch einer paritätischen Ordnung, wonach der evangelische Gottesdienst zu St. Martin, St. Leonhard und im Augustinerkloster gestattet ist, in den übrigen Gotteshäusern aber weiterhin die katholische Messe gelesen werden kann, liessen sich die Gegensätze nicht beilegen. Eine Versammlung der Reformierten auf der Gartnernzunft am heutigen Tag, die von fünfhundert evangelisch gesinnten Männern besucht wird, präzisiert mit allem Nachdruck die Forderungen der Neugläubigen und richtet an die Obrigkeit eine Bittschrift des Inhalts: «Da es um den Frieden in unserer Stadt geht, wenden wir uns an Euch, Gnädige Herren. Der Rat soll das zwiespältige Predigen, die Ursache aller Verirrungen der Gewissen, abstellen. Wir werden Tag und Nacht bitten, bis man uns erhört.» Dieser Supplikation schliessen sich nach ausgiebigen Beratungen zwölf der fünfzehn Zünfte an. Zugleich werden durch die mehrheitlich neugläubig orientierte Obrigkeit die Städte Zürich, Bern, Schaffhausen, Mülhausen und Strassburg um die Entsendung von Ratsdeputationen zur Unterstützung der reformatorischen Sache ersucht. (Über die gewaltsame Durchsetzung der Reformation berichtet der Basler Almanach unter dem 8., 10., und 14. Februar 1529.)

Im Alter von 65 Jahren stirbt am 23. Dezember 1805 der Tuchausbreiter Elias Ekkenstein. Der Arme war mit einem Sprechfehler behaftet, der seine Mitbürger gar oft zum Nachäffen reizte: «Der Beleies het e Begeli bange und hets an e Bädemli bunde und het macht Dibink, Dibink.» Aquarell von Franz Feyerabend.

Kantons-Mittheilungen, 23. Dezember 1832

> Die Universität hat beschlossen, zu Handen der öffentlichen Bibliothek, deren Raum zu Aufnahme der Bücher längst nicht mehr hinreiche, und erst neulich durch das Vermächtniß der über 12,000 Bände betragenden Bibliothek des verstorbenen H. Prof. Daniel Huber einen großen Zuwachs erhalten hatte, den anstoßenden Reinacher-Hof (bisherige Lesegesellschaft) an sich zu kaufen, welches auch von der h. Regierung mit Nachlaß der Handänderung (vermöge §. 1 und 6 des Art. 37 des Gesetzes vom 16. Dez. 1800) am 21. Dez. 1831 bewilligt worden ist.

1612

Der Rat verordnet, dass inskünftig nicht mehr als drei Personen, die indessen schon kommuniziert haben müssen, zu Taufpaten angenommen werden dürfen. Auch ist es den Gevatterleuten verboten, «mehr als 18 Batzen dem Kind einzubinden».

1813

Pfarrer Daniel Kraus (1786–1846) vermittelt in seinen Aufzeichnungen ein Bild über das Verhalten der in der Stadt weilenden alliierten Truppen: «Es erscheinen sechs ungarische Husaren samt ihren Pferden mit einem Quartierbillet. Ich lasse die Pferde in das Holzhaus stellen und weise den Leuten die Kinderlehrstube an. So kommen sie nach, und einer legt sich gleich mit Stiefeln und Sporen auf das Kanapee. Sie fangen an, sich mit den hiesigen Garnisonssoldaten, die am Abendtrunk sind, anzubinden und schimpfen auf die Schweizer. Da kommt unsere Nachbarin, Frau Asal, und bittet mich um Gottes Willen, ihr zur Hülfe zu kommen, sie hätten auch vier Husaren samt Pferden und könnten natürlich in ihrem Häuschen die Pferde nicht logieren. Wir kommen mit ihnen in Wortwechsel, sie manoeuvrieren mich bis ins untere Sommerhaus (Hauseingang) und umringen mich alle zehn, und einige ziehen fluchend ihre Säbel. Als meine Frau im obern Sommerhaus solches sieht und hört, fällt sie mit einem Schrey in Ohnmacht. Ein Offizier, von dem Lärm herbeygezogen, tritt plötzlich ein, worauf allmählich wieder Ruhe einkehrt. Er entschuldigt sich höflich gegen mich, und ich danke ihm ebenso höflich für seinen Schutz.»

1873

«Es scheint in unserer Umgebung nicht mehr ganz sicher zu sein. In dem Hohlwege bei Binningen fanden letzte Woche zwei Raubüberfälle statt. Und zwischen Basel und Hegenheim ereignete sich sogar ein Raubmord.»

1877

Nach gründlicher Renovation und teilweiser Neugestaltung der Fassaden hält die Christkatholische Gemeinde Einzug in der neuen Predigerkirche und feiert mit Bischof Eduard Herzog den ersten Gottesdienst.

1907

Der Kleinbasler Fussballclub Young Fellows erbittet vom «hohen Regierungsrath» die Zuweisung eines Spielplatzes. Die Ablehnung des Gesuches vermag aber die aus einem christlichen Jünglingsverein stammenden Clubmitglieder in ihrem kameradschaftlichen Zusammenhalt nicht zu stören, ziehen diese doch wenig später «zu später Nachtstunde mit Sang und Klang durch die Greifengasse. Da, bei der Utengasse, erreicht sie das Schicksal. Acht (!) Polizisten, wie aus dem Boden gestampft, machen der Herrlichkeit ein Ende. Auf dem Claraposten werden die festfreudigen Young Fellows liebevoll in das Fremdenregister eingetragen. Die Folge ist eine freundliche Einladung aufs Bäumli, wo man mit grosser Freude sieben Mann vom FC Rosenthal trifft! Mit einer gesalzenen Moralpredigt des Gerichtspräsidenten und fünf Franken Busse müssen die armen Teufel für das unschuldige Vergnügen büssen.»

24. Dezember

Adam und Eva die biblischen Stammeltern

1431

Es setzt ein unerhört kalter Winter ein, so dass «uff Acker und Matten grosses Ys ligt, viel Geflügel, Lüte und Vich erfrieren gar und grosser Schaden an Win und Obst beschieht. Auch erfrieren etliche reysige Gesellen zu Ross und zu Fuss uff dem Feld.»

1433

«Zum künftigen Gedächnis der Nachkommen» schildert der Konzilsgesandte Andrea Gattaro von Padua in seiner «kleinen Chronik» die Weihnachtsfeier von Kaiser Sigismund im Münster: «Am 24. Dezember, am Weihnachtsabend, kommt der Kaiser in das Münster, wo alle Kardinäle und Prälaten des Konzils versammelt sind. Es wird

National-Zeitung, 24. Dezember 1891

der heiligen Majestät des Kaisers ein Schwert überreicht, dessen Scheide ganz mit feinem Gold überzogen ist, und vier Barette, ganz voll kostbaren Steinen, besonders vorne mit einem sehr grossen Rubin geschmückt. Nachdem alle ihre Plätze eingenommen haben, legt der Kaiser seine gewöhnlichen Kleider ab und zieht die kaiserlichen Gewänder an. In diesem Augenblick beginnt der Gottesdienst, und die Prophezeiungen werden gesungen. Als es zu Ende geht, erhebt sich der Kaiser, tritt an den Altar, in einer Hand den goldenen Apfel, in der andern das Schwert, und als man ihm die Mitra vom Haupt nimmt, singt er die letzte prophezeiung, welche anfängt: ‹Es begab sich aber zu der Zeit, dass ein Gebot vom Kaiser Augustus ausging, dass alle Welt sich schätzen liesse.› Als er seinen Gesang beendet hat, wird ihm die Mitra wieder aufs Haupt gesetzt, und er bleibt da stehen, bis die Messe gesungen ist. Als sie zu Ende ist, zieht der Kaiser seine gewöhnlichen Kleider wieder an. Nun rüstet sich der Bischof von Brescia und singt die zweite Messe. Als auch sie zu Ende ist, steigt der Kaiser zu Pferd und begibt sich zur Ruhe.»

1471

Durch einen Gerichtsentscheid wird in Basel der erste im Gebiet der heutigen Eidgenossenschaft bekannte Streik auf Antrag «der Meister, so die Bücher drucken» beigelegt: «Die Druckerknechte sollen von heute an wieder an ihre Arbeit gehen, sich so aufführen, dass das den Meistern nützlich und ehrlich ist, sich im Dienst gebührlich halten und kein Bündnis unter sich machen. Die Meister sollen die Knechte aufnehmen und ihnen zukommen lassen, was gerecht ist, es wäre mit Essen, Trinken oder anderem. Wenn sich ein Knecht widerspenstig zeigt, können ihn die Meister entlassen, müssen aber den verdienten Lohn ausbezahlen. Wenn ein Knecht sich nicht gut behandelt fühlt, darf er seinen Meister verlassen und den verdienten (Jahres) Lohn verlangen.»

1531

«Es fällt ein grosser Schnee. Nach Valentinstag (14. Februar) fängt es wieder so an zu schneyen, dass der Schnee über ein Knie hoch liegt. Dann fällt im selben Monat noch ein so grosser Schnee, dass er einen halben Mann hoch liegt. Viele Dächer und Häuser werden eingedrückt, und viel Wild und Vögel gehen ein. Der Schnee liegt bis März folgenden Jahrs.»

1537

Es fällt so tiefer Schnee, dass in Inzlingen ein Bauernhaus unter der Schneelast zusammenbricht und vier Menschen mit ihrem ganzen Viebestand einen jähen Tod finden.

1541

«Von den wenigen übriggebliebenen Bürgern», die in Rheinfelden einer schweren Pestepidemie entgangen sind, geloben zwölf Männer dem Hergott und Gottesmutter Maria «mit aufgehobenen Händen zum gestirnten Himmel mit tiefbewegtem Herzen und rührender Andacht» das Weihnachtslied, «so wie dasselbe nach altem Herkommen in der katholischen Kirche gesungen wird, bei den sieben Hauptbrunnen des Städtchens zu diesem Ende jährlich mit frommer Andacht zu dieser feierlichen Stunde zu singen». (Durch das traditionelle Brunnensingen der Sebastianibruderschaft an Weihnacht und Neujahr wird das Gelöbnis bis in die heutige Zeit nachgelebt.
An der Pest stirbt Andreas von Bodenstein genannt Karlstadt. «Als Anhänger der Reformation von Luther verstossen, ist er daran gewesen, geistig unterzugehen, bis er für sein zerissenes Leben in Basel Frieden und Mässigung fand, trotzdem er hier als erbitterter Feind Myconius' auftrag, dem er seine Berufung in unserer Stadt zu verdanken hatte. Dennoch gelang es ihm, sich als Professor der Theologie und Pfarrer zu St. Peter Ansehen und Einfluss zu verschaffen. Sein Tod wird in vielen Häusern Basels und darüber hinaus tief betrauert.»

«Sonntag vor Weynacht 1474 werden sechzig Welsche und fünf vom Adel, die man in der Schlacht vor Héricourt gefangen hat, nach Basel gebracht und eingelegt. Es wird ein förmlicher Criminal-Prozess wider die Gefangenen angestellt. Ob man dabey die Folter braucht, wird nicht gemeldet. Sie bekennen, dass sie gestohlen, geraubt, gemordet, Knaben geschändet, Weiber auf mancherley Weise missbraucht und ihnen die Schamtheile zugenäht, die Kirchen beraubt, das heilige Öhl auf die Erde geschüttet und das Sakrament mit Füssen getreten hätten. Achtzehn derselben werden am Heiligen Abend vor dem Steinenthor verbrannt. Ein solches Verfahren wider Kriegsgefangene mag eine doppelte Absicht gehabt haben: Es sollte den Feinden künftigs zur Warnung dienen, den Krieg als Menschen und nicht als Ungeheuer zu führen. Dann musste es theils die ergangene Kriegs-Erklärung rechtfertigen, theils das Volk zur Fortsetzung des Kriegs anfeuern, seinen Muth in Rachbegierde und seine Rachbegierde in Wuth verwandeln.» Faksimile aus der grossen Burgunder Chronik des Diebold Schilling.

1565

«In der heyligen Nacht hat man um 9 Uhr ein erschröckliches Donnerwetter mit Hagel und Blitzen, das eine Stunde lang währet.»

1614

«Samuel Lachenal oder uff teutsch Kenell von Markirch wird von Unseren Gnädigen Herren zu einem Burger uff und angenommen.»

1644

«Isaak Schönauer und Anton Fatio haben jüngst Hochzeit gehalten und Kränze auf dem Hut getragen. Sie sind aber in dieser Zeit auch wegen begangener Hurerei abgestraft worden und müssen deshalb eine Mark Silber bezahlen.»

1694

In einem Anfall von Schwermut verletzt Pergamenter Rudolf Lindenmeyer seine schwangere Frau mit 23 Degenstichen lebensgefährlich, dann fügt er sich selbst eine tödliche Wunde zu. Um die Ehrwürdigkeit der Familie zu erhalten, bitten die Hinterbliebenen um ein «ehrliches, under Christenleüthen übliches Begräbnis». Der Rat zeigt indessen für die «wehmütige supplication kein Mitgefühl, indem er verfügt, «der Cörper soll bey Nacht durch die Todtengräber nach St. Elisabethen geführt und allda an dem Orth, wo die Maleficanten (Verbrecher) begraben, zur Erden bestattet werden. Auch soll der Dägen zu obrigkeitlichen Handen geliefert werden».

1711

«Man sieht allhie eine Rose von Jericho, die Gerichtsknecht Düring von seinen Voreltern geerbt hat. Diese ist wie ein Meyen gestaltet, hat aber nichts Grünes an sich, sondern sieht aus wie ein dürres Reis von Dornen. Als man sie am heiligen Abend ins Wasser stellt, tut sie sich verwunderlich auf. Und als 24 Stunden um sind, beschliesst sie sich nach und nach wieder so, wie sie aufgegangen ist. Wenn diese Rose sich ganz auftut, gibt es ein vollkommen fruchtbar Jahr. Wenn sie sich aber nicht recht auftut, will es entweders an der Frucht, am Wein oder am Obst mangeln. Dieses Mal geht sie schön auf, aussert an einem Ort. Deswegen hält man dafür, es werde dieses Jahr an etwas fehlen. So kommt es hernach auch, indem das Obst fehlt und es nicht viel Wein gibt.»

1762

«Als man in Gelterkinden in die Kinder Lehr läuthet, fällt aus weiss nicht was für einen Zufahl die grösste Glocke im Kirchthurm plötzlich herunter und beschädigt die Uhr sehr. Ein Knab, der geläutet hat, kann sich zu allem Glück retirieren (retten). Von der Glocke selbst ist der obere Theil, die Cron, abgesprungen.»

1766

«Ulrich Roth, der Schuhmacher, schlägt in der Vollheit seinen alten Vater und die Mutter auf erbärmliche Weise. Er wird beim Graben beym St. Johanns Schwibbogen von den Harschierern (Polizisten) aufgespürt und in Gefangenschaft gelegt. Die Obrigkeit verurteilt ihn aus grossen Gnaden für 10 Jahre lang bey Wasser und Brodt ins Zuchthaus ins sogenannte Schmutzbekkenstübli. Am 15. Februar wird er durch den neuen Antistes, Emanuel Merian, von einer grossen Menge Volk im Münster öffentlich vorgestellt. Er aber schaut in frevler Weis die Leuth an und schnupft zum Zeitvertreib Taback. Auch vergiesst er bey der Nachsprechung des Gebätts keine Thräne. Obschon ihn die Stattknechte warnen, kontinuiert er mit Herumschauen und Tabackschnupfen. Nach der Verrichtung wird er wieder ins Zuchthaus geführt.»

1864

Auf Initiative der Herren Rudolf Paravicini-Vischer, Ludwig Iselin-La Roche, Wilhelm Bischoff-Merian und Rudolf Geigy-Merian werden die Basler Versicherungsgesellschaften (Bâloise) gegründet.
Dem Pompierkorps wird das bisherige Büro des städtischen Bauaufsehers neben der sogenannten Brotlaube in der Stadthausgasse (1) als ständiges Lokal für die nächtliche Brandwache unentgeltlich zur Verfügung gestellt.

1870

Der deutsche Generalgouverneur verbietet ohne Grundangabe den Eisenbahnverkehr mit dem Elsass. So richten die Mülhauser einen Pferdeomnibusdienst nach Basel ein.

1907

Das «erste ständige Kinematographentheater» Basels kündigte im «Fata Morgana» an der Freien Strasse 32 seine Eröffnung an.

25. Dezember

Weihnachten

1095

Graf Adalbert vergabt dem Kloster St. Alban das Dorf Appenweier (bei Neubreisach) sowie die Kirche daselbst.

1276

Der weltmännische Bischof Heinrich von Isny, der «grössere Liebe zu den Rittern bezeugt als zu den Geistlichen», lässt am Weihnachtsfest, obwohl es auf einen Freitag fällt, an der bischöflichen Tafel Fleisch auftragen, was höchste Verwunderung auslöst. Auch als der die Beinamen «Knoderer, Gugelmann und Gürtelknopf» tragende Würdenträger 1282 in der Barfüsserkirche in Colmar Weihen erteilt und in seinem Gefolge einen weissgekleideten Äthiopier und einen drei Fuss kleinen Zwerg, genannt Ritter Konrad, mitführt, kommt das Volk nicht aus dem Staunen heraus.

1289

«Es ist ein so warmer Wind, dass um Weynachten die Schülerknaben im Rhein baden.»

1292

Der sprachenkundige König Adolf, dem Basel im folgenden Jahr bei der Belagerung von Colmar tapfere Waffenhilfe leistet, feiert das Weihnachtsfest in unserer Stadt.

1455

Diejenigen, welche an Weihnachten und an Maria Himmelfahrt das bei Langenbruck gelegene Kloster Schöntal besuchen, erhalten nach

«Auch am Weihnachtstag 1898 macht sich das in den tiefen Kellergewölben am Petersberg hausende Heer der schwarzen Nager bemerkbar und defiliert unverfroren sogar bei Tageslicht über die eisigkalten Pflastersteine...»

einer von den Kardinälen Vludocus und Guillermus ausgestellten Urkunde einen hunderttägigen Ablass.

1513

Es stirbt der berühmte, 1430 geborene Druckerherr Johannes Amerbach, der 1484 zu einem Bürger angenommen worden war. Die Werke seiner Kunst, die besonders Hieronymus und Augustinus gewidmet sind, zeichnen sich durch die ausnehmend schöne Form der Lettern aus.

1520

Es ist ein solch warmer Winter wie er seit Menschengedenken nicht vorgekommen ist. Im März 1521 aber fällt mehr Schnee als in allen Monaten zuvor.

1528

Zum letzten Mal wird im Münster mit altehrwürdiger Pracht Weihnachten gefeiert. Die entzweiten Glaubensbrüder sind bereit, zu den Waffen zu greifen. Unter den Evangelischen und den Katholischen droht der Bürgerkrieg auszubrechen.

1568

«Es ist ein schöner, heller Dag, als um 11 Uhr vormittags sich auf einmal eine Wolcke sehen lässt, als ob es regnen wollte. Es donnert aber einmal und schlägt zuoberst in den Thurm am Münster und thut grossen Schaden. Dann in einer halben Stund ist es wieder so schön Wetter, als es zuvor gewesen ist. Das 69. Johr hernach schlägt es 7 molen ins Münster, also dass es auch den Helm uff dem Chor abbrennt.»

1587

Heinrich von Navarra beklagt sich beim Rat bitter über den Treuebruch der Schweizer Söldner im Hugenottenkrieg: Ihre Fahnenflucht schadet der gemeinsamen Glaubenssache und befleckt den Ruhm schweizerischer Treue und Tapferkeit. Selbst die deutschen Landsknechte, auf welche die Schweizer so sehr herabzusehen pflegen, lassen sich eher in Stücke hauen, als dass sie zum Feind übergehen. «Als die Basler mit unterschlagenen Fahnen und ohne Spiel in die Stadt zurückkommen, wandern sie direkt ins Gefängnis zu strenger Untersuchung. Mancher kehrt auch nicht mehr zurück. Von den ausgezogenen Bürgern sind 120 tot.»

1598

An der Eisengasse ersticht ein Schreinergeselle einen Windenmachergesellen. Dem zum Tode durch das Schwert verurteilten Täter aber wird auf Fürbitte schwangerer Frauen – wie der Basler Almanach unter dem 15. März 1599 berichtet – das Leben geschenkt.

1729

Die Bevölkerung von Stadt und Land wird von einem überaus hartnäckigen Husten erfasst, der von Schüttelfrost und Fieberanfällen begleitet ist. Obwohl kaum eine Familie von der bösen Plage verschont bleibt, gibt es kaum Todesfälle zu verzeichnen, «weshalb die Sucht moden Kranckheit geheissen wird. Wie die Medici urtheilen, soll solche von einer unreinen Luft, die etliche Wochen vorher ins Land gezogen ist, herrühren».

1755

Im 54. Altersjahr stirbt Ratsherr Johann Jakob Faesch vom Bläserhof an der Rebgasse. «Dieser Ratsherr wird von vielen Leuthen wegen Hoffnung seiner Hilf sehr bedauert,

Erbauungstafel, Weihnachten 1846

weil er im Ballotieren (beim Auslosen der Ehrenämter und Beamtungen) einer von den glücklichsten Herren im Regiment gewesen ist, indem er meistens zwey gute Kugeln bekommen hat, und wo nicht, wenigstens eine davon die Wahl gebracht hat.»

1813

«Mit dem Einmarsch der Alliierten am 21. Dezember ist das gefürchtete Verhängnis über uns gekommen: Wir haben die fremden Horden in der Schweiz. Am Montag Abend ist es kund gemacht worden, dass alle unsere Schweizer Truppen abmarschieren müssen. Aber wie soll man nun die Berner anschauen, sie, die im Complot mit den Deutschen sind und ihres oligarchischen Vortheils willen sie herbeiwünschten? Sie wollen die Cantone Leman und Aargau sich wieder einverleiben und haben schon die alte Regierung in Bern wieder eingeführt. Auch ist es wahr, dass drei Herren ins Hauptquartier nach Frankfurt reisten. Während unser würdiger Gesandter Reding von den alliierten Monarchen die Zusicherung der Neutralität zu gewinnen hoffte, verderben die Berner alles wieder.»

1885

Am Weihnachtstag wird die von Architekt Paul Reber erbaute St. Marienkirche durch Stadtpfarrer Benedikt Jurt benediziert und dem Gottesdienst übergeben. «Das Hauptverdienst um die künstlerische Ausschmückung hat Kirchenmaler und Bildhauer Simmler in Offenburg, dem Dekorationsmaler Schwehr in Basel zur Seite stand. Nach Simmlers Entwürfen sind die zahlreichen bildlichen Darstellungen aus dem Leben Jesu und der Maria zum Theil von Kunstschülern aus Karlsruhe gemalt.» (Vgl. auch den Basler Almanach vom 23. Mai 1886.)

1914

«Das Jahr 1914 schreibt sich mit eisernem Griffel zäh ins Gedächtnis ein. So wie diesmal wird selten Weihnachten gefeiert. Im Gundeldingerkasino, im Stadtkasino, im grossen Musiksaal und in der grossen Burgvogteihalle begehen die Soldaten und Offiziere, die seit sie in der Rheinstadt stehen, alle Herzen erobert haben, das Christfest. Unter mächtigen Weihnachtstannen dürfen alle Wehrmänner das grosse Soldatenpäckli mit warmen Unterkleidern, Socken, Hemden, Nästüchlein und Basler Leckerli entgegennehmen. Und droben auf dem Bell-Turm, dem klotzigen, weitausschauenden Luginsland, glänzt eine Christtanne und verkündet mit ihrem Lichterglanz milde Weihnachtsfreuden weit hinaus ins unglückliche, kriegsdurchtobte Elsass und hinüber ins freundnachbarliche Markgräflerland.»

26. Dezember

Stephanus der Erzmärtyrer

1727

«In Mülhausen wird ein Metzgerknecht justificiert (einvernommen),

Warnung.

Da das Verbot wegen des Schießens in der Neujahrsnacht nun in die Polizei-Strafordnung aufgenommen ist, so wird für ein- und allemal auf den § 113 derselben aufmerksam gemacht, nach welchem nicht nur alles Schießen verboten ist, sondern es soll die Strafe, wenn es in der Neujahrsnacht und überhaupt bei Nachtzeit geschieht, auf 5 bis 26 Franken oder auf 1 bis 5 Tage Thurmung erhöht werden.

Basel den 26. Dezember 1837.

Polizei-Direktion
des Kantons Basel-Stadttheil.

Basilisk, 26. Dezember 1837

weil er einen andern Metzgerknecht, der auch von Mülhausen war und sein bester Freund gewesen ist, wegen Spielhändel vor dem Thor elendiglich ermordet hat. Anderntags ist er von Leuthen gesehen und hervorgezogen worden. Beyde waren allhier bei Metzgern in Diensten, von denen sie in das Land gesandt worden waren, um Vieh einzukaufen. Sie gingen miteinander auf Mülhausen, um ihre Leuth zu besuchen. Allda aber wurden sie wegen ihres leidigen Spielens uneins, gingen aber abends bey der Thorschliesse miteinander aus der Stadt, wo der eine den andern mit einem Hammer auf den Kopf schlug, ihm Bein und Arme abhaute und in das Wasser im Stadtgraben warf, nachdem er zuvor seinem Freund einen grossen Stein auf den Leib gebunden hatte. Der Thäter wird lebendig gerädert und bezeugte vor seinem Tod seine hertzliche Reu und Buess. Nur wenige Wochen später werden zwey von unseren Stadtsoldaten auf dem Aeschemerthor ebenfalls wegen des Spielens streitig, worauf einer den andern tod sticht. Der Überlebende wird ergriffen, aufs Eselsthürmlein beygefängt und am 3. May geköpft.»

1745

Der Rat überreicht Jacob Buser von Ormalingen 5 Sack Kernen und 30 Pfund Geld, weil seine Frau innert 11 Monaten 5 Kinder zur Welt gebracht hat!

1748

«Zu verkaufen ein Wunder-Ochs oder Wunder-Stier, anderthalb jährig, mit 6 Füssen und 5 Beinen, davon eines auf der Laffen oder Rukken stehet. 2 Füsse gleichen den Hirschen-Füssen. Man thäte einem Liebhaber einen billichen Preis machen und Wein an Bezahlung nehmen. Es könnte mit diesem Thier, so man es mit einer Decke bedecken und herum führen kann, ein schönes Geld aufgehebt werden. Sich wenden an das Wochen-Blättlein von Basel.»

1795

Marie Thérèse Charlotte von Frankreich, die 17jährige Tochter Ludwigs XVI., trifft vor dem Reberschen Landgut an der Elsässerstrasse (12) ein und muss als Tauschobjekt gegen einige Franzosen aus österreichischer Gefangenschaft, die in der Landvogtei Riehen ihre Freilassung erwarten, herhalten: «Im geschmackvollen Landhaus des Herrn Nikolaus Reber übergibt Herr Bacher, der französische Geschäfts Träger bey der Helvetischen Eidgenossenschaft, die Prinzessin den Herren von Gavre und Degelmann vom dem Kaiserhofe. Wie nun diese Übergabe geschehen ist, eilt Herr Bacher nach Riehen und erklärt, dass die Auslieferung der französischen Königs Tochter wirklich geschehen ist, von welchem Augenblick an die Gefangenen frey sind, nach Basel reisen und nach Frankreich zurückkehren. Die ausgewechselte Prinzessin, welche unter dieser Zeit mit verschiedenen Erfrischungen bewirthet worden ist, fährt noch am gleichen Abend bey hellem Mondschein durch Basel, vom Freudengeschrey vieler Einwohner begleitet, ins Vorderösterreichische weiter. Die Abschiedsworte, die sie an Herrn Bacher richtete, waren: ‹Ich danke ihnen für alle Sorgfalt, die sie für mich gehabt haben. Es schmerzt mich, Frankreich zu verlassen. Nie werde ich aufhören, es als mein Vaterland anzusehen.›»

1815

Am Wiener Kongress, an welchem die Grossmächte über die Grenzen des nachnapoleonischen Europas befinden, erreicht der Basler Bürgermeister Johann Heinrich Wieland den erwarteten Zuschlag der neun ehemals fürstbischöflich-baslischen Gemeinden des Birsecks (Arlesheim, Reinach, Aesch, Pfeffingen, Ettingen, Therwil, Oberwil, Allschwil, Schönenbuch). Basels Abgesandter ist über den Teilerfolg seiner Mission beglückt und lässt seine Miträte sogleich wissen: «Die Übergabe des Birsecks an unsern Kanton wird gewiss von unsern Kindern und Enkeln mit Dank anerkannt werden.»

1852

«Die St. Albanvorstadt ist zum erstenmal mit Gas beleuchtet. Der Versuch fällt befriedigend aus.»

1882

«Der Rhein, die Wiese und die Birs überfluten bis zum 30. Dezember ihre Ufer. Das Hochwasser verwüstet die Langen Erlen und einen grossen Theil der Gemeindemarkung von Kleinhüningen. Die Wiese bahnt sich einen zweiten Abfluss in den Rhein. Der Schaden wird auf eine halbe Million Franken angeschlagen. Man veranstaltet Sammlungen von Liebesgaben für die unbemittelten Wasserbeschädigten.»

1900

«Der zum erstenmale als bürgerlicher Feiertag benützte Stephanstag findet bei grünen Wiesen statt, die sogar vielfach des Blumenschmucks nicht entbehren. Aber die bodenlose Durchweichung von Weg und Steg erschwert nicht wenig den Genuss der Natur.»

27. Dezember

Johannes der Evangelist

1448

Dreihundert österreichische Reiter aus Rheinfelden unternehmen einen Überfall auf das Städtchen Liestal. Sie teilen sich vor dem Weiherfeld in vier Haufen und hegen die Absicht, die Liestaler umzubringen und nur diejenigen, welche «Strussfedern uff haben», d.h. österreichisch gesinnt sind, am Leben zu lassen. Um die Liestaler aus dem Städtchen herauszulocken, treiben sie die weidenden Viehherden weg. Als die Bürger aber die Kriegslist erkennen, ziehen sie sich hinter die schützenden Mauern zurück und beschiessen die nachdrängenden Feinde mit Büchse und Armbrust.

Das etwa achttausend Mann starke eidgenössische Heer, darunter gegen fünfhundert Basler, bricht am 26. Dezember 1476 unter dem Befehl Bernhard Schillings zum Kriegszug gegen Burgund auf und marschiert über Schlettstadt nach Nancy: «Uff Santt Steffans Tag zuo Winechten des Heiligen Marterers und Zwölfbotten, als man von der Geburt unsers lieben Herren Jesu Cristi zalt Tusent vierhundert sibentzig und sibenzic (sic!) Jar. Zoch der Hertzog von Lothringen in eigner Person mit den Eidgenossen von Basel den nechsten Weg gen Nanse, sin Hertzogthum und Vatter Land zuo retten und die fromen Lüte, so er in Nanse ligen hatt, ze entschutten (befreien), dann sie grossen Mangel und Presten an Essen, Trincken und allen andern Dingen hatten. Und zoch yederman gar mit guotem Hertzen.» Faksimile aus der grossen Burgunder Chronik von Diebold Schilling.

Schliesslich ziehen die Reisigen ab, berauben Lupsingen, St. Pantaleon und Nuglar und brennen Frenkendorf und Füllinsdorf nieder.

1481

Wegen unverhältnismässig hoher Steuern gärt es unter der Bürgerschaft. Hinter vorgehaltener Hand wird der Obrigkeit vorgeworfen, die Herren würden immer reicher und das Volk werde immer ärmer. So wird vornehmlich aus dem Kreis der Metzger ein gewaltsamer Umsturz ins Auge gefasst. Anführer sind die Brüder Peter und Hans Bischoff. Sie entwickeln den Plan, den Rat während einer Sitzung zu überfallen und die Herren «zu erstechen und zu metzgen oder im Gefängnis mit den Zehen an die Seil zu henken, bis sie bekennen, wie der Stadt Gut verschwendet wird». Die Obrigkeit aber erhält durch den Bäcker Hans Schuler, den sogenannten Pfefferlin, Wind von der ausgeheckten Verschwörung und lässt sogleich die Stadttore schliessen. Trotzdem gelingt den beiden Aufwieglern, in Mönchskutten verkleidet, die Flucht nach Ensisheim, wo sie vom österreichischen Landvogt, Graf Oswald, mit offenen Armen aufgenommen werden.

1523

Es kommen drei grosse Erdbeben nacheinander.

1577

Grabinschrift zu St. Martin: «Begräbnuss des Ehrenvesten, Frommen, Fürnehmen und Weysen Herren Hieronymus von Kylch des Rahts sampt seinem ehelichen Gemahel, der Ehren- und Tugendsamen Frawen Maximilla Meygerin. Er ist im Herren entschlafen auf den 23. December und sie auff den 27. gemeldten Monats Anno 1577.»

1606

In den Jahren 1570, 1583 und 1589 hat Basel der Stadt Genf ein Darlehen von 19 000 Sonnenkronen in Gold gewährt. Alle Mahnungen zur Rückzahlung aber blieben fruchtlos, so dass 25 Jahreszinse aufgelaufen sind. «So übermacht man heute der Stadt Genf durch einen Boten eine Leistmahnung in Form einer Urkunde, dass sie in den nächsten acht Tagen nach Übergabe dieses Briefs mit vier reisigen Pferden anhero in unsere Stadt in eine öffentliche Gastherberge zum Wilden Mann in Leistung einziehe, um daselbst eine rechte Geiselschaft täglich müssig und unverdingt zu halten und nicht davon zu kommen, bis die ermeldten Zinse und

> — Der Redaktion des Baseler Wochenblatts wurde vor Kurzem von einem schlichten Bürger folgendes Inserat eingesandt, welchem jedoch die Aufnahme in dasselbe verweigert wurde. Es heisst: „No. 333. In Drillengässlein, empfiehlt sich Jemand zur Vertreibung der so lästigen Schwaben (das heisst der sogenannten Käfer) und wird sich billig finden lassen.
>
> Es scheint, Herr R. sei mit den Schwaben gut befreundet, und glaubt durch Einrückung dieses Artikels dieselben zu beleidigen, woran jedoch der Einsender nicht im Entferntesten dachte, sondern blos die lästigen Käfer meinte. Es ist wahr, die Schwaben (heisst das die Schwabenleute) sind in Basel dick gesäet, und bald ist jedes Handwerk von einem dito repräsentirt, so wie auch die meisten Kanzleistellen von Schwäbleins besetzt sind, wodurch mancher ehrliche Familienvater, der ebensogut mit der Feder umzugehen weiss, hintangesetzt und verdienstlos wird, obgleich er eben so billig sich würde finden lassen als mancher Knöpfle- oder Spiegelschwab.

Basellandschaftliches Volksblatt,
27. Dezember 1838

«Nachdem schon im letzten Herbst in Basel und in andern Schweizerstädten öffentliche Probefahrten des Motor-Zweirads stattgefunden haben, ist zu vernehmen, dass sich am 27. Dezember 1895 ein Konsortium gebildet hat, welches nach Übernahme des schweizerischen und des italienischen Patentes diese Maschinen in der Schweiz fabrizieren lässt. Das Konsortium wählt unter dem Namen ‹Schweizerische Motor-Fahrrad-Gesellschaft› Domizil in Basel, 85 Austrasse, und vertraut die Geschäftsführung den bewährten Händen von Eduard Burckhardt an. An Aufträgen auf dieses interessante und bequeme Fahrzeug, das seit seiner Erfindung noch bedeutend vervollkommnet worden ist, wird es nicht fehlen; in Deutschland und in Frankreich laufen die Bestellungen schon in die Tausende.»

ergangenen Kosten befriediget und unklagbar gemacht worden sind. In Anbetracht der misslichen Lage der Stadt Genf wird jedoch auf Ansuchen hin ein weiterer Aufschub bewilliget.»

1627

«Im Niederdorf entsteht eine schädliche Feuersbrunst, welche in anderthalb Stunden neunzehn Wohnhäuser und an die zwanzig Scheunen, Speicher und Ställ, in Summa 39 Firste, samt vielem Vieh und einem jungen Knaben erfordert. Wie diese Brunst angegangen ist, hat man eigentlich nit wissen mögen. Weil es aber zuoberst und zu unterst im Dorf schier zugleich angefangen hat zu brennen, ist vermutlich Feuer eingelegt worden. Auch ist zu allem Unglück noch ein grausamer Wind gewesen, der fast 24 Stund währte. Auf den abend ist ein helles blitzen mit etlichen Donnerklapfen erfolgt. Die Hitz war so gross, dass auch Bäume und Zaunhäg abbrannten. Der Feuerglanz ist bis zu drey Wegstunden weit zu sehen gewesen und war so heiter, dass man Schriften hat läsen können. Was solches bedeuten wird, ist allein Gott bekannt. Er wolle uns gnädiglich vor fernerm Unheil behüten.»

1637

Die Obrigkeit beklagt, dass wegen der vielen Peststerbenden und ganz schlechter Lohnwächter die Bürgerwachen unzureichend versehen sind, «so dass ordinari nach Mitternacht keine Schiltwacht um beide Stätt auf den Werken und Ringmauern mehr steht».

1736

«Es werden zwey erwachsene proselytische Weibsbilder, eines von 18 Jahren, das andere von 22 Jahren, aus der quäkerischen Secte zu St. Peter unter einer grossen Menge von Zuschauern getauft.»

1742

«Zu Oltingen sind folgende alte Leuthe gestorben: Eine Mannsperson von 84 Jahr. Ein Mann von 73 Jahr. Ein Mann von 89 Jahr. Eine Weibsperson von 87 Jahr. Eine Weibsperson von 78 Jahr. Eine Weibsperson von 87 Jahr. Eine Weibsperson von 81 Jahr.»

1790

Unter dem Einfluss der französischen Revolution erklärt der Grosse Rat die Leibeigenschaft auf der Landschaft für abgeschafft.

1807

Als in Josef Marforts Haus «zum Wolf» am Spalenberg (22) Feuer aufgeht, versucht der Eigentümer, seinen Lehrling Johann Jakob Pfannenschmidt als Brandstifter hinzustellen, was aber misslingt. Dieser hat nämlich eine nicht ganz ungetrübte Vergangenheit hinter sich, hat er sich doch beim alten Vergolder Marfort in Arlesheim ein schlechtes Zeugnis verdient, weil er meist zu ländlichen und häuslichen Arbeiten statt zur Erlernung seines Berufes angehalten worden ist und deshalb aufbegehrte. So war es ihm besonders lästig, wenn des Meisters Frau ihn mit zwei Kühen auf eine 25 Minuten entfernte Bergweide schickte. Um sich die Zeit zu vertreiben, imitierte er an einem schönen Sommertag das Summen der Hornissen derart täuschend, dass die beiden Kühe ihren Wedel in die Höhe streckten und mit lautem Gebrüll im Höllentempo den Rain hinunter ins Dorf schnaubten. Die Meistersfrau war ob dieses Vorfalls so empört, dass sie den ungebliebten Lehrling eben an den Spalenberg zu ihrem Sohne abschob.

1833

Die Reliquien des Basler Münsterschatzes, die auf wundersame Weise die Reformation überdauert hatten, werden ins Kloster Mariastein überführt. Der Inhalt der «heiligen Sendung» umfasst rund hundert Gegenstände. Darunter Holz vom heiligen Kreuz, wundertätiges Blut, Haupthaar der Gottesmutter Maria und der Maria Magdalena sowie Gebeine der Heiligen Kunigunde, Chrischona, Valentin, Nikolaus und des Sundgauheiligen Brizius.

1856

Die durch den sogenannten Neuenburger Handel und den royalistischen Putschversuch im ehemaligen preussischen Fürstentum ausgelöste militärische Bedrohung des Landes veranlasst die Feuerschützen zur Bildung eines Schützenkorps. «Mit Gut und Blut muss für die Erhaltung vaterländischer Freiheit und Selbständigkeit das Äusserste gewagt werden gegen den Übermut und den Starrsinn des Preussenkönigs und die Intrigen der ausländischen Diplomatie.»

1871

«Nirgends auf der Welt werden soviele ausländische Zeitungen abonniert wie in Basel.»

1900

«Gegen 300 Arbeitslose halten eine Versammlung ab und verfügen sich dann in einem Demonstrationszug auf den Münsterplatz, wo im Rollerhof die Regierung während des Rathausumbaus ihr Heim aufgeschlagen hat. Regierungspräsident Reese versichert, die Regierung werde sich mit der Abhilfe gegen die Arbeitslosigkeit befassen.»

28. Dezember

Kindleintag

1446

Ein reissendes Birsighochwasser bringt am Fischmarkt sechs Häuser zum Einstürzen.

Kartengruss von Dr. Theophil Gubler an Lineli Iten vom 28. Dezember 1897.

1524

Um Mitternacht wird die Stadt durch ein heftiges Erdbeben erschüttert, so dass die Häuser erzittern. Man sagt, es sei sechs Meilen weit hörbar gewesen.

1530

Der Rat bestellt Meister Hans Vischmort zum städtischen Steinmetz. Er hat pflichtbewusst, von früh bis spät, das Bauwesen des ganzen Gemeinwesens zu überwachen, die Gesellen und Knechte zu steter Arbeit anzuhalten und ohne Wissen der Lohnherren keine eigenen Gesellen und «junge Leerknaben» anzustellen.

1690

Durch Ratsbeschluss wird eine von Kleinräten und Grossräten zusammengesetzte Kommission gebildet, welcher die Untersuchung aller bei Wahlen registrierten Missstände übertragen wird. Auch liegt es im Ermessen der sogenannten Heimlicher, weiteres Unrecht in Politik und Verwaltung aufzuspüren und zu ahnden.

1700

«Heinrich Müller, ein Schlossergeselle aus Zürich, der mit kunstvollen Dietrichen und Zinkenschlüsseln etliche Schlösser erbrochen hat, wird seiner Verbrechen wegen in Haft genommen. Da er jede Missetat leugnet, wird er an die Folter geschlagen. Seine Diebstähle aber gesteht er erst, nachdem ihm doppeltes Gewicht angehängt worden ist. So kann er getrost zum Tod durch das Schwert verurteilt werden.»

1761

«Bey ziemlich grosser Kälte fängt es nachts zwischen 12 und 1 Uhr zu St. Johann im sogenannten Irrgarten des Buchdruckers Im Hof zu brennen an. Obwohl Sturm geläutet wird, ist nicht gleich Hülf da, so dass das Haus bis morgens 5 Uhr völlig vom Boden hinweg verbrennt. Meister Lucas Brändli, der Fischer, hatte dabey das grosse Unglück, nahe beim Feuer ab der Spritzen zu fallen, hat das Genick gebrochen und ist mit unsäglichem Bedauern gleich gestorben.»

1870

«Je mehr im Basler Theater der alberne, ja faule Plunder gepflegt wird, um so mehr Grund haben die hohen Prozente unserer Bevölkerung, die schon von jeher unsere Musenanstalt gemieden haben, bei ihrer ausgesprochenen Abneigung zu verharren.»

Basler Vorwärts, 28. Dezember 1897

29. Dezember

Thomas Becket von Canterbury der Erzbischof

1419

Bürgermeister und Rat empfehlen der löblichen Christenheit, dem Boten des Siechenhauses von St. Jakob an der Birs grossherzig und reichlich Almosen zu spenden gegen einen Ablass, gegeben «von vielen Cardinälen, Erzbischöfen und Bischöfen, weil ihre Kirche niederfällig und vom Wasser schwerlich beschädigt ist, so dass man sie von neuem aufbauen muss».

1512

Papst Julius II. erteilt dem Basler Rat das Recht zur Prägung von Basler Münzen, die auch den Namen und das Wappen des Heiligen Stuhls tragen.

1529

Während die Reformatoren für erlaubt halten, was durch die heilige Schrift nicht verboten ist, schliessen die seit einiger Zeit auftretenden Wiedertäufer alles aus, was durch sie nicht geboten ist. Waffendienst, Eid, Zehnten und Zinsen verweigernd, streben sie gutgläubig einen der urchristlichen Gütergemeinschaft ähnlichen Zustand an und versuchen, eine vom Staat unabhängige Gemeinde zu bilden, in welche die Mitglieder durch die Wiedertaufe aufgenommen werden. Als die Bewegung sich von Therwil aus immer mehr nach Liestal und ins obere Baselbiet ausbreitet, versammelt der Rat die Wiedertäufer zu einem öffentlichen Gespräch, um sie von ihrem «Irrglauben» abzumahnen. Die «Sectierer» aber lassen sich von ihrer Überzeugung nicht abbringen, so dass die Obrigkeit nach dem Vorbilde Zürichs mit Gefangennahme, Verbannung, Schwemmen und Ertränken droht, und schon wenig später auch vollzieht (wie unter dem 12. Januar 1530 nachzulesen ist).

1562

«Im Wirtshaus zum wilden Mann an der Freien Strasse verbrennt der Rossstall samt drey Pferden.»

1563

«Es stirbt, erst 49 Jahre alt, von strenger Arbeit, Nöthen und Kämpfen geschwächt, der Gelehrte, Humanist und Theologe Sebastian Castellio. Der aus dem Savoyischen stammende und vom Genfer Reformator Calvin verleumdete und verfolgte Glaubenslehrer fand in Basel als späterer Professor des Griechischen ein zwar ruhiges Leben, musste aber, da seine Schriftstellerei ihn nicht ernährte und seine Familie inzwischen auf acht Kinder angewachsen war, statt eines Gelehrten oft Fischer, Gärtner und Holzflösser sein. Fünf Jahre arbeitete er unausgesetzt an seiner Bibelübersetzung, und diese trug ihm ganze 70 Thaler ein!»

1567

Nachdem ein schweres Hochwasser eines der steinernen Joche der Rheinbrücke gefährlich untergraben hat, bleibt der Obrigkeit nichts anderes übrig, als ein neues Fundament zu legen, wozu zunächst eine Wasserstube errichtet werden muss. Und dies stellt das Bauamt vor schwierigste Probleme: «Als es des Wasserschöpfens zu viel wird, anerbieten sich die Zünfte gutwillig zur Fronarbeit. Die zum Schlüssel und zum Bären machen den Anfang und ziehen drei Stunden nach Mitternacht mit Trommeln und Pfeifen

Schweizerische National-Zeitung, 29. Dezember 1849

«Am Schluss des Jahres 1837, am 29. Dezember, werden alle Hunde in Basel eingesperrt und untersucht, weil einige Personen von neuem von tollen Hunden gebissen worden sind. Den 20. Februar 1838 werden sie wieder freigelassen. Ihre Freude darüber sucht der humoristische Künstler auf diesem Bild darzustellen.»

ans Werk und drehen in Schichten von 12 Stunden die Wasserräder. Ihnen folgen hernach alle andern Zünfte, und lassen sich etliche Zünfte gleich einem Fasnachtsspiel neue Fahnen machen und ziehen also zum Schöpfen auf drei Wochen Tag und Nacht mit den Trommeln durch die Gassen.»

1652

Der Rat erklärt, der neue Jahrestag soll entsprechend dem Brauch in den andern evangelischen Orten der Eidgenossenschaft an dem Tag gefeiert werden, auf den er falle. Damit bricht er mit der alten Basler Tradition, wonach das Neujahrsfest auf den Sonntag verschoben wird, falls es auf einen Samstag fällt. (Mit dieser Massnahme sollten vermutlich aus sozialen Gründen zwei aufeinanderfolgende [verdienstlose] Feiertage ausgeschlossen werden.)

1668

Sämtliche Ärzte und Heilgehilfen der Stadt erklären, sie hätten seit mehr als vier Wochen keine Pestkranken mehr gesehen. Diese Feststellung gilt glücklicherweise auch für die kommenden Jahre, Jahrzehnte und Jahrhunderte: Basel bleibt fortan von der schrecklichen Seuche verschont.

1737

Pfarrherr Hieronymus d'Annone (1697–1770) begibt sich mit seiner Frau «bej stürmischer Kälte biss Liechstal und den 30. vollends nach Dieckten, in dem Vorhaben, künftighin biss zu weiterer Verordnung unsres Gottes die Haushaltung daselbst zu führen um sich bej mehrerer Ruh und Stille besser zur Ewigkeit zu schicken». Aber schon nach zwei Jahren zieht es den populären Liederdichter und «Vater des Baslerischen Pietismus» von Diegten nach Waldenburg.

1763

«An einer 3tägigen alten Schwachheit und Schlagfluss stirbt Herr General Hieronymus Linder im 81. Jahr. Wird im Münster begraben. Auf dem Sarg liegt sein Stock und Degen, Halsgragen und sein oranienfarbes Feldzeichen samt einem schwartzen Flor. An seiner Leuch (Beerdigung) sind alle hiesigen 70 Land-Officier militärisch in ihren Uniformen und roten scharlachenen Mänteln zugegen. Ist bis in sein hohes Alter allezeit ein aufrechtgehender und adraider milidärischer Staatsmann gewesen, welcher von wegen seiner Tapferkeit vom Soldatenstand bis zum General-Major (in holländischen Diensten) aufgestiegen ist.» (Das von Linder der Zunft

(4480.) Zu

Neujahrs-Geschenken,

bietet das Lager des Unterzeichneten, durch neue Sendungen, eine sehr reichhaltige Auswahl, dar, welche E. verehrlichem Publikum, mit der Zusicherung besonders billiger Preise, höflichst empfohlen wird.

Christoph von Christoph Burckhardt,
No. 1640 untere Freiestraße.

(4381.) Bei Wittwe Schlegel, im *Café* auf dem Fischmarkt, sind täglich frische Basler Leckerli zu 4, 5, 6 und 8 Batzen pr. Dutzend zu haben, so wie auch immer frische Croquets. Auch empfiehlt sie ihr wohlassortirtes Lager von fremden Weinen, feinen Liqueurs und immer frischen Syrops E. E. Publikum bestens.

(4484.) Bei Anlaß der bevorstehenden Festtage, bringe ich wiederholt in Erinnerung, daß bei mir immer in guter durchaus ächter Qualität zu haben ist:
Champagner Sillery 1ste Qualität, zu Bz. 32,
„ Ay mousseux, Qual. sup., zu Bz. 28,
Bordeaux St. Estèphe, zu Bz. 15; Malaga, ganz alter, zu Bz. 16;
Muscat feiner, zu Bz. 8–12; Jamaica Rum, zu Bz. 15;
Cognac superf., zu Bz. 16; feine Liqueurs, zu Bz. 14 pr. Bout.
So wie auch von dem beliebten rothen Alicante und feiner rother Collioure.
Es empfiehlt sich zu geneigtem Zuspruch höflichst
Lindenmeyer, No. 417 an der Utengasse.

Tägliches Avis-Blatt, 30. Dezember 1844

zu Hausgenossen gestiftete «Oranienmähli» findet unter dem 8. März 1763 Erwähnung.)

1873

«Wir Frauen und Jungfrauen des hinteren Steinenviertels verlangen eine Laterne zur Beleuchtung des Zugangs zum Goldbrunnen. Lange vor fünf Uhr ist es dort schon finstere Nacht, und manch zerschellter Krug hat Beweis geleistet, wie gefährlich es ist, dort im Finstern tappen zu müssen.»

30. Dezember

David der König Israels

1418

Durch öffentlichen Ruf lässt die Obrigkeit die Bevölkerung wissen, dass das Neujahrsfest mit Einschränkungen zu feiern ist: «Es hat sich seit kurzem eine fremde Gewohnheit in der Stadt breit gemacht, dass man diese mit Singen um Würste, wie solches auf dem Land üblich ist, zu einem Dorf verwandelt. Rat und Meister verbieten daher das Singen um Würste und andere Gaben und belegen diejenigen, welche das Verbot missachten, mit einer Geldstrafe von 10 Schilling.»

1433

Erneut findet in Gegenwart von Kaiser Sigismund, vieler Fürsten und Konzilsväter auf dem Münsterplatz ein glänzendes Ritterturnier statt. Vierundzwanzig wohlausgerüstete Adelige auf edlen, kostbar geschirrten Pferden messen sich während fünf Stunden im hartem Wettkampf, wobei «öfters viele zu Boden kommen». Nach beendigtem Turnier gehen die Teilnehmer in ihre Quartiere, um sich für die Schmausereien und Abendtänze in der Mücke umzukleiden. Und da zeigen sich Basels schöne Frauen in prächtigen, mit Edelsteinen, Gold und Silber besetzten Gewändern, als handle es sich um die vornehmste Hochzeitsfeier. Die einen erscheinen «mit goldenen Halsbändern, die ihnen sogar die Brust bedecken, teils mit Perlschnüren mit gewissen Zittereffekten. Andere tragen goldgewirkte Kapuzen, deren lange Zacken bis auf die Brust herabreichen.» Nicht geringer Prunk entfaltet die in Goldtuch und Seide einherschreitenden Tänzer. An ihren Gürteln tragen sie Glöcklein und Schellen, deren Klang beim Tanz die Musik der Spielleute fast übertönt. Um Mitternacht geht man auf Kosten der Stadt zu Tisch. Und immer ist der Kaiser dabei, trotz der überaus üblen Lage seiner Finanzen und trotzdem er schon mitten im siebten Lebensjahrzehnt steht.

1572

Der Rhein ist zwischen der Rheinbrücke und der Pfalz mit einer dikken Eisdecke überzogen, die aber nach einigen Stunden mit grossem Krachen wieder aufbricht. An den Ufern ist das Eis jedoch noch immer so dick, dass die Bevölkerung sich mit Essen und Trinken darauf unterhalten kann. «Will sy mit der Nasen jedoch mehr zu tun haben als mit den Mucken, haben die Leuthe die Ürthen (Mahlzeiten) bald wieder uffgehebt und sich an die Werme gethon.»

1626

Dem Jäger, der einen Wolf erlegt hat, wird ein Schussgeld von fünf Schilling ausbezahlt.

1695

Als Hauptmann Sulger mit guten Freunden im Kleinbasler Gesellschaftshaus zur Haeren beim Nachtessen sitzt, ereignet sich ein schrecklicher Vorfall. Zweifellos, weil sich Sulger oft dem bösen Feind (dem Teufel) mit Fluchen und Schwören ergeben hat: Gegen 10 Uhr begehrt unversehens ein Unbekannter Einlass, um den Hauptmann zu sprechen. Als der Fremde an den Tisch der fröhlichen Tafelrunde geführt und nach dem Grund seines Besuches gefragt wird, verschwindet er urplötzlich vom Erdboden. Dieses sonderbare Ereignis setzt Sulger derart zu, dass er zunächst in Ohnmacht fällt und danach von einer schweren Krankheit befallen wird.

1711

Zwei Diebe, die etliche Gartenhäuschen vor dem Bläsitor aufgebrochen und fremdes Gut gestohlen haben, werden an die Folter geschlagen, gestreckt und mit der sogenannten Krone «behandelt». Obwohl sie sich zu keinem Geständnis erweichen lassen, werden die Nachtbuben zum Tode verurteilt. «Einer aber entwischt, wird indessen in Zofingen aufgegriffen und dort gehenkt. Der andere wird zu Basel am Galgen aufgeknüpft.»

«Den 30. Dezember 1789 kommt ein köstlich gekleidetes Hochzeitspaar zu Fall, als es den mit Eisfrost überzogenen Spittelsprung (Münsterberg) zum Münster hinansteigt. So kommt die leidige Hoffart zur rechten Zeit zu Fall!»

1744

«In Grenzach macht ein Kerl mit einem andern ein Gewett, dass er zwey Maas Branntwein (à 1,42 Liter) verschlucken könne. Als dieser dies bewerkstelligt, ist ihm der Hals abgebrannt, und gleich darauf hat er das Leben lassen müssen.»

1745

Meister Friedrich Weitnauer, der Glockengiesser, will eine Sau um sieben Pfund zehn Schilling kaufen. Weil er aber mit dem Bauern nicht handelseinig werden kann, fragt er diesen, wieviel er für das Pfund, das die Sau über zwei Zentner wägen würde, haben wolle. Als der Bauer 18 Batzen nennt, ist Weitnauer sogleich einverstanden. Er metzget das Schwein und lässt es im Kaufhaus auf die Waage legen. «Da muss der Bauer mit Erstaunen erblicken, dass solches nicht mehr als 5 Pfund über 2 Centner beträgt. So muss er hernach zum Schaden auch noch das Gespött haben. Der Glockengiesser aber hat hiemit eine feile Sauglocke bekommen!»

1779

Im Münster wird Witwe Gertrud Stächelin begraben, die wegen ihres ausserordentlichen Geizes stadtbekannt gewesen ist. «Sie hat das meiste von ihrem Vermögen, das wohl 100 000 Pfund betragen mochte, in ihrem Bett gehabt.»

1781

Daniel Bruckner, der ehemalige Registrator und Ratssubstitut, wird im Alter von 75 Jahren zu Grabe getragen. Dem Geschichtsfreund ist der quasi die Stelle des Staatsarchivars versehene Bruckner vor allem vertraut durch sein 1748 erschienenes, durch Emanuel Büchel illustriertes Werk «Versuch einer Beschreibung der Merkwürdigkeiten der Landschaft Basel» sowie durch seine Fortsetzung von Wurstisens Basler Chronik von 1580. Zum Preis von tausend französischen Neutalern hat der Grosse Rat schon 1778 Daniel Bruckners «Antiquitäten- und Conchylien Cabinet» erworben und es im Haus «zur Mücke» aufstellen lassen.

1805

Mit einer starken militärischen Begleitung reist der zum Landammann der Schweiz erkorene Bürgermeister Andreas Merian nach Balsthal, um dort aus der Hand seines Vorgängers, Peter Josef Glutz von Solothurn, Amt und Würde zu übernehmen.

1865

Das ehemals zwischen dem Leimen-

> **Stunden der Andacht**
> zur Beförderung
> **wahren Christenthums**
> und
> häuslicher Gottesverehrung.
>
> Dreiundfünfzigster Sonntag, den 31. Dez. 1815.
>
> Das Jahr verflog, das neue schwebet,
> Auf finstern Flügeln mir daher,
> Ich leb', und Gottes Güte lebet!
> So zag', o banges Herz, nicht mehr.
> Behalte nur den Heldenmuth
> Zu dem, was heilig ist und gut.
>
> Und heb' empor die trüben Blicke,
> Wenn sich dein Weg in Nacht verliert;
> Dich leitet Gott zu deinem Glücke,
> Zu dem die Liebe immer führt.
> Wie schien dir oft, vergiß es nicht,
> Aus tiefster Nacht sein schönstes Licht!
>
> Gott, gnädig, wenn du uns erhörest,
> Oft gnädiger, wenn du den Plan
> Den unsre Kurzsicht schuf, zerstörest,
> Dich, Vater, bet' ich dankbar an.
> Mein Wille nicht, o Vater, — Dein,
> Dein Wille nur gescheh' allein!

Flugblatt, 31. Dezember 1815

tor und dem Voglerstor positionierte, im Jahre 1550 errichtete Fröschenbollwerk an der innern Schützenmattstrasse «wird zu Korrektionszwecken kurzerhand in die Luft gesprengt, wobei einige der gegenüberliegenden Häuser beschädigt werden».

1871

«Nachdem Herr Baron von Glenck auf Schweizerhalle bereits vor einigen Jahren das Glück gehabt hat, in seinen Gartenanlagen einen Königsadler zu schiessen, erlegt er heute am gleichen Ort abermals einen solchen, und zwar ein wahres Prachtexemplar. Es misst dieser Vogel mit ausgebreiteten Flügeln mehr als 8 Fuss (ca. 2,40 m). Es ist dies bereits der vierte Adler, welchen Herr von Glenck mit dem gleichen Gewehre erlegte.»

1912

Der Regierungsrat beteiligt sich mit 25 000 Franken am Aktienkapital der Gesellschaft zum Bau einer Chrischonabahn.

31. Dezember

Silvester der Papst

1411

Nachdem die Basler gestern die Juraburg Neuenstein erobert und die Besatzung hingerichtet haben, wird heute das Schloss Blauenstein eingenommen und niedergebrannt. 454 fremde Landsknechte, die sich im Sold der Stadt kriegerische Verdienste erworben haben, werden mit der Aufnahme in das Bürgerrecht belohnt.

1435

Die Zürcher Schifferschaft macht sich anheischig, den Basler Schiffleuten alle ihre bis zur nächsten Weihnacht nach Basel geführten Seenauen zum Preis von fünf Gulden das Stück zu verkaufen, mit der Verpflichtung, nur gute und währschafte Schiffe zu liefern. Für unterwegs beschädigte Schiffe, sogenannte böse Schiffe, sollen drei ehrbare Männer des Basler Handwerks den Preis festsetzen.

1511

Die 306 Basler, welche am 21. November unter Henman Offenburg im sogenannten Kaltwinterzug mit den Eidgenossen nach Bellinzona gezogen sind, um die befestigte Stadt von der durch Ludwig XII. verhängten Handelssperre zu befreien, kehren ohne einen Mann verloren zu haben zurück und werden mit Freuden empfangen.

1633

«Dieses Jahr sind nach Basel geflüchtet: 1528 Männer, 1789 Frauen, 1939 Kinder, total 5256 Menschen. 623 Pferde, 432 Rindvieh, 462 Schafe, 28 Geisen, 211 Schweine, 20 Esel, total 1776 Tiere.»

1663

Zwischen Weihnachten und Neujahr wird «von Johann Schütz, Kanzleiverwalter zu Liestal, auf dem Alten Markt eine überaus liebliche Musik von allerhand Instrumenten gehört. Soll anno 1570 und 1602 (wie unter dem 1. Januar im Basler Almanach berichtet wird) dergleichen auch geschehen sein».

1699

Von allen Kanzeln wird die «Schrift betreffend die Administration der heiligen Tauff vor der gantzen Gemeind» verlesen. Darin betont die Geistlichkeit, es sei der Wunsch Vieler, «dass, wie vor Jahren das Brotbrechen beim heiligen Nachtmahl in unsern Kirchen eingeführt worden ist, auch die heilige Tauff nicht in dem Chor in Gegenwart etlicher, bisweilen wenig Weiberen, sondern in der Kirche bey des Herrn Tisch (Altar) vor der gantzen Gemeind, wie dieselbe sich in den Predigten versammlet, administriert und verrichtet wird».

1718

«Das 1718. Jahr ist Gott sei Dank ein solch fruchtbares Jahr gewesen, dass ein Sack Kernen (Korn) 5 Gulden galt, ein Sack Gersten 3 Gulden, ein Sack Haber 1 Gulden, ein Becher Erbsen 8 Rappen, ein Pfund Anken 16 Rappen, ein Pfund Rindfleisch 9 Rappen, ein Pfund Kalbfleisch 9 Rappen, ein Pfund Schafffleisch 7 Rappen, ein Pfund Geisenfleisch 5 Rappen und ein Pfund Schweinefleisch 9 Rappen.»

1723

«Nach Feierabend treffen sich im Helm am Fischmarkt vier Metzgerknechte zum Trinken. Als es gegen 8 Uhr geht, sagt einer der Metzger, es sei Zeit, nach Hause zum Nachtessen zu gehen. Daraufhin gibt ihm Emanuel Vest, das Schiffwirts Sohn, zur Antwort, er habe es gut, er würde doch zu Hause ein warmes Bett bei seinen Töchtern finden. Über dieses verleumderische Wort geraten beide dermassen in Streit, dass vor dem Wirtshaus der Vest dem Metzger einen Stich in die Brust bis gegen das Herz versetzt, woran er seinen Tod findet. Der Entleibte heisst Jakob König von Mülhausen und ist hier bei Leonhard David in Diensten gewesen. Der Täter macht sich auf Strassburg. Man könnte ihn dort wohl haben. Weil er aber Freunde hat, setzt man nicht auf ihn!»

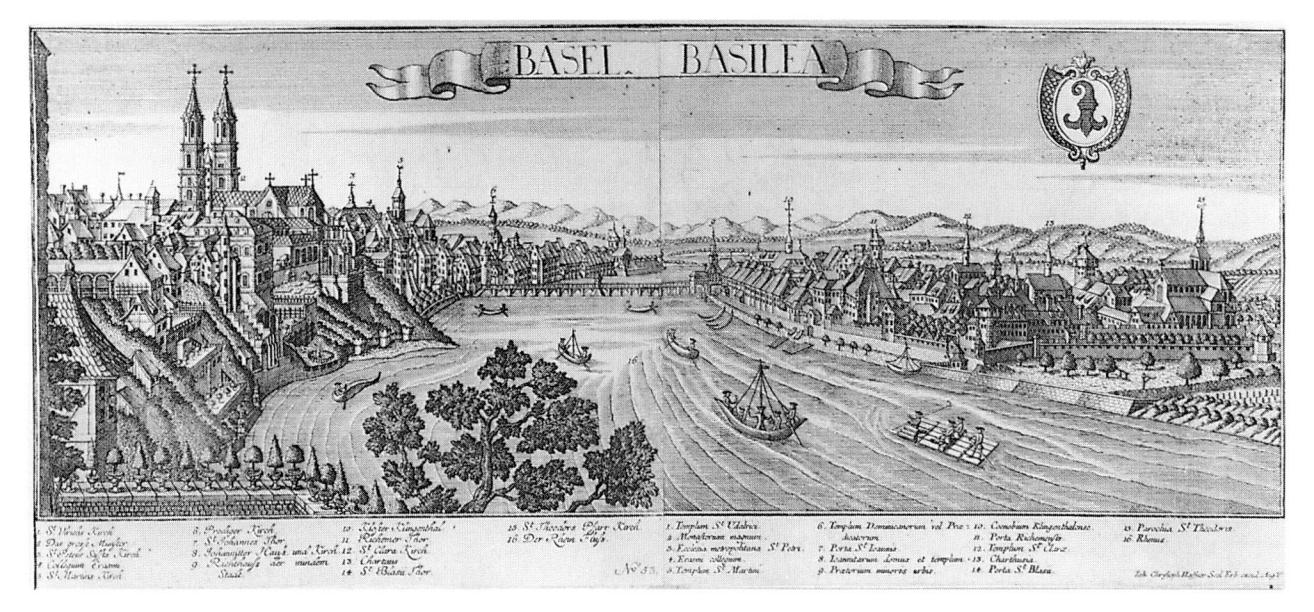

«O Basel du berühmte Stadt/Gross Gnad dir Gott verliehen hat/Ein Gottes-Gmeind, ein weisen Rath/Ein hohe Schul, drey grosse Gutthat/In gutem Fried hörst Gottes Wort/Im Rathhaus geht das Recht auch fort/So lernt auch jetzt die Jugend fein/Was ihr wird gut und nützlich sein/Erkenn die Zeit, in der'n dein Gott/Dich gnädiglich heimsuchen thut/Dein Glaub, dein Lieb, dein Hoffnung fein/Allein auf Gott soll g'richtet sein/Fried, Wahrheit geb dir allermeist/Gott Vater, Sohn und Heilger Geist.» Jakob Grynäus. 31. Dezember 1624. Kupferstich von Johann Christoph Haffner. Um 1630.

1772

«Es ist des Jahres End, nun abermahl angekommen/Indessen hat der Tod auch manchen weggenommen/wohl dem, der also lebt, dass er stets bereit/Wenn er gefordert wird hier in die Ewigkeit.»

1776

«In der Verzeichnus der in der Statt gebohrenen Menschen von 1776 ist dieses merckwürdig, dass wider den gewöhnlichen Lauf der Natur die Menge der Mägdlein die Menge der Knaben weit übertroffen hat. Es waren 199 Mägdlin gegen 150 Knaben. Unter den Bürgern waren 118 Mägdlin gegen 88 Knaben und unter den Beysassen (Niedergelassenen) 81 Mägdlin gegen 62 Knaben.»

1788

«Das Thermomêter steht Du Crest 31° unter Tempéré. Eine Menge Bäume verfrieren. Ein grosser Wassermangel entsteht für die Mühlen besonders.»

1793

«Die Volkszählung auf der Landschaft ergab 28 193 Personen. Davon leben in Liestal 1575, in Riehen 1150, in Sissach 1149, in Muttenz 825, in Pratteln 795, in Bubendorf 786, in Binningen 482, in Kleinhüningen 407 Seelen. Doch wurden bei der gemeindeweisen Zählung die fremden Knechte und Mägde ausgelassen, im ganzen 1920 Personen.»

1800

Es stirbt der 1724 geborene Johann Rudolf Stehelin, emeritierter Professor der Anatomie, Botanik und Medizin sowie mehrfacher Rektor der Universität. «Er war der Nestor der Universität, aber bis zu seinem Tode voll Geisteskraft und warmem Eifer für die Hochschule, der er durch Kenntnisse und vieljährige Erfahrung eine wahre Zierde war.»

1801

«Der Rhein erreicht einen neuen Höchststand. Das Wasser reicht bis an die Flicksche Buchhandlung auf dem Fischmarkt, so dass man vom Blumenplatz bis zur Hauptwache mit dem Schiff fahren kann. Eine Menge Familien muss sich in die obere Etage ihrer Häuser flüchten. Das gleiche Schicksal hat auch die Rheinseite der kleinen Stadt.»

1828

«Die erstmals veröffentlichte Staatsrechnung schliesst bei Einkünften von etwas über einer halben Million Franken mit einem Einnahmenüberschuss von ca. 70 000 Franken.»

1829

«Um die Mitternachtsstunde taucht vor den Augen des vor der Amtswohnung des regierenden Bürgermeisters auf dem Münsterplatz Wache stehenden Garnisönlers plötzlich eine weissgekleidete weibliche Figur mit einem Schwert in der Hand auf. Diese wandelt vor dem Münster gespensterhaft dahin und verschwindet schliesslich lautlos in Richtung Rittergase. Halbtot vor Schreck, gibt der Planton seinen Unteroffizieren Kenntnis vom rätselhaften Ereignis, das die ganze Stadt während Tagen in Atem hält.

1833

«In diesem Jahr sind im Kornhaus zum Mittelpreis von Fr. 19.85 per Sack verkauft worden: An Baselstadt 39 060 Sack Korn, an die Landschaft 733, an Bern 4180, an Neuenburg 3236 und an Solothurn 526 Sack.»

1861

In Riehen wird die anstelle eines

Steges erbaute erste Brücke über die Wiese mit einem grossen Fest eingeweiht. Diese ist im Zusammenhang mit dem mit der badischen Regierung abgeschlossenen Staatsvertrag errichtet worden, wonach dieser erlaubt ist, auf eigene Kosten eine Verbindungsstrasse von Lörrach über schweizerisches Gebiet nach Weil anzulegen.

1864

Das obrigkeitliche Kornhaus an der Spalenvorstadt wird geschlossen und die offizielle Mehl- und Brottaxe aufgehoben.

1880

«Das Feuerwehr Korps Basel umfasst insgesamt 445 Mann, nämlich 300 Schweizer und 145 Ausländer. Letztere meistens gediente Soldaten. Kommandant ist der stadtbekannte Major Joseph Schetty, seines Zeichens Färbermeister am Claraplatz im Kleinbasel.»

1888

Die städtische Bevölkerung besteht aus 69 809 Personen. 1880 waren es deren 60 550, 1870 44 122, 1860 37 915, 1850 27 170, 1837 22 199, 1815 16 674, 1795 15 720, 1779 15 040.

1889

«Zwischen Weihnachten und Neujahr hat sich die Influenza mächtig eingenistet. Nach ärztlicher Schätzung sollen in der Stadt 15 000 bis 25 000 Personen befallen sein. Thatsache ist, dass durch die Epidemie das Weihnachts- und Neujahrsgeschäft sozusagen ruiniert worden ist.»

«Es wird eigens eine Basler Gesellschaft zur Abschaffung der Versendung von Neujahrsgratulationskarten gegründet.»

1891

«Lyrischer Börsenbericht: In allen Papieren ist Ruh/Auf allen Börsen hörst du/Von keinemn Verkauf/Man munkelt von Kassen und Banken/Die Kurse sinken und schwanken/Warte nur, balde, balde wankest du auch/Auf allen Börsen ist Ruh/An allen Orten hörst du lautes Gekrach/Es krachen die Kassen, die Banken/Zum Teufel fliegen die Franken/Warte nur, balde fliegt auch du!»

1913

Das Finanzdepartement sieht sich nicht imstande, der Republik Paraguay für die Organisation des dortigen Zoll- und Steuerwesens einen höhern Beamten zur Verfügung zu stellen.

Nachlese

1744 1. Juli

Beim Gesellschaftshaus zur Haeren fällt ein sechsjähriges Kind in den Rhein, wird 300 Schritte weit im Wasser dahingetrieben und kann dann von Fischern aufgefangen werden. «Man schüttet ihm eine zimliche Portion Baumöhl ein und kehrt es dann unter über sich, wodurch sich das viele eingeschluckte Wasser wieder von ihm giesst, so dass das Kind gesund und frisch mit dem Leben davonkommt.»

1893 2. Juli

«Der Ruderclub Zürich kommt per Schiff hier an, begleitet von den hiesigen benachbarten Rudervereinen. Es handelt sich um eine moderne Wiederholung der alten Hirsebreifahrt. Die Reise nach Strassburg aber wird in Basel für einen Tag unterbrochen.»

1887 3. Juli

Ein Unfall auf dem Rhein kostet einem Schiffsmann, welcher zwölf Badende rheinabwärts begleitet hat, das Leben. «Es mehren sich überhaupt die Ertrinkungsunfälle in unmittelbarer Nähe der Stadt ausserordentlich.»

1817 4. Juli

Zwei Brände, der eine an der Burgfelderstrasse, der andere im Kleinbasel, stiften «so grosse Verwirrung und Unordnung, dass beförderlichst dafür zu sorgen ist, dass die Löschmannschaften inskünftig nicht nur aus zum Theil über 70jährigen Greisen bestehen...».

«Scene in Riehen am Jahresende 1813: Herr Obrist Nicolaus Burckhardt bekommt auf seinem Landgut zu Riehen ein Cosaken Pulk zur Einquartierung, welcher lieber in der Stadt geblieben wäre. Diese werden unverschämt grob und verlangen absolut Geflügel und Fisch. Herr Obrist weiss dies auf der Stelle nicht herbey zu schaffen und verspricht, den folgenden Tag alles mögliche aus der Stadt herbeyzuschaffen. Damit aber ist den Kosaken keineswegs gedient, weil sie den folgenden Tag weiter ziehen müssen. Sie misshandeln und prügeln unsern Obrist so lange, bis er nachts 12 Uhr jemand zu Madame Iselin, seiner Gegenschwiger, in die Stadt sendet, welche ihren Fischbrunnen leert und den ganzen Hühnerhof noch spät abwürgen lassen muss, um ihrem Herrn Gegenschwäher Ruhe zu verschaffen. So wird ein helvetischer Obrist behandelt!»

1476   **5. Juli**

Der zweite Harst der in Murten siegreichen Basler – 400 Mann, die mit dem Fähnlein nach Lausanne gezogen waren – rückt wohlgemut in die Stadt ein, mit wehenden Bannern, welchen man die Spuren des Kampfes ansieht. Die Kriegsknechte bringen wertvolle Beute mit, namentlich einen Brustharnisch, Schlangenbüchsen und Feldzeichen.

1535   **5. Juli**

Zu einem Jahreslohn von 16 Pfund Stebler, einem Rock in den Stadtfarben und zwei Wagen Holz wird Nikolaus zu einem städtischen Pulvermacher in den Dienst genommen. Er hat, wie der Geschützmeister, über seine Amtsgeschäfte bis in den Tod Stillschweigen zu schwören.

1861   **11. Juli**

«Die Unglücksfälle auf den Fähren bei Zürich und Koblenz haben auch in Betreff der Sicherheit unserer Fähren Bedenken erregt. Dazu ist zu sagen, dass bei unsern Fähren jeden Morgen Schiff, Seile und Rollen genau kontrolliert werden. Sollte aber doch etwas reissen und das Schiff den Rhein hinuntertreiben, dann wird der Schiffmann die Fähre auch ungefährdet unter der Rheinbrücke durchleiten und an Land bringen können.»

1884   **14. Juli**

Es bewerben sich um eine freie Schulabwartstelle 107 Kandidaten.

1495   **15. Juli**

Andreas Ronus, der Schneider, wird zu einem Bürger angenommen.

1862   **15. Juli**

Beim Stollenrain in Arlesheim stürzt der mit acht Personen besetzte Postwagen des neuen Postkurses Laufen-Basel in den fatalen Rain. Von den Mitfahrenden wird aber einzig der Postillon erheblich verletzt, welcher von einem Zugpferd einen Schlag ins Gesicht erhalten hat.

1885   **16. Juli**

Die Singhalesentruppe, die im Zoologischen Garten innerhalb von zwölf Tagen 49 864 Personen ihre Künste vorgetragen hat, verlässt mit grosser Anerkennung die Stadt.

1456   **22. Juli**

Der Kartäusermönch Martin Ströulin verfasst ein Bekenntnis, indem er «dem gnädigsten Gott Vater die Menge, Grösse und Übermässigkeit aller Verbrechen und Sünden, die er je begangen hat, anvertraut und zum Zeichen wahrer Zerknirschung täglich blutigen Schweiss und blutige Tränen aus seinen Augen in reichem Masse strömen lassen wollte, wenn es möglich wäre».

1903   **4. August**

Im Schaufenster der Comestibles-Firma Christen am Marktplatz ist eine Riesenschildkröte im Gewicht von drei Zentnern ausgestellt, die für ein grosses Hotel im Engadin bestimmt ist. «Das Fleisch der Schildkrot ist sehr schmackhaft und als feine Delikatesse sehr beliebt.»

1908   **4. August**

«Der schon wiederholt mit Spannung erwartete Graf Ferdinand von Zeppelin, der König der Lüfte, erscheint mit seinem lenkbaren Luftschiff über unserer Stadt. Unwillkürlich drängt sich dem bewundernden Zuschauer die geschichtliche Bedeutung des Augenblicks auf, verkündet dieser doch den Anbruch einer neuen Epoche. Deutlich vernimmt man das Geräusch der Motoren und Propeller des langgestreckten, wundersam dahinschwebenden, eleganten Ballons, der mit seiner weissen Hülle in der sonnendurchleuchteten Atmosphäre einen selten harmonischen Eindruck in den Seelen der Zuschauer zurücklässt. Leider trifft am andern Tag die Nachricht ein, dass das Luftschiff auf der Rückreise in Echterdingen bei Stuttgart, wo es hätte landen müssen, explodiert und verbrannt ist.»

1646   **5. August**

Es kommt an den Tag, dass der welsche Hutmacher Isaac Bisier mit seiner leiblichen Tochter Blutschande getrieben hat, die Mutter sich hingegen an einem Knechte verging. Während den schändlichen Eltern die Flucht gelingt, wird die Tochter gefasst, dem Gericht überantwortet und schliesslich vom Henker mit dem Schwert zum Tode gerichtet.

1851   **8. August**

Die Obrigkeit erteilt den Haarkräuslern und Perückenmachern das lang umworbene Recht, rasieren zu dürfen. Diese Tätigkeit war bisher, wie das Zahnziehen und Hühneraugenschneiden, ein Vorrecht der Chirurgen gewesen, denen die Preisgabe ihres halbtausendjährigen Privilegs dadurch erleichtert wird, dass sie ihrerseits fortan auch das Kopfhaarabschneiden praktizieren dürfen.

1901   **13. August**

«Letzten Samstag hat die Brauerei Zeller in Basel ihrem Abnehmer in Waldenburg das Bier per Motorwagen überbracht. Das Fuhrwerk hat das Aussehen eines niedern Pritschenwagens. Der Motor selbst ist unter dem Wagen angebracht. Wie der Führer versicherte, ging die Fahrt ganz gut von statten. Das Vehikel führte mit Leichtigkeit seine 40 Zentner. Jetzt geht's wohl nimmer lange, bis das Baselbieter Nationalfuhrwerk, der Schneggen (halb Schlitten, halb Wagen), ebenfalls per Dampf in die Berge kraxelt.»

1909   **13. August**

Der junge FC Concordia spielt erstmals gegen den FC Basel und verliert 1:12. «Die Hitze, die fast nicht auszuhalten war, war den Burschen ganz bedenklich. Man entschuldigte sich damit, dass die A-klassigen die Schweisstropfen eher gewöhnt sind als die noch unerfahrenen Chongeli.»

1753   **20. August**

Das Direktorium der Kaufmannschaft ernennt Johannes Würtz zum neuen Briefträger, «der jährlich fix 100 Pfund, für die Gratification 50 Pfund und über das noch ansehnliche Trinck Gelter bekommt».

1734   **27. August**

Rheinfelden wird von einer schweren Feuersbrunst heimgesucht, welche in kürzester Zeit 23 Häuser einäschert, wodurch 30 Familien obdachlos werden.

1861   **5. September**

«Es mehren sich die Klagen, dass das ins Badische spazierende hiesige Publikum von den Bannwarten auf unverschämte Weise gebrandschatzt wird. So ist beim Auflesen einer Zwetschge einem Jüngling von einem Bannwart mit dem Spiess so lange auf den Kopf geschlagen worden, bis die Stange zerbrochen ist. Als sich der misshandelte junge Mann auf dem Bürgermeisteramt beschwert, muss er gerade noch den auf seinem Kopf zerschlagenen Spiess bezahlen ...»

1914   **5. September**

«Die grundsätzlich beschlossene Gründung einer Aktiengesellschaft für den Bau einer Strassenbahn Basel–Liestal wird wegen Ausbruchs des europäischen Krieges auf bessere Zeiten verschoben.»

1913   **7. September**

Das Rosentalquartier feiert mit grossem Aufwand die bevorstehende Eröffnung des neuen Badischen Bahnhofs an der Schwarzwaldallee mit einem frohen Volksfest, an welchem der Musikverein badischer Eisenbahner, der Männerchor Einigkeit, der Eisenbahnergesangverein Badenia und der Freie Männerradfahrverein Lange Erlen mitwirken: «Der Bahnhof ist das grosse Tor/Der Schweiz und auch von Baden/Davor ist man im eigenen Haus/Dahinter bei den Schwaben/So freue dich, oh Bürgersmann/Und Vater vieler Kinder/Du wohnst jetzt vor der Eisenbahn/Und ganz einfach nicht mehr dahinter!»

1865   **9. September**

Der Allgemeine Consum-Verein (ACV) eröffnet am Spalenberg 26 seinen ersten Verkaufsladen mit einem Angebot von Spezereien, Wein und Brot.

1856   **13. September**

Auf Verfügung der Cholera-Kommission muss der Sodbrunnen an der an der obern Rheingasse gelegenen «Meerenge» vorübergehend geschlossen werden; 1909 wird er endgültig aufgehoben.

1879   **17. September**

Ein Bauer aus Wyhlen, der seinen beiden «Wälderöchslein» zuviel zugemutet hat und sie vor einen schweren Güllenwagen spannte, wird wegen Tierquälerei zu einer Sühne von fünf Franken verurteilt.

1907   **24. September**

Bei Grabungsarbeiten, die mit der Errichtung einer neuen Heizung zusammenhängen, wird in der Krypta des Münsters das Grab des im Jahre 1137 verstorbenen Bischofs Adalbero von Froburg freigelegt. Es befinden sich darin der Bischofsstab und der Ring sowie weitere Schmuckstücke und die Sandalen des Bischofs.

1848   **26. September**

Im Zusammenhang mit dem Badischen Aufstand finden in der Stadt sogenannte Schwabenjagden statt, welche der tätlichen Belästigung deutscher Handwerksburschen und Fabrikarbeitern gelten, die mit der deutschen Revolution sympathisieren.

1761   **27. September**

Im Bammerthäuschen vor dem Bläsitor stürzt Meister Heinrich Leopard zu Tode. «Ist dem Bacho sehr ergeben und ein kurtzweiliger und vernünftiger Weltmann mit lächerlichen Einfählen, und ein wohl renomierter Knopfmacher gewesen.»

1775   **27. September**

Im Münster wird der im Alter von 70 Jahren verstorbene Emanuel Büchel, der Zeichner und Aquarellmaler, beerdigt. Der ursprüngliche Bäckermeister betätigte sich in Anlehnung an Matthäus Merian hauptsächlich auf dem Gebiet des topographischen Bildes. Seine zahlreichen Ansichten aus Basel und Umgebung zeichnen sich durch erstaunliche Präzision und feines künstlerisches Können aus. Sein reichhaltiges, unvergängliches Lebenswerk wird vornehmlich von den vier grossen Basler Prospekten und den Darstellungen in Daniel Bruckners «Merkwürdigkeiten der Landschaft Basel» und in David Herrlibergers «Helvetischer Topogaphie» getragen. Antistes Falkeysen bedauerte den Hinschied des aussergewöhnlich fleissigen und gebildeten Vorgesetzten zu Brotbecken mit den Worten: «In der That, es ist ewig schade für seine schönen Gaben und Wissenschaften, die er sowohl in der Zeichenkunst als in der Geschichte des Alterthums besass, und es lässt sich dato nicht vermuten, dass in diesen Wissenschaften ihm sobald jemand nachkommen werde.»

1896   **27. September**

Mit 3713 gegen 1357 Stimmen spricht sich der Souverän endlich für die Sanierung des Abwassernetzes aus, indem das Kanalisationsgesetz gutgeheissen wird.

1899   **27. September**

Beim Fähresteg unterhalb der Pfalz fällt ein 17jähriges Mädchen in den Rhein und ertrinkt.

1903   **27. September**

Die Regierung plant eine Strassenbahnverbindung nach Liestal, via St. Jakob. «So werden künftighin Trau-Tram-Trains hinaus zum beliebten Hochzeitskirchlein fahren. Es fehlt nur noch ein Taufetram. Den elektrischen Buschiwagen bekommt möglicherweise Riehen. Zu früh wäre es nicht, wenn die Riehemer mit der Drahtkutsche nach Basel fahren könnten: Sie murren wirklich zu Recht und beabsichtigen allen Ernstes, nach Birsfelden auszuwandern, nur um den Tramanschluss mit Basel zu erhalten.»

1861   **29. September**

Die Feuerwerkstätte des Feuerwerkers Friedrich Vollenhals bei der Hasenburg explodiert und geht in Flammen auf, so dass nur ein rauchender Schutthaufen übrig bleibt. «Schon vor zwei Jahren ist das nämliche Unglück passiert ...»

1899   **29. September**

Am Petersgraben 23 wird das auf dem Areal des «Violenhofs» von den Architekten Vischer und Fueter erbaute Blaukreuzhaus eröffnet.

1836   **1. Oktober**

Das Obergericht des Kantons Basel-Landschaft verurteilt die 33jährige ledige Elisabeth Hünig, Mutter von vier unehelichen Kindern, zu vierundzwanzigjähriger Kettenstrafe ersten Grades, weil «die Gewissheit nicht geschöpft werden kann, die Inkulpatin habe den Tod ihres unehelichen Kindes mit Vorbedacht und Überlegung bewirkt, so dass die Todesstrafe zu 24jähriger Kettenstrafe umgewandelt werden kann».

1846   1. Oktober

«Den beiden Professoren Dr. Schönbein in Basel und Dr. Böttiger in Frankfurt, den gemeinschaftlichen Erfindern der Schiessbaumwolle, wird von Seite des deutschen Bundes für deren Erfindung eine Belohnung von 100 000 Gulden zuerkannt für den Fall, dass dieselbe das Schiesspulver nicht nur vollkommen ersetzt, sondern auch noch mehrere Vortheile darbietet.»

1740   4. Oktober

Zur Feier ihres «Michaeli- oder Liecht-Bratens-Fest» in der Herberge «zur Kanne» beschliessen die Schuhknechte, Mädchen zum Tanze einzuladen. «So trägt es sich zu, dass sich auch eine ungeladene Jungfer bei dieser Ergötzung einfindet, in der süssen Hoffnung, es werde sich einer der Schuster ihrer annehmen. Ein alt Gesell, der nichts als Schimpf versteht, nimmt das Mädchen jedoch nicht auf den Tanzboden, sondern versucht, es in die Heimlichkeit (Abtritt) hinunterzustürzen. Die Jungfer indessen hält sich an dem Urian fest, so dass derselbe mit ihr hinunterbürtzlet und die halbe Nacht allda verbleiben muss. Es macht aber dieser Kothahn ein solch grässliches Geschrey, dass er endlich, samt seiner schmutzigen Henne, herausgezogen und vom stinckenden Tod errettet wird.»

1836   4. Oktober

Im Alter von 81 Jahren stirbt in Fouday Johann Lukas Legrand. Nachdem sich der ehemalige Landvogt von Riehen 1799 von seiner politischen Tätigkeit als umsichtiger Führer der städtischen Patrioten zurückgezogen hatte, widmete er sich unermüdlich philantropischen und pädagogischen Bestrebungen. «Legrand ist einer von jenen seltenen Menschen gewesen, die es als ihre Lebensaufgabe betrachteten, das Los Hilfsbedürftiger zu bessern, und zwar ohne sich hierbei Heuchelei zu Schulden kommen zu lassen.»

1706   5. Oktober

Im Kleinbasel wird der Schiffer Rudolf Göbelin aus dem Leben abberufen: «Ist ein feiner Mann gewesen, von dem zu sagen ist: Ein Schiffmann ward er zuvor, deren die meisten sind ein loses, liederliches Volk und selten Gottes Freund. Allein, dieser Mensch war gewiss ein frommer, ehrlicher Mann, von dem kein Mensch nicht was anderes reden kann.»

1722   5. Oktober

Als im Grossen Rat der für die Finanzen zuständige Dreierherr unverfroren behauptet, man stehe besser da als vorher, erwidern einige Grossräte «mit ziemlich hitzigen Reden», der Staatshaushalt verschlechtere sich in Wirklichkeit seit zwanzig Jahren. «Eine solche Ungewissheit beweist, dass die grosse ökonomische Commission des Rats wenig Licht verbreitet!»

1724   5. Oktober

«Es werden 4 Zigeunerinnen und 1 Meitlin, welche während 8 Tagen hier gefangen waren, ihre schwarzen Haare vom Kopf geschnitten. Dann werden alle ans Halseisen gestellt. Hierauf werden sie zusammen in ein Glied gekoplet und mit Ruthen ausgehauen, worauf man das herumstreichende Gesindel geradewegs zum Spalenthor hinausführt.»

1799   7. Oktober

«Ein junger, nicht ganz 17jähriger Mörder, der einem Judenknaben durch Strassenraub tödliche Wunden geschlagen hat, wird nach der Weise des Gesetzes mit dem Schwert enthauptet, auf einem Chavot, das man auf dem Markt aufgerichtet hat. Zwey Compagnien vom Reserve Corps umgeben das Gerüst.»

1846   13. Oktober

Die Kunstreitergesellschaft Bastiano Franconi trifft mit vierzig Pferden «zur Abhaltung eines Cirkus» in der Stadt ein.

1810   15. Oktober

Nikolaus Reber-Passavant und dessen Sohn Johann Heinrich, die einen schwunghaften Kunsthandel betrieben und aus den Galerien des französischen Hochadels ganze Wagenladungen von wertvollen Gemälden zusammengekauft und zunächst mit grossem Gewinn durch eigene Filialen in Breslau und Moskau nach Deutschland, Russland und England weiterverkauft haben, sind in finanzielle Bedrängnis geraten und hatten 1808 den Konkurs anzumelden. So müssen die noch vorhandenen Aktivposten zwangsverwertet werden. «Die Auktion der Restbestände von mehr als tausend Werken bringt zwar Liebhaber aus der ganzen Welt nach Basel, aber nur ein enttäuschendes finanzielles Ergebnis.»

1817   15. Oktober

Einem heftigen Fieber erliegt in Kairo im Alter von erst 33 Jahren der Afrikaforscher Johann Ludwig Burckhardt. Er hat unter dem Namen «Scheik Ibrahim» zahlreiche Entdeckungsreisen nach Syrien, Arabien, Ägypten und Nubien unternommen und die Ergebnisse seiner Fahrten in bedeutsamen Werken niedergeschrieben. «Sein Tod wird von der ganzen wissenschaftlichen Welt betrauert.»

1833   15. Oktober

Mit der Neuwahl der Regierung sind nun alle von der eidgenössischen Tagsatzung gestellten Bedingungen für den Abmarsch der Bundestruppen aus Basel erfüllt. So lässt der Platzkommandant die Torwachen wieder durch Basler Miliz beziehen. Und am nächsten Tag verlassen die beiden letzten Bataillone eidgenössischer Besatzungssoldaten die Stadt.

1714   24. Oktober

Nachdem Oberstpfarrer Burckhardt vor dem Rat sich eindrücklich über die zunehmende sittliche Verwahrlosung der Bürgerschaft geäussert hat, erlässt die Obrigkeit «zur Steuerung der gräulichen Sünden» eine neue Strafordnung. «Um diese Zeit ist auch eine grausame Verbitterung zwischen den Geistlichen und den Weltlichen, weil viele Geistliche sich auf den Kanzeln gegen die leichtfertigen Pratiquen (Korruption) ereyfern, so in vollem Schwang sind, was einige hoche Herren nicht leyden können.»

1832 **26. Oktober**

Der von Johann Friedrich Huber und Christoph Riggenbach errichtete Neubau der Allgemeinen Lesegesellschaft am Münsterplatz wird feierlich eingeweiht.

1844 **28. Oktober**

Unter Pfarrer Wilhelm Legrand kann an der Elisabethenstrasse 26 das Alumneum für Studierende der Theologie bezogen werden.

1856 **28. Oktober**

«Auf der Landschaft sind 4805 Posamenterstühle aufgestellt, mit welchen mindestens 3 640 000 Franken Arbeitslohn verdient werden, also rund 760 Franken Jahreslohn je Webstuhl.»

1894 **28. Oktober**

Der «Footballklub» (FC Basel) und der «Realschülerturnverein» (RTV 1879) trennen sich auf der Schützenmatte «bei recht schlüpfrigem Boden» 1:1. «Wenn Eifer und Lust am Spiele, welche namentlich während der Herbstferien durch tägliches Üben bekundet wurden, weiter andauern und Art und Weise des Spiels gleich bleiben wie bis anhin, d. h. gentlemanly, so wird dieser gesunde Sport sich stets mehr Freunde in Basel erwerben.»

1822 **31. Oktober**

Matthias Stier zeigt dem staunenden Basler Publikum in einer hölzernen Hütte auf dem Barfüsserplatz seine Menagerie, die aus «ausserordentlich merkwürdigen Thieren besteht. Nämlich: 1. Ein reissender Wolf, männlichen Geschlechts, aus der Grenze von Russland; er ist einer der grössten seiner Art, und noch nie ist ein ähnlicher gesehen worden. Da dieses Thier eines der blutdürstigsten und blutgierigsten ist, so ist zu bewundern, dass es sich von jedem Menschen den Rachen aufreissen lässt. 2. Ein spanischer Schafbock mit vier Hörnern, welcher an der Brust feine spanische Wolle und auf dem Rücken raue deutsche Wolle trägt. 3. Ein nordamerikanischer Königsadler, welcher des Jahres viermal seine Federn verändert. 4. Ein Steinadler aus dem Tiroler-Gebirge, welcher durch seinen Anblick Verwunderung erregt. 5. Ein Bastard von Orang Outang aus Afrika, welcher das schönste und grösste Thier, auch dem Menschen ähnlich ist. 6. Eine sogenannte Stein-Wölfin von 8 Jahren, aus den Ardennen, welche den 5. Juni 1821 Junge geworfen hat. 7. Der englische Dogge, der sich mit der Wölfin belaufen hat. 8. Ist noch einer von der Zucht bey der Mutter zu sehen, welcher halb Hund, halb Wolf ist. 9. Ein isländischer Widder mit vier Hörnern.»

1890 **26. November**

Es setzt heftiger Schneefall ein, der «die längste Schneedecke legt, die seit 1853 aufgezeichnet worden ist, dauert sie doch bis zum 24. Januar, insgesammt 59 Tage».

1758 **2. Dezember**

Johann Jacob Müller, der seit 15 Jahren als beliebter Pfarrer in Mariakirch wirkt, wird zum Pfarrer von Lausen gewählt. «Merckwürdig ist, dass drey Pfarrer, nämlich Pfarrer Heusler, Pfarrer Schönauer zu Rüchen und Pfarrer Müller alle drey aufeinander zuerst in Maria Kirch und hernach zu Lausen Pfarrherren geworden sind.»

1764 **2. Dezember**

«Es stirbt der alte und bedackte Abraham Märckli, Zirckelschmied und Mitmeister zur Hären, an einer 2jährigen Alters Beschwerden Kranckheit im 91. Jahr. Hat in seinen Kösten den neuen weiss und rothen Fahnen zur Härren machen lassen, doch mit der Contition, dass er alle Jahr lebenslänglich drey Pfund zu beziehen habe.»

1616 **6. Dezember**

Der Weissgerber Niklaus Gerber vermacht der Zunft zu Safran ein Legat von 50 Gulden, kraft welchem auf den St.-Niklaus-Tag arme Schüler und Kindbetterinnen, die Durchreisenden und die Sondersiechen zu St. Jakob und zu Liestal mit Fleisch verköstigt werden sollen.

Bibliographisches

Mitarbeit
Dr. Wilhelm Abt, Gerhard Althaus, Hans Bill, Urs Gerber, Paul Göttin, Marcel Jenni, Werner Jermann, Lore Leuenberger, Susanne Minder, Hans-Peter Platz, Dr. h.c. Arnold Schneider, Peter Sigrist, Hanspeter Stebler, Nicole Wächter, Nino Weinstock.

Quellen und Literaturauswahl
*a) **Handschriften***
Staatsarchiv Basel:
Arnold Lotz. Genealogische Notizen über Basler Familien.
Protokolle des Kleinen Rats. 1587 ff.
Regesten zu den Basler Urkunden.

Universitätsbibliothek Basel:
Baselische Geschichten. 1337–1692. (VB O 6).
Christoph Battier. Calendarium historicum. Bis 1748. (VB H IV 32).
Nicolaus Brombach. Chronica. 1582–1659. (VB O 88).
Diarium historicum. 1582–1662. (A λ IV 12).
Missale Basiliense 1488. (A N VIII 2).
Ratsherrenkasten (Handschriftenabteilung)
Hans Heinrich Scherer genannt Philibert. Baselische Geschichten. 1337–1657. (Ki.Ar. 78,2).
Denkwürdige Historische Geschichten, welche sich zwischen E.E. Raht, Einer Ehren Burgerschaft und Underthanen zu Stadt und Land täglich zugetragen. 1281–1742. (Ki.Ar. 78,1).

*b) **Druckwerke***
Aktensammlung zur Geschichte der Basler Reformation. 1921 ff.
Baselbieter Heimatblätter. 1936 ff.
Baselbieter Heimatbuch. 1942 ff.
Baselland vor 150 Jahren. Wende und Aufbruch. 1983.
Basler Biographien. 1900 ff.
Basler Chroniken. 1872 ff.
Basler Jahrbuch. 1879 ff.
Basler Neujahrsblätter. 1821 ff.
Basler Stadtbuch. 1960 ff.
Basler Taschenbuch. 1850 ff.
Basler Volkskalender. 1945 ff.

Basler Zeitschrift für Geschichte und Altertumskunde. 1902 ff.
Basler Zeitungen in Staatsarchiv und Universitätsbibliothek.
Baumgärtel, Ehrfried. Die Almanache, Kalender und Taschenbücher der Landesbibliothek Coburg. 1970.
Beiträge zur Vaterländischen Geschichte. 1839 ff.
Bonjour, Edgar. Die Universität Basel von den Anfängen bis zur Gegenwart. 1960.
Boos, Heinrich, Urkundenbuch der Landschaft Basel. 1881 ff.
Bruckner, Albert.:
 Geschichte des Dorfes Bettingen. 1963.
 Helvetia Sacra. I,1. 1972.
 Riehen. Geschichte eines Dorfes. 1972.
Bruckner, Daniel. Der Versuch einer Beschreibung historischer und natürlicher Merkwürdigkeiten der Landschaft Basel. 1748 ff.
Burckhardt, Max. Jacob Burckhardt Briefe. 1965.
Burckhardt, Paul. Geschichte der Stadt Basel. 1942.
Burger, Arthur. Brunnengeschichte der Stadt Basel. 1970.
Buxtorf-Falkeisen, Karl. Baslerische Stadt- und Landgeschichten aus dem sechzehnten und siebzehnten Jahrhundert. 1863 ff.
Der Basler Kalender im Rothen Buch. Basler Chroniken IV. 1890.
Der Rauracher. 1928 ff.
Die Kunstdenkmäler des Kantons Basel-Stadt. 1932 ff.
Fechter, Daniel. Basel im vierzehnten Jahrhundert. 1856.
Geering, Traugott. Handel und Industrie der Stadt Basel. 1886.
Geerk, Frank. Aus dem Leben eines Papstes. 1988.
Geschichte der Landschaft Basel und des Kantons Baselland. 1932.
Grotefend, Hermann. Zeitrechnung des deutschen Mittelalters und der Neuzeit. 1891 ff.
Gschwind, Franz. Bevölkerungsentwicklung und Wirtschaftsstruktur der Landschaft Basel im 18. Jahrhundert. 1977.

Haas, Hieronymus. Wallfahrtsgeschichte von Mariastein. 1973.
Hagemann, Hans-Rudolf. Basler Rechtsleben im Mittelalter. 1981 ff.
Heusler, Andreas.:
 Geschichte der Stadt Basel. 1934.
 Verfassungsgeschichte der Stadt Basel im Mittelalter. 1860.
Historisch-Biographisches Lexikon der Schweiz. 1921 ff.
Historischer Basler Kalender. Bearbeitet von F.A. Stocker, Ed. Heusler und A. Münch. 1886 ff.
Jenny, Hans.:
 Basler Memoiren. 1870–1919. 1970.
 Morde, Brände und Skandale. 1970.
Klaus, Fritz. Basel-Landschaft in historischen Dokumenten. 1982 ff.
Koegler, Hans. Einige Basler Kalender des 15. und der ersten Hälfte des 16. Jahrhunderts. 1909.
Koelner, Paul.:
 Anno Dazumal. 1929.
 Die Feuerschützen-Gesellschaft zu Basel. 1946.
 Die Safranzunft zu Basel. 1935.
 Die Zunft zum Schlüssel in Basel. 1953.
 Im Schatten Unserer Gnädigen Herren. 1930.
 Unterm Baselstab. 1918 ff.
Mandatsammlung des Staatsarchivs.
Meier, Eugen A.:
 Aus dem alten Basel. 1970.
 Basel in der guten alten Zeit. 1972.
 Das verschwundene Basel. 1968.
 Die Abscheidbücher des Basler Staatsarchivs. 1964.
 Freud und Leid. 1981 ff.
Merian, Wilhelm. Basels Musikleben im XIX. Jahrhundert. 1920.
Merz, Walther. Die Burgen des Sisgaus. 1909 ff.
Ochs, Peter. Geschichte der Stadt und Landschaft Basel. 1786 ff.
Rauracis. Ein Taschenbuch für die Freunde der Vaterlandskunde. 1826 ff.

Rechtsquellen von Basel. Stadt und Land. 1856 ff.
Riggenbach, Albert. Collectanea zur Basler Witterungsgeschichte. 1891.
Rohner, Ludwig. Kalendergeschichte und Kalender. 1978.
Rosen, Josef. Chronik von Basel. 1971.
Schmid, Alfred A. Die Luzerner Chronik des Diebold Schilling, 1513. Kommentar, 1981.
Schweizerisches Geschlechterbuch. 1905 ff.
Spiess, Otto. Basel anno 1760. 1936.
Staehelin, Andreas. Geschichte der Universität Basel. 1632–1818. 1957.
Staehelin, W.R. Basler Portraits aller Jahrhunderte. 1919 ff.
Stocker, Franz August. Basler Stadtbilder. 1890.
Teuteberg, René.:
 Basler Geschichte. 1986.
 Stimmen aus der Vergangenheit. 1966.
Tonjola, Johann. Basilea sepulta retecta continuata. 1661.
Urkundenbuch der Stadt Basel. 1890 ff.
Wackernagel, Rudolf. Geschichte der Stadt Basel. 1907 ff.
Wanner, Gustaf Adolf.
 Häuser, Menschen, Schicksale. 1985 ff.
 Zunftkraft und Zunftstolz. 1976.
Werthmüller, Hans. Tausend Jahre Literatur in Basel. 1980.
Wurstisen, Christian. Baszeler-Chronik. 1580.

Bildernachweis

Frontispiz: Kupferstichkabinett. Bi. 263. 7.
7: Eugen A. Meier.
8: Universitätsbibliothek. Handschriftenabteilung, Ratsherrenkasten A 1, 275 ff.
9: Staatsarchiv. Bildersammlung, Falkeysen A 484.
11: Eugen A. Meier.
13: Staatsarchiv. Bibliothek, A f 22, p. 322.
15: Staatsarchiv. Bildersammlung, Falkeysen A 248.
17: Kleinbasler Ehrengesellschaft zum Rebhaus.
19: Staatsarchiv. Bildersammlung, 2, 345.
21: Staatsarchiv. Plattensammlung, C 172.
23: Eugen A. Meier.
24: Öffentliche Kunstsammlung (Kunstmuseum).
25: Staatsarchiv. Bibliothek, A f 14a, p. 427.
27: Staatsarchiv. Bildersammlung, Schneider 30.
28: Staatsarchiv. Negative, B 657.
29: Rathaus Liestal.
30: Staatsarchiv. Bildersammlung, Schneider 195.
31: Staatsarchiv. Bildersammlung, 3, 1353.
33: Staatsarchiv. Bildersammlung, 9, 12.
35: Staatsarchiv. Bildersammlung, 15, 383.
37: Staatsarchiv. Bildersammlung, Falkeysen, D 16, 2.
39: Kupferstichkabinett.
41: Kupferstichkabinett, A 200, p. 59.
43: Kupferstichkabinett, 1864.6.4.
44: Universitätsbibliothek. Handschriftenabteilung, K I 3.
45: Basellandschaftliche Zeitung, Liestal.
47: Zentralbibliothek Zürich.
48: Staatsarchiv. Negativsammlung, A 2269.
49: Staatsarchiv. Bildersammlung, 2, 93.
51: Staatsarchiv. Bildersammlung, 5, 187.
53: Staatsarchiv. Bibliothek, Quart. Conv. 270.
54: Staatsarchiv. Privatarchive, 632 D 4.
55: Staatsarchiv. Bildersammlung. Schneider 101.
59: Universitätsbibliothek. Porträtsammlung, Falkeysen 450.
61: Universitätsbibliothek, Porträtsammlung, Falkeysen 81 B.
63: Universitätsbibliothek, Porträtsammlung, Falkeysen 419.
64: Kupferstichkabinett. Privatbesitz.
65: Historisches Museum. Negativ C 533.
67: Universitätsbibliothek. Porträtsammlung.
69: Staatsarchiv. Bildersammlung 13, 238.
70: Eugen A. Meier.
72: Schweizerisches Sportmuseum, Basel.
73: Photo Hoffmann, Basel.
75: Staatsarchiv. Bildersammlung, Falkeysen F b 10, 7.
77: Universitätsbibliothek. Porträtsammlung, Falkeysen 391.
79: Basler Zeitung.
80: Staatsarchiv. Bildersammlung, Schneider 235.
81: Feuerwehrmuseum, Basel.
83: Staatsarchiv. Bildersammlung, 2, 115.
85: Universitätsbibliothek. Handschriftenabteilung, VB Mscr. H 43c.
86: Staatsarchiv. Bildersammlung, 13, 84.
87: Kantonsmuseum Liestal.
89: Staatsarchiv. Plattensammlung, A 2043.
90: Staatsarchiv. Bildersammlung, Schneider 197.
91: Staatsarchiv. Bibliothek, A f 14a, p. 103.
93: Eugen A. Meier.
95: Staatsarchiv. Bibliothek, A q 82, Tafel 194.
96: Staatsarchiv. Plattensammlung, A 2465.
97: Staatsarchiv. Bildersammlung, Falkeysen A 538.
98: Staatsarchiv. Bildersammlung, Schneider 162.
99: Staatsarchiv. Bildersammlung, Schneider 136.
101: Staatsarchiv. Bildersammlung, 4, 1091.
103: Staatsarchiv. Bildersammlung, Falkeysen D 28.
104: Staatsarchiv. Bildersammlung, Wolf 913.
105: Staatsarchiv. Bibliothek, A f 14a, p. 126.
107: Staatsarchiv. Bildersammlung, Wolf 975.
108: Privatbesitz.
109: Staatsarchiv. Plattensammlung, C 2 h.
111: Staatsarchiv. Plattensammlung, C 165.
112: Staatsarchiv. Bildersammlung, 4, 522.
113: Staatsarchiv. Bildersammlung, 6, 1269.
115: Staatsarchiv. Bildersammlung, Schneider 191.
117: Öffentliche Basler Denkmalpflege.
118: Universitätsbibliothek. Handschriftenabteilung, Mscr. Falkeysen 72.
119: Staatsarchiv. Städtische Urkunde 5.
121: Staatsarchiv. Städtische Urkunde 363.
123: Staatsarchiv. Bibliothek, A f 14a, p. 147.
124: Staatsarchiv. Bibliothek, A f 14a, p. 453.
125: Universitätsbibliothek. Porträtsammlung.
127: Universitätsbibliothek. Porträtsammlung, Falkeysen 415 f.
129: Privatbesitz.
130: Universitätsbibliothek. Handschriftenabteilung, Ratsherrenkasten A 1, 275 ff.
131: Staatsarchiv. Zunftarchive, Himmelzunft Urk. 11.
132: Staatsarchiv. Bibliothek, A f 14a, p. 408.
133: Staatsarchiv. Bildersammlung, 15, 324.
135: Staatsarchiv. Plattensammlung, A 4414.
136: Staatsarchiv. Plattensammlung, F 1653.
138: Historisches Museum. Negative C 1658.
139: Öffentliche Kunstsammlung. Negativ 71.
141: Historisches Museum. 1920.30.
143: Öffentliche Kunstsammlung.
144: Kupferstichkabinett. Bi. 391.4.
145: Staatsarchiv. Bibliothek, A f 14a, p. 675.
147: Kupferstichkabinett. A 201, p. 69.
149: Privatbesitz.
150: Staatsarchiv. Negative, A 1620.
151: Staatsarchiv Liestal.
153: Staatsarchiv. Bildersammlung, Schneider 98 b.
155: Stadt- und Münstermuseum.
157: Historisches Museum Bern. 28874.
158: Staatsarchiv. Bildersammlung, 5, 284.
159: Universitätsbibliothek. Porträtsammlung.

161: Staatsarchiv. Bibliothek, A f 14a, p. 112.
162: Historisches Museum. Negativ 511.
163: Staatsarchiv. Klingental Urkunde 590.
164: Staatsarchiv. Bildersammlung, 2, 968.
167: Staatsarchiv. Plattensammlung, C 105.
169: Öffentliche Kunstsammlung. Negativ 503.
170: RTV 1879.
171: Öffentliche Kunstsammlung. Negativ 599.
173: Staatsarchiv. Bildersammlung, Schneider 100.
174: Staatsarchiv. Bildersammlung, 8, 356.
175: Historisches Museum.
177: Staatsarchiv. Plattensammlung, A 3161 d.
178: Feuerwehrmuseum, Basel.
181: Staatsarchiv. Bildersammlung, 3, 1477.
183: Staatsarchiv. Bibliothek, Quart. Conv. 545.
185: Eugen A. Meier.
186: Privatbesitz.
187: Staatsarchiv. Bildersammlung, 6, 1382.
189: Basellandschaftliche Zeitung, Liestal.
191: Kupferstichkabinett. 1927. 290.
192: Depositum der Öffentlichen Kunstsammlung im Kirschgarten-Museum.
193: Staatsarchiv. Plattensammlung, B 19.
195: Staatsarchiv. Bibliothek, A f 14a, p. 463.
197: Universitätsbibliothek. Porträtsammlung, Falkeysen 418.
198: Staatsarchiv. bildersammlung, 6, 1370.
199: Staatsarchiv. Negativsammlung 25849.
201: Staatsarchiv. Bibliothek, A f 14a, p. 317.
203: Staatsarchiv. Bildersammlung, Falkeysen F b 8,4.
204: Historisches Museum. Negativ 8896.
205: Eugen A. Meier.
207: Kupferstichkabinett. Z 45.
209: Privatbesitz.
210: Staatsarchiv. Bibliothek, A f 14a, p. 190.
211: Staatsarchiv. Bildersammlung, 13, 1008.
213: Morf & Co., Basel.
215: Staatsarchiv. Bildersammlung, 1, 1112.
216: Staatsarchiv. Plattensammlung, A 1657.
217: Staatsarchiv. Bildersammlung, 11, 21.
218: Staatsarchiv. Bildersammlung, 1, 531.
219: Staatsarchiv. Bibliothek, A f 14a, p. 500.
221: Historisches Museum.
223: Staatsarchiv. Negative A 4540.
225: Kupferstichkabinett. Bi. 391.6.
227: Staatsarchiv. Bildersammlung, Falkeysen A 514.
229: Staatsarchiv. Bildersammlung, 9, 344.
230: Staatsarchiv. Plattensammlung, B 93.
231: Staatsarchiv. Bildersammlung, Falkeysen C 11a.
233: Universitätsbibliothek. Handschriftenabteilung.
235: Staatsarchiv. Bildersammlung, Falkeysen A 148.
237: Staatsarchiv. Bildersammlung, 13, 279.
239: Eugen A. Meier.
240: Staatsarchiv. Negative A 4255.
241: Staatsarchiv. Bildersammlung, Falkeysen A 498.
243: Staatsarchiv. Bildersammlung, 13, 115.
245: Staatsarchiv. Bildersammlung, Falkeysen D 15,2.
246: Staatsarchiv. Bildersammlung, 3, 313.
248: Universitätsbibliothek. Handschriftenabteilung, Km XI 9.
249: Staatsarchiv. Bildersammlung, 1, 945.
251: Universitätsbibliothek. Handschriftenabteilung, Ratsherrenkasten A 3, 404.
252: Staatsarchiv.
253: Staatsarchiv. Eisenbahn D 1,2.
255: Staatsarchiv. Bildersammlung, Falkeysen A 162.
257: Benediktinerkloster Mariastein.
259: Gemeindeverwaltung Pratteln.
260: Staatsarchiv. Bildersammlung, 3, 797.
261: Privatbesitz.
263: Staatsarchiv. Bildersammlung, Falkeysen E 10.
264: Privatbesitz.
265: Staatsarchiv. Bibliothek, A f 20, Bd. IV, p. 840.
267: Universitätsbibliothek. Porträtsammlung, Falkeysen 107.
269: Staatsarchiv. Bildersammlung, 13, 756.
271: Privatbesitz.
272: Universitätsbibliothek. Handschriftenabteilung.
273: Staatsarchiv. Bibliothek A f 23, p. 225.
276: Staatsarchiv. Plattensammlung, B 143.
279: Staatsarchiv. Bibliothek, A f 23, p. 766.
280: Eugen A. Meier.
281: Eugen A. Meier.
283: Universitätsbibliothek. Porträtsammlung, Falkeysen 457.
285: Universitätsbibliothek. Porträtsammlung, Falkeysen 230.
287: Staatsarchiv. Bildersammlung, Falkeysen A 42.
288: Universitätsbibliothek. Handschriftenabteilung, Ratsherrenkasten A 3, 336 ff.

Die Illustrationen und Reproduktionen aus Tageszeitungen, von obrigkeitlichen Mandaten, Anzeigen, Porträts und Erinnerungsblättern befinden sich auf der Universitätsbibliothek und im Staatsarchiv.

Die Abbildungen aus «Basler Chronik» entstammen der Basler Chronik von Christian Wurstisen, diejenigen, die mit «Grabinschrift» bezeichnet sind, aus «Basilea sepulta» von Johann Tonjola.

Die Reproduktionen besorgten Emanuel Bürgin und Luc Delay (Universitätsbibliothek), Enrico Meneghetti (Staatsarchiv), Maurice Babey (Historisches Museum).

Abkürzungen

Avis-Blättlein:
Mit Hoch-Obrigkeitlichem Privilegio begönstigtes Avis-Blättlein Dienstags.

Avis-Blatt:
Tägliches Avis-Blatt der Stadt Basel.

Basler Blätter:
Gratisbeilage zur Schweizer Grenzpost.

Baslerische Mitteilungen:
Baslerische Mitteilungen zur Förderung des Gemeinwohls.

Christlicher Volksbote:

Christlicher Volksbote aus Basel.

Intelligenzblatt:
Allgemeines Intelligenzblatt der Stadt Basel.

Kantons-Mittheilungen:
Mittheilungen für den Kanton Basel.

Konkordanz

237	II	162
238	II	B 175
374	I	250
749	II	139
751	II	110
759	II	213
788	I	218
800	II	30
812	II	181
824	I	219
870	II	66
917	II	34
1004	II	6
1006	II	26
1007	II	191
1016	I	210
1019	II	160
1021	I	192
1025	I	254
1033	I	45
1040	I	213
1041	I	175
1061	II	184
1077	I	155
1080	I	91
	II	247
1095	II	275
1102	II	134
1105	I	147
1114	I	95
1115	I	223
1118	II	193
1122	II	203
1133	II	112, 202
1146	II	245
1152	II	48
1164	II	62, 82
1173	I	95
1177	I	124
1185	II	181
1190	II	137
1196	I	186
1212	II	137
1214	II	191
1217	I	192
1218	II	B 119
1226	II	131
1227	II	195
1230	II	120, 160
1232	I	248
	II	206
1235	II	244
1236	I	143
1238	I	74
1239	I	260
1248	I	131, 222, 238
	II	133
1249	II	139
1250	I	255
1254	I	209
	II	24, 82
1255	II	72
1256	I	52
1257	I	124
1258	II	204
1260	II	210
1262	II	244
1266	II	112
1268	II	88
1269	II	113
1272	II	81
1273	I	58, 263
	II	120, 128, 162
1274	I	28, B 30, 244
	II	92, 119, 217
1275	I	264
1276	I	138, 148, 219
	II	124, 275
1277	I	102
1278	II	212
1279	II	18
1280	I	33
1281	I	116, B 117
	II	268
1285	II	171, 187, 244
1286	I	91, 112
1287	II	100, 101
1289	I	156, 162
	II	128, 275
1291	I	132, 163
	II	217
1292	II	275
1293	I	199
1294	II	119
1295	II	254
1296	I	57
	II	163
1298	II	90
1302	II	58, 206
1303	I	213
1304	I	75
1305	II	265
1306	II	204
1308	I	175
1309	I	154
1315	I	190, 219
1316	I	251
1317	II	88
1321	II	215
1326	I	56
1327	I	185
	II	9
1328	II	208
1329	I	89
1330	I	108
	II	149
1333	II	B 163
1336	II	52
1339	II	191
1340	I	113
	II	58
1342	II	14
1343	II	42, 82
1345	I	94
1347	II	24, 110, 195, 266
1348	I	46
	II	11
1349	I	34, 181
	II	31
1350	II	14

1353 II 171	**1400** I 43	**1436** II 267
1354 I 72, 176, 221	II 44	**1437** I 73, 75, 252
1355 II 27	**1401** I 227	II B 131
1356 I 10, 24	II 254	**1438** I 48
II B 171	**1402** I 96, 158	**1439** I 14, 91, 154, 224, 237, 252, 258
1357 I 57, 255	**1403** I 169, 221	II 20, 45, 84, 188, 197
1359 I 108	**1404** I 39, 198	**1440** I 60, 95, 116, 224, 238, 255
1360 II 11	II 212, 214	II B 43
1361 I 183	**1405** II 228	**1441** I 23, 93
1362 II 215, 237	**1406** I 243	II 6, 144, 176
1363 I 128, 258	II 199, 228	**1442** I 16, 64, 102, 122
II 256	**1407** I 132	II 107, 206, 245
1364 I 62	II 42, 204	**1443** I 121, 153, 246
1365 I 187, 265	**1408** I 50	II 68, 177
1366 II B 121	**1409** I 169	**1444** II 39, 69, 72, 88, B 95, 95, 96, 100, 109, 167, 185, 234
1367 II 171	II 6, 151, 152, B 207, 251	**1445** I 150, 202, B 205, 212, 225, 232, 244
1372 I 197, 198, 221	**1410** II 139	II 11, 26, 35, 50, 56, 76, B 91, 92, 120, 124, 127, 175, 183, 220
1373 I 104	**1411** I 56	**1446** I 75, 78, 158, 164, 174, 181, 201, 208
II 7	II B 252, 262, 286	II 17, 86, 281
1374 I 15, 187	**1412** II 228	**1447** I 231
II 228, 233	**1413** I 73	**1448** I B 67, 164, 241, 244, 263
1375 I 246	**1414** I 74, 94, 200	II 11, 177, 214, 253, 278
II 164, 194	II 15	**1449** I 19, 41, 138, 167, 172, 174, 195
1376 I 41, 86, B 86	**1415** I 60	II 14, 58, 133, 233
II 238	**1416** II 29, 35, 131	**1450** I 265
1377 I 61, 86, 126	**1417** II 12, B 13	II 127, 195
II 214	**1418** I 143	**1451** I 18
1378 I 252	II 284	II 77, 205, 215
1379 I 154	**1419** I 93	**1453** I 112
1380 I 15	II 205, 282	II 81, 117, 131
1382 II 151, 153	**1420** I 143	**1454** I 147, 193
1383 I 73, B 73	**1421** I 166, 212	II 21
1384 I 35	II 254, 268	**1455** II 275
1386 I 11	**1422** I 227	**1456** I 182, 225, 255
II 19, 52, 163	**1423** II 199	II 21, 60, 289
1387 II 196	**1424** I 147, 192	**1458** I 185
1389 I 30	II 37, 266	II 128, 210, 248
1391 I 106	**1425** I 212, 226	**1459** I 166
II 60	II 205	II 31, 149, 208
1392 I 141	**1426** I 59	**1460** I 138, B 139, 170
1393 II 33	**1427** II 44, 163	II 45, 53, 144
1394 I 254	**1428** II 254, 256	**1461** I 126
II 258	**1431** I 54, B 145, 159, 237	II B 75, 95, 131, 167
1396 I 103, 258	II 39, 42, 113, 184, 239, 274	**1462** I 166
1398 I 37	**1432** II 17, 26	II 97
II 229	**1433** I 16, 43, 153, 191, 219	**1463** I 57
1399 I 183	II B 161 2x, 182, 200, 274, 284	**1464** I 126
	1434 I 19, 35, 59, 106, 115, 121, 213, 251	II 76, B 79
	1435 II 286	**1465** I 31

1466	I 11, 24, B 99, 134, 164 II 20, 122, 160, 237	**1499**	I 120, 121, 166, 191 II B 39, 50, 67, 79, 81, 82, B 132, 185	**1526**	I 25, 74, 132, 134, 146, 222 II 41, 58, 69, 127, 134, 137, B 151, 187
1467	I 64, 69, 80, 177 II 100	**1500**	I 195 II 37, 39, 131, 143, 168	**1527**	I 108, 110, B 111, 198, 216 II 14, 53, 133, 176
1468	I 104, 112, 198, 254 II 12, 20, 44, 208	**1501**	I 118, 233, 234 II 23, 24, B 25, 27, 263	**1528**	I 16, 34, 90, 148, 152, 154, 160, 218 II 6, 53, 98, 272, 276
1470	II 205, 262	**1502**	I 197, 253 II 238	**1529**	I 20, 62, 64, 65, 68, 71, 76, 98, 123, 134, 152, 153, 171, 239, B 242 II 146, 214, 241, 242, 253, 282
1471	I 248 II 22, 133, 182, 274	**1503**	I 97, 100 II 177	**1530**	I 27, 83, 141, 246, 254 II 11, 50, 62, 87, 178, 231, 258, 281
1472	I 14, B 14, 222	**1504**	I B 41, 42, 243, 244 II 26, 72, 113	**1531**	I 23, 34, 47, 65, 68, 74, 185, 220, 264 II 69, 73, 106, 131, 143, 146, 162, 165, 172, 179, 225, B 226, 261, B 267, 274
1473	I 124, 249 II 86, B 105	**1505**	I 51		
1474	I 160, 163, B 188, 222 II B 61, 93, 193, 202, 215, 221, B 273	**1506**	I 170, 226 II 244		
1475	I 149, 163, 177, 181 II 47, 55, 66, 67, 78, B 123, 126, 144, 148, 149, 171, 179, 183, 188, 191	**1507**	I 14, 99 II B 219	**1532**	I 78, 143 II 17, 58, 88, 95, 103, 117, 191, B 203, 270
1476	I 74, 90, 93, 96, 106, 129, 136, 252, 260 II 14, 206, B 265, B 279, 289	**1508**	I 233 II B 124, B 195	**1533**	I 93, 128, 135, 192, 243 II 101, 121, 253
		1509	II B 145, 221	**1534**	I 81, 214 II 11, 95, 135, 149
1477	I 18, 45, 71	**1510**	II 14, 124	**1535**	I 76, 187, 213 II 26, 103, 289
1478	II 46, B 130, 267	**1511**	I 189, 258 II 37, 286	**1536**	I 71 II B 24, 56
1479	I 185				
1480	I 56 II 37, 66	**1512**	I 246 II 55, 115, 267, B 268, 282	**1537**	I 109, 123 II 135, 206, 226, 274
1481	I 167 II 245, 279	**1513**	I B 93, 181, 227 II 30, 85, 270, 276	**1538**	I 186, 191, 216, 231 II 39, 69, 164, B 169, 190
1482	I 124 II 34, 163, 164	**1514**	I 19, 27, 28, 40, 46, 228 II 206	**1539**	I 210, 264 II 7, 44, 136, 138, 152, B 152, 218, 234
1483	II 92	**1515**	I 24, 60, 86, B 94, B 178, 219 II 42, 119	**1540**	I 45, 74, 76, 144, 154, 189, 231 II 49, 71, 76, 235
1484	II B 210, 210, 245	**1516**	I 24, 255 II 88	**1541**	I 80 II B 54, 101 2×, 135, 149, 151, 226, B 256, 274
1485	I 43 II B 221	**1517**	II 102, 143, 188, 234		
1487	I 106, 205, B 225, 259 II 77, 92, 214	**1518**	I 81, B 193 II 40	**1542**	I 124, 208, 224 II 13, 43, 53, 184
1488	II 84, 142	**1519**	I 73, 264 II 235	**1543**	I 112, 190, 192 II 127, 229
1489	I 225 II 49, 117, 148	**1520**	II 9, 47, 99, 112, 122, 178, 189, 223, 276	**1544**	I 45 II 218
1491	I 104, 177, 191	**1521**	I 40, 105, 108, 122, 165, 179, 189, 241 II 127, 172, B 259, 261	**1545**	I 61, 63, 65, 113, 118, 245, 249, 258 II 22, 24, 38, 43, 51, 53, 81, 99, 110, 113, 171, 181, 184, 187, 219, 231, 242
1492	I 11, B 194 II B 201				
1493	I 151, 154, 197, 209 II 185	**1522**	I 116, 152, 161, 163, 248 II 7, 31, B 41, 215, 251		
1494	II 200	**1523**	I 22, 27, 149, 171, 209 II 34, 279	**1546**	I 28, 30, 69, 74, 81, 82, 87, 91, 93, 97, 109, 112, 118, 136, 188, 208, 220, 228, 233, 240, 243, 250 II 6, 70, 76, 77, 84, 120, 145, 148, 151, 229, 233
1495	I 164 II 165, 219, 289	**1524**	I 74, 161 II 103, 185, 206, 255, 270, 281		
1496	I 40, 104, 172, 205 II 34	**1525**	I 18, 50, 53, 69, B 70, 85, B 162, 163, 176, 177, 179, 208, 241, 245 II 33, 38, 69, 72, 113, 137, 139, 144, 168, 209		
1497	I 66 II 239			**1547**	I 77, 80, 99, 165, 201 II 140
1498	I 227 II 251				

1548 I 11, 14, 16, 23, 27, B 27, 60, 71, 74, 90, 97, 138, 169, 182, 190, 202, 204, 212, 231, 235, 237 II 11, 23, 39, 43, 53, 74, 79, 143	**1575** I 77, 78 II 35, 100	**1603** I 37, 59, 264 II 36, 81, 83, 110, 224
1549 I 105, 246 II 158	**1576** I 250, B 250, 259, 266	**1604** I 140, 171, 206, 229, 247 II 191, 251, 260
1550 II 26, 29, 124	**1577** I 58, 188 II 77, 116, 279	**1605** I 177, 186, 198, 220, 221, 222, B 222, 224, 245 II 157, 180, 258
1551 I 109, 132, 172, 173, 174, 182, 197, 265 II 12, 13, 16, 24, 44, 51, 62, 87, 91, 142, 189, 232	**1578** I B 61 II 100, 123, 129, 152	**1606** I 48, 105, 118, 121, 127, 242 II 83, 260, 279
1552 I 28, 60, 65, B 69, 76, 121, 135, 174, 185, 213, 218, 233, 238 II 13, 130, 165	**1579** I 156, 201 II 65, 212	**1607** I 40, 122, 204, 228 II 104, 166, 169, 224
1553 II 121	**1580** I 81, 127, 160, 171, 248 II 97, B 174	**1608** I 53, 63, B 158, 168 II 6, 155, 184, 188, 200, 205
1554 I 66, 214 II 76, B 157, 169, 175, 253	**1581** I 138, 160, 162 II 65, 77, 126	**1609** I 76, 110, 168 II 44, 115, 254
1555 I 71, 73, 83, 222, 258 II 60	**1582** I 17, 42, 47, B 48, 144, 149, 243 II 56, 74, 114, 221	**1610** I 149 II 109, B 162, 239, 242, B 266
1556 I 94, 192, 212 II 29, 60, 90, B 94, 178, 270	**1583** II 112, 162, 200	**1611** I 96, 186, 198 II 24, 116, 182
1557 I 99, 183 II 16, B 66, 76, 158, 166	**1584** I 102, 132, 181, 242 II 110, 129, 173	**1612** I 152 II 121, 273
1558 I 201 II 150, 262	**1585** I 53, 114, 143, 185, 253 II 155	**1613** I 186, 208, 216, 254, B 258 II 20, B 126
1559 I 42, 114, 140, 176 II 114	**1586** I 61, 149 II 140, 166, 244, 258	**1614** I 233 II 32, 48, 101, 107, 275
1560 I 81, 114, 214	**1587** I 43, 255 II 276	**1615** I 34, 183
1561 I 83 II 117, 160	**1588** I 11, 54, 115, 135, 158, 201, 240 II 81, 136, 154, 157, B 217	**1616** II 56, 136, 145, 195, 292
1562 I B 167 II 282	**1589** I B 81, 247 II 102, B 179, 233, 242, 247	**1617** I 31, 173 II 62, B 100
1563 I 22, 23, 94, 121, 126, 205 II 282	**1590** I 116 II 35	**1618** I 251 II 52
1564 I 93, 135, 146 II 47, 103, 258	**1591** I 37, 52, 120 II 20, 47, 52, 71, 151	**1619** I 71, 202 II 56, 178, B 264
1565 I B 59, 59, 123, 200 II 14, 275	**1592** I 11, 56, 85, 176 II 176, 194	**1620** I 234 II 87, 91, 109, 115, 134, 154
1566 I 15, 20, 94, 193, 250 II 35, B 47, 62	**1593** I 26, 102, 172 II 47, 182, 189	**1621** I 71, 165, 229, B 248, 266 II 188
1567 I 38 II 47, 282	**1594** I 148, 194, B 200 II 8, 26, B 26, 121, 239	**1622** I 45, 81, 91, 171, 194, 206 II 126, 258
1568 I 21, 179 II B 14, 14, 70, 90, 175, 276	**1595** I 235 II 95, 184	**1623** I 58, 77, 156, 234, 251 II 13, 120
1569 I 106 II 7, 228	**1596** I 18 II 24	**1624** I 93, 115, 216, 254 II 96, 244, B 287
1570 I 24, 77 II 7, 239, 256	**1597** I 11, 191	**1625** I 12, 24, 81, 204 II 14, 36, 100, 233, B 241
1571 II 60, B 62, 114, 174, B 223, 234	**1598** I 177 II 276	**1626** I B 24, 47, B 162, 169, 204, 212, 235, 256 II 6, 8, 35, 217, 224, 233, 268, 284
1572 I B 17, 17, 35, 200 II 123, 126, 270, 284	**1599** I 110, 200 II 48, 190, 238	**1627** I 74, 135, 168, 182, 185, 225 II 6, 36, 38, 54, 65, 168, 219, 280
1573 II 56	**1600** I 43, 101, 105 II 29	**1628** I 82, 102, 254, 256 II 114, 136, 154, 242
1574 I 226 II 218, 238, 251	**1601** I 123, 125, 188 II 153	
	1602 I 11, 12, 22, 31, 162, 167, 237 II 58, 197, 255	

1629	I 47, 145, 171, 182, 204, 237 II 38, 66, 84, 106, 140, 195, 270, B 271	**1652**	I 30, 50, 136, 182 II 9, 32, 36, 283	**1676**	I 89, 207, 217 II 23, 38, 68, 85, 142
1630	I 153, B 196, 221 II 178, 194, 221	**1653**	I 143, 155, 158, 160, 163, 178, 187, 210, 212, 217, 226, 240, 245, 247, B 248 II 9, 26, 38, 40, 52, 78, 96, B 108, 261	**1677**	I 99, 192 II B 9
1631	I 28, B 95, 234, 259 II 56, 173			**1678**	II 20, 146, 201, 270
1632	I 76 II 16, 89, 265	**1654**	I 76, 98, B 103, 110, 114 II 96, 116, 128, 250, 261	**1679**	I 73, 87 II 13, 62, 82, 106, 188
1633	I 27, 44, 46, B 46, B 47, 50, 118, 185, 232, 240 II 54, 79, 151, 155, 173, 182, 250, 269, 286	**1655**	I 56, 99, 135, 172, 182, 243 II 155, 190, 258	**1680**	I 85, 116, 157 II 17, 21, 32, 46, 244
		1656	I 29, 60, 78, 141, 154 II 8, 24, 66, 156, 261	**1681**	I 64, 186, 220 II 12, 93, 166, 182, 250
1634	I 35, 52, 112, B 112, 114, 115, 116, 122, 146, 152, 174, 192, 197, 198, 228, 263 II 19, 35, 50, 67, 71, 74, 84, 125, 127, 135, 145, 158, 194, 224, 230, 262	**1657**	I 37, 61, B 89, 102, 105, 143, 155, 209, 253 II 66, 180, 215, 236, 249	**1682**	I 21, 202 II 27, 129
		1658	I 64, 150, 223, 266 II 99, 182, 190, 193, 216	**1683**	I 40, 144, 184, 253 II 211, 222
1635	I 97, 103, 105, 116, 132, 149, 177, 181, 188, 214, 216, 230, 243 II 8, 36, 68, 132, B 204, 260	**1659**	I 128, 141, 163, 186, 192 II 26, 88, 236	**1684**	I 82, 221 II 40, 110, 226, 270
		1660	I 24, 36, 79, 116, 133, 178, 260 II 41, 46, 82, 83, 123, 161	**1685**	I 36, 113, 183, 242 II 38, 67, 188
1636	I 15, 21, 29, 52, 114, 146, 197, 212, 233, 245, 256 II 19, 74, 79, 203	**1661**	I B 65, 117, 132, 152, 166, 218 II 33, 40, 116, 158, 201, 214, 220	**1686**	I 34, 226 II 114
1637	I 12, 138, 169, 195, 214, 223 II B 110, 164, 188, 195, 280	**1662**	I 39, 51, 68, 100, 146, 163, 183, 240 II 27, 36, 114, 233, 250	**1687**	I 81, 142, 186
1638	I 40, 86, 99, 118, 150, 198 II 22, 36, 62	**1663**	I 75, 106, 117, 184, 202, 213, 234, 258 II 22, 38, 108, 217, 255, 286	**1688**	I 102, 218 II 26, 78, 212
1639	I 138 II 31, 228, 241, B 258			**1689**	I 25, 125, 212 II 9, 226
1640	I 188 II 72, 192, 200, 206, 217, 224	**1664**	I 128, 237, 249, 259 II 52, 80, 199, B 248	**1690**	I 73, 82, 150, 220 II 27, 76, 173, B 216, 217, 218, 248, 254, 281
1641	I 52, 58, 103, 195, 200, 202, 232, 249 II 166, B 225	**1665**	I 18 II 180, 196	**1691**	I 47, 57, 66, 123, 125, 136, 178, 187, 220, 256 II B 8, 49, 68, 89, 135, 136, B 138, B 141, 156, 224
1642	I 83, 125, 127, 129, 172, 186, 189, 206, 208, 259 II 16, 19, 92, 115, 146	**1666**	I 123, B 150, 221, 243 II 67, 116, 129, 189, 251, 262		
		1667	I 42, 76, 91, 107, 181, 194, 242, 266 II 54, 134, 143, 145, 146, 151, 232	**1692**	I 29, 52, 117, 157, 204, 235, 260 II 52, 140, 176, 178, 188, 222
1643	I 15, 21, 25, 106, 233, 240 II 123, 205, 230	**1668**	I 12, 54, 114, 118, 152, 187, 194, 215, 216 II 283	**1693**	I 12, 76, 162, 176, 253
1644	I 57, 71, 108, 176, 210, 233, 254 II 70, 140, 195, 224, 275			**1694**	I 29, 34, 50, 96, 108, 113, 137, 150, 158, 160 II 10, 49, 165, 181, 222, 275
1645	I 37, 44, 51, B 75, 168, 208, 220, 259 II 39, 92, 181, 209, 214, 218	**1669**	I 40 II 142, 146, 193		
1646	I 87, 108, 158, 191, B 252 II 71, 77, 117, 128, B 243, 247, 289	**1670**	I 17, 37, 64, 202 II 24, 110, 139, 176, 254, B 255	**1695**	I 12, 39, B 55, 101, 114, 233 II 206, 251, 284
1647	I 110, B 147, 184, 194, 237, 264 II 202	**1671**	I 102, 114, B 131, 170, 180, B 184, 202, 263 II 32, 148, B 231, 247	**1696**	I 31, 42, 118, 233, 235, 262 II 148, 211, 244, 258
1648	I 15, 115, 156 II 22, 105, 180, 251			**1697**	I 150, 180, 234 II 74, 118, 183
1649	I 127, 139, 212 II 68, 76, 151	**1672**	I 53, 161, 172 II 68, 74, 161, 180, 182	**1698**	I 71, 82, 113, 152, 180 II 40, 110
1650	I 34, 101, 110, 128, 184, 198, 200, B 249 II 22, 46, B 65, B 144, 178, 182, 215, 247	**1673**	I 94, 232, 263 II 236	**1699**	I 57, 207 II 76, 156, 161, B 192, 239, 286
		1674	I 29, 124, 200, 240 II 49, 196, 246	**1700**	I 14, 46, 48, B 84, 137 II 6, 38, 104, 185, 281
1651	I 12, 50 II 22, 116, 121, 220	**1675**	I 100, 237, 263 II 60, 189	**1701**	I 161, 242 II 76, 180, 199, 232

1702 II 80, 122, 165, 186, 205, 261	**1727** I 54, 181, 210, 217, 253 II 63, 115, 118, 123, 150, 172, 277	**1751** I 31, 145, 172, 184, 240, 243, 256 II 40, 61, 89, 128, 192, 203, 238, 250
1703 I 126, 209 II 142, 256	**1728** I 20, 47, 59, 79, 128, 138 II 52, 57, 74, 156	**1752** I 28, 64, 73, 119, B 148, 176, 206, 252 II 52, 57, 83, 156, 240, 249
1704 I 46, 82, 144, 150, 160 II 8, B 15, 86, 262	**1729** I 17, 32, 39, 40, 61, B 92, B 100, 108, 126, 199, 218, B 254 II 100, B 160, 263, 276	**1753** II 19, 28, 115, 152, 212, 234, 289
1705 I 21, 49 II 41, B 98, 123, 190	**1730** I 20, 59, 107, 218 II B 52, B 192	**1754** I 48, 70, 128, 201 II 14, 82, 89, 115
1706 I 85, 162, 193 II 166, 222, 291	**1731** I B 44, 47, 63, 176, 230, 263 II 50	**1755** I 12, 18, 54, 67, 101, 190, 224, 242, 256 II 48, 93, 96, 219, 236, 263, 276
1707 I 150, 198, B 242 II 168	**1732** I B 174, 237 II 57, 100, 106, 144, 177, B 218, 220, B 240, 251	**1756** I 25, 78, 95, 108, 214 II 91, 111, 114, 206, 232
1708 I 154 II B 130, 165	**1733** I 7, 8, B 20, 46, 124, 128, 172, B 204, 247 II 18, B 102, B 137, 222, 224	**1757** I 39, 51, 90, 122, 139, 149, 160 II 219, 223, 236
1709 I 24, 40 II 86, B 172	**1734** I B 72, B 110, 124, 153 II 74, 120, B 120, 146, B 163, 183, 184, 289	**1758** I 22, 31, 36, B 151, B 161, 205 II 35, 36, B 37, 102, B 103, 120, 122, 125, 128, 141, 180, B 185, 202, 204, 206, 220, 292
1710 I 194, 249 II 165, 199, 224, 259	**1735** I 18, 27, 139, 191, B 260 II B 23, 88, 125, 201, 216, 261, 265	**1759** I 24, 32, 50, 87, 92, 96, 113, 162, B 187, 213, 215, 236, 256 II 46, 57, 93, 104, 140, 148, 153, 169, 181, 183, 200, 201, 212, 234, 243, 245, 252, 263, 270
1711 I 61, 64, 69, 120, 162, 206, 236 II 30, 183, 214, 240, 256, 275, 284	**1736** I 21, 46, 205, 207, B 244, 247, 264 II 10, B 82, B 88, 116, B 209, B 220, 226, 280	
1712 I 29, B 66, 187, 195, 226 II 28, 41, 49, 152, 159	**1737** I 34, 51, 61, 127, B 185, 226 II 45, 283	**1760** I 18, 24, 63, 86, 87, 102, 119, 146, 154, 155, 161, 172, 213, 227, 260 II 25, 28, 43, 80, 115, 147, B 251, 268
1713 I 30, 82, 172 II 31, 101, 222	**1738** I 41, 114, B 136, 151, 166, 234, 254 II 19, 100, 134	**1761** I 39, 47, 64, 97, 122, 171, 175, 247 II 6, B 44, 92, 122, 208, 222, 245, 261, 281, 290
1714 I 43, 123, 135, 215, 217, 218 II 65, 72, 105, 111, 150, 166, 212, 249, 291	**1739** I B 29, 36, 37, 79, 96 II 96, 114, 116	**1762** I 21, 31, 41, B 53, 142, 151, 199, 209, 224, 234 II 16, 32, 33, 80, 129, B 132, B 147, 157, 196, 202, 206, 275
1715 I 215 II 50	**1740** I 94, B 118, 129, 223 II 41, 212, 291	**1763** I 41, 73, 83, 100, 111, 144, 197 II 97, 102, 158, 232, 234, 283
1716 I 40, 152, 187 II 23, 108, 140, 224	**1741** I 92, 153, 218 II 123, B 128, 162, 208, 231	**1764** I 22, 24, 37, 42, 57, 87, 159, 186, B 228, 292 II 68, 70, 102, 111, 200, 201, 254, 261
1717 I 66, 81, 180, 193 II 84, 105, 136, 180, 194, 210, 238, B 247	**1742** I 135, 149, 153, 262 II 22, 63, 157, 233, 264, 280	**1765** I 16, 79, 215 II 38, 46, 73, 180, 222
1718 I 34, 40, 57, 66, 68, 73, 108, 119, B 142, 158, 250 II 22, 72, 109, 154, 189, 199, 206, 269, 286	**1743** I 17, B 24, 61, B 98, 156, 176 II B 38, 91, 107, B 116, 157	**1766** I 44, 73, 90, 133, 199 II 92, 102, 153, 249, 275
1719 I 20, 212, 259 II 74, 134, 242	**1744** I 70, 77, 137, 159, 160, 210, 256, 266 II B 33, 40, B 50, B 126, 157, 203, 214, 285, 288	**1767** I 29, 93, 119, 182 II 36, 115, 129, 134, 176, 179, 214, 262
1720 I 22, 25, 78, 82, 145, 180, 204 II 99, 121, 181, 217	**1745** I 103, 159, 164, 195, 234, 250, 251 II 99, 172, 278, 285	**1768** I B 15, 17, 82, B 83, 168, 221, 223 II 6, 75, B 90, 118, B 200
1721 I 75, 78, 156, 164, 200, 216, 224 II 142, 192, 194, 222	**1746** I 176, 181, 202, 224, 228, B 239 II 78, B 85, 112	**1769** I 26, 96, 146 2x, 164 II 57, 124, B 176
1722 I 12, 132, 154, 161, 181, 184 II 17, 59, 111, 249, 291	**1747** I 42, 50, 92, 184, 202, 232, 259 II B 12	**1770** I 51, 175, 242 II 130, 156, 192, 198, 249, 268
1723 I 63, 151, 178, 213 II 25, 100, 174, 199, 286	**1748** I 12, B 39, 56, 142, 195, 216, 259 II 49, 63, 67, 89, 99, 197, 246, 278	**1771** I 12, 43, 74, 97, 157, 168, 217, B 264 II 22, 78, B 186, 211, 226
1724 I 77, 92, 168, 176, 194, 237 II 38, 166, 236, 291	**1749** I 100, 186, 249 II 38, 90, 173	**1772** I 71 II 241, 287
1725 I 135, 157 II 66, 177, 201, 244, 251, 264	**1750** I 29, 84, 126, 145, 160, 221, 252 II 52, 205, 208, 223, 226, 232, 236, B 245, 256	**1773** I B 125, 190, 255 II 18, 142, 168, 220, 262
1726 I 70, 107, 193, 232 II 28, 88, 173, 233, 269, 270		

1774	I 16, 146, B 149, 175, 203 II 125	**1800**	I 52, 58, 62, 66, 87, 119, 132, 187, 193, 217, B 238 II 88, B 127, 226, 231, 287	**1827**	I 62, 87, B 172, B 195, 196, B 266 II 28, 94, B 96, 102, 135, 186, B 232
1775	II B 18, 36, 46, 84, 93, 190, 290	**1801**	I B 76, B 115, 186, B 236 II 258, 287	**1828**	I 20, B 182, B 237 II 91, 287
1776	I 199, 207 II 30, 42, B 76, 80, 177, 234, 270, 287	**1802**	I B 13, 142 II B 118, 121	**1829**	I 13, 119, 123, 127, 137, B 138, B 220 II B 146, 172, 211, 287
1777	I 107, 157, 246 II 33, B 33, 36, 104, B 234	**1803**	I B 74, 78, 101, 103, 155 II 118, 128, 154, B 236	**1830**	I 2, 13, 55, 56, B 109, 162, B 176, 179, 214 II B 29, B 43
1778	II 169, 174	**1804**	I B 51, 52, 130, 151 II B 129, 206	**1831**	I B 17, 17, 21, 21, 26, 28, 30, 33, 35, 42, 105, 116, B 165, B 195, 230 II B 46, B 87, B 132, B 160
1779	I 12, 87 II 73, 90, 169, 285	**1805**	I B 116, B 207, B 227, B 235 II B 63, B 272, 285	**1832**	I 82, 83, 113, 142, 144 II 32, B 48, 54, 271, B 272, 292
1780	I 105, 239 II 42, 220, B 224	**1806**	I B 221	**1833**	I 89, 176, 203, 206, 254, B 258 II 42, 56, 57, B 59, 62, 66, 70, B 71, 71, 84, B 84, 94, 111, 144, 149, 162, 164, 256, 281, 287, 291
1781	I 12 II 26, 154, 192, 285	**1807**	I 70, 223 II 280		
1782	I 52, 113 II 28	**1808**	I 26 II 22, B 30, 165, 176, 236	**1834**	I B 75, B 144, 148, 156, 172, 193, 244 II B 64, B 148, B 153, B 189, B 204, 231, 251, B 264
1783	II 126	**1809**	I 52, B 56, 104 II 207		
1784	I B 130, B 134, 203 II 144, 194	**1810**	I 37, 178 II 66, 164, 201, 236, 291	**1835**	I 37, 97, B 101, 153, B 164, 238 II 16, B 57, B 74, 126
1785	I 136 II 194	**1811**	I 146, 155 II 183, B 229, B 246, 264	**1836**	I 41, 142, 157, 168, 190, B 198, 218 II B 18, 35, 105, 131, 144, B 174, 181, 198, 228, 290, 291
1786	I B 50, 63 II 6, B 18, 202	**1812**	I 14, 70, 221 II B 163		
1787	I B 67, 151, 228	**1813**	I 14, 103, 165, 186 II 25, 30, 160, B 194, 218, 231, 259, 268, B 269, 271, 273, 277, B 288	**1837**	I B 47, 79, B 102, 129, 171, 254, 266 II 91, B 158, 164, B 278
1788	I B 36, 102, 168, B 183, 201, 218 II 40, 188, B 235, 287			**1838**	I 80, 99, 131, 133, 140, 172, B 190, 190, 208 II 102, B 143, B 171, 243, B 280, B 283
1789	I 28, 72, 161, 250, 256 II 35, 49, B 285	**1814**	I 12, 28, 29, B 32, B 33, 34, 37, 45, B 87, 144, 151, 152, 156, B 175, 179, 228, B 244, 250		
1790	I B 107, 155, 170, 220, 227 II B 77, 120, 280	**1815**	I 118, B 127, 208, 260, 263, 265 II 32, 45, 56, 89, 91, B 97, 107, 137, 220, 263, 278, B 286	**1839**	I B 68, B 77, 77, B 97, 98, 148, B 186, 195, B 198, 226, 233, B 264 II B 51, 94, 190, 228, 240
1791	I 32, B 121, B 169 II B 187			**1840**	I B 26, 100, 108, 113, 144, B 146, 168, 196, B 204, 223, 247 II 15, B 74
1792	I 82, 220, 250 II 118, 122	**1816**	I 39, B 68, B 211 II 94		
1793	I 142 II 34, 126, 287	**1817**	I 50, B 107, 123, 170 II 14, B 166, 196, 288, 291	**1841**	I 84, 154 II B 23, 92
1794	I B 73, 253 II 258	**1818**	I 26, B 39, B 58, 58, 84, 203, 249 II 15, 61	**1842**	I 14, 49, 55 II 59, 134, B 181, 210, 216
1795	I 49, 61, 141 II B 197, 202, 278	**1819**	II 36, B 54, 59	**1843**	I 13, B 50, B 91, 160, 183, 229 II B 108, 227
1796	I 173, 237 II 26, 57, 141, 189, B 237, 240	**1820**	I 197, 205, B 224, 240 II 78	**1844**	I 13, 18, 22, B 22, B 60, B 72, B 161, B 206, 243, B 265 II B 86, B 130, B 142, 208, 211, B 214, 227, 249, B 252, B 262, B 284, 292
1797	I 54, 98, B 137, B 223 II B 16, 136, B 137, 176, B 227, B 233, 250, 259, 261, 264	**1821**	I 167, 249		
		1822	II 190, 261, 268, 292		
1798	I 8, 12, 14, 19, 20, 22, 24, 25, 26, 32, 34, B 35, 36, 41, B 43, 43, 59, 61, 62, 69, 92, 104, 129, 130, 139, 148, 151, 159, 178, 236 II 22, 28, 48, 73, 183, 202, 231, 263	**1823**	I 189, 223, B 233, B 261 II 62, 212, 214, 238	**1845**	I B 42, B 49, 49, 59, B 64, 67, 72, B 154, 176, 249 II 6, 10, 31, 60, B 60, 122, 124, 198, 211, B 253
		1824	I B 100, 153, 183 II 203, 213, 220, 234		
		1825	I 12, 45, 167	**1846**	I 28, 43, 59, 164, B 243 II 28, 32, 154, 200, B 277, 291 2x
1799	I 69, 92, 95, 116, 124, 133, 139, 142, 150, 213 II 98, 160, 163, 186, 189, 190, 205, 225, 291	**1826**	I B 32, B 57, 124, 127, 140, B 144, B 203, 209 II 82, 132, 165, 207	**1847**	I 13, 27, B 52, 67, 70, 84, B 96, 125, 129, 133, 136, 141, B 160, 176 II 28, 116, B 139, B 159, 200, B 254

1848	I	21, B 90, 107, 127, 161, 170, 190, B 232	**1867**	I	63	**1885**	I	27, 38, 46, 66, 79, 83, 92, 96, 122, 143, 144, 158, B 174, 175, 197, B 202, 209, 216, 222, 231, 239, 247, 252, B 266, 289

1848   I   21, B 90, 107, 127, 161, 170, 190, B 232
        II   12, 16, 18, 36, B 117, 119, 170, 174, 218, B 250, 264, B 271, 290

1849   I   13, 25, B 34, 49, B 94, B 110, 111, 132, 138, 157, B 158 2x, 203, 210, 244
        II   8, 19, 30, B 93, 166, 170, B 170, B 180, 194, 204, 222, B 230, B 282

1850   I   13, B 19, 54, 68, 154, B 217, 232
        II   107

1851   I   57, 95, 132, B 213, B 245
        II   78, 166, 168, 289

1852   I   36, 68, B 208
        II   10, 46, 84, B 96, B 110, 114, B 125, 177, B 191, 192, B 193, 207, 278

1853   I   13, 21, B 28, B 71, 72, B 84, B 134, B 152, 162, B 171, B 192, B 212, B 222
        II   112, 179, 238, 248, 258

1854   I   B 128, 193, 260
        II   38, 194, B 202, 211, B 216, 218, 220, 222, B 260, B 262, 266, 271

1855   I   B 25, 25, B 63, 66, B 77, 78, 99, 128, 191, 239
        II   21, 23, 37, 43, 45, 46, 50, 70, 78, 86, 94, 114, 162, 183, B 196, 198, 234, 241, 246, 259

1856   I   36, B 51, 52, 57, B 85, B 106, 210, 241
        II   172, 281, 290, 292

1857   I   27, B 31, B 45, 46, 48, 85, 108, 119, 126, 132, 160, 199, 216, 223, 265
        II   28, 71, 191

1858   I   171, 190
        II   89, B 115, 174, B 178, 200

1859   I   49, B 153, 262
        II   9, 88, 137, 209, 260, 263

1860   I   B 38, 46, B 89, 103, B 142, 156, B 171, 184, 206, 220, B 226
        II   7, 98, B 188, 192, 213

1861   I   13, 101, 184, 190, B 219, 220, 244
        II   24, 48, 52, 62, 76, B 133, B 184, B 204, 204, 209, B 218, 227, 228, 237, 287, 289, 290 2x

1862   I   B 15, 15, 84, 147, B 177, B 209, 227
        II   B 11, 70, 85, B 104, 106, 114, 124, 135, B 144, 188, B 238, 289

1863   I   B 61, 108, 118, B 121, 147, 157, B 247
        II   10, 60

1864   I   33, 89, 98, 100, 122, 126, 174, 176, 222, B 230, 232, 238, B 263
        II   B 30, 62, 149, B 152, 152, 154, B 242, 246, B 268, 275, 288

1865   I   55, B 95, 165, 241, 243
        II   156, 164, 219, 285, 290

1866   I   93, B 105, 140, 151
        II   43, 52

1867   I   63
        II   71, 73, 160, 227, 241, 245

1868   I   119
        II   7, 13, B 113, 120, 212, 234, 262

1869   I   85
        II   32, 48, 52, 78, 110, 191, 213, 270

1870   I   13, 25, 28, 101, 132, 147, 148, 223
        II   12, 25, 134, 271, 275, 281

1871   I   51, B 62, 62, B 79, 131, 151, 224
        II   B 106, B 182, 192, 212, B 212, 237, 281, 286

1872   I   B 108, 137, 140, B 155 2x, 209, 213, 227, B 228, 246, B 247, 256, 259
        II   94, B 155, 196, 223, 260

1873   I   62, 75, 118, B 143, B 163, 223
        II   13, 23, B 31, 130, 147, 156, 213, 227, 241, 273, 284

1874   I   B 22, 35, 85, 136, 160, 223, 230, 243
        II   B 8, 10, B 64, B 80, B 90, B 99, 126, 150, 243, 248

1875   I   16, B 37, 38, 66, 72, 80, 140, B 156, B 159, 181, 189, 193, B 207, 215, 266
        II   137, B 150, 177, 205, 207, B 260

1876   I   27, 90, B 98, 123, 144, 163, 229, B 246
        II   13, 34, 91, 143, 152, 158, 194, B 240

1877   I   22, 47, 62, 70, 123, 136, 137, 182, 199, 224, 233
        II   21, 40, 128, 176, 204, B 249, 266, 273

1878   I   21, 39, B 181, B 191, 199, 208, B 217
        II   58, 75, B 83, 170, 272

1879   I   39, B 42, 47, 106, 110, B 114, B 120, B 132, 133, B 133, 136, B 136, B 173, 173, 192, B 202, 202, B 229, 230, B 234
        II   38, 80, 88, 207, 248, 290

1880   I   B 56, B 80, 82, 92, 134
        II   21, 50, B 55, B 107, 115, B 173, B 189, B 196, 242, 266, 288

1881   I   18, 46, 75, 85, B 113, 118, B 262
        II   B 7, B 27, 31, 56, B 104 2x, B 176, 179, 196, 198, B 223, 228, B 230, 265, 266

1882   I   97, 107, 147, 150, 206, 222
        II   23, B 28, 100, 109, B 167, 186, 278

1883   I   B 88, 144, 151, 192, B 210, 230, 238, 265
        II   10, 16, 50, 60, B 112, 113, 158, 164, 174, 194, 195, 205, 210, 249, 251, 254, B 263

1884   I   13, 15, 19, 25, 53, 58, 59, 61, 70, 72, B 79, 90, 97, 120, 136, 141, B 149, 183, 266
        II   7, B 34, 58, 73, B 100, 156, 158, 164, 168, 175, 192, 252, 289

1885   I   27, 38, 46, 66, 79, 83, 92, 96, 122, 143, 144, 158, B 174, 175, 197, B 202, 209, 216, 222, 231, 239, 247, 252, B 266, 289
        II   19, 78, 122, 258, 277

1886   I   33, B 44, 45, 126, 129, 131, 137, B 148, B 150, 153, B 168, 174, B 175, B 178, 199, B 206, B 208, B 230, 260
        II   7, 26, 32, B 32, B 35, 72, B 82, 88, 98, B 168, 190, 268

1887   I   14, 15, 18, B 23, B 63, 70, 106, B 157, B 170, B 182, 190, B 220, B 228, 243
        II   B 17, 119, B 136, B 149, 177, 228, 288

1888   I   B 23, 24, B 30, B 56, B 58, 63, 74, 87, 89, 91, B 96, 101, 111, 136, B 138, 165, B 186, 187, 205, 224, 226, 236, 247, B 257
        II   67, 76, 91, 140, 153, B 208, 288

1889   I   27, 84, 122, 167, 187, 189, 222
        II   170, 175, 209, B 215, 268, 288

1890   I   42, 56, B 82, 97, 98, 100, B 104, 120, B 123, 126, 192, B 218, 221, 222, 248, 260
        II   42, B 101, 109, B 111, 225, 292

1891   I   38, B 49, 64, B 90, B 130, 136, 146, 166, 171, B 180, B 199, B 216, B 241, 243, 250
        II   15, B 21, 24, B 49, 55, 127, 128, B 140, B 156, B 178, B 190, B 198, 209, B 210, B 212, B 213, B 222, 225, B 244, B 250, B 260, B 274, 288

1892   I   31, 51, 83, 110, 115, 159, 173, 238
        II   9, 20, 183, 198, 272

1893   I   15, 35, 42, 50, 84, 101, 166, 219, 226
        II   18, 70, 121, B 170, B 206, 213, 223, 231, 237, 252, 288

1894   I   16, 69, 163, B 170, 203, 217, B 240, 244
        II   122, 144, 174, 175, 176, B 198, 201, 213, B 228, 229, B 239, 292

1895   I   43, 68, 74, 94, 97, 99, 111, B 122, 146, 169, 170, 183, B 184, 185, B 188, 197, 203
        II   46, B 72, 106, 175, B 280

1896   I   75, B 80, 80, 99, 100, 101, 137, B 231, 236, B 251
        II   82, 102, 146, 153, 182, B 199, 270, 290

1897   I   50, B 60, 78, B 124, 125, 151, 154, 181, 190, 213
        II   34, B 67, 78, B 98, 99, 137, 147, 168, 203, B 205, B 242, B 281, B 282

1898   I   B 18, 23, 28, 43, B 45, 53, 68, 69, 79, 98, B 127, 214, 226, B 234, B 256, B 259
        II   B 6, 7, B 10, 15, B 20, B 22, B 29, B 36, B 40, B 44, B 48, B 49, B 68, 90, 92, 94, 128, 156, 168, 192, 250, 276

1899   I   14, B 40, 48, 52, 62, 64, 72, 78, 80, 92, B 124, 164, B 179, 248
        II   9, 43, 50, 58, B 109, B 114, 148, B 165, 184, B 193, 196, 265, 290 2x

1900	I	B 11 2x, 31, 96, 118, 140, 193, 221, 233, 263, 266	**1906**	I	B 21, 30, 70, 77, 80, 125, 156, 164, 166, B 197, 249	**1911**	I B 26, 35, 82, B 83, B 115, B 191, B 224, 258
	II	10, 16, 35, 92, 195, 202, 246, 256, 263, 278, 281		II	16, 58, 130, 172, 228, 254, B 254		II B 28, 31, 51, 62, B 68, B 69, B 73, 91, 100, 119, 122, B 124, B 134, B 142, 176, B 177, 229, 270
1901	I	B 16, 18, 21, 23, 25, 35, 119, 134, 136, 155, 193, 197, 222	**1907**	I	14, 77, 89, B 99, 100, B 102, 111, 122, 128, 155, B 166, 219, 231, B 253, B 262	**1912**	I B 58, B 86, 87, 91, B 112, 122, B 126, 132, B 156, 159, 173, 193, 234
	II	25, 44, 93, 98, B 216, 263, 289		II	15, 21, 40, 46, 52, 85, B 92, B 93, B 112, 120, B 122, 148, 179, 180, 202, 215, 217, 248, 250, 270, 273, 275, 290		II B 12, 47, B 55, B 71, 73, 82, 88, B 89, 106, 115, B 116, B 120, 144, B 183, 184, 225, 286
1902	I	15, 25, 38, 68, 69, 77, 78, 80, 86, 99, 111, 192				**1913**	I 47, B 54, 94, 102, B 104, 197, B 210, 214, 258, 262
	II	150, 250	**1908**	I	14, B 20, B 78, B 91, 91, 102, B 140, 141, B 141		II B 45, 51, 86, B 89, 101, B 117, B 150, 156, 184, B 186, 199, B 232, B 247, 261, 288, 290
1903	I	B 70, 116, B 119, 140, 146, B 201, B 214, B 215, 229, B 255		II	9, 34, 63, B 78, 78, B 86, 184, 199, 238, 266, 289	**1914**	I 85, 118, B 120, 120, B 135, B 166, 182, B 189, 204
	II	13, B 42, 42, 72, 76, 91, 106, 119, 121, 126, B 179, B 211, 265, 289, 290	**1909**	I	30, B 41, 95, 151, 175, 205		II 21, 47, B 53, 55, 58, 62, B 70, 156, 170, 238, 262, 277, 290
1904	I	60, 92, 132, 154, 239, 255		II	17, 38, 93, 135, 225, 238, 243, 289		
	II	B 154, 154	**1910**	I	41, 48, B 54, 80, 98, B 105, 195, 204, 255		
1905	I	87, 92, 182, 202, 263		II	25, 95, B 146, 162, 172, 238, B 261		
	II	9, B 19, 24, B 26, 35, B 81, B 96, 208					

Basler Almanach